中国社会科学院创新工程学术出版资助项目

西藏哲学社会科学学人丛书

中华民族历史背景下藏事论衡

车明怀 ◎ 著

中国社会科学出版社

图书在版编目(CIP)数据

中华民族历史背景下藏事论衡 / 车明怀著 . —北京：中国社会科学出版社，2017.10

ISBN 978-7-5203-1684-2

Ⅰ.①中… Ⅱ.①车… Ⅲ.①西藏-地方史-研究 Ⅳ.①K297.5

中国版本图书馆 CIP 数据核字(2017)第 314229 号

出 版 人	赵剑英
责任编辑	任　明
责任校对	周　昊
责任印制	李寡寡

出　　版	中国社会科学出版社
社　　址	北京鼓楼西大街甲 158 号
邮　　编	100720
网　　址	http://www.csspw.cn
发 行 部	010-84083685
门 市 部	010-84029450
经　　销	新华书店及其他书店

印刷装订	北京君升印刷有限公司
版　　次	2017 年 10 月第 1 版
印　　次	2017 年 10 月第 1 次印刷

开　　本	710×1000　1/16
印　　张	41.25
插　　页	2
字　　数	676 千字
定　　价	128.00 元

凡购买中国社会科学出版社图书，如有质量问题请与本社营销中心联系调换
电话：010-84083683
版权所有　侵权必究

自　　序

　　中国是一个统一多民族而又足以影响世界的大国。中华民族的历史涵盖了境内各民族的历史，各民族的历史创造奠定了中国统一的历史格局。生活在中国境内的每一个民族对中华民族的历史都作出了不可磨灭的贡献。自20世纪80年代初，本人就有志于中华各民族历史的学习与研究，在大学时期，曾在学校图书馆里读到一部台湾学者编撰的多卷本、图文并茂的《江山万里行》，被祖国壮丽的河山、悠久的历史、灿烂的文化所震撼，当时就立下了研读、弘扬中华民族历史文化的志愿。大学毕业后，带着万丈豪情与被称为最后一批理想主义者的数千名各省市同仁来到祖国西南边疆西藏工作，从此与西藏这片高天厚土、历史文化结下了不解之缘。
　　西藏、甘、川、青、滇的藏族聚居区与中华其他各地域、各民族多元一体的丰厚的历史、地理、人文资源，赋予了我学习、探究西藏及青藏高原各民族历史的冲动与意志，助推我无论在任何情况下都会徜徉在历史文化的海洋里。尽管如此，我一直认为个人只不过是历史海洋里的一叶扁舟，如果没有马克思主义历史观的指引，会永远不知方位地游弋着，永远找不到方向。正因为这种担忧，促使我以马克思主义的历史观研究历史、观察社会、分析问题，因而就有了在中华民族大历史背景下思考西藏地方史的认识，因而也就有了尽管不太成熟、但历史观还算有基本遵循的文稿。实际上这些文稿也得益于自己多年的调研与思索。在阅读大量史书的同时，还根据工作需要进行了有针对性的实地考察。西藏各地及青藏高原乃至与西藏历史、文化有联系的许多地方都留下了我考察的足迹，可以毫不夸张地说，从昔日长安到拉萨的唐蕃古道；从柳园、敦煌到湟中、鄯州[①]的古丝绸之路；从大理、丽江到中甸的滇西要

---

① 今青海省的乐都一带。

地；从京城、张家口、呼和浩特、盛乐、太原、银川、黄河、长江、秦岭到汉中、利州①、剑阁、成都、雅州、昆明、中甸、昭通、大理、康定、昌都、那曲、太昭、塔工、拉萨的驻藏大臣及涉藏官员、僧人过往通道；都是我研究历史文化的探究之地。松州②、凉州③、南坪、灌县④、大非川、锉子栏⑤、鹦哥嘴⑥、泸水、剑川⑦这些与藏事历史文化有关联、与各族人民联系、交往、交流、交融的古代地域，都留下我实地感悟、认识各民族历史文化的身影。在阅读与实地考察中，学会了历史比较，也深深认识到学习、研究西藏地方的历史，确实离不开中华民族大历史的背景，割断了西藏民族与各民族的历史联系，就等于割断了西藏历史存在的筋脉，一切命题将成为伪命题，一切成果将成为无根浮萍。以如此的观点和思考，断断续续地耕耘着并不太肥沃的历史田园，成就了这些历史观统一而又相互联系的文稿。

此次推出的文稿共分为六大部分，六大部分既有分类又相互联系。第一部分从解读中华民族历史大背景下的西藏地方史入手，研究分析中国统一历史格局形成的必然，中华民族历史形成的文化、经济、地理因素；研究西藏地方史应遵循的政治取向和历史观；如何在中国大历史格局中书写西藏地方史等，以唯物主义的、符合历史进步规律的全新观点回应当下时隐时现的历史虚无主义，校正一些"研究者"试图割裂西藏地方史与中华民族大历史相联系的偏差。第二部分则以探究明末清初的天下大势与清朝初期的藏事管理为主要内容，说明西藏地方历史的成因源于中华各民族的历史互动，即使世俗政权和教派的替代也是中国各个朝代更替在边疆民族地区的具体反映，这种地域性的世俗政权和教派的替代不是孤立和封闭

---

① 今四川省广元市。

② 唐代为西南军事重镇，唐朝与吐蕃在此地进行过反复争夺，宋、明时期仍为军事要地，位于今四川省松潘县，今为汉、藏、羌等各民族杂居的地方。

③ 此地为元代时阔端与西藏萨迦派首领八思巴会见之地，位于今甘肃省武威市。

④ 南坪、灌县本为四川省内各民族杂居的县域，20世纪末，为了旅游的需要分别改为九寨沟县、都江堰市。

⑤ 大非川和锉子栏两地分别位于青海省兴海县境内和云南省德钦县与中甸交界的白茫雪山脚下，为古代唐蕃争夺的军事要地。

⑥ 位于四川省巴塘县，为晚清驻藏帮办大臣凤全蒙难之地。

⑦ 今云南西部各民族杂居的地方，历史上在这些地方由唐、大理、南诏、吐蕃演绎过许多重大战事。

的，是和中国西部各民族的互动相联系的，进而证实明清时期西藏地方与中央政府历史联系的延续性和不可逆性。第三部分通过对200年的驻藏大臣的制度分析以及驻藏大臣责任意识的历史比较，特别是有选择性地分析乾隆年间和晚清驻藏大臣的形形色色表现，清晰地展露驻藏大臣的良莠不齐及其对西藏和清朝西部边疆安全和稳定的影响，并得出了在清朝行将灭亡的情况下驻藏大臣制度已不适应社会变革的历史结论。第四部分展露了民国时期藏事管理的乱局，以触目惊心的大事件说明没有强有力的中央政府做后盾，国家边疆治理的威权在藏事管理中难以保障，西藏地方动荡不止、内部自相残杀不断，劳动人民只有承受着旧西藏及其封建农奴制度所造成的无尽苦难的历史真相。

本文稿最有历史比较特点的当属第五部分，本部分是以当代历史的面貌出现，实际上是以新旧历史的比较为目的。可以毫不夸张地说，在中华民族千百年的历史上，对西藏经营与治理最成功、最典范的当属中国共产党人。这是与当代中国共产党人强烈的国家责任感及边疆治理意识密切相连的。共产党领导西藏各族人民的解放，是中国近代史上的重大事件，开创了西藏划时代的历史篇章，实现了西藏历史的伟大转折。西藏的解放，使西藏人民永远摆脱了帝国主义的羁绊，从此西藏人民与全国各族人民一样，再也不受帝国主义的欺辱和奴役；西藏的解放，使西藏回到中华人民共和国的怀抱，完成了祖国大陆统一的伟业，结束了中国近代以来在西藏地区有边无防的不利局面，基本上解决了国家领土完整和主权统一问题[①]；西藏的解放，大大加强了国家对西藏地区的管理，结束了西藏内部的长期混乱和纷争，为西藏的社会进步和繁荣提供了强有力的政治保障。

中国共产党经营和治理西藏，其勇气和力度确实超出了历代王朝。和平解放前的几百年间，历代中央政府对西藏的管理一直停留在"羁縻"或仅仅委托地方土官"相机而治"的低层次、低效能局面，既没有像内地省份那样由中央政府直接设立基层组织，又缺乏自上而下的强力管理机制。即使到了清朝，也仅仅是委派驻藏大臣及少数随员等代表皇帝到西藏进行管理，而中央驻西藏常备军的员额也不稳定，以至于西藏常常出现地方势力坐大，甚至谋害中央大员和达赖喇嘛的恶性事件。尽管清朝中后期

---

① 中国边疆西藏段目前还有一部分领土为印度占领。被占区域位于西藏南部的"三隅"地区，总面积有9万多平方公里，几乎相当于浙江省的面积。

采取了一些强化管理的措施，如制定"二十九条章程"、在藏东试行"改土归流"、在全藏推行"新政"等，然而因封建中央王朝制度性的缺陷并面临着内忧外患之困局，未能彻底解决这些问题。这种落后的管理形式不仅使统一的多民族国家经常面临着外部敌人的侵扰，还为西藏地方各种势力的纷争内斗留下管理上的空隙，使西藏各族人民的生活和安全难以得到保障。西藏的和平解放，彻底改变了封建王朝那种落后的管理形式，人民解放军进军西藏肩负起保卫祖国边疆的重任，各级党政组织深入到基层，承担起管理社会、发展生产、发展文化事业，为各地人民群众创造美好幸福生活的责任。特别是民主改革，废除了政教合一的封建农奴制度，推动了西藏社会的伟大跨越，最广大的人民群众获得了当家做主的权利。各级党政组织与各族人民一道建设西藏，管理地方，昔日那种部族纷争、邻里仇杀、山头林立、你争我夺的混乱局面从此彻底结束，西藏各族人民在党的领导下，紧密地团结在社会主义祖国大家庭里，经过改革开放和现代化建设，人民群众享受到前所未有的幸福生活[①]。这些历史确实值得用浓重的笔墨大书特书。

文稿的第六部分用几万字的篇幅分析与揭露国际反华势力削弱中国的企图与达赖分裂集团的活动。这是因为自20世纪80年代以来，我国西藏自治区在国际的视野中渐被瞩目。这一方面是我国的改革开放使西藏发生了巨大变化的结果，另一方面则是西方反华势力出于削弱中国的需要。而后者的直接结果酿成了一种与国际发展大趋势不和谐的气氛。一些居心叵测的政客与达赖集团一道对我国西藏政策大肆攻击，而另一些以藏学研究者自居的"专家"们也从不同角度对"西藏问题"进行研究。国际反华势力与分裂主义的破坏给西藏社会经济发展和政治稳定制造了很多麻烦，干扰了中国的内政、外交工作。这种逆潮流而动的活动是与西藏的历史进步相对立的。一方面是中国共产党人领导并与西藏各族人民一道推动西藏社会进步、创造美好幸福的生活，另一方面则是反华势力和达赖集团的破坏捣乱，孰是孰非一目了然，撰写这一部分的目的也在于此。

实际上，我之所以选择以上内容，不过是希望将自己的历史观点展示出来，而全部文稿还未能上升到历史研究专著应有的水平，所以只能冠以

[①] 本部分对中国共产党人治理西藏的当代历史仅研究到20世纪末，21世纪的历史更加辉煌。一代代共产党人治边稳藏的辉煌历史与成就还需要假以时日研究与补充。

《中华民族历史背景下藏事论衡》的书名，"藏事"与"藏史"，虽然只有一字之差，其含义则相距甚远。积几十年的历史学习与研究，对历史和史学越来越有深刻的认识，在中国的几千年历史上，有影响的历史学家寥若晨星，难以企及。作为历史爱好者，所写文字充其量不过是读书心得而已，真正写出有分量且能影响后世的历史著作，即使假以时日可否达到尚未可知，现在也只能借用前人的历史材料来证明自己的历史观点而已。当然，作为喜欢与历史及先贤对话的人，何尝不希望能够写出影响后世的历史著作呢，那就要看后天努力与史学功力的造化了。最后，我还是用鲁迅先生的话作为结束语："我们自古以来，就有埋头苦干的人，有拼命硬干的人，有为民请命的人，有舍身求法的人……虽是为帝王将相作家谱的所谓'正史'，也往往掩不住他们的光耀，这就是中国的脊梁。"鲁迅先生所称道的"脊梁"是我永远学习与追赶的典范和榜样。

作　者

2015 年 8 月

目　录

第一部分　中华民族历史大背景下的西藏地方史解读 …………（1）
　一　中国统一历史格局形成的必然因素 ………………………（1）
　二　解读西藏地方史的政治取向和历史观 ……………………（40）
　三　中国大历史格局中的西藏地方史解读 ……………………（76）

第二部分　明末清初的天下大势与清朝初期的藏事管理 …………（135）
　一　明末清初的天下大势 ………………………………………（135）
　二　蒙藏地区大角逐 ……………………………………………（160）
　三　清朝廷经略西部边疆的战略布局 …………………………（173）
　四　兴黄教即所以安众蒙古 ……………………………………（183）
　五　安定西藏设驻藏大臣 ………………………………………（196）

第三部分　驻藏大臣的责任意识历史比较 ……………………（205）
　一　清朝盛世驻藏大臣对西藏变乱处置能力的分析 …………（205）
　二　驱逐廓尔喀入侵时的驻藏大臣 ……………………………（225）
　三　乾隆后期的驻藏大臣与藏政大改革 ………………………（237）
　四　西藏第二次抗英斗争前后驻藏大臣的心智状态 …………（251）
　五　晚清变局中的驻藏大臣 ……………………………………（266）

第四部分　民国藏事乱局留给后人的启示 ……………………（286）
　一　没有强有力的中央政府做后盾，国家边疆治理的威权在藏事
　　　管理中难以保障，藏事乱局首先损害的是国家主权和中华民
　　　族的整体利益 ………………………………………………（286）
　二　没有强有力的中央政府做后盾，不仅西藏地方动荡不止、内
　　　部自相残杀不断，即使达官显贵、望族高僧也难逃被政敌谋
　　　害的厄运 ……………………………………………………（314）

三　没有强有力的中央政府做后盾，劳动群众只有承受着旧西藏及其黑暗制度所带来的无尽苦难 …………………………（350）

第五部分　当代西藏历史与中国共产党人的边疆治理意识 ………（382）
　　一　和平解放西藏的历史经过 ……………………………（382）
　　二　执行协议的八年岁月 …………………………………（397）
　　三　西藏的民主改革及其特点 ……………………………（415）
　　四　中印边境自卫反击作战的历史综述 …………………（432）
　　五　人民当家做主与西藏社会历史的伟大跨越 …………（443）
　　六　新中国西藏地区的社会主义改造 ……………………（455）
　　七　改革开放与西藏的"一个转折点" ……………………（467）
　　八　西藏新时期工作的里程碑与深化治藏思想的认识及实践 …（485）
　　九　社会主义市场经济体制在西藏的建立并逐步完善的历史过程 ………………………………………………（512）
　　十　中国共产党领导西藏革命和建设的丰功伟绩 ………（538）

第六部分　国际反华势力削弱中国的企图与达赖集团的分裂活动 ……………………………………………………（554）
　　一　历史背景 ………………………………………………（554）
　　二　20世纪前半叶世界列强对中国的居心 ………………（562）
　　三　新中国成立后，西方反华势力对中国的遏制政策 …（569）
　　四　世界列强对西藏由来已久的阴谋 ……………………（583）
　　五　国际反华势力为何选择了达赖集团 …………………（589）
　　六　国际反华势力武装叛乱分子支持达赖集团的卑劣行径 …（595）
　　七　达赖集团借助国际反华势力图谋分裂祖国的活动 …（605）
　　八　达赖集团分裂活动的几个阶段 ………………………（615）
　　九　国际社会对达赖集团分裂活动的态度 ………………（626）
　　十　历史、现实与未来的启示 ……………………………（637）

后记 ………………………………………………………………（650）

第一部分　中华民族历史大背景下的西藏地方史解读

中华民族的历史始终是在大一统意识的支配下而进步的，西藏地方历史是中华民族历史的一部分。考察和研究西藏历史，离不开中华各民族之间的文化、经济的交流和政治的、地理的联系，离不开中华民族形成的历史背景及各民族对中华文化的认同。中国大一统的历史形成，是与中国境内各民族的历史进程相一致的，从这一角度看，西藏的历史不是封闭的，也不是排他性的，更不是单一民族的历史，她是各民族长期交往、交流、融合的结果，是敞开民族的胸怀接纳各民族的历史文化又能够融入中国大历史的开放性的历史。西藏地方史不单单体现于历史文字记载当中，更重要的是体现在西藏各族人民的历史活动之中。为了说明这些，本部分从中国统一历史格局形成的必然，中华民族历史形成的文化、经济、地理因素，解读西藏地方史的政治取向和历史观，如何在中国大历史格局中解读西藏地方史等方面展开研究，努力以新的视角解读西藏地方历史，以唯物主义的、符合历史进步规律的全新观点回应历史中的虚无主义，校正一些"研究者"将西藏地方史与中华民族大历史割裂的曲谬用心。

一　中国统一历史格局形成的必然因素

中华民族具有悠久、灿烂、辉煌的历史，在漫长的历史发展中，各民族的发展构成了中华民族完整的历史，形成了中华民族统一的历史格局。在几千年的文明史中，各民族之间相互联系，相互融合，密不可分。一部中华民族史构筑了中国历史的大厦，而各民族的历史均属于这座大厦的一部分。考察中国境内任何一个民族的历史，必须从大历史观的角度着眼，注意民族区域史与中华民族整体历史的必然联系。而考察西藏地区史也要注意中华民族历史的大背景，首先要明确与西藏地区史密不可分的几个重大问题。

(一) 历史上中国各民族的分合状况

历史上各民族是由许许多多的部落实体聚合而成的，现今我国境内的各个民族特别是大一些的民族，无一不是经过动荡、聚散、交往、融合、迁徙、变化而成的，没有哪一个民族自始就是单一的实体。在新石器时期，我国境内已发现的部落遗址就达7000多个。从我国新石器时代文化的分布和特征看，不仅明确反映出几个大的文化中心或文化系统，也从某种程度上反映了当时民族集团的情况。

华夏民族集团：在仰韶文化及其发展出来的龙山文化的基础上逐渐形成的。

东夷民族集团：在大汶口文化及其发展起来的山东龙山文化基础上逐渐形成的。

南蛮民族集团：在河姆渡文化、马家浜文化、良渚文化、大溪文化、屈家岭文化、昙石山文化以及南方其他新石器时代文化的基础上形成的。

北狄和东北地区的民族集团：由新乐下层文化、富河文化、红山文化以及北方新石器时代文化而形成。

西域民族集团：由马家窑文化及西部其他新石器时代文化形成的。

西南民族集团：在茂州、云南、昌都、林芝等地文化遗址[①]的基础上形成的。

在远古时期，各民族集团形成的区域分别汇集了上千个大大小小的部族，各部族之间相互联系、相互斗争，又相互支持共同抗御着自然灾害，支持着中华文明的初始发展。这说明了远古时期中国境内各民族的历史情况。

进入新石器后期，由于气候的原因和各地自然条件不同，各民族在发展中出现了快与慢的差距，居住在自然条件较好的黄河及长江中下游地区的各部族经过长期融合，形成了最早进入阶级社会的夏族，产生并建立了夏朝。其后，夏朝发展到商朝，商朝又发展到周朝，而周朝是夏族奴隶制

---

① 上述诸地考古发现，有营盘山遗址、元谋遗址和卡诺文化遗址，由于地理气候和自然条件的原因，这些遗址时代年份相差遥远。

社会发展的鼎盛时期，这时夏族和各民族开始了较为密切的联系。经过春秋、战国各诸侯国的争斗与汇合，夏族汇合了南蛮、东夷、西域、北狄、西南地区、西北地区等民族，形成了汉民族的基础。进入秦汉时期，我国统一多民族的国家基本建立，从此，汉民族在各民族融合的基础上形成了一个庞大的实体。

作为中国境内最大的民族汉族，并不是一开始就是单一的汉族，她是在夏族融合了众多民族的基础上发展而成的，因汉朝而得名①。在这一时期，居于汉族周围的各民族也在分化、融合、兴灭。无论哪一种民族集团，都不是单一的民族，都在不断地分合、发展，只是因为汉族发展、融合较快，形成了人数最多、居地最广的民族实体，历史把她推到了我国主体民族的地位。

经过秦汉时期，各民族集团的界限逐渐被打破，汉民族由于封建社会的发展而更加成熟与庞大，而其他民族集团，有的部分融于汉族之中，有的则分合为匈奴、西域、西南夷番、东北乌桓，鲜卑、挹娄，西部羌狄、南方众越和武陵蛮等大的民族。在这众多的民族之中，无论处于一个政权统治之下，还是分别建立不同的邦国政权，它们之间的关系已进入了较为密切的经济、文化交往、交流阶段。由于当时各民族所处的地位和起的作用大小不同，汉族和匈奴、丛②越和西域诸族成为当时民族关系的主要方面，而其他民族的活动随着汉、匈奴、丛越、西域诸族的征战、动荡、分合的辐射而不同程度地变化着。

汉朝对其统治下的民族，除设郡县以治之外，还根据各民族的不同特点，设立"属国""刺史部""都护府"等。如在四川设广汉、蜀郡、犍为、益州等属国，在甘肃设张掖、居延等属国，在西南、西北设立管理夷、氐、羌、狄的刺史部、都护府。经过秦汉大约440年的统治，我国各民族关系日益加强，经济和文化的密切往来，形成了一个以秦、汉为统治基础的各民族统一的共同体雏形。

东汉灭亡后，我国进入了魏晋隋唐时期。从魏晋到隋唐，在我国辽阔的土地上生活着众多的民族，这时，周边民族族体不断扩大，有的分化，

---

① 汉族的历史渊源，在大型电视片《汉源》中有详细的介绍，进入今陕西汉中考察，可发现许多汉族起源的历史古迹。

② 丛：指活动于巴蜀一带及西南部的诸多部族，李白有"蚕丛及鱼凫，开国何茫然"之说。这里将活动于西南一带的诸族合称为"丛"。

有的合并，较著名的除汉族之外，还有匈奴、乌桓、鲜卑、氐、羌、吐蕃、柔然、回鹘、突厥、吐谷浑、靺鞨、室韦、契丹、僚、越等，在700年的历史大变动中，各民族之间关系呈现出错综复杂的局面。

魏晋南北朝时期，除西晋短暂统一外，其他时期基本为群雄割据，汉族和其他政权鼎立、互相交叉，形成大动荡、大融合的局面，此时的民族关系有着显著的特色。

首先，北方匈奴、鲜卑、羯、氐、羌等大规模进入中原，先后建立了各类政权，各民族在中原大地上又争夺、又联系、又分化、又融合，其结果是各民族关系更为密切，许多民族之间已不能分离。

其次，由于南方政局相对稳定，黄河流域的汉族大批南迁，南方土著民族迅速接受了汉族先进的文化，加速了南方经济、文化的发展，此时，南方地区各民族的结合也趋于紧密。

再次，由于汉族的南迁北合，两股汉族力量带动了南、北方民族的融合，一批少数民族融入汉族之中，既给汉族注入了新鲜血液，也带动了南、北方的发展，为隋唐各民族的统一奠定了基础。

隋唐时期是中国又一个大一统的时期。唐朝是一个疆域辽阔的大帝国。它汇聚了汉、突厥、回鹘、西域、吐蕃、南诏、契丹、室韦、渤海等族。其中虽然有一些民族聚居区处于与唐王朝割据的状态，如南诏、吐蕃等，但他们的历史都属于中国历史的一部分。

唐朝经过安史之乱以后，统治力量逐渐衰弱，各少数民族向唐王朝挑战，都城长安经常受到吐蕃、突厥、回鹘的进攻，南诏也常常骚扰西南地区，这些民族有时入主内地，有时又割据一方。其内部也经常处在分合争斗状态，但仍然在唐帝国大文化和大历史的影响下活动。

唐朝时期推行了较为开明的民族政策，团结了周边的少数民族，树立起前所未有的威信，所以，唐太宗成了统一多数民族国家的缔造者，被各民族尊称为"天可汗""天至尊"，成为各民族共同尊敬的帝王。

隋唐时期民族关系的进一步发展，既是魏晋以来民族融合的成果，又是隋唐时期积极的民族政策的体现。这一时期少数民族加快了汉化的进程，汉族也接受了许多少数民族的优秀文化，使隋唐时期成为中华民族高度发展和统一的时期。

唐朝末年，中央政府逐渐失去了对地方的控制，出现了军阀混战、藩镇割据、各少数民族自立为王的局面。这时候突厥人的一支沙陀部进入中原，先后建立了后唐、后晋、后汉、北汉政权。在边疆地区，各少数民族本身也出现了分裂局面，如原来较为强大的吐蕃也分裂成若干割据势力。但这一时期，各少数民族又互相交往、交流、交融，有的入主中原，有的兼并诸部族而称王，促进了民族关系的发展。

唐宋交替时期，居住在北方的契丹族，合并诸部族而建立契丹国，后称辽朝。公元960年，宋朝建立，但在中国境内的割据政权并立状态并未结束。在以后长达319年的时间里，在中国辽阔的疆域中出现了宋、辽、西夏、金、南宋、元等列国对峙的局面。在他们对峙之中，其他少数民族也乘机建立割据政权，如部分契丹族西迁后建立了西辽，回鹘建立了喀喇汗、于阗、高昌等割据政权，西南有吐蕃分裂后的各部相互争斗，还有云南大理国、大南国。而河湟、甘陇一带有吐蕃北迁的一支建立的唃厮啰政权。

在全国政治分裂状态下，又分化出许多小的民族，这些民族都是在中央政权分裂、各地相互割据无力控制的情况下而出现的，他们根据自己的特色自称一族。实际上都是由大的民族分裂而成的。根据当时史料记载，仅北部的辽国就有族属59个之多即"辽属国可纪者五十有九，朝贡无常，有事则遣使征兵，或下诏专征"[1]。由于各小族形成的原因不同，各族之间呈现较为复杂情况，但彼此联系是主流，而相互争斗有的是为了各小团体的利益，大多是为兼并对方而向往更大的统一政权。

这一时期的汉族、突厥、契丹、女真、党项、吐蕃、回鹘、蒙古等民族居于各统治区域民族关系的主体地位，而其他民族基本上附属于这些民族。

在这段时期内，各较大民族政权之间，既有相互争夺的一面，又有和平相处的一面，既有经济文化交流的一面，又有矛盾斗争的一面。总的来说，各族人民之间和平相处、政治、经济、文化联系更趋于密切。契丹灭渤海后，逐渐统一了我国东北和北方广大地区。契丹强盛后，欲霸中原，曾与梁、唐、晋、汉、周等割据政权发生密切关系。后唐灭亡后，契丹从后晋傀儡皇帝石敬瑭那里获取了燕云十六州农业发达区，以后又与北汉结为父子之国，势力扩展到晋冀北部地区。北宋建立后，曾与契丹建立的辽朝兵戈相见，但在军事上并未取得决定性胜利，因而宋辽出现对峙局面。金朝是女真族在反对辽的压迫中建立起来的奴隶制政权，通过对北宋的战争扩张领土和掠夺财富，在灭亡北宋后，占据了淮河以北地区，与南宋处

---

[1] 《辽史》卷36，《兵卫志·属国军》，中华书局2000年1月版，第293页。

于长期对峙局面。西夏处于各朝之间，名义上臣服于宋、辽、金，但政治上保持着自主自治特权，它向东依恃辽、金，蚕食宋西北管辖之地，向西则征服其他少数民族政权，但他们的历史都是我国悠久历史的一部分。

13世纪初，居住在我国北方的匈奴后裔，蒙古首领成吉思汗崛起于大漠，他及其子孙窝阔台、拖雷、阔端、蒙哥、忽必烈率领能征善战的蒙古骑兵东征西讨，先后灭亡了西夏、金、大理，收服了青藏高原各割据政权，最后打败南宋，建立起统一多民族的元帝国。全国统一局面的形成，为各民族之间的密切交往和相互融合创造了客观有利的条件，为明、清大一统的统治奠定了基础。

元王朝在历代王朝管理少数民族的基础上，逐步形成了一种在民族地区进行政治统治的土官制度，对少数民族进入汉族聚居区起了巨大的推动作用，加速了各少数民族社会经济的发展。这一时期迁居于中原地区的契丹、女真族，迁居于江淮地区的党项族都先后消失，成为汉族的一部分。统治于全国的蒙古族、色目人在周围环境影响下，也逐步走向统一于儒家思想文化的大潮流；西藏分散的割据政权，在居于统治地位的萨迦政权的带领下，纳入元朝的有效管理，并接受了各民族相互交往、交流、交融的制度和文化。元朝近百年的时间内，各民族处于一个大聚合的状态。

元朝末年，爆发了以红巾军为主力的各民族大起义。1368年，朱元璋在南京称帝，建立了明朝，同年北伐，夺取中原，会师北京，元顺帝北迁。从此，中国历史上又出现了一个以汉族为统治主体的新的王朝。但明朝并没有像唐、元两朝那样将中国境内的全部民族统一于一体，虽说大部分地区归于明朝统治，然而北部和西北部的大部分地区仍在一些蒙古领主的统治之下。这些蒙古领主既留恋于元朝时期的统治，又羡慕长城以南的富饶，寄希望于明朝对其册封。但又常常领兵南下掠夺。明英宗时期，社会矛盾加剧，流民问题严重，各族人民不断起义，与此同时，明在北部与蒙古领主不断战争，南方土司也乘机叛乱。1449年，土木堡之变，英宗被俘，蒙古领主也先视英宗皇帝若至宝，以此向明朝要挟勒索。16世纪后，张居正改革，政治局势好转，明与蒙古领主建立了互市通贡关系，全国一度趋于合一，明朝在西藏实行"多封众建"政策，这时蒙古俺答汗①

---

① 俺答汗，蒙语为"阿喇布坦"，元朝后裔，1578年在青海湖畔仰华寺与西藏格鲁派高僧索南嘉措会见，双方互赠名号。俺答汗赠索南嘉措为"圣识一切瓦齐尔达赖喇嘛"，索南嘉措赠俺答汗为"转千金法轮咱金克喇瓦尔第彻辰汗"。后世称索南嘉措为三世达赖喇嘛。

也被明王朝封为顺义王。

明朝末年，建州女真族首领乘明朝政治腐败之机而起兵，经过几十年的征战统一女真各部，建立后金国，其后又征服漠南蒙古，改国号为大清，确定"满洲"族名，把长城以北的各族融于满族之内。1644年，清军入关，打败了李自成的大顺政权，后又灭南明，安定青藏高原，打败噶尔丹、策妄阿拉布坦、罗布藏丹津的叛乱，平定三藩割据政权，收服台湾，设立驻藏大臣制度，实现了全国空前的统一，奠定了我国统一多民族国家的辽阔版图。到清朝中期，清王朝统治范围为：西起巴尔喀什湖和葱岭，东至鄂霍次克海和库页岛，南起南海的东沙、中沙、南沙、西沙诸岛，北至漠北和外兴安岭，西南至克什米尔、不丹、锡金，面积足有1300多万平方公里。清朝鼎盛时期，我国统一多民族国家得到了空前发展。

清朝中期以后，社会经济发展很快，工商业也日趋发展，内地发达的经济向边疆少数民族地区辐射，促进了边疆和各少数民族地区的迅速发展。如：漠南蒙古地区民族关系处于"相安已久""内外一家"的升平景象；南方民族地区"野无旷土"，禾粟繁茂，川、藏、陕、甘、青等地商旅络绎不绝，茶、盐、粮、畜贸易频繁不断；东南武陵地区、台湾地区、海南地区也得到了迅速发展。在这一时期，不管在内地还是在边疆，社会经济都有了明显发展，各族人民之间的联系更加牢固。

明清时期，我国已由宋元时期的上百个民族缩减为几十个民族，虽然族称仍然繁多，但作为中华民族共同体已基本定型，每个民族聚居区的各民族之间也趋于稳定，其中的多数民族与现在我国境内的各民族相一致起来。各族的族名分别为：汉、女真（满）、蒙古、回回、黑斤（赫哲）、索伦（达斡尔、鄂温克、鄂伦春）、古里迷、苦兀（苦夷）、朝鲜、东乡、蒙古儿（土）、撒拉、保安、撒里兀儿（裕固）、哈萨克、畏兀儿、布鲁特（柯尔克孜）、镑拍、搭吉克、俄罗斯、搭搭尔、藏、羌、门巴、珞巴、罗罗（彝）、蒲满（布明）、民家白人（纳西）、和泥（哈尼）、傈僳、阿昌、怒、巴苴（普米）、山头（景颇）、俅（独龙）、百夷（傣族）、嘎喇（瓦）、越（京）、攸乐（基诺）、崩龙（德昂）、倮（拉祜）、苗、瑶、黎、僮（壮）、毛难（毛南）、土家、仲家（布依）、侗、水、仡佬、仫佬、畲、东番（高山）等。其中有些民族的自称和他称还有多种，各民族的社会发育情况也不平衡，但这一时期，汉民族的数量越来越大，在各民族中仍起着主导作用，其他民族和汉族一道，为开发祖国边疆、抵御外来侵略、维护祖国统一作出了积极贡献。

总结历史上各民族的分合状况，可以清晰地看出，无论是哪一个民族包括汉民族，其产生和发展都不是单一的，都是由若干个部族部落混合成民族集团，再由民族集团内部斗争，演化而成为一个族体，其后，各民族集团之间再经过彼此联系、斗争、动荡、分化、融合，而生成了较大的民族，较大的民族之间再经过相互联系、斗争、融合，汇合成更大的民族，在这一系列复杂的过程中，有些民族壮大了，有些民族消失了，有些民族分化了。但总的趋势是，民族数量经过演化而减少，民族的质量经过融合而提高。现代意义上的各个较大的民族实际上已经是你中有我、我中有你，血缘相混，世代相袭，唯一的差异只是体现在语言和文化上，没有哪一个民族可称得上自古就是独立单一的民族。

（二）广义的中原文明形成以及对周边各民族的影响。

在各民族的分合与发展中，以黄河、长江流域特别是江淮中下游地区最具特色，在这一广阔的地区，由于地理条件和自然条件的优越，吸纳了众多民族的文明，形成了颇具吸引力的中原文明。

中原文明最早发端于远古时期，按照《史记·五帝本纪》的记载，中原父权制时代各部落集团，已经活动于黄河上、中、下游，长江中下游以及黄河、长江南北和岭南地区。考古挖掘证明，黄河和长江两大流域的古代遗址最为繁密，仅仰韶遗址就有1000多处，可见远古时期这一地区就是文化的密集地区。自公元前5000—前3000年，中原一带就进入文化鼎盛时期，从几个部落集团的活动中就反映出了当时的情况。(1) 黄帝集团：活动于西起陇山，东至太行山东麓，南至伏牛山以前，北达燕山、阴山一带。(2) 炎帝集团：活动在渭水上游，秦岭以北和汉水流域。(3) 太昊集团：以泰山为中心，南至淮水流域，东至大海，北至无隶。(4) 三苗集团：以长江中游、江淮平原为中心，南抵洞庭湖平原，西尽三峡川东、北达豫南与黄帝集团相连。(5) 长江下游部落集团：主要活动在江浙一带，后来演化成了吴、越诸国。

其后，五大部落集团经过千年的发展，逐渐进入了阶级社会，其中，一部分与黄河流域的部族合并后建立了夏朝。夏朝建立后，在此统治之内的人们自称为夏族，或者华夏族。由于当时夏朝统治区域内的经济、文化比较发达，这一带称为文明的中心。夏朝灭亡之后，取而代之的商朝则更为发达，已经普遍使用青铜器具，农业也获得一定的发展，到了周朝，狭义的中原文明已经基本形成，并有所扩大。

进入春秋时期，由于诸侯国的强大，周朝内部分裂成数十个诸侯国，其中有几个诸侯强国各霸一方，自称中原文明的代理人，常常打出尊王攘夷的旗号惩罚诸邻。当时著名的有齐桓公、晋文公、楚庄王等。秦兴起于渭水而霸西戎，吴、越的强大而形成了吴、越、楚争夺的态势。在这段时间内，中原文明已呈扩大之势。其原因是周边各民族所建立的诸侯小国对诸侯强国的强大和文明都羡慕不已，纷纷来攀亲比附，而各诸侯强国则常常以仁德之政号令天下，在攻伐强邻之后寄希望于执玉帛而徕远人，以标榜自己的仁德宽厚。

由于经济文化发展的不平衡性，春秋时期各少数民族所建立的小国或部落被各诸侯国称为戎狄蛮夷。戎和狄主要分布于黄河流域的北部和西部。而北戎、山戎在今河北或辽宁一带。姜戎、陆浑之戎在今甘肃一带，后来部分迁徙到河南。白狄在陕西一带，而鲜虞、肥、鼓在河北西部，南夷在江淮一带或东南沿海等地，南蛮则在今湖北、湖南、江西一带，西南夷则在今四川东部、成都平原及湖北、湖南西部。实际上，这些被华夏族称为戎、狄、蛮、夷的部族是最早五大部落集团的后裔，他们一方面对本部落文明有珍惜的一面，另一方面又对黄河、长江流域的诸侯国有羡慕和尊崇的一面，因为诸侯强国常常把尊王攘夷作为资本，其农业文明也比较发达。因此，四方部落纷纷寻找自己的靠山，或携贡品来联系，或通过战争攻入各诸侯强国。这样，经过几百年的联系、征战，中原文明的范围在逐步扩大，终于形成了后来的战国七雄。届时广义上的中原文明正式形成。

为了明确广义的中原文明的范围，我们将战国七雄所控制的地区作一简要概述。

1. 秦国：秦在东周时期，是一个文化较落后的诸侯邦国，公元前361年，秦孝公继位，下令求贤，重用卫国人商鞅。商鞅在秦孝公的大力支持下，变旧法而创新法，奠定了秦国强大的政治、经济基础。秦国最早居于陕西、甘肃一带，地僻西戎，常常为东部的齐国、晋国所鄙视。后来，秦国几代国王奋发图强，向周边扩展。公元前387年，秦伐蜀，取南郑，占领今安康、汉中一带；公元前316年，秦王派大将司马错灭蜀国，迁徙上万户秦民到蜀地居住，后又灭巴国，夺取今川东、鄂西一带。秦国的疆域大致为：北到陕北，南面到今四川黔江、西昌北部，西达陇西、青海一带，东至河南的灵宝县，东出函谷关与东部诸国相邻，被称为据关中与天府，号为西部强国。

2. 韩国：韩国当年由晋国分出，东邻魏国，西面函谷关与秦接邻，公元前375年，韩哀侯灭郑，三次迁都，终建都阳翟①。韩昭侯用法家申不害为相，行苛政，国力暂时加强。其疆土北自河南荥阳县西北，过黄河到山西的长治县，南到河南郾城县，东至河南密县新郑一带。韩国山多地少，物产贫乏，人口稀少，为七国最弱之国。

3. 魏国：秦孝公变法前，魏国是一个最强之国。魏国据有：南到鸿沟（今汴河）与楚为邻；东有淮颍与齐为邻；西至函谷关内的黄河西岸，并延及陕西的华县北经河南新乡、延津与赵为邻，建都大梁②，魏处平原一带，无险无奇，但人口稠密，兵源充足。

4. 赵国：都城定于邯郸。西有黄河，南有漳河，与魏为界，东至河北清河县与齐为邻；北面隔易水与燕国相望；西北延至阴山，筑长城与匈奴、楼烦、林胡相隔。赵灵武王胡服骑射，向北拓展了疆土，巩固了北方边界。

5. 燕国：燕国建都燕蓟③，另在河北易县设下都。燕王是西周时召公的后裔，东周时期燕国弱小，常常被北部的山戎侵入，后来燕昭王招贤纳士，并积极推动与北部融合，后来成为七国中较为强盛之国。燕国疆域东北据辽东与朝鲜为邻，北筑长城与东胡、林胡、楼烦为界，西有云中、九原与赵为邻，南到沧州、河间与齐交界。燕国离秦较远，受战祸较少，积累了国力，开发了辽河流域，奠定了古代中国东北的疆域。

6. 齐国：传说齐国是周朝开国功臣姜尚的封地，在周朝时期，齐国是最大的封国。到公元前386年，齐国定都临淄，仍是一个强大的诸侯国，齐国的疆域南有泰山，与楚为邻；北据渤海之滨，隔海与燕为邻；西至河北清河与赵为界。齐国历史较长，国富兵强，齐宣王招天下文学之士，给予优厚的待遇，让他们自由讲学，形成了讲学养士之风。为春秋战国时期的学术中心和文化中心。

---

① 今河南省禹县南部。
② 今河南省开封市。
③ 今北京、天津一带。

7. 楚国：楚国自西周以来，吞并的小国最多。到战国时期，楚国对周边小国或部族攻伐更烈。公元前334年，楚威王取浙江以西土地，定都郢城①，后又派大将庄蹻率兵进入云南，以云南昆明为中心扩地数千里。后来，庄蹻被秦国阻隔了归路，遂在云南自称滇王。楚国在七国之中土地最广。北至淮河流域与韩、魏、齐为邻；西至湖南沅陵、四川巫县与秦为界；南达九嶷山与百粤为邻；东至东海海滨，西南延至云南昆明。楚国800年的扩张经营，兼并南部、西南部的一些部族，使华、苗合一，形成了以华夏文化为核心的、其他民族文化相兼容的荆楚文化。

实际上，战国时期不仅仅是七雄并立，还有鲁、宋、中山、巴、蜀、越等小国和分布众多的少数民族。

从战国七雄所据范围来看，广义的中原文明已不仅仅是黄淮、长江流域的范围，它已经涵盖了北起阴山、辽河，西至甘陇、青海、川西，南达九嶷山脉百越及滇中昆明，东及大海的广大区域，这一广大区域囊括了中国历史的基本地区。考察中原文明史不能脱离这个实际。广义的中原文明吸纳了当时各民族的文明成果，为秦帝国时期统一多民族国家的形成奠定了基础。

春秋战国时期广义中原文明的形成，产生了当时世界上一流的光辉灿烂的思想文化。其特征是诸子百家的兴起与争鸣。诗、赋、散文盛行于当时。首先是各个思想家的应运而生。最早是孔子及其儒家学派的创立。孔子的《论语》以及与之有关的《尚书》《春秋》《诗经》曾成为其后两千多年封建社会的经典。这一时期，先后产生出来的思想家还有老子、庄子、墨子、孟子、荀子、管仲、孙子、李悝、吴起、韩非子，还有许多巧舌如簧的纵横家、精于权术的变法者。这一大批思想家产生于不同的诸侯国，他们紧紧围绕国家、人民、经济、民生，从政治、哲学、思想、伦理、权术、军事、经济、实用等各个方面或著书立说，或唇枪舌剑，进行了长达几百年的论战。各诸侯国的国王也按照自己的需要延请一批批思想家，用他们的观点为自己的政治服务。这个时候，思想界呈现出多彩纷呈、智慧灿烂、光彩夺目、交相辉映的文明的光华。其次是散文诗赋光耀九州。由于教育的逐渐普及和学术思想的空前活跃，对文学艺术的发展起到了很大推动作用。因为各个思想家都设法用通俗明白的语言来阐述自己

---

① 今湖北省荆州（沙市）市。

的观点，扩大自己的影响，遂产生了一批批明白易懂、内容丰富的散文，这种文体的变化，促进了知识的广泛传播。如盛行于当时的《左传》《战国策》《孟子》《庄子》《荀子》《韩非子》都是这方面的代表作。出现于春秋战国时各种体裁的散文名著，在中国文学史上占据了重要的地位。诸子百家的争鸣以及对民生的关心，刺激了诗歌的发展，当时最著名的是流行于七国的屈原的《离骚》，它想象丰富，感情充沛，辞藻瑰丽，成为古代诗歌之杰作。

春秋战国时期，与民生有关的经济文明也形成了一定规模，首先是铁制工具已广泛应用于农业和人民日常生活。《管子》曾说明当时的农夫已经使用了铁制的铼、铝、铫。女工已有了针、刀、剪具。制车工已有了斧、锯、锥、凿。铁器的使用，增强了开垦荒地的能力，使耕种面积不断扩大。在铁器广泛运用于农业的同时，水利灌溉工程也有很大发展。如魏国即河南中牟县西部开大沟引河水南入圃田泽及至梁。在河北临漳开渠引漳河水灌溉邺地。秦国蜀郡守李冰在四川灌县兴修都江堰，分岷江水灌溉成都平原，郑国开通郑国渠灌溉关中良田，这些水利工程技术之精湛称世界之最。铁器的广泛应用和水利工程的建立，大大促进了农业生产的发展，使农业文明提高到一个新的阶段。

农业文明的提高，刺激了农业对手工业的需求，铁器、铜器、木器、玉器、陶器各种金属及染色工业同时发展。冶铁工业是当时新兴的一种手工行业，是由农业发展的需求而大量涌现的。《管子》一书说："上有赭者，下有铁"，反映了当时人们探矿的一种目视手段，表明了冶铁技术已包括从选矿到冶炼的全部过程，在挖掘的出土文物中，已明显看出当时的情况。如在河北兴隆发现有铸造斧、锄、镰、凿等战国铁器40副；在河南新郑发现泥质的铸铁范模，至战国晚期，人们又学会了将铁块加热掺炭而炼钢的技术。青铜器在手工业中仍占据重要地位，主要用于器皿、乐器、镜子、货币、兵符等制作。战国时期纺织业比较发达，东方的齐国以多纹缟、布帛著称于当时，在长沙出土的文物中已发现"罗""阿缟"等纺织品，另还有麻、丝等。当时的手工业还有制盐、制漆等。

农业和手工业的发展也刺激了商品的交换，《孟子》一书曾讲到，当时农民不从事手工业，可获得布帛和陶器、铁器，而手工业者不耕田也能得到粮食，这完全是分工不同而交换的结果。《荀子》一书也说到当时北方的走马、吠犬，南方的羽翮、齿革、丹青，东方的织物和鱼盐，西方的皮革、文旄，都出现在中原的市场上。各地的商品交换，使商人日益增多，各地商人汇聚在一起，传递了各地文明的信息，促进了不同区域的联系。同时，商业发展又刺激了货币流通，铸造钱币的手工业也获得发展。

思想文化和农耕文化的空前发展，巩固了广义的中原文明，并使文明的互相交融成为现实。正是各民族围绕着华夏文明的内核的广泛联系，奠定了全国统一的基础。公元前231年，秦始皇结束了战国以来封建诸侯长期割据的局面，初步统一了中国，建立起一个以咸阳为首都的幅员辽阔的国家，其疆域囊括了战国七雄的全部土地并有扩展。这时，广义上的中原文明已基本上得到巩固。

广义的中原文明的巩固，对中国社会发展以及现在统一多民族国家的形成具有重要的历史意义。在秦以后的两千多年中，中原文明对吸引周边各民族进入这一地区及各民族的联系、融合起到了巨大作用。这是因为广义的中原文明是在华夏文明的基础上吸纳了东、西、南、北各种不同风俗、不同习惯的民族的文明，经过整合、量变、质变，最后形成了包容各族文明的统一共同体。尽管中间国家有统一、有分裂，甚至有时分化成若干国家，但这一文明的纽带始终把各分裂的国家联系在一起。

广义的中原文明，对周边各民族的影响是不可低估的。在战国七雄时期，分立于七雄之外的其他民族都希望成为七国中的一员，因为当时的七国是中国境内文化、经济最发达的地区。秦统一全国之后，中间虽然采取了一系列的军事措施，如北击匈奴、南收百越，但中原文明的引力则是主要的。中原文明的引力突出表现在当国家分裂为若干个邦国时，各邦国都争相自封正朝，以正统王或中原文明的代理人自居。即使少数民族政权也不例外。两汉时期，汉王朝与我国境内的少数民族匈奴发生过多次大规模的战争，许多战争都是匈奴羡慕中原物产和文化，多次南下掠夺而发生的，有时匈奴一些部落还举族南迁，汇入中原文明的大潮流之中。许多男子愿娶汉室女为妻，而汉王朝为了中原地区安宁和民族团结，也常常采取和亲政策。另外，匈奴也常常以汉族士人为谋士对付汉朝。东汉灭亡后，汉帝国分裂成若干割据区域，但每个割据区域的统治者都自称为正统，特别是到了三国时代，魏、蜀、吴相争，本来魏国势力最大，据有江北大半个中国，蜀国仅局限于西南一隅，但蜀主刘备仍以汉室代理人自居，俨然是中原文明的代表。

南北朝时期，江南江北各国都争相列为正统，北朝本来是少数民族建立的政权，但当他们与南朝交往时，往往以中原文明正统自居，双方使节还常常互相讥讽，斗智斗勇。在南北朝时期，最著名的是北魏孝文帝改革，这个开明的少数民族皇帝为了加强对中原地区的统治，接受黄河流域先进的文化，便不顾许多元老重臣的反对，决定把都城从平城[①]迁往洛阳，同时采取了一系列汉化措施，不仅加快鲜卑族与汉族融合的进程，促进了鲜卑族经济、文化的发展，同时也拓展了鲜卑与其他各民族的交流、交往，鲜卑政权的统治范围一度扩大到现今西藏的阿里、新疆的南部及克什米尔地区。

及至唐朝，中原文明更具吸引力，此时，吐蕃、西域、大理、南越、东北等少数民族政权争相遣人到长安入贡学习，形成了以朝见天子为尊、以学习盛唐文化为荣的气氛。如公元634年，吐蕃王松赞干布见吐谷浑、突厥、西域等部纷纷派人到长安主动称臣纳贡，便也派人到长安。后来，当他得知吐谷浑等部娶公主为妻，也提出了娶公主的要求。由于唐太宗没有马上应允，松赞干布派来的使臣害怕回去受到责罚，便谎称吐谷浑王从中挑拨，使天子改变了主意，即"天子遇我厚，几得公主"[②]。于是松赞干布非常气恼，当即率兵攻打吐谷浑，并派兵攻打松州，声称"公主不至，我且深入"[③]。尽管唐朝以兵威先行震慑吐蕃，但到后来，唐太宗为了民族相睦相合，还是允诺嫁文成公主到吐蕃，并带去了大量的典籍、经文、树种、医书等。

宋朝时期，这种文明的内向倾向更加明显，宋、辽、金、西夏等国相互混战，纷纷争当中原的主人，宋辽等互不承认，特别是南宋时期，金国把南宋称作南蛮之国，《岳飞传》中常有"小南蛮，拿命来"之语，而南宋则把金称作北虏、北蛮，双方互相讥讽，争当中原文明的代理人，但宋、辽、金的历史都获取了正统的地位。明清时期，中国基本上形成了大一统的局面，但也常常发生民族之间的纠纷。朱元璋认为，西南地区为方外之夷，引起了当地土司的大为不满，认为皇帝是在有意抛弃他们，一直到民国时期的云南军阀龙云，提起此事还常常气恼不已。在西藏地区，被朝廷所封法王常常率众或派人到京朝觐，以获取政治、宗教上的认可和经济上的赏赐，以宣示自己的荣宠。满族虽然为少数民族，但建立全国政权

---

① 今山西大同市。
② 《新唐书》第五册，卷216《吐蕃上》，中华书局2000年1月版，第4622页。
③ 同上。

后,很快融汇到中原文明中来,到了后期,满族许多本色已经消失,甚至文字语言也不复存在。因中国统一的历史格局已经牢固,其他各少数民族的首领皆希望朝廷封官晋爵,以示荣贵。

总之,广义的中原文明起到了凝聚全国各族人民的作用,在历史上虽有多次分裂,但中原文明并没有被分裂,政治上的分裂并不意味着文明的分裂。如在思想文化上,自西汉"罢黜百家、独尊儒术"后的两千多年之中,即使分裂成许多不相统属的割据政权,但各列国、邦国的政治制度基本上是在儒家的思想支配下而运行的,其文化也都受到儒家思想的影响,而经济更离不开中原文明。这种文明的引力作用,才使中华民族经受住多次大分裂、大动荡、大分化的考验,始终没有脱离全国大一统的格局。

当然,广义的中原文明一直处在不断扩大的过程中,在这个过程中,中原文明的本体吸收了许多民族的文明,特别是吸收了匈奴、鲜卑、突厥、吐蕃、西域各族的文明,才扩展为现在的中华文明。

从某种意义上讲,无论是中原文明还是现在的中华文明,都是各民族文明相融合的结果。

(三) 主体民族扩大中的民族融合

在中华民族统一历史格局形成的过程中,有一个较为显著的特点,就是主体民族汉族不断扩大,以至于成为现在占全国92%的绝对多数的民族。

考察汉民族扩大的过程,不能忽略各少数民族作出的显著贡献。汉族的前身是夏族或华夏族。经过与周边各民族的不断融合,推动了秦汉的统一,因汉朝而改称为汉族。其后的两千多年,汉族不断地融合其他民族,使汉民族的族体不断扩大。在汉民族不断扩大的过程中,非主体民族中较大的民族也在与周围的弱小民族交流、联系、融合,形成了现在基本定型的规模较大的、具备自己语言、文字、文化的民族。

中国境内主体民族——汉族的形成与发展,经历了一个漫长而复杂的过程。如果从广义的中原文明形成起计算,大致经历了四次大规模的民族融合运动,

1. 春秋战国时期

在先秦时期,我国的黄河、长江流域有许多民族杂居。根据周代历史记载:"当成周者,南有荆、蛮、申、应、邓、陈、蔡、隋、唐;北有

卫、燕、狄、鲜虞、潞、泉、徐、蒲；西有虞、乎虎、晋、隗、霍、杨、魏、芮；东有齐、鲁、宋、滕、薛、邹、莒。是非王之支子母弟甥舅也，则皆蛮、荆、戎、狄之人也。"① 这一记载反映了当时民族、宗族的分布情况。

实际上，当时已经形成了较为著名的五大民族，即华夏族、夷族、蛮族、荆族、狄族。这五大民族间相杂居，犬牙交错。即使在一个范围较小的割据政权之内，也有许多民族混杂在一起。如先秦时期的齐国境内有莱夷②，晋国境内有犬戎，魏国境内有武羌③。

另外，五大民族并不是现代意义上的民族，而是由各个更小的族体组成的民族集团。如东方的夷族有莱、介、郯、莒、根牟等，东南和南方的蛮就有淮、徐戎、群舒、巴、濮、荆、楚等。而西方之戎有庸、山戎、伊路戎、陆浑戎。而北狄则有鲜虞、潞、鼓、白狄、赤狄等。可见，当时的民族是由各群体部落演化而来，名称甚多，当时的史书恐不能全记。

正是各民族的杂居，创造了各族的经济、文化联系，为民族融合创造了必要的条件。进入战国时期，随着铁器的普遍使用，生产力有了很大发展，战国七雄取周而代之，扩大了民族融合的范围。这时，由于各民族向黄河、长江流域的华夏文明聚合，遂形成了广义上的中原文明。在创造广义中原文明的过程中，各民族作出了巨大贡献。除华夏族居于黄河、长江流域外，还有江南诸越、西南巴蜀、西北匈奴与诸羌、北方狄戎。这些民族在不断混战与迁徙过程中，一部分汇入创建广义的中原文明的大潮中，使战国七雄的民族成分更加复杂，主体民族更具有兼容性。在战国七雄的相互斗争中，各国既注意发展军事力量，又注意发展经济文化，同时还注意学习少数民族优秀的东西，以吸引更多的民族聚附于己，增强自身的实力，这也是战国时期民族大融合的主要因素之一。如战国时期赵武灵王的胡服骑射，就是军事上的一大改革。秦国则吸收西南诸族优秀的东西。此外，各列国想方设法创造能提升战斗力的攻防武器，兼容并蓄，以获取精良。正是七国相互争强的需要，使各统治者不拘一格地吸收各地的人才、先进文化和新的技艺，客观上推动了民族融合的进程。另外，各少数民族

---

① 来可泓：《国语直解》卷16《郑语》，复旦大学出版社2000年6月版，第737页。

② 《史记》卷32，载《齐太公世家第二》："莱人夷也，会纣之乱而周初定，未能集远方，是以与太公争国。"中华书局2000年1月版，第1245页。

③ 蒙文通：《周秦少数民族研究》，龙门联合书局1958年7月版。

也确实感受到了黄河、长江流域的经济、文化的发达，急于学习这些先进的经济、文化，以满足自己的需要。

战国七雄的相互斗争，也加速了大国对各部落、民族的兼并过程。如在春秋时期，今陕西、甘肃境内有犬戎、白狄、义梁、大荔、乌氏、朐衍、帛系诸、绲戎等，在四川境内有巴、蜀、板盾蛮、廪君蛮等，但到了战国时期，这些民族均被秦所吞并，其中大部分后来发展为汉族。再如楚国本来是荆蛮所建的一个小国，后来在与华夏的交融中不断壮大。在它的周围有卢、庸、群蛮、百濮，后来这些部落民族被楚吞并。战国时期，楚又向南北发展，吞并了上百个部落或民族，然后南下苍梧，进军贵州、云南，将广西、贵州、云南等地上百个部落、民族收归己有，促进了这一地区的汉化过程。又如分布于江、淮间的许多部落被吴国所兼并，浙江境内的一些部落和福建的七闽被越国所兼并，然后吴国、越国率诸族并于楚。

2. 两汉魏晋南北朝时期

秦始皇统一六国之后，废封建，设郡、县，集权于中央，在中央强大政权的治理下，统一文字、货币、度量衡，统一车轨，奖励农耕，修驿道通四方，创造了民族融合的政治、军事、经济、文化条件。到了汉代，原来被齐、燕、晋、赵、秦、楚、吴越合并的莱夷、淮夷、赤狄、白狄、犬戎、义梁、乌氏、荆蛮、庸、卢等几百个部落及民族都消失了，它们同诸夏一起，经过秦汉大动荡和朝代更替，融合成了一个新的民族——汉族。

汉族形成之后，与各民族相融合的运动并未停止，而是以更大规模、更高的形式继续发展。例如，分布于今浙江省南部和福建的东越，是汉代一个较大的少数民族。汉初高祖封其首领"无诸"为闽越王，"摇"为东瓯王。公元前138年，东瓯为闽越所逼，告急于汉武帝曰："请举国徙中国，乃悉举众来处江、淮之间。"① 对此举动，汉武帝大加赞赏，欣然应允。公元前111年，闽越王反汉，武帝派兵平乱，"诏军吏皆将其民徙处江淮之间"②，后来，这个较大的民族除少数逃入深山密林外，大部分融合到汉族中去。到了东汉、三国时期，没有被融合的那部分东越人，吸收了大量逃亡的汉族，发展成盛极一时的山越人，活动于苏南、皖南、浙江、福建、江西等地，他们保持着纹身的习惯，又吸收了汉文化，建立了

---

① 《史记》第三册卷114《东越列传》，中华书局2000年1月版，第2274页。

② 同上。

以丹阳郡为中心的部落政权，后来，孙策、孙权用了三四十年的时间，把山越逐一平定，迁其民到江淮一带与汉族杂居，经过魏晋南北朝的几百年，这些山越人也消失在民族融合之中。

魏晋南北朝时期是民族融合规模最大的时期。东汉灭亡，三国鼎立，各自想战胜对方，所以想方设法扩大自己的地盘和力量，这时候魏国北收乌桓，进击匈奴，魏武帝东临碣石，使魏的力量向北发展很快。吴国则南平百越，徙汉族人开拓南疆，并加强了与台湾高山族的联系。蜀国在诸葛亮的谋划下，积极向西南部发展，南七擒孟获，西收服诸羌，巩固并发展了蜀国的统治区域。由于长期的战乱，各少数民族纷纷向中原地区迁移，西晋之时，"关中之人百余万口，率其少多，戎狄居半"①。西晋灭亡后，由于躲避战乱，长江以北士族大户率其家族纷纷南迁，北方进入五胡十六国时期。这一时期，北方的匈奴、鲜卑、氐、羌等争相涌入黄、淮流域，走马灯似的登上中原的舞台，民族融合与民族仇杀交织在一起，极大地破坏了北方的经济、文化发展。后来，北魏道武帝下令解散高车以外的诸部落组织，将流入这一地区的各少数民族"编民"管理，各民族加快了融合的步伐。

这一时期的民族融合除自发地杂婚、改姓、改族称之外，还遇到了入主北方地区的少数民族皇帝的强制融合。北魏孝文帝总结了一百多年来少数民族融合而进步的经验，下令改革鲜卑旧俗而推行汉化。他鼓励鲜卑人同汉人通婚；强令"断诸北语，一从正音（汉语）"②，南迁的鲜卑人死后必须葬在洛阳，不许归葬代北。除此之外，他还大量地吸收汉族士人入朝做官，并将鲜卑的复音姓氏改为相近的单音汉姓。如将皇族拓跋氏改为元姓，一部分庶族改姓长孙，丘穆陵氏改姓穆，步六孤氏改姓陆，独孤氏改姓刘等，鼓励鲜卑族人学习汉族文化、朝中官员学习儒家典籍。因孝文帝本人是鲜卑族，支持他改革的也是鲜卑族人。所以各少数民族自觉进入中原汉化像打开了闸门的洪水，鲜卑、乌桓、羯、氐纷纷效仿皇帝，使民族融合达到了空前的规模。北魏分裂之后，分掌东西魏大权的高欢和宇文泰曾试图恢复鲜卑语和胡姓，但民族融合已形成了历史潮流，到隋唐年间，鲜卑、高车两大族在民族融合中消失，人们已不再把长孙无忌、尉迟

---

① 《晋书》第二册卷56《江统传》，中华书局2000年1月版，第1016页。
② 《魏书》第一册卷21《咸阳王禧传》，中华书局2000年1月版，第361页。

敬德、宇文化及等视为少数民族，认同了他们是汉族的一部分。

3. 隋、唐、五代十国、宋、辽、金、元时期

隋唐是继南北朝而来，民族融合继续进行，各民族共同拥戴隋文帝。隋朝短暂而亡，而建立唐朝的李渊本身就含有少数民族的血脉[①]。唐朝建立后，各民族交往、交流、交融的广度和深度空前绝后。由于唐朝在文化、世俗生活、宗教等方面兼容并蓄，经济文化又领先于世，对周边各民族的引力不断增强，吐蕃和西域诸部向往中土，一部分由皇帝赐姓融入汉族，另一部分割据政权也纷纷效法唐朝而归化。唐朝末年，爆发了规模巨大的黄巢起义，各地的藩镇也割据四方，一度曾文明四海、疆域辽阔的统一多民族的大唐帝国解体。代之以纷乱的五代十国，这一时期，沙陀、党项、奚、契丹、女真等族纷纷崛起，他们有的大举进攻汉族统治区，甚至入主中原，建立政权，而规模庞大的吐蕃也随之解体，分裂成若干个互不统属的部族。由于四方纷扰，没有一个统一的政权，各少数民族乘势而入，并自然地融合于人数众多的汉族之内。五代结束后，中国出现了宋、辽、金并立的局面。并出现了四个较大的民族政权：契丹、党项、唃厮啰、女真，这四个较大的少数民族政权是在融合了许多弱小的部族和民族而后形成的，当它们强大之后，建立了与宋相抗衡的北方、西方政权，在宋、辽、金并存的时期，各国都争相当中原的主人，都自称为正统，因为北宋统治着黄河、长江流域，所以人们常常把北宋作为五代后的正式王朝，辽、金、西夏、角嘶罗虽说是少数民族建立的政权，但在长达两百多年的相互对峙中，辽朝和金朝均吸收了各地汉族文化，其统治区域内的汉族比例仍占据首位，因为斗争的需要和争当正统王朝的原因，辽、金、西夏都纷纷重视学习中原文化，学习中原王朝的典章制度，从统治者中产生了一批开明的民族融合的统治者，后来不仅契丹、女真、党项中的一部分融合于汉族之中，他们还带动了统治区域内许多民族一同汉化。

13世纪，蒙古民族崛起于大漠，它们先灭辽、金政权，尔后灭亡了南宋，在向南征服的过程中，它们同时消灭了西夏政权、大理政权，收降了西藏吐蕃分裂之后的各个割据势力，建立了一个空前的统一多民族的元帝国。元朝是我国少数民族建立的第一个多民族的统一政权。该政权建立之初，在朝廷中引发了以蒙古族游牧方式统治全国还是以汉族的农耕文明

---

① 据史料记载，李渊祖上是由汉族和少数民族混血而出。

统治全国的争论。其中耶律楚材、忽必烈认为蒙古族必须采用汉法，方能统治全国。在激烈的争论中，忽必烈的谋士许衡指出："国朝仍处远漠，无事论此。必若今日形势，非用汉法不可"，"考之前代，北方之有中夏者，必行汉法乃可长久"①。忽必烈采纳了他的建议，制止了一些蒙古贵族坚持旧例，用蒙俗取代汉俗，用蒙制取代汉制，并将中原农业区改为牧区的荒谬主张。为了便于统治全国，忽必烈将政治中心移到华北的腹心地带北京，而后"采取故老诸儒之言，考求前代之典，立朝廷而建官府"②，鼓励蒙古贵族子弟学习汉族文化及典章制度，以适应蒙古族对全国统治的需要。当然，元朝也实行了一系列粗放式的民族歧视政策，把全国上百个民族分类为四等，即蒙古人、色目人、北人、南人。这种粗略分等级办法并不单纯按族类划分，北人、南人大部为汉族，同时也有一些少数民族。但这种粗略的划分在客观上加快了民族融合的速度。另外，元初拒绝科举考试，顽固地坚持"列名怯薛"、自然继承职位的旧例，其法律也采用"蒙古祖宗家法"，没有成型的正式法律。但此后为便于统治不得不采用汉法并恢复科举取仕，元代是我国少数民族自觉的民族融合时期，这是因为蒙古统治全国的需要而自觉进行的，最终使一部分蒙古人融合于汉族之中，使汉族的族体进一步扩大。

4. 明清时期

明清时期，我国民族融合的范围在逐步扩大。明王朝是在灭亡元朝的基础上建立的，在广大西北地区，元朝的残余还继续着自己的政权，他们有时向明朝称臣纳贡，有时又南下骚扰。在西南地区，明朝对众多的少数民族推行土司制度，对西藏地区则多封众建，以利于统治。由于地域辽阔，明王朝对一些少数民族地区采取封王统治的办法。由于汉族为逃避压迫向周边少数民族的封王地区逃亡，使一些边远民族地区受到汉族的很大影响。在明朝，居住在南部的一些蛮族尚未融合，如湖南西部、南部还有蛮、土、瑶等族，新化、安化两县还有"梅山蛮"，黔阳、沅陵两地还有"南江蛮"，这些民族在明代都被融入到汉族中去。而元末明初迁入内地的鞑靼等少数民族，到明末清初也消失在民族融合之中。明朝时期，女真人崛起于东北地区，他们在一百多年之内兼并了几十个部落或民族，并征

---

① 《元史》第三册卷158《许衡传》，中华书局2000年版1月版，第2478页。
② （元）《国朝经世大典》卷40《经世大典序录·官制》。

服漠南蒙古，建立了清政权，后统称该族为"满族"。

女真人在东北地区建立政权，融合了大批的少数民族。灭亡明王朝之后，清朝携带诸多民族进入中原地区，自觉地汇入民族融合的洪流之中。清政权是我国少数民族建立的第二个多民族的统一的全国性政权。入关之后，他们积极地采用儒士的建议，学习汉族地区的文化、典章制度，自觉地融合于汉文化之中。清王朝民族融合的另一个措施是平息少数民族政权的叛乱，迁徙大量满、汉族人开发边疆地区，这在新疆地区尤为突出。此外，清朝在西南地区推行改土归流，给予维护旧风俗习惯和阻挠各民族之间自由交流的地方保守势力极其沉重的打击。自此开始，西南地区的民族融合步伐加快，一些民族与汉族杂居，相互学习，共同开发边疆地区，到了清末，云、贵、川等地的有些少数民族与汉民族相融合，"佯黄""宋家"都消失了。清代和元代一样，也有一部分满族保守势力试图在全国实行满族化政策，尽管采用了极其残暴的杀戮强制措施，但也没有阻止住主体民族的融合潮流，试图满化的结果是满人融入到汉民族之中，就连满族的语言文字也融入到汉语言文字之中。到辛亥革命时期，满族在全国已大部分被汉化。

在主体民族——汉族不断融合其他民族的过程中，大一些的少数民族也在不断融合更小的民族。

藏族的先民在汉代一部分为羌族所衍生，当时称为发羌，后又有唐牦的称谓。到隋、唐时期，发羌、唐牦等部落与西藏南部的诸部落不断融合、兼并，形成了强大的部落集团，并建立了吐蕃政权。在松赞干布统一西藏的过程中，又吸收了大量的部族，其中有羌、党项、象雄诸部、汉和其他民族成员，后经过宋、元、明、清的长期融合，形成了今天的藏族。

维吾尔族的形成是从唐末两支回鹘部族西迁开始的。公元840年的唐中后期，回鹘汗国为黠嘎斯所破，诸部溃散，其中较大的一支被迫迁徙到新疆的吐鲁番地区，唐朝称之为"西州回鹘"；另一支则逃到哈萨克斯坦共和国的锡尔河流域。西州回鹘在当地汉族人和西域人的影响之下，逐渐从游牧走向定居。到了宋代，西州回鹘的统治区域不断扩大，势力不断增强，在融合了居住于当地的西域诸部落和汉族迁徙逃人之后，又兼并了大小几十个民族，"所统有南突厥、北突厥、大众熨、小众熨、样磨割禄、黠嘎斯、末蛮格哆族、预龙族"等①，占据了龟兹、准噶尔沙漠等地，其

---

① 《宋史》第十一册，卷249，中华书局2000年1月版，第10889页。

势力一度达到甘肃省及今蒙古人民共和国的西部,到南宋年间,回鹘族与其他几十个部落、民族相融合,并接受了伊斯兰教,再经过元、明、清的不断发展,遂形成了现在的维吾尔族。

在考察主体民族的形成过程中,可以得出以下结论,汉民族是居住在中国境内的各部落、民族不断融合而形成的,正如毛泽东同志所讲的那样:"汉族人口多,也是长期内许多民族混血形成的。"[①] 而其他大一些的少数民族,如蒙古、回、藏、壮、维吾尔等族,也是融合了其他更小的民族而形成的,从大历史观的角度分析,没有哪一个民族自始至终是单一的,是一成不变的,一些民族被另一些民族所融合,融合其他民族的民族被更大的民族所融合,这既是不可抗拒的历史规律,也是人类社会进步和发展的需要。在一个统一多民族国家之内,任何人为地制造民族界限,甚至人为地制造新的民族或恢复已经不复存在的民族都是荒谬和倒退的行为,都是对社会进步的一种反动。

(四) 中华民族统一历史格局形成的社会经济因素

大一统是中国历史的鲜明特点,大一统的思想在中国各个时代的士阶层中占据支配地位。秦始皇统一全国之后,中国统一时间之长,在世界各国的历史中是无法相比的。当然,秦统一之后,仍有分裂时期,若从中华民族统一历史规律看,每一次大的分裂,则酝酿着更大范围的融合与统一;每次的列国争霸,都是为了统一而斗争。东汉分裂后,遂出现了三国鼎立局面,三国的相互争夺都是为了统一对方,所以才会出现三分天下而合于晋的局面。西晋灭亡后,中国出现了南北朝分立、长达二百多年的大分裂时期,然而这次大分裂又酝酿着隋唐帝国的更大统一,其后,尽管也有分裂,甚至宋、辽、金、西夏、唃厮啰鼎足时期,但又为元帝国更大的统一创造了条件。自元之后,中国的统一越来越巩固,及至清朝中期,中国的疆域和巩固程度是前所未有的。

考察中华民族统一的历史主流,不能忽视其内在因素。这种因素是历史形成的,是不以人的意志为转移的。

1. 统一是人民群众的历史要求

中国境内的各族人民都有反对分裂、维护祖国统一的历史要求。统一

---

① 毛泽东:《论十大关系》,《毛泽东选集》第 5 卷,人民出版社 1977 年 4 月版,第 278 页。

与分裂，不单纯是两个概念的区别，两者给人民带来的祸福吉凶是有本质区别的。当国家统一时，全国一派升平景象，没有战争，没有争夺，也没有屠杀，一旦国家走向分裂，争夺、战争、屠杀便像瘟疫一样困扰着人民群众。

春秋战国时期，在我国境内有大小一百多个列国，上千个部落。他们为了彼此的争夺，都要备有自己的武装。像莒、邾等小国，也要准备兵车千乘。小国对大国缴纳的贡赋徭役，以及列国间战争的消耗，国内君王贵族的奢侈浪费，全压在劳动人民的肩上。那时候小国人民的负担极其严重，一些大国人口较多，土地比小国大几十倍，人民的负担相对比小国轻。所以在春秋战国时期，人们宁愿做大国的臣民而不愿做小国臣民，做较为大国的臣民也不如做全国统一的臣民。当时邹、鲁两国交兵，邹国人民都不愿打仗，结果是官员战死33人，士兵全部逃回。在战国争霸时期，战争屠杀了千千万万的人民，仅秦赵长平之战一次就坑杀赵国降卒40万人，真乃白骨遍野，千万家庭破灭。所以人民都不愿为了某些人的私利而相互厮杀，希望有一个强力人物或强力国家统一六国，这从民意上为秦统一中国奠定了基础。

"十六国"时期，因西晋的灭亡而引发了中国北部地区的大分裂、大割据，这段时间是中国历史上北部地区最混乱的时期。从晋惠帝末年到北魏统一北方的一百三十多年间（公元304—439年），各民族的上层分子为实现自己的政治野心和一己私利，利用人民的反抗，竞相争夺地盘，建立割据政权，他们之间相互战争，有的甚至鼓动民族仇杀。如建立前赵政权的刘曜，对各族人民采取高压政策，无限度地屠杀和盘剥人民，因而引起羌、氐、巴、羯等族人民的反对。更有甚者，他听从奸臣游子远的建议，屠杀了二十多万起义群众，同时将陇右一带的氐、羌二十多万人迁往长安，路上倒毙者不计其数。再如建立后赵的石勒，原曾被汉族官僚地主掠卖为奴和强迫充当田客，对汉族官僚地主怀有极大仇恨，他起兵时，规定凡被俘两千石以上官吏和豪族地主，一律格杀勿论。后来，石勒的民族偏见越来越大，不能自拔，曾成千上万地屠杀被俘的汉人。公元311年，他率兵包围了从洛阳逃出来的西晋王公、贵族和军民，用骑兵围射屠杀，十几万人无一幸免。他的儿子石虎掌握大权之后，仿效其父，视杀人为儿戏，当他打败青州曹嶷之后，一次屠杀了三万降卒。公元344年，汉人冉闵灭掉后赵，建立魏国，他利用汉族人民对羯族统治者的憎恨，残酷屠杀羯人，一日之内，杀羯人数万，前后被杀达20万，甚至有些高鼻梁、长胡须的汉人也被误杀。十六国时期各割据势力的争夺与屠杀，使富饶的中原地区田地荒芜，白骨盈野，野兽出没，一片哀鸿，生产力遭到极大破坏。"十六国"时期各割据势力之间的狂屠滥杀，使人民群众百代不能忘记，人民群众恨透了分裂，渴望统一，所以在其后的统一王朝时期，人们对分裂局面胆战心惊，唯恐出现像"十六国"时期的惨剧。正因如此，当安禄山起兵叛乱时，河北、河南、山东、山西、陕西等地的人民自发地组织起来，袭击叛军的后路，为唐朝平息安史之乱创造了条件。当五代十国的分裂割据局面出现时，天下士人和百姓支持势力较大的北周柴荣政权，后又支持赵匡胤消灭各割据政权，建立北宋。当清朝年间吴三桂谎称为明帝复仇，起兵割据时，没有得到南方人民的支持，最后归于失败。即便企图割据边疆地区的噶尔丹、策妄阿拉布坦、罗布藏丹津、阿古柏等势力，也是因为遭到当地各族人民的反对而归于失败。

2. 共同文化的要求凝聚了各族人民

西周以来，中原地区华夏族与各民族杂居，得益于优越的自然环境，创造了比较先进的经济、文化。东周以后特别是到春秋战国时期，中原文明不断扩展，使四周各族的文化趋于统一。被称为荆蛮的楚国统一了南方文化，并将这一文化加以发展，与华夏族的区别逐渐消失；东夷各族，长期接触华夏文化，陆续并入齐、鲁、楚各国。秦虽然被视作戎狄，但秦历代君王崇尚华夏文化，不断改革与吸收，使秦文化发展很快，到战国时期，秦文化成为中原文化的一部分。北方和东北地区的赵、燕等国，经过与齐、楚、魏、韩等国的战争和文化交流，逐步归一，因而到战国后期，大致形成了北至辽东、匈奴，南逾吴越，西南至巴蜀及至昆明的广义上的中原文明圈。

秦汉时期，这一文明圈向四方扩展，其文化影响逐步扩大到匈奴地区、南越地区、西域地区、东北地区，到了唐代，这一文化圈又扩展到吐蕃地区。在考古挖掘和现存的遗迹中，北起蒙古地区，南到广西、云南，西经西藏、新疆，东北至黑龙江流域，都有广义的中原文化的遗迹。

秦汉以后，由于广义上的中原文明所形成的文化广播四方，对各族均产生了凝聚作用，在不同的历史时期和不同的民族区域发展历史上，中原文化的表现程度不同也凸显出不同特色。

首先，以儒家为核心的思想文化影响了各族的上层人物和士阶层。考古发现，几乎各民族的上层人物家中，如土司、封王或建立了政权的割据一方的诸侯王，其家中或宫殿之中均有一些儒家经典。唐朝开科取士之后，少数民族中的贵族阶层中的士在懂得本民族文化的同时，还需要懂得经世致用的儒学，即使像唐代安禄山、史思明这样的少数民族悍将，在与皇帝答对时也要懂一些儒家的仁、义、礼、智、信、忠、孝之类的东西，否则就难以致仕。辽朝的萧太后等，常嘱弟子要读一些儒家经典。满族入关之前，努尔哈赤、皇太极等常常延请汉族学士教授弟子儒家经典，附之以治国之道。即使远离京城的西域、大理和西藏地区，均对儒学钦慕不已。如考古工作者曾在吐鲁番发现了很多唐代儒家典籍和汉文史书写本残片。大理国使臣给宋朝地方官求购经、史、子、集的信中写道："知己之人，幸逢相谒，言音未同，情愫相契。吾闻夫子云：'君子和而不同，小人同而不和'，今两国之人不期而会者岂不习夫子之言哉?"书后有"言音未会意相和，远隔江山万里多"之句。[①] 丽江的木府收藏有大量的儒家典籍和制度典章书册。西藏地区在唐代文成公主、金城公主进藏时就带去许多儒家典籍。清朝初年，儒家思想的始祖孔子的传说就流传于西藏民间。一幅《孔子至尊图》的唐卡反映了西藏人民对儒家思想创始人孔子的崇敬[②]。其后，历代驻藏大臣在西藏总是以儒学思想来规范自己的行为，秉承皇帝之意治理西藏，甚至张荫棠还登台宣讲儒家经典。可见，儒家思想对凝聚各族人民起到了很大作用。

其次，广义的中原文化被各族人民所崇敬，许多边疆地区都有中原文化影响的痕迹。如南诏国就受到唐文化的广泛影响，反映出来的有辞藻华丽、语句典雅、文字流畅的《德化碑》，还有许多堪与唐诗媲美的瑰丽诗篇："泸北行人绝，云南信未还，庭前花不扫，门外柳谁攀。生久消银烛，愁多减玉颜。悬心秋夜月，万里照关山。"[③] 这首思乡诗反映了南诏对中原文化的认同。又如继南诏而起的大理国非常羡慕宋朝文化，政和六年大理使臣李紫琮到开封，途经湖南常德，专门要求参观学校，大理人李观音得、董六斤黑等人到邕州买马，专门购买大批《文选五臣注》《三史》《百家书》《五经广注》《春秋后语》等书带回大理。即使西藏地区，也受到内地文化很大影响，唐朝年间，唐朝的乐、舞、杂技传入吐蕃地

---

① （元）马端临撰：《文献通考》卷329，中华书局1986年9月版，下册2586页。
② 《中国西藏》1997年第1期。
③ 李昆声、祁庆富：《南诏史话》，文物出版社1985年版，第103页。

区，大为吐蕃人所喜爱，在宴会时往往由汉族乐工演奏《秦王破阵曲》①，吐蕃贵族熟知汉族礼节，在招待唐朝大臣的宴会上，"饭举酒行，与华制略等，乐奏秦王破阵曲，又奏凉州、胡渭、录要、杂曲，百妓皆中国人"②。在吐蕃的语言中，大量采用了汉语借词，如"唐罗卜""唐柳""舟"等。当时诗人曾经写下了"自从贵主和亲后，一半胡风似汉家"的诗句，用来形容吐蕃大量吸收中原文化之盛事。唐朝时期大批印刷品从内地流传到吐蕃，藏王墓南端至今还保留有唐代碑文，而萨迦寺也保存少量的元代时期北京印刷的藏、汉文经卷。吐蕃以后，内地发明的木刻陆续传入西藏地区。在建筑方面，萨迦的城堡仿效了中原的形制。夏鲁寺的大殿使用了歇山重檐屋顶，铺设了琉璃瓦，梁架的结构也采用了内地的汉族样式。其他民族也是这样，如蒙古族的萨都剌，喜欢唐诗宋词，他所作的"紫塞风高弓力强，王孙走马猎沙场。呼鹰腰箭归来晚，马上倒悬双白狼"曾流行于当时。又如满族的纳兰性德非常喜爱中原文化，曾作大量的诗词，在清初属于博学多才之人。

最后，中原文化也是统治阶级普遍使用的一种文化，无论是汉族统治者还是少数民族统治者，都是利用这一文化凝聚各族人民。所谓儒文化可训导百官、育化万民、招徕远人、化育方外之人等就反映出各族人民对共同文化的需要。

3. 联结各族人民的经济纽带

在中华民族统一的历史格局形成过程中，经济纽带是非常重要的一个因素。早在先秦时期，全国范围内就有大批量的商品流通。孟子在《许行》一文中曾讲道："以粟易械器者，不为厉陶冶；陶冶亦以械器易粟者。"③ 反映了当时的市场交换情况。唐宋以后，内地和各边疆地区的经济互补性更加突出。以西域和吐蕃为例：唐代中原地区和西域、吐蕃等地的贸易极为频繁，内地运经西域、吐蕃的商品主要有锦、绫、绢、丝、金、铁、茶叶、盐等物品，而西域和吐蕃运来内地的有香料、棉麻、马匹、葡萄、草药、毛皮等。当时西域、吐蕃商人云集长安，活动于渭河流域和张掖、武威、酒泉、兰州，西宁及河湟地区，还有一些商人曾深入到

---

① 《新唐书》第五册卷216（下），中华书局2000年1月版，第4643页。
② 《新唐书》第五册卷216《吐蕃传》，中华书局2000年1月版，第4643页。
③ 《孟子·滕文公上》。

山西、河南，他们利用当地的产品，换取中原的商品，以致到了须臾不能离的地步。著名的丝绸之路自汉代至唐宋，形成了一条络绎不绝的商道。

到了元明清时期，各族经济的联系更加密切。元代，由于封建的中央集权统一大帝国的形成，加之当时交通发达、驿路畅通，为各族人民经济往来扫除了障碍。当时，江南的稻米通过漕运迅速运往北方，甚至供应远离大都的蒙古贵族，另外，新疆、西藏、云南等地的产品与中原地区交换更趋频繁。如新疆的伊犁马、藏地的马匹和药材、云南的木材均与内地茶叶、稻米、丝绢交换。为了补充守边军队的不足，元朝廷还常常在当地购买军粮，以免转运之困苦，据资料记载，1271年，元政府一次就在维吾尔地区"市米万石"，并购买一批棉麻物品。

明代，各族的经济往来比元更进一步，聚居于西北、西南地区的蒙古族、维吾尔族、藏族、回族、撒拉族、裕固族等，此时已离不开与内地的交往。以藏族为例，藏族天天饮用的茶叶来自四川、云南一带，明代除了朝廷赏赐一批茶叶给被册封的法王外，其余的民间贸易全部以茶马互市解决。当时，天水、河州、西宁、雅安，乃至成都皆设有茶马互市的场地。除茶马交易外，藏族还以犀角、盔甲、刀剑、氆氇、佛教用品来换取内地生产的布帛、丝绸等。明朝时期，西域各族与中原经济交往更加密切，各族贵族为了换取朝廷丰厚的赏赐，连年派商人携物入贡，与入贡商人同路的还有大量经营贸易的商人，他们把内地生产的丝绸、器皿、铁制农具购回，以高价出卖，赚取大量利润，而明朝的骑兵还需要西域的马匹，因而常常购买西域马匹、蒙古马匹或西藏马匹。因为经济贸易会带来丰厚的利润，所以自哈密、吐鲁番、伊犁等地进入内地贸易的商人终年络绎不绝。

清代以后，随着生产力的提高和统一多民族国家的日益巩固，各族的经济交往在民间贸易的基础上，又增添了许多官营贸易。鸦片战争之后，洋务运动风靡全国，朝廷有意识地在边疆地区开设电报、邮局，建立垦殖农场，开办矿务，发展边疆经济，此时的经济纽带更添加了官贸色彩，使各族之间的经济交往从原来的官民合一贸易转到以政府为主的贸易，这样，封建集权在经济的支持下更加巩固。

中国境内各民族两千多年的经济交往，形成了一种谁也离不开谁的一体格局。有些边远地区的少数民族的上层贵族，为了换取内地高档的丝绸、绢帛、器皿和稻米、小麦等粮食，不惜重金，不惜财力，同时边疆地区的农耕民族又特别需要内地的铁制农具，即使是游牧民族，也有一些日常不能缺少的商品需从内地采购,如藏族常用的茶叶、食盐等;而内地的居民特别是一些大地主阶层又特别喜爱边疆民族地区出产的当地特产,如马匹、香料、药材、皮毛等,这样相互需要,构成了各族之间的经济纽带。

(五) 中国统一历史格局形成的地理因素

中国大一统历史格局的形成,有其明显的地理因素。以清朝为例:满族崛起于中国的东北地区,在入关以前,其辖境的北部已达外兴安岭、东萨彦岭、西萨彦岭和雅布洛诺夫山的南麓。入关以后,经过多年的东征西讨,消灭了南明政权,统一了台湾,平定了准噶尔部的几次叛乱,安定了西藏地区,形成了一个空前统一的多民族国家,总面积竟达1300多万平方公里。

清朝中期的历史地理状况,有着其明显的地理因素。清代中国的疆域大致为:东北地区已濒临鄂次克海,北达格布特岛、外兴安岭和恰克图地区,西北部至乌梁海十佐岭和巴尔喀什湖外沿,西部达葱岭和克什米尔地区,西南部到喜马拉雅山南坡一线,南至南沙群岛的曾母暗沙。这一历史地理格局的形成,不是偶然的,也不是单纯军事征服而获得的,而是有其地理顺延的自然因素和农业民族向四周发展的地理因素。

在中国境内,有两条著名的河流,这就是中华文明发祥地长江与黄河。在中华民族数千年的发展中,中国各民族的融合与发展,基本上是沿着长江、黄河上溯并向南北扩延的。由于长江、黄河流域适宜的自然环境和肥沃的土地,使生活在这一带的各民族及早地进入发达的农耕文明时代。农耕文明向草原文明发展,这是世界各地历史发展都不可避免的。于是,我们的祖先就循着黄河、长江流域一直向上游发展,一直上溯到河套地区,上溯到蒙古草原,上溯到青藏高原。同时,那些生活在黄河、长江上游的游牧民族,虽然逐水草而居,但顺河而下寻找更丰足的牧场是他们的愿望,因而草原和高原文明也顺流而下,彼此交汇,各民族文化便在黄河、长江的交融中彼此碰撞,彼此接受。

我国境内的长江发源于青藏高原的腹心地带各拉丹冬雪山,而黄河则发源于青藏高原的雅拉达泽山一带,长江与黄河的纽带必然把中国地势的三个阶梯联系起来。从历史的角度看,中国的第三阶梯地带是中华民族的发祥地,然而第三阶梯东部是汪洋大海,我们的祖先在当时的生产力较低的情况下不可能到大海中寻找发展的机遇,必然向第二阶梯和第一阶梯攀升,到秦汉时期,由于各民族的融合,广义上的中原文明逐步上溯到第一阶梯。从这一角度讲,长江、黄河是中华民族统一历史格局形成的两条大动脉,是联结中国境内各民族的地理纽带。

另外,我国从东北到西南还存在着一个边地半月形文化传播带,这一文化传播带有两条路线,一条是从青海祁连山脉、宁夏贺兰山脉、内蒙古阴山山脉向东延伸,沿长城至大兴安岭南段;另一条自滇西北的横断山脉,经川西高原越秦岭延伸到吕梁山、太行山一带。两条文明线恰似两只有力的巨臂托起中国文化最发达的核心地区。从新石器时代至青铜器时代乃至铁器时代,有许多文化遗址在这两条文化传播带上相沟通。在这些传播带上,许多民族迁徙、接触、融合,携带着中国最发达的文明由太行山、吕梁山向南北输送。北经燕山、阴山输送到大兴安岭一带,向西沿长城至河套一带,再由河湟地区转而南下,然后沿青藏高原的东沿,直达滇西北的迪庆与西藏的昌都、林芝、山南地区,而黄河上游地区则成为若干民族与河西文化走廊的焦点或中转区。

那么,我们如何解释西北地区和北部地区的历史地理形势呢?当中原文明上溯到第二阶梯时,从西北出现了河西走廊,这条天然的廊道如同一条输送文明的大河,使中原文明通过河西走廊与西域文明相遇,由于两个文明的彼此需要与融合,使中原文明向西域迅速发展。秦汉时期,这种发展的速度加快。张骞出使西域,汉设都护府,班超安定西域都是通过这条廊道而进行的,久而久之,河西走廊变成了政治、经济、文化交往的通道,也成为军事较量的通道,而蒙古地区和东北地区的最终巩固还有一个更重要的因素,就是蒙古族和满族入主中原,建立统一全国的政权。蒙古族原是一个单纯的游牧民族,由于长期生活在广阔的蒙古大草原上,使他们形成了一种粗犷、豪放且剽悍好斗的性格,他们骑马射箭几乎是上天赋予的优势。因黄河文明的引力,秦汉时期蒙古族的先祖匈奴常常南下掠夺,至元代,蒙古族打败一切与之对立的政权,建立了空前辽阔的大帝国。蒙古族入主中原,也有一个地理的因素,蒙古北部是西伯利亚,高寒奇冷,虽有广袤的森林和丰富的矿产,但当时的生产力不可能加以有效利用,于是蒙古贵族把向南扩张作为首选目标,这就是忽必烈建立元帝国的主要因素。在蒙古族建立了元帝国之后,人数较少、生产力相对落后的蒙古族很快就被淹没在中原文明的汪洋大海之中,这种文明将汉、蒙古、吐蕃、西域等族很快联结到一起。满族是女真族的后裔,其祖先发祥于东北地区，明末已占据了东北外兴安岭、库页岛、漠南蒙古等地区，满族入关后，建立了全国统一的政权，把东北、内外蒙古、新疆等地联结起来，建立起土地辽阔的大清帝国。

那么，中国统一的历史格局何以在清代就没有再向更大的范围发展呢？这里也有其明显的地理因素。在清代，中国的北部已达东、西萨彦岭和雅布洛诺夫山一带，东北则达外兴安岭一带，在自然上受到大山的阻隔，大山的北面是极冷的西伯利亚地区，在当时的情况下，这种自然因素减弱了向北发展的势头，再加之遇上了向东扩张的俄罗斯帝国，康熙皇帝在尼布楚与俄国签订条约后，中国的疆域基本上保持在这个范围内。从气候上讲，许多贵族子弟和一些部落均希望留居温带或亚热带地区，不可能超越严酷的自然环境而向北发展。在西南部，当中原文明发展到第一阶梯之后，便遇上了长达 2500 公里的喜马拉雅山脉，这条天然屏障既阻碍了与山外民族文明的交融，也阻止了外部敌人的入侵或文化介入，基本上将疆域固定在喜马拉雅山南坡一线。

当然，天然屏障和自然地理并不是决定因素，到 1840 年以后，具有扩张野心的俄罗斯帝国越过外兴安岭，把侵略的魔爪指向大清帝国，后来割走了大片领土。这时候，历史已发展到近代，生产力发展水平也已提高，地理自然因素已不再能阻止用大工业武装起来的外敌的入侵，而作为中国的东南部地区，处在大陆架边缘的台湾和海南，其外延是滔滔的太平洋，地理因素推动它们内向发展，寻找更先进的文明。这就是现在中国统一历史格局形成的地理因素。

（六）大历史观下中国境内的封王、诸侯国、方国等地方割据政权的解读

中国境内的各个民族，在历史发展的政治舞台上，大部分建立过一定的政治实体，在这些政治实体中，有部落、有部落联盟、有若干部落联盟组成的方国，有的还建立了时间较长的诸侯国及直辖于中央皇权的封王。无论是部落实体还是方国，都是一定历史阶段的产物，与现在世界舞台上的国家有着本质的区别。

早在远古时期，中华大地上就分布着若干部落或部落集团，由于各地的自然条件不同，生产力发展很不平衡。黄河中下游得益于自然条件，最早进入阶级社会，最早建立国家，而其余地区发展相对慢一些，其进入阶级社会的时间长短不等。当我国第一个国家——夏王朝出现的时候，它的疆域不大，只有今天河南西部和山西南部，其余地区则处于原始社会阶段的部落或部落联盟阶段。商、西周时期的疆域比夏朝扩大了很多，但仍限于黄河流域的中下游和长江下游北部地区，而且内部还散居着许多诸侯国及部落。

经过春秋战国时期各诸侯国的互相吞并，分布在长江、黄河及巴蜀、南越等地的上百个诸侯国合并成战国七雄。战国七雄基本上接受了华夏大一统的思想，为秦国统一六国奠定了政治、经济、思想基础。秦国统一六国后，又将周边的少数民族并于一体，建立了我国历史上第一个统一多民族的国家。

在秦朝统一中国至清代长达两千多年的历史进程中，除汉民族建立国家以外，其他兄弟民族如匈奴、东胡、鲜卑、突厥、肃慎、扶馀、靺鞨、吐蕃、乌蛮、白蛮、党项等，在历史上也先后建立了方国，并建立了系统的地方政权。匈奴、鲜卑、羯、氐、羌、沙陀、契丹、女真、蒙古和满族曾一度入主中原，在中原地区或汉族聚居区建立诸侯国或统一的国家。除元朝和清朝外，其余有着密切联系和血缘关系的诸侯国、方国在激烈的争夺中被统一的历史潮流所融汇，经过曲折的分裂、统一、再分裂、再统一的过程，最后形成了异常牢固的，具有共同文化基础的、共同经济联系的彼此认同的中华民族统一体。

考察中国统一的历史可以发现，之所以中华民族能够在方国、诸侯国林立的情况下统一起来，即使在分裂情况下还保存着共同的文化纽带，是和这些方国、诸侯国形成的历史因素及其内部性质相联系的。

历史上，我国地方行政区划与今天大不相同。在夏商时期，许多部落和部落联盟逐渐变成了地区性组织，随后又转化为方国。到了周朝，采取了一种分封诸侯的政治体制。即把征服的土地和人民分封给周王的弟子与功臣，建立若干个诸侯国；诸侯又把所得的土地、人民分为若干采邑，封给卿大夫。这些诸侯国、采邑就构成了周王朝的地方政区。先秦文献中的所谓"九州"之说，是地理区域概念。到春秋战国时期，虽然一些小诸侯国被大诸侯国兼并，最终只剩下了战国七雄，但国家与国家之间仍保持着牢固的文化联系，而诸子百家也还在穿梭于各侯国之间，喋喋不休地争论着是列国分治好还是并于一统好，在思想界中，归于周天子统一支配的思想仍占有主导地位。

战国七雄的百年争霸，给人民带来了巨大灾难，最后秦始皇顺应历史潮流，建立了统一多民族国家。但这时的封建国家仍保持着明显的开放性和兼容性。秦朝建立后，废封建，实行郡县制，但封王和分封诸侯国的思想并没有清除干净。秦亡汉立之后，封立诸王的体制曾一度在汉初萌生，以致酿成了景帝时期的吴楚七国之乱。鉴于这一教训，汉武帝收回各封王、诸侯国的权力，强化了中央集权，在西汉王朝统辖的区域设立司隶校尉部及十三刺史部，刺史部下设郡县，而在西域地区设立都护府。这时候，游牧于北方的匈奴还处在奴隶制部落时期，而僻处青藏高原的诸羌还处在原始部落状态，尚无建立区域性政治实体的能力。东汉灭亡之后，汉帝国又分裂成若干割据势力，这些割据势力是汉代刺史部的演化，因中央政权衰亡，无力管理，故形成尾大不掉之势。这时候，冀州、扬州、并州、荆州、益州各刺史部先后自立，互相兼并，最后形成了三国鼎立局面，这时的三国，与其说是三个国家，倒不如说是汉帝国之内的三股割据势力，只不过是限于各自的力量，谁也吃不掉谁罢了。

西晋时期，本来统一的晋朝又旧病复发，皇帝把自己的儿子分封四方，形成各不相属的几股地方势力，乃至爆发了历史上著名的"八王之乱"，中央政权失控，导致西晋灭亡。在混乱不堪的局面下，北方先后产生了十六国，这些割据一方的小国许多是少数民族进入中原建立的，实际上这些所谓国家均是西晋末年的地方势力或把持朝政的将军或封疆大吏建立的，尽管小国林林总总，但不具备统一国家所拥有的国家机器和思想文化形态，因此，这些诸侯国像走马灯似的，你来我往，你生我灭。到南北朝时期，北方十六国合于北魏，而东晋灭亡后则以宋、齐、梁、陈而代之。虽说这段时间分出很多诸侯国，但仍没有超出统一多民族国家的范畴。无论十六国也好，南北朝诸侯国也好，均在一个广义上的中原文明的影响下活动。唐朝建立之后，在全国设立若干道、府，如在甘肃、青海一带设立陇右道，在云南、四川、藏东一带设立剑南道，在蒙古一带设立关内道，在东北地区设立河北道，同时在新疆设安西都护府，在蒙古一带设立安北都护府、单于都护府等。这时候，在唐帝国统治区域及所影响的范围内产生了方国，至唐朝后期，唐朝境内方国增加到许多个。较为著名的有南诏、吐蕃、回鹘、渤海等方国。于是，在统一多民族的封建王朝所管辖或影响的区域内，国家的地方政权出现了五花八门的建制。属于封建皇帝直接管理支配的有郡（县）府、州、省和各地的封王，而朝廷间接支配或为朝廷提供贡物的为方国，统一多民族国家分裂之后则出现一批互不统属、四方割据的诸侯国。

唐朝末年，由于藩镇割据和农民大起义，导致了唐王朝的覆灭。在大唐广阔的疆域内，分裂出五代十国等诸侯国。到北宋时期，郡、县、诸侯国、方国并存的局面并没有改变，因这时还有契丹、女真、西夏、唃厮啰、大理等方国，这些方国都是由部落联盟发展而来的。后来，契丹、女真经过与中原各诸侯国的交往及争夺，获得了大量的汉族人口和先进的经济文化，遂发展成为与北宋、南宋并存的大诸侯国。

元明时期，封建王朝的管理体制比以前有了很大进步，忽必烈统一全国后，强化了对全国的统治，在全国设立了若干行省，在青藏高原设总制院、宣政院辖地，取消了唐宋以来的方国和诸侯国。但忽必烈对自己的父兄和子侄格外开恩，保留了形同于方国的窝阔台、察哈台等汗国，并在北部地区大量封王。如封广宁王、济南王、辽王等。明代时期，在故元疆域内分设有省、司、府、封王、方国、部落联盟等地方政权。如：乌思藏宣慰司、奴尔干都司、俄力思军民元帅府，以及内地各省、府。封王有燕王、周王、齐王等，还有叶尔羌、吐鲁番、鞑靼土默特等方国，另外还有一些卫所管辖的部落联盟，如女真、瓦剌各部。进入清代，由于生产力的发展，清王朝自身是少数民族集团，加之受到汉族上层人士的拥护，朝廷果断地取消了所有的方国，同时不再列地封王，当时虽然有一些野心勃勃的地方势力企图列土封疆，甚至发动叛乱，如吴三桂、珠尔墨特、噶尔丹、罗布藏丹津、张格尔、阿古柏等，但这些叛乱很快被朝廷粉碎，自此之后，在封建统一多民族的国家疆域内，封王、诸侯国、方国等全部消失，封建王朝全部以省、州、县及向地方派驻大臣的形式管辖各个地区。

考察历史上封建王朝内部的封王、诸侯国、方国的形成原因，可以追溯到远古时代。在夏朝之前，生活在黄河流域的一些部落相互争夺，后来形成了部落联盟，而部落联盟又相互兼并，形成了介于部落联盟实体和国家实体之间的部落联盟集团，这些集团占据一方，设有一套自己的地方组织。后来生活在河南西北部和山西南部的部落联盟主大禹建立了夏朝，这时，我国的奴隶制国家在黄河流域产生。由于黄河流域生产力发达，到商周时期，内部建立一套完整的奴隶制国家机器。然而，生活在周边的各部落和民族，也随着时代的发展而进步，但这些部落或部落联盟尚不具备建立国家的条件，于是就依照商周的样子建立起一个个臣服于商周的方国。如商代的西部有邢方、尤方、祭方，西北部有羌方、南部有淮夷方、虎方，北部有𫎆方、基方等，这些方国因为生产力发展水平的限制，难以形成体制完备的国家。西周之后，因周天子几百年来以仁德招徕远人，四周方国大部臣服于周，经过几百年的发展，各方国的生产力水平在周朝的影响下发展很快，到春秋时期，一些方国的生产力水平已与黄河流域不相上下，周朝对这些方国采取了"封建"的政治体制①，遂发展为在周天子名义管辖下的诸侯国。在秦汉时期，封建王朝境域管理体制是郡、县、刺史部、州、都护府、方国、部落并存。这时候，王朝内部管理体制又出现了新的情况，汉高祖刘邦在内部增设了封王，诸封王所管辖区域与郡部相等，其权力比郡守还要大。这种封王制度断断续续持续了1700多年，至明朝中期才予以废止。历史上的封王、诸侯国、方国是历史时代的产物，都深深刻着时代的烙印，它们之间有相同的一面，同时又反映出各自的特点。

1. 封王

封王是封建帝王迫于无奈而奖励有功之臣的一种办法，或者用封王手段笼络地方势力进而巩固封建中央政权。如汉高祖刘邦打败势力强大的项羽，主要是依靠韩信、彭越、英布三位猛将的会师，当时，这些领兵一方的将领本身就拥有一大块地盘，韩信据有楚地、彭越据有梁、英布据有淮南，另外还有长沙王吴芮、赵王张敖、燕王臧荼、闽越王无诸、南越王赵佗，这些封王都是与项羽争夺天下而形成的，除吴芮、赵佗、无诸三人在封国内起着保境安民的作用外，其他封王都依恃自身的武装力量，在封国内征收税赋，私制盐铁，招募军队，有与朝廷抗衡的不利因素，所以，汉高祖刘邦设计把他们逐一消灭。消灭这些异姓王后，高祖感到缺乏人才管理这些地方，所以他感慨"大风起兮尘飞扬，安得猛士守四方"，于是他只好封了一些同姓王，即把兄弟子侄封为吴、楚、齐、燕、越、梁、淮南等王，这些封王与异姓王有很大区别，封国的重要官吏由朝廷派遣，法令也必须由朝建统一制定。尽管这样，有些封王的野心还是逐渐膨胀。如吴王刘濞，倚仗吴国优越的经济条件，冶铜铸铁、煮盐贩盐、豁免朝廷赋税，打造兵器，招募军队，到景帝时，终于酿成了吴楚之乱。再如晋武帝时期（公元266—290年），朝廷为了屏藩皇室，恢复了古代的分封制，

---

① "封建"与封建社会形态的封建不同，指的是一种多封众建的政治体制，即周天子划分若干个政区为诸侯王的领地。

封宗室27人为王，允许诸王自选王国内的长吏，可以设置自卫的军队，规定大型封国辖民户两万，中型封国辖民户一万，大、中、小封国可拥有军队分别为5000、3000、1500。这样，西晋内部共有大、小封王500多个，一些大的封王趁机滥征赋税，扩充军队，收买亲信，最后导致八王之乱。从封王的性质看，它是封建王朝统一政权内部的地区性政权建制，只不过是授权不当，导致尾大不掉之势。

2. 诸侯国

诸侯国是统一多民族国家分裂之后，割据于一方的地方势力所建立的小国，也有少数民族趁中原混乱入主中原，在汉族统治阶级的帮助下建立起来的列国。在中国两千多年的封建社会中，各诸侯国都与统一封建王朝的政治体制和文化形态基本一致，从某种意义上讲，诸侯国之争是封建王朝大家庭内部的兄弟之争。以五代十国时期割据于南方的几个诸侯国和宋代少数民族建立的辽国为例：

前蜀和后蜀：唐朝末年，镇守于四川的陈敬暄、顾颜朗和王建等人，彼此相互兼并。公元891年，王建打败了敌对势力，把四川的绝大部分地区攫为己有。公元907年，唐朝灭亡，王建在成都建立诸侯国，国号为前蜀。公元914年，王建的儿子王衍继位，他荒淫无道，穷奢极欲，把军政大权交给了王宗弼和宋光嗣。这两人更是胡作非为，使前蜀政治更加黑暗。当时一个应考的举人答对道：但见蜀国"衣朱紫者皆盗跖之辈，在郡县者皆虎狼之人。奸谀满朝，贪淫如市"[1]。黑暗的政治，激起了人民的反抗，后唐乘机出兵，灭掉前蜀。后唐派到四川的镇守孟知祥经过几年的招兵买马，积蓄力量，甩开了后唐统治者，自己称起了国王，建国号后蜀。在前后蜀统治的50多年内，四川地区经济发展较快，因"府库之积，无一丝一粒入于中原，所以财币充实"，称得上是自给自足的经济、封闭一方的诸侯政权。

楚：唐末镇守淮南的孙儒在与杨行密的争夺中失败，其部将马殷退兵湖南，他们在湖南攻城略地，占领了二十几个州。唐朝灭亡后被后梁封为楚王，后建国号为楚。马殷称王后，极力讨好北面的后梁，使邻疆不敢入侵。他在从湖南到河南的各州设置邸务，卖茶取利，他免征商税，借以招徕四方商人，在管辖的境内铸造铅铁相杂的新钱，外地商贩出境后就不能

---

[1] 王文才、王炎校笺《蜀梼杌校笺》，巴蜀书社1999年版，第175页。

使用，所以只有购湖南特产而出外贩卖，同时，他又奖励桑蚕，"命民输税者皆以帛代钱。未几，民间机杼大盛"①，公元951年，楚国为后唐所灭。

闽：闽的建立者是河南固始人王潮和王宇知兄弟，他们乘黄巢起义军攻占秦商诸道之机，率兵入闽，占据泉、汀等五州之地。唐昭宗任命王潮为福建节度使。王潮死后，王审知被后梁封为闽王。王审知因出身于农民，力行节俭。史称其"起自陇亩，以至富贵，每以节俭自处。选任良吏，省刑惜费，轻摇薄敛，与民休息。三十年间，一境晏然"②，使福建的经济和文化发展很快，公元945年闽国为南唐所灭。

在这一时期，与此相并列的还有：吴、越、南唐、南汉、北汉等诸侯国，史称"十国"。这些诸侯国基本上都局限于南方一隅，因而不能体现所有诸侯国的特点。为了全面起见，再列举由少数民族建立的辽国。

辽国是由少数民族建立的方国演变而来的，在建立辽国前，名称为契丹，由许多部落联盟相互兼并而成，后来，契丹得到了石敬瑭奉送的燕云十六州农业区，接受了中原文化和政治体制。公元947年，契丹主耶律德光大举南犯，攻破后晋都城开封，大肆掠夺，同年，耶律德光在开封举行即位仪式，改国号为辽，随后留下大将萧翰守开封，耶律德光率皇族北返。后来辽又丢掉了冀州以南的许多州县，北汉、北宋相继进占了冀州的中南部地区。

巩固下来的辽国疆域辽阔，西至阿尔泰山，北至克鲁伦河，南至河北中部的白沟河，东至大海。辽国的行政制度，采取胡汉分治的办法。在获取燕云十六州之后，辽太宗耶律德光设立南面官和北面官，以南面官统治汉族人，以北面官统治契丹人等。南面官和北面官的上层组织叫南枢密院和北枢密院，分设宰相、枢密使，其上层体制和北宋区别不大。北面官大部分由契丹充任，兼有少量的汉族谋士和文官，南面官大部分由汉人充任，有一部分契丹人充任高级官员。在地方行政区划中，还设有"头下军州"制。即在用兵过程中，所掳获的汉人和渤海人聚集在一起，专门建立州县以集中管理。这类头下军州，有些是契丹国立的私属，而大多是诸王外戚大臣及部将的私属。军州中的人民向他们缴纳租赋，并充当他们

---

① 《资治通鉴》卷274《后唐纪三》，《庄宗光圣神闵孝皇帝下》，岳麓书社1990年5月版，第4册673页。

② 《旧五代史》第二册卷134《伪列传第一》，中华书局2000年版1月版，第1245页。

的私军。军州中的官吏除节度使由辽帝任命外,其余官吏都由军州的直接管理者任命。

辽国在行政管理体制上,除部分模仿宋制外,还保留一部分部落联盟式的体制。如根据逐水草而牧的特点和对宋战争的需要,竟然设置了五个京城,这五个京城分别设在今内蒙古自治区的巴林左旗和宁城县、辽宁的辽阳市、山西的大同和北京市。当与宋战争节节胜利之后,大部分活动在北京和大同。

辽国作为诸侯国,与五代十国时期的诸侯国有很大区别,因其占领的疆域大,统治体制较完备,占据了与宋争夺天下的疆域和人民,拥有强大的军事力量,因其从奴隶制转化到半封建半奴隶制,具有胡汉合一的诸侯国的特点。

3. 方国

方国一般出现在中原地区的四周,由于生产力落后,经济文化发展均不如中原地区,但由于处在边远地区,封建王朝鞭长莫及,不便于或没有力量直接统治,于是采取间接统治的办法。一般来说,方国是封建王朝边远地区少数民族建立的政权,同时又与封建王朝有着千丝万缕的联系,或受朝廷官员的监督,或每年向朝廷纳贡。唐中后期,在唐帝国范围内出现了一些方国。如南诏、回鹘、吐蕃、渤海等。这些方国由于受到时代的影响,尽管也是由部落联盟发展而来的,但在行政管理体制、军事组织和生产力等方面已远远高出夏、商、周的方国。兹以南诏、吐蕃、渤海三个方国为例。

南诏:7世纪以前,散居在洱海周围数千里内的各部落由于受秦汉以来中原发达地区的影响,已产生了较为发达的农业经济,出现了固定的城郭村邑。各部落经过长期的兼并混战,形成了以杨、李、赵、董等几十个大姓为首的各据一方的部落联盟。这些自成一体的部落联盟都"自云其先本汉人",语言"大略与中夏同",说明诸部落曾有大批汉族融合于其中[1]。封建统治者称这些部落为"白蛮"。它们有文字,字形与汉文相近;知历法,以十二月为岁首[2]。此时,在洱海北部、东部、南部地区,曾居住着彝族的先世,封建统治者称它们为"乌蛮"。乌蛮和白蛮经过长期的

---

[1] 《唐会要》卷九十八之《昆弥国》,中华书局1955年6月版,第1750页。

[2] 据古调查,8世纪南诏时期有"白文",形近汉字,《通典》卷187卷曾有记载。

发展，逐渐由部落联盟向奴隶制过渡。

南诏是以"乌蛮"奴隶主为首，联合"白蛮"奴隶主共同建立的。南诏王下设有清平官，大将军决定军政大事。清平官中设有内算官，代南诏王判押处置文书，外算官负责处理六曹事务。9世纪后，六曹扩大为九爽，相当于九个最高行政机构。同时增加了掌管礼仪、手工业、贸易、畜牧的部门。

南诏的地方机构军政合一。分设两个都府，六个节度使，十个类似州县的检。对平民实行军事编制，"百家有总佐一，千家有治人官一，万家有都督一"。① 所有壮丁都是战士，有马则为骑兵，作战时南诏王派高级官吏监视。军队出战时奴隶主不给粮饷，靠各部掠夺为军需。南诏政权建立后，基本上和唐朝保持了贡属关系。南诏的13代王中，有十个王接受过唐朝的委任和册封，有的还与唐朝皇帝建立了"兄弟若舅甥"的关系②。南诏统治者为了求生存和发展，时而归附唐朝，时而又结好吐蕃共同对付唐朝，反映了当时南诏、吐蕃两方面与唐帝国之间的战和关系。

吐蕃：6、7世纪时期，吐蕃地域的各部落经过几百年的争夺兼并，形成了部落联盟，最后，在实力较大的雅砻部落联盟的主持下，统一了东部的各部落联盟，建立了奴隶制方国。到松赞干布时，吐蕃奴隶制方国走向强盛。①建立了庞大的奴隶主政治、军事体制，加强了奴隶主的统治机器。赞普拥有最高权力，赞普之下，设大伦、小伦总管全国政务，同时设将帅节度各级官吏，分掌内外军政、刑法、度量等。赞普在统辖区域内分封诸功臣，分封时要举行盟誓仪式，臣下要宣誓保证世代忠于赞普，受封之臣可以世袭官职。"共设官，父死子代，绝嗣则近亲袭焉，非其种类则不相伏。"③ ②建立严密的军事组织，全辖区分为如拉、叶如、伍如、约如四大区。每区设上下两部，置千夫长数人。属部则分设节度使，每十节度使由一主帅统领。各将军、士兵视临阵脱逃为最大耻辱，视战死为荣誉。所以军队战斗力很强。③制定适宜于奴隶主统治的法律，用来保护奴隶主利益，著名的有"十善法律"。④创制文字。吐蕃辖境各部落原来没有文字，以刻木结绳为记号，虽然后来产生了一些符号文字，但不完善，

---

① 参见《新唐书》第五册卷222上《南诏传》，中华书局2000年1月版，第4754页。
② 同上。
③ 参见《册府元龟》第十二册卷961《外臣部·土风三》，中华书局1960年影印发行，第11308—11309页。

松赞干布时命大臣吞弥桑布扎参考西域文和天竺文，创造了30个字母的拼音文字，在西藏地区推广，这些文字属于汉藏语系的一种。

松赞干布统一青藏高原部分区域之后，依靠比较强的奴隶主军事组织，开始向北、向东扩张，与汉族和其他民族经常发生冲突，但松赞干布仰慕内地文化，希望娶公主为妻，和唐结为"甥舅"关系。"安史之乱"以后，唐朝调陇右、安西、河湟等地的军队保卫长安，吐蕃奴隶主乘机夺取河湟、陇右地区，并占据了沙洲、敦煌和川西一部分地区。唐衰弱之时，吐蕃一度攻入长安，掠夺大量汉族人口和珍宝帛缎西归。这段时间，一部分汉族为避"安史之乱"西迁，加之吐蕃奴隶主对汉族及其他各族人口的掠夺，加速了河湟、陇右、青海、川西等地区的民族融合，吐蕃奴隶制方国的建立，是对中华民族统一历史格局形成的一种贡献。唐朝灭亡后，吐蕃也随之分裂，又一度恢复到唐以前各部落相争、互不统属的局面，到宋朝时，吐蕃北部的一支部落联盟在青海、陇右地区南部建立了唃厮啰政权。

渤海：隋唐时期，在我国东北松花江和黑龙江一带居住着靺鞨人，他们分成几十个部落，这些部落的发展很不平衡，大部分处在原始社会到奴隶制过渡时代。唐朝初年，他们结成部落联盟，其部落主受到唐朝的册封，"赠册大嵩璘为渤海郡王，加银青光禄大夫，检校司空，进封渤海国王。"以致"遣使朝贡，每岁不绝"[①]。公元697年，崛起于北部地区的契丹与唐朝发生冲突，殃及靺鞨，首领大祚荣率部众从营州东迁，直达牡丹江上游，大祚荣以本部落为中心建立政权，这一政权中有靺鞨人、朝鲜人、汉人、契丹人。公元713年，唐册封大祚荣为渤海郡王，经过几十年的发展，渤海郡王仿唐制建立了类似于方国的各种政治、军事体制。

渤海政权的统治地区东至大海，北至黑水，西接契丹。有户口十余万，分设五京十五府六十二州。渤海政权鼓励人民学习汉族先进的生产经验，特别是农业生产技术，在辽东开发了大量的土地，农业生产有相当规模，主要栽培有稻、粟、大豆、小麦等。手工业有布、绸、金银首饰、青铜器、佛像等。同时还开采矿藏向中原出售。渤海政权始终保持

[①] 《旧唐书》第四册卷199下《渤海靺鞨传》，中华书局2000年1月版，第3647、3648页。

着贡属关系,因军事力量不强,没有四处扩张。763年,唐在青州专设渤海馆,以安排来朝贡物者。汉族的传统文化对渤海影响很大。渤海常派学生到长安学习,并向唐朝官员求写各种历史、哲学典籍,知晓《唐书》《三国志》《晋书》等。公元926年,契丹攻灭渤海方国,后成为辽国的一部分。

以上几个方国都有一个共同特点,即从零散的部落发展成部落联盟,然后又从部落联盟过渡到奴隶制方国。这些割据一方的奴隶制政权,难免带上奴隶制部落集团的痕迹,其行政、司法、军事制度一般来说是喜欢模仿所在时代的封建王朝,在军事上具有极强的扩张性。但每个方国都不会延续长久,少则几十年,多则两三百年,前无相承,后无相继,多数仅此一代就结束。当然,也有个别方国可以通过政权转换而延续下去,如南诏后来转化为大理国,而大理国在南宋后期被元帝国所兼并。

考察封王、诸侯国、方国的形成过程,可得出符合历史客观规律的结论,即无论是封王、诸侯国还是方国,都是各种封建王朝区划内的一个组成部分,这种组成有时处在相对的政权分立状态,但文化纽带和王朝大一统的历史形态、历史体系把这些分立一方或割据一方的地方势力紧紧联系在一起。在中国历史上,除了统一的封建王朝以外,没有现代意义上的分裂出去的独立国家,即使在南北分立状态的情况下,在中国历史上也没有出现过现代意义上的独立国家,至于一些方国,只不过是分布在中华大地上的发展较缓慢、进入阶级社会较晚的部落军事集团,与现代意义上的国家相去甚远。

二 解读西藏地方史的政治取向和历史观

作为中华民族统一历史组成部分的西藏地区史,离不开中国统一历史格局的大背景,从中华民族统一历史格局的形成过程看,居住在现今中国境内的任何一个民族的历史发展过程,都是和中华民族统一的历史格局相联系、相一致的。因此,考察西藏地区史必须具备维护中国统一历史格局的坚定的政治立场和鲜明的历史观点,用大历史观和发展、联系的观点研究、学习、宣传西藏地区史,鉴古知今,维护西藏地区的民族团结和社会稳定。

（一）以国家大一统的视角解读西藏地方史

在中国统一历史格局形成与发展的过程中，维护统一与破坏统一、反对分裂与从事分裂的斗争从来没有停止过。历史上分裂局面的出现，多数是由于社会黑暗、政治腐败、压迫和剥削超过了极限而引发农民大起义或者割据势力与中央相抗衡所致，真正的因民族分裂主义的分裂活动导致的全国性分裂是极其罕见的。即使有些民族分裂主义因个人的私利而在边远地区列土封疆，图谋自立，也会随着再统一的历史潮流而融入全国统一的历史格局之中。纵观中国统一的历史就会发现，社会每分裂一次，就会为下一次更广泛的统一奠定基础。东周分裂成诸侯国，为秦汉更大的统一奠定了基础；晋末南北朝的对峙，为隋唐的大统一准备了民族融合的力量；五代十国的短暂分裂，形成了北宋、辽、金、西夏、唃厮罗、西域更大的割据政权，进而为元帝国的大一统创造了条件。其后的元明清时期，除王朝更替时期的短暂混战之外，基本上消除了诸侯国和方国自立一方的局面，奠定了牢固的各民族统一的历史格局。在长达七百多年的漫长岁月中，企图动摇这一统一历史格局的政治集团或个人野心家，都没有逃脱历史规律的惩罚。

从大历史的发展脉络看，统一的历史格局一旦形成，社会各种基本力量就会拼命地维护它。即使因压迫过重而激起的农民或少数民族的反抗，也是抱着推翻旧王朝更换新王朝的政治目的而行事，从来没有哪一个农民起义领袖希望陷入四分五裂的局面，无论是刘邦、朱元璋，还是李自成、洪秀全，都怀着统一全国、消除分裂割据的宏大志愿。可见，维护中国统一的历史格局，除经济、文化的联系之外，至少有三种社会基本力量在起着决定性作用。

其一，平民集团：平民集团包括最广大的农民、手工业者、工商业者和下层小知识分子，他们最惧怕因社会分裂而发生战乱，每当社会发生大分裂之时，农业受到的摧残最烈。因战争的原因，大批青壮劳力被抓丁抓夫，田地荒芜，商旅阻隔，社会一片萧条。一些状况往往惨不忍睹。如东汉末年，董卓祸乱朝廷，焚烧洛阳宗庙宫室，挟汉献帝西迁长安，导致天下大乱，群雄并起，生灵涂炭。著名女诗人蔡琰（文姬）在她的《悲愤诗》中描写当时的情形是："汉季失权柄，董卓乱天常。志欲图篡弑，先害诸贤良。逼迫迁旧都，拥主以自疆。海内兴义师，欲共讨不详。卓众来东下，金甲耀日光。平土人脆弱，来兵皆胡羌。猎野围城邑，所向悉破亡。斩截无孑遗，尸骸相撑拒，马边悬男头，马后载妇女……或便加棰杖，毒痛参并下，旦则号泣行，夜间悲吟坐。欲死不能得，欲生无一可。彼苍者何辜，乃遭此厄祸！"① 曹操则把当时的惨况描写为"白骨露于野，千里无鸡鸣。生民百遗一，念之断人肠"。② 唐朝末年，黄巢起义失败后，各地割据势力乘机而起兵，战争使土地荒芜，但割据政权为筹兵费，更加肆无忌惮地压榨百姓，就连山中寡妇也不放过。《山中寡妇》一诗反映了当时的情景："夫因兵死守蓬茅，麻苎衣衫鬓发焦。桑柘废来犹纳税，田园荒后尚征苗。时挑野菜和根煮，旋斫生柴带叶烧。任是深山更深处，也应无计避征徭。"③ 此诗反映了分裂割据给人民带来的苦难。由此可见，分裂割据给人民带来的苦难和灾祸是无法形容的。

此外，统一下的国家具有对平民生产生活的协作精神，它可以打破地域界限和地方势力设置的重重壁垒，协调各种力量联合抗御自然灾害，从"大禹治水"到历代的抗旱防涝、赈济灾荒，统一的国家都承担着协作性的生产生活方式的组织者和指挥者的职能。生产生活方式协作的需要，也决定着平民集团要求统一、反对分裂的态度。

平民集团代表了社会的基础部分，他们一方面厌倦甚至憎恶由于分裂所带来的灾难，另一方面还希望统一的国家能够承担起协调生产生活的重任，因此，反分裂的态度是坚决的。这是中华民族形成大一统时间最早而且能够持续发展数千年的一个基本原因。

其二，士人集团。士人集团在统一国家中起到了承上启下的作用，上承封建皇权之命，下启民智以敦教化。中国的士人集团也是一个坚持反对分裂、维护国家统一的阶层。因为他们长期受到儒和法的双重影响，重视大一统对社会发展的积极作用，同时又亲身体会到战乱给人民和社会所带来的灾难，所以他们对统一的历史格局是非常珍惜的。早在两千多年前，面对春秋、战国时期纷乱的政局，诸子百家就对大一统问题进行了激烈的辩论。当梁惠王问孟子天下怎样才能安定时，孟子以十分肯定的口气回答："定于一。"④ 孟子已经认识到大一统的必要性和可能性。大一统的理想在秦汉时期变成了社会现实，因而大一统的思想也在士人集团中变成了

---

① 《后汉书》列传84下，《列女传》卷84，中华书局1965年版，第2801页。
② 曹操、曹丕，黄节注：《魏武帝、魏文帝诗注》，人民文学出版社1958年版，第10页。
③ （唐）杜荀鹤：《杜荀鹤文集》，上海古籍出版社1994年版，第48—49页。
④ 《孟子·梁惠王上》，《孟子译注》，中华书局1960年版，第12页。

主导思想。用董仲舒的一句名言概而言之："春秋大一统者，天地之常经，古今之通谊也。"① 维护国家统一、实现天下一统的理想在其后的士人集团中表现得更为强烈。三国时期，魏、蜀、吴三国之谋士纷纷出谋划策，推动身边的政治力量来统一全国，诸葛亮的《隆中对》和前后《出师表》都反映了这种理想。南宋时期宋高宗赵构采取了苟延残喘的求和政策，使许多士人满怀悲愤，他们以诗词作武器，悲叹国家的分裂局面，抨击投降派偏安一隅的政策，涌现出了一大批爱国诗人，如陆游、辛弃疾、张孝祥、陈亮等。特别是陆游那首"死去元知万事空，但悲不见九州同，王师北定中原日，家祭无忘告乃翁"②的《示儿》诗，成为士人集团追求全国统一，反对偏安一隅、反对投降求荣的爱国主义千古绝唱。正是士人集团坚决反对分裂的态度，影响到一大批有作为的政治家。在这种理想的熏陶下，也培养了一大批追求统一、反对分裂的政治家。

其三，上层集团。由士人集团所影响的政治家，一旦步入上层便形成一个强力的反对分裂、维护国家统一的政治集团。这一政治集团在维护统一、反对分裂的斗争中，常常与上层内部追求荣华、贪图享乐，为个人的安逸和私利不顾国家安危或出卖国家利益的腐朽势力发生冲突。每当腐朽势力占据上风时，国家就有发生分裂的危险或出现分裂的局面。然而，上层政治集团为了维护自身对统一国家的支配权，大多会将不同利益集团协调在一起，共同维护国家的统一格局。如西汉景帝时期，汉宗室吴王刘濞等七个封王发动叛乱，企图与中央政府平分土地、列土封疆，尽管汉景帝在嫉贤妒能的庸臣怂恿下，错误地处死了主张削弱诸王势力、维护国家统一的晁错，但七国叛乱仍不停止。为了维护中央王朝的共同利益，朝廷的各派政治势力团结在汉景帝的周围，全力以赴扑灭了这场叛乱。到汉武帝时，干脆把各地封王全部削弱，集大权于中央，避免了因尾大不掉而带来的危害。清朝时期，康熙皇帝在平息三藩之乱、剪除噶尔丹叛乱、收复台湾及打败沙俄入侵的几次大的政治、军事行动中，均表现出维护国家统一、维护国家主权、坚决反对分裂的气魄和雄心。在这几次大的事件中，每次行动均有朝廷重臣出来反对，但康熙皇帝作为一代英雄君主，总是力排众议，坚持维护国家的统一。当他闻听施琅收复台湾之后，欣然命笔

---

① 《汉书》第二册卷56《董仲舒传》，中华书局2000年1月版，第1918页。
② 《宋诗选注》，人民文学出版社1958年9月版，第215页。

道:"万里扶桑早挂弓,水犀军指岛门空。来庭岂为修文德,柔远初非黩武功。牙帐受降秋色外,羽林奏捷月明中。海隅久念苍生困,耕凿从今九壤同。"① 反映了他对天下统一的喜悦心情。

大一统的思想在政治集团的治边政策上也有明确的反映。例如:汉朝的甘延寿和陈汤率军征伐匈奴郅支单于后上疏说:"臣闻天下之大义,当混(天下)为一……郅支单于惨毒于民,大恶通于天。臣延寿、臣汤将义兵,行天诛。"② 大一统的政治格局不仅是有作为的汉族统治者所追求的目标,同时也为许多有作为的少数民族统治者所向往。如:前秦的氐族皇帝苻坚统一北方后,曾立下大志:"四方略定,惟东南一隅未宾王化,吾每思天下不一,未尝不临食辍铺,今欲起天下兵以讨之。"③

上层政治集团以四海为一家的大一统思想,往往影响到治边政策。在处理边疆少数民族问题时,要求各周边少数民族政权对中央政权绝对忠诚,倾心内向,在统一历史的发展过程中,培养边疆各少数民族忠于统一多民族国家的精神。对于那些企图乘天高皇帝远之机倡谋作乱、抗拒中央的地方势力,则加以武力讨伐。对于忠于中央政权,倾心内向的地方政权首领,中央政府则不惜财力、物力,厚加赏赐,以彰忠诚国家之绩。正因如此,在中国两千多年的封建历史中,除少数民族因反抗官府压迫而爆发起义或地方势力为争权夺利而抗拒朝廷官兵外,很少发生过具有明确独立主张和明确表示脱离统一的历史格局而独立的分裂活动。

作为中国统一历史格局一部分的西藏地区,历史上也未发生过有明确政治主张的脱离中央王朝的情况。在20世纪以前的历史上,从未出现过"独立"一词或实现"藏独"为目的的分裂现象。这一方面是中国统一历史发展规律使然,同时也是社会基本力量中的三大集团作用于社会历史的结果。即使在西藏地区自身的历史发展过程中,人民群众和爱国上层僧俗集团也不愿意看到时常出现分裂割据局面。

在中国统一的大历史中,西藏地区各个时代的地方政权绝大多数向往于全国统一,忠诚于中央政权,他们或希望娶公主为妻,以增强与其他方国相抗衡的分量;或求入主中原,以获取支配全国的权力;或频繁入贡,以得到皇帝丰厚的赏赐;或求封号,以通过皇帝之权威来号令属下部

---

① 老铁:《康熙的故事》,山东人民出版社1982年3月版。
② 《汉书》第三册卷70《甘延寿、陈汤传》,中华书局2000年1月版,第2264页。
③ 《晋书》第三册卷114《苻坚下》,中华书局2000年1月版,第1950页。

众。在吐蕃时代，自松赞干布迎娶文成公主之后，便出现了"甥舅相亲，地合一家"的局面，赞普向皇帝执子婿之礼，恭顺忠诚，使唐朝实现了空前的统一。在其后的时间里，除短暂的兵戎相见外，历代赞普均希望与唐朝廷密切联系，不分彼此。吐蕃时期，仿唐之风盛行于藏内，即使赞普去世后的墓葬，也仿效唐皇帝的土葬之形式。今天分布于山南地区琼结县境内的藏王墓群与墓葬碑刻，基本上说明了唐代吐蕃的内向情况。及至明代，藏内各大法王进京朝觐络绎不绝，除接受大量的封赏之外，许多人在京谋得了一定的职务，反映了明中央王朝对藏内各派宗教势力的引力。清代时期，以五世达赖和六世班禅为首的黄教高僧活佛千里跋涉赴京朝觐，历世尊奉中央，遥拜皇帝，自觉地同藏内怀有异心的地方势力作斗争。比如，18世纪中期的西藏郡王珠尔墨特那木扎勒依恃尊贵的封号，擅作威福，对朝廷阳奉阴违，最后酿成封锁交通驿道，中断塘汛文书，危害驻藏大臣的祸乱。以七世达赖为首的僧侣集团自觉地同叛逆势力作斗争，铲除了制造祸乱的首要分子，保护了驻藏大臣的随员和家属。有清一代，西藏地方僧俗首领皆以获得皇帝的封授和赏赐为荣，一些高级官员获得了郡王、贝勒、贝子的爵位，许多贵族家庭以朝廷赏赐物品为贵，许多人获得了朝廷赐予的顶戴花翎。在清代的大部分历史中，除清朝前期第巴·桑结嘉措和珠尔墨特那木扎勒曾与朝廷离心离德的个别行为外，藏内并没有出现过明显与中央相抗衡、图谋自立的现象，即便有些地方势力暗中违抗中央的旨意，也是以获得对地方的支配权，或向朝廷讨得更尊贵的封号为目的。

西藏分裂主义势力的产生与坐大，是近代帝国主义入侵中国的产物。帝国主义为了达到把西藏从中国分割出去的目的，在藏内上层中培植与中央离心离德的分裂主义势力，并从文化上把分裂思想加以固化。在20世纪初，藏语的词汇中还没有"独立"这一词汇。1904年，英国发动了对西藏地区的两次入侵，侵略者兵锋直指拉萨，用刺刀逼迫西藏地方官员签订所谓《拉萨条约》，由于清驻藏大臣拒绝签字，条约无效。英国的直接入侵并未达到预想的目的，这是帝国主义没有料到的。于是他们改变策略，开始在藏内上层官员中寻找代理人，同时在文化、历史领域里寻找有利于分裂西藏的根据。1907年7月31日，英俄两国就划分亚洲势力范围签订了《英俄协定》，其中把中国在西藏地区的主权篡改为"宗主权"。这是在国际文件中第一次出现把中国对西藏地区的主权妄称为"宗主权"

的情况。

1912年，英国利用清王朝覆灭、民国初建、国内政局不稳的机会，向民国北京政府提出了分裂我西藏地区的"五条"，遭到了民国政府的严词拒绝。1913年，在印度召开的所谓"西姆拉会议"上，英国政府把自己多年来精心培植的藏内分裂分子推上前台，煽动西藏地方当局乘孙中山反对袁世凯复辟帝制的二次革命谋划独立，并怂恿一些上层分裂势力说：西藏完全独立之后，一切军械由英国接济，西藏则必须承认英国派员来监督藏内的财政和军事，实行开放主义，允准英人在藏内自由行动。在英国人的授意和支持下，藏内分裂主义分子搞了一个旨在把西藏从中国分裂出去的"六条"①，首次提出了"西藏独立"的口号，这是"西藏独立"一词的由来。1914年7月，民国北京政府代表陈贻范奉命拒绝在《西姆拉条约》正式文本上签字，英国连同藏内分裂主义势力面对一个无任何法律效力的空头文件，只好草草结束了"西藏独立"的闹剧。

藏内分裂主义势力的活动总是以帝国主义的支持为背景，以国内的政局变动为信号的。1937年，日本帝国主义大举进攻中国，继东北之后，华北、华东、华南迅速沦陷，这时，西藏地方的权力尚掌握在忠于民国的爱国官员手里，以热振摄政为首的爱国官员明确表示拥护中央，支持抗战，并聚僧徒诵经祈祷，希望早日驱逐日本帝国主义，保佑抗战的全面胜利。但此时英帝国主义和藏内分裂势力相勾结，用阴谋手段篡夺了支配西藏地区的权力，热振被迫回寺修持。趁此机会，帝国主义和藏内分裂势力相勾结，再次策划把西藏从中国分裂出去的阴谋。1942年，西藏地方当局在英国人的支持下，突然宣布成立所谓"外交局"，使"西藏独立"活动公开化。"外交局"一成立，英国便派代表前往联系，美国在拉萨的战略情报局军官也前往报到。而南京国民政府严令在拉萨的中央政府官员不准与"外交局"发生任何来往。致使西藏地方分裂势力不得不同意蒙藏委员会的拉萨办事处可直接与地方政府联系。1947年3月到10月，藏内分裂分子在英人的支持下频繁表演，又是参加"泛亚洲会议"，又是派遣

---

① "（一）西藏独立。光绪三十二年在北京签订之中英条约作为无效。（二）划定中藏边界。其界限尽括青海全部及川边各地。（三）光绪十九年暨三十四年之藏印通商章程由英藏修改，中国不得过问。（四）中国不得派员驻藏。华商无藏员护照，不准入境。（五）中蒙各处庙宇向皆认达赖喇嘛为教主，由达赖委派喇嘛为主持，中蒙僧徒向以金钱布施藏中寺宇，以后一律照行。（六）所有中国勒收之瞻对税款及藏人所受损失，一律缴还赔偿。"

"商务代表团"赴英、美进行叛国活动，受到了英、美帝国主义的赞赏。1949年7月，西藏地区的分裂主义分子在帝国主义的授意下，以"防共"为名，制造了"驱汉"事件，把国民党驻藏人员和他们的眷属强行赶出西藏地区，企图趁新生的共和国刚刚诞生时期，割断与中央政府的联系，这是西藏地区有史以来发生的最严重的分裂事件。但是具有反对分裂、维护祖国统一历史格局传统的中国各族人民决不允许分裂分子趁机作乱，西藏人民群众也盼望人民解放军早日进藏，驱逐帝国主义势力，打击分裂分子的嚣张气焰，摧毁封建农奴制枷锁，由此，才有西藏和平解放和民主改革的重大历史转折。

从"西藏独立"一词出现至今，只有一百多年的时间，这在历史的长河中不过是短暂的一瞬，如果从20世纪初到1949年算起，帝国主义支持下的分裂分子的分裂活动得势不过几十年，如果扣除二三十年代藏内爱国者执政的时期，分裂势力的猖獗不过二十多年的时间，这二十来年在漫长的历史中不过是过眼的烟云而已，丝毫无损于中国统一的历史格局。对西藏地区而言，在帝国主义鱼肉中国之际和分裂主义势力猖獗之时尚未将西藏地区从祖国大家庭中分裂出去，那么，在中华人民共和国日益强大之时，全国各族人民维护中国统一历史格局的信念更加坚定之际，分裂主义分子的分裂企图也同历史上图谋列土封疆的野心家一样不会有好的结果。因此，我们考察西藏地区史必须站在这样的高度分析和剖析中国统一历史格局形成并稳固的基本原因，分析统一历史格局形成的历史大背景，才能得出中国统一的格局不得分裂和不可能分裂的正确结论。

（二）用大历史的观点解读西藏地方史

从大历史的背景看，居住在现今中国境内各个民族的历史都是中国统一历史的一部分。在历史上，包括秦汉统一之前，各民族的发祥地及其居住区域，曾以原始部落、部落联盟、奴隶制氏族方国、诸侯国的方式出现，有时曾与中原王朝相抗衡，但始终是在中国境内的范围相互交往、相互交流，同时也免不了发生争斗和兼并，形成了你中有我、我中有你的历史势态。因此，考察各个民族的历史，不能脱离中华民族统一的历史格局，不能脱离其历史发展的大环境。这一历史大环境可以分为疆域观、少数民族史的分类表述方式和同一社会形态的少数民族与当时封建王朝的关系等三个方面。

1. 关于中国历史的疆域观问题

怎样看待中国历史上疆域的形成与发展，不仅是历史研究的形式问题，也是历史观的具体反映。用大历史观考察中国历史疆域的形成，不应以民族区域为界或以历代王朝所管辖的地域为界限，而是以帝国主义割占中国领土之前的最终国土范围来处理历史上的疆域问题。这是因为，中国历史的发展是渐进的，各民族的交往交流与融合也是渐进的。我们是现代人，现代人研究历史问题必须以中华民族统一的历史格局以及所形成的现实疆域为基础，在此基础上研究各民族的历史。

从中国疆域的发展与变迁史看，在1840年帝国主义入侵中国之前，中国属于统一的封建王朝统治，尽管此前在这一范围内各民族有过分合与争斗，但那是中国内部各民族的争斗或诸侯国的割据，各民族都有在同一历史环境和历史文化影响下的统一意识，都是处在你中有我、我中有你的相互联系和交融的大环境当中，特别是到了元、明、清时期，各民族都共同尊奉统一的中央王朝，国家的政治意志和经济联系都在统一的中央政权的支配之下辐射到各个地区。自1840年鸦片战争之后，中国先后受到各大帝国主义的军事入侵和经济掠夺，中国社会的性质由统一的封建社会进入半殖民地半封建社会，中国统一的主权受到了侵略，甚至出现过被帝国主义列强瓜分的危险，在此期间，中国被迫签订了一系列不平等的条约。也就是这一时期，中国边疆领土被大量蚕食，主权的统一遭到严重破坏。因此，我们考察各民族发展史，就要以1840年帝国主义侵入中国以前的最终疆域为基点，把各个民族的活动区域和范围放到中国近代以前的疆域内考察。从现在看，凡是生活在中华人民共和国疆域内的一切民族的历史，都是中华民族统一的历史。

关于中国历史的疆域观问题，史学界的权威谭其骧有过精辟的论述。他在《对历史时期的中国边界和边疆的几点看法》[①] 中着重阐述了这一问题，即："某一历史时期的中国边界不等于这一时期中原王朝的疆界"，"所谓中国的边界决不能仅仅是指中原王朝的边界，而是应该包括边疆其他少数民族建立政权的边界，其他少数民族所建立的政权，都是中国的一部分"。他在文章中还强调："我们一定要建立起这么一个观念，边疆地区有时不在汉族政权统治之下，也是中国的一部分，因为从整个历史看起来，它是中国边疆地区的区域性政权。"谭其骧在另一篇《历史上的中国

---

① 《中国历史研究动态》1979年第11期。

和中国历代疆域》①中论述道：我们处理中国的历代疆域，必须坚持两个原则。其一，我们是现代的中国人，我们不能拿古人心目中的"中国"作为现代中国的范围；其二，我们既不能以古人的"中国"为历史上的中国，也不能拿今天的中国范围来限定我们历史上中国的范围，我们应采用整个历史时期，整个几千年来历史发展所自然形成的中国为历史上的中国。因此，他得出结论说，"我们是拿清朝完成统一以后，帝国主义侵入中国以前的清朝疆域作为中国历史时期的疆域"。所以历史时期的中国疆域须以此为限定，不管几百年也好，几千年也好，在这个范围内活动的民族，就是中华民族的一员；在这个范围内所建立的各个区域性政权或统一政权，都是中华民族统一历史格局中的政权。以此观点考察西藏地区史，就不存在某一阶段或某一历史时期西藏地区有脱离于中国统一历史格局疆域的问题，更不存在什么所谓自立于中国现今版图之外的问题。从统一的历史疆域考察西藏地区的历史变迁，将反映出西藏地区历史在中国统一历史中的发展概貌。

2. 关于少数民族历史的分类表述问题

中国统一历史格局的形成，是由各个民族共同创造的，在中国统一历史的叙述中，各民族的历史构成了中华民族的统一史。当然，在中国历史的记述内容上，历代王朝的政治、经济、军事、文化在中国统一史中占主要部分，同时还有记述各少数民族的形成与发展及政权兴衰的历史。如果我们从中国统一历史格局的形成与发展看，作为中国通史的主体部分的历代王朝史，也是各民族共同发展、相互联系、相互融合的历史，即使专题记述各少数民族的形成和发展的历史，也从未脱离过中国统一历史的大背景。以藏民族形成与发展为例。中国目前最有权威的范文澜的《中国通史》中记述：羌族居住在中国西部，是一个古老的大游牧民族。它和汉族在远古传说时代已有往来，到了商周时期关于羌族的记载更为详备。羌族在远古时期以青海为中心，以部落联盟的形式向四周扩展，到春秋战国时期，因羌族在东部和北部地区受到了汉族的遏阻，其主要方向是向西和西南部扩展。据《后汉书·西羌传》记载，羌人只有部落酋长，没有君臣上下，当时部落多达150个左右，各部落随水草而迁徙，互不统属，长时期停留在原始社会阶段，因而不能建立国家。西晋时期，辽东鲜卑慕容

---

① 《中国边疆史地研究导报》1988年第3期。

部落酋长的庶子吐谷浑，率所部七百余户向西迁移①，跋涉几千里后定居在今甘肃临夏附近，他首先征服了周围各部，后来逐渐扩大，传至他的子孙后，征服了附近的一部分羌族部落，建立了吐谷浑方国。南北朝时期，吐谷浑王慕容夸吕自称可汗，在青海筑伏俟城②为都，在数千里的区域内分立四城，每一弟子各居一城，其南部和西部两城伸延至今藏北和新疆的鄯善一带。

早在战国初年，秦穆公经常出兵攻掠羌地。羌部落酋长"仰"为避秦兵，率部从甘南向川西迁移，与青海的诸羌部落渐渐隔绝，后来其子孙繁衍，自立部落，其中有牦牛部，居住在四川西昌一带；有白马部，居住在四川广汉、什邡西部一带，这些部落在川西迁徙无常，名号不可详考。从青海南迁的另一些部落从川西向西继续迁徙，被称作发羌。公元101年，青海的烧当羌首领迷唐被东汉击败，率残众千余投奔发羌，《新唐书》以发和蕃声音相近，称发羌为吐蕃的祖先。另一部落唐旄原居住在天山南至葱岭一带，后来一部分迁徙到西藏南部，以拉萨和山南地带为中心，占有藏南的广大土地。此时，这些部落尚保留着母系氏族的残余，许多神山都以女性命名。因此，《隋书·西域传》将唐旄部落称为女王国。后来，居住在今尼木和墨竹工卡的两个唐旄部族发生内乱，被另一部族首领论赞弄囊率兵攻占，形成了以吐蕃为主的更大的部落联盟。他们与早期活动于阿里一带的象雄，唐古拉山南北的苏毗，组成了并行于西藏地区的三大部落联盟。

羌族从一百几十个散聚无常的原始部落进而组成吐谷浑、唐旄、吐蕃等大的部落联盟。这些大部落联盟又兼并了象雄、苏毗，组成了统一的吐蕃方国，其间经历了近千年的时间，尽管在吐蕃初期各部落仍有分立和互不统属的倾向，但经过吐蕃方国三百多年的发展和演变，羌人、唐旄人的融合并与众多小部落汇聚一起，产生了共同认可的吐蕃文化为主的高原文化和共同心理状态，原来的一部分羌人融入到具有初步稳定的共同特点的蕃族中，演变成藏族的族先。这是具有权威性的《中国通史》对藏族先民来历的记述。很显然，这种记述与流行于西藏的一些类别繁多的现代人所撰写的历史记载有很大差别，甚至有的截然不同。但是，作为中国统一

---

① 历史上的"户"与现在家庭为单位的户不同，在这里每"户"即是一个宗族。
② 具体遗址在今青海湖以西15公里一带地方。

历史的记载，《中国通史》的记载是从全国统一的历史大背景出发的，它以历代王朝的史料记载和考古挖掘的一些材料为依据，从维护国家统一和中华民族统一历史格局出发，因而有别于那些五花八门的传说或臆想。

关于对少数民族历史的分类表述，中国通史往往有别于一些地方的杂史，我们考察一个地区史时，是以地方的杂史为依据还是以中国通史为依据，不仅是历史史实的差别，而且也反映出历史观的差别。

3. 同一社会形态的少数民族与当时封建王朝的关系

在中国境内，各少数民族的社会发育程度有着很大差别，一般来讲，农耕民族由于受到中原文明的影响，较早地进入了阶级社会，游牧民族则比较缓慢。即使同为游牧民族，居住海拔较低、自然条件较好的游牧民族要比居住在海拔较高、自然条件较差的游牧民族进化得快一些。在中国统一历史的过程中，居住在蒙古草原上的匈奴和居住在青藏高原上的吐蕃，同为游牧民族，他们进入阶级社会的时间却相差近八百年。公元前2世纪，匈奴已进入了奴隶制社会，而吐蕃到公元6世纪末7世纪初才进入奴隶制社会。尽管进入奴隶制社会的时间差别较大，但建立了奴隶制方国的少数民族政权与当时封建王朝之间的关系却有惊人的相似之处。

以匈奴和吐蕃为例。公元前2世纪和公元7世纪，匈奴和吐蕃所面对的分别为疆域辽阔、声势远播的汉、唐封建王朝，强大的封建王朝与两个势力颇大的游牧奴隶制方国之间所表现出来的交流、和亲与战争的关系，有着相同的特点。

从历史的发展脉络而论。

匈奴是中国历史上北方的一个重要的古老民族，它兴起于公元前三四世纪的战国时期，强盛在秦末汉初。史书记载，早期的匈奴随水草畜牧而不断迁徙，无城郭常居，无耕田之业，他们在和汉族人的长期接触中，学会并发展了冶铁术和制陶业，同时，一部分匈奴上层开始修建房舍，建立城郭。公元3世纪，匈奴中势力较大的一支兼并了中国北部的一些部落，如溷、鼓、鲜虞、潞氏等，后又兼并了林胡、楼烦等部落联盟。由于被兼并的部落与民族靠近中原和华夏，他们已经进入了阶级社会。因此，匈奴继承了这些部落和民族的一切社会发展成果，并很快将他们统一起来。公元前2世纪初，匈奴开始进入奴隶社会，少数大贵族垄断着本族的政治、经济大权，他们拥有大量的畜群，役使着无数的奴隶。据载，匈奴当时的人口约在150万，其中俘掠汉族和其他各族人民充当奴隶有50多万人。

这些奴隶一部分从事畜牧业，一部分从事农耕，一部分从事商业和手工制造等，这些奴隶是匈奴社会的主要生产力。此外，匈奴奴隶主还向周边部族、方国进攻，迫使一些小方国向它进贡。匈奴单于死的时候，使用了棺椁，有金银、珠宝、衣服等殉葬品，近臣婢妾从葬者多达数十人或百人不等。

进入西汉封建王朝时，匈奴正处在头曼单于和冒顿单于的统治时期。公元前209年，头曼单于的儿子冒顿射杀自己的父亲，自立为单于，使单于的世袭制度在匈奴社会中正式确定。从此，匈奴单于便父死子继，或兄终弟及。其他王、侯、大将、大都尉等高级官职，也由一些显贵氏族或家族世袭。

匈奴方国政权机构分为三部分：一是单于，掌握全部军事组织并兼辖匈奴中部；二是左贤王，管辖东部；三是右贤王，管辖西部。单于是匈奴的最高首领。左、右贤王是地方的最高长官。为保护奴隶主贵族的统治利益，匈奴贵族制定了法律，设置了监狱。法律规定，盗窃私有财产的，全家沦为奴隶；持刀殴斗的判处死刑。其他罪犯，"小考轧，火者死"。监狱的囚犯十日之内判处。

公元前209—前128年，是匈奴方国的极盛时期。此时，匈奴"西击走月氏，南并楼烦、白羊沟南王，悉复收秦所使蒙恬所夺匈奴地"，① 其势力东达现在的东北，西到甘肃河西走廊和新疆，北抵漠北，南据河套。匈奴统一了在这一地区内大大小小的部落或方国，对中国统一历史格局的形成作出了贡献。

匈奴奴隶制方国的强盛，面对着它是更为强大的西汉封建王朝。西汉初年，匈奴奴隶主贵族为了掠夺财物和奴隶，经常骚扰汉朝的北部边境。当时，汉朝由于尚未恢复战争的创伤，内部因初建尚不稳定，从刘邦称帝到汉景帝的六十多年间，除平城之役、刘邦白登被围外，汉王朝和匈奴没有发生过大的战争，汉朝基本上采取了和亲政策。公元前192—前152年的40年间，汉王朝曾四次以宗室女为公主嫁单于为阏氏，岁赠匈奴絮缯米食物各有数万，并相约为兄弟，匈奴从此不犯汉边。② 同时，双方还商定彼此互市，两族人民自由贸易往来。汉武帝时，由于西汉王朝经过半个

---

① 《史记》第三册卷110《匈奴传》，中华书局2000年1月版，第2212页。
② 参见《史记》第三册卷99《刘敬传》，中华书局2000年1月版，第2099—2100页。

多世纪的发展，国势强盛，匈奴虽有和亲，但经常掳掠汉地居民，这促使汉武帝下决心解决北部匈奴的侵扰问题。自公元前127—前119年，西汉王朝与匈奴展开了三次大规模的争夺战。

公元前127年，第一次大战爆发。这一年，匈奴集结大量兵力，进攻汉朝上谷、渔阳，杀辽西太守，掳去两千余人。汉武帝决定避实就虚，派卫青率大军进攻久为匈奴盘踞的河南（今黄河河套地区）。卫青等人引军北上，发动突袭，击败了匈奴的白羊王和楼烦王，收复了秦时蒙恬所辟的河南之地，在这里设置了朔方郡和九原郡，建筑了朔方城，又从关内移民十多万，到此屯田戍边。从此，不但解除了匈奴骑兵对长安的直接威胁，也建立起进一步反击匈奴的前进基地。

公元前124年，汉武帝又派卫青率领骑兵三万，配合其他几路大军，深入塞北六七百里，掩袭匈奴右贤王王庭。右贤王措手不及，仅带几百随从，仓皇北逃。这次战斗，俘匈奴男女一万五千余人，裨王（小王）十多人，进一步打击了匈奴的军事力量。为此汉武帝特意遣使者，拿着大将军印，前往边塞迎接卫青，在军中拜卫青为大将军，让他统率所有抗击匈奴的汉军。

公元前121年，第二次大战役开始，斗争焦点是争夺河西地区。霍去病在这次战役中，勇敢善战，是首功之将。霍去病18岁时已初露头角，曾在卫青部下，以八百精选骑兵，奔袭几百里，杀死匈奴单于的叔祖父。因此，汉武帝便大胆提拔他为骠骑将军，委以领导进军河西的重任。霍去病率精兵万骑，奔驰上千里，连败匈奴骑兵，杀伤俘获过万，得匈奴休屠王的祭天金人。不久后，他又指挥几路精骑"出陇西、北地二千里，过居延，攻祁连山"，取得了更大胜利。这次战役，使汉朝控制了河西地区，切断了匈奴与羌人的联系，打开了通往西域的通道，进一步发展了第一次战役的战果。霍去病也因之受到汉武帝的宠信和重用，几乎可与大将军卫青相比了。

经过第二次战役，匈奴贵族受到严重挫折，在汉军压力之下，其内部日益不稳。匈奴单于要把负有失去河西之责的浑邪王等人治罪，浑邪王等决意投归汉朝。汉武帝便命霍去病派兵接降，击杀不肯归顺的一部分匈奴将卒，保护浑邪王到达长安。

第三次战役开始于公元前119年。这是规模最大、征途最远，具有决定意义的一次战役。汉武帝的目的是深入漠北，寻歼匈奴主力。汉军的主力部队，由卫青与霍去病分别统率，各有五万骑兵。另外组织了随军马匹十四万匹，步兵和驮夫几十万人，一起配合行动。这时，匈奴单于听从降将赵信的计谋，移军漠北，严阵以待，准备乘汉军疲敝，一鼓全歼。双方都摆出了决战的态势。

霍去病率东路汉军出代郡，深入一千多里，与匈奴左贤王接战。霍去病的骑兵，奋勇冲杀，连续作战，歼灭了左贤王的精锐，俘获了匈奴三个小王以及将军、相国、当户、都尉等83人。左贤王和剩下的一部分将官败逃而去。霍去病率军追歼，直抵狼居胥山（今内蒙古苏克特旗以北），才胜利回师。

卫青率西路汉军发于定襄，出塞一千多里，与匈奴单于主力相遇。卫青立即将战车"自环为营"，并指挥五千骑兵向匈奴战阵冲锋。匈奴的一万骑兵也立即猛扑过来。双方鏖战到黄昏，大风骤起，飞沙扑面，两军阵容错杂，不辨彼此，继续拼杀搏斗。这时，卫青派出两支轻骑，分左右两翼，迂回包抄匈奴单于。匈奴单于急忙率几百骑兵冲出汉军包围，飞驰逃走。匈奴全军溃散，卫青派轻骑连夜追赶匈奴单于，一直追到今蒙古国纳拉特山。

经过这三次大的争夺战，匈奴损兵折将，元气大伤，辖地内的民众因连年战争，丁壮被掳，粮草、马匹被征，引起了内部矛盾的激化，许多被奴役的部落纷纷起兵反抗，被奴役的西域小方国也力图摆脱匈奴的控制。同时，奴隶主内部内讧迭起，互相攻杀，争夺权力，匈奴奴隶制政权迅速衰落。到公元前54年，匈奴分裂成南北二部，南匈奴呼韩邪单于附汉，北匈奴在汉王朝的打击下瓦解。公元前33年，呼韩邪单于为了巩固与汉王朝的和睦关系，亲自来长安向汉元帝请求娶宗室女为妻，充入后宫的民女王昭君听说和亲是为了国家的安宁与稳定，欣然愿嫁予呼韩邪单于。汉朝的再度和亲政策，使北部出现了四十多年的和平景象。

东汉初，匈奴方国再次分裂为南匈奴和北匈奴。南匈奴和东汉关系很好，东汉把今河北、山西、内蒙古、陕西沿长城附近各县一直到甘肃的陇东各县，都划归南匈奴单于统治。从此匈奴人民不断内迁，和汉族人民杂居在一起，共同开发了祖国北部和西北地区，促进了这一带地区经济文化的发展。

北匈奴对南匈奴及东汉王朝持敌视态度，遭到东汉和南匈奴的反击。北匈奴南攻失败，转而威胁、控制西域各国，但是出西域的通道又为汉军封锁。匈奴奴隶主失去了掠夺财物和奴隶的来源，国力大衰，奴隶主贵族之间也爆发了尖锐的斗争。最后，在东汉和南匈奴的连续打击下，北匈奴奴隶制国家终于在公元91年灭亡。北匈奴的部众，一部分归附东汉；一部分后来和鲜卑人互相融合；一部分则由单于率领逐渐向西远迁，进入欧洲。

东汉以来，南匈奴人逐渐内迁，经过魏晋南北朝时期与汉族互相融合在一起。

如果从公元前209年冒顿单于建立匈奴政权算起，到北匈奴灭亡，匈奴在大漠南北整整活跃了300年。在这个时期内，匈奴人民创造了光辉的草原文化。在诺颜山及其他漠北地区匈奴墓葬中，出土了不少牛、马、鹿、野兽相互角斗的图形和绘有美丽图画的骨器。这些文物都具有独特的游牧民族的色彩。

不论是战争时期，还是和平时期，汉和匈奴两族人民之间的友好往来始终没有间断。史书上说，匈奴人"乐关市，嗜汉财物"，而汉人在长安与匈奴人做买卖的，仅西汉时一次记载就有五百多人。匈奴的马匹，"衔尾入塞"，养马技术也传入内地。汉人则向匈奴人传授"穿井""筑城"以及农业、手工业的生产技术。

匈奴是我国历史上多民族国家的重要成员，它的经济文化是中华民族古代经济、文化的重要组成部分。匈奴对中国统一历史格局的形成与发展，作出了自己应有的贡献。

匈奴灭亡之后五百多年，吐蕃兴起于青藏高原。

吐蕃同我国北方的匈奴一样，是我国西南地区一个古老的民族，在秦汉魏晋南北朝时期，青藏高原上及周围地区分布着羌、苏毗、大、小羊同、唐旄、悉立、白兰、党项、附国等部族。约在公元6世纪时，雅鲁藏布江流域各部族由分裂走向部族联盟，由于受到东部和北部地区其他各族特别是汉族的影响，生产力逐步向前发展，社会形态已明显地由原始社会向奴隶制社会转变。除了畜牧业仍然是重要的生产部门外，农业和手工业也有了相当的发展，一部分居民过着定居的农业生活，种植业已有青稞、小麦、荞麦和豌豆等品种，农业已有了简单的排灌工程。手工业已发展到采炼金属矿物，能够制造精良的金、银、铜、铁等生活用品和兵器。随着生产的发展，商品交换也发展起来。在生产力发展的基础上，类似于国家机器的权力机构也开始建立。到7世纪，西藏地区各大部落统一起来，形成了奴隶制方国。

公元630年，26岁的松赞干布继位①，此时，西藏地区政局动荡，各部落和贵族集团纷纷叛乱。松赞干布果断地诛杀叛逆，先后降服了塔布、工布、娘布、羊同、苏毗、象雄等部，最终统一了西藏地区。松赞干布统一诸部后，采取了一系列具有重大影响的政治措施，首先将西藏地区的政治中心迁往拉萨，在辖境内设置四个军政区域。其次，加强了奴隶主的统治权力，制定了比较完备的十善法律，用刑法来保护奴隶主的利益，同时为了适应社会发展的需要，还创制了文字，制定了维护私有经济的一些制度。经过这一系列措施，吐蕃奴隶制政权与当年中国北部的匈奴一样，变得比较强盛。《旧唐书》评赞其："西戎之地，吐蕃是强。蚕食邻国，鹰扬汉疆。"②

吐蕃的统一与强盛，促使其向东、向北发展，但它所遇到的是威震海内、鼎盛如天的唐封建王朝。当时唐太宗被各民族、各方国共尊为"天可汗"，"入贡""请婚"者络绎不绝，松赞干布也不甘落后，几次派人赴长安请婚，在经过几次军事摩擦之后，终如愿以偿，娶到了唐王朝宗室女文成公主，与当年汉王朝对匈奴的和亲政策一样，唐与吐蕃在最初几十年也以和亲为主。

久而久之，唐与吐蕃之间也开始发生争夺地盘的战争。同汉王朝对匈奴的战争一样，唐蕃之间也发生了三次大规模的争夺战。

（1）争吐谷浑。吐谷浑为唐王朝西部地区一个部族，后来发展为方国，直接归唐王朝管理，唐太宗时期，由于唐王朝和亲政策的成功，唐王朝与吐谷浑、吐蕃之间相安无事。松赞干布死后，大权被大臣禄东赞掌握，此时，吐蕃开始向外扩张，首当其冲的是北邻吐谷浑。公元656年以后，吐蕃频击吐谷浑，至663年，禄东赞攻占吐谷浑中心地带，迫使吐谷浑王诺曷钵及弘化公主率数千帐逃往凉州。唐王朝对西部屏障被破大为震惊，决心帮助吐谷浑返回旧地，公元666年5月，唐王朝封诺曷钵为青海王，同时派军向西移动。公元670年，吐蕃在击败吐谷浑之后，率大军40万向西域进击，击破唐王朝设置的安西四镇，671年4月，唐高宗派出薛仁贵率5万唐军出击吐蕃，在青海惠渠南部大非川被吐蕃40万大军包

---

① 松赞干布的生卒，藏汉史记记载紊乱，另有松赞干布617年继位之说，详见蒲文成《吐蕃王朝历代赞普生卒年考（1）》《西藏研究》1983年第4期。
② 《旧唐书》卷196下，《吐蕃传》，中华书局2000年1月版，第3583页。

围，薛仁贵全军覆没，至此，吐谷浑方国灭亡，一些部族迁往青海、甘肃、陕西、宁夏等地。

（2）争西域。公元662年10月，吐蕃军队击破帕米尔地区部落之后，在新疆疏勒以南与唐王朝军队相遇。据史载："苏海政为龅海道总管检较右武卫将军，高宗龙朔二年十二月受诏讨龟兹及疏勒，……海政军回至疏勒之南，弓月又引吐蕃之众，来拒官军，海政以师老不敢战，遂以资赂吐蕃，约和而还。"① 663年，吐蕃联合了弓月部落进攻于阗，被唐军击退。此后几年相安无事。公元670年，吐蕃在击破吐谷浑之后，又乘势攻陷了唐王朝的安西都护府龟兹，迫使唐放弃安西四镇。武则天临朝之后，决心夺回安西四镇，改变以守为主的被动局面，公元685年11月，命令天官尚书韦待价为燕然大总管，征讨吐蕃，689年，韦待价率兵在识逝河与吐蕃大战，未能取胜。公元692年，武则天再次调动大军，以王孝杰、阿史那忠为将军，率精兵数万进击吐蕃，吐蕃被击败，唐军遂克复龟兹、于阗等安西四镇，又重设安西都护府，并派了万余精兵镇守。唐王朝军事的胜利，不仅重新确立了对西域的控制，同时促使吐蕃内部政局发生变化，主张与唐王朝和好的力量开始上升。

（3）争河陇。公元627年，唐太宗将朝廷的直辖区域划为十道，其中，河陇地区设河西、陇右两道，并派48万大军镇守。安史之乱后，河陇军队被调往陕西，河陇空虚。趁此机会，吐蕃调派大军进攻河陇，攻陷神威、武宁、临洮等十几座城池。公元763年，吐蕃一度攻陷兰州、河州、洮州等地，兵锋直指长安，同年10月，吐蕃入据长安，立金城公主之兄为帝，大抢15日而还。这次，唐王朝由于安史之乱，军力大减，已无法阻挡吐蕃军的抢掠。

唐蕃之间的争夺，反映了封建王朝与奴隶制方国之间的军事斗争情况，虽然吐蕃一再得手，但兵源和经济支持力毕竟比不上唐王朝。在后来的争夺战争中，唐王朝可以调动各族军队作战，可做旷日持久的打算。早在公元8世纪初，吐蕃内部主张和亲者开始活动，因双方兵戈迭起，先后为武则天所拒绝。公元703年，吐蕃赞普都茫波杰又遣使献马千匹、金2000两，以表求婚②。此次武则天应允，由于赞普征尼泊尔战死，未能成

---

① 《册府元龟》第六册卷449《将帅部·专杀》，中华书局1960年影印发行，第5324页。
② 《〈册府元龟〉吐蕃史料校证》，四川民族出版社1981年版。

婚。707年，新赞普又派悉蕉热入贡请婚，唐中宗封养女金城公主嫁往吐蕃。其后，唐王朝与吐蕃之间战和不停，中间还多次会盟，表现了封建王朝与奴隶制方国之间的战和关系，这种战和关系持续了一百多年。到公元841年之后，吐蕃内部发生了持续不断的争权斗争，赤祖德赞、吾东赞先后被杀。847年，河陇地区爆发奴隶起义，850年，沙州张义潮率众起义，乘此之势，唐王朝派兵相继收复了原失掉的陇右地区。公元864年之后，吐蕃内部奴隶起义持续不断，吐蕃分裂为四股势力，它们是：阿里王系、亚泽王系、拉萨王系、亚陇觉阿王系。至五代时，吐蕃已微弱，回鹘、党项诸羌夷分侵其地①。吐蕃至此灭亡。

如果自公元7世纪初到五代时期算起，唐代的吐蕃与汉代的匈奴一样，也存在了三百多年的时间，其间也经过了和亲、战争、和亲、奴隶制政权崩溃等符合社会发展规律的循环。匈奴奴隶政权崩溃之后，再没有建立起新的奴隶制统一政权，经过魏晋南北朝纷乱之后，融入了统一的唐王朝；而吐蕃崩溃分裂之后，也没有再建立起新的奴隶制统一政权，而是经过五代、宋、辽、金、西夏之后，汇入了元王朝统一的潮流当中。从大历史观看，匈奴与吐蕃的情况何其相似，由此可以清晰地看出中华民族统一历史格局形成的规律。

（三）用联系和发展的观点解读西藏地方史

在中华民族统一的历史格局中，各个民族的发展历史都不是孤立的、单一的，也不是一成不变的。在漫长的历史发展过程中，各民族互相联系、共同促进是民族发展的主流，冲突和战争是更高层次联系的准备。在各民族联系的过程中，有些民族发展壮大了，有一些民族在相互联系中融入其他民族系列中。中国境内现在的较大的民族系列，无一不是各部族、民族相互联系、相互促进的结果。

正是各个民族的相互联系，形成了中国南北两大民族融合的舞台。在南部地区，民族之间的联系与发展未经历大规模动荡和迁移，这一方面得益于优越的自然条件，同时与生活在南方各族的形成规模有关，到南宋时期，南方各民族包括台湾的高山族在内，基本上稳定了基本的族属并不再发生大规模的迁移及变异运动，各族之间的经济、文化联系基本上走向稳定。同时，各族之间通过经济上的互助和文化上的相互借鉴，形成了较为

---

① 参见《新五代史》卷74，《四夷附第三》，中华书局2000年1月版，第610、611页。

固定的对大环境的认同,社会经济、文化呈现出发达和繁荣的景象。

中国的北部地区则不然,因辽阔的地域和寒冷的气候,游牧民族在这一带与农耕民族之间交融、联系,彼此冲突与摩擦,各民族的联系与纽带日益加强,同时也演出了一幕幕大争夺后转入紧密联系而实现民族融合的剧幕。在北部各民族向中原蜂拥而聚的历史过程中,先是兵戎相见,继之通好和亲,称臣纳贡,接受封赐,强者或逐鹿中原,与中原汉族争夺天下。无论是哪一种方式,客观上不同程度地强化了中原与北部各民族的联系,把各少数民族生机勃勃的文化创造力带到中原,加速了中华民族内部的凝聚过程。而居于北部地区的汉族也不甘固守一地,他们在王朝强大之时,也常常问鼎于北部部族,或派兵戍边,或移民屯垦、设州建府,把大量人力、物力投向北部边疆,其中一部分北迁汉族与边地民族相互依存,在北部地区定居下来,带动了北部社会形态向封建社会进化。自春秋战国到清朝的两千多年间,我国北部地区成了民族经济联系、文化相互渗透、不同族属相互融合的大舞台。春秋战国时期,夏族、匈奴、乌桓、鲜卑、肃慎等形成密切联系的统一体。秦汉大一统之后,北部匈奴一度强盛,臣服并兼并周围部族,称霸于自西域至辽东的七千里草原。魏晋南北朝时,匈奴衰微,铁勒、氐、羌、鲜卑、柔然先后称霸于北部地区,逼使晋室南渡,鲜卑一度定都洛阳,统治北部大半个中国,中原文化部分融于北部少数民族之中,部分南移。隋唐时期,突厥一度继承汉朝匈奴大业,霸有北部八千里之地;唐朝后期,突厥灭亡,北部又为西域诸部族、西夏、契丹所替代;五代之后,契丹发展起来,遂享有北部辽阔的地域。后来,成吉思汗崛起于大漠,统一草原各部族,其子孙忽必烈扬鞭于蒙古高原,继而挥师青藏高原,由云南而问鼎于南部中国。直到明清时代,北部中国仍是汉、蒙古、女真(满族)角逐的大舞台。

正是北部各民族的相互联系和交流、融合,形成了北部黄土高原、蒙古高原文化,这一文化既代表了中原文明,又借鉴、融入了北部各民族文明,是中华民族北部文化的主要特征。

而位于西部和西南部的青藏高原地区,除少部分受川西和滇西北文化的影响外,大部分是在与黄土高原、蒙古高原文化联系中发展起来的,其文化特征无不刻记着黄土高原、蒙古高原文化的烙印。用联系的观点考察西藏地区史可以发现,西藏的文化,尤其是藏北草原地区游牧性质的文化,始终与中国北部的黄土高原、蒙古高原的文化存在着一种异常密切的渊源联系。考古证明，在新石器时代，以游牧和狩猎为特征的细石器文化，在以藏北草原为中心的西藏高原范围有着极为广泛的分布，而西藏的细石器无论类型或加工技术都与中国北部地区自东北沿蒙古草原到西北的宁夏、甘肃、青海、新疆一带分布的细石器同属一个系统，即"北方细石器文化系统"。[1] 可见，远在新石器时代，藏北草原与北部草原地带和黄土高原地区不仅在基本文化概貌上大体趋于一致，而且二者已存在一种文化内涵上深刻的联系。到吐蕃时代，吐蕃各部族的扩张主要是由东北方向沿青海、甘肃、宁夏而及于新疆、河西走廊、陕西西部向北部的蒙古草原延伸。这种扩张的势头，在文化和种族上都大量地吸收和融入了北方游牧民族的成分。而在向陕西、宁夏一带的延伸中，又吸收了这两个地区的农耕文化，使西藏地区呈现了游牧与农耕相间的经济形态。一个最典型的例证是吐蕃的扩张竟然把一支强大的由燕山、阴山一带西迁的鲜卑部族吐谷浑融入藏民族之中。所以，藏民族不仅在文化方面吸收了中原北部游牧民族、农耕民族的文化和习俗，而且融入了北方游牧民族的血统。

关于藏民族与原北部地区蒙古高原、黄土高原各部族相融合的情况，不仅仅在史书中有大量的记载，而且已由现代科学研究成果获得了进一步的证实。一种白细胞抗原（HLA）研究发现，藏民族属于中国北方人群的一部分，安多、拉萨、后藏等地的居民的身高、脸型、肤色与黄土高原、蒙古高原居民多有相似之处，从而把藏民族祖先的迁移与进化的范围扩延到中华的西北部地区[2]。

另外，一些考古学家对我国从东北沿蒙古草原西南至青藏高原一带挖掘出的考古材料进行了考证，发现在这一带存在着众多的、惊人相似的文化同质因素，包括细石器、石棺墓、大石墓道及墓葬结构，从而证明，自远古时期到青铜器时代，我国自蒙古草原经河西走廊至青藏高原东沿有一条半月形文化传播带，西藏地区处在半月文化传播带的西面。到了吐蕃时期，这一文化传播带向西南延伸到山南地区，其雅砻文化、吐蕃王墓的结

---

[1] 安志敏：《藏北申扎、双湖的旧石器和细石器》载《考古》1979年第6期。

[2] 据《中国西藏》1993年春季号刊载："原西藏医学科学研究所孙新甫和自治区人民医院外科主任医师傅玉江在北京儿科研究所HLA实验室、中日友好医院等单位协助下，对拉萨、日喀则两地区的400多名世居居民的血液标本进行了科学研究，结果证明，藏族白细胞抗原（CHA）分布特征符合中国北方人种血液遗传概貌，从布推算，藏族居于中国北方人种的一部分。"

构特征与黄土高原和蒙古高原上的文化、墓葬特征极其相似。在后来的历史中，这条从东北沿蒙古草原到西南部直达山南一带的半月形文化传播带不但一脉相承地延续下来，而且还获得了更大规模的发展。突出的体现是：崛起于中国北部地区的蒙古与藏族两大民族在这一半月形地带中所发生的政治的、经济的、宗教的联系。这种联系把青藏高原、黄土高原、蒙古高原紧密地贯穿于一体，甚至延伸到燕山和大兴安岭一带。假如我们将13世纪之后蒙藏地区的宗教文化、经济、政治作为牢固的统一体来研究，就会得出藏民族属于中国北部地区一个族属。明白了这一点，就不难明白为何自萨班、八思巴，到伊拉古克三、三世达赖、五世达赖、六世班禅等倾心北向的原因，也不难明白自青藏高原到蒙古高原的广大地区分布着众多的喇嘛庙的历史原因。

当然，藏民族在向东北部发展的同时，因地理原因，一部分部落在向东和东南发展过程中，遇到了川西部落、四川盆地内的汉族和云南的白蛮、乌蛮等。在与这些民族的交往与联系中，西藏地区又吸收了川西、川东盆地和滇西北各族的文化基因和生产、生活方式，因而，部分藏族也接受了西南其他民族的习俗和文化。正因为不断地和各民族的联系特别是北部诸族的联系，再通过与本部族、本土文化的结合，创造了有一定特点的藏族历史文化，这种文化成就的获得，是与各族之间不断联系、相互影响、相互促进分不开的。

各民族之间的联系，不仅仅限于文化的沟通和影响，还包括经济上的互补和互助。自秦汉统一之后，北部、西部和西南部的经济联系日益加强。在公元5世纪之前，一些交往限于部落之间或部落联盟之间，或部落联盟与内地封建王朝之间。魏晋南北朝三百多年的大动荡、大分化、大交流，使经济联系形成了规模和固定的通道。以吐蕃与内地各族的经济交流为例。吐蕃强盛时期，政治交往与经济联系并行，形成了青藏高原与东部、北部（包括东南、西北）四条较为固定的经济纽带，前两条属于藏彝走廊的范畴，后两条与古丝绸之路相连接。自南而北依次为：（1）与南诏、大理白蛮、乌蛮等各部落的经济交往带，在这条经济带上，主要以交换皮毛、药材、马匹和土特产为主。（2）与四川、甘南汉、羌、乌蛮等各部族和地方政权的经济交往带，这条经济带主要以交换内地的茶叶、丝绸、铁器、竹器为主。（3）与青海、甘肃和吐谷浑、汉、突厥等部族和地方政权的经济交往，在这条路线上，北经格尔木向北与古丝绸之路相联系，东经都兰、青海湖、西宁与兰州相联系，主要以马匹、粮食、建筑用材和铁器、铜器、金银器皿为主。(4) 与西北部的西域各部族及和阗、疏勒、龟兹、高昌各部族以及地方政权的经济交流，在这一经济带上，伴有军事掠夺和极缺商品的交换，由于生产力的局限，大宗商品往来并不多见，两地的土特产交往较多。由此可见，在吐蕃时期，藏族与东部、北部各个民族的联系已经形成固定的路线和较大规模。

到元明清时期，各族的经济联系更加牢固，这一时期，经济联系带有官民两种性质，官方、朝廷和地方政权通过入贡、赏赐、布施、茶马互市等途径的经济联系更为频繁。据藏汉史记所述，元初以来，西藏地区各宗教首领以朝贡的方式，把藏地出产的木香、牛黄、豹皮、猞猁皮、氆氇、藏绒、青稞、犀角、佛画像、藏经、舍利子、铜佛、铜塔、良马、牦牛、羊毛、麝香、虫草、藏红花及西藏加工制作的金、银制品等物进贡或交换到内地。元、明王朝赏赐给西藏僧侣及民间互市的物品有黄金、白银、彩币、锦帛、法器、法衣、茶叶、汉文佛经、炉具、帐篷、蒙古族衣饰、骡、黄牛、乘驼、土布、纸张、瓷器等。① 以元初为例，萨迦班智达在致乌思藏各地的信中所提及的向朝廷进献的贡物就有银珠、象牙等14种②。而元世祖赏赐八思巴上师的物品则有坎肩、金杵、金爵、靴帽等17种。在明代，成祖皇帝一次赏赐给大宝法王得银协巴的物品就有牙仗、骨朵、幡幢、香合、手炉、银交椅、银脚踏、银水罐、帐房、拜褥等20余种，其中除几种为仪仗礼佛用品外，绝大多数是生活用品③。无独有偶，藏地和朝廷的贡品也在20种以上。

茶马互市及贡赐所带来的补偿贸易的发展，在西藏及各个藏区与内地开辟的主要交通线上，形成了一批新兴城镇，特别是在藏汉毗邻地区，如西藏的昌都、安多藏区的结古、拉卜楞、川康的打箭炉、甘孜、松潘等地，以至云南的德钦等。在打箭炉，汉族及藏族商人经营茶叶及其他物资贸易的行栈"锅庄"，就创始于元代。开始，是一些来此易货的藏商囤积货物，随地搭起帐篷，竖立烧饭的锅桩。待贸易完毕返回西藏时，即可拆除搬走。后随着商旅渐多，打箭炉日益繁荣，出现了固定房屋，专门招待来往客商或藏汉商人自搭行栈，沿旧称仍呼之为"锅庄"。此后，内地商

---

① 参见《萨迦世系史》，第78、81页。
② 江应樑：《中国民族史》下册，民族出版社1990年版，第80页。
③ 《明太宗实录》卷63，《明实录》，台湾中央研究院历史语言研究所1968年刊行。

人大量云集于此，以与西藏贸易盈利。元代仅陕西商人在甘孜、昌都等地就达千人以上，后来打箭炉城内还形成了一条陕西街。当地藏汉互相通婚，亲密无间，使汉地蔬菜和种植技术也随着在川边及藏东等地的推广应用而传入西藏腹地①。

　　元、明时西藏与内地经济交流的加强和深入，也表现在中央货币在西藏的流通上。1959年，在西藏原萨迦政权中心地萨迦寺发现的元代纸币，就是珍贵的历史证据。这些纸币一是1287年印制发行的"至元通行宝钞"，票面二贯，值银一两；二是1341—1367年印制的"中统元宝交钞"，票面一贯，当银五钱。中统元宝钞和至元通行宝钞均是元代不受时间和区域限制广为流通的两种纸币。元、明时期，西藏的经济生产也影响到内地各民族，特别是对蒙古地区影响很大。元代中期，大臣桑哥带领蒙古大军入藏平乱后，改革整顿了西藏驿站，将部分蒙古兵留驻驿站兵站，同时规定西藏各站户将原供驿站藏人使用的褐布、帐篷、坐垫、绳具、卧具、藏药及青稞等生活用品统统转交蒙古军，这些蒙古士兵很快习惯了藏族生活习俗。他们退役后将许多藏地生活用具带入蒙古。以藏药为例，除藏红花、藏姜、藏香外，还有形如绿豆的野马豆②。明清时内地称喇嘛药丸为"阿酥肌"。其实，野马豆即所谓"舍利子"，但并非活佛火化后的佛骨舍利。据明李时珍《本草纲目》载，西藏的硇砂也输入了内地，因其"颗粒光明，入药最紧"，功效较其他各地所产为好，故又称"藏硇"。藏地所产能承受强弩射击而穿不透的甲胄，又称青唐甲，宋、元时大量流入中原，久负盛名。元、明时，专门作为贡品进献于朝廷。

　　西藏地区及其他民族所建立的文化、经济的纽带，自古以来未曾中断，即使在五代十国和宋辽金对峙时期，仍通过唃厮罗政权和云南的大理政权保持着与东部、北部地区各民族的联系。

　　各民族之间持续不断的文化、经济联系，增强了各个民族之间的了解，建立了一种稳固的统一体，这一统一体在占多数的汉族和历代中央王朝的凝聚下，形成了密不可分的牢固的中华民族统一的历史格局。

　　各民族之间的联系和交往是不断发展的，并随着社会形态的跃进而向更高的层次迈进。就西藏地区而言，在秦汉时期只不过是在原始部落之间

---

① 参见任乃强《西康图经·民俗篇》，西藏古籍出版社2000年3月版。
② 野马豆：以野马草为主，与其他草药研末合制而成。

的交流与联系，到魏晋南北朝时期，原始部落开始合并为部落联盟，其联系和交往也只限于文化层次和有限的经济交流上。吐蕃时期，西藏地区由部落联盟上升到奴隶制社会，其与周边民族的联系进入到经济、文化、政治、军事、宗教各个领域，随着内地封建王朝的更迭，这种联系很快融汇到中国统一的历史大格局中。

各民族之间联系以及这种联系的不断发展，促进了中国境内各民族的迁徙与融合，加速了中华民族统一体的发展与巩固。例如：自公元4世纪开始，匈奴、鲜卑、羯、氐、羌等族纷纷在中原及其周围建立政权，所建政权的政治体制和道德观念都依照中原文化传统及制度，为了取得与汉族政权平等的地位，"中华"作为高于汉族、大于汉族、能够兼容中国各族的集合概念，在南北朝以至隋唐时期始见于历史典籍。唐朝把是否自属中国、亲被王教、奉行中华文化传统作为衡量是否属于"中华"范畴的标准。这就使当时进入中原的北方各族理所当然地自认为是中华成员，居中华正统地位，有资格继承和享有中华传统文化的泽被。

北朝历270余年，中原文化及制度向边疆连续传播之盛况空前。从公元4世纪初至5世纪初，前凉、后凉、西凉及北魏等政权，其势力均扩展到南疆焉耆、龟兹、鄯善、于阗各地。公元5—7世纪，吐鲁番成为汉人聚居之地，建立高昌汉人政权。公元439年，北魏灭北凉，北凉临松太守拓跋樊尼率领部众逾黄河、积石，入西藏，往依悉补野部落[①]。

和北朝时间大约相当，南朝历272年。晋室东渡，士族南迁。黄河流域文化移植江南，今江苏、安徽、福建、浙江、广东等地，原来被称为"断发文身""夷越之地"的边疆民族地区，经过各民族与汉族的长期交往与联系，逐渐成为汉文化高度发达的地区。

隋唐时期，南方的族群被统称为蛮、僚、俚，其中包括一部分南方汉族、北方的突厥、回鹘、黠戛斯、契丹、奚、室韦等，西边的羌、吐谷浑、吐蕃等族，东南台湾岛的"琉球土人"。

隋唐册封俚人首领冼夫人为谯国夫人，和辑岭南，设郡置州。又以宗室女义安公主、义成公主嫁东突厥启民可汗，大漠南北稍得安宁。

唐朝在全国实行统一建制，分天下为10道，罢郡置府州。民族地区也和中原地区一样建置府州，称为羁縻府州，以各族首领世袭府州各级官

[①] 《藏族简史》，西藏人民出版社1986年版，第431页。

职，分属各都护府及边州都督府管辖。唐初确立对边疆各族首领册封的制度，并以公主许嫁和亲。如册封吐蕃赞普为"西海郡王"，先后以文成公主、金城公主许嫁。册封乌蛮蒙舍诏首领为"云南王"。册封吐谷浑首领慕容顺为"西平郡王"，封其子诺葛钵为"河源郡王""青海王"，以弘化公主许嫁。册封靺鞨首领为"渤海郡王"。册封契丹大贺氏首领为"松漠郡王"，先后以永乐公主、燕郡公主、东华公主、静乐公主许嫁。封奚首领为"饶乐郡王"，先后以固安公主、东光公主、宜芳公主许嫁。册封回鹘首领为可汗，先后以宁国公主、成安公主、太和公主许嫁。这些措施使魏晋以来民族大融合进一步发展。唐朝成为继秦汉之后又一个幅员辽阔的统一多民族国家的朝代。

盛唐所倡导的各族均有权奉行中华文化传统、自属中国、居中华正统的风尚，在两宋时期得到发扬。与南宋并立的辽、金、西夏、回鹘、唃厮罗、大理等政权，虽属不同族体所建，但在继承各民族相互联系和优良传统方面，各自都作出了出色的贡献，这就为中华民族在元明清700年间的统一发展铺平了道路。

公元13世纪，经过成吉思汗到忽必烈历时70余年征战，蒙古族统一全国，建立元朝。元朝定名乃是取《易经》乾元之义，是地道的中华正统国号，元帝是中华正统皇帝，元朝以今北京为都城，把中华各民族共同开发的辽阔疆土尽置于统一的行省建制中管理。元代废除唐代以来在民族地区实行的羁縻府州制度，创立并在全国实行行省制度。各地设行省、路、府、州、县，边疆亦依照内地，各族民众均列入国家编户，一例征纳赋役。又在南方部分少数民族聚居的府、州、县设立土官，授以各族首领世袭官职，称为土司制度。元朝把全国各族人分为四种：蒙古人、色目人、汉人、南人。其中，色目人包括西部各族人民；汉人包括契丹、女真、高丽及原来金统治下的汉人；南人包括南宋统治下的汉人和南方各族人民。这种消除众多族属的粗略划分，加速了民族融合的进程。元朝设立宣政院管理全国佛教及西藏事务，在西藏设宣慰使司都元帅府，又在东南设立澎湖巡检司管理澎湖和台湾，确立了现代中华民族的基本规模和内涵。

明朝继续推进中华民族统一的发展趋势。明朝在辽宁以南设立北京及南京二直隶及13布政司，把中原和南方各族均纳入统一建置，同时在这些地区推行汉姓唐装，加速中原各族的完全融合。今日南方各民族的一些汉姓汉名，传说是从明初开始的。在西南滇黔川桂等地区，明承元制，实行土司制度，任用各少数民族首领世袭土官职务。并建立土官承袭、等级、考核、贡赋、征发等制度，使土司制度更趋完备。在东北女真等民族分布地区设奴儿干都司，东北蒙古族地区设立兀良哈三所，在西藏设立乌斯藏都司，在青海设朵甘都司，在新疆东部设哈密等八卫。明王朝通过这些建置管理边疆各族。西域的别失八里政权归顺明朝后，改称亦力把里，首领受封为顺宁王。明朝还先后封大漠南北元室后裔阿鲁台为和宁王，俺答汗为顺义王，封漠西蒙古瓦剌部首领为贤义王。还先后封西藏地区的噶玛噶举、萨迦、格鲁等派的宗教首领为法王，把不同族属的各地方政权联系在一起。

公元16世纪，东北地区的女真族崛起，女真族经过与东北各部族的长期联系，形成了实力颇大的满族，并于17世纪30年代建国号为清，1644年清人政权进入山海关，定都北京。入关以前，满族先统一了包括库页岛在内的东北地区。定鼎之后，又统一了漠南蒙古、漠北喀尔喀蒙古和漠西厄鲁特蒙古。清朝在西域先设伊犁将军，至1884年建新疆行省。在西藏，清政府设立驻藏大臣制度，册封包括达赖、班禅在内的各大活佛。1751年后，清中央授权达赖七世掌握世俗政权，建立噶厦地方政府，并确立"金瓶掣签"制度，将活佛转世事宜正式纳入国家特定的管理法典之中，由中央政府掌握转世灵童继位的批准权。这些措施维护和巩固了西藏的统一。清政府在台湾设台湾府，属福建省，1885年改为台湾行省。在西南地区，清初承袭明朝的土司制度，自雍正年间废除土司制度，实行"改土归流"，至19世纪中叶，中华民族统一历史格局达到了空前的稳定与巩固。

中华民族统一体的稳定与巩固，又为各民族的进一步联系和发展提供了新的机遇，使各民族之间的联系产生新的质变和飞跃。

首先，在共同抵抗外敌入侵方面表现为空前的团结和统一。近代以来，各大帝国主义对中国都进行过侵略，在外敌入侵面前，中国境内各族人民同仇敌忾、共御外侮，显示出各民族之间牢固的整体性。特别是在抗击日本帝国主义的入侵方面，各民族特别是汉、蒙古、回等民族在抗日战争时期为了中华民族的存亡作出了巨大牺牲。

其次，在共同建设统一多民族的社会主义国家中，各族的联系更加广泛和密切。新中国成立之后，各族人民交往日益频繁，各民族干部、职工分布在祖国的各个地区，形成了各个族属的成员和睦相处、亲密团结，不分彼此，形同一家的局面。

改革开放和市场经济的发展，又为各民族的联系和发展提供了新的机遇。出于现代经济的交往和现代化的需要，各民族之间打破了族属界限，不同民族之间的自由流动、定居、通婚已成为必然。比如：沿海经济较发达地区的各族技术人员和个体工商户到西部边疆少数民族地区城镇务工经商，有的深入到牧区草原、民族村寨，把沿海先进地区的先进技术、物质文明带到了西部少数民族地区，日益受到少数民族群众的理解和欢迎。目前全国跨省区的流动人口数以亿计，汉族到少数民族地区从事经商、办企业、修理、建筑、种地、承包工程、旅馆、饭店各行各业的人数有数千万人，仅全国各地到新疆、西藏的鞋匠、木工、缝纫、泥瓦匠、修理工就达数百万人。内地汉族农民到吐鲁番沙坝村租地开荒种瓜，成为新疆的首富村。随着新疆准噶尔、塔里木、吐哈三大油田的开发，以汉族为主体的几十万石油大军进入了新疆。当地少数民族在石油开发区开饭店、办旅馆、商店，搞运输，供应农副土特产品、蔬菜和各种设备物资，为油田职工提供医疗和生活服务，初步形成了地方与石油企业"融合型经济"，大大加快了新疆经济的发展，增加了少数民族群众的就业机会和经济收入。改革开放和社会主义市场经济加快了少数民族群众走出牧区、山寨，到东部沿海地区下海弄潮和打工赚钱的步伐。内蒙古百万农牧民走向市场，参加族际间交流。西藏数万名人员深入到四川、青海、甘肃、广州、北京等地经商、购货、办公司，促进了西藏与全国各地的交往；甘肃临夏近十几万回族群众在全国各地经商；湖南江华数千名瑶族同胞走出深山到外省外县传艺；一向封闭的贵州省，大批少数民族群众到沿海三资和乡镇企业打工，仅毕节地区就有 10 多万各民族的打工仔、打工妹在广东宝安、深圳、东莞、珠海等地"安营扎寨"，每年寄回工资达数亿元，40% 成为生产技术骨干；厦门经济特区，成千上万的边疆少数民族"商女"前来出售各民族的土特产品和民族工艺品，不少已经发家致富。族际大交流使民族地区非原住民族属人口增加，同时也使东部发达地区民族成分增多和少数民族人口明显增加。我国第一个经济特区深圳市，最初少数民族人口极少，现在已增至十数万人。广东省少数民族成分已达 53 个，常住人口数千万人，流动少数民族人口有上百万人；首都北京居住了全国 56 个少数民族，流动的少数民族人口近百万人，已经成为名副其实的族际大都市，我国最大的城市上海市，民族成分已达近 51 个，常住和流动的少数民族人口日益增多。

目前这种族际大交流是历史上各民族之间相互联系的延续、升华和飞跃。考察各个民族的发展史离不开各族彼此之间的联系和交往；考察西藏地区史，不应局限于一时一地的静止状态；在现代族属之间相互联系与交往日益频繁的情况下，用联系和发展的观点考察西藏地区史更为必要。

（四）解读西藏地方史的政治取向、科学态度和技术性问题

历史与现实往往是紧密联系在一起的，作为意识形态领域里的史学研究与探讨，离不开现实火热的生活。用正确的观点探讨与研究西藏地方史，是现实发展和稳定的需要，是挫败国际反华势力"西化""分化"中国的需要，是反对分裂、维护祖国统一、保持西藏社会长治久安的需要，因而必须有鲜明的政治倾向与科学态度，同时明确几个技术性问题。

1. 关于考察西藏地方史的认识问题

关于对西藏地方史的考察，已经超出了学术的范围，自西藏和平解放以来，西藏地方史以及衍生出来的藏学研究已成为政治领域中的重要组成部分。这是因为，在西藏这个民族区域自治地方，存在着分裂与反分裂、维护国家统一与破坏国家统一的尖锐斗争。一段时期内，境内外分裂主义势力在政治渗透和各种形式的"藏独"宣传中，利用歪曲了的西藏历史，向区内知识界、青少年和干部队伍中渗透一些经过篡改和巧饰了的虚假的历史，企图从历史领域打开缺口，使分裂活动披上一层纯学术研究的外衣。其中有些人本来就是叛逃到国外去的反动的大农奴主，他们逃出去以后摇身一变，以博古通今的西藏学者出现，大谈其西藏政治、宗教和文化的历史。这些人为了达到个人的一己私利，往往数典忘祖，自欺欺人，把学术研究政治化，肆意攻击和歪曲党的民族政策及历代中央政府对西藏地区管理的历史，以此欺骗国内外一些不明真相的人。此外，国外一些所谓的藏学家，也怀着不可告人的目的，发表了不少歪曲甚至篡改西藏地方史的文章和著作。这些作者大都有一定的政治背景，对中华人民共和国怀有很大的偏见，甚至持仇视的态度，其中有些人本来就是侵略中国西藏地区的帝国主义分子，念念不忘把西藏从中国分裂出去。他们对我西藏地区自和平解放以来所发生的翻天覆地的变化视而不见，看不到西藏人民在中央人民政府领导下所享有的幸福生活，而是用阴暗的心理炮制大量的赝品，向国外一些国家和地区散发，有些东西也通过某种渠道流入区内，已经或正在对知识界和广大青少年产生不良的影响。因此，站在维护中国统一历史格局的角度考察西藏地方史，已不单纯是学术研究问题，而是一场反对分裂、维护国家统一的、严肃的政治斗争，只有站在这个高度对待这一问题，才能认识到考察西藏地方史的必要性和迫切性。

2. 关于研究西藏地方史的整体性问题

西藏地方史属于中华民族统一历史的有机组成部分，无论在任何情况下，或者是以什么样的理由，研究西藏地方史也不能脱离中华民族统一的历史。这不单单是对藏族的发展史而言，对于其他民族包括汉族发展史也是这样。这是因为：其一，中华民族是一个有机的整体，在几千年的漫长历史过程中，各民族因相互联系、共同促进，乃至相互融合，已经在政治、经济、文化等方面形成了一个密不可分的整体，这种整体性是中华民族团结的象征。其二，在中华民族发展过程中，因地理原因、文化原因，各民族之间都融入了相同的历史基因和共同文化因素，研究某一民族的历史离不开其他民族的历史因素。其三，历史学作为意识形态领域里的一个重要组成部分，带有较强的政治性和阶级性。在一个统一多民族的国家中，把各个民族的历史发展过程从统一的历史格局中割裂出来，或者有意识地割断各民族的联系，不仅违背了各民族共同发展的规律，而且犯了政治原则性错误，即：不考虑其他少数民族发展的历史，单纯就汉族研究汉族的历史，就会犯大汉族主义的错误；不考虑中华民族各民族的历史，特别是汉族与其他民族密不可分的联系，或者故意割裂本民族与其他民族特别是汉民族的联系，就会犯地方民族主义的错误。

当然，各民族在历史发展过程中，都有其固有的地方特色，从整体性出发研究各民族的历史，不是抹杀或者取消地方固有的特色，而是要求地方特色与整体特征的结合，即：个性与共性的统一，局部与整体的结合，离开了中华民族统一历史的大格局研究西藏地方史，很难得出西藏历史发展的正确结论。

3. 关于西藏地方史研究中的厚今薄古问题

厚今薄古与厚古薄今是史学领域里的两个严重对立的观点。就全国而言，20世纪40、50年代爆发了两次史学大论战，其中围绕这两个观点展开了激烈的争议。50年代，一批马克思主义史学工作者坚持史学应为社会主义服务，为提高中华民族的整体素质、振奋民族精神服务，基本上坚持了厚今薄古的原则，但厚古薄今的学术之风一直没有销声匿迹，随着政治形势的变化和社会变革，这种思想和研究方法常常窜入史学领域，对此，著名历史学家范文澜提出过许多批评意见，认为坚持厚古薄今就会跌入资产阶级或封建主义史学研究的泥坑。

就西藏而言，在史学领域里也存在这些问题。研究西藏地方史，必须摒弃厚古薄今的思想，坚持厚今薄古的思想。因此，要加强中国近代史、近代西藏地方史、中国革命史、西藏地方革命史的研究，特别是着重于西藏和平解放以来党领导西藏人民团结奋斗，共同建设团结、富裕、文明的新西藏的历史。对于历史问题的研究，也要本着古为今用的原则，有利于维护祖国统一，有利于稳定西藏局势。因此，要加强当代西藏史的研究力量，把史学研究引导到为现代化建设服务，为全面建成小康社会、实现中华民族伟大复兴的中国梦上来。

4. 关于在西藏地方史研究中摆脱宗教与迷信束缚的问题

在西藏历史长期的发展过程中，宗教史与世俗史在历史舞台上交替出现。公元10世纪之后，宗教几乎进入了西藏社会各个领域，这种影响至今仍然很大。而作为马克思主义的史学工作者，必须从宗教和迷信中跳出来，站在宗教之外研究西藏地方史。

从远古来看，如果说各民族的历史最初产生于原始神话或者是由于人们对自然界缺乏了解，那么，进入阶级社会，原始神话逐渐被宗教和迷信所代替。这是因为统治阶级需要用宗教和迷信来迷惑被压迫的群众，维护自己的统治。在旧西藏，处于统治地位的大封建农奴主、上层僧侣把原始神话改编得神乎其神，并且打上了剥削阶级的烙印，用宗教的经典形式打扮历史或把它变成"神圣不可侵犯"的教义，用各种手段诱使人们相信精心编织的谎言和教义。这种用宗教教义和封建迷信装扮起来的历史阻碍了人民群众对历史真实和客观世界的认识，麻痹和迷惑了人民的革命斗志。使广大人民群众错误地相信西藏有一种超自然的力量在指挥着人们的行为，人的命运是先天由神来预定的，是佛祖安排好的，跟尘世没有什么关系，人没有力量违背佛祖的意志行事，对于不合理的残酷的剥削和压迫，广大农奴只能逆来顺受，"只有今日做牛马，才能来世进天堂"。实际上，这是唯心主义的宿命论，是宗教唯心主义套在劳动人民身上的枷锁。作为马克思主义史学工作者，必须充分认识到，在这种思想意识的支配下研究西藏地方史，就难以摆脱宗教唯心主义和封建迷信的影响。

当然，在西藏地区，书写历史不可能完全脱离宗教氛围和宗教环境，但必须用世俗的眼光和观点对待宗教领域发生的一切历史，用世俗社会的变化对待宗教的影响，不应在宗教和迷信的影响下编造一些有悖于科学的历史神话，更不能把宗教的预言和臆测附绘于现代科学之上。对于严肃的历史研究中窜入神灵、宗教、迷信的历史观要及时纠正，不至于使西藏史学跌入唯心主义的泥潭。

5. 关于防止研究领域里的烦琐史学问题

防止烦琐史学是研究西藏地方史值得注意的问题。这是因为研究历史不是单纯地为史立传，而是为今叙史，为了把历史当作一面镜子，使今人得以借鉴。考察历史，就是要把历史上的成败得失展示给现在的人，给人以启发，启迪人们的爱国主义思想和振奋人们为中华的繁荣、富强而奋斗的精神。然而，资产阶级史学和封建主义史学恰恰忽略了这一点，常常把烦琐考据引入史学领域。清朝年间，一些学者为了逃避清廷所设置的文字狱，躲进了考据学和故纸堆之中，完全脱离了与现实的联系，使史学界陷入迷途，最终走进了死胡同。新中国成立以后，著名史学家范文澜曾批评了历史领域里的烦琐主义，批评某些史学家拿着国家的俸禄，天天搞一些考证"洪秀全有没有胡子"这类的烦琐史学，与现代火热的生活相脱离。

考察西藏地方史，特别要注意防止烦琐主义窜入史学领域，我们的史学大方向，就是要坚持反对分裂，维护祖国统一，维护西藏社会稳定。一切于现代化建设无益，与现实生活无关，不能启迪人们的爱国主义思想，增强人们反分裂斗争自觉性的史学研究，甚至为分裂势力张目的研究，应该摒弃。那些逃避史学领域里的反分裂斗争，躲进烦琐主义圈子里的研究也应摒弃。假如研究西藏地方史用诸如"洪秀全有没有胡子"或者出现单纯地研究松赞干布的帽子、文成公主的鞋子，我们的史学就会受到烦琐主义的困扰，就不利于反对分裂、维护祖国统一。

6. 关于史学领域里引进外籍著作问题

西藏史学作为西藏意识形态领域的重要组成部分，一直为国内外藏学工作者所重视，而其伸延出来的政治含义又为国内外关心西藏的人士所注意。正因如此，许多外籍藏学工作者从各个角度对西藏的历史进行研究，许多发表或正在发表的著述反映了他们看待西藏地方史的政治观点和学术观点，一些曾经亲眼目睹了西藏发生的翻天覆地变化或对中华民族形成的历史真正了解的人尚能够客观地反映西藏的历史和现实问题，但也确有这么一些所谓的藏学家，怀着不可告人的目的，发表了不少歪曲甚至篡改西藏历史的文章和著作。在这些人中，有的是当年就曾充当过英帝国主义侵略西藏的急先锋，担任英印政府的驻藏官员，他们在任内干了不少干涉中国内政，妄图把西藏从中国分裂出去的肮脏交易，年老退休后仍不甘寂寞，从另一种渠道重操旧业，打着研究西藏历史的旗号，著书立说，歪曲西藏历史，为自己当年的侵略罪行进行辩护，如：荣赫鹏、贝尔①、黎吉生等人；有的是原噶厦政府的御用藏学家，他们和逃到国外的分裂主义分子交集在一起，沆瀣一气，歪曲和伪造西藏的历史，大谈西藏的所谓独立地位，如理查逊、范普拉赫②之辈。还有专门为西方反华势力服务的西藏学"专家"，如美国的约翰·麦格雷格，英国的埃德蒙·坎德勒等。另外还有一些外籍学者，在研究西藏地方史时，摆出一副不偏不倚的样子，自称"既不亲中国人，也不亲西藏人，它不打算支持达赖流亡政府，或者支持中华人民共和国"，但所写的著作，明显地同情分裂分子。

　　如何对待外版著作，这是衡量史学研究和宣传工作者的政治态度和立场问题，是对外版著作中的观点津津乐道，认为外国人说的就是真理，还是对外来著作和学述观点持冷静分析、慎重使用及对有些观点持批判的态度，这对于史学工作者和关心西藏地方史的干部、知识分子来说，无疑是衡量其史学观和政治立场的试金石。

　　对外版著述和学术观点要用马克思主义的立场、观点和方法去分析、去判断。真正的马克思主义史学工作者，能够分清外版著述中哪些属于客观真实的历史，哪些属于荒谬和糟粕的东西，能够看清其研究的历史真实与托古乱今的伪命题乃至试图分裂中国西藏的别有用心。例如：自20世纪80年代至今流行于西藏的一些外版著述曾充斥着许多歪曲观点和荒谬的言论。

　　兹举例如下：

　　在"施主—福田"的关系上，达赖喇嘛将其权力稳固地建立在他的宗教权威及影响之上。满族施主限制着更世俗的权力，但他无法限制达赖喇嘛的宗教特权。特权是众多权力中不言自明的内容之一。在四分之一的

---

① 贝尔：清末民初英国驻印官员，曾著有《西藏的过去与现在》等书。
② 理查逊：英国人，著有《西藏及其历史》等书；范普拉赫：荷兰人，著有《西藏的地位》等书。

男性公民都是僧人，由神权政治体制统治的社会里，达赖喇嘛的权力显然是无法估量的。

在试用各种方式以确保西藏附庸地位的过程中，中国人将不可避免地采用剥夺达赖喇嘛权力的方法。流放是一种方法，暗杀又是另一种方法。如果能在达赖喇嘛在位期间将其废黜，那么，就比较容易控制没有神谕的摄政王。还有另一种模式，即需要封授起抵消作用的宗教敌手。正是这种作用突出了班禅喇嘛。①

班禅喇嘛解释了自己的共处哲学。他说："我们的一边是中华帝国，另一边是强大的印度帝国，第三方是沙俄帝国。"谦逊的班禅喇嘛说："就我来说，我只是一名僧人，而不是土王，我对战争一无所知。除了诵经和向神祈祷之外，我什么也不干。"

班禅喇嘛十分坦率地谈到西藏的政体，他说明清帝在拉萨的权力极大。通过清帝指派的摄政王格西仁波切及驻在拉萨，可以随意调动一支拥有一千名士兵的军事卫队的两名驻藏大臣，满族人控制、指导着其附属国。如果摄政王统治有方，也就是令北京满意的话，那么一切皆好。如果其结果相反的话，班禅喇嘛断言皇帝将会"砍了他的头"②。

曼宁通过他的病人深刻地窥察出当时的政治暗流。这位病人是一名颇有影响的中国官员。曼宁称他为"疯官员"。从他那里，曼宁渐渐地了解到藏族人与中国人之间的严重裂痕，但他并没提到拉萨的中国高级代表中间的争论。

八世达赖喇嘛于1804年圆寂。他的死激起了公众对满族宗主权的敌对情绪。拉萨的一个政治派别早就编纂小册子攻击满族人。此时它公开向摄政王提出抗议，反对中国人出现在拉萨。这个派别指责某些西藏官员与中国人同流合污，并要求驻藏大臣永远撤走。煽动的结果使拉萨爆发了反对中国人的骚乱。骚乱十分严重，清朝的嘉庆皇帝派两名特使前往拉萨进行调查。③

达赖喇嘛于1912年返回了拉萨，作为十三世转世化身，他统治了全国。他在1931年去世前不久起草了遗嘱。神王预见了共产主义对亚洲的威胁，他告诫自己的人民："如果我们不能保卫我们的国家，那么，达赖

---

① ［美］约翰·麦格雷格：《西藏探险》，西藏人民出版社1989年版，第100页。
② 同上书，第117页。
③ 同上书，第194页。

喇嘛和班禅喇嘛，教父和教子，宗教的主宰及光荣的转世化身都将被毁灭，连名字都不会留下。"①

中国当局目前在藏剧烈行动，其势绝不能持久，盖如此做法，需款太巨，中国政府实无力供应。且依余推测，中国当局之经略西藏志在争回"面子"，而其他悉非所问，盖藏人玩弄中国，历有年所，中国当局久欲惩创之也。今藏人既受惩创，中国政府亦已争回"面子"，吾人当使之适可而止，否则势不免与吾人发生正面冲突而迫令吾人再入拉萨，吾人既能一度远征拉萨，则再度远征并非绝不可能也。以此吾人应明告中国中央当局，安定西陲之事，对于中英两方同有必要，而于中国尤甚，今欲突行安定西陲，则派驻拉萨大臣，应选用有泰一流人物，而如张荫棠、赵尔丰辈则应在摈斥之列，只要中国政府愿与吾人切实合作，则吾人亦决不改变其多年以来深持之立场，而极愿顾全中国之"面子"。只要中国政府能暗示其新任驻藏大臣与吾人携手谋妥洽，则吾人必可担保藏局之安静，且不至损害中国之威严。②

显然这一海关的唯一作用就是收集统计数据，也许还为了提醒西藏，中国是该地隐约存在的宗主国，当地老百姓都反对亚东这个地方作为市场，拒不到那里去做生意，欧洲人和印度人也都从未想过值得开辟一个市场。

无论如何，尽管藏人的政策是错误的、不审慎的，但他们数百年来却有一个确定的目标：拒外来势力和异教势力于国门之外，维护他们的宗教与国家制度。我们知道，蒙古人种是不会考虑要使政教分家的，因此派往外国王宫的第一支远征军无论是宗教性质的还是其他性质的，都给一个数百年来维护了这个国家不受外界侵扰的政体首次带来了解体的因素，这也是再自然不过的事情。让我们说，出现偏离迄今为止这一根深蒂固的政策的情况，责任并不在英国。③

但与皮尔·德斯戈丁斯持不同观点的人却说，正因为中国臣民难于驾驭，中国也就应该欢迎我们插手西藏，条件是当我们征服了那些喇嘛之后，保证尊重中国对西藏的要求。这种政策也许为我们提供了一条跳出泥

---

① [美]约翰·麦格雷格：《西藏探险》，西藏人民出版社1989年版，第315页。
② [英]荣赫鹏：《英国侵略西藏史》，西藏社会科学院资料情报所编印，1983年，第317页。
③ [英]埃德蒙·坎德勒：《拉萨真面目》，西藏人民出版社1989年版，第21、54页。

潭的临时途径，这样我们就可以不失面子，也许用一年的时间就可能解除西藏这一沉重的负担。但是，我们过于经常采取了让那个宗主国去左右事态的立场。①

但无论在江孜我们如何警惕防范，都无法使印度政府得知俄国人或中国人在拉萨进行的勾当。拉萨才是西藏，只有在那里我们才能看到西藏政治舞台上不断变化的场面，才能看到外国列强的活动阴谋。如果我们要想不丧失我们已赢得的地位，西藏的对外关系就必须置于英国的监督之下。②

以上所引仅出自于三本书之中，在全书内容中也是百不及一，在西藏地区类似的外版图书过去印制、出版过很多种，我们在使用时必须加以甄别和分析。

当然，作为学术研究和学术交流，引进一些外版著述可以帮助人们开阔视野，拓宽研究领域，但作为马克思主义的史学工作者，特别是处在反对分裂、维护祖国统一的大环境的情况下，引进、引用外版著述必须加以选择、必须站在维护祖国统一、反对分裂的政治立场上，必须用正确的政治观点和客观的史学资料真实地影响读者。不加选择地、连篇累牍地把国外反华势力的东西毫无保留、毫无限量地引入区内，必然会对思想领域、史学领域产生不良影响。

7. 关于对有利于维护祖国统一的历史遗迹的维修和保护问题

中华民族悠久的历史留下了大量的历史古迹和遗存，这些历史的实物资料对研究历史，核实历史的真实面目有着不容置疑的作用。作为中华民族历史格局中的西藏地区，除宗教文化、宗教遗存之外，还遗留下大量的历代封建王朝对西藏地区施政的遗迹，另外，根据大量资料记载的古历史遗迹还有许多处。对于历代中央政府留下来的历史遗迹包括当代革命史的历史遗迹，一定要从反对分裂、维护祖国统一、增强民族团结的历史责任心出发，本着对子孙后代负责的精神，需要加以修葺和保护。如：历代王朝的派驻官吏、出使印度、尼泊尔使臣经过西藏时留下的碑刻、古驿站、接官亭，反映儒家文化的庙宇、壁画、皇帝碑文石刻、藏王墓和文化珍品等。即使有些遗迹已被毁坏或遗址尚存的也可重

---

① [英]埃德蒙·坎德勒：《拉萨真面目》，西藏人民出版社1989年版，第137页。
② 同上书，第205页。

新恢复或者修复，如：驻藏大臣衙门、国民政府驻藏办事处官邸、刘公亭、双忠祠等，对于近代及和平解放后的一些历史遗迹或具有爱国主义教育意义的基地更需要加以保护和维修。如：江孜抗英斗争遗址、山南烈士陵园、拉萨的将军楼等。

8. 关于历史普及读物的编撰和宣传问题

好的历史读物是进行爱国主义教育的好教材，是反对分裂、维护祖国统一的基本教育形式之一。在西藏地区，对广大青少年进行爱国主义教育，进行反分裂斗争教育，是一项长期而艰巨的任务，因而需要在全民中普及正确的历史知识，需要撰写一些观点正确、题材新颖、通俗易懂、生动活泼的历史读物。如：通俗的小册子、历史知识问答、适合少年儿童的连环画等。同时加强对历史读物的宣传，新闻广播电视要把注意力转向对维护祖国统一、反对分裂的历史知识、历史事件的宣传上，对于区内重大精神文明建设工程中所涉及的历史部分，需下大气力进行宣传，以普及爱国主义教育的历史知识，激发人们的爱国热情。

三 中国大历史格局中的西藏地方史解读

研究西藏地方史，到底重点研究哪些内容，用怎样的方式表述，是每一个史学工作者应该思考的重大问题。对于和平解放至今的西藏地方当代史，国际反华势力和境内外分裂主义势力尽管竭力喧嚣、歪曲真相，而在许多人目睹了和平解放西藏后社会经济发展真实的情况下，分裂分子的谣言和喧嚣不攻自破。而和平解放以前自远古社会的历史，仅能靠遗存的历史资料和挖掘的遗迹予以证实，容易被分裂主义势力用来随意割裂和剪裁歪曲。此外，境内外分裂主义势力尽可能地抹杀历代王朝对西藏管理的历史事实，把西藏地方史与中国统一历史大格局的联系割断，为分裂活动制造历史根据。因此，研究西藏地方史，在做好当代革命史研究的同时，还要把和平解放以前至远古时期的漫长历史作为基本内容，把西藏地方史放在中国统一历史格局中予以撰述。

（一）中国统一历史格局大组合中的西藏

中华民族自远古至唐宋时期，是各民族的产生和发展阶段，也是各民族在中国这个历史大舞台上大交流、大分化、大动荡、大融合阶段，通过交流与融合，使各民族向着统一的格局组合。自远古到唐宋的几千年时间，中华民族基本上实现了各民族的组合，形成了统一而稳定的历史格局，作为中国统一历史格局中一部分的西藏地区，此时也扮演了重要的角色。

1. 西藏地区由原始部落向部落联盟的过渡时期

与中国境内的其他民族一样，藏民族有着悠久的发展历史。根据历史资料记载，早在几万年以前，西藏就有了人类活动，林芝、定日、申扎和昌都等地的考古遗址证明，今天居住在西藏地区的居民，是远古时代生活在高原的土著居民与邻近的羌族等经过长期融合发展而成的。在漫长的历史发展过程中，藏族与周边民族有着密切的交往，特别是西藏地区的细石器文化与以关中、豫西、晋南一带为中心的仰韶文化，黄河中下游及辽东半岛、东海沿岸的龙山文化，甘青地区的马家窑文化，川西和甘南一带的齐家文化，东北地区的绕河小南山文化，以及江南的屈家岭、青莲岗文化相共生。后来，因气候和自然条件的原因，各个地区原始社会发展不平衡，黄河中下游和长江流域由于自然条件较好、气候适宜、水源充足，氏族制度发展较快，其他地区特别是青藏高原发展较慢，这种情况越往后越加明显。但是，我国古代各个地区原始氏族社会的发展是相互影响、共同促进的，都属于中华民族的历史范畴。

大约在公元前 4 世纪时期，中原已进入春秋战国后期，封建社会制度已经成熟，西藏地区才出现被称为"四十四小邦""十二列国"的古氏族部落群体，其中分布在阿里地区的象雄部落最为兴盛。当苯教从西藏地区发展起来后，象雄部落便成为西藏文明发展的中心。

大约在公元前 2 世纪左右，中原地区已进入了秦汉帝国时期，分布于现今山南地区的雅砻部落崛起，第一任部落主赞普利用雅砻河谷雅鲁藏布江流域良好的自然环境和肥沃的水土，发展经济、扩大部落势力，开始统一西藏地区的战争。此时的西汉帝国加强了对西部地区的管理。在西藏的附近地区即陇右地区、湟水流域、川西高原设州建府，加强了和西藏地区的联系。

公元 1—5 世纪，西藏的社会经济进一步发展，此时西藏地区出现了大片的定居村落，村落居民不仅饲养家畜，而且开垦造田，兴修水利，引水灌田，烧制木炭冶炼金、银、铜、铁等金属，农业文明已在西藏地区产生。当时，由于各部落氏族还不相统属，彼此连年征战，生产力遭到极大破坏，西藏社会发展极其缓慢。

2. 唐宋民族融合扩大，西藏地区登上统一历史格局大组合的舞台

自东汉王朝灭亡之后，中国进入了三国魏晋南北朝时期，这一时期是中国民族大融合时期，但此时的民族融合主要发生在蒙古高原、黄土高原、东北、华北、长江中下游平原和青藏高原的边缘地带，而地处青藏高原腹地的各部还处在原始部落阶段，尽管某些部族受到中原文明的影响，其发展水平还不足以登上统一历史大组合的舞台。到了唐宋时期，西藏地区社会形态发生了质的飞跃。

西藏地区自第一任赞普开始，各氏族部落相互征战，互相兼并，经过几百年的相互争夺，西藏人民厌倦了战争，渴望有一个统一的政权。应时代要求，松赞干布完成了西藏地区的统一大业。公元630年，年轻的松赞干布继承了王位。继位之后，他看到贵族势力和军事首领控制着各自的地盘，互不相让，必须采取一系列措施将这些势力平息下去。在忠于赞普大臣的谋划下，他紧紧依靠中小贵族和平民的力量，开始了长达十年的统一西藏的战争。他首先镇压了一批贵族的反抗，将西藏地区的政治中心从山南的琼结迁到拉萨，同时，以卓越的军事才能和强大的军事力量，兼并了周围部落，将山南南部、林芝、日喀则、昌都以及藏北的苏毗部落并为一体，最后征服了阿里地区，统一了西藏地区；完成了由氏族部落向奴隶制度的过渡。

松赞干布统一西藏地区后，采取了一系列政治军事措施以巩固新生的奴隶主制度。他首先以军事单位划分行政区域，确定了文武官制，任命各级官吏；派出具备军事才能的武官驻守各地。同时，着手制定维护奴隶主利益的刑法，加强议事会盟制度，强化了赞普的权力。在制定了一系列政治制度后，吐蕃奴隶主开始注重发展遭到战争破坏的经济，建立和完善奴隶制的生产关系。经过一系列的措施，西藏的农业、牧业和手工业都有了一定的发展，以物易物的商品交换也兴盛起来。

松赞干布在巩固了吐蕃奴隶制政权之后，就着意向东部发展，以进一步在自然环境和经济条件较好的东部地区取得一席之地。而作为统辖四方的大唐帝国，在取得对西域诸邦国统治之后，也非常有把中原文明推向西藏高原的愿望，这样，高原文明和中原文明的交融已成为必然。

公元634年，松赞干布见吐谷浑、突厥、西域等部纷纷派人到长安，主动称臣纳贡，便也主动派人前赴长安，唐太宗遣行人冯德遐予以接待。

在当时，以文治武功闻名的唐太宗从国家大局出发，为建立一个包括多民族在内的大唐帝国而不懈地努力，对于各部来朝均予以隆重接待，当松赞干布派到长安的官员到达后受到了行人冯德遐的直接照顾。后来，松赞干布得知唐太宗将弘化公主嫁吐谷浑王为妻，又将阳长公主嫁给突厥处罗可汗的儿子为妻，并授予可汗的儿子为左骁卫将军，这使松赞干布遂生羡慕之意，认为同是各地藩王，亦应娶公主为妻，随之亦遣臣下带着大量的礼金前往长安求婚。唐太宗没有马上应允。松赞干布的臣下害怕回去受到责罚，便谎称是吐谷浑王从中挑拨离间，使天子改变了主意，即"天子遇我厚，几得公主"。① 于是松赞干布大怒，派大军攻伐吐谷浑、党项、白兰等部，后又派兵攻入松州，声言此次攻打松州完全是为迎娶公主，并无他意，他尝谓左右说："公主不至、我且深入"。② 在松州交战中，松赞干布开始打败了松州唐朝驻军。后来，太宗不断增兵，见此形势，许多大臣请松赞干布罢兵返回，甚至有的大臣以自杀请谏罢兵。松赞干布最后一战败于唐军，复又派臣下到长安请罪，并向太宗言明攻打松州不是本意，只是愿娶公主为妻。唐太宗从团结各民族、巩固全国统一和稳定的愿望出发，同意了松赞干布的请求。

公元641年，太宗命宗室女文成公主嫁予松赞干布，松赞干布派大臣禄东赞、赤桑央敦前去长安迎接，太宗命江夏王李道宗持节护送，在青海湟水一带筑馆暂住。松赞干布闻讯文成公主从长安出发后，便亲率部众，千里跋涉至青海湖附近迎公主，当他见到江夏王后，亲自行子婿礼，回到拉萨后，专为公主筑一城以夸后世。这形象地说明了松赞干布的喜悦心情和以与朝廷宗室通婚为荣的思想。

松赞干布几次主动请婚于太宗所表现出来的主动性和执着精神，反映了高原文明东向发展的趋势，松赞干布主动执子婿礼的心态也反映了松赞干布唐蕃一家的愿望。

文成公主嫁给松赞干布，带去了中原大量的典籍、种子、器物等，在与松赞干布生活的过程中，两人相濡以沫，精心治理着西藏地区，使西藏地区的政治、经济、文化发展很快，呈现出了唐蕃"社稷如一""和同一家"的大好局面。

---

① 《新唐书》第五册卷216《吐蕃传上》，中华书局2000年1月版，第4622页。
② 同上。

唐高宗即位之后，松赞干布表示：若臣下有不忠之心者，当勒兵以赴国除讨。体现了松赞干布对天子的忠诚之心。公元650年，松赞干布去世，高宗甚为悲痛，如失西蕃之右臂，遂派右武卫将军鲜于匡赘诏书前往吊祭。松赞干布去世后，高宗皇帝在太宗昭陵前绘制了群臣画像，将松赞干布排列到突出的位置。

松赞干布的去世，使西藏地区失去了一位文武双全的藩王，从内部到外部出现了相互攻战的局面，后来强势女摄政赤玛勒脱颖而出，她尽心辅佐三王，力主与唐恢复"亲如一家"的美景，公元710年，唐朝嫁金城公主入藏，唐蕃间恢复了和平景象。公元821—822年，热巴坚赞普执政时期，在大臣阐卡贝吉云丹的支持下，分别在长安和拉萨举行了著名的长庆会盟，恢复了"社稷如一"的和睦关系。

公元9世纪末，唐朝在农民大起义中被推翻，大唐帝国被分裂成五代十六国，此时地处西陲的吐蕃未能幸免，在奴隶属民的大起义中，西藏也陷入四分五裂。公元960年，宋太祖赵匡胤基本上恢复了统一，但与之并存的还有契丹、西夏西北、西南、东北等割据政权没有归附。此时，吐蕃王的后代唃厮啰崛起于藏北和青海一带，他们在经济上以战马等物支援北宋，有时共同夹击西夏。后来宋王朝为了褒奖唃厮啰之功，遂封他的三个儿子分别为保顺军节度使、澄州团练使、严州团练使。

从唐朝末年至南宋时期，西藏地区正处在由奴隶制向封建农奴制度过渡的时期，由于吐蕃奴隶制的崩溃，西藏地区三百多年没有一个统一的政权，大小封建领主各据一方，为了自身的利益而争战不已，一部分封建领主为了巩固自己的权力，与佛教紧密地结合在一起，而另一部分封建领主为了巩固世俗政权，排斥佛教在世俗政权中的地位，一度出现过朗达玛灭佛的事件。后来，朗达玛被刺，佛教得以迅速发展，西藏出现了佛教大盛、教派林立的局面。当时，最著名的有噶当、萨迦、噶举等派，11世纪中叶以后，又派生出宁玛派、希解、觉宁、觉囊等派。各教派均有自己依恃的世俗政权，为了共同对付其他派别，各教派时而联合、时而斗争，使西藏高原长期混战不已。三百多年的分裂混战，使百姓厌倦了这种局面，渴望西藏的统一，但当时内部各派别势均力敌，谁也没有力量将混战分裂的西藏统一起来，于是，统一西藏地区只有汇入元代统一全国的大潮流之中。而这一重大历史任务落在了阔端王子、忽必烈、萨班、八思巴等人肩上。

（二）元朝建立前后的西藏状况

唐王朝灭亡之后，中国出现了五代十国、宋、辽、金、西夏、回鹘、唃厮罗等诸侯国、方国的割据时代，也是中国统一历史格局大组合的最后阶段，在长达三百多年的大组合中，各诸侯国、方国增强了与自己周围部族的联系，为元王朝完成中国统一历史格局的组合奠定了基础。此时的西藏地区，虽然处在四分五裂状态，但各部族在与唃厮罗、西夏、北宋、回鹘等政权的联系中，已出现了融入中国统一历史格局的趋向。

1. 阔端与萨班在凉州会晤，西藏割据势力倾心内附

13世纪初，我国蒙古族崛起于漠北，其首领铁木真以蒙古草原为大本营，东征西讨，于1206年统一了蒙古各部，被尊称为成吉思汗并建立了蒙古汗国。蒙古汗国建立之后，开始了攻伐西夏的战争，西夏被征服后，甘肃、青海一带部落相继归附蒙古。此时西藏地区，以噶举、噶当、萨迦等教派势力最大。当蒙古大军攻破西夏，占据甘肃、青海，兵锋直指藏北之后，各自为政的地方势力聚集在一起，商讨对策，但因各自利益不同，未能找到对付蒙古的办法。13世纪40年代，成吉思汗的孙子蒙古汗王窝阔台的儿子阔端受封于河西走廊西部，受命管理新疆、青海、甘肃一带。1248年，阔端派出大将多达那波对西藏进行了一次试探性进攻，他们从青海打到拉萨北部，焚毁了噶当派主寺热振寺，到达拉萨河上游的直贡寺，直贡寺内的噶举派主持京俄·扎巴迥乃把当地户口册献给多达那波。噶当派主寺被毁，噶举派主持献户口清册，使西藏的各派割据势力大为震惊，他们把期望全部寄托在统治后藏的萨迦派领袖人物萨班身上。蒙古军攻打藏北地区之后，西藏割据势力公推萨班为他们的代表人物，与蒙古封王交涉。1244年阔端派多达那波和杰门两位大将带召请萨班赴凉州会见，阔端在召请书中声称，我如今将各地统一，如你率部众归附"吾将令汝首领西方众僧"[①]，否则将施以兵威。萨班接到信后，为了使西藏免遭兵刀、早日结束互不统属的局面，不顾63岁的高龄，带着萨迦派的两位继承者八思巴和恰那多吉于1246年前往凉州。1247年初，刚刚从蒙古上都和林返回的阔端不顾旅途疲劳，与萨班在凉州举行了具有重大历史意义的会见。他们经过谈话，具体议定了西藏各割据势力在萨班的领导下

---

① 阿旺贡噶索南：《萨迦世系史》，西藏人民出版社1989年版。

归附蒙古汗国的事宜,其地方势力的各自封号一律取消,西藏地方统一由萨班管领。谈妥之后,萨班向西藏的弟子和各割据势力发出了著名的《萨迦班智达贡噶坚赞致乌思藏纳里速各地善知识大德及诸施主的信》[1],这封信中宣布,我已经代表西藏僧俗百姓与阔端封王谈妥,西藏各地方势力统一归属蒙古汗国,西藏的僧俗百姓和官员皆为蒙古大汗的臣民,都要履行汗国属民的义务,蒙古汗国承认归附首领的原有地位,各割据势力所统辖的地方不予变更,蒙古汗国委派萨班派管理全藏。

《萨地班智达贡噶坚赞致乌思藏纳里速各地善知识大德及诸施主的信》发到西藏后,西藏各地的僧俗群众"无不欢欣鼓舞"[2],认为共享太平的日子终于来到。萨班顺应当时全国历史发展的潮流,努力推进西藏地区归顺蒙古汗国,为西藏各地方势力和僧俗首领所接受,使中国西部地区得以统一。蒙古汗国在西藏地方建立的统辖关系,基本上未通过军事征伐,从而使西藏地区正常的社会生产和生活得到保障,封建农奴制经济得以持续发展,这些都符合西藏人民的根本利益。

1248年,窝阔台汗王的继任者贵由汗病卒,阔端的堂弟蒙哥在汗位纷争中得胜。1251年6月蒙哥继承了蒙古汗位,立即发诏书到所属的各个地方。在向西藏地方发布即位诏书的同时,还颁发了免除僧人差税和劳役,承认萨迦派掌领西藏各教派大权的诏令。同年11月萨班在凉州幻化寺圆寂,其继承人八思巴立即向蒙哥汗王呈报了这一情况,同时致书西藏各教派首领,信中说:"皇子蒙哥现已即位,对我等甚为关怀",蒙哥汗即位的诏书已向你们宣布,此"良善诏书"[3]望你们遵照执行。1252年,蒙哥汗通过八思巴,派出官员到西藏清查户口,划定地界,确定归属人众,八思巴派出两位格西[4]率随员一同前往。在清查户口、划定地界的基础上,蒙哥汗在西部地区推行分封制,将一部分属地分封给自己的弟弟忽必烈掌管,至此西藏从户口、建制上已完全统辖于蒙古汗王之下,彻底结束了西藏长期混乱割据的局面。

---

[1] 乌思:指前藏地区,藏:指导后藏地区;纳里速:指阿里地区。乌思藏纳里速包括了西藏全境。

[2] 《萨连世系史》,西藏人民出版社1989年版。

[3] 转此自陈庆英《元朝帝师八思巴》,中国藏学出版社1992年版。

[4] 格西,全称"拉然巴格西",是藏传佛教修学到一定程度而考取的一种学位。这里所说的格西是考取格西学位后已经有资格担任大寺庙扎仓或中小寺庙主持的高级僧人。

2. 忽必烈统一全国，元朝建立统辖西藏地方的中央机构

西藏的归附为蒙古汗国统一全国创造了有利条件。1253年，蒙哥汗命自己的兄弟忽必烈率中路军越六盘山，强渡金沙江，绕道川西高原向云南大理进军，年底灭大理段氏政权，1258年，忽必烈率军进攻南宋的湖广地区，蒙哥亲率大军进攻四川，在进攻四川合江钓鱼城的战斗中，蒙哥汗战死，两年之后，忽必烈继汗位，建元中统，18年之后灭南宋，宣告了长达三个多世纪全国互不统属、南北对峙的局面结束，一个统一多民族国家正式形成。元朝的统一使我国广大地区处于一个中央政府的控制之下，元中央政府管辖的地区"北逾阴山、西极流沙、东尽辽左、南越海表"[①]，在东北地区设立了征东招讨司，在西北设几个元帅府和宣慰司，在台湾地区设立了澎湖巡检司，其他地区设立了行省。

早在忽必烈驻军六盘山时，就派遣专人赴凉州迎请萨班，当时萨班病重在床，便委派17岁的八思巴前往六盘山。在六盘山，八思巴回答了忽必烈提出的一系列问题。当忽必烈正准备与八思巴商谈管理西藏的事宜时，接到了萨班病危的消息，八思巴急忙辞谢忽必烈，匆忙赶回凉州。萨班临终前，以自用之法螺、衣钵授给八思巴，将萨迦教权托付给他。八思巴接任以后，致力于推进西藏地方与蒙古汗王的关系。1253年，忽必烈率军进抵六盘山的临洮一带时，第二次派人召请八思巴，同时还召见了噶玛拔希，向他们讨教绕行川西到云南的行军事宜，因为此时南宋控制着四川平原，蒙古骑兵在多雨泥泞的成都平原难以展开。选择川西藏区作为行军路线，在此之际必须了解川西藏族民情，借西藏宗教首领对川西藏人施加影响，以利于顺利通过。八思巴接到召请后，愉快地带着自己的弟弟恰那多吉与忽必烈相会。在忽必烈营帐之内，八思巴谈古论今，特别是谈到如何巩固对藏区的统治时，主张以佛教而号令僧俗民众。在八思巴的影响下，忽必烈接受了灌顶，尊八思巴为上师。至此，忽必烈与八思巴建立了深厚的世俗君臣关系和教界的师承关系。1260年，忽必烈即汗位，认为欲统一全国，需收服人心，除采用儒家的一套作为全国官吏的精神支柱之外，还需要用一种宗教作为新王朝的精神支柱。在这种意识支配下，雄心勃勃的忽必烈决定通过八思巴加强西藏的统治，并将佛教推行到蒙藏地区，进而推动全国的统一。于是册封八思巴为国师，使其掌管一方教务。

---

① 《元史》第一册卷58《地理志一》，中华书局2000年1月版，第903页。

1262年，忽必烈在攻伐南宋的战斗中，派官员进藏向各教派的寺院发放布施，并颁行法令，宣布新即位的大汗对西藏僧俗的德惠。八思巴作为国师，写了一封致西藏高僧大德的信，让来藏官员代为宣读。信中说："当今大皇帝的心中怀有以公正的德惠护持整个国土，使佛法弘扬之善愿，我留住于他驾前，非为一己之利，而是为佛法及众人奏请利益，望各位大法及僧众合力祈愿大皇帝长寿，顾念佛法，使教法弘扬，众乐有情，众僧平安幸福。"[①] 1270年，即将统一全国的忽必烈晋升八思巴为帝师，赐给八思巴六棱玉印，封其为皇天之下、大地之上西天佛子化身佛陀、创制文字辅治国政五明班智达八思巴帝师，同时授以八思巴以很大权力，不仅管理包括西藏在内的藏区政教事务，而且还给皇帝讲授佛法，授戒灌顶，为皇帝及家族禳灾祛难、祈福延寿。

早在忽必烈授予八思巴帝师职务前几年，便加强了对西藏的管理，首先在中央政府机构中特设总制院，总制院与中书省、枢密院、御史台平行，是中央政府的四大机构之一。按照当时的规定，中书省为最高行政机构；枢密院总领全国军事；御史台负责全国的监察、法律管理；总制院则负责全国的佛教事务并直接管理西藏地区，以后又推广到整个藏区。总制院以八思巴为总领事。

1271年，忽必烈改国号为大元。1279年灭南宋底定全国，元朝处在鼎盛时期。1288年，尚书右丞相兼总制院院使桑哥向忽必烈奏请将总制院改为宣政院，其管理事宜更为繁纷，品级也进一步提高。从现存的史籍中查证，当时的宣政院设院使、同知、副使、参议等官员。院使从一品，初置2人，后增至10人。整个元朝的近百年中，有25人出任过院使，这些人都是当朝的重臣。如院使桑哥是忽必烈最亲近的大臣，当时宣政院不仅管理西部军民财务、刑事诉讼等事务，还要管理全国的佛教事务，其分支机构遍布全国。

在元朝统一全国的过程中，帝师制度和宣政院的设置，使全国宗教和西部的政教事务都纳入到元中央王朝的管理之下，为其后对西藏地区的管理打下了牢固的基础。

3. 元朝管理西藏地区的军政措施

元朝管理西藏地区的一系列措施，是与管理全国其他边疆地区并行

---

① 转引自陈庆英《元朝帝师八思巴》，中国藏学出版社1992年版。

的。有所不同的是，西藏宗教事务要多一些，宗教权力与世俗权力之间的平衡是元朝考虑的重要因素之一。首先，元朝在西藏建立了一系列地方行政机构，由中央直接掌管的有"宣慰使司都元帅府""万户府"两级。

在元朝建立的过程中，元中央先后在藏区设立了三个宣慰使司都元帅府，前两个元帅府在地域上没有明显的界线。主要包括今天的甘肃南部、川西高原和青海南部等地区，而第三个元帅府即乌思藏纳里速古鲁孙[①]三路宣慰使司都元帅府划定了明确的管辖范围，其界线大致与现在的西藏自治区相同，有所不同的是当时阿里三围还包括境外的克什米尔的拉达克地区。

"乌思藏纳里速古鲁孙等三路宣慰使司都元帅府，宣慰使5员，同知2员，副使1员，经历1员，镇抚1名，捕盗司官1员。"其中在前藏设都元帅1名，后藏设都元帅1人，在阿里地区设都元帅2人，下辖万户、千户若干[②]。从宣慰使到万户长都是由帝师或宣政院推荐，由皇帝委任。这些地方官员的升迁、罢黜、奖惩均由中央政府决定，他们直接对皇帝或元中央负责。

宣慰使司都元帅府，其管理范围包括军事、政治、司法、民事等，是一个军地一体的双重军政机构。其官员的来源是僧俗并用。由于一些官员直接由帝师推荐，僧官在其中拥有很大的权力。根据藏文资料记载，当时西藏地区共设有13个万户。前藏地区6个，即：止贡、雅桑、蔡巴、帕竹、嘉玛、达垄，后藏地区6个，即：萨迦、霞鲁、曲弥、拉堆绛、拉堆洛、绎卓。另有一个羊卓万户夹在前后藏之间。实际上，这十三万户是当时西藏地区的13个地方实力集团，元以前割据一方、互不统属，他们归附元朝之后，都有一种停止互相残杀、携手归一的愿望，元朝为了便于统治，将他们原来以家族教派划分的势力范围用地域划分取代，取得了从家族教派政治向地域政治过渡的历史进步。

元朝管理西藏的第二个措施是派员进藏清查户口，立造名册。早在蒙古汗王时，时任蒙古汗的蒙哥前后三次到西藏清查户口。但当时战事频繁，西藏各部落争斗不息，迁徙无常，一些户口往往不够准确。1260年，忽必烈刚刚即位就派遣达门等官员进藏清查户口。达门领受皇帝的诏书，

---

① 纳里速古鲁孙，即阿里三围，现在的阿里地区和克什米尔一部。
② 《元史》第二册卷87《百官志》，中华书局2000年1月版，第1460—1461页。

并携带八思巴的法旨，率领一大批随从人员，浩浩荡荡地从青海出发，他们经过数十天的跋涉到达萨迦，一路上召集僧俗官员首领向地方官员宣读皇帝的诏书和八思巴的法旨，宣传皇帝的圣德和爱民之意，同时向地方僧众发放布施，赏赐地方官员。在这一过程中，他们清查了所有地区的户口，摸清了当地的民情，绘制通往各部线路，根据地力贫沃、人口多寡、草原宽窄、牛羊头只确定赋税的数额。1268 年，忽必烈又派遣阿贡、弥林等官员会同萨迦本钦①进行第二次户口清查，这次清查较为彻底。不仅对西藏地区的十三万户属民户数作了比较准确的统计，而且还对阿里三围作了详细的清查，并明确规定了每万户应交的赋税及贡物。1287 年，忽必烈又派遣御史禾肃阿努干进藏，与本钦宣努旺秋进行第三次户口清查，在上次清查的基础上做了必要的调整，以适应当时人口的变化和管辖区域的变更。元朝末年，尽管元中央面临着许多问题，国势开始走向衰落，但还坚持隔一段时间到西藏清查一次户口，如：1334 年元顺帝时期就在西藏进行过大规模的户口清查。

元朝管理西藏的第三个措施是设立驿站，沟通北京与拉萨、山南、萨迦的交通。西藏的驿站是在清查户口的基础上建立起来的。1260 年，当达门奉命到藏清查户口时，便着手建立了驿站。据资料记载，达门一行从青海藏区开始，通过朵思麻、朵甘思、前藏，到达后藏，根据地势险易、人口多寡，建立了一条贯穿藏族三大地区，连接西藏和内地的驿道，在这条驿道上，总计设置了 27 个大驿站②。1287 年，朝廷派官员禾肃阿努进藏，在重新清查户口的基础上，对于设置的驿站进行了必要的调整和变更，对颓坏的驿站进行维修，调整并增派了驿站人员，同时，又调整了自前藏经过后藏到阿里的驿道，在这条驿道上设有四个大驿站。

为了便于军事上的行军和供应，元朝在驿站之外还设有军站③，军站是由留驻西藏的朝廷军队抽派人员驻防，他们平时负责军队过往的接待和物资供应，驻站人员日常物品、食品供应则由当地人民负责。官用驿站不同于军站，主要是由各万户派人驻站，供应过往官员的食宿和人畜差役，实际上，这是封建国家在西藏地方支派"乌拉"的开端。

---

① 萨迦本钦，非人名，而是萨迦派的行政长官。本钦、官名。
② 《绎藏史集》，西藏人民出版社 1986 年版。
③ 军站，藏语谓"马甲姆"。

对驿站的设置和管理，不仅是交通方面的措施，更大意义是它在政治上所体现的朝廷对地方的管理。忽必烈派人在西藏地方清查户口、设置驿站时曾明确，尔等进藏办事之目的是"使我听到人们传颂强悍之吐蕃已入我薛禅皇帝忽必烈治下"①。可见，驿站系统的建立是元王朝在西藏地方推行政令、进行有效管理的重要措施。

和全国其他地方一样，元朝在西藏地方也驻扎军队，其驻军的目的主要是保证地方安宁，特别是防止萨迦统治集团的内部争权夺利的斗争威胁中央对地方的管理，以强化元朝中央对西藏地区的管理，同时也避免削弱朝廷所支持的萨迦地方政权。

（三）王朝更替、明廷对西藏地方的管理

元朝末年，朝政腐败，民不堪命，爆发了元朝以来最大的红巾起义。自1351年至1368年的18年间，各地起义风起云涌，派别林立，元朝实际上处在风雨飘摇之中。由于元朝面临着覆灭的命运，各地方势力开始拥兵自立，以求自保。而以朱元璋为首的农民起义军不给各地方势力以喘息的机会，以摧枯拉朽之势击败各地的抵抗力量，进逼北京，迫使元朝残余势力北逃，其后打败盘踞在青海一带的元朝守将，迅速收降了西藏地区各派系，顺利完成了元明两朝的政权过渡，同时制定了一系列管理西藏的措施。

1. 元、明更替中的西藏地区

因元朝面临内部腐败的困扰，外部有农民起义的打击，对西藏地区的统治相对松弛。此时，得到元朝支持的西藏地方萨迦政权也同中央王朝一样，遇到了崛起于山南地区帕木竹巴势力的挑战，并最终被取代。

帕木竹巴是噶举派的一大支派，创始人是12世纪的著名僧人多杰吉波。13世纪中期，正当忽必烈席卷中原的时候，帕木竹巴的教权和属地的政权被丹萨替寺的住持扎巴仁钦继承，他经过元朝的批准，亲自任万户长，自称喇本。他去世之后，绛曲坚赞继承第二任喇本。绛曲坚赞在自己的辖区励精图治，重视农业生产，轻徭薄赋，同时大力发展牧业、商业，维护通往各地的驿站，取得了辖区人民的大力支持和元朝的信任，所辖万户的势力日益强大。此时，得到元朝大力支持的萨迦政权却因争权夺利而分裂，其实力逐渐下降。到了元朝末年，帕木竹巴政权趁元朝廷衰落、无

---

① 《汉藏史集》，西藏人民出版社1986年版。

力西顾之时，兼并了雅桑、蔡巴、止贡等万户，形成了西藏地区势力最大的一支。1354年，正当红巾军在黄河及长江南北与元朝军队大战之时，帕木竹巴政权打败了萨迦政权，接管了西藏地方，帕木竹巴政权的喇本绛曲坚赞立即派人到北京，请求中央批准管理西藏地方。绛曲坚赞之所以在与萨迦政权的斗争中取得胜利，除凭借自身的雄厚实力外，还靠元末时期常常派人向元中央入贡，及时禀报萨迦政权的腐败现状，争取元朝廷由支持萨迦政权转而支持自己。这些努力在元中央取得了很好的实效，当元中央得知绛曲坚赞获胜，立即封其为大司徒。1364年，绛曲坚赞去世，他的侄子释迦坚赞继任，元顺帝封其为"灌顶国师"①。这时候，以红巾军为首的各路起义大军，摧毁了元朝在中国中部和南部的统治。1368年春，农民起义军领袖朱元璋在南京即位，建立了明朝。同年秋天，明朝大将徐达、常遇春率师进取中原。会师北京，元顺帝逃往上都②。

　　明朝刚一建立，就将继承元朝对西藏地区的管理提上议事日程。1369年6月，明廷第一次派出官吏诏谕藏区各部。皇帝的诏书说：过去帝王治理国家，以德政为标准，这种标准不仅用于中原各行省，还推及各边疆。近些年来，元朝皇帝失掉政德，搞得四方纷扰，群雄纷争，生灵涂炭。我命大将率师平定了各方的割据势力，天下臣民共同推举我为国主，国号大明，建元洪武，"惟尔吐蕃，邦居西土，今中国一统，恐尚未闻，故兹诏示"③。并要求各地藏族僧俗首领归附新朝。这次诏谕，西藏各地方势力并未积极作出响应，因为这时候还处在元明两朝交替时期，明朝是否稳固，西藏地方政权尚持观望态度，况且元顺帝虽然退出北京，在北方、西北、西部尚有一定的势力。元朝大将扩廓帖木儿尚率领20万大军盘踞在西北地区，驻守藏区的元朝宗室镇西武靖王仍驻扎在甘肃、青海一带，这种军事形势当然会使西藏地区地方势力持观望态度。

　　为了尽快安定西部，招附西藏各地方势力，明朝一面派陕西行省员外郎许允德赴藏区诏谕，晓之大义，一面派大将徐达率大军进军陇右、甘青一带。1370年5月，明军和蒙古残军在甘肃定西县展开大战，扩廓帖木

---

① 《明太祖实录》卷53，《明实录》，台湾中央研究院历史语言研究所1968年刊行。
② 元时上都亦称开平府，设在今内蒙古自治区正蓝旗闪电河北岸。
③ 《明太祖实录》卷42，《明实录》，台湾中央研究院历史语言研究所1968年刊行，第827页。

儿兵败逃往漠北，元朝在西北地区的军事力量丧失殆尽。明军分兵西进，攻克元朝吐蕃宣慰使司都元帅府河州，兵锋直指藏区。明军在军事上的胜利，使西藏地方和其他藏区的地方势力震动很大，意存观望的官员纷纷归附。先是吐蕃宣慰使河锁南普率众归附并率众千里跋涉到南京朝觐明太祖，继之镇西靖武王卜纳喇也"率吐蕃部众诣征虏左副将军邓愈军门款附"①，藏区其他部众纷纷归附，使西藏地区的帕竹政权首领释迦坚赞大为不安。1372年5月，释迦坚赞接到明朝的诏封，诏章阳沙加仍灌顶国师之号，遣使赐玉印及彩缎表里，俾居报恩寺化导其民②，时隔半年，国师章阳沙加遣酋长锁南藏布带着佛像、佛书、舍利到南京呈贡。同一时期，西藏的摄帝师喃加巴藏布也派人到南京呈贡方物。皇帝朱元璋见西藏地方自帝师到地方政权首领纷纷来朝，大为高兴，明令西藏各级官吏仍保持原职，对喃加巴藏布予以隆重封赏，封其为"炽盛佛宝国师"，并赐给玉印。喃加巴藏布为了保证西藏在王朝更替时期的稳定，向朱元璋举荐了西藏地区的元朝官员包括国公、司徒、各宣慰司、招讨司、元帅府、万户、千户等各级官吏60余人，经朝廷批准，各司其职。后来，明朝又根据喃加巴藏布的举荐，封授了两批官员，连同第一批官员在内，明朝前后共封授了元旧官132人。明朝封授西藏地方大批官员，承认章阳加沙对地方政权的管理和喃加巴藏布以帝师身份来朝归顺并接受了明朝"国师"的封授，标志着元朝行政管理权向明朝转移和帝师制度的废除，最终确立了对西藏地方的辖属关系。

2. 明朝对西藏地区的管理措施

明王朝对西藏地区的管理，与元朝时期稍有不同，主要是设立卫所，实行羁縻政策。但明朝对元以来的管理措施大部分继承下来，因俗以治，以保证对西藏管理政策的连续性。

明朝稳定之后，先后取得了原来元朝宣政院统辖下的三个"宣慰司都元帅府"，推行军卫管理制度，卫所统一由中央控制。1374年，明太祖朱元璋颁赐诏书，宣告在西藏地方推出行都司行政建制，任命索南兀即尔为朵甘行都同知。管招兀即尔为乌思藏行都指挥同知。诏书宣称："惟尔西番朵甘，乌思藏各族部属，闻悉我声教、委身纳款，已尝颁赏授职，建

---

① 《明太祖实录》卷83，《明实录》，台湾中央研究院历史语言研究所1968年刊行。

② 《明太祖实录》卷73，《明实录》，台湾中央研究院历史语言研究所1968年刊行，第1342页。

立武卫，俾安军民……兹命立西安行都指挥使司于河州，其朵甘、乌思藏亦升为行都指挥司。"① 1387年，西安行都指挥使司撤销，乌思藏、朵甘行都指挥使司由朝廷直辖，其各级官员均由明中央敕封当地政教首领担任，并规定其官阶品级、颁授即诰。优劣升降均由朝廷决定。永乐年间，为了进一步加强对西藏的管理，又在羊卓地方设俺不罗行都指挥使司，在前藏烈邬栋宗设牛尔宗寨行都指挥使司，在仁布宗设领司奔行都指挥使司，这样，明朝在卫藏地区总共设立了朵甘、乌思藏、俺不罗、牛尔宗、领司奔5个行都指挥使司。再加上俄力思（阿里）军民元帅府，其统辖范围已超过了现在的西藏地区。这是因为，朵甘行都指挥使司除管辖现在昌都地区以外，还包括现在的青海南部、四川的甘孜、阿坝一带。明朝设立行都指挥使司和军民元帅府，明确了管理权限，除最高官员由朝廷任命之外，一些低级官员由各方势力任命，其管理形式较为宽松。

实际上明朝在西藏地方的行政管理是通过两个系统来进行的，除推行行都武卫制度，行使地方行政管理职能以外。还册封了大量地宗教之王。这是因为藏传佛教发展到明代，其势力已经十分强大，各教派首领不仅控制了教权，而且还控制着世俗政权，掌握着自己封地的寺院经济。教派首领控制着地方势力，影响着明王朝对西藏地区的政策走向，这种政教合一体制的形成，使西藏地区的社会结构增添了一层宗教色彩，明朝中央不能不引起重视。在明朝初期西藏的宗教格局中，帕木竹巴政权为势力最大的集团，萨迦派和止贡派被击败后，虽然势力被削弱，但仍有一定的实力，噶玛噶举派在前藏地区影响颇大，而格鲁派则异军突起。各个教派都有一个世俗政权做后盾，从表面上看都听命于帕木竹巴政权，但各教派都有自己的打算，都试图借朝廷力量发展自己，取得号令其他教派的权力。针对这种情况，明朝自永乐皇帝起，对各教派均采取一视同仁的政策。即扶持诸派，多封众建，使各派争相为朝廷效力。

永乐年间，帕竹政权第五任执政扎巴坚赞继位，永乐皇帝鉴于帕竹政权自明朝开国时即行归顺，其后各任首领均恪守臣职，连续呈贡，为稳定西藏作出了重大贡献，遂于1406年3月遣使进藏封扎巴坚赞为灌顶国师阐化王，赐璃纽玉印一枚，白金500两，锦绣50匹，彩绢100

---

① 《明太祖实录》卷91，《明实录》，台湾中央研究院历史语言研究所1968年刊行，第1595页。

匹，茶 200 斤。按照当时的制度，玉印高于金印，在西藏，只有帕竹政权首领被赐予玉印，因而使其在西藏威望大为提高。扎巴坚赞受封灌顶国师阐化王后，十分感激皇帝的恩遇，积极向朝廷入贡，以后的几代阐化王均入贡不辍，直到 1618 年，帕竹政权被藏巴汗推翻前夕，还最后一次向朝廷入贡。

诏封阐化王之后，为安抚其他教派，明朝廷于 1406—1413 年又加封馆觉灌顶国师为护教王，灵藏灌顶国师为赞善王，仁钦白桑坚赞高僧为阐教王，南谒烈思巴高僧辅教王。

明朝除封授 4 个政教首领为王外，还分封噶玛噶举派首领却贝桑波为大宝法王，萨迦派首领贡噶扎西为大乘法王，格鲁派宗喀巴弟子释迦也失为大慈法王。明朝中央册封三大法王既是对各教派势力的支持，也是对受封者宗教地位的确认。这种确认有别于授予地方行政职权的诸王，因此，法王地位要比前面的诸王略低一些。

在册封法王之外，明朝中央对西藏各地纷纷来京觐见或遣人朝贡的大小僧人，按他们教派势力的大小，本人权势、地位和知识水平的高低。一一给予西天佛子、大国师、国师、禅师、都纲、喇嘛等名号，以使他们倾心效命中央，维护西藏地方安宁。

明朝多封众建，确实起到了管理西藏地区，稳定地方，密切地方与中央关系的作用。各位高僧大德受封后，倍加感激朝廷，纷纷力图报效，除前面所说的阐化王入贡不辍外，其他诸王、法王也竭尽全力。如 1407—1414 年，护教王、阐教王两次奉命在所辖地设置驿站，竭力恢复交通，热情接待朝廷派往西藏的官员，从而出现"道路毕通，使臣往还数万里，无虞寇盗"的安定局面。① 再如 1407 年 3 月，大宝法王却贝桑波奉命率领僧众在南京灵谷寺建普度大斋，大修佛事，为先皇帝朱元璋做法事 14 昼夜，竭力为永乐皇帝歌功颂德，粉饰太平。还有大乘法王贡噶扎西在南京多次讲论佛法，然后沿运河北上，为皇帝灌顶和传授护法神加持密法，请求皇帝释放无辜的被囚者。所有这些都说明了朝廷对西藏地区的高僧大德的封授真正起到了弘扬佛法，扶持众教，以利地方安宁，以利西藏地区与中央关系的作用。

（四）明清交替时西藏形势和清朝独崇黄教国策的形成

15 世纪，格鲁派在众多教派中脱颖而出。格鲁派自产生之日起，就

---

① 《明史》第六册卷 311《西域三·阐化王》，中华书局 2000 年 1 月版，第 5751 页。

得到中央王朝的高度重视。格鲁派经过多年的发展，其宗教势力影响到蒙藏地区。为了稳定西部地区，历代中央王朝十分注意对格鲁派的扶持和笼络，在明清交替时期复杂的形势下，清王朝更加重视扶持格鲁派，因此，出现了其后的五世达赖和六世班禅进京朝觐的历史事件。

1. 格鲁派在明廷支持下迅速崛起

西藏地区自吐蕃灭亡之后，与众多割据势力相联系，形成了大小不等的众多宗教教派。各教派经过几百年间的相互斗争，不断分合，到明朝年间已形成了几个势力较大的教派。这些教派分别为噶举、萨迦、噶当、止贡、夏鲁等。14世纪末至15世纪初，师从于噶当派的宗喀巴力行宗教改革，自己创立了格鲁派。格鲁派创立之初，虽然有一些其他教派弟子师承其后，但与其他教派相比，毕竟根底尚浅。于是，宗喀巴希望得到西藏地方势力和明中央的支持。1408年，明朝永乐皇帝召请宗喀巴进京传法，并赐礼物20件，宗喀巴因忙于筹备1409年第一次传召法会，故谦逊地复书皇帝，陈述自己不能亲自入朝的原因，同时进贡礼物6件，以表示对皇帝的忠诚。

1413年，明成祖派人迎请宗喀巴入朝，宗喀巴久病初愈，尚不能长途跋涉，同时考虑到格鲁派初创时期，必须得到皇帝的支持，扩大自立教派的影响，于是复书皇帝，表示自己率僧众在藏地"以至诚之念，为陛下祈祷，愿陛下圣寿绵长，皇图永固"[①]，谨派自己的大弟子释迦也失为代表前往南京朝觐。释迦也失受师傅之命，于年底率领大批随从人员，从山南出发，经昌都、巴塘、理塘、成都等，一年之后到达南京。这次进京朝觐，释迦也失不仅被皇帝封授了"西天佛子国师"，而且还接受了皇帝大批赏赐。据资料记载，释迦也失将所受赏赐的银两，一部分用于修建色拉寺，一部分用于扩建甘丹寺佛殿，一部分用于格鲁派的佛事活动。明中央政府对格鲁派的厚赐，大大增强了格鲁派的实力。

1434年，释迦也失再次赴京（北京）朝觐[②]，明宣宗挽留其在京师朝廷供职，并册封为"大慈法王"。明英宗即位后，鉴于朝中供职僧人过多，需裁减大部分僧官，西藏留京各法王均被裁减，只有大慈法王释迦也失保留原职。1442年，英宗将河州黑城子房地赐给正在病中的释迦也失，

[①] 《宗喀巴复明成祖书》（1408）。引自《西藏地方是中国不可分割的一部分》，西藏人民出版社1986年版。

[②] 明王朝于1421年由南京迁都北京。

并赐金银用于建造寺庙，赐名弘化寺，两次下令对弘化寺的田地、财产、牲畜严加保护，任何人不能侵犯。从此，河州弘化寺成了格鲁派在甘肃一带的基地，也成了格鲁派取得朝廷支持的中继点。

明英宗赐建弘化寺之后，格鲁派的各大寺院纷纷派人赴京朝觐，以取得皇帝在物质和荣誉上的支持。据《明实录》记载：1449年，哲蚌寺高僧赴京朝觐，1451年，又有色拉寺高僧率众徒赴京，1470年，甘丹寺高僧一行进京朝觐，1480年，又有扎什伦布寺赴京朝贡[①]。从格鲁派各大寺院纷纷进京朝觐求得皇帝赏赐来看，格鲁派发展过程离不开明中央政府的支持。

16世纪初，格鲁派的保护支持者帕竹政权走向衰亡，仁布巴、辛厦巴相继兴起，噶玛噶举派黑帽红帽两系统与仁布巴、辛厦巴联合，敌视、压制格鲁派，阻止格鲁派赴京朝觐，使格鲁派一时失去了与中央王朝的联系，但这种状况很快就被哲蚌寺住持索南嘉措所打破。

1578年，索南嘉措应明朝顺义王土默特蒙古部首领俺答汗的邀请，到青海甘肃一带讲论佛法，俺答汗赠予其"圣识一切瓦齐尔达喇喇嘛"的尊号，并追封宗喀巴的弟子根敦主巴及根敦主巴的转世者根敦嘉措为第一世、第二世达赖喇嘛。因索南嘉措为第二世达赖喇嘛的转世，所以被封为第三世达赖喇嘛。

在索南嘉措取得俺答汗的支持后，又希望通过俺答汗与朝廷取得联系。正在此时，朝廷谕甘肃巡抚侯东莱派人到青海，转达了朝廷一如既往支持格鲁派的态度，并要求索南嘉措劝说俺答汗率部返回内蒙古住牧。1578年冬天，索南嘉措告别了顺义王俺答汗，应侯东莱的邀请来到甘肃，受到了热情的欢迎和优厚的礼遇。索南嘉措同明朝派驻甘肃的官员进行了会晤，并通过侯东莱致书明朝首辅张居正，希望进京朝觐，取得皇帝的支持。这份著名的《索南嘉措致张居正书》的译文至今还保存在张居正文集中。

1579年3月，明万历皇帝从张居正的朝奏中得知索南嘉措对皇帝的一片衷心，批准了索南嘉措通过张居正向朝廷入贡，并封授其为"禅师"，给予厚重的赏赐。1581年，万历皇帝应俺答汗的请求，决定赐予索

[①] 《明英示实录》卷205，《明实录》，台湾中央研究院历史语言研究所1968年刊行，第4390页。

南嘉措"朵儿只唱"封号,并对俺答汗赠予的"圣识一切瓦齐尔达赖喇嘛"尊号予以了认可。明朝封授索南嘉措"朵儿只唱"封号和认可"达赖"封号,为以后清朝册封历世达赖喇嘛提供了借鉴制度,也为格鲁派的迅速崛起奠定了基础。

1588年初,明廷正式召请索南嘉措到北京觐见皇帝,索南嘉措见多年的愿望即将实现,欣然应召。同年2月,索南嘉措率大批弟子前往京城,3月不幸在途中病逝,留下了他一生的遗憾。索南嘉措去世后,其转世灵童第四世达赖喇嘛云丹嘉措在俺答汗家族中产生。1602年,俺答汗后代新封顺义王经请示明廷,派军队护送云丹嘉措入藏。1616年,明神宗派专使锁南罗追进藏对云丹嘉措予以册封,明廷对第三、第四世达赖喇嘛的封授,不仅推进了格鲁派达赖活佛系统的形成,也强化了格鲁派在西藏地方的势力。

2. 明清交替时期的西藏形势

同各个朝代之间的交替一样,明清之间的交替也是由于朝政腐败、阶级压迫加重而引起的。17世纪20年代,明王朝由于对各族人民压迫加重,人民苦不堪命,引发了一场前所未有的农民大起义。自起义开始后的20多年间,明王朝处在摇摇欲坠之中。1644年,明王朝被李自成领导的农民起义军推翻,早已建立国号的清朝乘农民军立足未稳,与明朝残余势力联合一起挥师入关,取明王朝而代之,成为新兴的中央王朝。在明清交替之际,中国大地上群雄并起,相互角逐,先后形成了许多割据一方的地方政权,而地方政权内部也争权夺利,互相争雄,这种现象在西藏地区也不例外。

明末清初的西藏地区处在各教派及其所支持的世俗政权的斗争之中。首先是因格鲁派势力在明廷支持下急剧扩张而引起噶举派的敌视,再是其他教派互争地盘的斗争。1618年,得到噶玛噶举派支持的藏巴汗噶玛彭措朗杰以后藏为据点,占领了包括乃东王宫在内的前藏的一些地方,推翻了支持格鲁派的帕竹政权,建立了第悉藏巴汗地方政权,首府设在日喀则。17世纪二三十年代,在明朝内外交困无法管理西藏地区之际,噶玛丹迥旺波继任为藏巴汗[①],他对格鲁派更为仇视,下令禁止格鲁派在拉萨

---

① 关于噶玛丹迥旺布继任藏巴汗的年代有不同的说法,一说1632年,一说1621年,故用17世纪二三十年代之说。

举行传召法会，遭到了格鲁派众僧的激烈反对，格鲁派并未因禁令停止活动。这时候噶玛丹迥旺波深深感到格鲁派势力的强大，仅凭自己的力量不足以遏制或者消灭格鲁派，必须寻求外部力量联合对付。恰在这时，漠北蒙古喀尔喀七大部落的首领却图汗率领30000多部队由内蒙古进入青海，迅速征服了原在青海游牧的蒙古各部，统治了青海等地。却图汗原来崇信于噶玛噶举教派，不喜欢格鲁教派。于是噶玛丹迥旺波与却图汗悄悄联系，策划由却图汗派兵进藏，双方夹击格鲁派，一举将之消灭。这时候，统治着德格、玉树、昌都一带的白利土司对黄教也深恶痛绝，必欲灭之而后快。格鲁派在东、西、北三面均处于敌对势力的包围之中，面临着随时被消灭的危险，这种险恶的局面促使格鲁派必须不惜一切寻觅外部援助。

1634年，经五世达赖阿旺罗桑嘉措和四世班禅罗桑曲结研究，决定派人前往天山南麓向割据于该地的固始汗求援。这时候，游牧于天山南麓的固始汗正受到准噶尔部的威胁，寄希望于迁徙东部，以青海、西藏为基地稳固割据政权，接到五世达赖和四世班禅的求援，立即表示支援格鲁派摆脱困境。1636年，固始汗乔装成商人来到拉萨，会见了五世达赖和四世班禅。五世达赖对他"心怀佛法"表示钦佩，并赠予"持教法王之印"①。固始汗在拉萨详细了解了西藏形势，回去后迅速聚集兵力，养精蓄锐，次年在巴图尔珲台吉的援助下，与却图汗的军队在青海展开了激战，固始汗以少胜多，击败了却图汗，占领青海。

白利土司顿月多吉听到却图汗被打败的消息十分恐惧，对格鲁派联合固始汗更加仇视，他决定采取先发制人之策，于1639年写信给藏巴汗，约他次年共同出兵，进攻固始汗。此信在半途中被格鲁派僧人所截获，迅速转送给在青海的固始汗，固始汗知事态紧迫，决定乘其不备迅速消灭白利土司。1639年夏，固始汗率蒙古骑兵攻入康区，经过一年多的激战，最后打败了白利土司，释放了被囚禁的格鲁派佛僧，恢复了被毁坏的寺庙。1641年，固始汗突然领兵进入西藏地区，在前藏拥护格鲁派的封建领主的配合下，两路进攻日喀则，打败了藏巴汗的军队，俘虏了藏巴汗噶玛丹迥旺波，先将其囚禁在拉萨的彭波地方，后来装进牛皮袋子里沉入河中，于是，统治西藏达24年之久的藏巴汗政权宣告结束。

3. 甘丹颇章政权的建立及格鲁派对清王朝的效忠

1642年，固始汗统治了整个青藏地区，登上了汗王的宝座。他将青

---

① 《五世达赖喇嘛传》，西藏人民出版社1989年版。

海、康区等地分封给自己的儿子,自己坐镇拉萨,迎请五世达赖喇嘛管理全藏宗教事务,将原属于噶玛噶举派的宗教事务交达赖喇嘛掌管,同时将西藏地方的赋税划出一部分供格鲁派使用,又将藏巴汗宫中的财物全部奉献给五世达赖,还将日喀则藏巴汗政权的宫殿全部拆毁,把木料运到拉萨,用以扩建大昭寺与修建布达拉宫。后来,固始汗将西藏地区的一部分行政事务管理交由第巴管理,自己抓军队的指挥及西藏各地官吏的任免。五世达赖的亲信索南群培被固始汗任命为第巴。至此,以固始汗为首的蒙藏统治者联合执政的地方政权正式形成。因为当时五世达赖住在哲蚌寺甘丹颇章,这个政权也叫甘丹颇章政权。

为了巩固对西藏地区的统治,防止一些封建领主特别是藏巴汗政权支持者的活动,固始汗一面推崇格鲁派,取得黄教支持,一面将自己的亲信调入拉萨。他命长子达延汗常住拉萨辖领部队,命第六子多尔济分领政务辅佐他,并留下蒙古骑兵驻牧于当雄,以控制卫藏各地。

甘丹颇章政权建立之后,西藏局势并未得以安定,噶举派政权在历史上先后延续300多年,该派的领袖人物也与格鲁派一样,一直得到明中央政府的支持,并多次受到册封,该教派同样在藏族社会中有着广泛的影响和崇高的威望。尽管藏巴汗政权被取缔,但各地噶举派割据势力仍很强大,先后在卫藏地区进行过多次暴动,固始汗在达赖喇嘛的支持下,利用蒙古骑兵和格鲁派僧众力量对这些暴动进行了无情的镇压,并多次强令噶玛派僧侣改宗黄教,逼使噶玛巴第十世活佛却央多杰从拉萨逃往洛扎,后来又从洛扎经工布逃往云南纳西族地区躲避。至此,格鲁派与噶玛派的斗争才平静下来,固始汗与五世达赖所建立的甘丹颇章政权才基本巩固下来。

固始汗在向青藏地区发展的前后,始终没有忘记祖先与中央政府保持联系的训诫。鉴于明王朝在农民起义军与新兴清政权夹击下行将崩溃的事实,固始汗便积极地向新兴清政权联系,以便及早取得清政权的支持。早在1635年固始汗率部进入青藏高原时,已与清政权进行了联系。1637年,固始汗派出得力助手库鲁克,跋涉千山万水,从青海假道甘肃和内蒙古到达盛京,给刚刚建立大清年号的清政权带去了表示效忠的文书和大量贡品。1642年阴历十月,固始汗经与五世达赖商议,派出代表伊喇古克傲、岱青绰尔济到达盛京,皇太极亲迎于宫门,予以隆重接待和惠赐,后来这些代表在清军的护送下,携带着皇太极致达赖喇嘛、班禅活佛、红教噶尔玛喇嘛和固始汗的敕书各一封，并赐固始汗盔甲全副。1645年，清军入关定都北京，明清角逐已见分晓，清王朝统治全国虽尚需假以时日，但其大势已定，固始汗此时已派人到北京携信件与贡物觐见顺治皇帝，表示对新兴的王朝称臣效忠，愿为清王朝守好青藏高原这大片疆土。从这些情况看，17世纪前期西藏政局的变动与固始汗进入西藏，五世达赖喇嘛建立甘丹颇章政权及明清政权的更迭有着直接的关系。

格鲁派取得了西藏地区的政教大权后，西藏形势并未完全平静下来，虽然噶玛巴活佛逃往云南，残存于西藏各地的噶玛巴僧徒将斗争转入地下，其他教派特别是康区的白利土司残余势力也常常制造事端，而长期信奉噶玛噶举教的门隅地区和不丹、锡金也未输诚转信格鲁派黄教，周围的异己力量会随时骚动，刚刚形成的甘丹颇章政权希望以更强有力的中央政府作为后盾，以长期巩固自己对西藏地区的政教事务统治。在此之前，格鲁派曾经受到过明中央的器重，其代表人物曾多次受到明朝皇帝的册封并留其在京师供职。但此时明朝行将覆灭，新兴的清王朝取而代之已成为大势所趋，格鲁派必须及早改变策略，向新兴的清王朝表示效忠诚意。

1641年，五世达赖和四世班禅顺应统一多民族国家发展的历史规律，派遣伊拉古克三活佛率众到已经建立清朝国号的盛京朝觐。经过一年半的长途跋涉，1642年10月，伊拉古克三一行到达盛京，清太宗对此极为重视，并给予隆重的接待。据《清世祖实录》记载，太宗亲率诸王贝勒大臣出怀远门迎接，到达皇宫门前时，大皇帝率众拜天，进入皇宫之后，太宗在御座上坐毕，伊拉古克三等按臣礼朝见，太宗起座迎之，伊拉古克三将达赖喇嘛书呈上，太宗立即接受，并待之以厚礼。[①] 这次朝见，伊拉古克三足足在盛京停留了8个月，1643年6月才辞归。

1644年，清朝定都北京，顺治皇帝派人前往西藏地方迎请五世达赖喇嘛，并致书固始汗说明朝廷的意图。五世达赖接到皇帝的信以后，心情甚为欣慰，但当时甘丹颇章政权建立不久，内外面临着敌对教派的威胁，且政教事务纷繁，他作为西藏的宗教首领不易长途跋涉，远离西藏，故而婉言请辞。6年之后，清朝已经平定了关陇地区，安抚西部地区已提到王朝的议事日程，此时，顺治皇帝派遣多卜藏古西率众进藏，敦请五世达赖到京，共商稳定西藏地区的大事。此事引起了西藏地区各地方首领的积极

[①] 《清太宗实录》卷63，《清实录》，中华书局1985年版，第858—859页。

响应，许多人愿随五世达赖一同进京，觐见新的皇帝。1652年夏天，五世达赖喇嘛阿旺罗桑嘉措欣然率众北上，于12月16日到达北京。

五世达赖在京期间，受到了顺治皇帝隆重的礼遇，顺治皇帝册封五世达赖为"西天大善自在佛所领天下释教普通瓦赤喇旦喇达赖喇嘛"，其中"西天大善自在佛""所领天下教"是沿袭明代分封噶玛噶举派大宝法王的旧例。不同的是加了一个"所"字，以限定其管理佛教的范围，"普通瓦赤喇旦喇"和"达赖喇嘛"是沿用明代顺义王俺答汗赠予三世达赖喇嘛的尊号。这种沿袭明代册封活佛的办法，不仅标志着清王朝对明王朝管理西藏地区的继承，而且表明了清中央政府对西藏政策的一贯性。从此，达赖喇嘛的封号和政治地位基本确定下来，历代达赖喇嘛由中央政府册封遂形成一种制度。

在册封五世达赖喇嘛之后，顺治皇帝对实际上掌握着西藏地区军政大权的固始汗予以同样的重视，遂册封固始汗为"遵行文义敏慧固始汗"。为了表示清中央政府对西藏地区宗教首领册封的高度重视，顺治皇帝特派内务大臣囊奴克、修世岱等人，随同五世达赖一行到达拉萨，于次年在拉萨举行了隆重的册封仪式，亲手将皇帝赐予的金册、金印颁赐予他们。达赖喇嘛和固始汗受清廷册封后，其声望和地位大为提高。达赖在教务上远播整个藏区，固始汗巩固了在青藏地区的统治，因此，两人均感念皇帝之恩遇，更加积极地维护西藏地方的政教稳定。

1654年，五世达赖同固始汗前往扎什伦布寺看望84岁高龄的四世班禅，此时固始汗也已年过70岁高龄，两位老人握住年仅38岁五世达赖喇嘛的手，三人聚首于桑珠孜，回忆过去三人同心协力所走过的道路，感念皇恩浩荡，格鲁派大业由皇帝保佑，同时共商安定西藏地区大业，为巩固西藏、保持西藏地区的长治久安而共同努力。他们三人相聚之后，在清王朝的物质支持下，迅速在这些地区修筑13座规模较大的寺院，其后清朝规定每年拨给西藏地区5000两白银，以作为扶持格鲁派之用。在中央政府的支持下，格鲁派甘丹颇章政权在西藏最终巩固下来。

清王朝不费一兵卒，完成了西藏地区由明王朝管理向清王朝管理的过渡，其治理方式在初期还沿袭明朝册封喇嘛活佛的老办法，所不同的是，它一改明王朝多封众建、厚赏众僧的形式，由多封众建改为独崇黄教，并且安抚执掌西藏大权的和硕特蒙古固始汗，通过他们来治理西藏地区。早在17世纪20年代，清人急于入主中原，希望得到西部蒙藏政权的支持，而此时的格鲁派呈上升发展之势,其影响已扩大到蒙藏地区,为此,清政权采取了独尊黄教、稳定西部的既定国策。此时全国形势尚不安定,南有残明,西有准噶尔。陇西和青海一带由于各地方政权的斗争尚不稳定,但在西藏地区,由于五世达赖联合固始汗推翻了统治西藏地区多达300多年的藏巴汗政权,建立了比较稳固的甘丹颇章政权,在这种情况下通过固始汗和五世达赖管理西藏地区是清朝初年的基本选择。

（五）清朝不断调整中的治藏措施

在巩固和发展统一历史格局的过程中,清王朝是最成功的一个朝代。鼎定全国之后,朝廷设立了理藩院,专门负责管理蒙藏事务。对于西藏地区,清廷随着全国形势的变化而不断调整治藏方略。1654年,一直维护中央权威的固始汗病逝,格鲁派集团逐渐集中权力。五世达赖圆寂之后,藏内权力斗争逐渐明朗化。到拉藏汗时期,发生了第巴桑结嘉措与汗王的激烈斗争,桑结嘉措被杀,但矛盾并没有解决。1717年,第巴桑结嘉措余党勾结准噶尔兵扰藏,使西藏地区蒙受重大损失。1721年,朝廷废除了西藏地区的第巴职位,正式设立驻藏大臣衙门,派遣办事大臣和帮办大臣。1750年发生了珠尔墨特叛乱事件,鉴于傅清、拉布敦两大臣被杀的惨痛教训,朝廷再次调整管理西藏的体制,废除郡王制度,并于1757年创立摄政制度,1788年和1791年,廓尔喀两次入侵西藏,乾隆皇帝下令几路大军进藏驱逐廓尔喀入侵,战争结束后,福康安秉承皇帝旨意,对管理西藏的体制再做调整,颁布了著名的《钦定藏内善后章程》。总之,从清初至清中期,清廷治理西藏的措施处在持续的调整之中,直到基本适应管理西藏地区的政治、军事、宗教事务为止。

1. 固始汗之后西藏形势的变化,清军平准保藏斗争

1654年,72岁的固始汗在拉萨病逝,顺治皇帝专门派官员来拉萨致祭,所带来的感情至深的诏谕悼文曰:"崇尚圣德之厄鲁特固始汗,念汝治理边疆之功,终生为朝廷尽忠之德。今闻汝溘逝……为之遣使以悼之。"[1] 固始汗在西藏执政12年,改变了西藏地区割据势力相互争夺的局面,尽心竭力为清朝守护着西藏地区,同时在他的推动下,西藏迅速走向稳定,并顺利完成西藏由明朝管理向清朝管理的过渡,加强了西藏地方与中央政府的关系,是一位有功于朝廷的重要人物。

---

[1] 《元以来西藏地方与中央政府关系档案史料汇编》,中国藏学出版社1994年版。

固始汗去世后，清王朝委任其长子达延汗继承王位，西藏地区在五世达赖、四世班禅和固始汗继承人的精心治理下，呈现出一派升平景象。西藏地区的稳定，使清政府能够腾出精力全力以赴地解决南明残余势力、云南吴三桂叛乱和西部准噶尔的叛乱。事实证明，清朝初年采取的以固始汗、五世达赖代为朝廷守土的办法适宜于当时的形势。

固始汗去世之后，年轻气盛的五世达赖喇嘛开始强化政教合一的制度，逐渐限制和硕特汗王在西藏地区的权力，教权和世俗权力的矛盾初露端倪。1669 年，五世达赖将任命第巴的权力抓到自己手中，打破了第巴一职由和硕特汗王会商五世达赖任命的权力均衡。桑结嘉措继任第巴以后，与固始汗之孙达赖汗的矛盾表面化。桑结嘉措认为，朝廷通过蒙古汗王管理西藏，事事都受到干涉和牵制，不如趁机将固始汗的子孙驱逐出西藏，此时，他已忘记了固始汗对格鲁派的再造之恩和朝廷通过汗王管理西藏的用意。为了扩大第巴的权力，他委任西藏地区的封建领主为第巴所属的高级官员，承认领主对庄园和农奴的世袭特权，同时把各宗本的任命权揽于一身，规定所有官员必须信奉格鲁派。在此期间，他利用清朝拨出的扶持格鲁派的白银，扩充修缮了布达拉宫，把年逾六旬的五世达赖由甘丹颇章移居布达拉宫，这使他本人的权力不断加强，而固始汗的后裔达赖汗变成了第巴政权的陪衬。1682 年，66 岁的五世达赖去世。五世达赖去世后，以第巴桑结嘉措为代表的西藏地方势力与蒙古汗王的斗争更加激烈。桑结嘉措深知五世达赖在藏族群众中的威信和朝廷心目中的地位，在五世达赖圆寂后的 15 年内秘不发表，以达赖"入定"为名，假借五世达赖的名义号令西藏。这必然引起朝廷和蒙古汗王的怀疑，正在此时，五世达赖的另一弟子准噶尔部首领噶尔丹，趁清朝立国不久之机在西部地区发动叛乱，构成了对清朝的严重威胁。康熙皇帝几次谕令五世达赖劝噶尔丹罢兵，而桑结嘉措则假借五世达赖的名义派人到噶尔丹军队"为噶尔丹诵经，且择战日。及噶尔丹败后，又诡言讲和……，使噶尔丹得以远遁"[①]。在噶尔丹叛乱的整个过程中，桑结嘉措始终站在噶尔丹一边，这不能不引起朝廷对他的警觉。

1701 年，固始汗的孙子达赖汗去世，其子拉藏汗继位。拉藏汗继位后，与桑结嘉措的关系急剧恶化，其斗争大有一触即发之势。由于桑结嘉

---

① 《清圣祖实录》卷 175，《清实录》，中华书局 1985 年版，第 891 页。

措独揽大权于一身，唯一的解决办法是分其权以杜绝争夺之祸。经六世达赖和三大寺代表商议，最后决定桑结嘉措卸任第巴一职，将权力移交给其长子阿旺仁钦。但桑结嘉措并不愿交出权力，于是与拉藏汗兵戈相见，在与拉藏汗的争夺中，桑结嘉措兵败被杀。从此，拉藏汗重新夺回了和硕特蒙古在西藏的权力。

拉藏汗接管第巴政权以后，采取了一系列重要措施，他立即派人到北京报告事变经过，要求废除六世达赖仓央嘉措，另寻五世达赖的真灵童。为了稳定西藏局势，1706年，康熙皇帝敕封拉藏汗为"翊法恭顺汗"，同时对拉藏汗废除六世达赖请求极为重视。这时候，盘踞在西北地区的准噶尔部首领策妄阿拉布坦探知西藏地区形势不稳，欲乘机迎请仓央嘉措到伊犁，企图将西藏地区势态的主动权控制在自己手里。为预防不测，清廷命拉藏汗将仓央嘉措送到北京，遗憾的是仓央嘉措在行至青海湖畔时病逝，拉藏汗另立益西嘉措为六世达赖喇嘛，但这一做法遭到了西藏上层僧侣及青海蒙古王公的反对。

正当拉藏汗与西藏上层僧侣围绕拥立达赖而尖锐对立之时，策妄阿拉布坦开始为进袭西藏地区准备，他先将养女嫁给拉藏汗长子，后又诱骗其长子到伊犁完婚。一切准备就绪后，于1716年派大将策凌敦多布率6000大军绕行阿里潜入西藏，于1717年7月到达当雄，大败驻守于当雄的和项特蒙古军队，拉藏汗被迫据守拉萨。几月后，准噶尔军进攻拉萨，城内曾与拉藏汗有矛盾的地方封建农奴主沙克都尔扎卜台纳木札勒打开城门，拉藏汗力战不支，最后被杀。准噶尔突入后，四处劫掠、奸淫烧杀，无恶不作，昔日繁荣的拉萨城几乎成为废墟。

准噶尔进袭西藏是和硕特蒙古政权与西藏地方政权长期斗争的必然结果，但准噶尔部在西藏的破坏行为使青康地区大为震动，促使藏内封建农奴主们对准噶尔势力抱有幻想的行为作出反思，一些农奴主的地方武装转而加入了抗击准噶尔的行列，拉藏汗的将领颇罗鼐收集溃散的蒙古骑兵，联合一些地方武装展开了抗击准噶尔的斗争。清王朝对西藏事变十分关心，接到准噶尔军攻入拉萨的消息，立即派出总督额伦特楞、侍卫色楞统兵数千进军西藏，当他们行至那曲时，遭到准噶尔兵的伏击，致使全军覆没。于是，康熙皇帝决定第二次派兵进藏。1719年，康熙皇帝不顾群臣的反对，派出自己的爱子十四阿哥允禵为抚远大将军，统率三路大军进军西藏，此时，拉藏汗的部属颇罗鼐也挺身而出，在西藏各地招兵买马，配合清军打击准噶尔兵。1720年8月，清军在当雄一带大败准噶尔主力，策凌敦多布率残部逃回新疆。

在清军驱逐准噶尔军的同时，又从西宁塔尔寺将六世达赖的转世灵童七世达赖喇嘛格桑嘉措护送到拉萨，并在拉萨进行了册封仪式。根据康熙皇帝诏谕，册封七世达赖喇嘛格桑嘉措为"弘法觉众达赖喇嘛"，并在布达拉宫举行了坐床典礼。这时候，饱受准噶尔蹂躏的西藏僧俗群众如遇到救星，整个拉萨沉浸在欢乐之中，资料记载"僧俗皈依，远迩倾响，欢声振天，梵音匝地，共祝圣寿无疆，河山巩固"。此时，朝廷在西藏僧俗群众中的威望空前提高。

2. 清廷调整对西藏的管理体制，驻藏大臣制度设立

固始汗之后的西藏地方暴露出来的种种矛盾以及所招致的准噶尔部的侵扰，使清廷不得不重新考虑清初年对西藏地方的管理体制是否能够延续下去。当拉藏汗与第巴桑结嘉措的矛盾公开化之后，清廷已意识到事态的严重。桑结嘉措兵败被杀后，拉藏汗急于废除六世达赖仓央嘉措，朝廷议论纷然，认为这样会招致拉萨局势的混乱，朝廷再延续通过地方势力管理西藏的老办法将会威胁到藏地的安全。于是，康熙皇帝决定改革旧有的西藏管理体制，代之由朝廷直接派官管理的办法。1709年，康熙皇帝派侍郎赫寿赴西藏协同拉藏汗处理西藏政务。这是清朝派官直接治理西藏的开端。赫寿到西藏后，拉藏汗感激万分，认为在如此复杂的局势下皇帝派朝廷官员来帮助他，对稳定西藏局势有很大作用。赫寿在西藏住了一年多时间，基本上摸清了拉藏汗与桑结嘉措斗争的症结是西藏地方贵族为独掌大权，摆脱蒙古汗王约束所致。而此时的西藏，人心浮动，局势未定，拉藏汗所立的六世达赖益西嘉措又不孚众望。为了稳定西藏局势，清廷遂于1713年2月册封第五世班禅罗桑益西为"班禅额尔德尼"，按照册封达赖喇嘛世系的惯例，赐予五世班禅金册、金印，同时，追封第一、第二、第三、第四世活佛为"班禅额尔德尼"。从此，格鲁派的另一大活佛系统——班禅系在西藏的政教地位正式确定。

平定准噶尔侵扰之后，朝廷认为有必要根据西藏地方形势的变化，废除原来的汗王和第巴制度，限制格鲁派干预世俗政权，授予在平定准噶尔斗争中作出贡献的康济鼐、阿尔布巴为贝子，隆布鼐为辅国公，同时设噶伦一职，授康济鼐为首席噶伦，阿尔布巴和隆布鼐为噶伦。同时派内阁学

士兼礼部侍郎鄂赖赴西藏办事,代表朝廷决策西藏地方的重大事情。为了不再重蹈西藏地方个人专权覆辙,朝廷决定分其权而治之,补授颇罗鼐和扎尔鼐为噶伦。这样,西藏地方形成了以朝廷派驻官员参与决策,五噶伦共同执政的政治体制。实际上这种体制是向驻藏大臣过渡的阶段,也是试验阶段。1723—1727年,清廷先后派出了鄂赖、鄂齐和僧格、马喇到西藏,但尚未明确是否为驻藏大臣,这些朝廷重臣到西藏后摸情况、做调查,与噶伦们决策重大事务,但都没有长期驻藏。这种派官形式并没有使西藏安定下来。

五噶伦共同执政不久,由于封建农奴主内部各派别的斗争,引发了一次较大的事变。1727年8月,当朝廷所派官员僧格、玛拉还在上任的途中,阿尔布巴、隆布鼐等人将忠于朝廷的首席噶伦康济鼐诱骗到大昭寺杀害,随后又捕杀其家族成员和远在江孜的另一噶伦颇罗鼐。颇罗鼐闻变后,立即召集康济鼐余部,并联络阿里、后藏诸地的军事力量,与阿尔布巴、隆布鼐展开了激战。这时,朝廷也得到了快马奏报,雍正皇帝召集群臣议决再次派兵进藏平乱。这时候,颇罗鼐已经控制了拉萨局势,并宣告全藏人民,揭露叛乱者背叛皇帝,杀害首席噶伦的罪行,使阿尔布巴等人更加孤立。1728年5月,各地喇嘛将叛乱首领阿尔布巴、隆布鼐、扎尔鼐等人擒获,献给了统率大军到达拉萨的都统查郎阿。同年6月,查即阿会同在藏办事的副都统马喇、学士僧格,噶伦颇罗鼐共同审理了阿尔布巴的叛乱罪,并将首要分子处以死刑。

拉萨事变,给朝廷以很大震动,雍正皇帝决定尽快结束对西藏管理体制调整的试验,确定一种既长远、又稳固的由朝廷直接控制西藏政局的制度。诏谕藏内由朝廷派大臣直接决断事务,藏内军政俗务由驻藏大臣会商前后藏总管颇罗鼐共同管理,驻藏大臣可带随员若干,驻军2000人。至此,对西藏地区的管理体制的改革才基本上明确。

驻藏大臣的设置不仅是清朝加强对西藏地方管理的重要步骤,同时也是对清以前历代中央政府治藏方式方法的改革。它改变了长期以来中央政府通过册封地方割据政权实力人物来管理西藏的旧章,结束了由西藏地方实力人物代朝廷行使职权的惯例,为杜绝地方实力人物专权,有效地遏制地方势力的膨胀找到了一条较好的途径。

3. 清朝中期对西藏地区管理的加强

清朝设立驻藏大臣制度之后,西藏形势并未因此而保持持久的平静，颇罗鼐总管前后藏事务最初几年，七世达赖喇嘛格桑嘉措移居四川理塘泰宁寺①，从未过问西藏地区的政务，重大事务均由噶伦会议议决后经由驻藏大臣奏报皇帝，有些事情由颇罗鼐自行处理。1740年1月，乾隆皇帝加恩晋封颇罗鼐为郡王，这种殊荣和地位已达到了西藏地方政治体制中的最高爵位，一时间郡王权倾藏内。七世达赖喇嘛返回拉萨后，引发了世俗政权与达赖教权的矛盾，驻藏大臣一方面要稳定西藏局势，另一方面还要调解他们之间的矛盾。在这种体制下，驻藏大臣也处于左右为难的境地。1747年3月，总管西藏事务达18年之久的颇罗鼐去世，西藏地区的矛盾趋于公开化。

颇罗鼐死后，清廷敕命其次子珠尔默特那木扎勒承袭其爵位，总理卫藏事务。乾隆皇帝考虑到西藏地方素来多事，众心不一，珠尔墨特②的能力和威望又不能与颇罗鼐相比，遂调派朝中重臣傅清任驻藏大臣，并命傅清留心访查，控制西藏局势。同时调派军功卓著的拉布敦协助其处理西藏政务。但珠尔墨特袭爵之后，一改其父忠于朝廷、缓和西藏地区矛盾的政策，与七世达赖喇嘛矛盾公开化，同时用欺骗手段将朝廷驻藏军队500人减至100人。后来竟然背叛朝廷，封锁驿道，图谋叛乱。驻藏大臣傅清、拉布敦见形势险恶，叛乱大有一触即发之势，便毫不犹豫地当机立断，处死了珠尔墨特，同时，两位驻藏大臣也被其余党杀害。

这次事变的发生，使乾隆皇帝大为震动，他总结了半个世纪以来，特别是近20年来西藏发生的大小事变，深刻认识到西藏的政教事务不能令一人独专，必须采取切实措施仿众建而分其势，同时，对西藏地方势力切不能一味姑息迁就。乾隆皇帝一面部署派兵进藏，一面命朝内大臣、亲王、郡王、满汉大学士、各部尚书会商西藏事宜，找出长期稳定西藏的对策。经反复朝议，乾隆颁旨命令藏内留住的官兵，塘汛文书的处理，噶伦议事等事务统归驻藏大臣统辖。即使前后藏政教事务，也需由驻藏大臣审验批准。他命令前往西藏处理拉萨事变的总督策楞到西藏后一定要熟悉情况，制定出永保西藏长治久安的条文法规。策楞与侍郎兆惠、驻藏大臣班第、那木扎勒四人，遵照乾隆皇帝的旨意，在处理善后事宜的同时，会同七世达赖喇嘛、公班智达，参照以往零星的法规条例，制定了稳定西藏的

---

① 泰宁寺，又名惠远庙，雍正年间由朝廷出资兴建，位于今四川省道孚县巴美乡。
② 珠尔默特那木扎勒，习惯上简称珠尔默特。

《藏内善后章程十三条》善后章程，并于 1751 年 4 月召集全体噶伦、三大寺堪布和各札仓代表，前后藏代本、噶厦孜本等几十名中高级官员宣读草本，再约共同商磋，并具誓保证一俟皇帝批准，共同执行。同年年底，乾隆皇帝接到奏报后，立即颁旨"览奏俱悉，著照所实行，下部知道"①。至此，稳定西藏的 13 条善后章程正式生效。

稳定西藏的《藏内善后章程十三条》是清廷总结了清初以来 100 多年的治藏经验，由中央特派大员、驻藏大臣和西藏地方政教首领、僧俗官员共同制定的，它是清朝开国以来所制定的管理西藏的第一部系统的文件，它标志着中央政府对西藏地区管理的日益成熟，强化了中央对西藏管理的力度。《章程》既照顾了西藏的特点，确定了达赖喇嘛的政教地位，也明确了驻藏大臣与达赖喇嘛共同掌管西藏地方吏治，拥有军政重要事务最终决策权的职责。《章程》规定，西藏地区的日常行政事务由 4 名噶伦办理，遇有应办的军政事务，都要驻藏大臣衙门和噶厦会议办理，不允许在个人的私宅办理公务，更不允许随意设置私人亲信，对于重大事情，必须秉公会商妥办，以杜绝擅权滋事。《章程》还规定，拟定奏折公文和驿站紧要事务，补放各地方长官、包括各宗本、总管和对这些官员的奖优罚罪，都要预先报请驻藏大臣和达赖喇嘛审批，否则要以擅权违例论处。《章程》还对管理地方武装的代本设置作了调整，规定调遣兵马、防御卡隘一律按驻藏大臣和达赖喇嘛共同签署的文件执行。《章程》明确原由颇罗鼐统辖的达木蒙古部队划归驻藏大臣直接统辖，这些军队调入拉萨用作护卫驻藏大臣和达赖喇嘛。

通过以上调整和改革，清朝将西藏地区的政治、军事大权都集中到驻藏大臣和达赖喇嘛手中，强化了中央政府对西藏地方的管理。此外，《藏内善后章程十三条》在赋予达赖喇嘛兼摄政务的同时，又在噶伦中补放了一名僧官，使格鲁派直接参与了政权管理。这项重大变革，强化了宗教干预世俗政权的力度，为西藏政教合一制度的进一步强化提供了法规依据。从当时西藏地方的形势看，《藏内善后章程十三条》是保持西藏社会稳定，防止个人专权、防止地方势力膨胀的重要文件。

《十三条章程》颁发之后，西藏获得了平稳发展时期，在几十年内，西藏地区由于未发生重大事变和地方势力纷争，生产力有所发展，庄园经

---

① 《清代藏事辑要》（一），西藏人民出版社 1983 年 10 月版，第 183 页。

济呈现出一定的繁荣。这时候，清朝正处在鼎盛时期，全国一派升平景象。

4. 清廷反击廓尔喀入侵西藏地区的斗争

自平息珠尔墨特叛乱至1788年近40年时间里，西藏地区处于相对平稳阶段。在这段时期内，先后历经了制定管理西藏的《藏内善后章程十三条》、七世达赖的圆寂与转世、六世班禅进京朝觐乾隆皇帝、六世班禅圆寂与转世等一系列大事件，在驻藏大臣、摄政王阿旺楚臣的精心管理下，西藏几十年内没有发生过不利于稳定的事件。1783年乾隆皇帝根据三世章嘉国师的建议，谕令年迈的摄政阿旺楚臣返回北京。这时驻藏大臣也调动频繁，疏于管理政事，年轻的八世达赖失去辅佐，一些纨绔弟子乘机参与政事，西藏地方行政管理逐渐暴露出弊端。所有这些，早已被西藏地区比邻的廓尔喀人所探知。1788年7月，廓尔喀以边境贸易藏商屡屡掺假为借口，向西藏地区边境大肆侵扰，短短的十几天时间，他们先后占据了聂拉木、济咙①，并向宗喀方向滋扰。乾隆皇帝闻报后，谕令四川总督李世杰、将军鄂辉、参赞大臣成德率满汉藏兵2000人前往剿杀。他们接到谕旨后，先由成德率绿营、屯兵1200人来藏。成德自川西驻地步行50余天，至9月22日方才到达拉萨。比时，懦弱无能的驻藏大臣庆麟惊慌失措，准备将七世班禅移往拉萨以避兵锋。而成德等人也畏葸不前，屡屡贻误战机。乾隆皇帝屡颁谕令，并命理藩院一品大员巴忠来藏，协助痛剿廓尔喀。然而巴忠来藏后，畏惧高原寒冷缺氧，欲尽快了结此事返回北京，便匆匆忙忙用银两与廓尔喀贿和，指示谈判人员许诺每年给廓尔喀300个元宝合9600两白银，廓尔喀撤出所占之地。议和之后，巴忠等人向乾隆皇帝谎称廓尔喀经痛加惩剿，已表示"畏罪输诚"，随次递撤军，将此事入侵之原因奏报皇帝，"并取具该部落永不滋事，图记番结，交噶布伦收存备案"。② 至此，第一次反击廓尔喀的入侵就这样草草结束了。

与廓尔喀的贿和，埋下了一系列隐患。首先，廓尔喀见堂堂大清帝国对其入侵毫无办法，以致用银两收买退兵，尚有再侵之机会。其次，巴忠贿和曾遭到驻藏大臣及噶伦们的反对，只是在他的强令下勉强同意，但和约签订后无银可付，廓尔喀屡屡来藏索银，矛盾越来越大。另外，六世班

---

① 今吉隆县吉隆镇。
② 《清高宗实录》卷1332，《清实录》，中华书局1985年版，第1029页。

禅去世后，他的哥哥仲巴活佛与沙玛尔巴争夺遗产不均，沙玛尔巴一气之下，逃到廓尔喀，声称扎什伦布寺有乾隆皇帝所赐的大量金银财宝，价值连城。这三种因素使廓尔喀不惜铤而走险，竟敢发动对西藏地方的大规模入侵。

1791年7月，廓尔喀再次兴兵入侵西藏，这次入侵，气势汹汹，不可一世，迅速占领聂拉木、哜咙后又长驱直入，烧毁定日、攻入日喀则。廓尔喀兵攻占日喀则后，大肆破坏抢掠扎什伦布寺，甚至将乾隆皇帝赐给六世班禅的金册及灵塔上镶嵌的绿松石、珊瑚等抢去。同时搬走了许多大小金佛，烧毁了民房。廓尔喀的入侵，使后藏地区遭受巨大损失。乾隆皇帝闻报后，龙颜震怒，他认为前次对廓尔喀侵扰，"并未大示创惩，贼匪无所畏惧，又习见唐古忒怯懦，敢肆欺凌，是以此次复来滋扰"①。这些都是巴忠等人办事不力、欺上压下所致，遂谕军机大臣派重兵对廓尔喀严加痛剿，追究巴忠等人渎职之罪，巴忠闻讯畏罪自杀。

1791年10月，乾隆皇帝不顾一些大臣反对，授命朝中重臣福康安和骁勇善战的海兰察率万余大军开赴西藏，反击廓尔喀对西藏地方的入侵。福康安受命后，于同年11月率兵驰抵西宁，在与甘青大员协商后，决定不顾大雪封山，冲寒远涉，顶风冒雪翻越昆仑山、唐古拉山，开赴拉萨。经过艰难跋涉，福康安等于翌年2月到达拉萨，三月进抵日喀则，四至八月先后发起了柏甲岭、擦木、玛噶尔、热索桥之战，毁敌堡上百座，克敌据点几十处。后福康安率兵翻越噶勒拉堆补木等险要大山，深入廓尔喀200里，歼敌4000多人，距离廓尔喀王室阳布②只有40里，廓尔喀首领派人乞降。九月，福康安率军撤回哜咙。当福康安率军自济咙凯旋拉萨时，沿途百姓扶老携幼，举臂欢迎，八世达赖出拉萨几十里迎接朝廷的胜利之师。

这次对廓尔喀的战争，前后持续了一年多时间，战争直接动用兵力13000多人，朝廷为此耗费1050万两白银，前后来藏将军、总督、大员七八个之多，领兵骁将百人，动员民众10万多人。在战场上，先后有2000多名满、汉、藏、回、达呼尔、鄂伦春、鄂温克等族的官兵献出了生命。这场战争耗费之巨、动用力量之大，是清朝开国以来在西藏地方前

---

① 《清高宗实录》卷1387，《清实录》，中华书局1985年版，第627页。

② 今尼泊尔加德满都。

所未有的。战争结束后，乾隆皇帝将此列入十全武功之内，并亲撰《十全记》镌刻记功碑立于布达拉宫之前。

5. 钦定藏内善后《二十九条章程》和金瓶掣签制度的颁布与实行

廓尔喀的两次入侵，不仅凸显了西藏地区边防边贸无专人负责的漏洞，而且暴露了西藏社会固有的矛盾。自从1751年清廷调整对西藏的管理体制、酌定《十三条章程》后，皇帝又派来了摄政辅佐西藏政务，使西藏社会稳定了近40年。但《十三条章程》主要解决西藏地方势力专权的问题，对于驻藏大臣只笼统地命其监督藏政，遇有大事与达赖喇嘛共同裁决，但其职掌、地位均未予明确，加之一段时间派驻西藏的驻藏大臣多系庸才，许多人抱着来藏混日子的打算，往往迁延岁月，冀图苟且，待班满回京了事。所以藏内诸事还是要听任达赖属下及噶伦处理。当皇帝所派摄政阿旺楚臣年迈回京后，这种矛盾更加突出。自18世纪80年代后期，藏政皆由达赖的兄弟把持，一些纨绔子弟追逐权力，用银两贿官买官，致使显官贵族横行于乡里，土地兼并日益严重，格鲁派各寺院活佛转世，积弊日生，甚至出现一门皆活佛，达赖、班禅皆出一家的弊端。由此一来，西藏地区的矛盾日益突出，如不加以解决，将会引发更为严重的社会问题。

廓尔喀入侵之后，乾隆皇帝深切感到西藏的管理漏洞较多，过去虽然制定过管理西藏的十三条章程，但随着形势的变化已不适应对西藏的管理，有必要对西藏重新制定系统完备的法规条例，因而敕命福康安，俟击退廓尔喀后留藏数月，会同驻藏大臣鄂辉、和琳[①]并八世达赖预作布置，妥立章程。

1792年10月，乾隆皇帝又一次颁布谕令：令藏内"凡此应办事宜由福康安等会同驻藏大臣遵照上年朱笔改定，令福康安带去应办各条，逐一

---

① 和琳与福康安一样受命于危难之时，鉴于西藏形势复杂，1792年2月，乾隆皇帝诏谕当朝忠臣和珅的弟弟和琳赴藏办事，1792年3月，和琳匆匆告别了乾隆皇帝，带着为国尽忠的责任，马不停蹄，昼夜兼程来西藏赴任。当他到达昌都时，才发觉清朝军队的后勤系统是如何的漏洞百出和脆弱无力，于是在沿途调运粮饷。和琳到拉萨，额勒登保就把驻藏帮办大臣的任务交给了他，自己上前线打仗去了。和琳与驻藏大臣鄂辉两人轮流，一个留在前藏处理西藏事务，一个督促办理运输昌都至济咙之间的军需物资。和琳与其兄和珅不同，他对人心地善良，这可能与他崇信佛法有关，对鄂辉更是处处谦让，明知鄂辉犯过错误，受到过降职处分，但对他仍很敬重，不但在上奏朝廷的奏折上，将自己的名字列在鄂辉之后，而且还争着去干比较艰苦的催办乌拉的工作，让鄂辉留在前藏，后来他在二十九条章程的形成过程中发挥了重大作用。

参照损益详慎筹画，妥协办理，以期经久遵行，庶边隅永臻宁谧"。福康安等人遵照乾隆皇帝的指示，与孙士毅、和琳等一起制定了著名的《二十九条章程》，经皇帝审阅后颁赐于藏内。

《钦定藏内善后章程二十九条》，概括规定了西藏地区的管理制度、吏治、军事、贸易、司法、活佛转世、寺庙管理、财务审核、边界巡防、增设常备军等项。如关于驻藏大臣的地位，规定驻藏大臣督办藏务，与达赖、班禅地位平等。藏内噶伦及其以下僧俗官吏，均须秉承驻藏大臣指令办事。噶伦、代本出缺补任时，由驻藏大臣和达赖喇嘛共同提名，奏请皇帝任命，其下属重要官员开补也须奏报驻藏大臣和达赖喇嘛选择委任。又如：设立常备兵3000名，划分为6个代本分驻拉萨、日喀则、江孜、定日。皇帝任命带兵前后藏游击、都司负责日常听从驻藏大臣调派并训练。所有兵员均发给粮饷，其家属可以免除差税乌拉。再如：凡涉外事务，均须经驻藏大臣批准和管理；加强对邻国入境商人管理，每年均核定次数和人数，由驻藏大臣造册备案，严格出入境人员管理等。

在《钦定藏内善后二十九条章程》中，比较重要的是金瓶掣签制度的设立和完善。按照以前的惯例，西藏和蒙古各大活佛的转世灵童由拉木寺①护法神等作法降神认定，西藏僧俗人民全部都信以为真。后来很多灵童竟出自达赖、班禅亲族和蒙藏王公、贵族世家。为避免作弊，《二十九条章程》规定，颁赐金奔巴瓶，把蒙藏各大活佛转世灵童的名字写在象牙签上，然后放入金瓶，举行掣签仪式，在拉萨则由驻藏大臣监视掣签决定，蒙古活佛掣签仪式在北京雍和宫举行。清朝初期达赖、班禅承袭与转世必须得到清朝的认可，自此以后，达赖、班禅的转世还必须以清朝颁发的金奔巴瓶抽签决定，并由驻藏大臣主持坐床典礼。清朝颁发金奔巴瓶具有重要意义，它不仅可免除"转世一族之私"的弊端，而且中央政府掌握了确定灵童的大权。章程还规定达赖喇嘛所辖寺院的活佛，僧人人口户籍一律编造名册，交达赖喇嘛和驻藏大臣处各存一份。

1804年，第八世达赖喇嘛圆寂，嘉庆皇帝命济咙呼图克图任西藏地方摄政，并令其负责寻找达赖喇嘛的转世灵童。1808年，在康区邓柯地方找到一儿童，经过摄政会同四噶伦、三大寺代表并七世班禅察看，认为果有灵异，确系达赖转世灵童后，一致向驻藏大臣要求，奏明皇上免于金

---

① 今西藏达孜县境内。

瓶掣签。嘉庆皇帝见驻藏大臣的奏文后，遂派成都将军傅清额入藏颁旨，免于金瓶掣签，接着又派喀喇沁亲王、工布侍郎庆惠等人赴藏，看视坐床，又批准九世达赖喇嘛乘坐黄轿，启用前辈达赖之印，赏银10000两。这样，九世达赖喇嘛才于1808年9月22日在布达拉宫坐床。

所以，九世达赖的确认、坐床、免于金瓶掣签，都是经过皇帝批准、颁旨的。班禅额尔德尼和西藏呼图克图级的大活佛的转世灵童的确认也都必须通过驻藏大臣奏请皇帝批准，才是有效的。九世达赖免于掣签，只是在灵童十分灵异、驻藏大臣奏请的情况下的一个特殊例子处理。

1815年，11岁的九世达赖喇嘛暴亡后，西藏摄政第穆呼图克图和地方政府的一些官员想依照九世达赖之例，把在康区理塘寻访到的一幼童经过驻藏大臣玉麟呈奏皇帝，请求免于掣签。嘉庆皇帝接奏后，颁发谕旨，严厉批评了玉麟，认为必须坚持乾隆皇帝制定的金瓶掣签制度，不得随意改动。接到皇帝的谕旨后，西藏地方政府即遵旨再寻访到了两个幼童，并于1832年按照道光皇帝的命令，三个幼童在拉萨大昭寺内，按规定举行金瓶掣签仪式，结果理塘幼童被抽定为第十世达赖喇嘛楚臣嘉措。

其后，在1842年确定的第十一世达赖凯珠嘉措，1858年确定的十二世达赖成烈嘉措，也都是在寻访到三个幼童的情况下，按照《二十九条章程》的规定，经过金瓶掣签，并报请皇帝批准后最后确定一名转世灵童的。

十二世达赖圆寂后，西藏地方政府组织力量寻访，于1876年在塔波地区（今林芝朗县境内）寻找到一位颇有灵异的转世灵童。此外，还寻访到另外两个幼童，但无灵异，地方政府上下均认为不是真正灵童。在这种情况下，第八世班禅丹白旺秋、摄政、三大寺、扎什伦布寺和噶厦全体僧俗官员联名向驻藏大臣松桂禀报，奏请皇帝对塔波灵童免于金瓶掣签。光绪皇帝接奏后降旨：塔波灵童"即作为达赖喇嘛之呼毕勒罕，毋庸掣签"。由此，确定了第十三世达赖喇嘛。

从九世达赖喇嘛开始，直到十三世达赖喇嘛，每一位转世灵童得到确认后，经清朝皇帝降旨正式批准为达赖喇嘛时，在拉萨均要举行庄严的接旨仪式。在仪式上，驻藏大臣立于正面，灵童面后，驻藏大臣手擎圣旨跪在拜垫上，摄政、经师、西藏地方政府僧俗官员等在灵童身后席地而跪，聆听驻藏大臣宣读圣旨。宣读完毕，达赖转世灵童为了表谢皇恩，都要面向东方行三跪九叩大礼。这一点较为清楚地看出皇帝至高无上的地位和达赖喇嘛作为其臣民的从属身份。

总而言之，达赖喇嘛转世灵童的确认、坐床大典的举行、金册金印的启用、黄轿的乘坐，直到其经师人选的决定，都是经过奏呈皇帝后，由皇帝正式降旨批准才能奏效，这些均系清朝政府明文规定，西藏地方政府认真遵行了这一套典章制度。

（六）封建王朝对藏内经济扶持和民生的关心

自秦汉统一之后，青藏高原的各个部落就一直保持着与中原地区的经济联系，至唐宋时期，这种联系不断加强，元、明、清期间，西藏地区与全国的经济联系形成了一定规模和制度化。综观西藏地区与内地经济联系的历史，不难看出，历代中央王朝对西藏地区的经济所实行的扶持政策，既是各王朝维系对边疆少数民族统治的经济纽带，也是对西藏地区有效管理的组成部分。

1. 元、明时期朝廷对西藏地区经济发展的扶持。

西藏地区同内地经济联系最早要追溯到秦汉时期，当时的经济联系只是周边部族以物易物。到了唐与吐蕃时代，这种交往开始兴旺起来，唐王朝通过甘肃、青海和四川的雅州进藏交往，西南地区的商人也基本上沿着这两条路线到内地。到五代两宋时期，吐蕃分裂割据，中原也南北对峙。尽管北宋一度扩大统治面积，但苦于被西夏、唃厮罗所阻，唐蕃古道一度中断，而通过各割据政权相互交易的茶马互市尚未中断。元朝初年，忽必烈为了使中央的政令通达西藏，命令雇用民工修筑达门经青海进入康区直至前后藏的道路，这条道路成为西藏地区互通内地的交通驿道。

为了保证驿站供应和驿道畅通，元朝把支应各站的马匹用具及乌拉差役配到每个万户府，确定了相应的户站。1276年，因青海的玉树、西藏的那曲一带气候恶劣，驿站条件艰苦，经常发生站户逃亡事件，以至于往来官员不能及时得到食品补充，朝廷传递常常受到影响。为此，受命查办藏事的元朝大臣桑哥将这种现状报告皇帝，后经皇帝批准进行了改革，规定西藏地区的万户以村庄为单位，将原来供应驿站的物品及差役转交给沿途驻军，由军队分兵照管各驿站。由站户管理驿站改革为军队管理驿站，不仅恢复了驿站的正常通行，而且大大提高了交通传递速度和服务质量。在驿站管理制度改革之前，朝廷根据实际情况，采取由中央政府赈济的办法从经济上直接资助站户，仅1288—1297年，就四次大规模地资助驿站，1292年的一次资助达白银11000两，牛羊800头只，粮食柴草若干。改为军队管理后，这批资助直接划拨给守驿的军队。

明代西藏地区与内地的交通发展较元代更进一步，明王朝为进一步发展西藏地区的经济，修复了青藏、川藏驿道，并新增了一些商道。明代西藏地区联系内地的驿道有四条。第一条是从拉萨经当雄、那曲、聂荣翻越唐古拉山，再经当曲、扎陵湖、都兰、日月山到达西宁。第二条由拉萨、林周、索县达杂多再并入青藏大道。据传，当年的文成公主是由这条路经过的。第三条由拉萨经江达、嘉黎、类乌齐、昌都、巴塘、理塘、天全、雅安到成都。第四条松潘古道也是沟通内地到西藏各地的道路。明朝洪武年间朝廷曾两次整修，新增了桥梁及邮寄，宣德年间又多次大规模整修，大致路线由成都出发，经灌县、茂汶、松潘、出黄胜关与青藏大道连接，支路通过文县与甘肃相连。

在西藏地区与内地的交通中，使用率较高的以茶马古道为主。当年，运销茶叶及其他物贸的各族商旅在川西的峡谷深川及康藏高原的雪山草地留下了世代跋涉的遗迹，其山间小道数不胜数，背负茶盐等物的牲口驮队相互穿梭，络绎不绝，这些商队不仅促进了西藏地区的经济发展，保证了藏区人民的生活需要，而且还沟通了各民族特别是汉藏民族的联系，刺激了西藏文明的向前发展，加强了各族人民的文化交流。

元明两朝对西藏地区经济上的扶持，除修驿道利通商业之外，还采取了减免赋税、赈济灾民的措施。西藏地区地处高原地带，自然条件较差，特别是藏北地区，高寒奇冷，雪灾每隔几年就会出现，西藏地区的封建农奴制经济常常受到天灾的影响。在元明时期，朝廷对西藏经济采取优惠政策，其赋税征收的做法既不同于内地，也优于其他少数民族地区。元朝在西藏地区未按地亩、人口征收赋役，即使有少量征收，也是用于维护西藏各驿站的开支，而且数量与其他少数民族相比十分轻微。以当年东北地区的女真族为例：元朝对从事农耕的女真族课以繁重的地税差，对从事渔猎的女真族除年年进贡皮、水獭、鹰鹞外，还要命令他们把打捞的鱼类，用优良快马传递到朝廷，以供王公大臣享用。

在赈济灾民方面，每遇到雪灾饥荒，中央政府就及时减免地方的赋税。据史载，任职于朝廷的元帝师曾向大皇帝进谏，请示免除乌思藏等民众数年赋税，使雪域众生获享安乐，[①]皇帝每次皆能允准，对承担驿站供

---

① 参见《西藏地方与中央政府关系史》，西藏人民出版社1995年8月版，第438页。

应任务的各万户，朝廷曾多次予以专项赈济，同时对于遭雪灾不能自救的万户也予以赈济。经统计，从1288年至1314年，朝廷共赈济白银11.3万两，大元宝钞15.3万余锭，牛羊马一千几百头。

明朝建立初期，为了宣示朝廷恩德，没有向西藏地方征收任何差赋，直到1383年，为了保证战马供给，开始征收少量的定额马税，以尽"尊重王上奉朝廷之礼"。据《明太祖实录》记载，当时朱元璋所发敕谕说："西蕃之民归附已久，而未尝责其贡赋，闻其地多马，宜计其地之多寡以出赋。"① 实际上，所纳的马赋，朝廷均以茶赐之，使交赋者不至于受损，以马为赋又补赏茶叶的经济政策在藏区推行后，一些边吏乘机敲诈，向藏民勒索额外马匹以肥私。为了保护西藏人民的利益，1393年，朱元璋命令曹国公李景隆持牌到西藏地区，将印有朝廷印文的信符颁发给纳马部落，信符为铜质金面，一式两半，上半由朝廷内务府掌握，下半由纳马诸部落掌握，以后凡征调马匹必须持牌为证，三年征马一次，政府以茶叶予以补赏。用这种方法，杜绝了边吏乘机向西藏地区乱摊派的做法，从朝廷来说，用这种方式征收差税，是对西藏地区及周围藏区经济上的一种照顾。

为了促进西藏与内地的经济往来，繁荣地方经济，元明时期，以茶马互市为代表的贸易更加兴盛。茶马互市始于唐代，宋代有了很大发展，到了元明时期，内地与西藏的茶马互市更为繁荣。唐代时期，官营茶马互市还未形成制度，宋代完成了国家以钱帛易马向以茶易马的过渡，元代承继了宋代的茶马互市制度，在大都和陇西等地设立了互市专卖局，1269年又在四川设立了西蜀监榷茶场使司，专门管理茶马互换贸易。到了明代，内地与西藏的茶马互市出现了空前繁荣的局面。明朝廷重视马政，改进完善了茶法，不仅促进了官府茶马互市的繁荣，而且还带动了藏汉民族之间的其他经济贸易。据资料记载，明朝初年，上等马可换茶80斤，中等马60斤。到永乐年间，马价分别提高到100斤、80斤不等。至16世纪初，马价更是成倍剧增，每马可换茶叶150—200斤。1502年，杨一清总管马政以后，采取了由官办转向商办的改革，凡招商办理茶马互市者，每输往西藏千斤茶叶由国家补贴运费50金，从此之后，朝廷的茶马互市事务由

---

① 《明太宗实录》卷151，《明实录》，台湾中央研究院历史研究所1985年刊行，第2379页。

官办改为商办。茶马互市制度的改革，推动了西藏地区与内地的经济联系，商人为了赢利，积极往来于川藏、青藏之间，商旅剧增，经济交往十分活跃，不仅输茶，还输入盐及其他物资，而西藏地区的特色兽皮、氆氇、铜塔、良马、药材等通过几条驿道源源不断地输往内地。

元明时期内地与西藏及周围藏区的茶马贸易，无论是对朝廷、官府还是对各族人民，都有着十分重要的意义，通过互换贸易，朝廷获得了良马及藏地特产，而藏地群众获得了必需的茶、盐、纸、缎、丝、帛、铁器等生产、生活资料。这说明早在元明时期，西藏地区与内地经济已具有密不可分的联系，川、青、甘、藏一带的各族人民在经济上建立了不可割断的纽带。

2. 清廷抚辑藏内百姓的一系列措施

清廷鼎定中原之后，在一段时间内对西藏地区的土地分配形式未加过问，而是通过固始汗和五世达赖，根据西藏的经济基础来加以调整。据史料记载，固始汗和五世达赖取得全藏统治权后，首先，将大部分土地分封给格鲁派的寺庙。为了加强格鲁派的经济基础，除将噶玛噶举派的土地归并三大寺和扎什伦布寺外，又大量地扩建格鲁派寺庙，强迫一些派改宗，强夺其他教派的庄园、农奴分给格鲁派寺庙。其次，一部分土地分给支持格鲁派的世俗领主，包括已经归顺的吐蕃时期遗存下来的王室、名臣后代和元明时期曾受封过的各大法王后代。除将土地大部分封赏外，固始汗还留下一小部分土地交给属下机构直接经营。这种土地分配形式，刺激了寺庙及封建领主剥削和掠夺人民的贪欲，广大人民群众遭受到沉重的压迫。

从18世纪初开始，西藏由于连续发生战乱，社会经济遭到很大破坏，人民生活陷入更加沉重的苦难之中。这时候，清廷开始干预西藏地方经济，同时采取了各种形式的扶持措施。1728年，清廷平定阿尔布巴之乱后，命颇罗鼐恢复社会经济方面的各项制度，下令禁止私用乌拉，取消逃亡户的差税，并且废除1728年以前的债务；同时，清廷通过厚赏和向西藏递解银两等形式对西藏经济予以扶持，使西藏社会经济得到发展，农奴和封建领主的矛盾一时缓和。

18世纪中期，西藏政教合一的封建农奴制度进入衰落期，此时，封建农奴制的种种弊端明显地暴露出来。一是土地占有高度集中在大寺院、大世家手里，广大农奴被严密地控制在他们的领地上。二是少数领主掌握着极大的权力，他们恃强凌弱，毫无限制地压榨和剥削广大农奴。三是臃肿的机构不断扩充,乌拉差役逐步加重,加剧了农奴的贫困化。四是寺庙成倍增长,宗教势力急剧膨胀,宗教控制了西藏地方的政治、经济、文化,严重地阻碍了社会经济的发展。五是宗教和政治混为一体,削弱了世俗政权的监管机制,导致贪污受贿、卖官鬻爵之风迅速蔓延。这些问题的存在,不仅损害了西藏最广大人民的利益,而且还阻碍着朝廷对西藏的有效治理。

珠尔墨特事件发生之后,乾隆皇帝意识到西藏问题的严重性,遂采取了一系列抚辑百姓的措施。首先朝廷针对西藏存在的问题,制定了一系列限制地方势力任意剥削百姓的文件。如:《钦定藏内善后二十九条章程》中就规定严禁随意免除大贵族、大封建领主和地方头人的差役、乌拉和税赋,以均徭役减轻百姓负担;严禁私用乌拉以抚恤西藏民众;清查西藏地区的户口,将各寺喇嘛数量、各大活佛所辖庄园人口清点造册,报驻藏大臣衙门,以核清百姓所承担的赋役。《二十九条章程》颁布后,乾隆皇帝先后派出了素有爱民护民之誉的朝廷重臣和琳、松筠任驻藏大臣,以秉承朝廷之意,对百姓进行抚辑。

1792年,和琳赴西藏上任,他上任伊始,就深入到百姓中间,了解他们的疾苦,他在定界、巡边的同时,为西藏民众作出了一系列得人心的好事,如:减轻百姓的徭役负担,减免百姓所积欠的粮赋,限制领主代理人的巧取豪夺,减免差税等。此外,和琳还经常为百姓看病、宣传医痘之法,破除人们对出痘的危惧。至今,和琳所立的劝痘碑仍矗立在大昭寺的门前。

1794年8月,松筠接替和琳为驻藏大臣。他到西藏之后对农牧区进行了全面的调查,在调查中,他看到农牧区破败凋敝、农奴缺衣少食、百姓四处流浪的现状,于1795年借乾隆皇帝蠲免全国百姓钱粮赋税之机,劝谕八世达赖喇嘛在藏内僧俗百姓中实行蠲免,以昭皇帝之德。八世达赖在松筠的劝说和皇帝的感召下,在西藏地区"推广大皇帝普惠百姓之仁德,将所属唐古特百姓本年应纳粮石,及旧欠各项钱粮,概行豁免"。[①]并表示拿出30000两白银对各处劳苦百姓按户分给种子口粮,使其安心农业,对于房屋破败者,酌给银两修补,使流浪百姓居有住所。后来,班禅也受到感召,表示尽所能及从扎什伦布寺拿出银两和粮食救济后藏苦难百

[①] 《卫藏通志》卷14,西藏人民出版社1982年版。

姓。乾隆皇帝得知达赖、班禅慷慨解囊，以解百姓之困后，诏谕对他们的善德予以奖励，并从国库拨出白银万两抚辑藏内百姓。松筠亲自与帮办大臣和宁带领属员分路督饬检查各地官员抚辑百姓的落实情况，向西藏百姓宣传大皇帝的圣德，使清朝抚辑百姓的措施深入藏内各地。

19世纪前半期，清朝一直致力于抚辑西藏百姓。1804年，八世达赖圆寂，其后的几世达赖均年轻夭亡，未有亲政。几十年内藏政基本上由驻藏大臣和皇帝所选派的摄政策墨林二世执掌，他们遵照皇帝的旨意，按照章程督导藏内僧俗官员要勤政爱民，爱护百姓，切不要随意更张，滥施刑罚，滥摊滥派。1812年，驻藏大臣湖图礼到西藏上任，行前曾受到嘉庆皇帝的召见，皇帝对他耳提面命，说道："西藏为极边之地，二大喇嘛驻锡之所。汝才非肆应，切勿任意更张，惟谨守成宪，以俭持躬，以严御下，兵宜练习，民宜抚恤。勿滥赏刑，恩威并济。勉之。"湖图礼到西藏后勤谨用事，用心抚恤百姓，妥善地解决了百姓遇到的困难，后来又根据皇帝的教谕精神，制定了《整顿商上积弊六条》，重申"达赖喇嘛左右宜择人辅导，外番宜加意和睦，以息边衅；唐古特百姓宜认真体恤；噶伦宜廉洁自守"。[①]

进入道光年间，西藏地区的问题再次暴露出来，由于权势人物大量逃避赋役，又暗中私行苛派，加上藏北连年雪灾，导致百姓难以维持生计，逃亡日趋严重。同时也影响了地方政府的财政收入，妨碍了政府正常活动。为此道光皇帝下令驻藏大臣惠显组织了一个专门班子，一面赈济藏北灾民，一面对藏政府辖区内所有宗的土地人户作全面清查，逐次按照下种面积核定地亩的差役、赋税份额，后来根据调查情况汇集制定了《铁虎清册》。《铁虎清册》明确指出：全国所有土地的最高所有者是清朝大皇帝，达赖喇嘛是西藏土地的受封者，而贵族、寺院都是受恩使用者，因而必须按皇帝旨意纳钱完粮，不得将负担转嫁到普通百姓身上。对以情况特殊为由，顽固申请减免者，无论何人当严惩不贷。[②]

《铁虎清册》是清朝继《二十九条章程》后又一份管理西藏的文件。它与《二十九条章程》一样，着重体现了抚恤百姓，限制贵族封建领主巧取豪夺，是清廷政府稳定西藏、抚辑藏内百姓的又一重大措施。

[①] 《清代藏事辑要》，西藏人民出版社1983年版，第380页。
[②] 《铁虎清册》，汉译本，中国藏学出版社1991年版。

在19世纪后半叶至20世纪初，西藏地区由于受到了帝国主义的入侵，清廷的一系列抚辑百姓的政策也遭到破坏，但进行抚辑藏内百姓的措施一直没有中断，这种措施一直延续到清末新政的实施。

（七）清廷面对外敌入侵西藏所作出的回应及藏事新政的推行

清朝后期，中国西藏地区同东部沿海一样，也遭受到外部敌人的入侵，先是森巴军队入侵阿里，后来英人两次由亚东一带入侵江孜、日喀则、拉萨。由于外敌入侵，使藏内管理出现漏洞和混乱，为了保证清中央在藏内的主权，清廷于后期在西藏推行了一系列新政。

1. 清末朝廷爱国官员和西藏人民抗击外敌入侵的斗争

清朝后期，朝政日益腐败，国势逐渐衰微，而西方帝国主义特别是英国此时正凭借船坚炮利，四处扩张。到1840年6月，他们终于以保护贸易为借口，与清朝在东南沿海一带发生了战争，史称鸦片战争。几乎在发动鸦片战争的同时，英国人在印度与巴基斯坦一带扶持锡克王室的亲英政权，在英国人的唆使下，锡克王室派遣大将倭色尔于1839年吞并了比邻阿里地区的拉达克。为了进一步牵制清朝在东南沿海的注意力，他们支持锡克王室派森巴军队进攻西藏地区。

1841年5月，正当清朝在沿海一带与英军进行苦战的时候，锡克王室派大将倭色尔率森巴军7000多人，分三路侵入我阿里地区。对于英国人扶持的森巴军队的突然袭击，清朝与西藏地方政府毫无准备，因此，驻守在日土、噶尔一带的藏军节节败退，森巴军队长驱直入，先后占领了日土、噶尔、普兰，兵锋所至，村落寺院被他们洗劫一空。消息传到朝廷，道光皇帝非常重视，他鉴于朝廷忙于对付沿海的英军，无力派兵来藏的实际情况，谕令驻藏大臣孟保和海朴"饬令噶伦率兵进剿，痛加惩创，不得任意延耽"。驻藏大臣孟保根据皇帝的旨意，积极组织抵抗，他先后从后藏、江孜、定日各地抽调1300多人，命噶伦策典多吉星夜兼驰，开赴前线。随后，又积极调运粮草，先后向前线调运18000多石粮食，赶制了2000多套皮衣，动员民工10000多人运往前线。因为敌人来势凶猛，开赴前线的1300多人与驻在阿里的军队汇合后，与森巴军队展开了激战。后来孟保又派去援军，同时自己捐献全部积蓄采办冬衣支援前线将士，在孟保带动下，班禅和众噶伦纷纷捐钱捐物，全藏军民团结一致，同仇敌忾，经过半年的激战，打败了森巴军队，将敌人赶出了阿里地区。

击退森巴人的入侵，极大地鼓舞了驻藏大臣和西藏军民，在其后的

30多年，驻藏大臣根据皇帝的旨谕认真备战，对有损清朝主权的事严加防范。但在这段时间里，内地先后爆发了太平天国、捻军起义，清王朝每况愈下，并连续遭到英、德、俄帝国主义的入侵，对于西藏更无力顾及。1876年，英国人以马嘉理案为借口逼迫清朝签订了《烟台条约》，其中允许英国派员从北京出发经甘肃、青海或经四川前往西藏，转赴印度，也可派员由印度进入西藏。这样，英国人取得了由内地到西藏的权力。这个条约一生效，就遭到了广大爱国官员和西藏人民的反对。四川总督丁宝桢对于英人自由进藏持反对态度，命令四川官员防止英人从川进藏，西藏地方政府也拒绝英人进藏。英国人从四川或青海进藏的企图不能得逞，便加快修筑从印度至大吉岭的窄轨铁路，并以锡金为基地，加紧侵藏准备。同时派出以马科蕾为首的"通商使团"，率3000人的队伍企图从锡金进入西藏。消息传到拉萨，驻藏大臣和噶厦官员群情激奋，坚决反对其进藏，决定征调兵员，加紧备战。为防不测，噶厦决定派出藏军在隆吐山设卡防守。对于藏内广大官员和人民群众的爱国热情，朝廷中的一些官员不仅不予支持，反而逼迫西藏军队撤卡，以便马科蕾顺利进入西藏。驻藏大臣文硕坚决支持西藏军民反对马科蕾进藏的正义要求，连连上奏朝廷，请求清廷派川督丁宝桢来藏谋划边防，防止英人入侵，并请朝廷通过英国大使暂缓马科蕾进藏，否则就会发生战争。后来，清廷总理衙门在承认英国吞并缅甸的情况下，不得不通知英国人，请马科蕾使团"永不进藏"。由于西藏上层和群众毫不妥协的斗争、驻藏大臣和四川人民的反对，所谓马科蕾"使团"进藏的企图也未得逞。

1888年3月，英国人终于撕下了伪善的面孔，亲自派大军向隆吐山设卡地区进攻。3月20日，英军1300多人分两个纵队向隆吐山发起进攻。守卫隆吐山的藏军和少数驻藏清军不畏强暴，以落后的土枪、大刀和长矛奋勇杀敌，给敌人以重创。但英军凭借洋枪洋炮，摧毁了藏军的工事。守卡军队被迫转移至纳塘和亚东。这时，西藏噶厦决定从各地征兵，继续抗击英军。9月24日，英军1000多人由纳塘向西藏守军发起进攻，广大官兵不畏猛烈炮火，奋起抵抗，力不能支，转移到仁进岗。

在隆吐山之战爆发前，一些卖国官员怂恿朝廷将坚决支持西藏军民抗英的驻藏大臣文硕调离西藏，由升泰接任其职务。升泰一味执行清廷投降英国的政策，三令五申噶厦罢兵撤卡，致使西藏军民的抗英斗争遭到失败。1890年，升泰在印度加尔各答签订了丧权辱国的《中英会议藏印条约》。

后来，英国人并不满足《中英会议藏印条约》所得到的利益，从1890年至1893年，英国人不断在边界上制造摩擦。1903年12月，英国人借口边界问题向西藏发动了大规模的进攻。英军一进入西藏，就遭到西藏军民的坚决反抗，英军在曲米辛谷残酷地杀害了1000多名藏军，在打散西藏军民的节节抵抗付出了惨重代价之后，于1904年4月窜犯到江孜。江孜是拉萨的屏障，西藏地方在江孜集中了主要兵力，展开了壮烈的江孜保卫战，进攻江孜的英军被西藏军民包围了两个月，最后兵败退回春丕。

1904年6月，英国重新拼凑起侵略军，携带重炮，再次向江孜进犯。守卫在江孜的西藏地方军队和藏族人民一道重新布防，第一天在乃宁寺将侵略军击退。第二天，英军用大炮把乃宁寺的围墙轰塌，从缺口爬进寺内。寺内军民手持大刀、长矛、奋勇杀敌，但抵不住越来越多的敌人，被迫放弃乃宁寺进入江孜城内。这时，卫守在城内的军民利用有利地形向英军发起反击，侵略军用大炮、机枪射击，城内军民付出了很大牺牲，在敌人的炮火轰击下，城内火药库不幸爆炸，守军被迫退出江孜。

江孜失守后，英军于7月14日开始进攻拉萨，这时，十三世达赖已经出走，驻藏大臣有泰懦弱无能，不仅不积极抗击英军，反而消极对待西藏军民抗战，致使侵略军于8月3日攻入了拉萨城。

英军进入拉萨城后到处杀人放火、奸淫抢掠、破坏寺庙、无恶不作，人民群众恨透了他们，拉萨城虽然被占，广大人民仍然采取各种办法继续坚持斗争，各寺庙组织僧兵不时出没于拉萨城内和郊区，不断给敌人意想不到的打击。侵略者饱尝了拉萨民众不断的袭击，加上供应困厄，知道不可能长期占领西藏，便急匆匆逼迫尚留在城内的地方官签订了所谓《拉萨条约》，狼狈退出拉萨。

《拉萨条约》规定给予英国以极其广泛的经济、政治特权，严重地损害了清王朝的主权。消息传到北京，朝廷一片哗然，由于驻藏大臣有泰未敢在这个条约上签字，清政府不予承认《拉萨条约》。在西藏地区，《拉萨条约》遭到了西藏人民的坚决反对，噶厦在人民群众的压力下，也未执行这个条约。有鉴于此，英国不得不再次通过总理衙门要求清政府重新签订条约。在重新签订的条约中，英国人虽然取得了一些利益，但企图分割中国西藏地区的阴谋遭到了失败。

2. 清末朝廷查办藏事、推行新政的一系列措施

英国人对西藏地区的两次入侵，极大地损害了清王朝西南边疆的安

全，引发了一系列重大事件，先是达赖出走至库伦，欲有引俄拒英之意，继而是非法的《拉萨条约》签订。拉萨的城下之盟，使清朝这座高原边城遭受巨大耻辱。在这种情况下，西藏地方势力也日益离心离德，对此，朝中有识之士忧心忡忡，对藏内局势更加关心。在内外压力下，朝廷决定派张荫棠进藏查办藏事，并相机在西藏地区推行新政，以挽救日趋恶化的藏内局势。

1905年，张荫棠根据藏内形势，提出了整顿藏政的建议，决定趁全国推行新政之时，整顿藏政，推行改革，加强对西藏地区的主权统治。朝廷遂授张荫棠五品京堂后补，赏副都统衔，命其进藏查办藏事。

张荫棠抵藏后，经过周密调查，得出了"藏内吏治兵制腐败至极"的结论，提出了整顿藏政首先要从吏治入手，于是向朝廷连上几道奏折，参奏藏内吏治的种种弊端。张荫棠在奏折中陈述西藏地方吏治的腐败已到了无以复加的地步，驻藏大臣所属以下官员都是钻营拍马或被开复之人，他们来藏后恣意鱼肉人民，浮报银两，侵吞库款。驻藏大臣及其随员卖官鬻爵，补授噶伦、代本、宗本、甲本等军官要收一万至数百两的好处费，以下藏官也如此效仿，官场上乌烟瘴气，军无斗志，民怨沸腾。驻藏大臣有泰贪图享乐，认敌为友，对西藏人民的抗英斗争釜底抽薪，排挤主张抗英的爱国官员。据此，对有泰以下腐败官员"先行革职，归案查办，分别追瘝，以警贪黩。"[①] 清廷准其所奏，严惩了有泰以下官员20多人。朝廷雷厉风行惩办腐败官员的举措，受到了西藏人民的欢迎，震慑了藏内满、汉、藏各级官员，增加了清中央政府的威信，为推行新政开辟了道路。

张荫棠乘借查办藏事朝廷威信大振之时，不失时机地向朝廷提出了革新藏政的条款，于1907年3月颁布于藏内，这就是著名的《善后事宜二十四条》。其主要内容为：在政治方面，裁撤驻藏大臣和驻藏帮办大臣，改设行部大臣，总制全藏军政事务，达赖、班禅等藏内官员均归其节制。在军事方面，调拨北洋新军6000人驻扎西藏，由行部大臣统一指挥，三年后递次调回，但调回之前须训练好地方部队。全藏配备常备军。在经济方面大力发展农工商各业，成立农务、工商、路矿等局，具体领导经济各业。为了推行新政，张荫棠不辞劳苦，抱病站在大昭寺的石台上为各级官

---

① 《清代藏事奏牍》下，中国藏学出版社1994年版，第1344页。

员宣讲《天演论》，广泛散发通俗易懂的《训俗浅言》与《藏俗改良》。在宣讲中，他既用忠君爱国、纲常仁义教育官民，又用物竞天择、西学为用的资本主义的生存之理来开导各级官员。由于张荫棠查办腐败官员、宣传新思想的一系列行为触动了一部分封建领主和宗教上层利益，他们向朝廷密奏张荫棠"有令喇嘛还俗，改换洋装之事"，朝廷不问青红皂白，于1907年7月将张荫棠调回北京。

朝廷调走张荫棠，并未放弃在西藏推行新政的措施，一年之后，接替张荫棠任驻藏大臣的联豫遵照朝廷的旨意，仍不遗余力地推行新政，许多措施继续了张荫棠的路子，但也有许多不同之处。

联豫与张荫棠在政治体制上有两个特点，一是力主由驻藏大臣为首的驻藏官员直接管理全藏政事。他强调稳定西藏必先"清除内奸，换回主权"。① 为此，他决定将全藏政权收归驻藏大臣衙门，按各省督抚衙门章程，设立常职，分科办事。将驻藏大臣衙门的各局改科。地方官制方面撤掉粮员、改设理事官。在全藏各地区设委员，管理刑名词讼，清查赋税，筹办各业。为补西藏地方官员的不足，提高办事效率，在藏内官员不胜任之时，可从内地调一批官员赴藏任职，并优给薪水以稳定办事之心。

联豫在西藏任职三年多时间。此间大清朝风雨飘摇，大厦将倾，他在藏期间力求做些力所能及之事，如他为了发展西藏经济，提出了开垦拉萨河、雅鲁藏布江两岸的膏腴之地，并派人到四川速购秧苗，办置农具，发给百姓使用。为了发展手工业，他派出藏族子弟20人到四川学习工艺，力求返藏后开办项目。1910年初，他仿照乾隆宝藏银币，铸制宣统宝藏银元并拟定购买机器，大批制造。1910年11月，他仿效内地邮电，成功地开通了驻藏大臣衙门至西大关的30里电话，并拟定开通拉萨至成都再经北京的通讯。在他的提倡下，1911年中期在拉萨成立了邮政管理局，在昌都、江达、江孜、日喀则、亚东、帕里一带设立三等局。联豫在藏期间，还创办了包括陆军小学堂和蒙养院在内的小学堂22所，开办藏、汉文传习所和译书局，后来设立白话报馆，译成藏文在官员间散发。同时他还训练新军，开办官道等。短短的几年时间施行了许多新政。

所不幸的是自1908—1911年，川藏形势一直处于不稳状况，先是赵尔丰率川军进藏，后是钟颖所带官兵内部兵变，联豫新政在这种动荡不安

---

① 《清代藏事奏牍》下，中国藏学出版社1994年版，第1553页。

中不能不受到较大影响，全部新政措施难以彻底推行。但张荫棠和联豫在西藏短短四年的时间里，不遗余力地推行新政，使藏内一切机构和面貌都发生了不同程度的变化，从某种意义上起到了传播新知、风化边俗的作用。

（八）民国时期管理西藏的风雨艰难路

清朝末年，全国处在动荡不安之中，辛亥革命爆发，清王朝随之覆灭。但软弱的资产阶级不能承担起维护国家统一和主权之责，全国立即成了野心家、政客和各路军阀的争斗舞台。乘此之机，一些少数民族地区的分裂主义分子与外国势力相勾结，干起了分裂祖国、破坏国家统一的勾当。这一时期，外蒙古的分裂势力与沙俄势力遥相呼应，乘国家危难之时谋求分裂，最后在沙俄的支持下从中国统一历史格局中分裂出去。而西藏地区的分裂主义也不甘寂寞，他们与英、美帝国主义相勾结，倡谋独立，使民国政府治理西藏陷入步履维艰的境地。

1. 清末民初错综复杂的形势

如同全国一样，清末民初西藏地方也处在动荡不安之中。在清朝的最后几年，西藏连续发生了一系列重大事件。1905年3月，朝廷派驻西藏的帮办大臣凤全在巴塘被起事的喇嘛杀害，同年夏天，朝廷以巴塘事件为由，命四川提督马维骏和建昌道赵尔丰率官兵开赴川边藏区，将杀害凤全的巴塘土司处死，接着，赵尔丰开始了大规模的改土归流。赵尔丰在川边雷厉风行地推行改土归流，引起了英帝国主义的强烈反对，他们拉拢尚流亡于蒙古一带的十三世达赖，企图借达赖之手阻止朝廷对西藏地方行使主权。对此，朝廷采取了两个重大步骤。一是批准十三世达赖进京朝觐，二是任命赵尔丰为驻藏大臣。

1907年阴历十一月廿七日，在光绪皇帝的召谕下，十三世达赖一行由青海塔尔寺出发经五台山赴北京朝觐皇帝。1908年九月初三，达赖一行抵达北京，由理藩院官员、内务大臣、步军统领到车站迎接。在北京，十三世达赖受到了光绪皇帝和慈禧太后的接见，并封达赖为"顺诚赞化西天大善自在佛"，规定年赏白银10000两，由四川分季递解给达赖。

自准备接待十三世达赖到达赖离京，清中央政府为这次活动开支达20多万两白银，仅达赖在北京的三个多月的时间里，就直接开支达181225两，在当时清廷财政捉襟见肘的困难情况下，为达赖朝觐支付巨额款项，显然体现了朝廷希望达赖摒弃依靠外人、试图实现个人利益的意图。

在批准十三世达赖进京朝觐的同时，1908年3月，清廷委任赵尔丰为驻藏大臣并川滇边务大臣，朝廷为了支持赵尔丰，使他办事不受掣肘，特将其兄赵尔巽由东三省将军调任四川总督。对此，西藏三大寺在英帝国主义的挑拨下持反对态度。这时候，西藏地区的局势呈错综复杂的趋势，达赖在京朝觐皇帝，显然受到朝廷的隆重接待，但在事关国家主权问题上，朝廷未作丝毫让步，仍然坚持凡藏内大小事务均由驻藏大臣裁决上报朝廷的惯例。达赖见直接向皇帝奏事的要求未被批准，同时朝廷又派素以强硬著称的赵尔丰进藏，使其心怀怨愤，又不便于在京发作。当他离京之后，仍以朝廷未满足其要求为借口，在英国人的支持下密令噶厦调兵遣将，向现任驻藏大臣联豫施加压力。驻藏大臣联豫有感于形势危机，慌忙上奏朝廷，请求川军尽快开赴西藏。这时候，朝廷在西藏地方政府的压力下于1909年4月谕令赵尔丰停止向西藏进军，并免去赵尔丰驻藏大臣一职，命其在川、藏一带改土归流一年，管辖巴塘、芒康、昌都、察雅一带事务，同时指令其护送知府钟颖率川军2000人进藏。

1909年7月，钟颖率川军从成都出发，11月抵达昌都。由于噶厦在英人的唆使下派藏军在昌都的恩达一带布防，钟颖不敢贸然前进，等待赵尔丰的支援。噶厦知赵尔丰率川军为钟颖之后援，于是上禀朝廷，表示反对川军进藏，要求撤掉联豫、赵尔丰等人的职务，并声言如果朝廷不答应，将进行反叛。同时，派代本车桑坚参、硕米巴言朱、堪布降巴曲桑三人，偷运军械，在恩达一带屯兵数千人，拒阻川军进藏。清廷闻讯后，认为此种抗阻官军行为胆大妄为，"不能不示以国威，以示震慑"，于是命赵尔丰率边军三营，急速前进，护送钟颖前往拉萨。

1909年11月下旬，赵尔丰率军昼夜兼程，川军驰赴昌都，击退了恩达藏军，沿着洛扎、洛隆、硕扳多、边坝大道前进，一路克碉排险，兵锋直指江达。

1910年2月12日，川军前锋40余骑进入拉萨。十三世达赖乘夜潜逃印度，被英国人"保护"起来。2月25日，清朝下了一道诏令，对达赖逃往英人处作出处理，宣布废除其封号，并指责他"跋扈妄为，擅违朝命，虐用藏员，轻起衅端"。同年3月，赵尔丰欲乘胜率边军直入拉萨，维持拉萨秩序，但素有嫉贤妒能之称的联豫唯恐赵尔丰夺了驻藏大臣位，奏清朝廷撤退边军。赵尔丰上疏力争，他说："我国幅员辽阔，强邻环伺，自十三世达赖出走，藏内人心动摇，外国人窃视之心也复强烈，今我川军虽然入藏，但达赖已落入英人手里，英国人必然挟持达赖以图西藏。如再容忍，将成大患。为了抗击英人入侵，请将边兵所到之处，概收归边。"但这时候，清廷已是朝不保夕，对于赵尔丰抗英、拒俄、固藏安边诸论无暇顾及，加之联豫的坚决反对，赵尔丰只好率军返回四川。

赵尔丰率军回川后，拉萨形势骤变，随着四川保路风潮席卷全川，1911年9月23日，拉萨的川军发动兵变，他们抢劫驻藏大臣衙门，18万两官银被抢劫一空。1911年10月10日，辛亥革命爆发，与西藏关系密切的四川也爆发革命，赵尔丰被杀。消息传到西藏，川军亦发动兵变与四川相呼应。此时，驻藏大臣联豫后悔不该将赵尔丰排挤出走，此时无奈写信请求班禅大师予以保护。在班禅大师的周旋下，联豫跑到哲蚌寺躲避起来。后来驻拉萨的川军大乱，与三大寺喇嘛发生冲突，钟颖为避免发生大规模流血事件，处死乱军头目。1912年5月，继孙中山任中华民国大总统后的袁世凯任命钟颖为驻藏办事长官。至此清王朝的最后一任驻藏大臣联豫离开了拉萨，开始了民国政府对西藏地方治理阶段。

由于清末治藏政策的屡屡失误，加之英帝国主义挟十三世达赖喇嘛制造障碍，民国初年对西藏地方的治理面临着许多困难。有鉴于此，袁世凯上任伊始，就认识到问题的严重性，遂采取了一定的治藏措施。1912年3月23日，袁世凯以总统名义下达了《劝喻蒙藏令》，告知达赖喇嘛、班禅额尔德尼等黄教首领，现在国家政体改革，是为共和，五大民族均归平等，今后凡中央大政及各级地方事宜，可各抒己见，随时报告。5月9日，任命钟颖为西藏办事长官，行使前朝驻藏大臣之权力。这时的西藏地区，各派政治力量发生了急剧变化，由于钟颖无能力约束其部下，川军小股部队四处抢掠，被当地群众和藏军分割包围，最后弹尽粮绝。鉴于川军混乱无序、扰害百姓，不能再维护拉萨秩序，西藏地方政府决意将滞留在藏的川军遣送回内地。经川军首领与噶厦谈判，同意经由海路回到内地。

西藏地区动荡不安的政局引起了民国政府的极大关注，袁世凯指示有关人员研究西藏局势，找出解决的办法。其宗旨是用和平手段来解决问题，坚决维护中华民国政府对西藏地区的主权。6月10日，民国政府派出杨芬等人为宣慰员，前往印度大吉岭劝慰十三世达赖，邀其来京"赞助共和、商办善后"。

1912年12月16日，十三世达赖返回拉萨，民国政府指示滞留在印度的杨芬设法进藏与达赖再行联系。英国人惧怕民国中央与达赖通信联络，扣压了杨芬给达赖的电函，杨芬无奈，只好潜往噶伦堡，与曾有过交情的西藏地方官员扎西旺堆、策登联系，希望得到他们的帮助。后来，在他们的帮助下，杨芬绕过英人的监视，向达赖传送了表明中央意图的信函。但是，由于英国人的煽惑和清政府剥夺其名号，使十三世达赖思想发生了极大变化，从抗英滑向了亲英，虽然他回信要求中央政府制止川军在西藏的越轨行为，但对杨芬在藏宣慰未作答复。

鉴于阻留在印度的杨芬不能入藏宣慰，1913年1月19日和2月1日，袁世凯又连续电函达赖，提出中央和西藏地方均派代表到昌都共商有关事宜，并同意下令修复战火中毁坏的寺庙，抚恤僧俗百姓，同时停止向西藏进兵。2月18日，达赖在英国人的操纵下，不同意在昌都共商国家大事，坚持在英国人治下的大吉岭与中央代表见面，并提出了附加条件，如：西藏永远不设行省；不在藏内驻扎官兵；从前所确定的俸禄要加倍给予；西藏财力不足时，由中央供给；对于现任职的僧俗官员，当给予丰厚的待遇。民国政府对噶厦的附加条件研究后，于4月25日电告达赖，其俸银等一切照旧支付，赏赐三大寺各1000两饷银，地方政府其他开支按宣统年间的标准付给。

1913年4月，民国政府决定在京召开国会议员大会，4月10日，国会公布了《西藏第一届国会代表选举法》，选举法共四条：第一条，西藏第一届参众两院议员的选举，在地方政府所在地选举；第二条，以蒙藏事务局监督选举；第三条，选举细则由监督部门制订；第四条，本办法自公布之日起施行①。根据选举法，前后藏共产生了40名参众两院议员和候补议员。在开会期间，全体藏族议员拜谒了袁世凯，表示西藏是中华民国的领土，任何人均不能倚恃外国势力将其分裂出去。

民国政府为了在国体更替期间稳定西藏局势，在派出抚慰官员、增加联系的同时，对西藏的两大活佛系统均给予加封。1912年10月28日，经袁世凯批准，民国政府下达了"恢复达赖喇嘛封号令"。命令说："现在共和成立，五族一家，前达赖喇嘛诚心内向，从前误解自应捐释，应即封为诚顺赞化西天大善自在佛，以其维护黄教，赞翊民国，同求太平。"民国政府一面将命令电告噶厦，一面委派蒙藏事务局佥事马吉符为册封

---

① 《东方杂志》第九卷第11号。

使，取道印度进藏举行册封典礼。中央政府为了摆正达赖与班禅两大活佛系统的关系，在册封达赖的同时，也给予班禅以同等礼遇。1913年4月，民国政府国务院秘书厅奉袁世凯之命，加封班禅以"致忠阐化名号，以彰民国优待忠勋，尊崇黄教之气"。① 对此班禅十分感激，特派员致呈袁世凯，称"蒙大总统加封致忠阐化名号，在扎什伦布寺内，恭设香炉，敬叩祗领跪谢"。② 但此时的西藏局势极为复杂，钟颖被遣送回内地后，一时间藏内尚没有民国政府委派的办事长官。为了保持中央政府管理西藏政策的连续性，1913年4月2日，袁世凯任命对藏事有丰富经验的陆兴祺为护理驻藏办事长官，同年6月，又任命陈贻范为西藏宣抚使，胡汉民为副使，进藏宣慰。

自1913年起，全国也呈错综复杂之势。袁世凯窃夺了辛亥革命的胜利果实后，即着手巩固自己篡夺的地位，他谋划"善后大借款"，暗杀民主领袖宋教仁，镇压二次革命，至1914年1月，他下令解散国会，宣布废除《临时约法》，企图复辟帝制。他的倒行逆施，遭到了举国一致的讨伐。1916年6月，这个窃国大盗在全国人民的讨伐中死去。

1917年，接替袁世凯为总统的黎元洪被北洋军阀冯国璋、段祺瑞借"张勋复辟"事件挤走，后来，冯、段之间为了扩充势力，抢占地盘、互相厮杀，中央政府被各省军阀交替把持，整个中国处在互不统属、军阀大混战之中。工于心计、对西藏地区早就怀有野心的英帝国主义看到此时有机可乘，更加紧了谋夺西藏的活动。

1913年，英国人看到民国政府为稳定西藏地区形势而积极奔走于西藏爱国人士之间，他们担心十三世达赖由此而转向中央，便利用袁世凯善后大借款不敢得罪英人的心理。设置了召开"西姆拉会议"的圈套。此会议于1913年10月13日召开，名曰调解民国政府与西藏地方的关系。会议开始后。英国人便策划起西藏独立的活动，他们先炮制内、外藏计划，后来干脆鼓动被英人培植起来的藏独分子大搞西藏独立活动。

1914年3月24日，英国人与藏独分子夏扎在私下达成秘密交易，英国人许诺帮助西藏从中国独立出去，藏独分子为答谢主子的"厚恩"，就将中国西藏地区的领土划出9万平方公里送给英国人做报酬。这就是臭名

---

① 《民国政府国务院秘书厅致蒙藏事务局公函》，1913年4月11日。
② 《班禅为加封谢大总统呈》，二史馆档案。

昭著的"麦克马洪线"。他们的私下交易不仅背离中央政府，而且还欺骗了噶厦中的爱国官员和全体西藏人民。英国人因惧怕民国政府代表的反对，于4月24日与藏独分子悄悄地在条约上签了字，然后再通知民国政府代表签字。民国政府得到消息后，拒绝签字，并声明凡英国与西藏地方所签订的条约或文件，国民政府概不承认。

"西姆拉会议"失败后，英人仍不甘心，继续粗暴干涉中国内政，他们利用川、藏两地方军之间的矛盾，煽风点火、推波助澜，把大批军火卖给西藏地方武装，挑起川藏两地的武装冲突，使川藏武装冲突持续了三年之久。这时候英国人再次玩弄所谓内、外藏计划，并假惺惺地充当调停人。对于这种干涉中国内政的勾当，北洋军阀政府不敢得罪，竟然同意英国人台克满至昌都调停。1919年5月，震惊中外的"五四"爱国运动爆发，"外争国权，内惩国贼"的愤怒呼声覆盖全国，惯于卖国的北洋军阀内的逆臣贼子，不敢再唯洋人之命是从，在1919年8月26日召开的国务会议上，不敢同意英人的内外藏计划，并通电全国，揭露了自"西姆拉会议"以来英国人谋夺西藏的阴谋。

西藏问题曝光后，全国上下为之哗然。全国各阶层纷纷起来反对帝国主义谋夺西藏、干涉中国内政的劣行，同时强烈抨击政府的软弱无能和妥协立场。川、滇、黔、陕、甘、青等省的民众和留日学生态度更为强烈，他们提醒全国人民密切注视中央政府在维护对藏主权上的态度，切勿断送祖国大好河山。此时的全国出现了一个关心西藏命运的"西藏热"。全国人民的爱国行动传到藏内，西藏地方的爱国官员和民众对藏独分子出卖国家领土的行为深恶痛绝，十三世达赖也有所醒悟。至此，藏内形势开始朝着有利于中央政府管理的方面转变。

2. 中华民国对西藏地区的管理

全国人民的爱国热情和对西藏的关注，促使民国政府寻求一条有效管理西藏的路子，以维护国家对西藏地方的主权。1919年8月，国务院电令甘肃督军张广建，请他速选派有影响的人员进藏会晤达赖和班禅两位大师。张广建遂派出李仲莲、朱绣和红教喇嘛古朗仓、拉卜坚贡仓等人进藏执行公务。11月24日，李仲莲一行抵达拉萨，受到拉萨僧俗人士热烈欢迎。他们在拉萨期间，受到了十三世达赖喇嘛的格外优待，并安排他们同西藏政教上层人士广泛接触。李仲莲等人遵照张广建所嘱，向西藏政教上层解释了中央和西藏地方的前一段的种种误解，讲解中央对西藏地方的政策，同时揭露了英人欲图西藏，必先分裂西藏的阴谋。李仲莲一行在拉萨近半年时间，会晤十三世达赖，联络了大批爱国官员，使西藏地方的僧俗大众得以了解到中央对西藏的方针、政策。当李仲莲一行将离拉萨时，达赖为之设宴饯行。席间，达赖喇嘛声言："余亲英非出本心，因钦差逼迫过甚，不得已而为之。此次贵代表等来藏，余甚感激，惟望大总统从速派全权代表，解决悬案。余誓倾心内向，同谋五族幸福。"①

当西藏地方与中央的关系趋于密切时，英国殖民主义者迅速作出了反应。英国政府一面向民国政府施加压力，一面派图谋西藏的老干将贝尔进藏，阻止西藏的内和。1920年11月17日，贝尔到达拉萨，利用昔日在政教上层中的联系，鼓动一些上层人士与北京决裂，同时许诺帮助西藏训练军队，备办军需等。由于三大寺僧众和上层爱国人士吃够了英人骗谋西藏地区土地9万多平方公里的苦头，对贝尔此次来拉萨非常气愤。贝尔在拉萨的日子越来越不好过。"其寓所门外常发现速行离藏、免伤性命字条。"达赖喇嘛也告诫其他藏人对尔"仇视已深，若不速行，不能受任何保护之责"。② 至此，英国人骗谋西藏的企图遭到了西藏人民的唾弃。

1927年底，以蒋介石为首的大地主大资产阶级夺取了北伐革命的胜利果实，在南京组建了国民政府。1928年7月，国民政府组建了管理蒙藏地区的蒙藏事务委员会，12月，任命阎锡山为蒙藏委员会第一任委员长。此时，西藏地区对中央政权的更替十分关注。1928年底，十三世达赖指示居留于五台山的堪布罗桑到南京谒见蒋介石。1929年8月，西藏地方政府又派出了雍和宫堪布贡觉仲尼、驻京办事处楚臣丹增等人前往太原面见阎锡山，递交了十三世达赖的信函。信中称，达赖并无联英抗拒中央之事，与英国发生关系，不过是英印毗连，不能不与之敷衍。9月，贡觉仲尼一行又转道南京，向蒋介石重申了达赖"不亲英人，不背中央"的态度。蒙藏委员会根据蒋介石有关指示，提出了解决西藏问题的若干意见。（1）西藏与中央之关系恢复如前；（2）达赖喇嘛和班禅应加入国民党，并负责筹划西藏党务之进行，此后二人得为政府委员；（3）西藏的外交、军事、政治均归中央办理，中央予西藏以充分自治权。对于蒙藏委

---

① 《张广建致北洋政府电》，1920年7月。
② 陆兴祺：《西藏交涉纪要》，西藏藏文古籍出版社2010年10月版，第133—134页。

员会的若干意见，贡觉仲尼表示将转达给西藏地方政府。

1930年2月16日，贡觉仲尼一行到达拉萨，十三世达赖命令噶厦以欢迎中央大员的规格，率文武官员及马步军到市郊接官亭迎候。19日，贡觉仲尼面见达赖，转达了蒋介石的信件、礼物和中央处理西藏问题的意见。达赖及噶厦政府对中央意见非常重视，专门进行了一系列研究。同年5月25日，达赖在接见国民政府文官处书记员刘曼卿女士时，表明了对中央处理西藏问题的态度："吾不敢背中央，前已言之。""吾所最希求者即中国之真正和平统一。""至于西康事件，请转告政府，勿遣暴力军人重苦吾民，可派一清廉文官接收，吾随时可以撤回防军，都是中国领土，何分尔我，倘武力相持，藏军素彪悍，吾决无法制止其冲突。兄弟阋墙，甚为不值。""英国人对吾确有诱惑之念，但吾知主权不可失，性质习惯不两容，故彼来均虚于周旋，未尝与以分厘权利。中国只须内部巩固，康藏问题，不难定于樽俎。"①

1931年5月，国民政府召开会议，西藏地方派出了以贡觉仲尼、罗桑楚臣为代表的18名代表参加会议，并就西藏地方事宜在会上进行了讨论，这时候，民国中央政府对西藏地方的管理基本上形成了一整套方案。正当十三世达赖在西藏地方的管理问题上日益倾向中央的时候，不幸于1933年12月17日圆寂。十三世达赖的圆寂，在藏内引发了一场权力斗争。经过激烈斗争，倾向中央、维护中央对西藏管理的热振活佛被推举为摄政。1934年1月26日，噶厦将热振任摄政之事呈报中央，国民政府于31日予以批准。②

拉萨局势稳定之后，噶厦着手处理十三世达赖圆寂之后的一系列大事，并希望中央派大员进藏致祭十三世达赖喇嘛。1934年5月，受国民中央政府的委派，黄慕松一行进藏代表中央致祭十三世达赖。8月28日到达拉萨，噶厦按清代迎接驻藏大臣的礼仪举行了盛大的欢迎仪式，噶伦朗穷巴和彭雪亲率五品以上官员在接官亭迎候，地方军向黄慕松行军礼，军乐齐鸣，欢迎的人群"计是日拉萨不下万人之市民，均拥挤道中，窥目探视……""五品官以上僧俗文武官员，均郊迎于鸦普（鲁）

---

① 刘曼卿：《康藏轺征》（国民政府女密使赴藏纪实），民族出版社1998年5月版，第113页。

② 《元以来西藏地方与中央政府关系档案资料汇编》第六册，中国藏学出版社1994年版，第2696页。

藏布江"①。黄慕松到拉萨后，根据中央所订原则，与噶厦和热振摄政进行磋商，拜访了政教上层人士，给三大寺发放布施，宣传、解释中央对藏政策。经与噶厦商议，9月23日在布达拉宫举行了追赠、册封十三世达赖喇嘛的典礼，同时宣读了中央的追赠册封之文。10月1日，黄慕松率行辕人员前往布达拉宫进行致祭活动，宣读了祭文，在场僧众"声容哀壮、听者泪下"。②

黄慕松代表中央进藏致祭十三世达赖之后，西藏地方面临着寻找十三世达赖转世灵童的大事，摄政热振一面派人寻访、一面通过中央在拉萨的工作人员报告中央。1935年10月，黄慕松代表中央致函热振，指出这次寻访应遵守乾隆五十七年以来所形成的金瓶掣签制度，慎重寻访转世灵童。为了不使寻访工作走入歧途，1936年，民国政府开始制定新的《喇嘛转世办法》，办法规定，达赖、班禅等大活佛圆寂后，应报中央最高行政机关和蒙藏委员会备案，由其高级徒众寻找具有灵异之同年龄幼童2人……分别掣签。凡参加掣签的呼毕勒罕的候补人，其在西藏境内者，由蒙藏委员会咨行驻藏办事长官，会同达赖喇嘛缮写名签，入于拉萨大昭寺供奉之金奔巴瓶内，共同掣签。1938年9月23日，噶厦将寻访到的灵童电告蒙藏委员会，同年12月24日，行政院决定特派蒙藏委员会委员长吴忠信会同热振主持第十三世达赖的转世事宜。1940年1月15日，吴忠信一行抵拉萨，受到了地方政府和僧侣群众的热烈欢迎，经过三个多月的紧张活动，吴忠信会同热振摄政完成了十三世达赖转世的认定和十四世达赖的坐床典礼，并受中央之命，向热振颁赠了"辅国普化禅师"的名号，同时，在拉萨设立了蒙藏委员会办事机构。至此，民国政府对西藏地区的管理走上了正常化。

在民国中央政府与噶厦及十三世达赖屡次磋商解决西藏问题的20多年里，九世班禅大师始终不渝地拥护中央、反对分裂中国领土西藏。1923年冬天，班禅系统和达赖系统围绕藏内事务的管理问题发生了激烈的矛盾，九世班禅由于不堪忍受达赖系统的排挤，同时也看不惯一些噶厦官员与英国人勾勾搭搭的行为，愤然离开驻锡地扎什伦布寺，踏上了奔赴祖国

---

① 《黄慕松奉使办理藏事报告书》，中国藏学出版社1993年4月版，色新·洛桑顿珠：《西藏文史资料选辑》第2辑，西藏自治区政协文史资料研究委员会1984年2月编印，第37页。

② 《西藏地方与中央政府关系史》，西藏人民出版社1995年8月版，第246页。

内地的征程。当时任大总统的曹锟,决定以隆重的礼节迎请九世班禅。1925年2月,九世班禅经过长途跋涉到达北京,受到了北京各界数万市民的欢迎。8月11日,段祺瑞执政授予九世班禅"宣诚济世"封号,并颁给金印、金册。此后,九世班禅在塔尔寺设立行辕,较长时间地居住下来。

蒋介石的国民政府建立后,九世班禅主动与南京联系,并于1929年在南京设立了办事处。1931年,九世班禅应邀参加了国民会议,向会议提交了《拟请政府恢复西藏行政原状案》,并进行了《希望国人认识西藏》的演讲。1932年4月,国民政府任命九世班禅为"西陲宣化使"。自1928年之后,民国中央政府就围绕九世班禅返藏问题与噶厦政府磋商,但由于英帝国主义从中挑拨,加之班禅行辕与噶厦之间互相攻讦,矛盾不断,九世班禅未能实现返藏的愿望。1937年,班禅大师因积劳成疾,经多方抢救无效,于12月1日在青海玉树圆寂。九世班禅圆寂时,留下了热爱祖国、拥护中央的遗嘱。他在遗嘱中称:"余生年所发宏愿,为拥护中央,宣扬佛法,促成五族团结,共保国运昌隆。近十五年来,遍游内地,深蒙中央优遇,得见中央确对佛教誉崇,对藏族平等,余心深慰,余念愈坚。"九世班禅圆寂后,民国中央任命考试院长戴传贤为专使,前往甘孜致祭。1940年,经吴忠信与热振会商后,4月18日,九世班禅灵榇返回扎什伦布寺,实现了九世班禅生前返藏夙愿。

九世班禅圆寂后,蒙藏委员会依照《喇嘛转世办法》,固守"中央对藏固有主权,决不放弃"的原则,向行政院呈报了班禅灵童转世办法。1942年3月26日,经行政院第555次会议决定:(1)班禅转世灵童由班禅徒属寻访。(2)班禅呼毕勒罕候选人,准由西藏宗教首领就班禅徒属所报灵童中认定三名。(3)候选灵童决定后,由西藏地方政府呈报中央派大员举行金瓶掣签。扎什伦布寺和青海班禅堪厅根据中央指示,选出最为灵异的宫保慈丹等三人,并于1943年12月29日在塔尔寺进行抽签。抽出宫保慈丹为九世班禅转世灵童。1949年4月,在国民党行将覆亡的时候,国民党代总统李宗仁签发了批准宫保慈丹为九世班禅转世灵童的命令,随后,行政院指派蒙藏委员会委员长关吉玉、青海省政府主席马步芳为正副专使,于1949年8月10日参加并主持了第十世班禅的坐床大典。自此,宫保慈丹合理合法地继承了九世班禅的法统,成为格鲁派班禅系统的继承人。

3. 民国后期藏内复杂的局势

1940年前后，正当中华民族抗战进入极其困难阶段的时候，藏内局势也变得极其复杂。英国为了达到把西藏分裂出去的目的，见国民党政府全力抗战、无暇西顾，再次鼓动藏内分裂分子搞所谓西藏独立。他们首先要做的第一件事就是把拥护中央、爱国爱教的摄政热振除掉。因为热振活佛自摄政以来，继承发展了十三世达赖晚年拥护中央、加强西藏地方与中央关系的事业，接连迎接了两位中央大员。在十三世达赖圆寂与转世一系列大事上处处维护中央权威，支持中央在藏内设办事机构，圆满地解决了康藏纠纷，增强了西藏与内地的联系，所有这些都引起了亲英分子的记恨。1940年初，亲英势力以热振活佛破戒于异性为借口，强迫热振辞去摄政一职，热振为了藏内局势的稳定，于1941年1月宣布暂辞摄政一职，由经师达扎代理，然而达扎属于亲英分子中的核心人物，上台伊始就清洗广大爱国官员，封锁通往民国中央的消息。1942年7月，他们竟然宣布成立"外交局"，并通知中央办事长官孔庆宗凡今后一切事务均与"外交局"接洽。这种明目张胆地脱离中央的行为引起国民中央政府的严重关注。为此，行政院召开了专门会议，并通过会议下达了训令，指示噶厦政府凡关系有关国家利益问题，必须秉承中央意见办理，中央与藏内的往还接洽，仍应照旧。蒋介石出于西藏战略地位的考虑，不容忍西藏地方不合作的态度，于1943年5月12日接见了西藏驻京办事处负责人阿旺坚赞，提出要西藏遵办五件事：（1）协助修筑中印公路；（2）协助办理驿运；（3）驻藏办事处机构与西藏地方接洽事宜不经"外交局"；（4）中央人员入藏凡持蒙藏委员会证件者，照例支应乌拉；（5）在印华侨必要时须经西藏转赴内地。蒋介石强调，以上五条噶厦如不执行，中央当派军队完成。重申如发现西藏有勾结日本情事，当视同日本，立派飞机轰炸。蒋介石的强硬态度，震慑了藏内分裂势力，噶厦不得不收回原来的意图。这样，分裂分子以设置"外交局"企图走出"独立"第一步的阴谋在中央的干预下破产。

鉴于藏内分裂分子日益得势，蒋介石遂派出侍从室主任沈宗濂进藏接替孔庆宗，有关西藏事情可直接向蒋介石汇报。英国人对来自蒋介石身边的沈宗濂十分重视，在沈宗濂到达拉萨不久，英国便派出古德尾随而至，挑动噶厦官员与中央离心离德。1945年8月，中国人民经过八年抗战取得胜利，国际地位日益提高，西藏政教上层人士有感于国家统一在抗战胜利后可望实现,对英国人的挑拨产生了怀疑,表示不再与英人过多往来,并同意参加国民大会。1946年4月,西藏参加国大会议的代表一行29人,在沈宗濂的陪同下从印度乘机到达南京,受到了蒙藏委员会官员的欢迎,他们在南京讨论了《中华民国宪法》,同意《宪法》中规定的西藏自治原则。

1946年,蒋介石发动了反人民的内战,1947年,战火越演越烈,住在拉萨的英国人黎吉生见国民党忙于打内战,顾不到西藏地区,便又鼓动噶厦中的分裂分子阴谋独立。他们先将爱国、爱教的热振活佛迫害致死,继而又在"泛亚洲会议"上大作手脚,这些都受到国民中央政府的干预。1948年,人民解放战争进入第三个年头,国民党统治已被人民解放战争所动摇,此时,摄政达扎又在黎吉生的参谋下,派出了以夏格巴为首的"商务考察团",赴美、英等国洽谈贸易,扩大与外界的接触,必要时谋求他们的政治支持。在中央政府与美、英等国的交涉下,所有活动均没有什么有效结果。

1949年,国内政局发生了急剧变化,中国人民解放军摧枯拉朽,扫荡着国民党腐朽势力,4月,解放了南京,国民党仓皇南逃。此时,全国大部分地区已经解放,国民党能够控制的地区已十分有限,对西藏更鞭长莫及。这时候,英国谋士黎吉生跳出来,劝说噶厦趁机"独立",并要求噶厦效仿民国初年驱赶清朝驻藏大臣一样驱逐在拉萨的国民政府全体工作人员。1949年7月8日,噶厦致电蒙藏委员会并李宗仁代总统说,请求中央驻藏人员限期离藏。同一天,噶厦中的土登贡钦等三位噶伦往见民国中央驻藏负责人陈锡章,声称"西藏全体僧俗民众大会已经决议,认为凡国民党军政人员所到之处,即共产党所到之处,西藏方面现请驻藏办事处、学校、电台、医院等人员于二周内离开西藏"[①]。此时,噶厦为了封锁消息,封存了中央办事机构的电台,拆毁了发电机,并派地方军队包围了办事处。鉴于此危局,陈锡章只好按噶厦安排的日程,从7月11日开始,分三批撤离国民党政府驻藏人员。7月21日,国民政府驻印度大使馆得知陈锡章为首的驻藏人员全部被迫撤离的消息,于23日、26日、30日三次会见印度外长,严正指出国民党中央人员被迫离藏是黎吉生所为,

---

① 《行政院为西藏当局迫使中央驻藏人员撤离拉萨案致蒙藏委员会训令》,第二历史档案馆藏。

而英、印、美一些报刊则大造舆论,为噶厦驱赶国民党驻藏人员辩护。此时藏内分裂分子也狂呼乱叫,声言西藏受到共产党的威胁,呼吁美国给予西藏军事援助。

当已经南逃的国民党政府得悉拉萨发生驱赶国民党驻藏人员的消息后,对此予以公开谴责。8月8日,行政院长阎锡山电复噶厦,抨击噶厦的悖理行为,并希望准予中央在藏工作人员返藏报告任务,"以保持中央与西藏固有关系,并对在藏的内地人员特加保护"。8月9日,行政院又为噶厦驱赶在藏工作人员一事召开了第十八次会议,作出了相关的四条决定[1]。但此时国民党行将灭亡,任何决定也不能挽回国民党政府在藏内的难堪局面,更无力粉碎帝国主义分裂中国西藏地区的阴谋。这一历史任务落在了中国共产党人的肩上。

---

[1] 《行政院为西藏当局迫使中央驻藏人员撤离拉萨案致蒙藏委员会训令》,中国第二历史档案馆藏。

第二部分　明末清初的天下大势与清朝初期的藏事管理

中国各民族的历史，始终没有脱离中国各代王朝更替的大历史。西藏地方的世俗政权和各教派控制西藏的交替历史也是随着中国王朝的更替而变化的。明朝末年，政治腐败，社会黑暗，民不聊生，明王朝中枢机构已失去了调节矛盾的功能，巨大的社会冲突随之爆发。农民起义风起云涌，明王朝失去了对社会的控制。在中央王朝失控的情况下，各少数民族的政治集团赢得了不受约束的争夺统治区域的自由，这种争夺在中国的北部和西部最为激烈。清朝崛起于北部，逐渐取代明朝的统治。而清朝建立之初要面对蒙藏地区的各个割据政权。蒙藏地区大致分为漠南内蒙古、漠北外蒙古、漠西厄鲁特蒙古、卫藏地区、青海安多地区、康区等。在这一广大地区，分布着林丹汗、喀尔喀、准噶尔、和硕特、藏巴汗、却图汗、白利土司等数十个封建割据政权与部落，他们乘明末清初的王朝更替、中央政权无力西顾的机会，互相厮杀，争夺地盘、争夺教权、争夺人口的斗争此起彼伏。而西藏地区只不过是各割据政权的一部分，凭借着清朝"兴黄教以安众蒙古"的国策，格鲁派在清朝廷的支持下取得了对西藏的控制。而清朝对西藏的管理在元、明两朝的基础上也开始了新的尝试。

一　明末清初的天下大势

明朝末年的中国，社会黑暗，政治腐败，一批批奸臣贼宦祸乱朝纲，清明廉洁的官吏屡遭打击。因为财富的高度集中和社会底层人民的日益贫困，引发了日益激化的社会矛盾。而明王朝中枢机构已失去了调节矛盾的功能，解决社会矛盾的唯一选择就是爆发巨大的社会冲突。这场冲突由声势浩大的农民起义所发起，继而演变为巨大的波及各个民族、各种政治势力的大动荡、大分化。在中央王朝失控的情况下，各少数民族的政治集团展开了激烈的争夺。在激烈的争夺中，北部满族势力日益壮大，形成了可以取代明王朝的政治力量，因而一场改朝换代的角逐在中国大地上展开。在新旧王朝更替的过程中，分布于中国西部的各少数民族政治集团，尤其是青藏高原上由各教派支持的蒙藏地区的各种政治势力，也展开了争夺地方统治权的斗争。

(一) 改朝换代的政治起因

1. 政治矛盾日益突出

最早上溯于15世纪，明王朝的政治矛盾就已经积重难返。分布于王朝内部和全国的几种社会大矛盾，已把明帝国大厦拉动的摇摇欲坠。这几种大矛盾主要表现在：内阁互相倾轧，嫉贤妒能；宦官弄权，迫害忠良；皇帝带头兼并土地，侵吞国家财产；边疆安危无人过问，军屯遭到破坏；各种税目、徭役和地租逐年加重，地方官吏任意盘剥百姓，等等。这些严重的社会矛盾已引起了朝野有识之士的高度重视和严重不安，于是一批力主改革、匡正朝纲、挽救明王朝的得力大臣应运而生。

这批力主改革的大臣的集中代表人物是张居正，在他执政的年代，明帝国的大厦已经颓朽不堪重负。这位中国赫赫有名的重臣不忍心明王朝就这样垮台，于是他雷厉风行地展开了一场旨在根除社会弊端的革命。但这场革命遇到了强大的社会对手，皇族、宦官、中层既得利益者、散布于各地区的大地主及食利集团纷起而反对，尽管一些改革措施在某些地方得以实行，但并没有推广到社会各个领域，随着张居正的去世，由他倡导的社会改革很快归于失败。

张居正改革失败后，明朝的政治更加黑暗。明神宗朱翊钧长期深居宫内，不理政事，纵情声色，恣意挥霍。如诸子成婚前后，陆续下诏私取太仓银2400万两。"且诏旨采办珠宝，额二千四百万，而天下赋税之额乃止四百万"[1]，财政入不敷出。从中央到地方，各级官吏贪污腐化，许多衙门缺少主管国家大事的长官，日常行政事务无人处理。如户部：边疆各地的兵饷无人发放，各地解来的饷银无人批收。礼部：国外来的使节六七百名无人过问，并迟迟不发遣回国。刑部："狱囚积至千人，莫为问断。"

---

[1] 《明史》第五册卷240《朱国祚传》，中华书局2000年1月版，第4175页。

各衙门"职业尽弛,上下解体"①,吏治败坏到极点。

明朝后期,朝廷内外,党派林立。有以内阁辅臣沈一贯、方从哲和给事中姚宗文为首的浙党,给事中亓诗教为首的齐党,给事中官应震为首的楚党,宣城人汤宾尹为首的宣党,昆山人顾天峻为首的昆党。这些党派彼此倾轧,争权夺利,全然不顾底层百姓的死活。在当时,只有以顾宪成、高攀龙等为首的东林党,还算得上是一个要求改良社会的政治集团。

东林党是在统治集团内部激烈斗争中形成的。当时,万历皇帝宠爱郑贵妃,想立她生的儿子朱常洵做太子。许多大臣为维护传统的封建继承制,要求立长子朱常洛为太子。于是,朝廷上爆发了"争国本"的斗争。在这场斗争中,吏部郎中顾宪成因力争"无嫡立长",触犯了万历皇帝,接着又在"京察"和"廷推"②中得罪了首辅王锡爵,因而罢官回故乡无锡。1604年,他与好友高攀龙等在无锡东林书院聚会讲学,"往往讽议朝政裁量人物"③。许多怀才不遇的在野的社会精英纷纷响应,一部分在朝官员也"遥相应和"④。当时人们称之为东林党。东林党人看到了"民不聊生,大乱将作"的现实,为了挽救明王朝的危机,缓和阶级矛盾,要求改革朝政,主张皇帝应"无所不统",加强中央集权,希望通过"京察""行取"⑤等,为被昏官冷落的社会精英争取参政的机会。东林党人还强烈反对矿监税吏对城镇商人和手工业者的巧取豪夺。凤阳巡抚李三才接连上疏,指责明神宗"滋志货财",遣矿监、税监四出聚敛,不使"小民享升斗之需",警告说,"一旦各地爆发冲突,普通百姓都会成为敌国","即黄金盈箱、明珠填屋,谁为守之⑥。"东林党人称赞他廉直,要推荐他入阁,后因反对派阻挠,没有实现。

万历皇帝死后,太子朱常洛继位,是为明光宗。几天后,明光宗患痢疾。郑贵妃指使太监进泻药,鸿胪寺丞李可灼又进"红丸"。光宗服后一命呜呼,廷臣大哗,史称"红丸案"。光宗死后,郑贵妃的同伙李选侍挟

---

① 《明史》第五册卷218《方从哲传》。中华书局2000年1月版,第3840页。
② 明朝京官六年一考核,不称职者或降或罢,称"京察"。明朝内阁大学士、吏部尚书等高级官吏,有时由大臣公推,称"廷推"。
③ 《明史》第五册231卷《顾宪成传》,中华书局2000年1月版,第4027页。
④ 同上。
⑤ 地方的推官和知县任满考选入京任御史、给事中者,称"行取"。
⑥ 《明史》第五册卷232《李三才传》,中华书局2000年1月版,第4048页。

持太子朱由校居住到乾清宫，其意图在擅权。东林党人杨涟、左光斗等大臣上疏请李选侍移宫，离开太子，史称"移宫案"。

朱由校继位后，改元天启，东林党人大受重用，分据首辅和吏、兵、礼、都察院等部院长官，势盛一时。正当东林党人踌躇满志的时候，宦官魏忠贤，内结朱由校的乳母客氏，外收东林党的反对派作羽翼，逐步形成了阉党，袭击东林党人，逼使高攀龙等人罢官。

1624年，东林党人杨涟上疏参奏魏忠贤24条罪状。群僚响应，一时间弹劾魏忠贤的奏章不下百余。阉党对此恨之入骨，策划反扑。1625年，他们借辽东经略熊廷弼和巡抚王化贞在广宁与清兵作战失败事件，诬陷熊廷弼曾贿赂杨涟、左光斗等人祈求减罪，大兴冤狱，不仅诱使皇帝下诏处决了熊廷弼，还将杨、左等人用廷杖打死在狱中。朱由检继位后，改元崇祯。崇祯皇帝励精图治，试图挽救危局，他先剪除魏忠贤周围的势力，尔后除掉了以魏忠贤为首的一群阉党，但斗争并未结束，时间不久，宦官势力又卷土重来，朝廷复陷入宫廷斗争中，直到明王朝灭亡，这种斗争一直没有停息。

2. 边患日益严重

朝廷派别之间的斗争，严重地削弱了对边务的管理。以至于土王悍将叛乱于边地，封疆大吏掣肘于党争；层层官吏竞相趋炎附势，边疆事务倍受冷落。朝廷已无法应付来自于周边特别是崛起于东北的满洲人的冲击。

万历末年，青海部落火落赤、河套部落庄颡赖内犯洮州，抢掠百日而不止；宁夏游击将军哮拜乘机叛乱，朝廷大员蒙难；西南播州杨应龙也乘朝廷援朝抗倭之机，举起对抗朝廷的旗帜，祸乱于云、贵、川一带。这些叛乱虽经朝廷派大军围剿予以平息，但已暴露出明末边事废弛的迹象。因此，随之而来的是频繁的乱事。天启年间，爆发了大规模的土王叛乱，先是居住在云南北部和四川南部的彝族首领奢崇明发动的叛乱，这一叛乱曾殃及云贵川三省，成都险些陷落，使明王朝西南边疆一度糜烂不堪。奢崇明叛乱刚刚平息，接着就是贵州水西土王同知安邦彦叛乱。这一系列叛乱经查实，多因朝廷派出的边疆大吏与朝廷党派之争相互呼应，对官吏任免和土王贤愚善恶失察或因接受贿赂纵容所致。自天启朝后期开始，朝廷对西藏和蒙古四部已处于失控状态，听任各部落互相攻杀，各自抢占地盘，掳掠人口。虽然朝廷对西部地区仍采用多封众建、尚用僧徒之政策，并继续封授三世、四世达赖喇嘛，但西藏有实力的宗教集团特别是格鲁派已经看出明中央王朝不足倚恃，转而向新崛起的清朝寻求支持。

明朝末年最大的失策之处就是重用宦官，干涉边防军务，使在外征战的军饷不能如数实发，边将不能调兵御敌。如天启年间魏忠贤干涉辽东防御，诬杀辽东经略熊廷弼；崇祯年间的太监张彝宪，故意扣发边镇士兵的军饷，太监王坤干涉军务，使边将不能依敌情变化而调整战术，抗辽屡屡失败，以至于崇祯听信宦官谗言，误杀戍边大将袁崇焕。因此，崇祯年间的给事中魏呈润针对太监监军一事气愤地说："我国家设立御史巡九边，秩卑而任巨。良机①在先朝以纠逆削籍，今果有罪，则有回道考核之法在，而乃以付（王）坤，且边事日坏，病在十羊九牧。既有将帅，又有监司，既有督抚、有巡抚，又有监视。一宦出，增一官扰。中贵之威，又复十倍。御史偶获戾，且莫自必其命，谁复以国事抗者。异日九边声息，监视善恶，奚从而闻之？"②

宦官专权于朝内，助长了边将与内廷勾结之风，这种坏风气波及边务糜烂，导致两种结果，一是不顾国家之安危任意妄为，二是为了纳贿求升迁而大肆侵吞国家调拨的边费。如万历年间贪生怕死、邀功固宠的李成梁，联络总督蹇达、巡抚赵楫，提出六堡孤悬难守，要将六堡的居民全部往内地迁徙。六堡南捍卫所，东控朝鲜，西屏辽沈，北拒蒙古，已是辽东的屹屹巨防，在六堡兴建以前，建州女真尚不时以宽甸等地为据点向边墙进犯，而六堡兴建之后，建州女真30年不敢西牧。如今要撤六堡而内徙，无异于自撤藩篱，饮鸩止渴。

李成梁放弃六堡的举措，招致了许多有识之士的反对，辽阳副总兵刘应祺就曾上疏万历皇帝，力陈利害关系，指出：六堡居民输租纳粮已入，一旦迁徙惊扰居民；边疆土地，尺寸是宝，万不可弃；努尔哈赤欲壑难填，我退一步彼进一步；弃地亏边，有损国威，也违祖制，并表示倘若努尔哈赤犯边，自己甘愿捐躯报国。沉醉于酒色财气、自得于三大征获胜的万历皇帝，此时已不把边防问题放在心上，平常的奏章他也是经常不批，如今见李成梁提出要放弃，内阁也表示支持，便也就诏令放弃。

---

① 指崇祯年间的巡抚胡良机，当时镇守河北宣化。
② 《明史》第五册卷258《魏呈润传》，中华书局2000年1月版，第4447页。

惨剧很快就发生了。万历皇帝诏令一下，李成梁立即强制六堡地区的百姓内撤。在此安居乐业的百姓们自然不愿意轻易放弃自己的家园，李成梁便让他的侄婿韩宗功率领数千军兵驱赶民众，烧毁他们的房子，损坏他们生产、生活的用具。时值严冬季节，六堡地区北风呼啸，白雪茫茫，摄氏气温已是零下几十度，室焚器毁的百姓们，扶老携幼，哭声震野，一片凄惨景象。于是，僵馁不支倒毙于途者有之，渡河冰陷而死者有之，不愿迁徙上吊自杀者有之，大部分少壮强勇之人，则纷纷逃往努尔哈赤的营地。辽东边防因此大生变数。

李成梁作出这种亲者恨、仇者快的误措后，事情还没有完结，贪婪的欲望，在朝政是非颠倒、考成法废止的气候下更加膨胀。本是弃地内徙，却还要以招徕请功，万历皇帝竟也如奏赏赐，加李成梁太子太保，升赵楫右都御史兼兵部右侍郎，其他参与者也俱得厚赏。

再如，崇祯年间的守边官吏贪污成风，据史料记载："一监司以五千金营边抚，疑其俸浅，又益二千金，卒得之，一部郎谋浙海道，议者云'须五千'，作事者靳之，仅许三千金；虽先献半，竟得一守而去。令之俸足者，得礼曹亦必二千，兵曹亦必千金。有营之铨曹，为出一缺，而大力复攫去，绝无无翼而飞者。"[①] 这些用金钱买来的官，在其行使职权过程中，不仅千方百计地将其支付的金钱捞回来，而且要成十倍、成百倍地超过原来的投资，其手段就是贪污受贿。如边塞或外地的军事官员到京师请拨军饷，按早已形成的惯例，要有30%的回扣，若请拨饷银10000两，须扣3000给经办衙门或官员，所以，当时就流传有"饷不出京"之谣。[②] 领到的不是满额军饷，而军官还要从中克扣贪污，加上虚冒，致使国家财政极其困难，又起不到拨饷强边的实效，封疆兵备随之破败。河南道御史曹遝为此上书说："从来封疆破败总一贪字误之，始而贪钱，钱多而贪官，官高而贪功，功冒而贪生，爱钱怕死相因而至囊有救命之金，无舍生之事。"此言深中时弊。

明王朝政治的腐败已殃及对边疆的治理，重压激变事件和各封王的野心与明末农民大起义汇合形成一股强大的冲击力，为清朝取代明朝提供了有利的机遇。

[①] （明）李清：《三垣笔记》附识上，中华书局1982年版。
[②] （明）谈迁：《国榷》卷99，张宗祥点校，中华书局1958年版，第5981页。

3. 社会矛盾日益加剧

明代后期，地主阶级兼并土地更加疯狂，特别是皇亲国戚的兼并手段更加凶狠。嘉靖后期，皇庄名革实存。万历时，神宗朱翊钧的皇庄占地214万亩。宗藩外戚庄田也急剧增多。至明末期，秦王在西安府邸所属的庄田就达8900顷以上，另外还有山场483段，山坡竹枝5坡，竹园3处，桑园2处。① 楚王、韩王、肃王及黔宁王等四王府在陕西平凉府邸所属的庄田也有数万顷，佃户数万人。② 有些地区土地兼并已经达到饱和状态，皇族还在拼命抢占。在土地即将被瓜分殆尽时，神宗还要在河南封藩福王朱常洵，先赐田40000顷，后改为20000顷，河南凑不足数，就以山东、湖广土地补给。③ 熹宗赐给惠、瑞、桂三王湖广、陕西庄田每人30000顷，两省地方官竭尽全力也搞不到这么多土地，熹宗竟强令摊派给四川、河南共同"协济"④。

除皇族大肆兼并土地外，其他勋戚官吏、缙绅豪民、富商大贾同样是"求田问舍而无底止"⑤。宦官头目魏忠贤兼并土地多达100万亩以上⑥。浙江奉化乡官戴澳所纳钱粮竟占全县一半⑦。号称河南"四凶"的南阳曹某、睢州褚太初、宁陵苗思顺、虞城范良彦，"田庐满地，仆从如云"，占田多者千顷，少者亦不下五七百顷。⑧ 崇祯年间杨嗣昌概括全国土地占有的情况说："近来田地有力之家，非乡绅，则富民……若夫穷民，本无立锥之地。"⑨ 可见全国绝大部分土地和财富都已集中到地主大户手中。

随着土地的高度集中，大批农民沦为佃户和奴仆。江南"有田者什

---

① （清）贾汉复、李楷：康熙《陕西通志》卷9《贡赋》。
② 据顺治朝题本田赋类第54号，中国第一历史档案馆藏。
③ （清）吴伟业：《绥寇纪略》卷8，《汴渠垫》，中华书局1985年版，第162页。
④ 参见《明熹宗实录》卷81、82，台湾中央研究院历史语言研究所1961年刊行，第3952、3955、3998页。
⑤ （明）刘同升：《限田均民议》，见《古今图书集成·食货志》卷611，中华书局1934年版，第52页。
⑥ 据《明实录》天启七年十月，台湾中央研究院历史语言研究所1961年刊行，第25页。
⑦ （明）文秉：《烈皇小识》卷7，上海书店出版社1982年版，第209页。
⑧ （明）郑廉：《豫变纪略》卷3，浙江古籍出版社1984年版，第62页。
⑨ （明）杨嗣昌：《杨文弱先生全集》卷32，《钦奉上传疏》，岳麓书社2005年版，第791页。

一，为人佃作者什九"①。福建南靖等地十分之七的土地被豪强侵占，广大农民"大都佃耕自活"②。湖北有的地主占有佃户多达千人。③ 西南真州土豪范姓数家各拥庄佃数千户④。大部分佃户自己没有土地，仅有部分生产工具。他们要把产量的五成、六成甚至八成交给地主。地租之外，还要受许多额外的勒索。如承租土地时要交"批礼银"和"批赁""批佃""移耕""写礼"等钱；逢年过节要献"冬牲""豆棵""年肉"等物；地主下乡收租要供给酒饭，交租时要挑粮上门。大斗收租，小斗出粜，更是地主惯用的盘剥手段。

明代后期，农民受封建政府的赋役压榨越来越重。从1618年起，明政府借口向辽东用兵，开始按亩加派"辽饷"。经前后三次增额，至1620年，每亩加派银增至九厘，一年得银520万两，相当于全国总赋额的三分之一以上。1621—1627年又有关税、盐课的加派及杂项的增收，三项共加额银239万余两。地主用各种办法把这些赋税转嫁给普通农民，出现了虽耕种千万亩田地、却什么也得不到，家中空无一物、海内有各种差税催逼的现象。农民为缴纳赋税，要卖屋、卖田、卖牛，甚至典妻鬻子，弄得家破人亡⑤。

1641年，崇祯皇帝在一道诏书中承认："或官吏行酷，暗害民生"，"或绅衿土豪，骄暴侵霸；或藩王宗室，暴虐恣睢；或勋戚及内外官，肆行扰害"，⑥ 尽管他掩盖了自己的罪恶，但还是透露出明末贵族勋戚、官吏缙绅无不残民以逞的真实情况。河南曹、褚、苗、范"四凶"横行州府，杀人视为儿戏，"夺人田宅，掠人妇女，不可胜数"。文献记载说：明末时期的豪族大户，其家人和奴仆依仗主子的势力，横行霸道，无法无天，使百姓不得安宁⑦。

----

① （明）顾炎武著，黄汝成集释：《日知录集释》卷10，《黄松二府田赋之重》，上海古籍出版社2006年版，第606页。

② （明）顾炎武：《天下郡国利病书》卷94，《福建》四，上海古籍出版社2012年版，第3120页。

③ （明）王禹声：《郢事纪略》，见《震泽先生别集》，中华书局2014年版。

④ （明）钟添：《（嘉靖）思南府志》卷7，《拾遗志》，上海古籍书店1962年，第68页。

⑤ （明）张萱：《西园闻见录》，北京哈佛燕京学社排印本，1940年。

⑥ （明）谈迁：《国榷》卷97，中华书局1958年版，第5888页。

⑦ 孙毓修：《消夏闲记摘抄》卷上，《明季缙绅田园之盛》，北京商务印书馆1924年版，第11页。

残酷的经济榨取和野蛮的统治压迫，造成明末农村十室九空，社会生产力受到严重破坏，对边疆少数民族地区也失去了控制，因而不可避免地出现了内地有农民起义，边疆有少数民族地方政权割据的混乱局面。

（二）清兴明亡之际的天下势态

明清两个封建王朝更替的过程，经过了百年动荡的岁月，在将近一个世纪的激荡中，显然经历了一次大的民族融合的阵痛。生产力较为落后的满族入主中原，打破了民族结构与分布，其间先后经历了王朝的孕育与诞生，农民大起义的冲击，最后由于明朝覆灭形成的互不统属的封建政权。然而这些政权在清兵入关之后的半个世纪内纷纷被清兵扫荡殆尽，最终统归于清朝中央政府。

1. 清王朝孕育而生

清王朝是中国历史上由明朝境内的少数民族女真各部的后裔——满族建立的封建中央政权，其政权的社会基础和主要支柱是生活在中国境内的汉族及各少数民族，而清朝的建立过程也是由少数民族向中原文明逐步演化的过程，是中国各民族逐步融合的必然结果。

早在14世纪后期，明朝继承了元朝对中国东北地区的统治，设置了辽东都指挥使司，招抚长期生活在东北各地的女真族各部落。15世纪初，明朝在建州女真居住的地区设建州卫，任命部族首领阿哈出为长官，并置建州左卫，任猛哥帖木儿为指挥使。明前期，建州女真几经迁徙，到正统年间定居于辽宁新宾县境内。

1409年，明政府为加强对东北的统治，在黑龙江口附近特林地方建立奴儿干都指挥使司，下属184个卫、20个所。至万历年间，增加到384卫、24所。其管辖范围，包括西起鄂嫩河，东至库页岛，北抵外兴安岭，南濒日本海的广大地区。如囊哈尔卫设在库页岛北部，兀的河卫设在乌第河。卫所官吏有汉族人、满族人，也有其他少数民族的人，由明政府授予印信。他们要服从调遣，戍守边疆，并按时缴纳贡赋。奴儿干都司的驻军，有时多达3000人，少时也不下500人，戍期规定二年，明政府还不时派员巡视。

1409—1432年，太监亦失哈曾以钦差大臣身份，十次巡视奴儿干地区。他还在奴儿干都司治所特林修建一座永宁寺，先后设立了《敕修永宁寺记》碑和《重建永宁寺记》碑。这两块碑文记述了奴儿干都司创建的经过和钦差亦失哈、都指挥康旺等人对奴儿干"宣谕镇抚"的简要过程，这充分说明奴儿干都司是明朝的地方政权。明政府还从辽东都司到奴儿干都司设置了几十个驿站，以传达政令，又在吉林设造船厂，制造"巨舡"以运载士兵、军粮，从而改善了奴儿干地区与内地的水陆交通联系。

16世纪末，居住在奴儿干都指挥司内的女真各部逐渐形成了几个强大的集团。建州女真有号称"建州五部"的苏克苏护河、浑河、栋鄂、哲陈、完颜诸部和号称"长白山三部"的鸭绿江、讷殷、朱舍里部。海西女真有号称"扈伦四部"韵哈达、叶赫、乌拉和辉发部。野人女真有窝集、瓦尔喀和虎尔哈等东海诸部。"群雄蜂起，称王号，争为雄长，各主其地，互相攻战，甚者兄弟自残，强凌弱，众暴寡，争夺无已时。"①这种互相混战的局面，给女真人民带来了痛苦，他们希望有一个统一的安定的社会。这一历史使命由满族的努尔哈赤完成了。

努尔哈赤是明初建州左卫指挥使、女真酋长猛哥帖木儿的后裔，姓爱新觉罗氏。据说他从小喜欢阅读《三国演义》和《水浒传》，成年后常到抚顺跑生意，经常接触汉人，受汉族文化影响很深。1583年，明辽东总兵李成梁在苏克苏护河部尼堪外兰的导引下，出兵攻破阿台章京的古埒寨，擒杀了努尔哈赤的祖父。于是，努尔哈赤以祖父遗甲十三副起兵讨尼堪外兰。这是他统一女真各部的开始。1586年，他擒杀尼堪外兰。接着，又先后打败建州五部和长白山三部。至1593年统一了建州女真。由于努尔哈赤"忠于大明"和"保塞有功"，明政府先后封他为指挥使、都督佥事和龙虎将军。1619年努尔哈赤又统一海西女真，同时，他还先后兼并了东海女真窝集、瓦尔喀、虎尔哈等部的许多部落，征服了散居在乌苏里江和松花江下游、混同江两岸包括赫哲、费雅喀等族在内的使犬部，攻取了外兴安岭以南、乌第河和亨滚河流域包括鄂温克、鄂伦春等族在内的使鹿部，为全东北的统一打下了基础。

1616年，努尔哈赤于现在的辽宁省新宾县永陵即位称汗，国号大金，建元天命，建立起一个奴隶主阶级的政权，史称后金。

努尔哈赤在建立后金政权和统一女真各部之后，势力强盛。奴隶主的扩张野心也随之增大。为了向内地掠夺和扩张势力，他将进攻矛头指向明中央政权。1618年，努尔哈赤宣称与明廷有"七大恨"，起兵攻占抚顺等

---

① 参见《满洲实录》卷1，中华书局1985年版，第25页。

地,掳掠人畜30万而归。明朝急派杨镐为辽东经略,在全国加派"辽饷",调各地官兵88000多人,于1619年2月分四路进攻赫图阿拉。萨尔浒一战,努尔哈赤以少胜多,击溃了明军。从此,后金步步进攻,明朝在军事上转入了战略防御。1621年,努尔哈赤陷沈阳,破辽阳,夺取辽东七十余城。为了加强对明朝的攻势和对新占领区的统治,努尔哈赤将后金都城迁到辽阳。1625年,又迁都沈阳,改称盛京。

1626年正月,努尔哈赤率兵围攻山海关外重镇宁远,受到明参将袁崇焕的顽强抵抗,努尔哈赤被炮火击伤,退回沈阳。同年八月,努尔哈赤在沈阳病逝。

努尔哈赤死后,他的儿子皇太极继位,年号天聪。1629年,他避开袁崇焕把守的宁远,以蒙古军为向导,从喜峰口越长城,直逼北京城下,蓟辽总督袁崇焕从山海关回兵驰援,败后金军于北京广渠门外。这时,崇祯帝中了皇太极的反间计,误杀了袁崇焕,使明朝失去一个抗金名将。1633—1634年,皇太极攻占辽东半岛,明守将孔有德、耿仲明、尚可喜相继投降。接着,皇太极又多次挥兵入关。1636年,他命阿济格等绕过北京,直插保定以南,攻克城池12座,俘掠人畜18万。1638年,又命多尔衮穿越长城,侵扰河北、山东两省,并迅速打下济南,俘虏了明德王朱由枢,攻下城池58座,掳获人口46万。1641年,明蓟辽总督洪承畴兵败松山,被俘投降。至此,除宁远孤城外,明山海关外的要地尽失。

在此之前,皇太极在沈阳称帝,改元崇德,改国号为"大清",改族名为"满洲"。从此,清王朝在明朝原统辖的区域内勃然兴起。

2. 连绵不断的农民大起义

明朝黑暗腐败的政治以及对农民无休止的盘剥,对底层人民群众的生存构成了严重的威胁,而封建王朝内部中枢又失去了调解社会矛盾的能力,因此,以农民大起义为表现形式的社会冲突应时而至。

1627年,陕北澄县饥民在白水县人王二率领下,冲进县城,杀死知县,揭开了明末农民大起义的序幕。

明末农民大起义首先在陕北爆发,绝非偶然。这里地瘠民贫,生产力落后,加上苛捐杂税,农民无力承担沉重的盘剥,纷纷逃亡,有的去当驻守边疆的兵卒,也有的去当驿卒。当兵者,政府长期积欠兵饷;当驿卒者,所得工银不足以糊口。陕西驿传颇为频繁,公车络绎不绝,一年当中没有空闲的日子,平民疲于供应,驿卒疲于奔命。1628年,明政府议裁驿卒，把一大批破产农民的生路完全堵绝了。万历以来，陕北连年遭灾。1628年，延安府"一年无雨，草木枯焦"。百姓食尽蓬草，再剥树皮；剥光树皮，不得已吃"青草石"，结果腹胀下坠而死。有的地方甚至把人的骨头当柴烧，煮人的肉当饭吃，"于是死者枕藉，臭气熏天"。[①] 在这民不聊生的灾荒岁月，地方官吏依然催租索赋，急如星火，终于把广大饥民逼上造反的道路。

澄县一声惊雷，大起义的风云很快就遍布陕北和陕中。1628年，府谷王嘉胤聚众数千人起事，王二从澄城赶来会合，部众有五六千人。接着，安塞高迎祥，汉南王大梁，宜川王左挂、苗美等，纷纷起义。肤施人张献忠也在延安起兵，号西营八大王。起义军的主要成分是贫苦农民，也有失业的驿卒、哗变的士兵和手工业工人等。斗争的烈火迅速蔓延到甘肃、山西。

就在这农民起义的风暴中，农民领袖李自成参加了起义的队伍。他起初参加了王嘉胤起义军，后来投奔"闯王"高迎祥，号称"闯将"，自率一军。

1629年3月，明政府以杨鹤为三边总督，对农民实行剿抚兼施、以抚为主的政策。1631年，招抚失败，杨鹤下狱。明朝改任洪承畴为总督，对起义军进行血腥镇压，但同样遭到失败。1633年冬，农民军冲破明军包围，踏着坚冰越过黄河，进入河南。接着高迎祥部夺取郧阳，张献忠部获取信阳等地，回族马守应部逼临四川。

1634年，明政府越发感到农民起义的严重威胁。年末，提升洪承畴为兵部尚书，统一指挥陕西、山西、河南、四川和湖广各路官军。第二年一月，洪承畴率大批官军出陕西，赴河南，准备对起义军实行大规模的军事围剿。明王朝调集南、北兵72000余名，饷银百余万两，要洪承畴在六个月之内消灭农民军。为了迎击明军，13家七十二营农民军领导人聚会河南荥阳，商讨作战方略。

荥阳大会后，高迎祥、张献忠等一路以迅雷不及掩耳之势，连下固始、霍丘、寿州、颍州等城邑，直捣明中都凤阳，毁皇陵，焚龙兴寺，杀宦官60人，斩留守署正朱国相及官兵几千人，树起了"古元真龙皇帝"

[①] 计六奇：《明季北略》上卷5第106页，《马懋才备陈大饥疏》，中华书局1984年6月版。

旗号，引起明王朝的极度恐慌。

经过多年较量，明政府看出起义军之中"最强无过闯王"，指令官军全力围剿高迎祥部。1636年7月，陕西周至一战，高迎祥中了陕西巡抚孙传庭的埋伏，不幸被捕牺牲。李自成继续领导这支队伍，在渭南一带坚持斗争，并攻占了川北许多州县，一度逼近成都。但1638年春在梓潼中了洪承畴的伏击，伤亡惨重，队伍仅剩数千人，以后长时间转战于陕、川、鄂接境地带。

从1637年冬至1638年，除李自成梓潼失利外，其他农民军也受到一些挫折。一部分农民军领导人，如刘国能、马进忠、李万庆、罗汝才等，屈服于明朝的军事围剿，又对熊文灿招抚政策抱有幻想，相继向明王朝投降。1638年4月，张献忠也在谷城受抚于熊文灿。

3. 明王朝的灭亡

连绵不断的农民起义，严重打击了明王朝的统治，使社会危机进一步加深，阶级矛盾日益激化。随着"加派"增多和灾荒日益严重，明政府与百姓的对立更加尖锐。1639年，明政府又加派"练饷"730万两，加上以前加派的辽饷和剿饷，合称"三饷"，加派额共达1500多万两。同年，两畿、山东、山西、陕西、江西都发生饥荒，河南"人相食"尤为严重。"民不聊生，益起为盗矣"①。这种竭泽而渔的暴敛为农民起义军的再度壮大提供了社会环境。

张献忠受抚后，主抚派对他进行敲诈勒索，主剿派更是虎视眈眈，想要除掉他。在这种情况下，张献忠始终未敢解除武装，反而保持部队的独立性，"人不散队，械不去身，加紧操练，积蓄力量②"。1639年5月，经过一年休整，张献忠于谷城再度起兵，罗汝才等也在房县响应。七月，他联合罗汝才等，在房县罗猴山重创明总兵左良玉，消灭官兵万余人。

张献忠谷城再起，明朝招抚政策宣告失败。崇祯帝恼羞成怒，逮杀熊文灿，诏令杨嗣昌率师。十月，杨嗣昌到达襄阳，会师十万，并檄令河南、四川、陕西、郧阳诸抚镇将领，分兵扼守要冲，对张献忠进行围剿堵截。第二年春，明军左良玉、贺人龙、李国奇等部夹击张献忠于玛瑙山。张献忠兵败，退走陕南兴安、平利群山间。四月，左良玉蹑踪而至，连营

---

① 《明史》第五卷卷252《杨嗣昌传》，中华书局2000年1月版，第4355页。
② 白寿彝主编《中国通史》第15卷，上海人民出版社1999年3月版，第288页。

百里，将张献忠围困山中。为了摆脱困境，张献忠向山民购买米盐、草料，收集溃散，偃旗息鼓至白羊山，会合罗汝才等部，从巫山渡江，进入四川。杨嗣昌得知张献忠入蜀，檄左良玉扼守陕鄂边界，四川巡抚邵捷春专防夔门，自己带兵紧追，造成圆盘之势，企图消灭张献忠于川陕鄂交界处。张献忠在明军占优势的情况下，采取"以走致敌"的策略，避开杨嗣昌主力，快速流动，使明军疲于奔命，并寻找战机歼敌。从1640年八月至次年正月，起义军驰骋于大半个四川。他们先攻克大昌，进屯开县，打败石砫女土司秦良玉；继而北攻剑州，走巴西，在涪江击溃邵捷春所部；下绵阳，越成都，陷泸州，北渡破永州，过汉川、德阳，入巴州；又自巴州走达县，复至开县，把明军拖得团团转。

经过几个月的奔波，明军疲乏不堪，军心涣散，"诸将进止不一"①，张献忠抓住这一战机，在开县突然还击明军，杀参将刘士杰、游击郭开等，官兵死伤大半，尽失马仗军符。接着，他挥师顺江而下，以一昼夜行军300里的速度，奔袭明军事重镇襄阳。杨嗣昌赶忙回师出川，但已来不及了。二月，张献忠攻陷襄阳，杀襄阳王朱翊铭，发库银15万两赈济饥民。至此，张献忠以杰出的军事指挥才能，粉碎了明政府的军事围剿，迫使杨嗣昌畏罪自杀，把起义从低潮推向新的高潮。

1640年冬，李自成乘明军主力入川追击张献忠、河南空虚之机，率部从郧阳地区出发，经兴安、商洛，破宜阳，进入河南。李自成一进入河南，饥民从者数万。活动在河南境内的瓦罐子、一斗谷、李际遇等义军，也先后归附，声势大振。李自成起义军针对明末土地高度集中、赋役繁重、民不聊生的社会现实，明确提出了"均田免粮"的斗争口号，受到广大农民的坚决拥护。

1641年正月，李自成起义军攻破洛阳，杀福王朱常洵，发放王府及大家巨室的粮食数万石、金钱数10万赈济饥民。同年二月，李自成率军攻打开封，不克；移师过密县，陷登封。数月间，攻占了河南很多州县。崇祯帝慌忙提升陕西总督丁启睿为兵部尚书，代杨嗣昌督师；起用傅宗龙为陕西总督，调保定总督杨文岳与傅宗龙会合，又传檄总兵贺人龙、李国奇率陕西兵出潼关赴河南，合力围堵李自成。九月，各路明军计十余万入河南，妄图一举消灭李自成起义军。李自成设伏孟家庄，在新蔡重创明军

---

① 《明史》第五册卷252《杨嗣昌传》，中华书局2000年1月版，第4358页。

后，乘胜攻占项城，执杀傅宗龙，全歼所部。农历十一月，襄城一战，活捉新任陕西总督汪乔年，降敌数万，缴获战马20000余匹。年底，李自成二围开封城，又不克，引兵下陈州、归德。次年农历四月，三围开封城。开封城墙坚厚，巡抚高名衡负隅顽抗，李自成吸取前两次的教训，采用围而不攻，使其坐困自危。七月，在朱仙镇打败驰援开封的丁启睿、杨文岳和左良玉部明军十余万。九月，在郏县击退了出潼关赴河南的孙传庭，俘斩明将官七八十人，歼灭明军数千，获甲仗军资无数，逼孙传庭退回陕西。

经过三围开封以及项城、襄城、朱仙镇、郏县、汝宁几次大战役后，明军围剿起义军的主力大部分被歼，不得不转入战略防御。而起义军却越来越强大，开始转入战略进攻。

1642年李自成进军湖广，大败明总兵左良玉部，1643年八月至十月间，又在潼关消灭孙传庭部，占领了六朝古都西安。1644年正月，李自成改西安为长安，称西京，建国号大顺，建元永昌。二月，李自成率部渡过黄河，攻克太原，又发布檄文，揭露明朝"利入戚绅，间左之脂膏尽竭"；"征敛重重，民有偕亡之恨"的罪恶。① 接着，以摧枯拉朽之势，连下大同、宣化，夺取居庸关、昌平，逼近北京城。一路上，大顺军纪律严明，宣布"除暴恤民""蠲免钱粮"，或"五年不征"，或"三年不上粮"；提出"平买平卖"口号，实行"公平交易"，受到各地人民的热烈欢迎。

1644年3月19日，大顺军攻占北京，崇祯在煤山自缢。统治近300年的明王朝，终于被起义的农民推翻。

（三）**王朝更替中的割据政权**

明朝被推翻后，早已在东北定国号的清朝趁农民起义军在北京疏于防范之机，与明朝总兵吴三桂联合穿过山海关，打败了李自成的农民起义军，把清朝中央政权移到北京。与过去历代王朝更替过程中出现的情况一样，四方群雄乘旧的中央政权被推翻、新的王朝尚未统一之际，纷纷称王称霸，雄踞一方。有的以抗清为基业，拥戴明皇族后裔而自立，有的建立少数民族政权，与新建立的清王朝分庭抗礼。

1. 南明政权

北京明朝政权被农民军推翻以后，1644年5月15日，崇祯皇帝的从

---

① 戴笠：《怀陵流寇始终录》卷17，辽沈书社1993年版，第313页。

兄福王朱由崧在凤阳总督马士英等人的拥戴下，在南京称帝，建元弘光。这个政权一开始就充满着矛盾，阉党余孽马士英等极力拥戴福王，东林党人则认为福王行为不端，不愿拥立。但马士英耍两面派手法，逼东林党人勉强同意。南京兵部尚书史可法、户部尚书高弘图和马士英都以大学士名义入阁办事，表面上把孚有众望的东林党领袖史可法推上内阁宰辅的地位。但是马士英一伙很快就把史可法挤出南京，令其督师扬州。此举曾引起舆论大哗和强烈非议。有人指出："秦桧在内，李纲在外"①，国势危殆。史可法也看到大局可虑，但他决心"鞠躬致命，克尽臣节"②。

南明小朝廷一开始就仇视农民军，以农民军为敌。当他们得知吴三桂勾引清军进入北京，颠覆了大顺农民政权，认为是为他们报了"君父之仇"，立即派出"北使"，携带大量金银绢米到北京嘉奖和晋封吴三桂，酬谢清军，并以割山海关外地和岁币10万两与清为条件，向清廷屈辱求和。但清摄政王多尔衮却写信给史可法，严加斥责，令他们去掉帝号，仍称藩王，"共同讨贼"，否则清朝就要"转旆东征"。③由于阶级利益的驱使，史可法复信答应"合师进讨，问罪秦中"④。但由于清朝统治者极力推行民族歧视、民族征服和屠杀政策，引起民族矛盾的不断激化，不仅广大人民，而且部分汉族地主官僚也参加了抗清斗争的行列。史可法毕竟具有民族气节，当他意识到清军的目的是要征服和统治全国时，就去掉了幻想，积极准备抗清。但弘光小朝廷非常腐败，朱由崧昏庸荒淫，每天关心的只是"饮醇酒，选淑女"，闹得"闾井骚然"。⑤马士英则乘机树党营私，不顾阁臣们的反对，硬把阉党阮大铖拉入内阁，许多官员纷纷告退，马士英则乘机安插私人，填补空缺。阉党当权后，大肆打击迫害过去归顺过农民军和反对过马、阮的东林党人。

史可法在扬州一面克服马、阮制造的种种困难，一面团结各方面的力量，共同抗清。1645年正月，史可法准备北伐，派高杰出兵开封、商丘，以收复河南失地。睢州总兵许定国杀死高杰。黄得功又趁机袭击扬州，互

---

① （清）吴伟业：《鹿樵纪闻》，台湾文献史料丛刊第5辑，台湾大通书局印行，1987年，第20页。
② （清）徐鼒：《小腆纪传》卷10，中华书局1958年版，第122页。
③ 参见《清世祖实录》卷6，中华书局1985年版，第71页。
④ （清）计六奇：《明季南略》卷2，《史可法答书》，中华书局1984年版，第144页。
⑤ （清）计六奇：《明季南略》卷2，《诏选淑女》，中华书局1984年版，第92页。

相火并。三月，清军从归德分两路向南进攻，一路指亳州，一路指徐州。总兵李成栋降清，引导清军向江南进攻。这时，镇守武昌、拥有七八十万军队的左良玉，以"清君侧"为名，兴师东下，进迫南京。马、阮急调刘泽清、黄得功等部去截击左军，又调史可法回南京防卫。史可法刚抵浦口，左良玉就病死九江，左军停止了进攻。

就在南明内部互相攻战不已之时，清军乘机南进，毫不费力地攻下了淮安和泗州。史可法由浦口急回扬州。4月15日，清军围扬州。史可法坚守孤城10余天，最后城破被执。清豫王多铎倍加礼敬，劝他投降。史可法说："城存与存，城亡与亡，我头可断，而志不可屈"①，慷慨就义。他的余部和扬州人民一起，同清军展开巷战，全部壮烈牺牲。扬州失守后，清军很快破镇江，取瓜州。江防守将刘孔昭、杨文聪等闻风而逃，守卫南京的二三十万官军纷纷降清，清军于五月间顺利进入南京。弘光帝逃到芜湖，很快就成为俘虏。至此，南明政权宣告覆灭。

2. 鲁王、唐王政权

1645年6月，浙中义师公推张煌言等人去台州迎立鲁王朱以海在绍兴就监国位。同时，郑芝龙、黄道周等也拥立唐王朱聿键在福州称帝，建元隆武。

鲁王政权以张国维、孙嘉绩、熊汝霖等为阁臣，拥有绍兴、宁波、温州、台州等地，除方国安、王之仁率领的官兵外，还拥有浙中江上和各地的义师。但鲁王、唐王两个政权互争真伪，不能合作。而鲁王政权内部又矛盾重重，政治腐败。1646年6月，清军渡过钱塘江，进攻绍兴，方国安望风而降，温、台、金华相继陷落。鲁王在张名振的保护下浮海南逃。

唐王政权内部同样十分腐朽。当唐王政权建立之初，除领有福建、两广、云、贵外，还兼有安徽、江西、湖广的一部分土地，各地义军也纷纷表示拥护唐王抗清。但唐王政府的军政大权完全掌握在郑芝龙手里，而郑芝龙本无意抗清，他之所以拥立唐王，只不过是借其旗号为己争权夺利。他所关心的只是搜刮财物，排斥异己。他拥有二三十万大军，既不主动出击敌人，也不支援各地义军的抗清斗争。首辅黄道周挺身而出，请求督师北伐。但郑芝龙却百般刁难，不给军队，又卡粮饷。黄道周在进军婺源途中，兵败被俘，解至南京，不屈遇害。

---

① （清）徐鼒：《小腆纪年附考》卷10，中华书局1957年版，第359页。

当浙东鲁王政权崩溃、清军南下进逼福建时，郑芝龙为了保全自己的大笔家产，便与洪承畴暗中勾结，准备降清。他尽撤仙霞岭上的防军，使清军得以长驱直入。1646年秋福州失守，唐王逃至汀州，被清军俘杀，郑芝龙不听从他儿子郑成功等人的苦心劝告，剃发降清，隆武政权倾覆。

3. 桂王政权

1646年11月，明广西巡抚瞿式耜、两广总督丁魁楚、湖广总督何腾蛟等拥立桂王朱由榔在广东肇庆即皇帝位，改元永历，准备坚持抗清斗争。桂王政权虽然内部矛盾重重，腐败不堪，但由于先后得到了大顺军和大西军的支持，所以在所有南明政权中，坚持的时间最长，抗清的力量也最强。

当李自成牺牲后，大顺军尚有众四十余万，分为两支，一支由郝摇旗、刘体纯等率领；一支由李过、高一功等率领，在荆襄地区继续坚持抗清斗争。他们纪律严明，"与百姓公买公卖"①，深得人民群众的拥护。1645年秋，在清军进一步南侵的形势下，他们鉴于局势的危急，便主动与唐王政权结合起来，共同抗清。郝摇旗、刘体纯等部10余万人由何腾蛟统一领导，李过、高一功等部30余万人归褚胤锡直接指挥。1646年春，清派孔有德率军进攻湖广，何腾蛟等与大顺军英勇抗击，大败清军于岳州，接着又在藤溪、湘阴取得几次胜利，使清军一时不敢南进。唐王政权倾覆后，他们又支持桂王政权，一直战斗在抗清斗争的最前线。

1647年正月，清军攻下肇庆，拥立桂王的两广总督丁魁楚降清，桂王政权内部一片混乱。桂王先后逃到梧州、桂林、全州、武冈等地，席不暇暖。由于瞿式耜在桂林的坚守和广东抗清义军在敌后的牵制，最后才算保住了广西一角。这时，清军在湖广也继续增兵，何腾蛟因为各镇官军逗留不前，只得率同郝摇旗等部退守衡州，后又转移到桂林；李过等部则退守川东，湖广几乎全部失守，清军直逼广西。1647年11月，郝摇旗等部在全州大败清军，"斩级无算"，"诸帅连营阁道亘三百里"，② 声威大振。清军被迫退保湘南。

1648年是抗清斗争形势重大转变的一年。原来占据江西的降清明将

---

① 《明清史料》丙编第六本《梅勒章京屯代揭帖》，中华书局1987年版，第511页。
② （清）徐鼒：《小腆纪年附考》卷14，中华书局1957年版，第564页。

金声桓和占据广东的降清明将李成栋，由于没有达到个人目的，对清廷不满。在人民坚持抗清斗争的影响下，他们先后反正。清军因之失掉了江西、广东，湖广为之动摇。大顺军与明军乘胜大举反攻，连克靖州、永州、宝庆、常德、衡州、益阳、湘潭、湘乡、衡山等地，包围长沙，前锋直达汉水北岸，几乎收复了湖广地区的全部失地。全国各地人民纷纷响应，到处展开攻势，掀起了一个轰轰烈烈的抗清高潮，局势为之一变。在此情况下，桂王政权又迁回肇庆。

但是，腐朽的桂王政权，不仅不能利用抗清斗争的有利形势，反而加剧了内部的党争。随李成栋反正的官僚结为楚党，原来跟随永历帝的护驾诸臣结为吴党。双方互相攻击，各图私利，对于前方的抗战不仅不加支援，反而处处牵制。他们还百般刁难、排挤大顺农民军，有的更企图利用大顺军作为他们党派斗争的工具，这就削弱了抗清的力量，给清军以可乘之机，战局又急剧恶化。1649年春，清军攻破南昌，金声桓败死；李成栋由广东驰援，也兵溃信丰；李成栋在渡水时溺死；同时，何腾蛟也在湘潭被俘，不屈牺牲。1650年11月，清平南王尚可喜破广州，定南王孔有德破桂林，桂王政权的残余逃往广西，投向在西南地区抗清的农民军。

4. 台湾政权

鲁王、唐王政权覆灭后，郑芝龙的儿子郑成功继续抗清，他组织东南沿海的抗清力量，建立了郑氏武装。1647年，郑成功率军自南澳出征，用两三年的时间，接连攻占了同安、海澄和泉州等闽南沿海许多地方，又进据金门、厦门，并以金、厦为抗清根据地，改厦门为思明州，设礼、户、吏、兵、刑、工等六部，遥奉桂王，不久，又攻下漳州。郑成功利用漳、泉的有利条件，积极发展海外贸易，并同国内各地加强经济联系，"思明井里烟火，几如承平时"[①]。

郑成功起兵抗清十多年，曾多次进行北伐和南征。其中以1659年的北伐，声势最大。这年六月，郑成功同张煌言率领83营17万水陆大军，直指南京。张煌言另率一支军队溯江而上，进驻上游门户芜湖，控扼要害，并分兵攻克太平、宁国、池州、徽州等四府三州二十四县。郑、张上下呼应，南京清军几不可守。但由于郑成功麻痹轻敌，耽误了战机，清军

---

① 参见《清史稿》卷224，列传11，中华书局1976年版，第9160—9165页。

得以从容调配力量，发动突袭。郑成功仓促应战，全军溃败，匆忙率师由崇明退回金、厦。张煌言孤立无援，得地尽失，败走浙东。

郑成功北伐失败后，清统治者为对付这支抗清力量，下令沿海居民内迁30里，禁止舟船出海，以切断东南人民同郑成功的联系。这给郑成功造成很大困难。为了扭转被动局面，特别是为了坚持长期抗清斗争，在爱国思想支持下，郑成功遂决意驱逐荷兰侵略者，收复我国固有领土台湾，以为抗清根本。

1661年3月，郑成功从厦门移驻金门，部署军队，大修船只，积极进行收复台湾的准备工作。4月21日，郑成功令其子郑经及部分将领留守金门、厦门，自己亲率军队25000人、大小战船数百艘进军台湾。大军由金门料罗湾出发，经一日航行抵澎湖，因气候关系，在澎湖驻扎数日。4月28日，风雨仍未停息，天气阴霾，郑成功决定冒风雨开船。据史载：当时军容极为雄壮，郑成功坐舰竖起帅旗，旁列五方，中悬龙纛，发炮三声，金鼓震天，"诸提镇照序鱼贯"前进。① 4月30日拂晓，在浓雾弥漫中船队进入台湾海面，在熟悉水道的何廷斌的引导下，出敌不意地通过泥沙淤积的鹿耳门航道，船队迅速取得了登陆北线尾岛和赤崁城西北部附近的禾寮港的胜利。台湾汉族和高山族人民一听到祖国军队到达的消息，群情激奋，纷纷前来欢迎和协助，"南北路土社闻风归附者接踵而至"，"土民男女壶浆迎者塞道"。②

当时，在台湾的荷兰殖民军2000余人，他们船坚炮利，在武器上占优势。当郑成功军队登陆台湾后，荷兰长官揆一指挥其侵略军从海陆两方面进行反扑。郑成功指挥军队迅速打退了敌人，随即包围了赤崁城，要求荷兰殖民者立即缴械投降，退出台湾，并指出：台湾一向是属于中国的。现在中国前来收复这块土地，来自远方的荷兰人，理应把它归还原主，如果能献城投降，可以受到优待，如继续顽抗，必将受到严厉的惩罚。但揆一不听警告，拒绝投降，郑成功遂指挥军队猛攻赤崁城，并采纳当地人民的建议，堵塞赤崁城的水源，终于迫使赤崁城荷兰守军于5月4日献城投降。

---

① （清）江日升：《台湾外纪》卷11，参《古本小说集成》，上海古籍出版社1994年版，第400页。

② 参见《延平王户官杨英从征实录》，载《郑成功收复台湾史料选编》，福建人民出版社1982年版，第38—39页。

郑成功收复赤崁城后，又集中兵力分水陆两路围攻揆一的所在地台湾城，攻城一时未能奏效。郑成功为了减少伤亡，决定"围困俟其自降"①。同时，又派人深入台湾各地，发动群众起来和荷兰殖民者进行斗争。高山族和汉族人民团结一致，积极帮助郑成功搜索逃散敌军，抓捕教士，焚教堂，肃清荷兰殖民者在各地的残余势力。

8月间，荷兰殖民者从巴达维亚派甲板船十余艘、海军数百人，来台湾增援。台湾荷军乘援兵到达，发动反扑。郑成功派水兵勇将多人，率军迎敌，大获全胜，夺获甲板船2只、小艇3只。从此，台湾城的敌军外援断绝，再也无力出击了。

郑成功军队在围困台湾城8个月后，又决定进行强攻。1662年1月25日晨，郑成功军队用28门巨炮开始轰击荷兰侵略军用以掩护台湾城的乌特利支堡，并在当晚占领了这座堡垒。中国军队的包围圈越来越小，荷兰侵略军陷入绝境。1662年2月1日，荷兰殖民长官揆一被迫在投降书上签字，中国军民经过9个月的英勇战斗，终于结束了荷兰侵略者在台湾38年的殖民统治。

郑成功收复台湾后，采取了许多政治、经济措施，"改赤崁地方为东都明京，设一府二县，并建立了一套行之有效的地方政权机构"。台湾政权由于与大陆隔有台湾海峡，加上郑成功的政治魄力，因而存在了20多年，直到1683年才被清政府收服。

5. 和硕特蒙古政权

明朝中叶以后，被明朝打败的元朝残余势力仍据有长城以北及以西的广大土地，当时明政府称其鞑靼。明中叶以后鞑靼分为三部分，即漠南、漠北、漠西。漠西蒙古称为厄鲁特蒙古，而厄鲁特蒙古又分为四部分。和硕特蒙古就属于厄鲁特蒙古的四部之一。17世纪初，为了摆脱准噶尔部的欺凌，和硕特部固始汗率部自乌鲁木齐向青海转移。1639年，固始汗率众进入西藏的昌都地区和青海湖东南地区，打败了白利土司。1641年，又消灭了长期称霸西藏的藏巴汗政权，建立以青海、西藏、甘肃和四川西部为领地的和硕特蒙古政权。

和硕特蒙古政权建立后，对西藏、青海等地区加强了统治，固始汗

---

① 参见《延平王户官杨英从征实录》，载《郑成功收复台湾史料选编》，福建人民出版社1982年版，第39页。

自己率兵镇守拉萨，控制了西藏地区，而将其余地区分为左右两翼，分封给他的10个儿子作为领地。根据资料记载，其左翼领地包括：东自西宁边外东科尔庙，西至嘉峪关边外洮河800余里；南自西宁边外博罗克北岸，北至凉州边外西喇塔拉界400余里；东南自西宁边外拉喇山，西北至甘州边外额济纳河400余里；东北自永昌边外，西南至嘉峪关外布隆吉尔河岸2000余里。右翼领土包括：东自东科尔庙，西至噶斯池2500余里；南自松潘边外漳腊岭，北至博罗克河岸1500余里；东南自洮州边外达尔济岭，西北至嘉峪关边外塞尔腾、西尔噶拉金界2000余里；东北自西宁边外克腾库特尔，西南至穆鲁乌苏河1500余里。和硕特蒙古政权自建立起历时50多年，直到18世纪初被准噶尔部击败于拉萨后才宣告结束。

6. 准噶尔政权

准噶尔同为厄鲁特蒙古的四部之一，它和蒙古族其他各部一样，与明朝政府之间是地方与中央的关系。明永乐年间，其首领瓦剌接受了明朝政府所册封的顺宁王、贤义王、安乐王等爵位[①]，以后瓦剌虽然与明政府多有摩擦，这种臣属关系却一直没有中断。明朝末年，中原大乱，中央政府失去了控制能力，准噶尔部中的上层分子野心逐渐膨胀，他们欺凌和硕特部，逼迫土尔扈特部西迁伏尔加河下游，取得了厄鲁特四部盟主的权力。此时，准噶尔上层部分贵族乘明朝灭亡和清朝建立不久的机会，在西北地区大肆扩张地盘，对周围民族和部族进行了一系列的兼并战争，占据整个天山南北之后，接着便不断向青海、蒙古、甘肃、西藏等地进行侵扰，到噶尔丹接受准部权力之后，野心更加膨胀，竟然发展到对抗清朝中央政府的地步，狂妄地向清政府提出"圣上君南方，我长北方"的分裂主张[②]。由于准噶尔部政权主要靠军事力量维持，有一部比较强大的军事机器，对生产力破坏和国家的统一危害比较严重。据历史记载，准噶尔封建贵族在向新疆各地进行兼并的过程中，大肆烧杀抢掠，把大批耕地圈为牧场，把大量劳动力转化为奴仆，依靠军事力量对各部人民进行压榨。如：四部之一的杜尔伯特人，被准噶尔贵族作为

---

① 《明成祖实录》卷64，永乐七年六月，台湾中央研究院历史语言研究所1961年刊行，第1235页。

② （清）温达等撰：《亲征平定朔漠方略》卷7，中国藏学出版社1994年版，第175页。

屯田奴仆，"且耕且牧，以恃其食"；① 另一支土尔扈特部，不堪准部凌辱，举族西迁。广大维吾尔族人，除一部被强迫迁往伊犁、充当封建主的农奴外，大部分成为准部贵族压榨的对象。噶尔丹掌权之后，残暴杀害各部人民，并扰乱清朝西部的安全，不仅成为阻碍新疆经济发展的祸首，还严重阻碍了新疆与祖国内地的联系，在存在了半个多世纪之后，被清朝政府用武力平定。

7. 叶尔羌政权

17世纪之初，活跃在南疆的察哈台后裔在维吾尔族居住区建立了叶尔羌汗国。17世纪中叶，在著名的叶尔羌汗王阿布杜·拉西德之孙阿布杜拉汗的努力下，叶尔羌汗国与刚建国的清政府建立了政治、经济的联系。1646年，"叶尔羌、和田、阿克苏各城各有元裔汗酋表贡"②。同年，吐鲁番苏勒檀（苏丹）阿布勒·阿哈默特·阿济汗遣都督萨朗琥伯峰等奉表贡③。1647年，"哈密卫辉和尔都督……愿效忠天朝④"。从此，叶尔羌汗国的人不断到兰州、北京等地通商。到1656年阿布杜拉汗主动派遣300人的贡团，携带大量名贵珍品，进关入贡。清朝政府同意30人入京，其余留在肃州。规定"自今以后，着五年一次进贡，贡使入关，不得过百人……⑤"但是，这种与中原地区加强政治、经济联系的趋势，不久便为叶尔羌汗国内部的纷争所打乱而中止。

叶尔羌汗国内部由于伊斯兰教白山派与黑山派的斗争引起了统治集团各派系的权力之争。16世纪中叶，伊斯兰教的苏菲派⑥利用叶尔羌汗国阿布杜·拉西德汗对宗教的宽容，加强了在这一地区的活动。17世纪初，

---

① （清）魏源：《圣武记》卷3，《康熙亲征准噶尔》，中华书局1984年版，第115页。
② （清）魏源：《圣武记》卷12，《武事余记·掌故考证》，中华书局1984年版，第497页。
③ （清）和宁：《回疆通志》卷3，《吐鲁盖回部总传》，台湾文海出版社1966年版，第63页。
④ （清）祁韵士：《皇朝藩部要略》卷15，《回部要略一》，台湾文海出版社1965年版，第783页。
⑤ 同上书，第786—788页。
⑥ 苏菲派，又称伊禅派。公元10—11世纪时产生于今伊拉克境内。后受到逊尼派等的排挤、打击，势力渐移至西察哈台汗国。他们有的热衷于过幽居生活，有的喜好巡游乞讨，有的用各种方式念诵"即克尔"（赞词），无休止地赞念安拉，提倡禁欲主义，常常身穿白色羊毛外套，故被称为苏菲派。

其首领玛哈图末·阿杂木的第七子伊萨克瓦里从布哈拉进入叶尔羌传教，受到叶尔羌汗国穆罕默德汗（1593—1611）的积极支持。不久，阿杂木的长子和卓卡兰也从中亚到喀什噶尔聚众传教。由于双方都希望扩大势力范围，彼此争权夺利，终于酿成了教派间的斗争。

白山派又称"白山宗""白帽回"，主要活动于以喀什噶尔为中心的维吾尔族地区；黑山派又称"黑山宗""黑帽回"，主要活动于今阿图什、乌什以及伊萨克湖周围和纳林河一带的柯尔克孜地区。这两派虽在佩戴上有所区别，宗教观点并没有多大不同。由于白山派、黑山派分别得到叶尔羌汗国统治集团内部各个相互对立的派别的支持，因此，它们的斗争实际上反映了叶尔羌汗国统治集团内部争权夺利的派系斗争。

矛盾之激化是在17世纪中叶以后开始的。1667年，和卓穆罕默德·玉素甫与和卓伊达雅图勒拉①支持当时的叶尔羌汗王阿布杜拉之子尧乐巴斯汗，把阿布杜拉赶出叶尔羌，大肆屠杀支持阿布杜拉的黑山派群众。尧乐巴斯汗上台后，在和卓穆罕默德·玉素甫与和卓伊达雅图勒拉唆使下，改变原来阿布杜拉汗与清政府商定的"五年一次进贡"的规定，大肆杀戮与中原地区发生商业贸易往来的商队和民间商人，断绝了与中原地区的一切政治、经济、文化往来。尧乐巴斯汗的倒行逆施，引起了叶尔羌汗国朝野的强烈不满。1670年，黑山派在叶尔羌、叶城等地维吾尔族人民的支持下，推翻了尧乐巴斯汗的统治。尧乐巴斯汗、和卓穆罕默德·玉素甫在战争中被杀，和卓伊达雅图勒拉逃往中亚。当年，阿布杜拉汗之弟伊斯迈耳汗执政，着手恢复叶尔羌汗国的内部安定和同清政府的经济交往。1673年"进贡伊犁马四匹，蒙古马十五匹，璞玉千斤"②，使中断了几年的交往得到了恢复。

和卓伊达雅图勒拉在中亚等地流浪了近10年，后来由克什米尔"到达西藏，投靠了达赖喇嘛"③。在和卓伊达雅图勒拉的要求下，达赖喇嘛应允给准噶尔部的噶尔丹写信，达赖喇嘛在信中写道："和卓阿帕克是一位伟大的人物，他的故乡是叶尔羌和喀什噶尔，他是那个国家的穆斯林的

---

① 和卓穆罕默德·玉素甫系白山派首领穆罕默德·伊敏之子。伊达雅图勒拉是和卓穆罕默德·玉素甫之子。

② （清）祁韵士：《藩部要略》卷15，《回部要略一》，台湾文海出版社1965年版，第788—789页。

③ 霍渥斯：《蒙古史》第1卷，北京隆福寺街文殿阁书庄影印，1940年，第623页。

和卓。伊斯迈耳汗强占了他的国家，并把他赶了出来。你应该派支军队，收复他的国家，并交还给他。"① 伊达雅图勒拉拿着达赖喇嘛的信，到达伊犁，勾结噶尔丹以武力进攻叶尔羌汗国。

1680年，12万准噶尔骑兵，经阿克苏、乌什等地向喀什噶尔进军②。叶尔羌汗王阿布杜拉的儿子巴巴克苏勒坦率军进行了顽强的抵抗，大漠风尘蔽天，战场杀声不断，双方20多万大军进行了大厮杀，由于寡不敌众，巴巴克苏勒坦阵亡，喀什噶尔被攻陷。喀什噶尔沦陷后，准噶尔骑兵迅速向叶尔羌进军，在白山教派的内应下，叶尔羌被攻破，统治南疆达160年的叶尔羌政权被准噶尔颠覆。

8. 三藩割据政权

所谓"三藩"，是指镇守云南的平西王吴三桂、镇守福建的靖南王耿精忠和镇守广东的平南王尚可喜之子尚之信。他们原为明朝的边关大将，特别是吴三桂，原为明朝总兵，被派往山海关镇守，以防止清军进攻。后来李自成起义军占领北京，推翻明王朝后，吴三桂便引清军入关，共同夹击起义军，后被清朝封王晋爵。耿精忠和尚之信也类似于此，他们被封王之后，各霸一方，形成几股割据势力。吴三桂在云南以桂王朱由榔所居五华山旧宫为"藩府"，又"增崇侈丽"③；并大肆营建园亭，广置歌童舞女，奢靡至极。不仅没收明朝贵族沐氏庄田700顷为藩庄，而且还大量圈占民田，"勋庄棋布"，管庄人员"尽属豺狼"④，凶狠地奴役和剥削"平民"；重征关市商税，垄断盐井、金矿、铜山之利；大放高利贷以"责重息"；在辽东、四川采运人参、药材；又与达赖喇嘛互市茶马于北胜州（云南永胜县），西蕃、蒙古之马由藏入滇者一年达千、万匹。吴三桂大力招揽四方宾客、诸将子弟，对平素有才望的人物，"百计罗致，令投身藩下，蓄为私

---

① 《〈和卓传〉英文摘要》第189736页注15。《和卓传》是维吾尔族人穆罕默德·萨迪克·喀什噶里于1768—1769年在喀什噶尔写成。《和卓传》有两种英译本，一是哈特曼的详细译注本，但全稿未完成。一是罗伯特·沙敖的节译本。另外还有百利哈诺夫的片段俄译文。罗伯特·沙敖的节译本原属于手稿，他死后由伊莱阿斯整理，加了详细译注和解说后，公开发表。

② 关于噶尔丹进军天山南路南疆地区的年代，说法不一。据日本学者羽田明考订，以帕拉斯1860年说最近于事实，今取此说。参阅《噶尔丹传考证》（载《东方学会创立十五周年东方学会论集》）。又，安瓦尔·巴依图尔同志查阅手抄本维吾尔文《和卓传》和《阿帕克和卓传》，上载出兵年代为1682年。

③ （清）魏源：《圣武记》卷二，《康熙戡定三藩记》上，中华书局1984年版，第62页。

④ （清）刘健：《庭闻录》卷四，上海书店出版社1985年版，第92—95页。

人"；拉拢朝官和各省将吏作为自己的耳目和帮手。对所辖将吏，擅自选用，甚至对各省空缺的官位也进行安插，当时称为"西选"，一时竟出现了"西选之官几满天下"①的局面。耿、尚二藩对百姓亦同样横征暴敛。耿精忠在福建"横征盐课，擅设报船，旬派夫驿，勒索银米，久为民害"。尚可喜父子在广东也是"令其部人，私充盐商，据津口立总店"②，恣意盘剥。他们还夺人田庐，掠人子女，无恶不作。

"三藩"都拥有大量武装。吴三桂有旗兵53左领，绿营十营。耿、尚各有旗兵15左领，绿营兵备六七千人。军费开支庞大，"全国的财政收入，有一半被三藩所掠夺"。特别是吴三桂，"功最高，兵最强"，积极储将帅，习武备，使"四方精兵猛将，多归其部下"。③他仗着自己日益壮大的力量，飞扬跋扈，不受约束，给尚未统一全国的清朝以很大威胁。

清廷对"三藩"割据势力的日益膨胀，早就怀有戒心。康熙亲政后，对"三藩"逐步采取了某些限制，如令吴三桂缴还大将军印，批准他辞去云贵总管，罢免他任免官吏的权力等，但并没有解决根本问题。后来终于导致了大规模的叛乱，清朝中央政府用了8年的时间，方才将叛乱镇压下去。

二　蒙藏地区大角逐

17世纪初的蒙藏地区，地域辽阔，广袤万里，包括了今天的内蒙古、新疆、西藏、辽宁、吉林西部、河北、山西北部、青海全部、甘肃南部、四川西部，以及蒙古、克什米尔地区、塔吉克、乌兹别克、俄罗斯、哈萨克等国的一部分的广大地区，面积有600多万平方公里。根据当时的地理资料记载，蒙藏地区大致分为漠南内蒙古、漠北外蒙古、漠西厄鲁特蒙古、卫藏地区、青海安多地区、康区等。在这一广大地区，分布着林丹汗、喀尔喀、准噶尔、和硕特、藏巴汗、却图汗、白利土司等数十个封建割据政权与部落，他们乘明末清初的王朝更替、中央政权无力西顾的机

---

① 参见《清实录》卷474，列传261，中华书局1977年版，第12841—12842页；（清）刘健《庭闻录》卷4，上海书店出版社1985年版，第93页。

② 参见《清圣祖实录》卷94，中华书局1985年版，第1190页。

③ （清）魏源：《圣武记》卷二，《康熙戡定三藩记》上，中华书局1984年版，第61页。

会，互相厮杀，争夺地盘、争夺教权、争夺人口的斗争此起彼伏，在中国西部政治舞台上演出了一幕幕大角逐的话剧。其中大规模的征战可从三个方面叙述。

（一）清前期对漠南蒙古的征服

17世纪初，尚未建立清朝的女真后金政权为了对付明王朝的征剿，在统一东北之后，便开始了征服漠南蒙古的战争。当时处于漠南诸部中心的察哈尔部，以林丹汗为首领，势力渐渐强大。欲征服漠南蒙古，必先征服察哈尔部。于是，一场旨在消灭察哈尔部林丹汗政权的角逐在漠南蒙古大地上展开。

明朝统治者为了对付后金势力的扩张，给林丹汗每年以4万两白银的岁币，令他发展军事力量，以便共同抗击后金政权。林丹汗取得明朝政府的经济支援，不仅对后金政权管辖的辽东地区不断发动侵扰，而且凌驾于蒙古诸部之上，肆意骄横妄为，他对周围力量薄弱的翁牛特、奈曼、阿巴亥和土默特两翼等小部落，恣意凌辱压迫。

自1619年以后的10余年间，林丹汗倚仗兵威，对不遵行他号令的内喀尔喀五部和喀喇沁、土默特、阿巴哈纳尔，以及科尔沁等部，发动多次征讨战争，严重地损害了漠南蒙古各部封建主的利益，进一步加深了蒙古内部的分裂局面。由于林丹汗益形横暴，促使一些受其凌压和动摇观望的蒙古各部封建主与其隙痕加深，进而纷纷投靠后金政权。

为了彻底瓦解林丹汗的实力，后金政权针对蒙古各部的分裂状况，因势利导，首先把与察哈尔部有矛盾而又不能抵制其凌压的科尔沁、内喀尔喀五部争取过来，采取团结笼络和联姻的积极政策，建立巩固的联盟关系，使其成为后金政权的主要支柱。接着，又利用蒙古各部封建主之间的矛盾，采用恩威并施的政策，征伐抵抗，奖励归顺，使漠南各部封建主相继来归，投表称臣。

由于后金的实力尚弱，在明王朝的利诱下，有些已归顺了后金政权的蒙古部封建主，还时有动摇。在与明王朝进行的铁岭、萨尔浒、沈阳、宁远城等战役中，内喀尔喀等部的首领不但不率兵援助后金首领努尔哈赤，相反，还私自与明朝讲和，并杀掉派到内喀尔喀的后金驻军，将首级献给明朝，接受明朝的重奖[①]，使努尔哈赤非常气恼。1626年春正月，努尔哈

---

① 参见《清太宗实录》卷1，中华书局1985年版，第27页。

赤率军进攻宁远城时，被明将袁崇焕部炮击受伤。四月，蒙古内喀尔喀五部贝勒撕毁与后金的盟约①，有的甚至与明朝军队联合进攻后金，使后金政权一时陷入腹背受敌的危机境地。

  同年八月，努尔哈赤因伤势过重而丧命。嗣子四贝勒皇太极继位。皇太极登基后，继其父努尔哈赤统一漠南蒙古各部的大业，首先面临的重要问题是：后金与蒙古的联盟能否得以巩固与发展，这是关系到后金政权存亡的大事。为此，鉴于蒙古封建主与后金政权联盟关系尚不够稳定的因素，一方面继续贯彻努尔哈赤所制定的积极团结笼络蒙古各部的策略；另一方面，针对蒙古各部封建主之间的内讧矛盾，以及他们对后金政权背向无定的动摇态度，进一步对蒙古实行"慑之以兵，怀之以德"②"恩威并举"的基本政策。

  皇太极采用恩威并举、赏惩严明的对蒙政策，对加速统一漠南蒙古各部，出现了颇为有利的形势。但是，皇太极深知，察哈尔部林丹汗与后金敌对，是他征服漠南蒙古的最大障碍。要实现让漠南蒙古各部早日臣服于后金的愿望，首先必须降伏林丹汗统治的察哈尔部。为此，皇太极先是多次遣使以优厚的物质利益笼络劝诱林丹汗归服后金政权，但是，都被林丹汗所拒绝。从此皇太极与林丹汗结怨更深。1628年春正月，皇太极率部"亲征察哈尔国多罗特部，杀其台吉古鲁"③。二月，皇太极又乘喀喇沁部上表控告察哈尔汗无道、屡屡被欺负、向后金政权归降之机，随即号召屡遭林丹汗欺虐凌辱的土默特、鄂尔多斯、阿巴噶、内喀尔喀诸部与后金政权联军，共同督师讨伐林丹汗。后金与蒙古联军大战林丹汗于"土默特赵城地"④，"击破察哈尔兵四万，并将赴明朝请赏的三千兵马拦截，扣为人质"⑤。同年秋九月，皇太极为了不使林丹汗有喘息之机，又督师女真军与蒙古敖汉、奈曼、内喀尔喀、扎鲁特、喀喇沁诸部贝勒、台吉亲率所属兵马，会师联军，协同作战，共同进发西拉木伦河流域，击败察哈尔部众后，又精选蒙古与女真轻骑，追剿逃遁的察哈尔军队"到大兴安岭，

---

① 参见《清太宗实录》卷10，中华书局1985年版，第133—135页。
② 参见《清太宗实录》卷20，中华书局1985年版，第272页。
③ （清）蒋良骐：《东华录》卷2，中华书局1980年版，第22页。
④ 赵城：在内蒙古达茂联合旗境敖伦苏木，元代称赵王城。
⑤ （清）祁韵士：《皇朝藩部要略》卷1，"内蒙古要略"，台湾文海出版社1965年版，第25—26页。

俘获无数,并把拒不投降的人全部杀掉"①。在此次战役中,察哈尔军队投降者5000余众②,斩杀无数,使林丹汗军队的锐气大受挫伤。

在这次讨伐林丹汗的战役中,因科尔沁部土谢图汗额驸奥巴不按规定期限带兵到约定的地方会师,并违背"赴征"进兵时限,在征伐中"奥巴韦命,径归"③,引起皇太极的极大不满。当即传谕愤怒斥责奥巴说:"尔土谢图言合兵征讨,不至所约之地,使我与察哈尔构怨,而尔实与察哈尔通好,是欺我也。"④奥巴等知罪,遂带领台吉满珠习礼和科尔沁贝勒洪果尔之子巴敦等台吉23人,率所属部众兵马,配合联军与察哈尔部林丹汗展开猛烈之战。满珠习礼等亲自带着战功向皇太极报告,皇太极转怒为喜,分别赏赐满珠习礼为达尔罕巴图鲁、巴敦为达尔罕卓里克图的封号,又与科尔沁部结为"忧乐相同"、休戚与共的兄弟关系。

皇太极为了从根本上改变蒙古诸部各自为政、互不统属的涣散状态,使其成为忠诚顺从、随意驱使的一支重要的军事力量,于1629年春正月,遣使"敕谕于科尔沁、敖汉、奈曼、喀尔喀、喀喇沁五部落,令悉遵我朝制度"⑤。二月,"蒙古喀尔喀扎鲁特部贝勒戴青、桑土、古尔、桑噶尔塞等各率其属来降"⑥。这时候,皇太极派总兵吴纳格、副将苏纳,会同蒙古科尔沁贝勒明安、喀尔喀额驸恩格德尔联兵征发察哈尔部,追其边境2000户投降。1629年10月,皇太极亲率蒙古诸部进攻明朝,大军会师之后,皇太极与诸部盟誓:攻击不胜,决不返回,并用"蒙古字、汉字传谕说:凡贝勒、大臣有掠归地方财物者,斩;擅杀降兵者,抵罪;强取民物者,计其所取,赔偿本主。朕方招徕人民,而辄敢横行,不诛何为?"⑦皇太极赏罚严明,经过几番大张旗鼓地整顿法纪,使女真与蒙古军队的战斗力空前加强,各地人民对后金政权的反抗情绪也逐渐消除,从而为征伐林丹汗和以后清军入关作战扫清了障碍。

---

① 《皇朝开国方略》卷11,广百宋斋铅印本,光绪13年(1887年)。
② 《清太宗实录》卷5,中华书局1985年版,第74页。
③ 《清史稿·太宗本纪一》卷2,中华书局1977年版,第26页。
④ 参见《满文老档》中华书局1990年版,第1051页。
⑤ 参见《清太宗实录》卷5,中华书局1985年版,第67页。
⑥ (清)蒋良骐:《东华录》卷2,中华书局1980年版,第23页。
⑦ (清)王先谦:《东华录·东华续录》,天聪三年十一月,上海古籍出版社2008年版,第83页。

1632年5月，后金与蒙古诸部联军再伐察哈尔部林丹汗。皇太极亲督八旗军及蒙古喀喇沁、土默特、扎鲁特、敖汉、奈曼、翁牛特、巴林、科尔沁诸部贝勒率其所属，会师于西拉木伦河都尔弼地方。当时，针对蒙古各部"以兵来会，今多寡不齐，迟速亦异"，以及蒙古"诸部发兵少，观望不前"①等情况，皇太极再次谴责蒙古各部贝勒说：我因为察哈尔林丹汗不仁不义，才派出大军前来征讨。既然你们常常声讨他的罪行，彼此积仇积怨又很深，就应该借助征讨他的机会全力复仇，为什么才派出这一点人马和我一起去呢？②并重申军令指出："征讨必纪律严明，方能克敌制胜"，"驻营时采薪取水，务结队偕行，有失火者论死"。同时规定：从征蒙古官兵军"马须印烙，并紧系字牌"③；在进军追击时"勿退缩，勿杀降，勿分散人妻子，夺人衣服、财物"④等。经过数次申明法纪，使女真与蒙古兵的军威大振。五月，皇太极再次亲督联军，挥师大举进攻察哈尔部林丹汗，经过数次激战，林丹汗的军队伤亡过半，大惧兵败，遂率其溃军退奔归化土默特部。当他约定土特默部起兵与其共同反击后金政权被拒绝时，林丹汗对该部施行抢掠烧杀，大肆进行报复。又"驱归化城富民牲畜，渡河西奔"⑤，逃往青海草原。皇太极当即命令贝勒济尔哈朗等统右翼大军渡过黄河，穷追林丹汗余部。

1634年，林丹汗终因势穷力蹙，病亡于青海大草滩。第二年，皇太极遣多尔衮率大军继续西征，追击林丹汗余众，至河套地区尽歼其残部。俘虏林丹汗之子额哲等，并获得元朝蒙古大汗的传国玉玺而归。至此，察哈尔部被彻底击败。过去曾受林丹汗统属的漠南蒙古各部，先后都归降后金政权。从努尔哈赤至皇太极，后金统治者在统一漠南蒙古诸部过程中，遇到的最顽强的对手就是林丹汗统辖的察哈尔部。为了征伐察哈尔部，前后历时20余年，耗费了大量兵力和财力。当林丹汗身亡于青海后，"其子额哲率所部奉传国玉玺来降"。皇太极优加礼遇，封为亲王爵，位冠漠

---

① （清）祁韵士：《皇朝藩部要略》卷1，台湾文海出版社1965年版，第32页。
② 同上。
③ 参见《皇清开国方略》卷6，见《四库全书》第341年史部，台湾商务印书馆1986年版，第241—242页。
④ 《清史稿·太宗本纪》卷2，中华书局1977年版，第38页。
⑤ 同上。

南蒙古49旗贝勒之上,"编其众为旗,安置义州"①,并将其次女固伦公主下嫁额尔克孔果尔额哲,纳为额驸。

元室嫡裔林丹汗死亡后,漠南蒙古16部49旗的封建主于1636年,在沈阳集会。蒙古诸部以林丹汗的嗣子额尔克孔果尔额哲等为首,拥戴皇太极为蒙古可汗大统的继承者,并上"宽温仁圣皇帝"尊号,尊奉为全蒙古各部的共主。同年,皇太极改后金国号为"清"。是年,喀尔喀车臣汗、乌珠穆沁部车臣济农、苏尼特部素塞巴图尔济农、浩济特部策凌叶尔登土谢图等遣卫征喇嘛来朝,进献驼马等,与清朝通好。皇太极当时以察哈尔与明朝市马被征讨为例,告诫车臣汗等以此例为戒,与明朝绝市,若不与明朝绝市,暂不谈"讲和事宜"②。同年冬,喀尔喀车臣汗又遣卫征喇嘛来朝,表示愿与明朝绝市。1638年,喀尔喀札萨克图汗素巴第率兵至归化城北,欲与明人交易。他听到清朝已出兵的消息,便率众返回喀尔喀。皇太极遣使至札萨克图汗处责其说:"尔喀尔喀乃兴后犯归化,甚非分也。尔不获已,有逃窜偷生耳。尔所能至,我军岂不能至?其速悔罪来归,否则不尔宥也。"③清朝遣使谴责,使喀尔喀三部七旗封建主大为震惊不安。

1638—1640年,曾为逃避林丹汗的凌压,移牧于漠北或迁徙近边各地依附明朝保护的蒙古封建主,得知林丹汗已死,便率其属众纷纷返归原部落游牧地。至此,漠南蒙古各部全都归服清朝。1641年,清廷设蒙古都统八旗,各旗设副都统参领2人④。并将新编组的蒙古骑兵,倚为干城,成为仅次于满洲八旗军的一支劲旅。这样,蒙古封建主与清朝统治者之间的关系,由后金政权时的女真与蒙古联盟关系,变为从属的臣服关系。形成了清廷中央为枢纽,以满族八大家为核心,以蒙古各部封建主为其重要支柱的满族与蒙古族封建主联合的统治集团。

(二) 准噶尔的扩张与噶尔丹叛乱

17世纪20年代末,漠西准噶尔部首领取得厄鲁特四部联盟珲台吉大

---

① (清)福格:《听雨丛编》卷2,"蒙古",中华书局1959年版,第25页。

② (清)王先谦:《东华录·东华续录》,天聪十年(崇德元年),上海古籍出版社2008年版,第4页。

③ 参见《清史稿·太宗本纪》卷3,中华书局1977年版,第64页。

④ (清)王先谦:《东华录·东华续录》卷2,崇德十年,上海古籍出版社2008年版,第32页。

汗地位后，倚仗权势"恃其强，侮诸卫拉特"①。土尔扈特部首领鄂尔勒克不愿忍受准噶尔部对其领地的兼并和凌辱，同时，为了避免四部联盟关系紧张而导致发生内讧和冲突，于1628年率领其所属部众五万帐20万人口②，并联合了和硕特部和杜尔伯特部的一部分牧民，离开了原居住的游牧地，向西迁徙。他们不畏长途跋涉的辛劳艰难，越过哈萨克草原和乌拉尔河，到里海沿岸地区的伏尔加河下游定居，在"几乎是荒无人烟的地方"③，开辟了新的游牧区域。

继土尔扈特部迁离之后，和硕特部首领拜巴噶斯汗的胞弟图鲁拜琥（固始汗）因与准噶尔部首领巴图尔珲台吉之间发生矛盾，大约于1635年④，亦率领其部属离开了祖居的乌鲁木齐地区游牧地，越过天山，向东南部方向移徙至青海湖一带游牧。此后，原土尔扈特部游牧的塔尔巴哈台地区，被杜尔伯特部的一支辉特部所占据；原和硕特部游牧地——乌鲁木齐地区，被准噶尔部占据。

1664年，准噶尔部巴图尔珲台吉去世⑤，其五子僧格继承汗位。此时，在厄鲁特蒙古四部中出现了青海和硕特部与新疆准噶尔部封建主之间公开互争雄长的对立局面。西藏僧俗上层统治者便乘机利用矛盾，积极支持准噶尔部，来牵制和反对和硕特部的势力继续控制西藏地区。

1670年，准噶尔部珲台吉僧格，被其同父异母兄车臣台吉和卓特巴图尔所杀，又掀起了一次为争夺准噶尔部统治权的内讧斗争。消息传到西藏后，次年，西藏五世达赖喇嘛和第巴桑结嘉措特许早年曾投达赖喇嘛、在拉萨削发为僧"习沙门法"⑥的巴图尔珲台吉第六子噶尔丹还俗。于是，噶尔丹在西藏僧俗上层的支持下，打着达赖喇嘛的旗号，以替胞兄僧

---

① （清）张穆：《蒙古游牧记》卷14，《额鲁特蒙古新旧土尔扈特部总叙》，山西人民出版社1991年版，第335页。

② [苏]兹拉特金：《准噶尔汗国史》第二章，莫斯科科学出版社1964年版；汉译本见商务印书馆1980年版，第162—165页。

③ 同上。

④ [丹]加班拉勃：《关于卫拉特人的故事》，第32页。

⑤ [日]羽田清：《噶尔月传改证》中说：1665年（康熙四年）巴图尔珲台吉去世；[苏]兹拉特金：《准噶尔汗国史》中用拉特纳勃哈德勒《自雅班第达传记》说："1653年，巴图尔珲台吉去世。"故对巴图尔珲台吉的死亡年代，中外文献资料的记载不尽相同。

⑥ （清）祁韵士：《皇朝藩部要略》卷9，《厄鲁特要略二》，台湾文海出版社1965年版，第438页。

格复仇为名，返回准噶尔部。噶尔丹回到准噶尔部后，在僧格的旧部鄂齐尔图汗和叔父楚琥尔乌巴什支持下，聚集僧格的原有部众，与车臣台吉和卓特巴图尔的联军，在阿尔泰山地区进行激战。战败后的车臣台吉、卓特巴图尔仓皇逃奔青海和硕特部。噶尔丹击溃车臣后，"遂成为准噶尔部长"①，掌握了准噶尔部的统治权。

噶尔丹夺取了准噶尔部的统治权后，对厄鲁特诸部和邻近的部族发动了一系列的掠夺兼并战争。1676年，噶尔丹兵进袭曾支持他取得准噶尔部统治权的叔父楚琥尔乌巴什，并杀其子巴噶班弟。接着，又挥戈袭杀在斋桑湖附近的鄂齐尔图汗，逐渐吞并西北地区，自立为珲台吉，取得准噶尔部的汗权统治地位。

噶尔丹掌握了准噶尔部珲台吉的汗权后，采纳达赖喇嘛向他派遣的高僧提出的"近攻计划"②，先后吞并了邻近厄鲁特诸部和哈萨克等其他部族，加强了军事集权统治，自号为厄鲁特四部首领。并请命于达赖喇嘛赐其"博硕克图汗"名号，以"胁诸卫拉特奉其令"。③ 噶尔丹的势力控制了天山南北厄鲁特诸部和邻近回、哈萨克诸部后，得陇望蜀，图谋"并吞四极，窥伺中原"。④ 乘清朝政府集中主要力量平定"三藩之乱"，以及沙俄殖民势力加紧向漠北喀尔喀蒙古地区扩张之机，开始了实现他做蒙古大汗、称霸西北地区与清朝对峙割据的扩张步骤。他首先采取"北通好于俄罗斯"⑤，加紧与沙俄勾结的办法，在北部构成对清王朝的威胁，以对抗清王朝统一西北地区的重大行动。然后举兵东进，妄图一举吞并漠北、漠南蒙古。

1688年，噶尔丹为巩固他篡取的准噶尔部珲台吉的统治地位，首先杀害了僧格的次子索诺木阿拉布坦，接着又图谋杀害僧格的长子策妄阿拉布坦，策妄阿拉布坦闻讯后寅夜逃出。不久，借漠北喀尔喀土谢图汗与札萨克图汗两部封建主发生内讧之机，率军3万，越过阿尔泰山，进袭漠北

---

① 梁份：《秦边纪略》（又名《西陲今略》）卷6，《噶尔丹传》，青海人民出版社1987年版，第422页。

② 同上书，第421页。

③ （清）祁韵士：《皇朝藩部要略》卷9，《厄鲁特要略一》，台湾文海出版社1965年版，第440页。

④ 梁份：《西陲今略》卷7，《噶尔丹传》，青海人民出版社1987年版，第422页。

⑤ 同上。

喀尔喀三部。1689年，噶尔丹趁沙俄殖民势力侵入漠北喀尔喀部色楞格斯地区之际，与沙俄侵略军密切配合，互为援手，协同作战进攻漠北蒙古地区，使喀尔喀三部无力抵抗，10万余众，尽弃所有，被迫分途数路南逃，徙牧进入漠南蒙古地区，要求清朝政府的保护和救济。

噶尔丹进袭漠北喀尔喀三部获胜后，骄横愈甚，野心更炽。加之他取得沙俄的支持，更有恃无恐，加剧军事攻势。1690年6月，噶尔丹以追击喀尔喀诸部南逃为名，把兵锋直指漠南蒙古地区。同年七月，乘清朝刚刚平息"三藩之乱"、喘息未定之机，便兴师南侵，深入到漠南蒙古地区的乌珠穆沁部游牧地，战胜清军。"遂乘胜长驱而南，深入乌兰布通，距京师七百里乃止"①，直接威胁到清朝首都北京的安危。清政府鉴于噶尔丹进逼京师，图谋实现所谓"兼并四部，蚕食邻封"，②与清朝分疆裂土的政治野心，为了保卫边疆的安宁，对噶尔丹的进攻进行了坚决的征剿。当噶尔丹猖狂攻入内蒙古克什克腾旗等地时，康熙帝亲率大军挥师北上，在乌兰布通地方与噶尔丹进行了激战，致使噶尔丹丧失其所有精锐力量，大败北逃。但是，噶尔丹经过10余年的军事扩张，东征西伐，"其势日张，其志益移"③，并不会因为此次战争的失败，改变其图谋称蒙古大汗的野心。为此，康熙帝清醒地指出："此人力强志大，必将窥伺中原，至殒命不止"④，"夫烈焰弗戢，必将燎原；积寇一日不除，则疆圉一日不靖"⑤。为了清除噶尔丹对清朝威胁的隐患，康熙帝于多伦诺尔举行会盟，会上首先调解了喀尔喀三部封建主之间的内部矛盾，团结了喀尔喀三部贵族的力量，接着宣布对蒙古各部、旗封建主实行封爵制度。这些措施为消灭噶尔丹的势力扫清了障碍。

1696年，康熙集三路大军亲征噶尔丹，击溃了噶尔丹的主力，解除了噶尔丹对漠北喀尔喀三部的威胁。与此同期，准噶尔部僧格的长子策妄

---

① 《圣武记》卷三，《康熙亲征准噶尔记》。《四部备要》史部，上海中华书局据古徽堂原刻本校刊。

② 温达：《亲征平定朔漠方略》卷首，《御制亲征平定朔漠方略序》，中国藏学出版社1994年10月版。

③ 同上。

④ 温达：《亲征平定朔漠方略》，《御制亲征平定朔漠纪略》，中国藏学出版社1994年10月版，第15页。

⑤ 温达：《亲征平定朔漠方略》卷首，《御制亲征平定朔漠方略序》，中国藏学出版社1994年10月版。

阿拉布坦乘虚返回伊犁准噶尔部大本营，夺取了准噶尔部珲台吉汗权，并派遣使臣向清朝纳贡修好，承认清中央的统治权威，断绝了噶尔丹的归路。清军中、西两路大军分兵夹击，与噶尔丹军在昭莫多地方遭遇，进行了殊死激战。在清军左右两翼的包抄突袭下，噶尔丹全军大溃，"酋长头目或死或降，噶尔丹仅以身免"。昭莫多战役，给予噶尔丹军队以毁灭性打击，噶尔丹率少数残部逃离昭莫多后，穷蹙已极，狼狈不堪，四处无路可走。1697年2月，为了彻底消灭噶尔丹的残余势力，康熙再次率师亲征。四月，清军抵狼居胥山。正当清军再次发起进攻之时，噶尔丹集团内部已众叛亲离，分崩离析。噶尔丹在陷于孤家寡人、走投无路的绝境中，于同年3月行至漠北阿察阿穆塔台地方，服毒自杀①。至此，历时8年的噶尔丹叛乱，为清政府彻底平息。

（三）固始汗统一青藏高原

固始汗为厄鲁特蒙古四部之一和硕特部的首领，由于受准噶尔部的排挤和欺凌，其父率子女和族人向东迁移，并乘明朝末年中央政府无力西顾之际，就势占领了甘肃南部和青海地区②，并迅速与青藏地区的藏传佛教格鲁派取得了联系。

明末清初，青海、康区的政治形势是异常复杂的，各个教派也在各政治集团的支持下展开了明争暗斗，甚至酿成大规模的部族厮杀，给当地人民带来了巨大灾难。远溯15世纪，由于藏传佛教格鲁派势力的不断扩大，引起了噶玛噶举派的恐慌和反对，在两百多年间，藏传佛教的格鲁派和噶玛噶举等派一直未停止过斗争。

1618年，得到噶玛噶举派支持的藏巴汗噶玛彭措朗杰以后藏为据点，占领了包括乃东王宫在内的前藏一些地方，推翻了支持格鲁派的帕木竹巴政权，建立了第悉藏巴汗地方政权，首府设在日喀则。1621年彭措朗杰之子噶玛丹迥旺布继任为藏巴汗③。他对格鲁派的仇视变本加厉，以武力胁迫格鲁派停止在拉萨举行的传召法会。但格鲁派自创立以来，历时两个多世纪，这时已深深植根于藏族社会，要想消灭它，仅凭藏巴汗自己的力

---

① 袁枚：《领侍卫内大臣抚远大将军费襄壮公传》，载《小仓山房文集》卷23，台湾广文书局1971年印行。

② [苏]兹拉特金：《准噶尔汗国史》，商务印书馆1980年12月版。

③ 关于噶玛丹迥旺布继任第巴的年代有不同说法，有学者说为1632年，而在一些文献中的记载为1618年。这里依据黄奋生先生的《藏族史略》中所提供的年代。

量是不够的，必须寻求外部力量联合对付。就在这时候，漠北蒙古喀尔喀七大部落的首领却图汗率领部众3万余人窜入青海，迅速征服了原在青海游牧的蒙藏各部落，统治了青海。却图汗崇信噶玛噶举教派，排斥黄教。于是藏巴汗与却图汗暗地里勾结，策划由却图汗派兵入藏，进攻格鲁派。在康区推崇苯教的白利土司统治着德格、类乌齐、昌都和青海玉树等地。他痛恨佛教，囚禁佛教名僧，破坏佛教寺庙，对黄教更是深恶痛绝。由于白利土司反对格鲁派，藏巴汗也与之取得联系。格鲁派在东、西、北三面均处于敌对势力的包围之中，面临着被消灭的危险。这一切促使格鲁派迅速觅求外援。1634年，五世达赖喇嘛的亲信索南群培和前藏封建领主吉雪第巴措吉多杰会同五世达赖阿旺罗桑嘉措和四世班禅罗桑曲结研究决定，遣派专使前往天山南路向固始汗求援。

固始汗早有向西藏扩展势力的意图，此时接到黄教领袖的求援，自然没有拒绝。1636年，固始汗乔装成商人来到拉萨，会见了五世达赖喇嘛和四世班禅。五世达赖喇嘛对他"心怀佛法"表示钦佩，"故在释迦佛前陈设高大的宝座，赠以持教法王之印"[①]。固始汗详细了解了当时西藏的情况之后，于次年在巴图尔珲台吉的援助下，领兵1万多人与却图汗3万多人的军队交战，固始汗以少胜多，打败了却图汗，占领了青海。

却图汗被消灭之后，引起了白利土司敦悦多吉的恐惧，对格鲁派更加憎恨。1639年，白利土司写信给藏巴汗，约他次年共同出兵，进攻固始汗。这封信在半途中被格鲁派僧人截获，送给固始汗。固始汗得知事态紧迫，便决定迅速消灭白利土司。1639年，固始汗率蒙古骑兵攻入康区，经一年的鏖战，最后击溃白利土司，释放了被囚禁的佛僧，恢复了被毁坏的寺庙。1641年，固始汗佯装从芒康返青海，先是朝着青海方向进发，让藏巴汗误信蒙古军队已从芒康返青海的传闻。正当藏巴汗高枕无忧而放松戒备时，固始汗突然领兵抵达后藏，攻进日喀则。在五世达赖亲信索南群培的支援下，一举打败了藏巴汗军队，俘虏了藏巴汗噶玛丹迥旺布，先囚禁在拉萨彭波地方，后用湿牛皮缝裹起来，丢到乃乌籍卡附近的河里淹毙。于是，统治西藏地方约24年的藏巴汗政权从此宣告结束。

1642年固始汗统治了全西藏，登上了汗王的宝座，迎请五世达赖喇嘛到日喀则，将卫藏13万户的赋税作为格鲁派的供养，又把藏巴汗的宫

---

① 《五世达赖喇嘛传》（藏文版），西藏人民出版社1989年版，第170页。

中财物全部奉献给五世达赖喇嘛,还将日喀则建筑的宫殿全部拆除,将木料运往拉萨,以扩建大昭寺与修建布达拉宫。固始汗本人只抓军队及官吏的任免,而把卫、藏地区行政事务托付给达赖喇嘛的第巴管理。这样以蒙古汗王为主要执政者和藏族第巴共同组成了联合政权。达赖喇嘛的亲信强佐索南群培被固始汗任命为第巴,因达赖喇嘛居于哲蚌寺甘丹颇章,这个建立于1642年的由格鲁派管理的西藏地方政权,史称甘丹颇章政权。

为了巩固这次斗争的胜利,固始汗命其长子达延汗常驻拉萨辖领部众,命第六子多尔济辅佐他,留有蒙古骑兵,驻牧于拉萨北部达木地方(今当雄),以控制卫藏各地。其子孙居于青海,并将青海划分左右两翼分封十子,征收喀木地区(康区)赋税供应青海众部。达赖喇嘛居于前藏,固始汗本人率兵驻后藏日喀则,后移驻拉萨。这样,固始汗借达赖之助,巩固了甘、青、川、康和卫、藏、阿里等藏区的统治。历史记载,1635年前后,固始汗在率部进入青藏高原之时,已与兴起于东北的后金政权取得联系,表示归顺。因此,从一定意义上说,17世纪前期西藏的政局变动,是与明清中央政权的更迭相关的。

在这场斗争中,四世班禅罗桑曲结扮演了很重要的角色,为当时西藏局势的稳定和甘丹颇章政权的建立作出了巨大贡献。有鉴于此,1643年,固始汗赠给罗桑曲结"班禅博克多"的尊号。"班"是"班智达"的简称,是梵文"智慧"的意思。"禅"是藏语"钦波"的简称,是"大"的意思。"博克多"是蒙语,是蒙古人对睿智英武人物的尊称。固始汗并把后藏的数十个谿卡,全部献给扎什伦布寺,以作僧众的供养,这是格鲁派另一大活佛转世系统班禅称号最早的由来。

固始汗统治西藏、建立甘丹颇章政权之后,西藏局势并未因此得以安定,噶举派教派在历史上先后延续了近300年之久,该派的领袖人物曾一直得到明朝中央的推崇,并多次受到册封,在藏族社会中有着广泛的影响和崇高的威望。因此,尽管藏巴汗政权被推翻,但各地噶举派势力仍很强大,先后在卫藏发生了多次武装暴动。固始汗在第巴索南群培的支持下,对这些暴动进行了血腥的镇压,再次强令噶玛派僧侣改宗黄教。噶玛巴第十世活佛却央多杰从拉萨逃往洛扎,后又从洛扎经工布逃到云南纳西族地区躲避,格鲁派与噶玛派之间的斗争才基本结束。

强大的军事力量以及有效的统治手段使毗邻诸藩属地区也纷纷向甘丹颇章政权输诚纳贡。哲孟雄(今锡金)率先恢复了例贡。但作为竹巴噶举派实力中心的布鲁克巴（今不丹），不仅拒绝依第悉藏巴汗执政时之前例向西藏贡米，而且听到哲孟雄输诚的消息，便派遣军队攻入哲孟雄和西藏的门隅地区，固始汗派出以蒙古兵为主的军队由帕克里（今帕里）攻入布鲁克巴，因当地气候炎热蒙古军队不服水土，作战失利。后经谈判，布鲁克巴才答应恢复第悉藏巴汗执政时的岁贡。每年向第巴政府缴纳一定数量的贡米，以后又数次发生纠纷，直到1668年第二次谈判后才彻底改善了双方的关系。

固始汗本人不仅支持格鲁派，而且为了使属下蒙古人信奉格鲁派，他选定白佛为蒙古活佛，并划出一部分藏族和蒙古族作为旗地归白佛统领。另在湟源修起一座小山寺——扎藏寺作为他的家庙，其重要会议及蒙旗王公、藏族首领的盟会均在该寺举行。故扎藏寺成为固始汗的政治军事首府。

固始汗在统一青藏高原前后，始终没有忘记祖先与中央政府保持密切联系的训诫，鉴于明朝中央政府已经被农民起义军推翻的事实，固始汗便积极向新兴的清王朝联系，以便称臣效忠，为清王朝守好青藏高原这大片疆域。1637年，固始汗派出得力助手库鲁克，跋涉千山万水，从青海假道甘肃、内蒙古到达盛京，给刚刚建立的清朝带去了表示效忠的文书和大量的贡品。

1642年阴历十月间，又有西藏达赖喇嘛的代表伊喇固克傲活佛，固始汗的代表岱青绰尔济等到达盛京，皇太极亲迎于宫门，使者除献驼、马、菩提树、兽皮、氆氇外，并面交达赖喇嘛及藏巴汗表文各一通。次年夏六月，西藏使者在清廷派出的人员护送下，携带着皇太极致达赖喇嘛、班禅活佛、红教噶尔玛喇嘛、固始汗敕书各一封，并赐固始汗盔甲全副。同年，又有固始汗兄色棱哈坦巴图尔来朝贡驼、马、雕翎、元狐等物。1645年，固始汗及其在西藏执政的第六子达赖巴图尔多尔济派人至北京进贡马匹。清廷即赠固始汗以甲胄弓矢。此时，满族与青藏和硕特部的关系日益密切。

待清室平定关陇后，青藏和硕特部与满族统治者频繁发生政治关系。清廷定都燕京，青藏蒙古台吉每年派人赴北京入贡。当他们途经西宁时，需索供应，当地官厅多感棘手。故顺治五年（1648），甘肃巡抚王世功有请明定贡使入关人数的奏议。但其时，清廷方从事于大江南北的底定及明室残余势力的消灭，对青藏和硕特部，仅羁縻之而已。直到17世纪50年代以后，清廷大体上消灭了定都于南京的南明政权，开始注意到固始汗政权对稳定青藏高原的作用，而固始汗也表示愿诚心臣服于中央，为清廷世代守护青藏高原。1653年，清政府册封固始汗为"遵行文义敏慧固始汗"，并赐金册金印。固始汗死后，清廷派出大员致祭，并允诺其子孙继续承袭固始汗的爵位。始终保持着与清中央政府的密切关系。

三 清朝廷经略西部边疆的战略布局

对于西部少数民族政权纷纷割据、互不统属、相互征伐、彼此厮杀的混乱局面，刚刚建立起来的清王朝十分忧虑。但由于用兵于江南，清廷一时抽不出力量经营西部，因而在最初20多年里，对西部没有大规模用兵。至康熙年间，特别是17世纪60年代以后，系统地经营西部便提上了皇朝的议事日程，从大方略上讲，先后经历了全面经略西部边疆、兴黄教以安定众蒙古和设立驻藏大臣的过程。

清朝的建立，固然是因为明王朝的政治腐败所致，同时，与蒙古各部的大力支持也密不可分。清朝平定中原及江南的南明势力之后，十分重视经略西部边疆，许多方法和制度至今还值得借鉴。从地域上讲，清朝对西部的划分十分辽阔，包括今内蒙古、新疆、青海、西藏、甘肃一部及塔吉克、乌兹别克、哈萨克的一部和蒙古人民共和国。这么辽阔的领土，使之安定实为清王朝的第一要务，皇帝及王公大臣分出很大一部分精力用于这一方面。根据现在所能了解到的历史资料，经略西部边疆的力度强劲，五部并行。

（一）定制设官，强化朝廷统治

清朝经略西部有很大的特点，其行政机构和官吏设置双线并行，行政机构隶属中央，官吏任免直属皇帝，朝中设理藩院，边疆派驻边疆大吏。理藩院和边疆大吏只有事务上的联系，行政上也不是互相统属的关系。这反映出清王朝对西部边疆经略的谨慎和认真。

清代的理藩院，是一个非常庞大的机构。根据史料反映出来的一般情况，理藩院掌握着西部蒙藏地区的封赐大权、朝拜大权、贡献大权，并对军队调动、官吏的升迁、各部地方军队的控制、上层人士的封赐均有决定的作用。当然，这种权力是皇帝直接赋予的，尚需得到皇帝的批准才能执行,但最初方案的提出和初始的决策、细节的谋划、最后的实施均由理藩院具体执行,这决定了对西部边疆经略中最高行政机关的权力。

理藩院的机构设置也十分庞大,从建制上讲,与当时的六部有平行的性质。清朝的理藩院设尚书一人,左右侍郎各一人,额外侍郎一人,下属六个清吏司。各清吏司的职责为:(1)典属清吏司。掌握察哈尔蒙古官吏的任免、将帅调配,以及外蒙、西藏、新疆各部的上层首领的封爵、会盟及活佛转世批准等事务。该清吏司在诸司中权力最大,任务也较重。(2)王会清吏司。掌握科尔沁等部落朝贡数额的记录、保管、转呈及回赐该部落物品、金银饷项的发放、护送等。(3)旗籍清吏司。掌握蒙古科尔沁等部落的会盟、封爵及归仪城、索仪城等地官吏的任免之权。(4)柔远清吏司。掌握外蒙古的喇嘛、活佛的朝贡品的记录、保管、转呈及皇帝回赐物品,银两的发放、护送大权。(5)理刑清吏司。掌握内外蒙古各部,新疆、西藏、青海等地的刑法及重大案件的审理、批奏。该清吏司的权力仅次于典属清吏司,权力也较大。(6)来远清吏司。掌握着新疆的哈密、吐鲁番及回部地区的爵禄,贡赋银两的保管及发放之权,同时还管理这一带戍边屯垦及当地民众移动牧耕的事务。作为封建王朝的机构设置,不可能有今天这样完备,事项只是粗略的,因为当时的情形与现在不同,其管理体制也有很大区别。

关于向西部派遣官吏,因当时各部都是由割据一方的边地诸侯归顺而来,各地方尚保留有很大权力,因而派驻官吏的数量不大,但必须精明强干。因为所派驻的官吏不仅有代表皇帝行使中央权力的职责,而且还兼有督导、控制、驾驭当地部落首领、地方武装和寺庙的责任。由于各地均有不同的特点,所任官职的权限、责任也有所区别。如在内外蒙古地区设立了察哈尔都统、热河都统、绥远城将军、定边左副将军、库伦办事大臣。这些人虽然职务不同,但共同承担着清中央政府交办的任务。唯独库伦办事大臣,除掌握驻边军队的调动外,还担负着中俄边界事务及贸易往来交涉的任务。青海所派为驻西宁办事大臣,驻在西宁府,掌握着青海及甘肃的军政大权。而新疆则设立伊犁将军,其权力不同于一般的都统和办事大臣,因为皇帝给他的职责是:督率、统领设在新疆天山南北、大漠之域的参赞大臣、领队大臣、协理大臣、办事大臣、协办大臣、都统与副都统。这些朝廷命官均有双向负责的义务,既对皇帝直接负责,也向伊犁将军负责。关于驻藏大臣的设立,实则为清王朝管理西部蒙藏地区的特殊事例,因而作为本书的重点加以叙述。

清王朝除设立理藩院和派驻大量官员管理西部地区外，对各地的自治地区机关的设立也十分关心。清王朝建立之后，就对地方行政机关的设立及官吏的层次逐一疏理，至康乾之际，各地的行政机关及官吏的设置基本上固定了下来。

根据各地区的传统习惯，融合了清王朝的官吏制度，各地的机关和官吏有所区别。如蒙古的行政机关有盟、旗，盟有盟长，旗有旗长。此外清朝还封授了许多贝勒、贝子、台吉等，而新疆除哈密、吐鲁番尚保留许多汗王外，其行政组织和官吏名称大抵和蒙古一样。

无论是朝廷派驻官员或任免地方官员，都需要遵守一个铁的原则，那就是必须听命于清朝中央政府，若稍有违拗，朝廷即派钦差察究。

（二）修建城堡台卡，增强防御变乱的能力

西部边疆地区，广袤万里，有些地方荒无人烟。清朝初年，由于战乱频仍，人口稀少，沿途供应匮乏，加上游牧民族逐水草而居，固定的城池稀少，这就增加了清朝军队在调动、防御和供应方面的困难，也造成了边防的薄弱与空虚。

对于边疆的防御，清朝前期是从战略和战术两个方面进行的，从战略方面讲，主要是笼络内外蒙古、新疆、西藏等地的上层贵族，使之忠心报国，维护国家统一，以作为国家的天然屏障。对此，康熙皇帝不止一次地说："本朝不设边防，以诸蒙古部落为屏障。"[①] "我朝施恩于喀尔喀，使之防备朔方，较之长城更为坚固。"[②] 从现在看，这种边疆战略思想是非常高明的，只要边疆繁荣与稳定，上下一心，共护国家统一，要比单纯地增加国防力量便利得多。当然作为封建王朝中央，他们并没有把筹边的全部希望寄托于周边部族上，而是根据治理边疆的需要和当时的实际，抽调大部力量经营西部，大规模增设城堡台卡。据现在所掌握的材料证实，清王朝建立之后，在内外蒙古地区增设了许多台卡，而在新疆地区建立了大量的城堡。例如：新疆的伊犁地区，因噶尔丹反叛而备受清政府重视。平定噶尔丹叛乱后，清政府扩大城池，赐名惠远。城墙高5米左右，周围约5公里。城设四门，即景仁门、悦泽门、宣阖门、来远门，中间构筑鼓楼

[①] 《承德府志》点校本卷首语，辽宁民族出版社2006年8月版。
[②] 《清圣祖实录》卷151，《清实录》，中华书局1985年版。

以镇守全城。后来又在伊犁城周围筑有兵营堡垒，分驻察哈尔、索伦、锡伯、额鲁特四营，当时伊犁城为新疆第一重镇。又例如，当时乌鲁木齐尚不具备城池之规模，而清政府拨出巨款，重构城池，起名为迪化城。后来，又兴建了库尔勒、乌苏古、巴里坤、吐鲁番、喀什噶尔等城堡，使新疆城堡星罗棋布，便于镇守。

在修建城堡的同时，清政府还在蒙疆地区增设了许多兵营哨所（旧名卡伦）。如外蒙和新疆的科布多、塔尔巴哈台等地设有几百处哨所，史料记载塔尔巴哈台西南一带设卡伦8处，哈布塔海到沁达兰一带设大小卡伦23处，伊犁河北岸设大小卡伦8处，伊犁河西至南设大小卡伦23处，乌什至喀什噶尔设大小卡伦17处。[①] 根据《西陲要略》综计，仅新疆一地就设立哨所200多处，可见当时清政府是十分重视国防安全的。

（三）力行屯垦，移民戍边

屯垦、戍边，为清朝边防的两大要务。17世纪中国的西部边疆，人烟稀少且十分荒凉，大军西征时，仅后勤供应所需力量比军队武装本身还要大。因此，清朝政府十分重视边疆的屯垦。在西部的屯垦分为军垦和民垦两种。清朝平定全国的大小叛乱，殄灭割据势力之后，许多军队无所事事，散兵游勇常常危害百姓，由于在当时尚没有军人转业制度，一部分令其还乡，重操田业，而剩余的一些人不愿离开京师和大的城市，就食于街巷之间，形同于有组织的乞丐帮派。就此，朝中有识之士建议将这些人移往他处，进行屯垦。康熙年间，陈黄中在奏设西部边防疏中，指出"现今内务府上三旗及会稽司诸衙门闲散之丁，约数万有余，汉军披甲外，闲散者，亦有2万余人，此等与其使聚食京师，贫窘无聊，不若徙之塞下，使食其力，每岁拨发3万人，复募边民愿往者，各给以种粮牲畜，令其分地屯牧。择其中之骁捷者，教练为兵，耕牧之余，复习骑射击刺之法，名为屯军，使世守其业。5年以后，始酌纳耕收之税，即以供给屯军饷劳之需，复以其余力缮完堡墙，修整戎器，第使人自为守"。[②] 这是军垦的一个方面，实际上，大量的军垦多出自于边防军的就地屯垦，亦农亦兵。康乾时期，清朝对西部地区多次用兵，有时一次调兵遣将就达几十万，战事

[①] 郑鹤声：《前清康乾时代之理藩政史》，《边政公议》第3、4、5期合刊，1943年，第10—63页。

[②] 王锡琪：《小方壶斋舆地丛钞》，第二帙，《蒙古边防议》，上海著易堂印行，1891年，第14页。

一停，这庞大的军事开支就会形成压力，因此，除一部分放归乡里外，一部分留下来就地屯田。

除军屯外，还有一部分民屯，其劳动力的主要来源是招募贫困地区的流民和聚集于京师及大城市的乞食者。如陈黄中奏议中所记："且举京师数十万之游惰，悉纳之尺籍伍符，使各逐其俯仰之资，国家收获镇戍之用，于以销未然之患，而奠磐石之安矣。"① 清代民屯戍边，一般不惊扰有土地耕种的自耕农，除招募游民散兵外，还将一部分有害于国家安全、扰乱社会治安的人一并发往边地，令其耕种。

在屯垦活动中，还兼有移民的活动，两者既有联系，也有区别，移民之目的主要是减轻中原人口压力，充实边疆，开垦荒芜的土地，发展边疆经济，其对后世的贡献是不言而喻的。据资料记载：清廷定都北京后，推行轻徭薄赋的政策，经顺、康、雍三朝近百年的休养生息，乾隆初，天下民数已达14000万口，统治者已深感人口增长的压力。乾隆二十五年（1760）上谕云："国家生齿繁庶，即自乾隆元年至今二十五年间，滋生民数，岁不下亿万，而提封止有此数，余利颇艰。"人口的急剧增长，加之地主阶级对土地的兼并，造成社会上出现不少"本籍生计难以自资，不得不就他处营生糊口"的"流寓民人"。而且其中已有"生事为匪者"出现。同年，御史周人骥奏请设法限制流寓民人入川，乾隆皇帝斥其"只知其一，不知其二"，他指出，"今日户口日增，而各省田土不过如此，不能增益，正宜思所以流通，以养无籍流民……若如周人骥所奏，有司设法禁止，不但有拂人性，且恐转滋事端"②。这反映出，安置社会上出现的无业流民，以维持封建统治秩序，已成为清廷面临的一个重要问题。

天山南北两路的平定，尤其是天山北路兵屯的成功，使清统治者看到了一条安置无业流民、减轻内地人口压力的途径。乾隆皇帝在驳斥周人骥建议的同时，指出："西陲平定，疆宇式廓，开展乌鲁木齐等地屯田……将来地利愈开，各省之人将不招自集，其于惠养生民，甚为有益。"③ 利用无业流民充实天山北路，"则腹地资生既广，而边隅旷土日开，实为一

---

① 王锡琪：《小方壶斋舆地丛钞》，第二帙，《蒙古边防议》，上海著易堂印行，1891年，第14页。

② 参见《清高宗实录》卷604、612，中华书局1985年版，第786、882页。

③ 同上书，第786、882页。

举两得"①。1761年，乾隆皇帝接到安泰关于兵屯余粮难以变通的奏报后，即下令陕甘总督杨应琚办理招民送赴天山北路事宜。

从1761年开始，清廷相继采取多种政策和措施，在天山北路扶持和发展自耕农经济。这些政策和措施主要有：

1. 动用官帑，招募资送甘肃各府县的无业流民和佃户赴天山北路认垦。甘肃为干旱少雨的贫瘠地区，各府县无业流民和佃农的生活状况相对来说更为艰难。针对甘肃地邻新疆的有利条件，清廷把招募的重点放在甘肃。1752—1775年，清廷先后从甘肃所属之安西、敦煌、肃州、甘州、高台、武威、镇番、平番、中卫、静宁等十余府县招募无业流民、佃农等将近8000户，以每户5口计之，有40000余人。招募的人口皆由官府提供车辆，给予口粮、皮衣、锅口等途中必需用品，委派专员照料起程。在哈密以西戈壁荒野中无宿营旅店，则调拨军用帐房供其使用。② 有人统计，每年迁徙一户贫民出关，动用帑银近90两。③ 由于资送费用很大，清廷于1772年将费用减为"酌给一半"④。至1775年，镇番、平番、静宁、中卫等县有数百户贫民愿赴天山北路，清廷又下令："向给一半之数，再减一半赏给。"⑤ 并规定，"至将来四、五年后，此等闻风愿往户口日多，即此再行减半之数，亦毋庸给发，不过官为查照存案，听其自行前往而已"⑥。据此可知，在1780年左右，官费资送贫民的政策即停止实行。

2. 鼓励天山北路各垦区的手艺人、小商贩、兵丁子弟等类人员就地认垦落户。新疆统一后，内地各省的手艺人、小商贩纷纷负担出关，寻找生计。在天山北路，奔走谋生的手艺人被称为"流人"。乾隆时的文人纪昀作诗说："屯戍处处聚流人，百艺争妍各自陈"⑦，表明这类人口之众多。各垦区奔走逐利的小商贩也不少，纪昀在乌鲁木齐时见到："商民流

---

① 参见《清高宗实录》卷604、612，中华书局1985年版，第716、986页。
② 《清高宗实录》卷645，乾隆二十六年九月丁巳，中华书局1985年版，第218页。
③ 华立：《乾隆年间移民出关与清前期天山北路农业的发展》，载《西北史地》1987年第4期，第122页。
④ 《清高宗实录》卷1037，乾隆四十二年七月丙戌，中华书局1985年版，第894页。
⑤ 《清高宗实录》卷1101，乾隆四十五年二月丙子，中华书局1985年版，第743页。
⑥ 同上书，第744页。
⑦ （清）纪昀：《乌鲁木齐杂诗》，民俗类，新疆人民出版社1991年版，第46页。

寓，往往不归……其父母乏养者，或呈请内地移牒拘归，乃官为解送，岁恒不一其之。"① 天山北路设立驻防军后，绿营兵丁开始将原在内地的家眷搬至新设提镇驻地。绿营为世业兵制，营中出缺从兵丁子弟中挑补，但和平时期出缺有限，成年子弟难以尽食兵粮。针对以上情况，清廷命令驻乌鲁木齐办事大臣在新疆划出大片荒地，请就食于兵营中的兵丁子弟认领地块垦荒。这一政策实行以后，每年都有不少人口认垦落户。以乾隆四十二、四十三两年为例，玛纳斯古城眷兵分户子弟应募入籍者有426户，迪化、昌吉等处新招户、搬眷到屯的商户共计1403户。② 从有关记载来看，自1770年以后，就地招募的兵丁子弟、商贾艺人人口成为天山北路入籍人口的重要组成部分。

3. 鼓励遣犯落户天山北路。从1760年开始，清廷逐年将内地遣犯发往新疆。发往天山北路的遣犯，主要是被隶属于兵屯之中，与屯兵"随同力作"，由屯兵督课奴役，或者在兵屯中承种份地，缴纳定额屯租。③ 清廷将遣犯发往天山北路的本意，即在于"以新辟之土疆，佐中原之耕凿，而又化凶顽之败类，为务本之良民"④。为达此目的，清廷规定，视遣犯原犯情罪之轻重，"将原拟死罪者，作为五年军流罪，轻者作为三年，年满无过犯者，陆续编入民册"⑤。这些规定实行后，天山北路各垦区陆续有不少遣犯就地入籍，至乾隆四十三年，乌鲁木齐为民遣犯达1242户⑥。除了遣犯之外，清廷还把内地的不法豪强、内附夷人等举族迁往天山北路各垦区按插入籍，这类人口在当地被称为"按插户"⑦。

4. 扶持入籍人口立业于边地。要使上述各类人口安心于边地的生活，首先要给他们一份必要的生产资料和生活资料，给他们置产立业。清廷采

---

① （清）纪昀：《乌鲁木齐杂诗》，民俗类，新疆人民出版社1991年版，第57页。

② 《乌鲁木齐政略·户民》，见《西北稀县方志文献》，北京线装书局2006年版，第175—177页。

③ 参见《清代西北屯田研究》第4章"犯屯"，第126页。王希隆著：《清代西北屯田研究》第4章，兰州大学出版社1990年版。

④ 《清高宗实录》卷599，乾隆二十四年十二月丁酉，《清实录》，中华书局1986年版，第659页。

⑤ 《清高宗实录》卷768，乾隆三十一年九月壬午，《清实录》，中华书局1986年版，第437页。

⑥ 《乌鲁木齐政略·户民》，《西北稀见方志文献》，北京线装书局2006年版，第178页。

⑦ 参见《清代新疆的按插户》，《西北史地》1988年第1期。

取了扶持政策,其具体措施是:应募入籍的流民、佃户、手艺人、小商贩、兵丁子弟等,"每户拨给地三十亩,力能多种者亦听民便;赏给农具一副、籽种小麦八斗、粟谷一斗、青稞一斗外,借给建房银二两,马一匹,作价银八两,侯尹等生计充裕之后完交。所垦之田,照水田之例,六年升科,每亩纳细粮八升"①。1768 年,经乌鲁木齐办事大臣温福奏准,"遣犯为民,每户拨地三十亩、籽种小麦八斗、粟谷一斗、青稞三斗、房价银一两,每六人给农具一副、马二匹,每匹作银八两,拨地之次年升科,房价、马价分作三年带征"②。这是对有家眷的遣犯为民的规定。只身遣犯为民房价银钱加倍给予,农具为四人一副。

力行屯垦、移民戍边显然取得了比较理想的效果,不唯边疆日益巩固,经济也日益繁荣。据《新疆纪略》记载:自屯垦、移民其后的百年之内,新疆各地经济繁荣,商业发达,人民安居乐业,这些结果均出自屯垦、移民带来的好处,所谓"……迩来甘省民户,移驻数千家,及内地发遣人犯数千,皆散处于昌吉玛纳斯等处,开辟草莱,充斥其地,为四达之区。以故字号店铺,鳞次栉比,市廛宽敞,人民杂糅,繁华畜座,甲于关外"。又谓:"阿克苏回子一大城也……地当孔道,故内地商民,外番贸易,鳞集星萃,街市纷纭。每逢入栅会期,摩肩雨汗,货如雾拥。设游击一员,稽查往来辖票,弹压四方。"

对于屯垦之地的繁华景象,有人作了更为精彩的描写,"叶尔羌,回疆一大城市也……人丁七八万户,九城各千户……比栉而居,几无隙地,中国商贾山陕江浙之人,不辞险远,货贩其地。而外藩之人,如安集延、退摆特部酣,克什米尔等处,皆来贸易。入栅尔街长十里,每当会期,货若云屯,人如蜂聚,奇珍异宝,往往有之,牲畜果品,尤不可枚举,其人循谨,敬中国之人,爱戴官长。"

"喀什噶尔,回城……极繁盛,习技巧,攻玉镂金,色色精巧,风尚奢华,多妓女,娴歌舞,殷实之家,亦颇畜之,犹中土畜歌姬也。人皆循谨,畏法敬官长。"③

---

① 《乌鲁木齐政略·户民》,《西北稀见方志文献》,北京线装书局 2006 年版,第 167 页。
② (清)佚名:《乌鲁木齐政略》,《西北稀见方志文献》第六卷,北京线装书局 2006 年版,第 94 页。
③ (清)《西域见闻录》卷二,(出版地不详)另四山房 1777 年(清乾隆 42 年),第 15、18 页。

正因为清王朝前期屯垦、移民之政策，使中国西部地区的人口大增，经济上也发展很快，为日后挫败沙俄染指蒙疆地区、遏制民族分裂主义分裂祖国的活动奠定了人力和物质基础。

（四）列秋狝、巡狩、会盟、朝规之制

"大漠风尘皇恩处，唯有秋狝巡幸来"，这表现了清朝经略西部地区一个非常人性化的特点。这种制度如果用现在的语言来表述，就是统治中国西部的蒙、疆、西藏等地区一种显示恩威的办法，也是联络感情的一个方面。

关于秋狝的描绘，首推魏源的《圣武记》，他绘声绘色地讲道：我大清朝抚绥蒙古最大的盛典，莫过于木兰秋狝，这种盛大活动每年一度届时举行，有专门为这种活动设立的场地，其周长有 1300 余里，南北相距 200 多里，东西相距 300 多里。在这广大的地域里，草木繁盛，野兽成群，每年白露之后，就能听到小鹿发出的咪咪之声。这样大的围猎之地有 60 多所。顺治初年，清世祖从京城出发经张家口到上都河，至古北口，首次进行了塞外秋狝。康熙年间，蒙古诸部划出一些比较好的场地，作为皇帝打猎的场地。

如果单从打猎的角度看，木兰秋狝可能会被人们误认为皇帝不务正业，实际上，这是清朝初期笼络蒙古诸部和王公大臣的一种手段。秋狝之时，朝中王公大臣、蒙古诸部贝勒，均紧随左右，皇帝及诸王子威风凛凛，战马嘶鸣，既有娱乐之效用，也有威慑之结果，因此，在《乾隆东华录》中有这样的描述："我皇祖建此山庄于塞外，并非一己之豫游，盖贻万世之缔构也。国家承天命抚有中外，于古未有之地，尽于版图，未服之国，尽受封爵，而四十八旗诸部落，屏蔽塞外，恭顺有加。每岁入朝，锡赉燕飨，厥有常典。但其人未痘者，以进塞为惧，延领举踵，以望六御六临，觐光钦德之念，有同然也。我皇祖俯从其愿，岁避暑于此，鳞集仰流而来者，无不满志以归……巡狩之典，或一岁而二三举行，耗赇劳众之论，夫岂不虑，然而凛天戒，鉴前车，察民瘼，备边防，合内外之心，成巩固之业，习劳苦之役，征宴安之怀，所全者大，则其小者有不必恤矣。"[①] 由此可见，清前期秋狝的政治用意。

秋狝之外，还常常加之于巡幸，这是清朝经略西部地区的另一种表现

---

① （清）和珅、梁国治：《钦定热河志校点本》，天津古籍出版社 2003 年版。

方式。根据现有资料表明，这种活动的作用为，一面资以考察边塞，一面对掌握着各部政权的诸王进行训导教养。康熙十二年六月，圣祖皇帝玄烨在沿边地区巡视，内外诸蒙古王公纷纷来朝拜，并带来了许多匹上好的蒙古马，同时还选调了喀喇沁杜楞郡王扎什、镇国公乌忒色喇、一等塔布囊西达率兵丁 1500 名作为向导。

1683 年 7 月，康熙皇帝出古北口避暑，一月后到达兴安拜察地界，召谕科尔沁部诸王公大臣，训导他们说："朕本内外一视，并无分别，尔外藩遇年岁荒歉，朕运粮米赈济，或有困，即赐牧畜缎匹，无非虑尔等失所之意。况此番巡幸，尔等或有过犯，朕并不执法治罪，且频加赔赉，优待尔等，于此可见。嗣后尔等宜遵守教谕，革除恶习，以副朕好生之意。"①

康熙中期，噶尔丹祸乱蒙疆，西部形势危急，康熙更加紧巡视蒙古地区，并率军亲征，显示出清前期皇帝的作为和国运的昌盛。1698 年 11 月，康熙皇帝谕示大学士们说："朕君临天下，无分内外，视同一体，夙夜勤劳政事，凡有益于民者，务求必济。至于绝域荒陬之蒙古等，无不抚育，使各安其业，咸遂其生。近者巡行所经，有敖汉、奈曼、阿录、科尔沁、扎鲁特等处，见其水草甚佳，原孳生蕃息之地，而蒙古等斩至窘迫者，由其牲畜被盗不敢夜牧故耳！朕察知其情，曾着任郎中李学圣往翁牛特，员外郎即都浑往策忘折卜，主事奢冷往敦多布、多尔吉等处以教育之。"②

这种活动类似于现在国家领导人视察下情，当然，封建帝王们还带有施威于边的意思。

实际上，封建帝王示德威于边塞，还利用了一种会盟的方式。漠南蒙古初平之时，开始了会盟的活动，其方式为：由皇帝派遣重臣前往边地，守边人员根据大臣的来意，召集诸王贝勒跪迎制书，接制书之后，于正中设香案，将制书放之中央，诸王公贝勒再行拜礼。后来，皇帝也有亲自出盟巡阅，各王公贝勒宣誓效忠，然后赐以爵位、衣冠、银币等。这近似于封建帝王与蒙疆王公结成密不可分的一体，既知之威，又笼以恩，使清朝中央对诸部落王公深信不疑，避免了边远地区王公贵族对王朝中央的疑虑和恐惧。

---

① 《康熙东华录》筹边、藩部。王先谦：《东华录、东华续录》，上海古籍出版社 2008 年版。

② 同上。

会盟之后，各王公、贝勒、台吉根据盟约按时朝拜皇帝，以示对朝廷忠心耿耿。

（五）施以兵威，消弭割据裂土之野心

清前期经略西部地区除定制设官、给予恩惠外，还常常根据各地王臣的态度施以兵威。当然，这是清中央政府不得已而为之的方法。关于施以兵威，历史资料记载很多，在康雍乾时期对西部大的用兵活动主要是平定噶尔丹、罗布藏丹津、策妄阿拉布坦、阿睦尔撒纳等叛乱，以及福康安进藏驱逐廓尔喀等，这是在西部所进行的几次大的战争。

经过几次大规模的战争后，西部各族人民都认识到搞分裂割据的人损人又不利己。因为大规模的战争不仅死伤很多人口，还屠杀大量的牲畜，破坏经济发展，使叛乱之地人口损失很多，数年人丁不兴。同时，凡是与清朝中央相对抗、企图搞分裂割据的头面人物，没有一个有好下场，如噶尔丹自杀，罗布藏丹津败逃，策妄阿拉布坦败后向清朝谢罪获免，阿睦尔撒纳败亡，这些结局使人民看在眼里、记在心里，因此，对搞分裂割据者支持者甚少。清朝前期对西部施以兵威，确实起到了维护祖国统一、反对分裂的作用。

四　兴黄教即所以安众蒙古

清朝对西部边疆的经营，可谓全力以赴，人力、物力上靡费巨大，在强化政治统治的同时，清王朝并没有忘记从精神上统治西部地区。除用儒家的仁、义、礼、智、信教化、训导西部各王公大臣、部落首领外，而"兴黄教以安众蒙古"是清统治者对蒙藏地区精神统治的又一手段。

（一）选择黄教之动因

清朝取得全国统治权之后，仍然奉行入关前利用藏传佛教（喇嘛教）作为精神力量统治蒙藏民族的政策。之所以这样做，是由当时的特定历史条件决定的，若详细分析，有其深刻的历史、政治、社会诸多原因。

1. 基于黄教在蒙藏地区的悠久历史和强大的影响

早在10世纪左右，佛教与西藏地方的原始宗教相结合，形成了一种独特的喇嘛教。元朝时期，统治者在西藏推行政教合一的政策，封喇嘛教萨迦派首领八思巴为"帝师"，命其统辖西藏地方的政务。当时，该教虽然也传到了蒙古地区，但并没有深入到广大群众之中。后来，由于萨迦派"僧众骄佚，竞事争权"，以致"久而益弊"，使广大信教群众对该教失去了崇信的道德力量。对此，宗喀巴于 14 世纪末奋然改革，"惩红衣派蓄妻传子嗣承之汙风"①，创立了黄教。至 16 世纪后期，黄教势力大炽，其他教派和诸法王"皆俯首称弟子"，"诸番王徒拥虚位，不复能施其号令"②。明末清初，正值中原混乱之际，信奉黄教的蒙古贵族率兵进藏，帮助黄教打败了支持其他教派的世俗势力，帮助五世达赖和四世班禅建立了甘丹颇章政权。并凭借行政权力，打击迫害尚存的其他教派和支持者，取得了完全的统治地位。此时，由于蒙古贵族试图借黄教力量统一蒙藏地区，大修庙宇，令子弟着意佛门，使黄教很快渗透到了蒙古人民的日常生活中，使人人崇拜黄教，家家户户供奉佛像，达到了狂热的程度。这种宗教力量不仅支配着基本群众的日常生活，还操纵着世俗权力。甚至影响着中央政府在蒙藏地区行使权力。例如：1696 年清军击败噶尔丹之后，清廷派大臣二郎得到青海等地，谕令青海各王公贵族交出逃亡的叛乱残余。令人震惊的是，这些贵族称"我等俱达赖喇嘛之徒，俟启闻达赖喇嘛，视其言何如，遵依而行，非可任我等之意"③。至清朝前期，黄教不仅在青藏高原获得了宗教统治权力，而且还渗入到漠西厄鲁特蒙古中间。据资料记载，当时新疆厄鲁特蒙古约计 60 万人，喇嘛就占总人口的 10%，大约有 6 万人。当时，厄鲁特人民日常生活离不开喇嘛教，孩童 6—7 岁都识喇嘛字，诵喇嘛经。人生老病死先延请喇嘛诵经，不唯如此，人们还心甘情愿地把大量的财富奉献给寺庙。喇嘛这种宗教影响增加了其社会地位和政治分量。所以，大喇嘛在明末清初的政治斗争中，充当了各派政治力量之间的协调人，甚至左右着蒙藏地区的政治局势。

正因为黄教在蒙藏民族中有着巨大的传统力量和政治影响，清王朝才因势利导加以利用。清宗室昭梿的话透露出了清朝统治者的苦衷，他说："国家宠信黄僧，并非崇奉其教以祈福祥也。只以蒙古诸部敬信黄教已久，故以神道设教，藉仗其徒使其诚心归附，以障藩篱。"④ 由此可见清王朝对黄教扶持的政治用意。

---

① 《西藏佛教史》，中华书局 1993 年版。
② （清）黄沛翘：《西藏图考》卷二，台湾文海出版社 1965 年版，第 93 页。
③ 《清圣祖实录》卷 175，《清实录》，中华书局 1985 年版，第 889 页。
④ 昭梿：《啸亭杂录》卷 10，中华书局 1980 年版，第 361 页。

2. 借宗教势力以号令众蒙古

清王朝消灭了明朝的残余势力之后，其主要政治任务就是平定西部叛乱势力，统一西部地区。在清王朝用兵蒙古地区时，一些少数民族的上层分裂分子便以保护黄教不受摧残为名，煽动诸部群众及僧徒喇嘛抗拒清廷军队及官员。同时还假借黄教之名而伐异，侵扰其兄弟部旗。例如：康熙年间的准部首领噶尔丹，就是借口"喀尔喀大悖逆，不敬佛，乃敢轻蔑喇嘛使"[①] 之名而对其大肆讨伐的。策妄阿拉布坦割据新疆时，也以保护黄教为借辞，派兵骚扰西藏，使西藏人民蒙受巨大的战火灾难。稍后，其继承人也多次打着保护黄教的名义祸乱西藏，并煽动西藏分裂分子从事分裂国家的活动。

对于蒙藏地区一些部落首领、王公贵族借护教而祸乱地方，抗拒中央的活动，清王朝有着清醒的认识。乾隆皇帝在《伊犁喇嘛行》一文中透彻地说明了这种认识："蒙古之教宿尚黄，宗喀巴以来，三百余年其流长。若顾实汗以此雄踞卫藏摄群部，然亦不过假名敬佛，要乃所以收众方。强吞弱噬互攘窃，无不垂涎达赖喇嘛，貌为恭谨，其实心弗良。策妄阿拉布坦，创据伊犁有弗遑，然已计入西藏肆披猖。逮噶尔丹策凌，遂兴黄教，名曰安众生，亦效西域建都纲。喇嘛达尔济及达瓦齐相继篡立，无不藉喇嘛之力以肆强。"[②] 正因如此，清王朝用以其人之道还治其人之身的策略，与这些称霸一方的割据势力针锋相对，也借兴黄教为名讨伐这些乱民乱教者。如驱逐准噶尔部扰藏的战争即提出了这种口号。不仅如此，在利用黄教以号令众蒙古中，还常常与割据地方的势力争夺对达赖喇嘛的控制权。如1706年，清廷派出大军挫败了策妄阿拉布坦劫持六世达赖仓央嘉措的企图，促使拉藏汗为防止意外而押送仓央嘉措赴京。10年之后，清廷又挫败策妄阿拉布坦企图劫持六世达赖转世灵童、以号令蒙藏的阴谋，并将灵童安全地护送至西藏拉萨后为保七世达赖喇嘛之平安，将其安置到四川西部的泰宁寺[③]加以保护。这反映了当时黄教在蒙藏王公贵族中的势力和影响。

[①] （清）俞正燮：《癸巳类稿》卷8，《驻扎大臣原始》，商务印书馆1957年版，第298页。

[②] 钟兴麒校注：《西域图志》卷39，《御制伊犁喇嘛行》，新疆人民出版社2002年版，第511页。

[③] 今四川省道孚县八美乡乾宁寺，又称惠远庙，此寺为雍正皇帝惠赐修建的寺庙。

3. 借黄教化导万民，以柔远而怀德

清王朝对西部地区的施政，除采用政治的、军事的、经济的手段外，还举起黄教这一精神武器以柔顺剽悍难驭的草原部落民族。由于历史的原因，蒙藏地区和中原地区的精神信仰有很大区别，继续利用儒教化导蒙藏地区的民族必须假以时日，尚不知效果如何。清统治者干脆放弃这种想法，从黄教方面入手，用精神力量来安抚、训导、麻醉蒙藏地区的人民，使之成为可以任其驱使的顺民。基于这一点，清廷在西部施以军威的同时，大力提倡崇信佛教，兴建寺庙。

对此，作为最高统治者的皇帝们深知其重要性。康熙皇帝曾说过："佛教之兴，其来已久，使人迁善去恶，阴立德化，不可忽也。"后来，康熙帝曾一度认识到黄教泛滥所带来的反面影响，认为"蒙古惑于喇嘛，罄其家资不知顾惜，此皆愚人偏信祸福之说，而不知其终无益也"①。并多次重申："且蒙古惟信喇嘛，一切不顾，此风亟宜变易。"② 但是，为了维护西部地区的安定，控制蒙古众部，使之在宗教之风熏陶下不致反叛，封建帝王们开始把黄教纳入到自己的统治机制之中，除世代建寺立庙，一心笼络喇嘛、活佛，特别是笼络达赖、班禅两大世袭活佛外，还研究如何使黄教适应清中央对蒙藏地区的统治。顺治至乾隆年间，为了笼络达赖、班禅及青海、蒙古诸活佛，清廷拨出巨资修建喇嘛寺，仅在北京、承德等地，就兴建喇嘛庙多处，如黄寺、雍和宫、外八庙等。

采用这种以黄教柔顺众蒙古的办法，确实起到了清廷所期望的结果，到清朝中期，蒙藏地区青壮年男子多入寺为僧，即使不为僧者，因诚信喇嘛教，已失去当年勇敢善战的性格，为清廷统治蒙藏地区消弭了叛逆之心。

（二）对黄教头面人物的礼遇与封赐

对于清王朝来说，黄教的兴起帮助了他们对西部地区的统治，安抚了众蒙古，这是黄教的一大功劳。因此，对于执掌黄教大权的大喇嘛、活佛们，清朝不惜制定各种制度，靡费万金给予礼遇和封赐。其形式多种多样，其行为不遗余力。

1. 保留旧有地位，定等级赏赐名号

清入主中原后，立即宣布承认黄教大喇嘛原有的社会地位，以消除

---

① 参见《清圣祖实录》卷44，中华书局1985年版，第583页。
② 同上书，卷198，第8页。

因社会大变动所带来的疑惧，消弭因对旧朝忠诚所带来的对抗情绪。其具体做法为：令大喇嘛们仍然承袭旧有封赏，只是把明朝的册印改为清朝的册印，实际上只是换一个图章而已，内容依旧。如：1648年，顺治皇帝就公开宣布"念尔西域，从来尊重佛教，臣事中国，已有成例。其故明所与敕诰印信，若来进送，朕即改授，一如旧例不易"①。后来，乾隆皇帝说得更为明确："达赖喇嘛、班禅额尔德尼之号，不过沿元明之旧，换其袭敕耳。"这种做法非常清楚，只有保持其旧号，才能使之诚心归附。

与此同时，清廷在原有的基础上又制定了对黄教大喇嘛、活佛封授职衔、赐以名号的制度。其方法近似于对世俗贵族封授爵秩，以为社会地位的标志。根据《理藩院则例》规定："凡胡图克图、诺门汗、班第达、堪布、绰尔济，系属职衔；而国师、禅师系属名号。该胡图克图等除恩封国师、禅师名号者准其兼授外，概不得以胡图克图兼诺门汗、班第达、堪布、绰尔济等职衔，亦不得以国师兼禅师之号。"皇帝予以封授的印册质地和内容均有区别，如达赖喇嘛、班禅额尔德尼、哲布尊丹巴的封册均用黄金制成。其余活佛、国师印册，均用镀金。清朝前期，仅列入清理藩院名册的大活佛就达160多人，这些活佛包括达赖喇嘛、班禅喇嘛均接受了清中央政府的册封，并有册印和其他名证。

2. 确定喇嘛之特权

清政府对于黄教中有影响的大喇嘛，均赐予统治地方的世俗权力，以维护其封建特权，使之忠心耿耿地拥护中央，维护地方安宁和祖国统一。

清朝年间，西藏仍实行政教合一的管理制度。达赖、班禅不仅掌握着卫、藏地区的教权，而且拥有兼辖地方事务的权力。清廷曾规定："所有图伯特事务，由达赖悉依例督率噶伦等妥善商办，报明驻藏大臣转奏。"②其他一些大喇嘛也拥有直接管理地方事务的权力。

除此之外，清政府还允许大喇嘛们占有服役奴仆，由世俗政府指派所需工作人员：如规定"跟随达赖喇嘛之孜仲、旧例150名"，至乾隆年间，增加到300名，其他喇嘛也可以随带一批仆役为其服务。

对喇嘛们出门所乘的轿辇，清政府也做了具体规定，以轿辇的区别来

---

① 参见《清圣祖实录》卷39，中华书局1985年版，第315页。

② 《敕封十一世达赖喇嘛金册》，见蔡志纯、黄颢编著《活佛转世》图九，中国社会科学出版社1992年9月版。

确定大喇嘛的地位。如达赖喇嘛、班禅额尔德尼、哲布尊丹巴活佛被准予支搭黄布城，乘坐黄车、黄轿。章嘉活佛则被允许享受紫金城内赏用黄车。对名号较低的喇嘛出门时的轿辇，根据不同颜色也做了规定。可见，清中央政府对大喇嘛们的待遇问题颇费了一番苦心。

3. 免除差徭、赋税，授予向辖地征税的特权

清政府在政治上确认和赋予大喇嘛、活佛种种特权尚嫌不够，又从经济上给予优厚的待遇，这种物质上的鼓励起到了政治上所不能达到的作用。

差役、赋税在封建社会是普通群众备受压迫的主要根源之一，也是统治者对人民剥削的主要手段。就国家的具体规定，居住在境内的所有公民都有服役、纳税的任务，唯独对佛教高僧例外。据《热河清真寺碑文》载："雍正三年，荷蒙世宗宪皇帝特恩，庵观寺院差徭、银粮，概行豁免。"当然，这一规定也适用于蒙藏地区的喇嘛、活佛。《金川琐记》记述了大小金川藏族地区的喇嘛徭役、赋税俱免的情况。当时，"夷俗多力役之征，一家之中，更番出应，终岁几无废日，只有喇嘛及土僧得从优免"。① 除免掉徭役、赋税外，一些享有封建特权的大喇嘛还有直接向辖区平民征税的权力，这无异于封建社会中的各路诸侯所享有的权力。据《卫藏通志》记载：蒙藏百姓向唐古忒喇嘛与达赖喇嘛交差，明确规定"上等地，下籽种一克者，交粮十克；中等地，下籽种一克者，交粮七克；下等地，下籽种一克者，交粮五克"。当时按藏区通行的计量，每克大约28斤，可知喇嘛们收粮所厚。在缴纳粮食外，还规定"伙种十三克籽种地亩者，每户每年应折交草料银两五钱，柴薪钱八钱，牛一头。二年交银块半个，绵羊十只"，等等。凡工布地区养猪之户，20头猪中缴纳一头。除此之外，还必须向寺庙付出名目繁多的差役。所有缴纳的钱粮，清政府一概不收归国库，全部留给喇嘛们自用。清廷对喇嘛们不缴赋税、自收钱粮自用，尚怕他们用度不足，每年还例行赏赐大量的银两、绸缎、金银皿器等。而对于被清中央承认的驻京及各地的大喇嘛们，清政府待之如官吏，定期发给银钱和粮食。据资料记载：蒙古扎萨克大喇嘛，每日各给银1.5钱、米2.5升，所随带的徒弟可定额6名，每日给2.8分、米2.5升。其他差役、服务人员若干，每天供应官银5.05钱、米3.25斗、马4

———————————
① （清）李心衡：《金川琐记》卷3，商务印书馆1985年版，第23页。

匹、牛4头，并负责供应马、牛草料。如把这些加在一起，每个大活佛须每日由官府出资十多两银子，封授的大量活佛，清政府每年需靡费巨资予以供养。

4. 大兴寺庙以笼络黄教上层

清朝定都北京不久，便视各地情况大肆兴建寺庙，尤以蒙藏地区修建为多。1651年，顺治皇帝以"有西域喇嘛者，欲以佛教阴赞皇猷，请立塔建寺，寿国佑民"为借口，令僧中匠人督工匠建造了第一座喇嘛庙，翌年，为了迎接五世达赖的到来，又在北京建立了西黄寺作为五世达赖的专设住所。康熙执政之后，西部叛乱日增，兵匪日多，扰乱了中国西部的安全，清政府为了加强安抚众蒙古的力度，开始大规模兴建喇嘛庙，督促喇嘛们对于欲叛或再叛之首领、部众进行教化。1691年，康熙帝举行了历史上著名的多伦会盟，"宴赉蒙古喀尔喀等外蕃君长于此，从诸部所请，即其地建庙，命百二十旗，各旗一僧居之。赐额曰汇宗寺"①。汇宗寺的建立，开创了清政府在蒙藏地区建造喇嘛庙的先例。准噶尔祸乱西藏之后，布达拉宫遭到严重破坏，清军驱逐准部后拨出数10万两银子修补布达拉宫殿，并镶以大红玛瑙，用黄金打制了大量的器皿。②后来，由官府出资兴建喇嘛庙之风愈演愈烈，总计清朝前期，由清政府出资修建的喇嘛庙，仅北京市就有：弘仁寺、西黄寺、嵩祝寺、福佑寺、妙应寺、梵香寺、雍和宫大隆善护国寺、嘛哈噶喇寺、长寿寺、慈度寺、大清古刹、资福院、东黄寺、汇宗梵宇、普度寺、普胜寺及慧照、化城、隆福、崇福、室谛、正觉、功德等大小寺庙30多座。另外在承德、库伦、呼和浩特、五台山、西宁、卫藏地区、新疆地区、甘肃、青海等地修建了不计其数的喇嘛庙。可以想见，清朝对黄教的笼络和利用已达到了苦心孤诣的地步。

5. 施厚恩于黄教首领

以厚重的恩宠和隆重的礼节优待、册封黄教首领，是笼络黄教的核心部分。自清开国以来，朝廷对达赖、班禅、哲布尊丹巴、章嘉活佛等有影响的大活佛均给予隆重的礼遇和无以复加的名号。1653年，清廷正式册封五世达赖为"西天大善自在佛所领天下释教普通瓦赤喇怛喇达赖喇

---

① （清）金志节、黄可润：《口北三厅志》卷4，台湾成文出版社1968年版，第79页。
② （清）肖奭：《永宪录》卷1，中华书局1959年版，第11页。

嘛"。1693年，册封哲布尊丹巴活佛为"大喇嘛"，许诺"于喀尔喀地广立库伦，广演黄教"。1713年，又封班禅为"班禅额尔德尼"。一些册封的内容似乎无所不包，把人间的真、善、美、权力、地位、荣誉都加到了一人身上。另外，册封大喇嘛所用文书非常考究，达赖、班禅、哲布尊丹巴都使用纯金打制的金册、金印，其他活佛的册封也使用含金量很高的镀金品。

此外，对接待大喇嘛的礼节搞得非常隆重，最突出的莫过于五世达赖、六世班禅进京觐见皇帝时的隆重与热烈，一些场景早已被史学家详细记载。

（三）五世达赖喇嘛盛况空前的朝觐

清王朝崇奉黄教最大的行动之一，莫过于接待五世达赖喇嘛的进京朝觐。从时间上讲，17世纪中期，是全国多事之秋，清廷鼎定中原、统一全国尚需假以时日，全国东西南北，战火纷飞，铁甲蔽日，特别是西部地区，战火连绵不断。从双方的需要看：彼此都是不言而喻，五世达赖喇嘛虽然借助固始汗的势力消灭了白利土司和藏巴汗两大劲敌，但周围的反对派并未销声匿迹，从康区至异邦不丹、拉达克、尼泊尔，尚有亲噶举派的武装力量，随时都有卷土重来的危险，必须得到中央的支持和认可尚可稳固。作为五世达赖的支持者固始汗，虽统一了青藏高原，但需要皇帝的承认和册封才能名正言顺地施以统治，掌握教权的五世达赖和掌握世俗权力的固始汗都需要强大的清中央政府做后盾。而从清政府方面看，自1644年入关以来，一直遇到南明政权和农民起义军的激烈反抗，至17世纪50年代，这种反抗并没有被消灭，所封的南面三藩也常常窥视神器，图谋不轨。在这种情况下，清朝还暂时难以抽调更大的力量去消弭西部的战火，只好利用黄教在蒙藏民族中的威信加以笼络。当时五世达赖喇嘛执黄教而新胜，势力迅速扩展，蒙藏各部众皆畏服其佛法与道德，纷纷前来奉佛归顺，有鉴于此，清政府决计敦请达赖喇嘛来朝，以向西部诸蒙古部众示以天德与天威。

1651年，顺治帝再次派遣朝臣到西藏，敦请五世达赖喇嘛进京面晤，共商安定西部诸蒙古的大事，顺途也可以从事佛教活动，大兴黄教，扩展教权之影响。五世达赖喇嘛应皇上召请，同意于1652年开春动身进京。

在进京之前，五世达赖、固始汗及第巴诸官员进行了大量的准备工作，班禅也从后藏应邀前来会商大事。据五世达赖喇嘛事后回忆道：从二月份起直到动身离开拉萨之前，从卫藏上下各地赶来送行和拜会的人很多，不丹活佛和德钦曲库巴一行光临。德钦曲库巴称：许多活佛需要听习显宗经典，懂这种经典的高僧需要从格鲁派中迎请。按照他们的请求，我派遣僧人前去教习。后来，因忙于准备进京的工作，不能为各种从高门大户前来的人诵经摸顶，因而致函延请班禅大师前来帮助。①

  蒙历三月，五世达赖率领蒙藏官员及侍从近 3000 人从拉萨出发，在离开拉萨前，拉萨各大寺及第巴政府的许多官员前往送行并商议途中及进京事宜，五世达赖还应三大寺的请求，做了大量的佛事活动。4 月初，行至桑珠德庆时，应女头人喜绕卓玛之请，五世达赖为其撰写了祈愿文，并在此住了 3 天，继续做准备工作。从资料上看，五世达赖在进京的途中，一直没有停止过准备工作，他一面做佛事活动，一面延请途经地的头人、部落首领和高僧大德，会商进京后对皇帝应做的诸种事情，并不断接受途经地僧俗的朝拜，进行佛事活动。

  顺治皇帝对五世达赖喇嘛朝觐十分重视，在江南战事未停、西部尚不平静的情况下，抽出很大一部分精力来接待这位在蒙藏地区影响颇大的黄教领袖。在目前接触到的资料中，以五世达赖喇嘛的自传《进京记》最为可信。在这部自传中，五世达赖喇嘛是这样描述的：他们自拉萨出发之后，途经当雄、那曲，到达青海的西宁，然后经陕西至内蒙古，在青海和内蒙古，五世达赖喇嘛接受了许多人的朝佛活动，特别在内蒙古，受许多贝勒、台吉之请，做了大量的佛事活动，于 12 月份到达河北。接着，他又自述道：

  12 月 5 日，我们从位于长城内的"张家口"②城边经过，在鲁雅村歇宿。该城的城墙、大桥、石狮以及树木都非常美丽，对面的石碑有如天柱。此后，我们渐次行至叫做"巴颜苏木"的大城附近，约有上千人来到城门处，因担心天花病，所以亲王派了三四个人把他们全都赶回城里。随后，我接见了温萨活佛和巴图尔浑台吉从厄鲁特部派来向皇帝请安和进行贸易的一些人。在当地，有一座一些人说是

---

① 参见陈庆英、马林《五世达赖喇嘛进京记》，《中国藏学》杂志 1992 年第 2、4 期。
② 即今河北省张家口市。

元代的寺院,又有一些人说该寺属于五台山。随后,我们从位于山顶,门前有瀑布的寺院旁边经过。据其他史书记载,从前有兄妹两人,一个到了这座寺院,一个留在桥上。此后我们渐次行经许多村落,在一座称为"库里"的有大桥的城堡附近,有所皇帝敕建的新寺。100名僧人聚集在此,以喇嘛松曲热绛巴嘉央扎巴为首,向我敬献了羊脂玉念珠、大缎、带座宝瓶和100两白银等礼品。称为"沙垛"的城墙内,又有白色的城墙环绕,在与此相连的狭隘的山谷里,有许多如来佛像,还有汉式屋顶的门楼,守门的人家,街巷等。

我们渐次行至普居。次日,黄寺①的喇嘛桑洛阿香师徒30人来到此地。皇帝为迎接我,特遣洛桑格隆送来七政宝②之一的配鞍宝马两匹、日光吉祥缎一匹。次日,亲王设汉式宴席盛情款待我们。我们抵达清河的那天,下了一场大雪。印度外道星术士汤若望③预言说我们在当天必定到达,我们果然在当天到了,这使亲王大为惊奇,称赞不已。由此前行,在南苑驻锡两天。皇帝按以前的诸典籍所载,以田猎的名义前来迎迓。16日,我们起程前往皇帝驾前。进入城墙后渐次行进,至隐约可见皇帝的临幸地时④,众人下马。但见七政宝作前导,皇帝威严胜过转轮王,福德能比阿弥陀。

从这里又前往至相距四箭之地后,我下马步行,皇帝由御座起身相迎十步,握住我的手通过翻译问安。之后,皇帝在齐腰高的御座上落座,令我在距他仅一庹远、稍低于御座的座位上落座。赐茶时,谕令我先饮,我奏称不敢造次,遂同饮。如此,礼遇甚厚。我进呈了以珊瑚、琥珀、青金石念珠数串、氆氇、蔗糖、叭香数包以及马匹、羔皮各千件等为主的贡礼。正如经论中所说,金刚石虽破碎,犹能冠绝普通宝石;王者虽年少,亦当威服年老臣子,其区别,有如菩提萨埵

---

① 即今北京市安定门外的西黄寺。为五世达赖喇嘛来朝,顺治帝专门拨给白银九万两建成该寺供达赖喇嘛居住。乾隆四十五年(1780)六世班禅到承德为乾隆皇帝祝寿,并随驾进京,也驻锡该寺。此后,清代西藏进意的官员和喇嘛,照例也在该寺居住。

② 藏传佛教密室用具,称轮五七政宝,即轮宝、象宝、马宝、君宝、臣宝、摩尼宝、后宝。

③ 汤若望,德国人。明天启时入中国传天主教。习中国语言文字。精科学、明历法。顺治时任钦天监监正。顺治帝赐号"通元教师"。五世达赖喇嘛说他是"印度外道术士",是对欧洲传教士不了解,将其归属于印度外道一类的人物。

④ 顺治帝初见五世达赖喇嘛之地,在北京南苑旧宫德寿寺。

和声闻独觉。这位皇帝看起来只有17岁。①虽然显得很年轻，但在无数语言各异的人中间，毫不畏缩，像无鬈的狮子恣肆纵横。

皇帝盛宴招待我后，当晚我返回昨晚的驻地歇息。在距转轮圣王大都治下、语言各异、具有二利的禁城北京有两俱卢舍②之遥的地方，皇帝用九万两白银作顺缘，专门建起称为"蔷房"的精舍③作为我的行官。它有如天神的林苑，围墙环绕着房舍，正中的内室和外室之间没有间隙，色彩上，用了大量金箔，光彩夺目。我于17日抵达那里。④

19日，秉图王⑤一行百余人来到黄寺，向我布施了金盘和一匹缎子等财物。俄乐巴夏尔巴的还俗僧人毕力克图囊素谙习汉、藏、蒙三种文字，一副法性在的样子。我给他和哈仁图台吉以及皇宫的几位文书传授了大悲观音主从三尊随许法，毕力克图向我献了珍珠念珠。

25日，皇帝遣内大臣噶巴喇阿玛和鄂罕阿玛等人来黄寺颁赏了银曼遮、瓷器、黄金制成的托盘、器皿、净瓶、绘有彩龙的瓷盘、香炉、长号、唢呐等，另外还有幡、华盖、宝幢、飞幡以及幡伞等合于帝师身份的用具。我给曲杰衮、藏巴热绎巴、阿尔雅哈勒、丹津法王（固始汗）的使者昆坚及其他有关者传授了观音主从三尊随许法。措那东巴从岱噶赶来奉献祝贺新年的礼品。

1653年的藏历年，对于五世达赖喇嘛讲是一个不寻常的节日。尽管他远离拉萨，但丝毫没有身处异地的感觉。此时的京城，也正值春节前后，在顺治皇帝和王公大臣们欢度春节的时候，一点也没有忘记这位远道而来的黄教教主，顺治皇帝谕令接待五世达赖喇嘛的官员们要准备好藏历

---

① 顺治帝福临当时只有14岁。

② 俱卢舍，古印度长度单位。古印度以人寿百岁时代所用弓之长度为一弓，一俱卢舍约五百弓，相当于二百五十市尺。

③ 指黄寺。

④ 关于顺治帝在南苑会见五世达赖喇嘛的情形，据第一历史档案馆《馆藏宫中杂档》记载："十二月，幸南苑。达赖上谒。上由御座起行数步。与达赖握手问候。后，上复登御座，侧设达赖座，奉温谕令登座吃茶。询起居。达赖即于座前恭请圣安。陈述前后藏情形。赏赐延宴。由部库赏拨银九万两，达赖移民新建黄房。"

⑤ 指科尔沁部扎萨克多罗冰图郡王洪果尔的长子额森。顺治三年（1646）袭扎萨克多罗冰图郡王，康熙四年（1665）卒。

年所需用的一切，包括哈达、酥油、各种佛事法器及需用银两，一并送往黄寺供五世达赖喇嘛之用。在京城庆祝春节、燃放鞭炮、喜气洋洋过春节的时候，五世达赖和他的随行们也在愉快地过着藏历水蛇新年，他做供奉三界之主的经忏法事，敬献祈愿哈达。此时京城的许多王公、贝子、贝勒也前来祝贺，使五世达赖一行深为感动。据《进京记》回忆：

> 年底前后，为水蛇年（1653年）的来临，我们做了供奉三界之主的经忏法事，并敬献了祈愿哈达。虽然是在旅途当中，但排座设宴仍如同居家一样齐备，而且出现了好预兆。迄至初三，有很多人前来拜谒。此后，皇帝派遣噶巴喇阿玛和鄂罕阿玛2人传旨，要我于11日进宫。我遂遵旨前往。这座大都城属下有13武将、各省的首府设米本（似指巡抚）、军门各一员，各军门之下设提督13人，各提督之下又设总爷13人、督爷13人、标爷13人、统爷13人。每座重镇的兵员有五大汉升芝麻之数。大都的城墙由白、黄、红三层围绕，外墙的东、南、西、北四方的长度约为一尖路程①，周匝非常宽阔，城内宅舍鳞集。
> ……

五世达赖在1653年春节之后的第十一天受到顺治皇帝召见之后，心情异常高兴，第二天，他就敬献了求神的偈颂幡帜。两天之后，他又在黄寺的扎仓举行了为期七天的向欲界之主抛投灵器朵马的大法会上，敬献了有祈祷的敬神哈达，并出现了吉兆，这就使他更加相信这次赴京觐见皇帝的好处。祈祷大法会之后，居住在京城的有关王公、贝子、贝勒们纷纷宴请五世达赖一行，并送上了许多银两、锦缎，而远在蒙古及新疆的台喇嘛也在迎来送往中做他应该做的事情，如给策楞齐钦章京、鄂尔克岱钦、才旦王等100余人传授观音菩萨主从三尊随许法，给额章格亲王、都瓦曲杰阿旺曲培曼殊台吉、布诺策楞及哈仁图等50人传授珠杰派长寿灌顶法，并给随从的信徒们摸顶。就这样，五世达赖在王公贵族的宴清中和诸多法事中很快度过了一个月的时间，中间，顺治皇帝也多次派人看望并赏赐珠玉、银两、法器等，一转眼到了1653年的阴历二月。据五世达赖的《进

---

① 早上启程行至打尖时所走的路程。

京记》回忆：

> 阴历二月十八日，皇帝派人来召请，我们应召前往皇宫，赐宴丰盛一如以前。从皇宫返回的途中，我给黄寺的三世佛殿撒花祝赞。此后，皇帝又厚赏我重50两的金茶筒1对、金盘1对、黄金500两、银茶筒8个、银盘8个、白银10000两、重1000两的大银罐1个……
>
> 20日，我们从黄寺启程返回之际，皇帝特遣使臣贝固颁赏了百粒食指头大小的玛瑙珍珠串成的朝珠一串，又传旨将以前赏赐给我的伞盖、经幢、飞幡和旗帜等列于我们队伍之前。[①]
>
> 我们渐次缓行，当晚至清水河（即清河）。兀真亲王及其随从3000余人送行至此。亲王给我赠送了新奇的汉式帐幕以及用蒙古缎做的帘幔、华盖、坐垫、靠垫等。并举行了以皇帝名义赏赐的丰盛宴会。[②] 午宴后，又前行三俱卢舍之地，兀真亲王将由此返回，他又把自己的坐骑赠送给我。

实际上，五世达赖喇嘛在返藏途中，又受到了沿途官员、王公贵族的礼遇和馈赠。尚在返拉萨的途中，顺治皇帝就派飞骑送来了"西天大善自在佛所领天下释教普通瓦赤喇怛喇达赖喇嘛"的金印和金册。金册号码较厚，宽度有8厘米左右，长度有16厘米左右，并可以折叠。这种用汉、蒙、藏三种文字制作的金册、金印为后世一直奉若神明，也提供了中央政府对西藏管辖的佐证。

清政府优礼于大喇嘛，兴黄教以安众蒙古，确实起到了稳定西部、安定全国的作用。至于随着时间的推移，有些教徒与叛逆勾结，有的大喇嘛也图谋不轨，甚至与割据云南的吴三桂、反叛于蒙疆的噶尔丹相勾结，使清廷不得不对黄教势力作了管理的规定。关于这方面的内容，已不属于本章所陈述的范围。

---

① 据第一历史档案馆《馆藏宫中杂档》："二十日起程，钦派内大臣颁发绝大珍珠朝珠一串，并奉谕旨前赏大伞、旗帜、幡幢、仪仗等，在前摆列。"

② 据《清实录》顺治十年二月丁巳（1653年3月19日）条："达赖喇嘛辞归，命和硕承泽亲王硕塞偕固山贝子顾尔玛洪、吴达海率八旗官，兵送至代喝地方。又命叔和硕郑亲王济尔哈朗、礼部尚书觉罗郎球饯于清河。"

五　安定西藏设驻藏大臣

清中央政府经略西部边疆表现出了一种宏大的气魄，几次对西部的用兵显示了天朝的力量。而兴黄教以安众蒙古，又表现出了清中央政府的灵活与成熟。而对僻处黄教发源地的西藏来讲，其安定与否影响着整个西部边疆的全局。那么，促使清中央政府从单纯地优礼黄教的陶醉中走出来，意识到仅仅通过对黄教的笼络尚不能安定西藏的思考应归于西藏内部的变乱及外部环境的冲击。

（一）震动朝野的藏内大变乱

五世达赖自北京返回后，乃致力于维护与清中央政府的密切关系，自此"前藏达赖喇嘛，后藏班禅额尔德尼各间二年，遣使堪布来京入贡"[①]。他在与固始汗的联合执政中，进一步深化了卫藏地区、蒙古地区与祖国的凝聚力量。康熙帝后来指出，自达赖喇嘛定册封以来，恭顺职贡有年，"与朕从来竟谊如一，交好60余年"。[②] 这反映出清王朝与西藏地方亲密的君臣关系。

同五世达赖、固始汗与清王朝的密切关系相比较，中国西部的准噶尔部并不恭顺，称霸于西南地区的藩王吴三桂也磨刀霍霍，试图割据一方。这两部异己力量也没有忘记借助达赖喇嘛的力量，准部首领噶尔丹通过与五世达赖喇嘛的高足第巴桑结嘉措的同窗关系，屡屡暗派人员来藏与第巴桑结嘉措进行秘密联络，企图联合叛清，而盘踞于西南地区的云南王吴三桂也常以熬茶为名与五世达赖喇嘛的左右进行联络。此时第巴政府中的一些人正对和硕特部统治西藏心怀怨愤，这种怨愤有时也积聚到清王朝身上，因为他们得知，固始汗毕竟是中央王朝的忠实代表。好在由于固始汗和五世达赖喇嘛的在世，各派力量包括心怀反叛之心的人还是畏惧其影响不敢造反。

进入17世纪后期，由于固始汗和五世达赖的相继去世，西藏地区及青海、康区的政治力量均衡被打破，特别是1682年五世达赖去世之后，

[①]《钦定理藩院部则例》卷57，天津古籍出版社1998年版，第400页。
[②]《清圣祖实录》161，康熙三十二年十二月辛未，《清实录》，中华书局1985年版。

这种力量的失衡明显地表现出来。此时，以第巴桑结嘉措为代表的西藏僧俗贵族，不再甘心受制于蒙古汗王的统治，与蒙古汗王之间的权力之争越加激烈。桑结嘉措本人也因此几乎投入了他的全部精力，由此而引发了一系列的政治事件，从而给当时的西藏地方政府同清中央政府关系的顺利发展带来了一定的影响。

首先，五世达赖喇嘛逝世后，桑结嘉措秘不发丧达15年之久。他宣称达赖"入定"，除自己以外不见任何人，一切事务委托他来办理，对外发布文告和向朝廷奏报则仍以五世达赖的名义进行。为掩饰人们对如此长期"入定"的怀疑，桑结嘉措找来一个与五世达赖长相颇相像的喇嘛绛央扎巴，让他装扮成五世达赖，按正常礼节举行拜见仪式。

桑结嘉措匿丧的原因有多种说法，究其根本，乃是由于当时统治西藏的和硕特汗王达赖汗是由清政府认可的，拥兵在身，势力不可低估，与第巴桑结嘉措形成对立的局面。在这种情况下，一旦宣布达赖喇嘛去世，则等于宣布他本人失去靠山，势态必定会被达赖汗控制，其苦心经营多年而得到的权力和地位将有可能毁于一旦。因此，诸事皆假借达赖的名义行事，以致五世达赖喇嘛去世多年，而达赖汗毫无闻知。从这个意义上说，第巴桑结嘉措的行为并不是单纯针对清中央政府的，部分原因是达赖汗与他本人之间的权力之争所致。

其次，桑结嘉措一直竭力同他的同学准噶尔部首领噶尔丹拉拢关系，以图借助准噶尔部的军事力量来钳制并驱逐和硕特蒙古在西藏的势力。为此，桑结嘉措匿丧，继续以达赖喇嘛的名义，支持噶尔丹向东扩张。噶尔丹东侵漠北蒙古，击败喀尔喀诸部，攻向漠南蒙古，构成对清王朝的严重威胁。康熙帝几次谕令达赖喇嘛派人劝噶尔丹罢兵，桑结嘉措反其道而行之，假借五世达赖的名义派人到噶尔丹军中"为噶尔丹诵经，且择战日。及噶尔丹败后，又诡言讲和……使噶尔丹得以远遁"。① 在噶尔丹与清朝为敌的战争中，桑结嘉措始终站在噶尔丹一边，表现出他勾结噶尔丹抗拒清中央的一面，这种行为是典型的欺骗中央政府，在政治上是不可原谅的，虽说他与噶尔丹的目的不同，可于清中央对西藏的管理及西部边疆的稳定是有害的。

清朝对噶尔丹的疯狂向东扩张，起初因考虑到噶尔丹与五世达赖的师

---

① 《清圣祖实录》卷175，康熙三十五年八月甲午，中华书局1985年版，第891页。

徒关系而未加干涉，只是派人去劝说。后来看到事态更加严重，遂于1690年遣裕亲王福全为抚远大将军率兵赴征，噶尔丹大败于乌兰布通，第巴桑结嘉措反而代噶尔丹向清乞降，引起了清廷的怀疑。

噶尔丹的败北，使第巴桑结嘉措深感噶尔丹势力已无法再继续借助。为了与和硕特部相抗衡，只有依靠清政府来提高自己的政治地位，遂于1693年以五世达赖名义向清廷上书要求封他为王，奏称"诸凡蒙古，皆奉贡天朝之国，而厄鲁特不听训诫，近害敕使……臣已年迈，国事大半第巴主之"，① 乞封第巴。清廷历来很重视达赖和班禅在西藏和蒙古地区的地位与作用，认为"中外黄教总司以此二人，各部蒙古一心归之，兴黄教即所以安众蒙古，所系非小，故不可不保护之"。② 因此，对达赖喇嘛的这一要求没有拒绝。于1694年，封第巴桑结嘉措为"掌瓦赤喇怛喇达赖喇嘛教弘宣佛法王布忒达阿白迪"。③ "布忒达阿白迪"是"桑结嘉措"（意为"佛海"）的梵文意译。

康熙帝封桑结嘉措为王，是管理宗教事务方面的，而不是行政方面的。此后不久，清朝即从被俘的噶尔丹随从中得知，五世达赖喇嘛示寂已有多年，桑结嘉措匿丧不发，并唆诱噶尔丹向东扩张，这便大大激怒了清廷，康熙帝致书严厉斥责，宣称将"发云南、四川、陕西等处大兵，如破噶尔丹之例，或朕亲行讨尔，或遣诸王大臣讨尔"。④ 桑结嘉措慑于清朝的威力，于1697年遣尼麻唐胡图克图等奏报五世达赖的逝世和六世达赖的转世情况。当时清朝由于刚打败噶尔丹，内地需要休养生息，同时清廷认为桑结嘉措是"代达赖喇嘛理事人"，为了安定西藏和使"蒙古亦欢悦"，"只好以不生事为贵""宽免其罪"。⑤ 因此，清廷在桑结嘉措表示"臣苟背皇上而向他人，必当寿数夭折"⑥，发誓对清朝中央矢志效忠后，对其未作深究。同年，第巴桑结嘉措迎立五世达赖转世灵童仓央嘉措在布达拉宫坐床。五世班禅罗桑益西给仓央嘉措剃度授戒。康熙皇帝特派章嘉

---

① 《清圣祖实录》卷161，康熙三十二年十二月辛未，中华书局1985年版，第765页。
② 《清高宗御制喇嘛说》碑文，见黄崇文《历代班禅与雍和宫》附录二，民族出版社2001年版，第95页。
③ 《清圣祖实录》卷163，康熙三十三年四月丙申，中华书局1985年版，第781页。
④ 《清圣祖实录》卷175，康熙三十五年八月甲午，中华书局1985年版，第893页。
⑤ 《清圣祖实录》卷180，康熙三十六年二月壬寅，中华书局1985年版，第931页。
⑥ 《清圣祖实录》卷180，康熙三十六年二月己丑，中华书局1985年版，第926页。

活佛等人前来看视。

1701年，达赖汗病故，不久其子拉藏汗继承汗位。拉藏汗即位后，与第巴桑结嘉措的关系日趋恶化，经六世达赖和三大寺代表等商议，最后决定桑结嘉措卸任第巴，由其长子阿旺仁钦继位，并决定拉藏汗移居青海。在此之前，第巴桑结嘉措向周围大臣提议拘捕拉藏汗，遭到反对，但引起了拉藏汗的高度警惕，在回青海途中着力调集蒙古骑兵，到那曲地方后回师突袭拉萨。与此同时，桑结嘉措把西藏中部和康区及阿里的军队调集到拉萨一带，双方兵戈相见，结果第巴桑结嘉措兵败，在堆龙德庆地方被拉藏汗之妃处死，从此，拉藏汗又重新夺回和硕特蒙古在西藏的权力。

拉藏汗接管西藏地方政府以后，立即派人到北京向康熙帝报告事变经过，并以六世达赖行为放荡为借口，奏称桑结嘉措所立六世达赖仓央嘉措为"假达赖"，要求废黜，另寻五世达赖的真正转世。1706年，康熙帝乃遣使敕封拉藏汗为"翊法恭顺汗"，赐金印一颗。康熙帝深知，尽管仓央嘉措行为放荡，有违教戒，但"众蒙古俱倾心皈向达赖喇嘛，此虽系假达赖喇嘛，而有达赖喇嘛之名，众蒙古皆服之"①，更有甚者，当时准噶尔部首领策妄阿拉布坦想乘机迎请仓央嘉措到伊犁，企图将势态的主动权掌握在自己的手中，故诏执仓央嘉措赴京。1706年10月，仓央嘉措被"解送"北京，当行至青海湖畔时病逝，年仅24岁。1707年，拉藏汗另立益喜嘉措为六世达赖喇嘛，几年后得到清政府的正式册封。

益喜嘉措虽然被拉藏汗立为达赖喇嘛，但遭到拉萨三大寺上层僧侣及青海蒙古王公的反对，小规模的骚动屡禁不止。这时候，心怀怨愤的一部分上层贵族，不顾惜卫藏地区会遭受战火涂炭的灾难，开始与准部首领策妄阿拉布坦勾结，于是，一个经过周密策划的取代拉藏汗据有西藏、以为号令蒙藏抗衡清廷的行动，悄悄拉开了帷幕。

策妄阿拉布坦是噶尔丹之侄，于噶尔丹东侵遭到挫败之际，据准部自立为汗。准噶尔经过一段时间的和平发展，逐渐恢复了强势，策妄阿拉布坦的野心也随之膨胀起来。1706年，在桑结嘉措被杀不久，策妄阿拉布坦曾派人进藏迎请仓央嘉措。当这一插手西藏企图受挫之后，策妄阿拉布坦转而采取一种更狡猾、更积极的策略来实现自己的野心。他施展与拉藏汗联姻的计谋，先娶拉藏汗之姐为妻，此时又主动提出亲上加亲，将养女

---

① 《清圣祖实录》卷227，康熙四十五年十月乙巳，中华书局1985年版，第274页。

嫁给拉藏汗长子丹衷，并愿以 10 万两银子做嫁妆，条件是婚礼必须在准噶尔部举行。拉藏汗开始心有疑虑，后同意了这门亲事。这时派往西藏的赫寿已回到北京并升任理藩院尚书，他认为策妄阿拉布坦之奸狡甚不可信，写信提请拉藏汗注意，拉藏汗对此没有引起足够的重视，与此同时，策妄阿拉布坦又派人到拉萨三大寺与格鲁派上层秘密联络，透露他准备推翻拉藏汗和废掉达赖喇嘛益喜嘉措的打算，极力迎合三大寺僧人对拉藏汗的不满心理，争取他们的同情和支持。

1716 年，策妄阿拉布坦派大将策凌敦多布率领一支 6000 人的部队突袭拉萨，拉藏汗由于疏于防范，所率蒙藏联军被准噶尔军打败并被残酷杀害。准噶尔军攻入拉萨后，四处抢劫，杀人越货，破坏寺庙，迫害僧侣，这一系列暴行使原企冀于准部进藏帮助夺权的上层僧侣和世俗贵族们恍然大悟，但此时西藏大变乱已成为事实。

（二）派官直接治藏动议的形成

面对准部对西藏地区的涂炭，清中央政府忧心如焚，但又处于无法挽救危局的境地，因为当时清政府并没有在西藏驻扎军队，也没有直接派驻官员，原以为代表清中央政府的拉藏汗能够守住西藏，挫败准部的入侵。既然西藏变乱已成为事实，清朝只有先鼓励和支持拉藏汗属下的官员康济鼐、颇罗鼐和阿尔布巴组织后藏和工布地区的力量向准部发动进攻，以图夺回拉萨，但几次大的军事行动都没有成功。

清政府为了维护国家的统一，于 1720 年，任命皇十四子允禵为抚远大将军，统率三军，汇合青海诸王公，共同进军西藏，允禵坐镇西宁，派将军延信统率各军，配合颇罗鼐、阿尔布巴等部，内外夹击，重创准噶尔军，驱其逃回伊犁。同时，将青海群众拥戴、西藏僧俗欢迎的居住在西宁塔尔寺的达赖喇嘛"呼毕勒罕"格桑嘉措册封为"弘法觉众第七辈达赖"，赐金册金印，由青海蒙古王公、贝勒、贝子等随清军护送入藏，于是年九月在布达拉宫举行隆重的坐床典礼，受到蒙藏僧俗民众的热烈拥护。

清政府有感于西藏屡次变乱，皆因朝廷远离藏地，且没有直接派驻官员，形成了藏内乱事预兆，朝廷未能了如指掌，许多大事的爆发，均在事后才能调度处置，这既不利于西藏的安宁，也有损于清中央政府的权威，于是，直接派驻朝廷官员进藏并直接治理的动议开始在朝廷内部形成。

这种动议的形成主要基于以下考虑。

其一，清王朝统一全国，在普天之下均属王臣的思想支配下，必须加强对全国的统治力度。清王朝认为，明朝之所以灭亡，除农民起义风暴席卷中原外，其初始原因皆为朝中大臣懒惰，皇帝消极，不愿付出力量对边疆地区进行直接统治，仅以封王封爵、多封众建的方式对边疆地区进行间接统治。这种统治方式带来了许多弊端：首先，各属地内部积聚的矛盾或发生变乱，朝廷一概不知，如同盲人聋夫，待到矛盾爆发，已经酿成大祸；其次，各属地朝廷没有直接派官治理，容易造成各藩王恃力自据，不听朝廷号令，有甚者还会滋生反叛心理；最后，朝中官员冗杂，皆就食于京城一隅，锦衣玉食、笙歌曼舞，根本不知边疆地区的实情，一旦国家有难，既不能带兵戍边，又不能平定各地变乱，使一些达官贵人变得懒惰、荒淫、自负与无知。这不利于整个国家的长治久安。

其二，王朝新定，各地尚存叛逆之心，特别是刚刚归顺的西部地区准噶尔部，时时怀有与朝廷分庭抗礼之心，准部首领噶尔丹曾狂言"圣上君南方，我长北方"，青藏高原和硕特部也常常互相攻杀，内部纷争不已，对此，清政府是非常清楚的。平定噶尔丹之后，清廷就有在各地设官治理之意图，虽鉴于当时西藏地区情况复杂，各部派系纷争，暂时采用了封爵赏赐之办法，然而这毕竟不是长久之法。因此朝廷就此进行了多次朝议，又根据各地奏折进行梳理，首先在漠南、漠北、漠西的部分蒙古地区直接派驻官员。

其三，对西藏派官直接管理，还有维护国家统一、维护主权的因素。五世达赖喇嘛到北京朝觐之后，清廷把统治卫藏地区的责任基本上交给了固始汗和五世达赖喇嘛，但在其后蒙藏地区的政治变乱中，清廷发现许多事件均与达赖喇嘛的左右有联系。准噶尔叛乱后，发现其军中有西藏派来的济咙喇嘛辅助噶尔丹，并为其祈诵经文，祷其胜利。一些情况使清政府意识到，卫藏地区不派官员直接治理，就会助长一些割据分裂势力的野心，长此下去会损害国家主权，威胁国家统一。

其四，西藏自固始汗和五世达赖喇嘛去世之后，连续发生了几次大的变乱，其中两次变乱已影响到了西藏的政局和蒙古地区的稳定。如拉藏汗和第巴桑结嘉措之间的战争，第巴桑结嘉措的支持者勾引准噶尔部祸乱西藏的战乱导致了清朝西部的不稳定，如不派官直接治理，就永远解决不了西部的稳定问题。实际上，西藏的几次变乱成为促使清廷决心派官治理西藏的直接因素。

（三）确立驻藏大臣制度

直接派官治理西藏的初始，清廷还处于摸索阶段，拉藏汗攻杀第巴桑结嘉措之后，清廷于1706年11月25日派护军统领席柱和学士舒兰去西藏，其主要任务是带皇帝之诏，册封拉藏汗为"翊法恭顺汗"，拘押六世达赖仓央嘉措赴京①，并调查了解藏情，供皇帝决策之用。

当时康熙帝对于西藏地区的处理，采取了"乱则声讨，治则抚绥"及"惟愿率土之人，咸跻雍和，共享安乐"②的政策，仍由蒙古贵族与西藏宗教领袖共同主持藏政，由中央政府加以控制而已。

拉藏汗废除仓央嘉措后不久，西藏三大寺的僧侣以及青海众台吉坚持反对，彼此争论讦奏，事达一蹴即发之地步。为了稳定动荡不宁的西藏政局和安定广大僧俗民众，皇帝命内阁学士拉都浑率青海众台吉之使赴西藏当着拉藏汗之面看验，调查益西嘉措是否为达赖转世灵童，这是清政府第二次派臣赴藏办事。

1709年正月，皇帝根据拉都浑赴藏奏报的结果，对拉藏汗办理西藏事务放心不下，认为"青海众台吉等与拉藏汗不睦，西藏事务，不便令拉藏独理，应遣官一员，前往西藏协同拉藏汗办理事务……其管理西藏事务着侍郎赫寿去"。③ 清政府第三次派大臣去西藏与前两次不同。一是任务重，冠以"管理西藏事务"的头衔。令其"协助拉藏汗办事"，目的在于加强清政府对西藏地方的直接领导，防止和硕特蒙古再度控制西藏。二是时间长，不像以前处理完某个事件后即刻起程返京。赫寿到藏后，一住就是一年多时间，于1711年初才返回，首开清官员长期驻藏之先河。

1723年3月、1725年11月，清政府又先后派遣了鄂赖、鄂齐、班第等人短期赴藏办事，处理事件、查考藏情等。1727年清政府正式设立驻藏大臣制度之前，先后五次不定期地派出7名大臣去藏办事，行使国家对西藏地方的主权。

通过这几次派员进藏所摸索出来的经验，清廷认为，若要充分行使国家主权，不使西藏发生变乱，必须固定地派驻大臣到西藏镇守，以确保西藏安宁。

那么，对于驻藏大臣驻藏的职称、任期、定额和职责，开始清廷并不

---

① 《清圣祖实录》卷227，《清实录》，中华书局1985年版，第280页。
② 《清圣祖实录》卷180、181，《清实录》，中华书局1985年版，第931、942页。
③ 《清圣祖实录》卷236，《清实录》，中华书局1985年版，第362页。

明确，实际上是处于试行摸索阶段，直到乾隆年间方才制定出一套比较完整的、行之有效的制度。

驻藏大臣正式设置之前，清政府所派官员并未有任何职衔，朝旨只言前往西藏协同某某办理事务，或"前往西藏办事"；1727年2月，清政府正式派遣官员驻藏办事时，也只言"着内阁学士僧格、副都统玛喇差往达赖喇嘛处"，并没有赐钦差大臣一个明确的职衔。可是到了1729年7月3日，情况有了转变，当几名大臣先后被派驻西藏时，谕令"其藏内事务，着玛喇、僧格总理，迈禄、包进忠协理"。这里"总理"一词虽然笼统，但是否可以理解为主要负责管理西藏事务，而"协理"是协助办理，充当副手之意，似乎驻藏大臣此时已有了正副之分。然而到了时隔近两年的1731年3月23日，僧格、玛喇在藏年久，钦令青保、苗寿赴藏更换，但考虑到他二人一块回京，新任之人不谙藏务，所以又留僧格"协同青保等再办事一年"。这里"协同"意当协助共同办理。1733年4月14日，当玛喇第三次派藏时，旨："青保、玛喇、苗寿着总理藏务"。三人驻藏地位均等，再次证实了驻藏大臣设立初期并没有什么因为职权称谓的变化而存在正副之分的差别。

1749年，乾隆皇帝发出谕旨：着赏给傅清都统衔前往与驻藏大臣纪山共同办事，其钦差大臣关防着傅清收掌。① 从驻藏大臣关防由傅清执掌这一事实得出推论：虽然朝旨未明文写清"驻藏办事大臣"和"驻藏帮办大臣"的字眼，但是我们完全可以认为执掌"关防"者负驻藏主要领导责任，当为办事大臣，而未掌"关防"者应为帮办大臣。可以断定此时名义上已有了驻藏正副大臣之分。1751年，乾隆皇帝又发出一道谕旨，说道："据侍郎那木扎勒将至藏接受钦差大臣关防之处奏闻，从前，班第系副都统职衔，那木扎勒系侍郎，又兼护军统领，钦差大臣关防理宜那木扎勒掌管。嗣班第经朕加恩，赏给都统职衔，且较那木扎勒年长，关防仍应着班第掌管。"② 可见，钦差大臣"关防"已有明确的内涵意义，朝旨目的就是要执掌"关防"者主要负责藏务。而授予这一实权的标准主要是按其官衔的大小和本人的资历，其次才考虑年岁的长幼。

"帮办大臣"一词出现于1792年12月，当时廓尔喀因盐税细务与西

---

① 《清高宗实录》卷351，《清实录》，中华书局1985年版，第842页。
② 《清高宗实录》卷384，《清实录》，中华书局1985年版，第51页。

藏边民纠纷，继而侵藏，抢掠扎什伦布寺，而新近所派驻藏大臣鄂辉、成德领兵停滞不前，坐失良机，未能痛剿敌寇。乾隆皇帝宽宥了鄂辉之过，令其"驻藏办事，仍令舒濂帮办"。① 翌年十一月，鄂辉因匿不具奏廓尔喀表贡一事被革职。谕曰："驻藏大臣尚乏帮办之员，朕意成德前于鄂辉、巴忠与廓尔喀许银说和时，伊始尚以带领多兵应行进剿，不当说和完事，只以鄂辉、巴忠一系将军、一系钦差，成德职分较小，不得不听从办理。其扶同回护之咎，尚有一线可原。且人才难得，若成德于鄂辉压搁表贡之处未经与闻，尚可弃瑕录用，俾驻藏帮办，予以自效之途。此时藏内诸务正当整饬之际，关系紧要……成德才具，亦止可在藏帮办，不能总理一切。目下有和琳在彼主持经理，自可倚恃……"② 这段史料更加说明，此时"驻藏帮办"大臣不仅已有了文字上的明确称谓，而且在职权上也明确规定，帮办大臣低于驻藏办事大臣，"不能总理一切"。

关于驻藏大臣的定额。驻藏大臣开始设立时，规定为二人。以后僧格、玛喇被派往西藏时，基本上符合这种体制。可是，未过多久噶伦阿尔布巴等人发动叛乱，杀害了首席噶伦康济鼐，西藏形势大乱。为了平定这次叛乱，安定西藏政局，雍正帝遣迈禄、周瑛等人率兵进藏。1729—1731年之间，又派遣了包进忠、青保、苗寿、李柱等人先后同时驻扎西藏，使驻藏大臣员额骤然猛增四五名之多。实际上，西藏驻藏大臣制度的最终完备一直到1749年才固定下来。乾隆皇帝曾最后敲定："藏地关系甚要，彼此应办事件有二人相商较为有益。且接班先后更替有一旧人，尤觉妥当。"③

设立驻藏大臣制度，一改元到清初400年间对西藏仅封王而不派官的间接统治政策，翻开了中央政府对西藏管理新的一页，自此以后开始了驻藏大臣直接处理西藏地方政务的时代。其后的200多年中，驻藏大臣在西藏这一广阔的舞台上，上演了维护祖国边疆治理的一幕幕活剧。

---

① 《清高宗实录》卷1390，《清实录》，中华书局1985年版，第677页。
② 《清高宗实录》卷1416，《清实录》，中华书局1985年版，第1046页。
③ 《清高宗实录》卷351，《清实录》，中华书局1985年版，第842页。

第三部分　驻藏大臣的责任意识历史比较

设立驻藏大臣制度，是清王朝管理西藏的一种创新，也正是有了驻藏大臣制度，西藏才得以保持了近200年的基本稳定。自1727年至1911年的185年间，清朝廷任命的驻藏大臣和帮办大臣总计173人次。其中驻藏大臣102人次。在驻藏大臣中，玛拉三次来藏任职，索拜、傅清等14人复任，由帮办大臣提任者18人。实际派到西藏并实质到任的驻藏大臣只有64人。未到任者两人，庆善病故于察雅未到拉萨，长庚驻硕板多未到拉萨即调任伊犁将军，赵尔丰因内外交逼未能到拉萨上任。帮办大臣计71人次，实际到任者51人，减去重复任职和驻察台者，实际驻藏帮办大臣到拉萨者37人。驻藏帮办大臣桂霖于光绪二十九年一月接任，五月至成都，借故迟迟不进藏赴任，滞迟一年后以目疾解职，凤全被戕害于四川巴塘途中。总计驻藏大臣、帮办大臣到拉萨任职者也只有101人。综观前来西藏任职的驻藏大臣，一部分有着强烈的守边固疆的责任意识，一部分平庸而过，还有一部分昏庸无能，危害国家和西藏地区。对于所有驻藏大臣的表现，本部分尚无力量进行全部研究，仅就乾隆和晚清时期有代表性的驻藏大臣的责任意识予以历史比较。

一　清朝盛世驻藏大臣对西藏变乱处置能力的分析

18世纪中期，清王朝在对西藏的管理中，不断总结经验，许多管理措施逐渐成熟。然而，西藏地方也不断出现与朝廷的治藏宗旨相悖逆的事件，正因如此，朝廷尽可能向西藏派遣忠于国事、高度负责的干练强臣，但因西藏情况复杂，往往一些朝廷倚重的大臣也未必能尽如皇帝的心意，但更多的大臣忠公体国，能够舍身忘己，为了边疆西藏的安全和稳定贡献出自己的生命。本节主要叙述发生于乾隆前半期驻藏大臣对西藏变乱处置的情况，从中可以得出一些历史的经验教训。

（一）后颇罗鼐时期西藏地方的复杂形势

雍正末年和乾隆初年，是西藏政治祥和、社会安宁时期，得益于清中央王朝的强大，掌控西藏地方权力的颇罗鼐忠于朝廷，积极配合驻藏大臣对西藏的管理，对内威严公正，严禁横征暴敛，很快恢复了因阿尔布巴之乱被破坏的生产生活，在处理与布鲁克巴和巴勒布①的关系上也处理得十分得体。1740 年 1 月（乾隆四年），朝廷加封颇罗鼐为郡王。在七世达赖喇嘛移住泰宁②期间，西藏的政治、经济、军事等一系列大事基本上由驻藏大臣会商颇罗鼐后，经由驻藏大臣报经皇帝批准施行。即使日常事务，也是由颇罗鼐与其受命保举的噶伦一起议定。颇罗鼐被皇帝擢升为郡王后，达到了西藏地方政治体制中最高的爵位，不仅地位显赫，日常事务的大权也越来越集中在他的手中。这种政治格局显然与清廷对达赖喇嘛、班禅额尔德尼的封赐不相协调③。对于这种局面，一些反对颇罗鼐的人常常用达赖喇嘛在朝廷中的地位发难，随着颇罗鼐实际地位的不断提高，这种依靠达赖喇嘛的政治地位和宗教影响来反对颇罗鼐专权的暗流不断升级。颇罗鼐认为此事与达赖喇嘛有关，并要求膳食堪布与仲译仓吉"当面对质"，欲究根底。七世达赖喇嘛对颇罗鼐的这种做法表示不满，并说："关于这件事，我看是对扎巴塔业的无中生有的造谣，是欺负无辜。这样做无疑是针对我，是对我看不惯，如我身居读经，别无所为，仍不合适的话，我可以到哲蚌寺或去山中小庙。"④

颇罗鼐与七世达赖喇嘛的矛盾引起了乾隆皇帝的高度重视。"朕闻达赖喇嘛、郡王颇罗鼐伊二人素不相合。但伊二人皆系彼处大人，原不可轻轻异视"，"务期地方宁谧"；后又昭谕颇罗鼐：听说达赖喇嘛看茶之绥本扎巴塔业和仲译仓吉桑寨已被拿获，你能够听从傅清的劝告，将此事如同无事从轻完结。"经傅清奏闻，扎克巴达颜（即扎巴塔业）系达赖喇嘛服

---

① 指今天的不丹和尼泊尔。

② 今四川新龙县。

③ 清廷当时将西藏地方日常政治、经济、军事、宗教管理权封给了达赖和班禅的，颇罗鼐的地位尚次于他们两位宗教领袖。

④ 多卡瓦·策仁旺杰：《噶伦传》（藏文），四川民族出版社 1981 年版，第 115、46、53—55 页。

役之人，惟恐关系达赖喇嘛，如此办理，甚合机宜。""尔二人同心协力，以安地方。使土伯特向化，一应事务，皆赖尔等办理，朕视尔二人，俱属一体，从无畸重畸轻之见。若尔二人稍有不合，以致地方不宁，甚负朕信任期望之恩。"① 由于清廷的调和，颇罗鼐也就遵旨与七世达赖喇嘛和解，七世达赖喇嘛也未做更多的追究。1747年2月2日，颇罗鼐去世。其长子珠尔默特·车布登受封为阿里公，掌阿里地区兵马和地方事务，次子珠尔默特·那木扎勒（后人习惯将其简称那木扎勒）袭其父郡王爵，"总理藏卫事务"。

珠尔默特即位之际，正是西藏相对稳定和繁荣时期。颇罗鼐主持西藏地方政府20年，"练兵防卡"②，"素效忠诚"③，一直为清中央朝廷所倚重。在颇罗鼐时期，西藏休养生息，繁荣安定。正是为了持续地稳定这一局面，乾隆皇帝晓谕颇罗鼐，要他在两个儿子中选出"日后袭王爵，总理彼处事务之人"④。可见，中央朝廷在极力维护颇罗鼐的势力，意在避免西藏动乱之事。也许是因长子有残疾，或不为父亲所喜，珠尔默特·那木扎勒被封为贝子，"承袭封爵"⑤，当时还是由驻藏大臣傅清保奏的珠尔默特。

乾隆皇帝对此事特别慎重，曾特别谕告军机大臣等："珠尔默特那木扎勒袭爵办事后，各处人心输服与否，俱着一一加意体访。……倘有一二不肖滋事之人，亦着傅清即行酌量办理，以示警戒。"⑥ 乾隆皇帝如此支持珠尔默特，表明他对西藏地方政权的稳定极为重视。当然，"国家因西藏地处僻远，特命大臣驻扎其地，所冀得其情伪，控制由我"⑦。故一再指示驻藏大臣："或应教导，或应防范，俱着留心体察。"⑧ 又谕珠尔默特："务宜效法伊父，约束众人，安辑地方，一切会同驻藏大臣等详慎办理。"⑨ 加强驻藏大臣的权力，这是清中央朝廷对西藏地方行使主权的有

---

① 《清高宗录》卷280，《清实录》，中华书局1985年版，第651页。
② 《清高宗录》卷106，《清实录》，中华书局1985年版，第651页。
③ 《清高宗录》卷256，《清实录》，中华书局1985年版，第318页。
④ 同上书，第319页。
⑤ 《清高宗录》卷286，《清实录》，中华书局1985年版，第737页。
⑥ 同上书，第378页。
⑦ 《清高宗录》卷358，《清实录》，中华书局1985年版，第939页。
⑧ 《清高宗录》卷351，《清实录》，中华书局1985年版，第842页。
⑨ 《清高宗录》卷323，《清实录》，中华书局1985年版，第321页。

力措施，无可非议，何况目的是西藏的安宁。但是，时乖命蹇，珠尔默特此时也遇到两股势力的挑战。一股势力是来自他的兄长及其看不惯珠尔默特做派的随从，另一股势力来自于反对世俗掌权的强大僧侣集团。

按照儒家传统，一般由长子继承父位，驻藏大臣也曾与颇罗鼐探讨过由长子继承的可能，但最终结果是珠尔默特继承了父位。其兄车布登虽然失去袭爵之权，但"因从前带兵，在边境出力"，① 被封镇国公，驻防阿里，号令一方。因此，"起由凡庶"② 的珠尔默特要控制"屡次领兵，效力边疆"③ 的兄长，确非易事。何况两人"素不相合"④，兄弟构衅，并非不可理解。

乾隆皇帝十分清楚这类矛盾的性质，从《高宗实录》中，我们看到他采取了避免矛盾的策略。他分别敕谕兄弟二人，你们不应该辱没父辈忠于中央政府的光辉业绩，遇到一些想不开的事切不要不问青红皂白而互相猜忌，有想不通的地方可以分别向驻藏大臣陈述，以便搞明事情的前因后果。⑤ 当遇事漫无主张⑥的驻藏副都统纪山提出"请将伊兄珠尔默特·车布登移取来藏，协同办事，以分其权"⑦ 时，即被乾隆皇帝斥之为"此奏甚属舛谬"⑧。对四川总督策楞、提督岳钟琪所奏"兄弟相残，……若必俟黑白分明，然后明正其罪，不特失之迟缓，……恐不无从中生变"⑨，乾隆皇帝则指出：西藏"地处极边，与其失之急而偾事，宁可失之缓以待时耳"。⑩ 策楞、岳钟琪要"领兵前往西藏，弹压声援"⑪，乾隆皇帝就说："实非王道。……今不必再提矣。"⑫ 他深信兄弟争权，绝不是为了动摇中央朝廷。所以，乾隆皇帝同意纪山等"所奏珠尔默特那木札勒情形，

---

① 《清高宗录》卷 256，《清实录》，中华书局 1985 年版，第 319 页。
② 《清高宗录》卷 343，《清实录》，中华书局 1985 年版，第 752 页。
③ 同上。
④ 《清高宗录》卷 354，《清实录》，中华书局 1985 年版，第 888 页。
⑤ 同上书，第 890—891 页。
⑥ 《清高宗录》卷 356，《清实录》，中华书局 1985 年版，第 916 页。
⑦ 《清高宗录》卷 351，《清实录》，中华书局 1985 年版，第 842 页。
⑧ 同上。
⑨ 《清高宗录》卷 357，《清实录》，中华书局 1985 年版，第 932 页。
⑩ 同上。
⑪ 同上。
⑫ 同上。

由于与兄不睦，架捏诬陷，决不致有侵犯内地之事，大约近是"①。也相信"珠尔默特·车布登向无蠢动端倪，今日之举，不特未可信以为实，亦并无干冒王章之事"。② 实际上，乾隆皇帝对珠尔默特迫害其兄车布登的事件采取了息事宁人的妥协态度，以避免因采取行动而激化矛盾，其中也有误判形势的因素。

当清廷明明知道车布登之死确实可疑，也看到珠尔默特狡诈猖狂、居心叵测，与其父相比善恶判若两人，但为了避免出现更大的乱子，权衡轻重，认为还是不处理为好，这样也许会从此安静下来。所以，当策楞、岳钟琪要求带兵进藏，声讨珠尔默特的罪恶时，乾隆皇帝命令他们原地驻守，不要前往。还将珠尔默特之子达尔扎策凌封为扎萨克头等台吉，同意遣往阿里驻守。于是，珠尔默特在这场斗争中，终因中央朝廷的支持而取得胜利。

在执掌地方政权、巩固自己地位的斗争中，珠尔默特还要对抗强大的僧侣集团。在与第七世达赖喇嘛的第一回合的斗争中，珠尔默特先是拒绝达赖喇嘛为自己的父亲颇罗鼐吊奠诵经，但"经副都统傅清的申饬，旋即悔过，愿请达赖喇嘛吊祭"。③ 这当然谈不上自此两人能和睦相处地处理西藏事务④，更不是如乾隆皇帝所说："可释朕西顾之忧矣。"⑤ 却总算效法了其父的政治策略，也向达赖喇嘛作了些妥协。

珠尔默特的这一妥协，确系权宜之计，因他即位伊始，要防兄长夺权，须避免两处树敌。但是对第七世达赖喇嘛及其贵族僧侣集团，他始终存有戒心。而随着矛盾的扩大，以他刚愎自用的性格，很难再作出更大的妥协。对于七世达赖喇嘛来讲，由于命途多舛，时运不佳，20多年来一直处在颇罗鼐的左右之下，尽管乾隆皇帝一再谕令驻藏大臣，西藏事务要与达赖喇嘛和颇罗鼐共商，但是政教共主的七世达赖喇嘛并没有掌握西藏地方政府的实权，反而在一段时间里，却奉旨移驻于康区乾宁的惠远庙（今四川省道孚县巴美乡乾宁寺）。显然，在西藏这样一个信仰佛教、推崇活佛的社会中，达赖喇嘛身前会自然形成一股势力。这一贵族僧侣集团

---

① 《清高宗录》卷356，《清实录》，中华书局1985年版，第918页。
② 《清高宗录》卷357，《清实录》，中华书局1985年版，第932页。
③ 《清高宗录》卷296，《清实录》，中华书局1985年版，第879页。
④ 同上。
⑤ 同上。

是政教合一制度的支柱，他们在宗教上已经居于显要地位，但并不因之而愿意放弃世俗权力。在颇罗鼐执政时期，他们即使有所不满，也不便发作，而颇罗鼐的去世，正是给他们创造了一个恢复掌控世俗政权的机会。

珠尔默特决不会拱手交权，让七世达赖喇嘛格桑嘉措亲政。他以授权制定两法、弘扬佛教及肩负全体生灵增长利乐之至尊殊胜的郡王身份，对"往昔于我甚为恭敬，并忠心助我"① 的贵族及其"旧有部属人等"②，提出应该给予奖赏和照顾，也就是封赐大量土地、百姓，免除了种种差税。论其目的，自然是在培植亲信，组织自己的世俗贵族势力。与此同时，珠尔默特还利用"兄弟二人出现纷争的原因"③，两次向父亲颇罗鼐一手提拔、并受器重的重臣多卡夏仲·策仁旺杰、妹夫公班智达等噶伦逼供，要他们承认给阿里去过信，私通其兄长并求其出兵，更煞有介事地说，这是根据驻藏大臣的意思审问这件事的。但事情不了了之。这次审问逼供用意显然，意在考察旧臣是否忠于新主，也不难看出，珠尔默特的醉翁之意不在酒，其矛头既是指向第七世达赖喇嘛，也在擅权积蓄与中央对抗的力量。

显然，反对达赖喇嘛却不同于反对自己的兄长。对世俗贵族之间的斗争，清中央朝廷可以采取观望待变的态度，但世俗贵族反对僧侣集团，势必会动摇清中央朝廷在西藏推崇佛教的基本国策，对此清中央政府进行了干预，用很大精力做说服双方的工作。

珠尔默特在执政的最初两年中，尚能按照清中央的要求，与其他噶伦和达赖喇嘛相安共事，使一度紧张的关系有所缓和，但到了后来，他表现出了"暴戾恣睢，矫狂杜撰，遇事不调查，为所欲为，草菅人命，无所顾忌"④ 的恶劣品质，甚至发展到私养卫队，扩大藏内武装力量，与准噶尔相勾结，要求将中央所派500名官兵全部撤走，将云南省管辖的中甸地区交其统治，图谋分裂，独霸一方。这种与中央分庭抗礼的做法引起了朝

---

① 《金马年5月11日多罗郡王珠尔默特之令》，孟庆芬、陆莲蒂译，载《藏文史料译文集》，1985年中国社会科学院民族研究所印制。
② 《土蛇年10月25日多罗郡王珠尔默特之令》，孟庆芬、陆莲蒂译，载《藏文史料译文集》，1985年中国社会科学院民族研究所印制。
③ 多卡夏仲·策仁旺杰：《噶伦传》，李凤珍译，载《藏文史料译文集》，1985年中国社会科学院民族研究所印制。
④ 同上书，第31页。

廷的高度警觉。但朝廷并没有马上作出反应，而是静观其变，以致使西藏政治局势更加险恶。驻藏大臣傅清、拉布敦身临其境，感受到这种风云变幻的压力，因此屡屡上书朝廷，评陈藏事，希冀朝廷采取果断措施，以防久而生变。但他们的这种努力由于交通阻隔和清廷中枢的反应迟钝而被耽搁，可堪忧虑的政治风云终于酿成了一场电闪雷鸣的大祸。

（二） 驻藏大臣纪山对藏事的错误处置带来的恶果

作为清廷派出的驻藏大臣，纪山是唯一被朝廷勒令自尽的大臣，这在西藏驻藏大臣史上及其以后的派驻官员中是独此一个。

从事件发展的轨迹看，纪山被赐死不是偶然的，是西藏政治风云发展的必然结果，但是他以偿命的方式来谢国家在西藏损失之罪确是咎由自取。与其他许多大臣一样，他也是两次进藏任驻藏大臣之职的，也许是和他家庭出身有关，纪山父亲为清朝有名的骁将，在清朝定边平叛的历次战争中立下了很大的功劳，纪山倚仗父亲为国家捐躯阵亡之大功，邀功请赏，得到朝廷在政治上、经济上丰厚的赏赐。他家资雄厚，生活优裕，并不把同僚们放在眼中。他在第一次任驻藏大臣期间，办事尚有条理，但从他对待索拜的态度看，同为驻藏大臣，俨然视索拜为家臣，这在前面已有所述。第二次进藏，本来是皇帝垂青于他以往征剿大小金川有功，且有过驻藏办事的经验，想必他不会辜负皇帝圣恩，能够肩负起安定西藏的重任，所以在风云变幻之际的关键时期，才将他再次派往西藏。

纪山进藏之初，并不像他的政敌所指责的那样昏聩无能、失察于藏事，一时尚能体察出藏内斗争的端倪。据记载：纪山到了拉萨，经过一个多月的调查了解，基本上搞清了珠尔默特的为人与动机，于是便立即给乾隆皇帝上奏。他在奏折中说："臣到西藏以来，留心查访珠尔默特，看来他性情残暴古怪，属下官员，无不怨声载道，而且对达赖喇嘛心怀疑忌，怕将来众人怨恨越来越深，使得达赖喇嘛也无法忍受，由此引起纠纷。因此请将珠尔默特的哥哥车布登从阿里调回拉萨，协同办事，以分散他的权力；并请将达赖喇嘛迁移到泰宁安住。"乾隆皇帝阅完奏折，否定了纪山的请求，但他深感问题的严重，决定恢复原来由两名驻藏大臣共同处理西藏事务的体制，再一次派精明能干的傅清进藏担任驻藏大臣。并让他见到纪山时，告诉他，对珠尔默特应当存有戒备之心。

那时傅清还在固原担任提督，因情况十万火急，皇帝命令他不用回到北京，直接从固原到西藏赴任。同时传旨给去四川担任提督的岳钟琪，要他等傅清路过成都时,把纪山过去的奏折抄录一份交给傅清。

据西南民族大学李学琴教授提供的材料简述,傅清急急忙忙赶到成都,先去拜见四川总督策楞,正好岳钟琪也先期到了那里。岳钟琪将抄好的纪山奏折交给他。傅清接过,一一细看,见纪山最后的一道奏折写的大意是,据珠尔默特告知,他的哥哥车布登与他一直有矛盾,车布登想残害他派到阿里寺庙中的喇嘛弼奈,并且抢夺马匹和商人的货物,用兵把守通往拉萨的道路,扬言要来攻打拉萨。珠尔默特一面派兵防范,一面通过驻藏大臣上奏朝廷请降谕旨。

傅清看完,问岳钟琪:"事情果真如此吗?"岳钟琪言道:"皇上要我告诉你,西藏地方,关系重大,如今事情的真假虽然说不清楚,但不能不引起重视。珠尔默特年轻急躁,又好生事,表面看起来他能听纪山的话,说不定纪山反受他的蒙蔽。若是他哥哥真有此事,纯粹是他们弟兄之间的斗争,倒还好办。若是他哥哥根本没有这回事,而是他故意捏造,以此陷害纪山,抵制派遣驻藏大臣的制度,问题就严重了,因此要你务须沿路留心细察。"

正在一边注意听的策楞插话道:"我派到西藏的粮务官报告说,纪山九月到达拉萨,十月中旬,珠尔默特才从甘丹寺出来与他见面。因为纪山前次出任驻藏大臣时,与颇罗鼐共过事,所以在见面的时候,珠尔默特跪地请安,称纪山为叔叔。此时,正是颇罗鼐逝世三周年祭日,纪山送去一桌酒席,趁机劝珠尔默特与达赖喇嘛搞好关系,他表示遵从教训。随后珠尔默特设宴迎请纪山与文武官员,在柳树林里比赛射箭,纪山在席间又劝他除与达赖喇嘛和睦相处外,还要与他的妹妹、妹夫消除怨恨。后来,他又送给纪山古佛一尊、一匹马、十张猞猁皮,1000两银子。纪山接受了礼物,退回银两,他又亲自送去,再三要求收下。从这些情况看来,似乎纪山还驾驭得住他。"

听了策楞的一席话,老练的岳钟琪沉思了一会儿,对两人言道:"我看珠尔默特开始那么傲慢,后来又那么谦恭,那么慷慨,恐怕是想收买纪山,好让他诸事睁一只眼、闭一只眼,一切都听他的。傅大人此次去,一定要好好调查清楚,这个郡王到底想干什么。也要劝劝纪山,千万不要上了他的当。"

实际上,事态的发展果然和岳钟琪所预料的那样,纪山没有摆脱珠尔默特的多次谋骗和贿赂。至于纪山的态度什么时候转变的,又从什么时候开始背着清中央政府偏袒、庇护珠尔默特的，详细时间还有待于查考。但可以断定，在纪山到达拉萨之后不久，珠尔默特以纪山是颇罗鼐的好友之故，乘机与纪山套近乎，拉关系。又是同席饮酒，又是互赠礼物，而纪山最终又收下了珠尔默特贿赂的1000两银子。既然拿了人家的东西，就要替人办事，这大概是纪山不能左右自己而陷入事事偏袒珠尔默特的缘故。以致到后来竟发展到"令兵丁演戏、班名自乐，时与珠尔默特宴会观剧，日在醉乡，以肆其志"，竟达到了"丧心无耻，曲意逢迎，苟且度日"①之地步。

可见，纪山被珠尔默特拉下水完全是贪图享受、生活腐败所致，因为有这种劣迹，所以缺乏政治敏感性和对时局的判断力。本来纪山九月到西藏，珠尔默特十月份才与之相见，略有政治敏感性的人也会感受到珠尔默特的冷淡已是包藏祸心。但是，他经不住物欲、色欲的诱惑，终致被珠尔默特所收买。

既然被收买，就不遗余力地为珠尔默特的劣迹辩解，甚至向清中央为他说情。当情况十万火急，皇帝又派傅清到拉萨办事后，纪山不但不配合其精心筹划藏事，以稳住局势，反而时时掣肘，使傅清不能大胆地处理。据史料记载，傅清到了拉萨，将乾隆皇帝要纪山对珠尔默特多加提防、做到有备无患的圣谕告诉纪山时，他毫无表情地哼了一下，显得极其冷淡。当傅清问他："纪大人，我来的时候，皇上和岳大人（岳钟琪）要我们好好地了解一下珠尔默特的为人"，他显得更加不耐烦，认为傅清多事。当傅清好心好意地将了解的情况向他反映时，他冷冷地说："这些我早就知道，还用得着你去了解吗？"显然，对傅清的调查非常不满。

事态发展到后来，拉萨形势越来越严重，朝廷与边关大将岳钟琪、策楞时常接到探子的来报，朝廷却接到傅清、纪山两位大臣截然不同的情况汇报，直到有一次乾隆皇帝阅读到一份由岳钟琪和策楞转来的纪山的奏折时，才引起清中央政府对纪山的怀疑。据西南民族大学李学琴教授提供的材料简述，乾隆皇帝是看到纪山的奏折后，产生了怀疑，心想：众人都说珠尔默特残暴成性，登上郡王位之后，更是飞扬跋扈，而纪山却转奏车布登要攻打拉萨，会不会借我的手，除掉他的哥哥，接管阿里呢？不管怎样，得谨慎小心。于是让纪山与傅清传旨给车布登："如果有什么委曲，可以到拉萨来，告诉驻藏大臣，让驻藏大臣代为上奏，朕自会派出大臣，

---

① 《清高宗实录》卷385，《清实录》，中华书局1985年版，第60页。

为你们兄弟分辨曲直，何必擅自动兵违犯国法。"并让两名驻藏大臣，派一名可信之人，去阿里察看虚实。同时让纪山劝告珠尔默特，要他记住他父亲对皇帝的忠诚，一定要维护西藏来之不易的安宁。警告他，只有皇帝才有权在他们兄弟之间进行裁决，擅自调动军队是不行的。

这件事刚处理完毕，又接到四川总督策楞关于珠尔默特给纪山赠送厚礼、两人相对盟誓、一起联名上奏的奏折。乾隆皇帝非常生气，深知纪山已被珠尔默特的爪牙所包围，已不可能再从纪山那里得到可靠的消息了，便决定将纪山召回北京。

后来事态的发展证明了清廷和川边大将策楞、岳钟琪的判断，由于纪山从中作梗，既阻挠了傅清、拉布敦及时处理珠尔默特，又阻隔、扭曲了传往北京的消息，以致酿成了傅清、拉布敦的被害事件。因此，当乾隆皇帝得知纪山劣迹之后，龙庭震怒，诏谕纪山在驻藏大臣任职期间，怯懦无能，事事顺从珠尔默特，任其恣意妄为，并与之盟誓，以致其图谋更加猖狂。此次西藏出现变乱，纪山为罪魁祸首，诏令刑部立即将其逮捕，秋后处决。

后来，纪山的家族凭借其父生前的关系和自己在职时的交结，通过上层为自己的罪恶开脱，希望看在父亲战功卓著的功劳上，免其一死。但是，乾隆皇帝在这件大是大非的问题上，决不徇情，并声言道：假如纪山在藏期间能秉公办事，一心一意为国家的利益着想，就能够遏止珠尔默特的野心，使其有所收敛。这次傅清、拉布敦之死，都因为纪山寡廉鲜耻，为了个人的私利而对珠尔默特逢迎拍马，导致西藏出现祸乱，可见纪山之心，只希望苟且度日，在藏凑合两年，然后回京享福，而于国家的利益、西藏的安危全然不顾，位高权重的大臣都存有这种苟且之心，国家还能去依靠谁呢。纪山的罪责由策楞、兆惠、班第、纳穆扎尔四个大臣合奏，证据确凿，令人发指。不能因为纪山之父屡立战功、以身殉国而徇私枉法，难道阵亡之功臣的后代就能够偷生附叛、胡作非为吗！纪山之罪本应立即赴刑场处死，但念其父有功于国，姑且从宽赐予他自尽。①

乾隆皇帝的这番话，道出了清朝对西藏安危的重视，在其他问题上，朝中一些大臣也犯过类似的罪行，后来经说情而免于死罪者不少，但在处理西藏问题上决不姑息迁就。纪山之罪以赐死而了结，也昭示了清廷对在西藏为政问题上时紧时松的摸索阶段的结束。

---

① 《清高宗实录》卷385，《清实录》，中华书局1985年版，第60页。

（三）忠诚于国事，两大臣殉职于藏事

与纪山形成了鲜明对照的是同为驻藏大臣的傅清和拉布敦。在处理珠尔默特祸乱西藏的过程中，这两位大臣所表现的大智大勇和忠诚于国家大业的精神被后人大书特书，以至于得到忠烈可昭日月的称誉。①

最先到西藏的是拉布敦，当时因皇帝斥责索拜无能，辜负皇恩，担心其会受到珠尔默特所左右因而革职回京，以观后效，故派拉布敦进藏接替索拜的职务。派拉布敦进藏，是皇帝出于稳定西藏的考虑。据史载：拉布敦能文能武，曾任定边右副将军、古北口提督。他力大无比，据说能扛极重的铁弓，左右开射，百发百中。而且才思敏捷，无论是写诗还是作文，顷刻之间一挥而就。更奇的是，他懂外国文字和少数民族语言，因此被人们称为奇人。他在康熙、雍正、乾隆几朝为官，廉洁奉公、刚正不阿。此次来藏，也不会辜负皇帝所托，定能担起安藏的重任。

事实也是这样，据说拉布敦到了西藏担任驻藏大臣以后，办事认真、严谨，珠尔默特也不由得对他畏惧三分。据史料记载：一天，珠尔默特跑去让拉布敦减少驻拉萨的官兵。拉布敦对他说："郡王，此事事关重大，我不能作主，必须奏明皇上。"珠尔默特碰了一个软钉子回去后，拉布敦将他的意见上奏清廷，以为乾隆皇帝绝不会批准，因为没有500官兵作为后盾，驻藏大臣的政令就难以施行。不料乾隆皇帝降下谕旨，为消除珠尔默特的猜疑，将驻拉萨的官兵撤走400名，仅留下100名给驻藏大臣充当警卫，拉布敦只好遵从皇帝的命令。

珠尔默特见此事得逞，便得寸进尺，去请求拉布敦通融，从色拉、哲蚌、甘丹三寺里面，挑选一些喇嘛去管理云南中甸的宁玛派寺院，被拉布敦断然拒绝。

这一次，拉布敦将珠尔默特的情况和他的请求，在奏折里写得更加详细，皇帝阅后，深感珠尔默特的为人，不像他的父亲知恩图报。降旨告诉拉布敦："珠尔默特，外表看起来很恭顺听话，但他并不一定安静守法。譬如他要求选派喇嘛的事，不过借振兴黄教之名，扩大他的势力范围，企图多收一些税利。朕恐怕由此滋生事端，不可不早作预防。"拉布敦即根据谕旨的精神，告诉珠尔默特，大意是："皇上让我告诉你，中甸地方，

---

① 从傅清、拉布敦两人赴藏办事的功勋看，主要是除掉了阴谋叛乱、欲求称霸一方的元凶珠尔默特，为西藏避免了一场残酷的战争，也为国家解除了西南边疆大乱的后患。

红教传播已久，藏民信仰，相安无事，不用再派黄教喇嘛去了。"珠尔默特嘴里没说什么，但却怀恨在心，自此对驻藏大臣处处刁难。

乾隆皇帝接到拉布敦的两次奏报，一方面感到西藏形势严重，另一方面又对拉布敦在藏的处事方法作出了错误的判断。认为拉布敦处事太急，容易激化矛盾，所以将拉布敦召回，派了当时认为比较老练圆滑的纪山进藏，这不能不说是乾隆皇帝犯下的一个错误，后来当发现纪山与珠尔默特沉瀣一气时，方才幡然醒悟，复又派拉布敦进藏协助傅清处理藏事。

傅清进藏任驻藏大臣一职，也是清廷鉴于西藏形势的危殆，因从纪山奏折和川边大将策楞、岳钟琪的奏报中，得知西藏形势日益复杂，纪山又怯懦无能，无法驾驭局势，才派出傅清进藏。

从时间上讲，傅清这是第二次进藏，实为受命于危难之时。从他在过去任职的奏折中，可看出他对西藏局势正确的判断和对国家安危的一片至诚。如乾隆十一年，他奏疏朝廷，认为西藏地处边远，各民族杂居，西北靠准噶尔，北接青海，为四川西南部之门户，对于稍许变乱，必派大臣并文武官员进行弹压，不应迁就。因为他看出，准噶尔不惜重金，屡屡带大批人马进藏熬茶，难免产生觊觎之心，不得不防。在第一次驻藏大臣任上，他与索拜处理了准噶尔熬茶和颇罗鼐的丧事，基本上稳住了西藏的局势。这次进藏与前次不同，自珠尔默特承袭颇罗鼐爵位以来，形势陡变，藏内人人自危，大有爆发不测之势态。所以，傅清到西藏后的第一件事，便是深入到各阶层，召集珠尔默特周围的官员、亲属，了解西藏存在的诸多矛盾和问题。他的辛苦并未白费，从许多人的口中，得知了珠尔默特的种种劣迹。[①]

[①] 据历史资料载，傅清到拉萨后，针对珠尔默特散布的种种谎言，在征得纪山的同意后召来了三位噶伦，向他们问道："你们三位都是郡王的部下，又是颇罗鼐王爷信任的老臣，请如实地告诉我，郡王的哥哥车布登会不会来攻打拉萨？"噶伦策仁旺杰回答："傅大人，前不久郡王派人来质问我，硬说我与强巴喇嘛、班智达、普姆请阿里公车布登派兵来拉萨，这完全是冤枉啊。我这把年纪最多也只能活三年，少活也有三天，何苦要去做那伤天害理的事，让他们弟兄之间彼此仇杀呢？"傅清还没有顾得上答话，色珠特色布腾接过去说道："傅大人！要说阿里公来攻打拉萨，我不相信。本来郡王的位置应该是他的，但他心甘情愿让给他弟弟，老王爷一死，他就回阿里去了。平时对郡王也十分谦让。但郡王就不同了，他不但想方设法迫害他的哥哥，还时常折磨他的妹妹普姆和妹夫班智达。对其他下属官员，更是为所欲为，想打就打，想杀就杀。就连那些吃草的野生动物也不放过。前次去藏北狩猎，把后藏军全都开去，射死的野牛、野驴、羚羊不计其数，甚至对那些躲在石缝里、还不会飞的小鸟也不放过。鲜血洒满了大地，兽皮、兽肉，堆积如山，就好像阎罗王的尸林一样，真叫人惨不忍睹。"

傅清、拉布敦经过多方调查，掌握了珠尔默特试图危害西藏稳定的许多证据，并从其妹夫班智达那里得以核实。据西南民族大学李学琴教授提供的材料简述，一日，傅清问班智达言道："噶伦！你的妻子是郡王的亲妹妹，你认为他如何？"班智达答道："郡王一贯听不进去不同意见，谁要是说真话，冲犯了他，他就暴跳如雷，怀恨在心，找各式各样的借口，加以迫害；相反，对那些阿谀奉承他的人，哪怕说的是假话，只要讨得他的欢心，他便笑逐颜开，大加赞扬，重赏封官。现在，他在招兵买马，扩充地方武装，不知在干什么。"

傅清经过分析、筛选、整理，将重要情况写信寄给了川边大臣岳钟琪和策楞。对于西藏形势的分析，岳钟琪和策楞非常赞同傅清的看法，他们两人经过认真研究思索，认为有必要将他们思考成熟的意见转奏给皇帝。具体意见为：由他们派出3000官兵赴西藏，废除珠尔默特，迎请其兄车布登到拉萨，承袭其父颇罗鼐原有的贝勒、郡王的头衔，统率旧部，不再担任噶伦的职务，这样可以分散他的重权，西藏可以得到安宁。但乾隆皇帝认为珠尔默特反叛之形还未彻底暴露，这样做，会失去人心，因此不同意立即派兵，只是授权给他们，可事先根据形势发展进行军事调动，作好进军的准备。

这期间，达赖喇嘛曾出面在珠尔默特与车布登之间进行了多次调解，并派大喇嘛到阿里给车布登送信请其提高警惕。但珠尔默特不让送信者通行。班禅也写信请求珠尔默特，停止与其兄的敌对行动。可惜，两位宗教领袖为西藏安宁所作的最后努力，没有成功。车布登还没有来得及奉驻藏大臣的召请就于1750年1月25日在阿里遇害。他的死与其说是一个谜，而且还被政敌赋予了神秘的色彩，倒不如说是一场大的阴谋。直到后来叛乱事发，这个谜底才被揭穿。车布登横死的真相，就是珠尔默特派人暗杀。

车布登死后，珠尔默特演出了一场轰动拉萨的闹剧，他不是请驻藏大臣傅清上奏朝廷，述说车布登的死讯，而是让已经离职的纪山转奏乾隆，并让纪山为车布登办理丧事，收养他的两个侄儿。同时还厚颜无耻地在拉萨举行了隆重的追悼会，甚至软硬兼施，让达赖喇嘛和班禅为他哥哥的死念经祈祷。

此时，受皇帝的派遣，拉布敦又回到了拉萨，他见驻藏官兵仅有100多人，而西藏情况又非常紧急，一旦事发，便难以应付，因此请求朝廷增派 400 名官兵，恢复原来 500 驻军的旧制。乾隆皇帝本已表示同意，但闻车布登死讯后，认为珠尔默特心病已除，没有什么再作乱的理由，因此否定了原来同意拉布敦增派官兵的建议。以同样的理由，取消了岳钟琪与策楞负责的军事调动，命令他们回到原地待命。

显然，乾隆皇帝对事态的发展认识不足，导致了判断上的一再失误。珠尔默特并不像皇帝想象的那样，以夺得其兄的领地为满足，而是变本加厉地进行他的阴谋活动。他为了斩草除根，借口要去萨海地方安抚被蹂躏的百姓，带着大队人马，逮捕了车布登的大儿子彭错旺波，并处死了他，然后宣称他已外逃。彭错旺波的弟弟旺扎勒听到风声，连夜潜逃投奔到扎什伦布寺，拜六世班禅为师，出家当了僧人。珠尔默特不敢去向班禅要人，旺扎勒才算保住了性命，但却失去了继承权。

珠尔默特在没有得到皇帝的批准、没有征得驻藏大臣傅清与拉布敦同意的情况下，就派他的儿子达尔扎策凌去接管了阿里。不久，从萨海地方调动兵丁，搬运火炮。又从工布等地向拉萨运去 49 驮火药，调去 1500 名士兵。拉布敦本已接到班第任驻藏大臣、换他回北京的命令，但见西藏情况危急，除将西藏的形势上奏清廷外，还请求朝廷暂停调动他离藏，为了稳定西藏局势而甘愿身居危地。

这件事已反映出拉布敦的人格。按常理，在西藏形势危急、危险万分的情况下，意志不坚定或胆小怕事的驻藏大臣就会乘机溜掉，以避祸端。因为在当时的情况下，并不是只有傅清和拉布敦受朝廷委派来藏，还有一位受朝廷派遣来藏的右侍郎同宁，该人为清朝宗室，来藏之前位高权大，但他到西藏看了一下，听到看到的都很危险，没等办完事就逃回了北京，后改任凉州副都统。珠尔默特事件发生之后，朝廷认为同宁有辱祖宗涉险克艰的优良传统，进藏后怕吃苦、怕危险，因而革职问罪。相比之下，拉布敦在国家危难时刻却上奏朝廷停止调动换班，自告奋勇留在危险之处，可见他人格的高尚之处。

从当时情形看，其势态可谓千钧一发。据史载，纪山被朝廷召回之后，西藏许多受到珠尔默特迫害的人纷纷前来控诉其罪行，请求朝廷尽快将珠尔默特撤职查办，特别是颇罗鼐的旧臣，对珠尔默特更是怨愤有加。但众人的控诉并未使傅清、拉布敦下决心处死珠尔默特，因为没有朝廷的旨意，他们是不能擅自动手的。

促使傅清、拉布敦下决心处死珠尔默特的直接原因要归于珠尔默特的利令智昏、胆大妄为。其兄车布登被害之后，珠尔默特随即派兵接管了阿里，这对于朝廷来说是不能容忍的。因为过去朝廷治理西藏是将阿里赐封给有功的大臣，令其独自管辖，至少不直接受拉萨的控制，而今珠尔默特占领了阿里，等于控制了整个西藏，加之频繁地招兵买马，这对清中央西部的安全构成了潜在的危险。由于以前纪山的阻挠，许多真情未能送上去，等到朝廷醒悟，派兵前来，已经无法挽救。这里有傅清、拉布敦的对话足以证明这种判断。据西南民族大学李学琴教授提供的材料简述，掌握内情的噶伦策仁旺杰和色珠特色布腾前来密报，说珠尔默特招兵买马，图谋叛逆朝廷，如不采取措施，将会招致西藏大乱。待两噶伦走出驻藏大臣衙门，拉布敦沉思了片刻，然后问傅清："傅大人！你看珠尔默特轻而易举地占有了阿里，整个西藏都由他统治了。"傅清则说："我想珠尔默特先是想让颇罗鼐的旧部归顺他，不想这些人一贯忠于朝廷，不愿从逆，他便一不做、二不休，干脆一个个把他们干掉。看来他很快就要举事了。"

听完傅清这一席话，拉布敦愤怒地说："像珠尔默特这样的人，如继续听任其胡作非为，西藏大乱就不远了，在朝廷尚未派大军之前，我们应当机立断，除掉祸患，以避免西藏发生大的叛乱。"傅清急忙劝道："拉大人！此事关系西藏的安危，不可妄动，我看还是写一道奏折，请朝廷定夺吧！"拉布敦果然按两人的商议，上奏乾隆皇帝。

那么，乾隆皇帝此时此刻又是什么心情呢，出于对国家安危的考虑和两位驻藏大臣生命的珍惜，对此危难之事处理还是非常谨慎的。这种谨慎倒不是反应迟缓或听任发展，而是对两位大臣身处险境的顾念。据说，乾隆接到奏折，心情非常沉重，他认为，如果按傅清、拉布敦所说，两大臣孤悬一方，又无足够数量的兵丁护卫，实在太危险，因此降旨给傅清与拉布敦："珠尔默特本不是善良之辈，当初朕就预料到了。但因他还没有公开叛乱，只能静观其变，若按你二人之计行事，会丧失朝廷的威望，此不是万全之策，等朕令班第更换拉布敦到藏的时候，会同达赖喇嘛及藏中噶伦等宣布他的罪状，在依朝纲治罪。"

此时，朝廷一面派人将皇帝旨意送到西藏，一面派人密令川边大将岳钟琪和策楞，让他们注意侦察西藏的情况，并做好调集四川的官兵进藏剿灭珠尔默特的准备。

但是西藏的情况发展则出人预料，珠尔默特派他的干将罗布藏扎什驱逐了多数驿站的官兵，阻断来往的一切商旅、信差及书信通行。得到这些消息，拉布敦再也坐不住了，他前往傅清处一同分析判断，这是暴乱的前兆，如果等待岳钟琪、策楞带兵来阻止珠尔默特的叛乱，已经来不及了。必须当机立断，采取非常措施加以处置。即等珠尔墨特那木扎勒回到拉萨，以传达皇上谕旨的名义，召其来驻藏大臣衙门，代朝廷将其诛杀。据西南民族大学李学琴教授提供的材料简述，傅清当时有些犹豫地说："拉大人想过没有，万一稍有疏漏，不仅你我反被其害，所有家属兵丁也难保全。即或侥幸成功，也难逃一个先斩后奏的欺君之罪啊！"拉布敦道："我已经想过无数遍了，横竖都是一死，坐以待毙，就等于听任其作乱西藏，到那时，朝廷再派兵戡乱，不知要有多少平民百姓遭受战火。如果断地将珠尔默特除掉，就如鸟无头不能飞一样，他的同伙即或是作乱，也容易平息。即使我们两人和少数卫兵被害，而使全藏百姓免遭战乱，朝廷免去大军转运调动之劳和逆乱之害，孰轻孰重，我们应当机立断。"傅清听后，长叹一声，对拉布敦说："拉大人既然视死如归，我傅清怎敢吝惜一命，如果我们的死，能保全那么多人的性命，换来西藏的安宁，换来大清朝西部地区的稳定，也是死得其所，就这样布置吧。"

1750年11月13日，珠尔默特一回到拉萨，两位驻藏大臣就派人去告诉他，称皇帝有谕旨，要向他当面宣读。珠尔默特认为已控制了西藏局势，区区两个驻藏大臣也不可怕，因此大摇大摆地带着几个随从，走进驻藏大臣衙门。傅清与拉布敦请他上楼接旨，这时埋伏在楼下的官兵按驻藏大臣的吩咐，将楼梯搬走。傅清站在珠尔默特面前，宣读道："珠尔默特，你深受国恩，皇上先封你为台吉，后又让你承袭郡王之职，管理全藏政务，你不思报恩，反而祸乱西藏，悖逆朝廷。"还没有等珠尔默特回过神来，两驻藏大臣将其扭住，拉布敦拔出长剑，诛杀了珠尔默特，随同的几个亲信也被砍倒在楼上，而未被除掉的少数亲信乘乱逃掉。随后，两大臣急忙派人到班智达那里送信，命令他暂时管理西藏政务。班智达听到珠尔默特被处死的消息，也像其他人一样，吓得惊慌失措，跑去与七世达赖喇嘛商量，宝贵的时间，就这样一分一秒地浪费着。

从当时的危急事态看，西藏地方政府中的噶伦们似乎没有掌握着应有的权力。待事件发生后，他们束手无策，也没有拿出得力的措施预防不测，保护驻藏大臣的安全。事件发生后，逃脱的罗布藏扎什等迅速组织暴乱分子包围了驻藏大臣衙门。据史料记载，他们回到郡王府，纠合珠尔默特的私人兵丁和仆人为主子报仇，但遭到了拒绝。于是便带上几个骨干和近卫藏兵，纠集了1000多名暴徒，煽动他们向驻藏大臣衙门进攻。由于藏军全控制在珠尔默特的党羽手中，班智达除了着急以外，对暴乱毫无办法。在这关键时刻，黄教派的一个重要人物，热振寺寺主赤青多尔济江活佛前去干涉。他叫本寺的喇嘛在拉萨的墙壁、柱子上张贴布告，声明珠尔默特因犯重罪，被驻藏大臣处死。并警告说，任何人胆敢对驻藏大臣下毒手，定将受到皇帝的惩罚。他亲自走到出事地点，向暴徒们劝解，声讨珠尔默特的种种罪行。这时，暴徒们嚣张到了极点，把枪口对准了多尔济江活佛。这位以慈悲为怀、普度众生的活佛一倒，暴徒们就像决了堤的洪水猛兽一样，冲向驻藏大臣衙门，有的开枪，有的放火，有的登上楼梯，举刀追杀。

两位驻藏大臣和为数不多的卫兵拼死抵抗，傅清手持短剑，杀死了几个向他进攻的暴徒，他的身上也有三处重伤，鲜血向外涌流，体力渐渐不支，为了不使朝廷威信受辱，他使尽全身力气，挥剑自尽。拉布敦是一个武艺高强的勇将，他挥舞着手中的长剑，击杀登上楼来的暴徒，楼下的暴徒见了，不敢登楼。拉布敦提着剑，见傅清倒在血泊里，身边还放着他常见的那把短剑。他忍不住地愤怒吼叫，纵身跳下楼去，击杀了数十名歹徒，最后气绝身亡。① 其余的大多数官员，有的自尽，有的被杀，有的被活活烧死。其中最突出的是驻藏大臣手下的一名主事策塔尔和参将黄元龙，他们是在保护傅清与拉布敦的时候，壮烈牺牲的。除了这两位高级官员外，还死了两名副官、49名清兵和77个平民。随后，暴徒们转向附近的军需处，抢走库银85000两。

从细节的描述看，傅清、拉布敦死得非常壮烈，他们面对蜂拥如蚁的暴徒，并没有束手待毙，而是进行了激烈的抵抗，只是由于寡不敌众，才壮烈殉国，就这样，两位忠诚于国家的边疆大臣死在了一伙暴徒的刀下。

（四）清廷对藏事变乱的反应与处置

傅清、拉布敦遇害的消息传到北京，龙庭震怒，乾隆皇帝立即作出反应。他认为，傅清、拉布敦之所以未等圣旨到藏，就诛杀了珠尔默特，实为国家的安危着想。首先原谅了傅清、拉布敦没有朝廷之令就诛杀珠尔默

---

① 据史料记载，拉布敦是清朝的一员猛将，受命来藏，当遇到这么大的事变时，他早已将个人安危置之脑后，在与叛乱者搏斗时，表现异常勇猛，以至于多处负伤，被刺破肚子，肠子从肚子里流了出来，在体力全部耗尽之前，仍挥刀对敌，死得非常壮烈。

特的举动，并为两位忠勇大臣的遇害而惋惜。据史料载，乾隆皇帝读到川边大臣岳钟琪、策楞关于西藏事变的奏折，忍不住掉下了眼泪，感叹道："傅清与拉布敦临阵捐躯，奋不顾身。以他们的生命，避免了一场大的战乱，使西藏僧俗百姓免受战乱之苦，换回了西藏的安宁，保全了达赖喇嘛和众位噶伦等人的性命，其用心良苦，其功劳更大。有如此忠心为国、不顾个人安危的大臣，真是我大清朝的万幸。我不能保护他们善终，但决不能让他们英名埋没。"于是下令军机处：傅清、拉布敦等，未来得及接到谕旨，即于10月13日传珠尔默特至通司岗，加以诛戮，而傅清、拉布敦又被珠尔默特属下管家罗布藏扎什所害。总督策楞奏到，朕深为痛惜，不觉泪下，倘若傅清、拉布敦等到谕旨，遵照执行，或者不会产生如此的悲剧。但珠尔默特反叛之形毕露，若不早除，傅清、拉布敦也必遭到他们杀害。傅清、拉布敦审时度势，灵机应变，事先筹划，歼灭罪大恶极的叛贼，功盖千秋，值得嘉奖。

乾隆皇帝要做的第二件事是降旨严拿凶犯，命策楞派兵进藏，对参加暴乱者严加惩处。实际上，皇帝有关缉拿凶犯的诏谕已成为马后炮。由于交通阻隔，拉萨事变的消息是由一主事逃出虎口、冲破暴乱人群的扭打而传递出去的。据载：他不顾自己的安危，一路风餐露宿，星夜兼程，赶到成都，将拉萨发生的暴乱和两位驻藏大臣英勇就义的经过，详详细细地向岳钟琪与策楞哭诉。两人也被傅清与拉布敦惊天动地的事迹所感动，声泪俱下地将所听到的一切，草拟成奏折用快马昼夜奔驰传报到清廷的。这样千里传递，中途又经波折，最快也要两个月的时间，待到皇帝的谕旨到达，不知已过了多长时间。

事实上，在变乱的第二天，以七世达赖喇嘛为首的僧侣集团联合世俗政权中不满珠尔默特种种做法的官员，一举平息了这场暴乱。据资料记载①，事件发生后，达赖喇嘛不能容忍此等恶行，他采取了一系列紧急措施，一是通告卫藏、塔工、达木、当雄、那曲等主要宗、谿，告诫"任何人等均不得附合珠尔默特仆从等叛逆作乱行为"。二是将未受伤害的笔帖式、颇本及两位大臣的眷属、士兵、商民等约200人集聚于布达拉宫，其生活食用及衣物等均受达赖喇嘛恩顾。"收聚余兵，安抚众人"②。三是

---

① 见章嘉活佛若贝多杰《七世达赖喇嘛传》，蒲文成译，中国藏学出版社2006年版，第285—289页。

② 牙含章：《班禅额尔德尼传》，华文出版社2015年2月版，第91页。

立即向清朝中央紧急上奏。四是派人捉拿祸首。将罗卜藏扎什等13人"擒获","牢固监禁",并将贼党劫去的"帑银"85000余两"追回大半"。又下令恢复"塘汛文书"。采取这些措施后,七世达赖喇嘛指令并授印信于班智达,于谕旨未到之前"暂理藏务"。由于珠尔默特的谋叛违背了广大僧俗人民的意愿,七世达赖喇嘛采取了这些紧急措施后,使珠尔默特事件得以迅速平息,使一时混乱的社会秩序得以尽快恢复。

乾隆皇帝要做的第三件事就是着令岳钟琪、策楞率兵进藏,处理好善后事宜,当策楞与其后进藏的驻藏大臣班第经过详细调查,查明珠尔默特与准噶尔勾结,纪山因收受贿赂而为其张目的事实后,追查纪山的罪责,并交刑部治罪。

在傅清、拉布敦遇害后,清廷大力表彰他们为国家安全而慷慨捐躯的事迹,并在拉萨修建了双忠祠,以示永记其功绩。据载:乾隆皇帝对傅清、拉布敦的做法极力褒扬,认为"二臣之心甚苦,而有功于国家甚大。应特建双忠祠,合祀二人,春秋致祭,丕昭劝忠令典"[1]。

傅清、拉布敦追赠一等伯,著入贤良祠、昭忠祠,春秋致祭。傅清的儿子明仁和拉布敦的儿子根敦封为一等子爵,世代承袭。家属各赏银10000两。先在北京崇文门内为傅清、拉布敦修主祠。乾隆十六年四月又诏命在拉萨通司岗傅清、拉布敦遇难处立"双忠祠"。40年后,傅清的侄子福康安奉命统帅大军进藏征剿侵扰西藏的廓尔喀,来到拉萨拜谒双忠祠,见其"堂庑垣墉,间有倾圮。爰于班师之日葺而新之"[2]。维修之后,福康安亲撰《重修双忠祠碑记》,勒石树碑,嵌于祠内过道两壁,系满汉藏三体文字分别勒石。碑文如下:

> 双忠祠在前藏大昭寺东北,向为驻藏大臣行署。珠尔默特·那木扎尔之难,驻藏大臣傅公、拉公死焉,署亦毁于火。番民感二公之忠烈,因其旧址请立祠肖像以祀,盖以二公之大有造于卫藏也。傅公讳清,为康安世父。乾隆十五年,公以都统奉命驻藏,左都御使拉布敦副之。时珠尔默特那木扎尔袭其父颇罗鼐郡王封,专藏事,多不法,稍裁抑之,横如故。公廉其叛逆有迹,密疏请便宜从事,以绝后患。

---

[1] 《清代藏事辑要》,西藏人民出版社1983年10月,第184页。

[2] 见《双忠祠碑记》碑文,载于《西藏文物志》,西藏文物保护委员会1985年印制,第126—127页。

奏入，上以公孤悬绝域，未可轻举。命都统班第代拉公。将明正其罪，以申国法，旨未至反谋益亟。广布私人，凡驻藏大臣一举动辄侦逻之，禁邮递不得通。潜结准噶尔为外援，藏中有异己者将尽诛之，势且延及达赖喇嘛。为雄长一方之计，公如坐待其变，事发而公必死，诱而诛之，其羽翼已成，众寡不敌而公亦死。均之死也，勿宁变速而祸小。遂与拉公定密计，以十月十三日告其党罗卜藏达什曰：召藏王来，有旨令议事。珠尔默特那木扎尔以公势孤，闻召不疑，亦不设备。公与拉公登楼待之，止其众于楼下，随上者四五人。公见之颜色不动如平时，引入卧室，门即阖，急掣襟底预藏前藏王颇罗鼐所献之顺刀连砍之，中项而仆，从者进前，以梧击其首，立毙。……

福康安作为国家重臣，受命于皇帝之命前来悼念其叔叔傅清及拉布敦，显然亦代表了清廷的意图。

对于碑文内容的撰写，虽然没有详细论述其经过，想必已经得到了朝廷的批准。双忠祠碑文除记述了傅清、拉布敦为国家安危着想，为西藏不致遭受战争的涂炭而除掉珠尔默特的经过外，还详细追述了他们临危不惧、与暴徒们英勇搏斗、最后惨死在暴徒乱刀之下的全过程。正因立其碑，两位大臣壮烈殉国的事迹方才详细地流传于世。

在表彰傅清、拉布敦的同时，清廷又想起了在西藏处于危急时刻而畏缩不前的大臣同宁，认为同宁贪生怕死、贪图安逸，在国家用人之际推诿逡巡，与傅清、拉布敦这种慷慨赴死的精神相比，简直有天壤之别。据说，傅清、拉布敦事件发生后，皇帝召集群臣廷议善后事宜，群臣在纷纷赞誉两大臣的忠勇精神之时，不免对自任上逃回的同宁有些议论。乾隆皇帝听到这些议论，非常气恼，即时迁怒于这位曾任过吏部右侍郎的大臣，并颁旨严训，把同宁交刑部严议，其后，同宁受到革职的处分。

在论及两大臣殉国事迹时，清中央政府和乾隆皇帝也要负一定的责任。对于珠尔默特图谋不轨之劣迹，纪山早就向清中央朝廷报告："到藏以来，留心访察珠尔默特，看来情性乖张，属下俱怀怨望，且伊又有疑忌达赖喇嘛之心，恐日久众怨愈深，达赖喇嘛亦不能忍，致生事端。"此奏被乾隆皇帝斥为"甚属舛谬"。及至后来傅清等上奏朝廷的奏折也没有超出这一观点和估计。在几位大臣的多次奏请下，乾隆皇帝担心"势且延及达赖喇嘛",这才改变原来支持珠尔默特的立场。

清中央政府对西藏事务的措置失当是表现在撤出驻藏兵丁上。在平定准噶尔扰藏及卫藏战争之后,清朝派官兵2000人驻守西藏。后来朝中昏聩大臣奏议2000名兵丁在藏糜费粮饷,又应颇罗鼐之请裁到500名。按理讲,500名官兵在遥远而广阔的西南边疆已经是少得可怜了。而乾隆皇帝又为了安抚珠尔默特,竟撤走了400名官兵,留下的人也不足100名,这自然会使珠尔默特无所顾忌,直至发生阴谋叛逆、杀害驻藏大臣事件才使清廷彻底清醒。此后,西藏进入中央政府强化统治的时代。

二 驱逐廓尔喀入侵时的驻藏大臣

18世纪末,在中国的西南边疆西藏段发生了一场与邻邦廓尔喀部并不算大的边境战争。这场战争起初是因边界贸易引起,但因后续的处置不当,边防的守卫暴露出诸多弱点和问题,以至于引动了廓尔喀部的贪欲之念和觊觎之心,酿成了西南边疆西藏遭遇大规模的入侵和扎什伦布寺被劫掠焚毁的大祸。这一事件使乾隆皇帝大为震怒,为此处置了几位重臣,并派出大将福康安率大军进藏驱逐廓尔喀,为此,清王朝损兵折将、花费巨大。但这次事件暴露出驻藏大臣对边疆问题的处置不力,同时也反映出据守边疆的大臣的良莠不齐的状况。

(一)廓尔喀第一次入侵时大臣们的慌乱处置

1788年7月,大清邻国廓尔喀武装入侵西藏,先后占据聂拉木、济咙(今吉隆镇)等地,并向宗噶方向滋扰。廓尔喀的入侵,不仅打破了后藏地区民众的稳定,也牵动着全藏的安全。廓尔喀即尼泊尔的前身,清朝史料一般称该国为巴勒布,当时该国分为若干部落。乾隆初年,族部间争夺交恶时,驻藏大臣杭奕禄恐其国内混乱影响到藏边安定,曾派当时主持噶伦事务的贝勒颇罗鼐前往调停,宣扬大清皇帝的德威。当时巴勒布3个有势力的汗王接受了劝勉,积极向乾隆皇帝进贡,从而与清朝的西藏地方建立了和谐睦邻关系。尼泊尔自古就是西藏的重要邻邦,唐宋时期曾是唐朝经吐蕃与古印度之间文化交流的桥梁,明中期以后与西藏经济贸易联系更趋紧密。16世纪后期,当时的土邦开始用自铸银币与西藏从清朝获得的银两交换,因为银币使用较为方便,朝廷递解到西藏的银两成色好、杂质少，尼泊尔各土邦以银币交换银两获利颇丰。清初以来的100多年中，王朝中央和西藏地方政权对于上述传统的边境贸易都未进行限制，一切由边境人照习惯办法具体管理，当时来藏交易的商人甚众，常住拉萨、日喀则者达数百户。18世纪中叶以后，尼泊尔情况发生了变化，境内强悍的廓尔喀部吞并了其他土邦，建立廓尔喀王朝，其首领亦以对藏贸易的丰厚收益为重要财源，但许多不诚实的廓尔喀商人所铸银币掺杂过多的铜铁，引起藏内商人的反感；而西藏的一些交易者又以掺假盐、羊毛还以颜色，加之向廓尔喀商人妄增课税等，不断引起双方矛盾。因为驻藏大臣巡边不力，使这些矛盾积累叠加，而崇尚武力的廓尔喀打着保护本国商人利益的旗号突然出兵入侵西藏，占据了西藏西南边境的济咙、聂拉木。

  这次入侵规模并不算大，但当时清朝在西藏段基本上没有派驻守卫边防的武装力量，廓尔喀兵抢掠聂拉木和济咙之后很快就深入到宗喀（今吉隆县城）、协噶尔（今定日县），使全藏震动。驻藏大臣闻讯后，一面紧急奏报朝廷，一面咨请四川驻军入藏救援。乾隆皇帝接到奏报后迅即谕令四川提督成德带兵赶赴西藏，并令驻藏帮办大臣带领驻藏绿营兵和达木蒙古兵赴后藏堵截。1788年9月，皇帝闻"巴勒布贼抢占宗喀，复围胁噶尔之寨，又有贼来普穷结营"①的奏报后，又命四川续调满、汉、藏兵2000名即速前往，因为这是以往很少发生的外夷侵占大清疆土的事件，乾隆帝极为震怒，特地为此次出兵，授鄂辉为将军，成德为参赞大臣，就近调度军马粮饷，策应进军，以壮声威。

  在这次不是很大的军事行动中，暴露出西藏事务和边防等方面存在的诸多问题。首先是驻藏大臣对于边境事务长期失察。当时的驻藏大臣庆麟在藏办事已有5年之久，但因疏于巡边，对廓尔喀入侵的原因竟然毫不知情，事先既未察详边境贸易中的弊端，也未及早了解边境的防卫，清廷派驻西藏的军队当时只有510名绿营兵，其中一半以上已被驻藏大臣及属员抽去供役。1751年后划归驻藏大臣差遣的达木蒙古骑兵原系厄鲁特蒙古后裔，素有能征善战的传统，但平时集中在拉萨仅有80名，其他因没有集中训练如同散兵游勇，此外的地方藏军是轮换征调的农牧民，原来是着重防备北方准噶尔人的，许多年来也疏于演练而毫无战斗力，加之驻藏大

---

  ① 《清高宗实录》卷1311，《清实录》，中华书局1985年版，第685页。

臣既毫无军旅经验，又缺御敌主见，抱着畏敌退避的思想，致使一旦遇有外敌入侵，边防几乎无人战守，只能等待皇帝从内地发兵救援。其次，驻藏大臣未能按照朝廷赋予的职责，认真督察藏政，对于当地官员的管理"全不留心经营"。如像噶伦这样重要的官职，只依世袭制度，奏报世家子弟递补，不问才智贤愚，对于下面的第巴人选、事务更不愿过问，抱着多一事不如少一事的态度处理藏事，熬够年头就奏请调任内地。本来这次争端是由聂拉木第巴擅增课税、贸易相互掺假而引发，驻藏大臣却全然不知。对于尼方以掺假银币大量坑骗藏人、损及西藏财源的问题，驻藏大臣也长期不加过问。当战事爆发咨调内地官兵入藏征剿时，驻藏大臣竟然对藏内能否筹措军粮，如何运输供应，心中全然无数。乾隆帝得知这些问题后，不得不专派理藩院官员，赴藏整顿。

四川奉旨调兵后，前队成德迅即率领绿营、屯练等汉藏兵员1200名，步行50余天，于9月22日到达拉萨，续由鄂辉带领满汉藏军也陆续调往。廓尔喀军深入侵至日喀则以西的协噶尔后，驻藏大臣庆麟却张皇失措，报称"后藏胁噶尔地方被巴勒布贼众万余人围扰，现催调藏兵尚未到齐"，随又"借护送班禅额尔德尼为名"①，避回拉萨。实际上，廓尔喀军并不像庆麟夸张的那样"贼众万余"不可抵御，廓军侵至协噶尔的兵力不及3000，藏军代本"将结等甫至胁噶尔即杀贼首一名、贼众三名，夺回抢去牲畜"。随后，帮办大臣雅满泰在乾隆皇帝催督下进驻藏"保护札什伦布，指示噶布伦、戴绷等，用心防守"②，胁噶尔第巴和调去藏兵一直奋力据守。至八月下旬，在内地大军即将到藏的威严形势下，噶伦札什端多克（亦写作札什端珠布）带领藏军至协噶尔进剿，杀敌20余人，使"贼匪渐渐散去"。廓尔喀撤离协噶尔后，并未甘心离藏，又复转而向西到萨喀一带骚扰。藏军随之也分兵向萨噶一路出战杀贼，并有擒获。在此前后，皇帝屡颁谕令，命成德、鄂辉等尽速赶至前敌，对入侵者"痛加歼戮"，"使之望风胆落，将所抢济咙等处地方，全行收复"，然后"再传令该处头目来营设誓，勘定界址，永远不敢复行越境滋事，以靖边隅"③。乾隆帝的这个要求本来是不难达到的，可是内地官兵抵拉萨后，

---

① 《清高宗实录》卷1311，《清实录》，中华书局1985年版，第681页。

② 《清高宗实录》卷1310、1311、1313，《清实录》，中华书局1985年版，第673、682、717页。

③ 《清高宗实录》卷1313，《清实录》，中华书局1985年版，第734页。

向西进发的行程却相当迟缓，成德 11 月下旬才缓缓到达日喀则，又过了大约一个月才到协噶尔至第里朗古（今译定日）。这时廓尔喀军已撤至聂拉木、宗喀、济咙等地。大军本应急速追击，然而进军路线已为大雪所阻。待鄂辉、成德率兵寻路绕行到达宗喀时，已经是 1789 年的 2 月了。此时喜马拉雅山区早已进入封山季节，连降大雪使军队再也无法进至济咙、聂拉木等山口地区。直到春天的 4 月以后，冰雪才渐渐融化，济咙等地才次第收复。纵观这次征剿历时近 9 个月之久，固然是因"道路险远、粮运艰难"，而驻藏大臣"办理粮务迟延怠玩"，对于征剿的军需供运未加筹划准备，也是重要的影响因素。因为军行缓慢，"巴勒布等一闻大兵奄至，俱未敢抗拒，既先行逃归本处"，所以实际上进藏官兵并未与敌接仗，后世有人称其为"未交一兵而糜饷百万"，也就是说没有达到"痛加歼戮"的预定目的。

实际上，这次奉旨征剿廓尔喀的鄂辉、成德率兵进军万里，基本上未与廓尔喀接战，而乾隆派到西藏的大臣巴忠因畏惧西藏气候高寒，不愿意久留，不顾其他众臣的反对，在没有和代替廓尔喀"办理两边事务"的沙玛尔巴接触，也没有会查其阴谋的情况下匆忙指令前往议和的噶伦承诺 3 年内每年付给廓尔喀元宝 300 个（9600 两），以作为赎取聂拉木、济咙、宗喀的费用。这种向敌国示弱的做法为后来更大的祸患埋下了伏笔。原来沙玛尔巴是六世班禅的弟弟，班禅在北京去世后，乾隆皇帝赠予大量财宝金银，返藏时运载财宝的车仗浩浩荡荡长达数里，但这些财宝并未分给其一部分，而是交由其兄长仲巴活佛管理。沙玛尔巴心有怨结，于是勾结廓尔喀欲夺这笔财宝，但因清朝的强大被廓尔喀婉拒。然而这次入侵西藏边地而贿和暴露出清朝和西藏地方官员的软弱无能，启动了廓尔喀的更大的贪欲，加之沙玛尔巴对大量财宝的夸张性描述，以攫取扎什伦布寺的财宝为诱惑的更大规模入侵已不可避免。

1891 年 8 月，廓尔喀发兵数路，借口西藏地方未履行每年交付 300 个元宝大举入侵西藏，很快打败了清朝布防于聂拉木、济咙、萨嘎、定日的防军，接着向萨迦进攻，驻防萨迦的达木蒙古骑兵也不堪一击。仅仅一个月的时间，廓尔喀兵就推进到了日喀则，分别围住扎什伦布寺和日喀则各官寨，几天的时间击败了守卫日喀则的藏军，瓦解了僧兵的抵抗，乱兵冲进扎什伦布寺大肆抢掠和破坏，甚至将乾隆皇帝赐予六世班禅的金册及灵塔上的金银财宝一并抢走，乾隆皇帝闻讯震怒，遂决定"自明岁春融，厚集兵力，分路进讨"。① 并授予朝廷重臣、皇帝的心腹爱将福康安为将军，海兰察、奎林为参赞征讨廓尔喀。

（二）蹈冰卧雪，福康安率师出征

福康安，富察氏，字瑶林。乾隆时以勋戚由侍卫授户部右侍郎，乾隆三十七年随大将温福、阿桂用兵于小金川，屡立战功，被授予内大臣，赐号嘉勇巴图鲁。历任都统、将军、总督，后入署工部尚书，后进兵部尚书，总管内务大臣。乾隆四十九年与阿桂镇压甘肃回民起义，擢陕甘总督，乾隆五十二年又以镇压台湾林文爽起义而闻名。他是清朝大学士傅悦的儿子，也是驻藏大臣傅清的侄儿。为乾隆皇帝的心腹爱将。这次用兵于西藏，皆因前调大批官员，无一人能了解战局之重任，虽靡费军饷，也不能彻底了结战争。所以，乾隆皇帝为了大清帝国的西南边疆的安宁，不能不忍痛舍情，派出自己的心腹爱将福康安率兵出征。

对乾隆皇帝讲，此次率兵进藏驱逐廓尔喀，路途遥远，气候多变，可谓冲寒远涉，祸福未卜，但为了大清王朝的安全和西藏人民的生活安宁，作出了这一使朝中许多人迷惑不解的重大决策。当时朝中的一些大臣认为，小小的弹丸之国，岂用得着权位赫赫的一代名将，万一有个三长两短，岂不损失了国家之栋梁。然而在乾隆皇帝看来，大清帝国的西部之所以安定下来，皆因西藏得以安定，如西藏因外患而混乱起来，整个大清帝国的西部边疆将永无宁日。乾隆的考虑超出了大臣的考虑，作为一代英主，他的这一主张为后世史学家们称誉为经营边疆的英明决策。据史料记载，当乾隆皇帝已决计让福康安率兵出征时，便立即征召进宫，皇帝对福康安训谕道："廓尔喀如果仅仅是为了索取丹津巴珠尔许下的银两，在我边境进行抢掠挑衅，原不需要派出重兵，大动干戈。可是如今竟然抢到扎什伦布寺，还扬言兵据全藏，与大清对峙，若不兴师问罪，何以安定边疆？！何以使周围的小国畏服！此前虽然派鄂辉、成德两人领兵进藏，但两人迟迟未到，实难担此重任。你身经百战，胆识过人，对朝廷忠心有加，能视国事为大事，且办事相当周密。这次率兵到大清的西南边疆，路途遥远，艰苦异常，想必只有你方能担此重任。你此去西藏，任重而道远，为使廓尔喀永久畏服，救西藏百姓于战火之中，特派出忠勇将军海兰察和文武全才的四川总督惠龄随你左右。

---

① 《清高宗实录》卷1387，《清实录》，中华书局1985年版，第627页。

此次率大军进剿贼寇，须给敌人以沉重打击，等他真心悔罪，再三恳求，才能接受他的投降，以示对他挑起这场战争的惩罚。朕还特地调集了1000名能征善战的索伦、达呼尔兵，听从你的调遣。你们须在40天内赶到拉萨。如青海一路能走最好，如此路不能走，可绕道四川前往。"福康安叩拜道："皇上委重任于微臣，是对微臣的恩典，纵然是刀山火海，万死不辞。"

福康安拜别乾隆，离开皇宫，随即准备行装，带领海兰察、惠龄率领大军离开北京，浩浩荡荡开赴西藏。行至兰州，当地的负责官员勒保出迎。福康安询问前面的道路情况，勒保说："今年天气比往年都暖和，兰州至西宁未降大雪，道路好走。只是出西宁，一路冰雪较大，柴草很难准备，怕会在途中受阻。"

福康安是一个一心为公、勇敢、坚毅而又能吃苦耐劳的人，听了勒保的介绍，毫不犹豫地说："若从四川绕道，肯定不能在皇上限定的期限赶到拉萨，带兵打仗嘛，岂能怕天寒地冻，不用说下雪，就是下刀子，我们也要闯过。"于是大军迅速赶到了西宁。西宁的官员奎舒早已做好准备，大军一到，所需的马匹、骆驼、帐篷、口粮、柴薪均设法筹措齐备，只是西宁的气候，比兰州恶劣，此时正大雪纷飞，西宁城外，白茫茫的一片，远处的山峰，白雪皑皑。

海兰察见此情景，忙对福康安说："你是主帅，不能有丝毫闪失，请让我带领大兵先行，你留下来等待索伦、达呼尔的军队，等雪小一些再走。"福康安劝他道："皇上限我们40天到藏，现在只剩下20天啦，我比你年轻，身体比你好，还是你留下来好。"海兰察听了，非常感动，自此，对福康安更加敬重。

高原的冬天，寒风凛冽，滴水成冰，就是明媚的阳光也是冷清的，再加上高原极度缺氧，不用说人，就是骑的马，运东西的骆驼，都是气喘吁吁，难以移步。将士们在大雪纷飞中行军，就像走在河水里，或像一只小船漂荡在大海里一样，腿一拔出，如桨一划过，水只漩两漩，马上就可以填平腿或桨所留下的痕迹，什么也看不到了。鼻子和面颊冻得更厉害，嘴里的热气一爬上眉梢或胡须上，立即变成了白霜，鼻子冻得通红。凛冽的冷空气无情地灌进将士们的征衣，人们需要用绳子、带子将衣服、裤子扎紧，才勉强抗过寒风的袭击。

仅仅是严寒和风雪的肆虐，并不能对征战的官兵产生多大威胁，当时所征调的人员多从全国各地抽调而来，所选的皆是精兵良将，实际上，威胁官兵们生命安全的是藏北高原上的极度缺氧和难以为继的军需供应。大军进入西藏，必须要经过罕无人迹的昆仑山和唐古拉山，这在当时运输条件极差、人们只有靠双脚进军的条件下是可想而知的。……大军冒严寒和烟瘴（实为缺氧）而行，将士们不停地驱动双脚，艰难地前进，不停地走着走着，拐过一道挂满冰柱的断崖，越过大雪山的山顶，但许多人感到轻飘飘的，他们以为是饿得招架不住，慌忙取下随身携带的干粮和咸菜。疲惫不堪的将士，多么希望夜幕的降临啊！至少，那时可以燃起一堆篝火，吃上一顿热饭，躺在冰天雪地上支起的帐篷里。可是，有的士兵，就这样一躺下就没有起来，永远长眠在那里了。

福康安眼见着将士们一个个地消瘦下去，甚至病倒了，心想，此时此刻，要是能有点牛羊肉该有多好，或者有些骨头，熬熬汤，让大家喝了，暖和暖和身子也好。可是这茫茫的雪山，哪里去找牛羊，偶尔碰到一户人家，他们都还要大军给以救济，哪里还有多余的牛羊肉支援军队！回顾以往带兵打仗的日子，纵有千难万险，也没有今天这样困难，真有点后悔当初该听皇上的话，从兰州绕道四川走。可现在已经迟了，唯一的办法，就是让将士们硬着头皮，多啃些干粮，将倒毙的骆驼、马匹宰杀分给将士，增强体力，冲过雪山。

正在最艰难的时刻，快马送来了乾隆皇帝的谕旨，福康安展开谕旨看罢，紧锁的双眉一下舒展开来。原来乾隆皇帝闻报大军仅用月余就进入西藏，特降旨嘉奖，奖励将士冲寒远涉，踊跃出征，并赏给将帅各10000两白银，其他每位带兵将领也各有赏赐，每个战士各奖给一个月的钱粮。乾隆赏给福康安和海兰察的白银，全用来奖励卖命效力的将士，福康安鼓动将士说："常言说得好，国家养兵千日，用兵一时，皇上日理万机，还专门降旨关怀，奖励我们，我们只有打赢这场战争，才能报答皇上的大恩。"福康安边说边拿出一块干粮，就着咸菜吃了起来，将士们见主帅与自己同甘共苦，毫不特殊，也就和着雪啃起了干粮。那冻硬的干粮、咸菜吃起来很硬，发出咯嘣咯嘣的声音。将士们还是一个劲儿地嚼着，你鼓励我、我激励你地扶着身体衰弱的兵卒，翻过了茫茫的雪山。

透过这段文字的记述，可以体味到自北京到拉萨万里行军的艰辛，当时的地理环境和气候条件与现在毫无二致，但运输条件和人文环境远远不如今天，而当时的生产力发展程度更是不能与现在相比拟。因此，能够调动千军万马，疾行于冰雪之中，日行200里，仅用40多天的时间就到达拉萨的长途行军，可谓是几个世纪以来中国战争史上的一个壮举。

（三）令敌酋闻风丧胆的激战

从现今掌握的材料看，当时的战斗是异常激烈的，为了克敌制胜，乾隆皇帝专门调集了有着攻坚克碉丰富经验的嘉绒屯兵前去参战。这些长期生长于大小金川的嘉绒屯兵，曾参加过平息甘肃回民起义和台湾林文爽起义的战争，惯于在深沟高垒的密林中战斗，实属当时清帝国中不可多得的劲旅。另一劲旅是从黑龙江调集的索伦兵和从甘、陕、直隶调集的善搏的官兵，其武功高强，可以一当十。

当此之时，廓尔喀军虽知清军将至，并未撤离藏境。在他们看来，此次清军来战只不过比两年前的兵力多了一些，而战斗力与两年前毫无二致，也许只是再吓唬一下便议和撤军。因而只将屯聚定结之兵缩至聂拉木、济咙。先期从四川抵达藏的成德率绿营、土屯兵千余，于12月中旬绕雪觅路追至聂拉木附近，并于12月28日发起柏甲岭一战，合力进攻，杀敌200余名，进而围困聂拉木官寨之敌。1月24日佯用火攻，全歼守敌，并有擒获。满汉藏族军官、兵丁战斗中不畏枪伤、手足冻裂之苦奋勇杀敌，振奋了士气。廓尔喀军继续盘踞藏边，不但毫无认罪表示，依然以讨取银两为词，冀图侥幸。

福康安、鄂辉等人到达后，经过调查、取供，已知廓尔喀头目对内压迫巴勒布其他族人，对外侵略邻邦土地，侵略成性。其入侵扎什伦布的头目抢掠、毁坏金银佛像，肆行作践班禅额尔德尼静房，扒窃灵塔宝物，野蛮可恶。又知佯作谈和的沙玛尔巴，实是挑唆廓尔喀攘夺领土、劫掠扎什伦布以遂私欲的里通外国小丑，罪恶至极。

2月底，福康安命新到大军陆续开赴后藏。3月15日，皇帝为加强征剿力度和威严，颁谕福康安以大将军衔，并令四川守备调兵3000名，速派入藏。在此前后，皇帝先后任命惠龄为四川总督，并直赴军前，参赞军事；和琳为驻藏大臣接替鄂辉，并命驰驿进藏。又命四川总督孙士毅进至昌都以催运军供。此时廓军仍无悔退之意，准备继续顽抗，不仅在通往济咙的擦木派兵拒守，而且还在绒辖增兵设卡。直到4月，廓方投递福康安禀内，尚敢以"唐古特人许给银两，并不按年给予，背弃盟誓前言，故带领多兵前来"① 晓晓置辩。

在增调兵马陆续开到后藏，并先后进至协噶尔、聂拉木集结的同时，福康安连向廓尔喀发去檄谕，命其献出侵扰后藏的头目及沙玛尔巴等要犯，悔罪见降。但长达两个月内，敌方不仅丝毫没有悔罪表示，而且还一再派来奸细，窥探军情、动向，看来军事进剿已不可久待。大将军福康安等于闰四月下旬直赴军前，决定以济咙一路为主，聂拉木方面为偏师，进兵征剿。②

敌人的前沿防线，设在擦木，清军半夜冒雨进军，参赞大臣惠龄率领一部分军队在后，福康安、海兰察先行。遥看擦木，见两边都是高耸入云的高山，相对而立，中间横着一道狭窄的山梁，真是一夫当关、万夫莫进的险隘。狡猾的敌人，在两边的岩顶上垒起了碉堡，用石头建起了寨门，据险扼守，决意拼死抵抗。此时，天色阴沉，远处传来了隆隆的雷声，福康安遂生一计，于是，他与海兰察率兵趁轰隆的雷声，悄然摸到敌人后面。敌人不知清军远来，更不会料到福康安会在这样的情况下从后面向他们发起进攻。除几个前哨守住寨门外，其他人在寨内依然酣睡。福康安将大军分为若干小队，人离鞍，马解铃，趟着山上流下来的溪水，神不知鬼不觉地攀登上后山的岩峰，直扑敌人的碉堡、营寨。将士们奋勇争先，直扑敌人，很快将贼众全部歼灭。5月上旬将擦木攻下。

次日，大军乘胜直奔济咙，行至玛尔甲山梁，与敌人的援军相遇。福康安见敌人来势凶猛，即令大军埋伏在石崖下面，故意让出一条狭路，引诱敌人上山。敌人不知是计，争先恐后，爬上山崖。等敌军过去一半，只听福康安一声号令，将士们横冲贼队，痛加剿杀。此时，海兰察单枪匹马，冲入贼群，挥舞大刀，勇猛杀敌，马受伤了，索性弃马步战。在他的带动下，全军将士，无不奋勇向前，歼灭、活捉300多名廓军，第二战大获全胜。

福康安乘胜直趋济咙，那里因是一个战略要点，敌人设有重兵把守。福康安见敌人兵力分散，便将官军分成几队，冒雨围攻，使敌人首尾不能相顾。然后再截敌人的水源，向固守在据点里的敌人展开攻心战术，敦促他们投降。但敌人拼死顽抗，大军则先用火炮轰击，敌人的碉堡一个个火

---

① 庄吉发：《清高宗十全武工研究》，中华书局1987年9月版，第458页。

② 《钦定廓尔喀记略》卷28，西藏学汉文文献汇刻，西藏社会科学院西藏学汉文文献编辑室1991年2月印制。

焰冲天，不得不四处逃窜。大军重围四合，像撒开的渔网，慢慢收小，再给以狠狠打击。

当时，一名叫长春的参将率先杀出，骑在马上用长刀右砍左砍，刀刃都砍卷了，仍在追杀。不幸被敌人的毒箭射中，当即摔下战马阵亡了。另一位将领台斐英阿见了，大吼一声，只见他扬鞭催马，奔向敌人，他身边的朗噶尔结、期丹巴、阿嘉等藏军将士也一同冲上去，歼灭和活捉了1000多敌兵，济咙收复，清军的旗子插上各个战略要地。

济咙收复，军威大振。布鲁克巴、作木朗、披楞三处部落，闻清军将廓尔喀占领的土地全部收复，不再惧怕廓尔喀的报复，主动协同清军剿贼；哲孟雄、宗木两部落，趁清军获胜之机，从廓尔喀手中夺回被抢占的土地。廓尔喀四面受敌，清军连战连胜，所向披靡，如摧枯拉朽一般，深入廓境，直捣敌人的老巢阳布（今加德满都）。

大军在济咙镇稍作休整，5月中旬便出发南行，渐临廓境，只见重峦叠嶂，山峰插入云端，无边无际的森林，树梢直插蓝天，周围毒雾迷漫，阴森可怖，毒虫四布，蟒蛇出入。真是入林仰面不见天，登峰俯首不见地。人们只能贴在崖边的羊肠小道上行走。脚下便是奔腾直下的河水，巨浪冲击着江中的石头，飞溅着无数的水花，发出震耳欲聋的咆哮声。马悬蹄而不敢上，鸟胆怯而不愿飞。

将士们疾行而前，忽见两岸的山腰上，搭有一座铁桥，人称热索桥。但桥板被拆去了，廓尔喀兵据守在对岸桥头，恃险顽抗。大军从低处向高处仰攻，虽万箭齐射，但由低到高，力不能穿鲁缟，对峭壁石崖更无可奈何，与廓尔喀守军相持，急切不能得手。施放铳枪，也徒费弹药，无济于事。福康安见状，命副都统阿满泰、侍卫岱森保等率兵绕过峨绿山，在热索桥上游，砍倒树木，做成木筏，偷渡过江。

阿满泰乘敌人没有防备，沿江疾行，直扑桥头堡。与此同时，福康安率领正面部队发起进攻，两面夹击，痛歼桥头守敌，并乘势架起一座浮桥，大军得以迅速渡河，很快占领了热索桥对岸据点，守敌望风而逃。余下残敌，退守协布噜①。大军于5月24日再次乘胜追击。所到过的地方，处处都是悬崖峭壁，怪石嶙峋，没有一块平地可以支撑帐篷。福康安所带的大军，只好露宿荒野。将士们头枕刀枪，蜷缩在岩石旁，潮湿寒冷不

---

① 协布噜，由乌尔都语音译。

说，时不时地还要受到森林中毒蚊蚂蟥的叮咬。第二天起来，有的人全身都出现斑斑红点，痒痛交加。福康安见状，难过地说道："诸位辛苦了！只有等打完这一仗，诸位才可舒舒服服睡个安稳觉。"然后鼓励将士奋力前行。在此艰苦环境下，人们似乎忘记了疲劳，各队加快脚步，一鼓作气打到协布噜。

协布噜的山势，比热索桥更加巍峨，地形更加险要。廓尔喀兵事先将横跨两岸的铁桥全部拆毁，凭借天险，隔江阻击。福康安再出奇兵，在一个暴风雨的晚上，乘敌人不备，派出一支部队，悄悄地渡过急流；派另一支部队在半山腰上飞架一桥，渡过江去。各营的巴图鲁、侍卫和索伦、达呼尔士兵，争先恐后，不顾自己的生命安危，在人迹不到的地方，攀登上山。衣服被刺剐破了，鞋底被磨穿了，手和脚都打起了水泡，也毫不退却。最后冲上山顶，焚烧了敌人的营垒，杀死杀伤敌军数百人。大将军巡视战场，只见血溅乱草，岩石上的火还在燃烧，他感叹地说："我朝用兵以来，还从没有见过像这样难以攻克的堡垒。其险如此，不是一般人力所能攻破的，乃是上天保佑的结果。"

行军打仗，以粮草接应最为重要。如今大军渐渐深入敌境，与藏内相距越来越远，将士们随身带的粮食已经剩下不多了。眼看就要面临断粮的危险。这时乾隆皇帝远在万里之外的北京，运筹帷幄，无微不至，特命四川总督孙士毅，负责从昌都到拉萨藏东一路的粮饷、弹药的运输；命驻藏大臣和琳负责从拉萨至济咙藏西一路的粮物、弹药接应；命参赞大臣惠龄说："你不必随大军作战，济咙以外，廓尔喀境内的粮草、军火，由你负责转运，其转运之功，与战功一样，不可磨灭。"由此，军饷、弹药，源源不断运往前线，搬运的民伕，一个挨着一个擦肩而过。全军将士不但吃得饱、睡得着，而且还时常吃到牛羊肉，将士们的斗志更加昂扬。

6月上旬，大军略作休整，便急行军到了敌人境内的噶多。廓尔喀增派了许多援军，聚集在东觉山、雅尔赛拉山和博尔东拉山一带，试图做长久抵抗。6月下旬，廓尔喀北部已进入雨季，大雨时时袭来，深涧里的江水，奔流湍急，拍打着岸岩，溅起许许多多晶莹剔透的如雪似的水花，窒息的瘴气，像烟雾一样，凝聚不散；即使有炎热的阳光照射，还是潮气袭人；有许多地方太阳光永远照不到那里，白天和黑夜一样阴暗，真正是人迹罕至的地方。

大将军福康安见状，严令全军将士，准备齐武器弹药，带足干粮和咸菜，绕过博尔东拉山巅，分前队为二，一部分由海兰察带领；自己亲率一部分，绕道噶多普山脚；两路兵马，一起出发，在悬崖峭壁之间追杀贼兵。又命令台斐英阿等人，在作木古至拉巴戴山梁，设下疑兵，与敌人对阵打仗，故意让战旗的丝穗高高飘扬，震耳欲聋的炮声轰轰地响。贼匪被吓破了胆，不敢仰视清军阵地。就在这时，大将军福康安率领额勒登保，趁敌人惊恐万状之际，冒雨爬山，虽手脚胼胝，仍坚持爬上山顶。廓方只顾防范对面山顶的炮击，没有防备清军主力从后面抄袭，见到清军突然而至，还以为神兵从天而降，立刻溃不成军。清军奋勇追杀，敌人接连溃退。此时海兰察一路大军也绕山而上，两军会合，立即将整座木城拿下，然后又马不停蹄，继续向南追赶逃敌，直到将廓尔喀带兵头目抓获。

这时廓尔喀全国震动，不得不派人乞降，但仍怀诡诈。福康安继续率领大军向阳布挺进，7月上旬，攻克了噶勒拉、堆补木。台斐英阿、阿满泰、墨尔根保和英贵、棍德等将领不幸阵亡。全军将士虽见有多名参将倒下，并没有怯退，仍奋力作战，投掷火弹，痛歼敌众，又将夺怕朗古桥、堆补木等险隘攻下，直打到甲古拉集木集，深入廓境百余里，活捉和歼灭了三四千的敌人，清军此时距阳布只有四五十里的路程。7月8日，廓尔喀派出高级别的首领呈乞降禀帖，恭词请罪，并表示拟派打头办事的头人前来呈缴沙玛尔巴骨殖，以及掠去财物和以前私订合同等。续后送出上述各项应缴物品。7月27日续交抢掠扎什伦布财物并缴还班禅金册，再次要求派打头的大头人赍表赴京进贡，随带乐工、驯象及各种贡品。8月8日，廓尔喀遣大头目噶箕策乌达特塔巴等4人随带表文贡品至营，代其首领认罪乞降。并且代其首领表示不敢再提私立合同内许银之事，以及合同内所写札木归给廓尔喀之语，愿将札木仍归西藏等。① 大将军福康安遵照乾隆帝前此所颁圣谕精神，准为代奏，并宣布决定准备撤军。8月13日，廓尔喀首领送来水牛100头、猪羊100只、米200石以及果品糖酒等犒赏官兵。福康安等谕知来人，天朝大兵决无扰民之理，酌收牛羊10只、米10石，其余悉令发还，并回赏锦缎等物，以示体恤②。

"8月21日，福康安等自帕朗古带领各兵分起撤回，并派乾清门侍卫珠尔杭阿、侍卫德金、额尔金保、舒灵阿等护送廓尔喀贡使。9月初，全

---

① 庄吉发：《清高宗十全武功研究》，中华书局1987年9月版，第468—471页。
② 同上。

部撤回济咙,并立即转送廓尔喀贡使进京"。① 此前曾攻至廓境利底大山的聂拉木一路官军,此时也奉命回撤。济咙边境各地居民在廓军占据期间,多已逃避,丧失生业。官军克复后逐渐归来复业,男壮于支援军供中又得背运雇佣,借资糊口,几个月来"俱各绥辑宁居"。大军凯旋时,这里的百姓"扶老携幼、夹道欢迎"。福康安等"逐加慰谕",对于百姓所遭兵灾、损失元气,深表同情,答应回到拉萨建议达赖喇嘛免去"被贼侵扰地方钱粮"数年,"稍纾民力"。

综观这次征讨廓尔喀的战争,前后持续一年有余,至大军完全撤回原防地超过一年半的时间,战争直接动用兵力 13000 多名,其中包括满、蒙、藏、汉、回、达斡尔、鄂伦春、鄂温克等多个民族的军兵,以四川金川、德格和藏内各地的藏族军兵数量为最多。征战中官兵俱告奋勇,并且遭受了不少伤亡。虽然征剿是在皇帝檄谕下进行的,但不能否认也是各族人民通力合作,为捍卫祖国领土完整、维护边境人民安定生活所做的贡献。

这次战争规模虽然不是清代最大的,但因地处辽远,耗费国力不容轻视。就动员力量而言,既有远来黑龙江的兵马,又有甘青的马、驼,更有四川、西藏的民力、军粮。为保证战争的胜利进行,调进西藏的将军、总督等大员竟有六七个之多,领兵勇将多至数百名,动员民夫数以 10 万计。为保证军需供应,单只西藏筹粮就在 10 万石以上,各地调拨军饷先后共计 600 余万两。这场战争可说是耗费了乾隆朝很大的力量。战争结束时,乾隆皇帝已属归政之年,战争的胜利使这位执政近 60 年的皇帝感到完满了一生表怀,凑足了十全武功,亲撰《十全记》,镌碑立于布达拉宫前。

三 乾隆后期的驻藏大臣与藏政大改革

与许多事物发展的规律一样,一种事物当发展到极限时就会出现转化的生机。廓尔喀的入侵虽然使朝廷兴师动众、劳师糜饷,但坏事却转化为好事,如同干涸田野遇到大雨降临之前的风暴,风暴过去了,大雨

---

① 庄吉发:《清高宗十全武功研究》,中华书局 1987 年 9 月版,第 468—471 页。

才降了下来滋润着干涸的土地。正是廓尔喀的入侵促使朝廷对西藏体制弊端作出深层的认识与反思，一场波及西藏各方面的大改革在全面展开。

(一) 后方问题的处置与战后反思

当反击廓尔喀战争还在进行的时候，朝臣和派驻西藏的一些官员便对藏政弊端开始予以思考。然而战争激烈，调动频繁，作为战争指挥员或是朝廷重臣，此时此刻需考虑如何把仗打好，或者战后遗留问题的处置，而不是争论谁对谁错或者更远的问题。所以，当福康安率大军在前方激战之时，后方的供应和遗留问题的处置一直在进行。

负责战后处理的驻藏大臣是和珅的弟弟和琳。和琳和他的哥哥不同，尽管有权势倾朝的和珅可为靠山，但他考虑问题的角度却与其兄大不相同，即眼前为了战争的胜利，长远为了国之安宁。1792年3月，和琳匆匆告别了乾隆皇帝，带着为国尽忠的责任，马不停蹄，昼夜兼程来西藏赴任。当他到达昌都时，才发觉清帝国军队的后勤系统是如何的漏洞百出和脆弱无力。于是，他决定从整顿后勤供应入手。据史载：和琳根据自己沿路的实地考察，又经过反复的试验，制定出了运送军需物资限期的章程。章程规定，全程分为54站，道路险阻的地段，限每天行80里；平坦的地段，每天走90里。限期内到达的，根据情况，给予奖励；超过限期的，也根据情况，给予处罚。如此一来，有章可循，运输军需物资便可加快速度。此章程上奏朝廷后，乾隆皇帝赞扬他在进藏途中，还能对一切事情处处留心，真是难能可贵。同时还命令他，对运送物资的人员，要妥善调度，不要过于严厉。

和琳到达拉萨，额勒登保就把驻藏帮办大臣的任务交给了和琳，自己上前线打仗去了。和琳与驻藏大臣鄂辉两人轮流，一个留在前藏处理西藏事务，另一个人就在昌都至济咙之间，督促办理运输军需物资。和琳对人心地善良，这可能与他崇信佛法有关，对鄂辉更是处处谦让，明知鄂辉犯过错误，受到过降职处分，但对他仍很敬重，不但在上奏朝廷的奏折上，将自己的名字列在鄂辉之后，而且还争着去干比较艰苦的催办乌拉的工作，让鄂辉留在前藏。

一次他路过丹达以西的驿站，见各处积压了许多粮食、弹药，没有人运送，就把负责运输的营官和喇嘛找来，开始好言相劝，督促他们加快运送。谁知众人毫不理睬，和琳就拿出运送军需物资限期章程逐字逐句地向他们宣讲，并且对章程中的奖惩规定，立即兑现。凡超过限期未运走的，对当事人给以重罚；对限期以内运走的，对当事人给以重奖。众人见和琳动了真格的，无不畏惧，赶紧加快运输。以前每换乌拉一次需要10天，甚至半个月的时间，经和琳这么整顿，做到了随到随运，再没有停下耽搁的现象，使福康安所需的一切物资，源源不断地运到了军营。

乾隆皇帝得知此情，十分欣慰，降下谕旨说："朕当初任用和琳，只是考虑到他办事细心、勤奋，故而派他前往西藏，没有料到他竟如此精明能干。朕庆幸得到和琳这样的人才，国家得一位好大臣，有了他，大功定能告成。"于是加恩赏给和琳都统职衔，诏示他在上奏朝折时将名字列在鄂辉的前面，正式承认他为驻藏大臣，鄂辉为帮办大臣，并赏给他御用大荷包一对，小荷包四个，玉扳指一个，以示格外的优待。

和琳未来藏之前，一直就盼望能随福康安到前线去带兵打仗，可是一直没有机会。心想他原以为趁皇上高兴，提出到前线去的要求，皇帝会批准。可是当乾隆皇帝批阅了他的奏折后，随即降下谕旨劝他说："随福康安带兵打仗，是为国尽忠、积极向上的表现，但军营不缺乏带兵打仗的人，而济咙以外，粮食运输又专交惠龄负责，现在昌都至前藏、后藏的粮食、弹药运输，一切正在紧要的时候，你就在沿线巡察催办，不要辜负朕的委任。"

和琳得到谕旨，不好再提率兵打仗的事。恰在这时，大将军福康安攻下了济咙，正乘大军锐气，直扑廓境，一切准备就绪，唯独担心济咙内外，军需物资接应不上，于是对海兰察说："乌拉最关紧要，一旦粮食、军火接应不上，我们将不战自溃，所以必须对现有的粮食军需管理进行整顿。我已经将玩忽职守的粮务官承勋革职，另一名重犯用枷锁了起来，借以告诫众人。把这项重要的任务交给鄂辉吧，他办事拖拖沓沓，缺乏主见，我不放心。"

海兰察见他犹豫不决，于是对其言道，眼下就有合适的人选。两人异口同声地说出了和琳的名字，于是立即上奏皇帝，把和琳派到济咙来。和琳也因皇帝不让他率兵打仗，转又奏请到济咙前线，协助惠龄办理粮运。乾隆见二人不谋而合，也就表示同意。

和琳到了后藏，对沿途驿站加强管理，认真监督，粮食、弹药及时运到，保证了军队的急需，此时，过去曾向廓尔喀入侵者献过哈达的萨迦活佛，也采办了50000克①糌粑、500头牛，送到和琳手里，以赎前罪，所以福康安大军所需的粮食还富足有余。1792年9月，福康安在廓尔喀境内接受了廓尔喀国的投降，命和琳秘密返回拉萨，做好战后遗留问题的处置，第一件就是查抄罪大恶极的沙玛尔巴的庙产和家资。

9月23日，和琳一行抵达羊八井，捉住了沙玛尔巴的管家依什甲木参，经过10多天的认真搜查，查得庙里红帽喇嘛103人，寨落牛羊及黑帐篷百姓，均由依什甲木参经管。庙中查得蟒缎、绸缎、布匹、松耳石、珊瑚、金银铜器具、佛像等无数，除此，还搜了元宝20个、元银40两、银元3842个、生金二两六钱，以及元、明两朝封赐的灌顶国师金铜印一枚，前辈红帽喇嘛镀金铜像一个和一件名叫"噶布拉"的东西，上面有自然佛像，贴有藏文标签。

和琳本来信佛，听人说在这尊佛像前供奉，便可消灾除难，逢凶化吉，是山洞修炼之人的宝物，不易得到，就把它视为稀世珍品，装在小木匣里，让解送依什甲木参的专使，送到北京。随后，对寺庙的喇嘛、财产、田庄作了处理，103个喇嘛改信黄教，分配到前后藏各寺庙，由堪布严加管束；全部财产没收，山寨、田庄每年交纳的青稞交噶伦变卖交公，寺庙楼房780间，僧房357间，以及山下小庙房屋3间，寺属藏民271名，交济咙活佛管辖。查得沙玛尔巴亲侄洛桑边巴等三犯，解往北京，交朝廷论处；堂侄阿里等男女大小7名，交四川总督发往广西、广东人烟稀少、气候炎热的地方安插。然后将处理意见上奏朝廷。乾隆皇帝完全同意，下令照此执行。

此事办完后，和琳即返回拉萨，根据皇帝的旨意，查办1791年廓尔喀派使臣进贡上表的事情。和琳在拉萨，经多方调查，找到了当年与廓尔喀使臣关系密切的一个巴勒布商人，便将其找来问讯。商人说："当年廓尔喀使臣，是经过商的头人，其中一个名叫苏必达，与我要好，他们呈有表章、贡物，因不便带回，交我保管。我想此物重要，不敢擅自动用，现在就去拿来呈给大人。"和琳再问他当时的情况，他说："全部经过，我也不太清楚，只听苏必达说，好像这些东西交给了当时的驻藏大臣，一个姓普的大人，大概是廓尔喀人听信了沙玛尔巴的教唆，要求赏给俸禄和土地的缘故吧，当面被普大人给拒绝了。"

---

① 克，是旧西藏的计量单位，一克大约28市斤。

和琳立即将这些情况上奏朝廷。乾隆皇帝阅完奏折，马上派皇太子和军机处，将已经回到北京的普福叫来审问。普福交代说："1790年7月（乾隆五十五年五月），鄂辉告诉我说，廓尔喀曾有人来藏，带了珊瑚等物，还有表文，说要进贡。我见表文是一张底稿，而且又没派正式使臣来，只叫两个商人交来，就驳回去了，让他另外换一份正经表文来。这话我曾经告诉过保泰和雅满泰。"

乾隆皇帝得知后，非常生气，认为目无朝廷，如此涉及外交的重要大事，竟然隐匿不报，让廓尔喀找到了侵扰我国边境的借口，尤其是普福，回到北京，又没有向皇帝当面禀报，因此将四人分别治罪；普福革职，保泰、雅满泰、鄂辉三人用枷锁起来，并责打四十大板。直到廓尔喀投降，除保泰因有其他罪责，罚往黑龙江服苦役以外，鄂辉、雅满泰释放回来，与普福一样，重新降职使用。

无论是乾隆皇帝还是新任驻藏大臣，对后方问题的处置替代不了对问题的反思，当接受廓尔喀国王的投降和对遗留问题的处置结束之后，对引起廓尔喀两次入侵所暴露出来的弊端的思考便提上了议事日程。廓尔喀两次入侵，不仅体现了西藏边防边贸既无例规可循，又无专职之员的边务漏洞，而且也使西藏固有的社会矛盾充分暴露出来。

自从1751年清廷最终解决了西藏的政治体制，酌立《十三条章程》后，皇帝又派来章嘉策墨林摄政辅佐西藏政务，使西藏社会稳定了大约30多年。但所订章程主要着重解决的是"藏王"专擅之弊，其他方面未及规范，时间既久，诸多弊端渐有累积。驻藏大臣设置后，虽笼统地命其监督藏政，但其职掌、地位均未予明确，加之"派往驻藏办事者，多系中材谨饬之员，许多驻藏大臣前往藏地居住，不过迁延岁月，毫无为国分忧、积极进取之心，冀图班满回京，是以藏中诸事任听达赖喇嘛及噶伦等率意径行，驻藏大臣等不但不能管束，亦并不预闻，是以驻藏大臣竟成虚设"[①]。策墨林摄政奉旨回京后，藏政实权皆被八世达赖的兄弟所把持，"诸务交噶伦办理者甚少，以致唐古忒生怨"，形势越加恶化。在无所约束之下，显官望族，并占领地、农奴日甚，横征暴敛，致使农奴破产逃亡，社会呈凋敝之势。

[①] 吴燕绍（辑补），吴丰培（校订）：《廓尔喀纪略辑补》卷40，乾隆五十二年八月癸巳，中国社会科学院民族研究所1977年印制。

乾隆皇帝早在1788年10月开始处理巴勒布挑衅问题时，即已命新派驻藏的舒濂，对驻藏大臣的职掌以及对噶伦、代本、第巴的任用与改换、边防兵士训练、巡查等酌定章程。1789年2月成德、鄂辉等到达协噶尔，即将收复宗喀、聂拉木等边地时，皇帝又令"鄂辉、成德于奏定之后，即会同巴忠将一切善后事宜悉心妥议，立定章程"。并指出：结束这场战争，"令彼设誓定界，即撤兵。……虽易完结，而藏内诸事无一定章程。倘日后复有匪情侵扰，又需再为经理，藏众亦不得长享安全。从前补放噶伦、戴绷、第巴等缺，俱由达赖喇嘛专立，驻藏大臣竟不与闻"。因而要求"嗣后藏内遇有噶布伦等出缺，亦当照回部伯克之例由驻藏大臣拣选请补，较为妥协。并着驻藏大臣等平日先将各噶伦、戴绷、第巴或优或劣悉心访察，分别存记。俟缺出拟补时，自更得有主见，不为属下等欺罔，而于偶遇紧要之事，差遣亦可期得力，对于边防亦已觉察"①。

后来，乾隆皇帝又认为，"藏内地广人稀，界连外番，平素虽有弁兵之名，而于如何操演，如何防守，如何给予口粮之处，向未定有条规"。令"嗣后藏内挑取兵丁一二千名，每年应于何时操练，各隘口如何驻防，及边界地方如何安设台站，务须妥协定议，永远遵行"。

乾隆帝谕旨的重点，一是明确驻藏大臣的任务、职权；一是加强边防。这在当时确实也是首要的任务。皇帝认为解决这些问题是为全体西藏人民制订一个长治久安的政策。因而谕令"鄂辉、成德、巴忠等可即与舒濂会同妥议，俾日后遵循妥协，得有主持也"。②鄂辉等于1789年拟订的"设站定界事宜"诸条款，在增设后藏绿营驻军，安设拉孜、胁噶尔、萨喀等地防兵，以及边境添筑碉卡、添设藏兵数额、增设台站等方面，都作了规定，只是对于藏内吏治方面涉及不多。所以，在这次事件以后，西藏在藏兵训练、购运军粮等方面仅仅有所改进，而重点放在了吏治改革上。

在处理廓尔喀入侵事件中，乾隆帝为整顿藏务派遣了济咙活佛帮助达赖喇嘛办理藏内事务。但这在当时藏政已为达赖喇嘛周围亲族、近侍所把持的局面下，实际是不可能奏效的，并且因之又生事端。次年，乾隆帝又派鄂辉再次进藏查办。不久便决定"将达赖喇嘛之兄弟、商卓特巴等全

---

① 《清高宗实录》卷1323，《清实录》，中华书局1985年版，第897—898页。
② 同上书，第898页。

令来京,济咙活佛,亦行撤回"。在这种情况下,不得不派"噶勒丹锡勒禅师仍复至藏,帮同达赖喇嘛办事",并令其"至藏后,务将诸事整理,至迟不过三年,章程自可立,交付驻藏大臣率领噶伦等照办"。

1790年9月,鄂辉奏报了所拟关于吏治方面的10条办法,经朝中议定,为皇帝所批准。这10条对于官吏管理、赋税田产征管等方面作了一些规定,看来是有针对性的。但因廓尔喀第二次侵藏事件的爆发未及实行。同时更深层次的问题也已显露出来,只好留待一并解决了。

乾隆皇帝通过反复处理几年中西藏发生的问题,深切感到对于西藏有必要深入研究,制定系统完备的例规,才能对其进行有效的治理,使其达到长期的稳定。故而一再谋求订立永远遵循的章程,这个任务曾预想委之于策墨林阿旺楚臣(即噶勒丹锡勒禅师),不料后者到藏不久就溘然逝去了,几个月后廓尔喀再次入侵。这年9月乾隆帝在决定派遣福康安统率大军入藏的同时,便亲自主持拟订了《发交福康安赴藏遵旨筹办事宜》条款,并将其交军机大臣传于满、汉、蒙古各大臣阅看和讨论[①]。由此可见,皇帝对于制订藏内章程是早有筹划的。

福康安以及鄂辉等人到达西藏后,通过处理一些事务的奏报,为皇帝又提供了一些实际情况,使其对西藏有了越来越多的认识,并找到了主要的弊端,到了1792年8月,得知前方征剿已得胜势,在命令福康安等相机受降藏事的同时,又把妥立章程作重新布置。1792年8月22日乾隆皇帝传谕:"凡这次应办事宜由福康安等会同驻藏大臣遵照上年朱笔改定令福康安带去应办各条,逐一参酌损益详慎筹画,妥帖办理,以期经久遵行,使边疆永远安宁。并晓谕藏内僧俗番众,共安乐利。"[②] 几天之后,再降谕旨:"前降谕旨内尚有未经详尽之处,今思虑所及特为逐条开列,再行详示。"令"福康安、孙士毅、惠龄、和琳四人将所指各款熟筹妥办。另立章程,务期经久无弊,一劳永逸"。

乾隆皇帝的谕旨内列了6项重要事项,并作了详明阐示。[③] 此后对于

[①] 吴燕绍(辑补),吴丰培(校订):《廓尔喀纪略辑补》卷3,中国社会科学院民族研究所历史室1977年印制。

[②] 吴燕绍(辑补),吴丰培(校订):《廓尔喀纪略辑补》卷39,中国社会科学院民族研究所历史室1977年印制。

[③] 吴燕绍(辑补),吴丰培(校订):《廓尔喀纪略辑补》卷40,中国社会科学院民族研究所历史室1977年印制。

西藏的谕旨,除去关于纳降、撤兵、褒奖的指示外,又就西藏应予解决的问题向福康安等人详加讲论。这些训谕多是皇帝最为关注的问题,其中包括:达赖喇嘛、班禅额尔德尼及大活佛的灵童指认规程问题;达赖喇嘛亲族、近侍专擅干政问题;驻藏大臣在藏的地位、职权问题;噶伦等地方长官拔补及世家子弟袭职问题;划定边界和边贸管理问题以及备兵防边等[①]。

对藏内问题的反思,继而成为朝廷上下改革西藏的政治、宗教、经济、文化等体制的愿望,这一愿望进而成为一种朝野内外的驱动力,于是,一场波及西藏内部的全面改革将不可避免。

(二) 天朝使命:藏政大改革

乘借福康安全面获胜,藏内僧俗群众与达赖喇嘛、班禅喇嘛等对朝廷感激万分、衷心拥护之机,在清中央政府的全面支持下,福康安会同驻藏大臣和琳,会商八世达赖、七世班禅及噶厦官员,对西藏地方的政治体制、宗教事务等一系列问题进行了全面改革。据史载:当福康安将军自前线至日喀则时,就曾向七世班禅明确地说过:"藏内办事之人,不知计虑深远,一切章程未能周妥,若不革除积弊,终非经久之策,等到前藏后,将会同驻藏大臣逐一筹议,兴利除弊,请大皇帝训示。等奏定后,再当寄知班禅额尔德尼,转谕后藏僧俗人等一一奉行,永远遵守。"班师回拉萨后,福康安刚刚解去征衣,便向八世达赖喇嘛提出全面改革藏政的问题:"此次官兵远来剿贼,全面保护卫藏僧俗起见,今贼匪输诚服罪,固可永无反复,只是藏中事务向来毫无制度,达赖喇嘛只知静坐安禅,不能深知外事,噶伦等平时任意舞弊,有事又不能抵御,必当更定一切章程,俾知遵守。今蒙大皇帝训谕周详,逐加指示,交本大将军等详细筹议,以期经久无弊,藏番永资乐利。达赖喇嘛既知感戴圣恩,将来定议时,自当敬谨遵依办理。如果死守传统习惯,则大军撤走后,大皇帝即将驻藏大臣及官兵等概行撤回,以后纵遇事故,天朝亦不复管理,祸福利害,孰重孰轻,惟听自择。"八世达赖喇嘛当即恳切答道:"卫藏诸事,上烦大皇帝天心,定立法制,垂之久远,我及僧俗番众,感切难名,何敢稍有违拗。将来立定章程,惟有同驻藏大臣督率噶伦及番众等,敬谨遵守,事事实力奉行,

---

[①] 见《清高宗实录》卷 1411,《清实录》,中华书局 1985 年版,第 981—982 页。

自必于藏地大有裨益，我亦受益无穷①。"

在全面改革的计划得到达赖、班禅的支持后，就着手对藏政进行调查、了解。在掌握了大量的情况之后，对容易造成弊端的原体制进行改革，并结合西藏当时的实际情况，参照清朝中央在中国西部其他地区成功的管理体制予以更新。

1793年，在乾隆皇帝的授权下，福康安、孙士毅、惠龄、和琳等经过长达两年多时间详筹并与藏中高级官员酌议，拟定了各方面的章程，报经清中央政府核准后，将它们汇总29条，正式颁行于西藏地方政府遵行，这便是对后世颇具深远影响的《钦定藏内善后章程》②。章程规定：

1. 驻藏大臣督办藏内事务，地位与达赖、班禅平等，共同协商处理政事。所有噶伦以下的首领及办事人员、活佛皆是隶属关系，无论大小都得服从驻藏大臣。扎什伦布寺之一切特殊事务，事先呈报驻藏大臣，以便出巡该地时加以处理。

噶伦、代本的任免升迁，由驻藏大臣和达赖共拟两份名单，呈报大皇帝选择任命。其余大小文武官员的任职，如孜本、孜仲、业尔仓巴、协尔邦、雪第巴等，均由驻藏大臣和达赖委任，发给满、汉、藏三种文字的执照。扎什伦布之所有强佐、索本堪布、森本堪布、宗本③等，也须依照前藏之制度，由驻藏大臣和班禅协商委任。

达赖所辖寺庙之活佛、喇嘛一律详造名册，由噶伦负责将全藏各活佛所属寨落人户详细填造名册，于驻藏大臣衙门和达赖喇嘛处各存一份，以资稽查。

2. 设置"金奔巴瓶"。以后达赖、班禅和藏区各地活佛"灵童"的认可，须由驻藏大臣主持，将他们的名字、生年月日，用满、汉、藏三种文字书于签牌上，放至"金奔巴瓶"内掣签遴选后报请清中央政府正式认定。

各大寺院堪布活佛人选，由达赖、驻藏大臣及活佛决定，并发给加盖以上三人印章的执照。青海蒙古王公派人迎请西藏活佛，须由西宁大臣行文驻藏大臣，由驻藏大臣发给通行护照，并行文西宁大臣，以便查考。赴

---

① 《卫藏通志》卷13下，西藏人民出版社1982年版，第443页。

② 《西藏地方是中国不可分割的一部分》，西藏人民出版社1986年版，第266—274页。

③ 宗本："宗"为西藏地方行政机构，等同内地的县，宗本类似于古代的县令。

外朝佛之活佛，亦得领取执照后始得通行。如若私行前往，一经查出，即惩罚该管堪布及主要人员。

3. 设3000名正规军队，前后藏各驻1000名，江孜驻500名，定日驻500名。兵员由全藏各主要地区征调，由朝廷派员训练指挥，所征兵员造册两份，一份存驻藏大臣衙门，一份存噶厦。代本、如本、甲本、定本由驻藏大臣并达赖挑选年轻有为者充任，并发给执照。军队粮饷，由西藏地方政府筹办交给驻藏大臣，分春秋两季发给。驻藏大臣每年分春秋两季出巡前后藏及边境和检阅军队，督率军队按时训练。军队操练所需弹药，由噶厦官员携带驻藏大臣衙门之公文，赴工布地方制造并发给部队。

4. 规定对犯人所罚款项，必须登记，呈缴驻藏大臣衙门，对犯罪者处罚，须经驻藏大臣审批。没收财产者，亦须呈报驻藏大臣，经过批准始能处理。各地汉官和宗本等，如有欺压和剥削人民情事，即可报告驻藏大臣，予以查究。

5. 外事集权于中央，一切西藏外事交涉权，统归驻藏大臣负责处理。邻国来藏商旅，必须进行登记，造具名册呈报驻藏大臣衙门备案。尼泊尔、克什米尔商人无论前往何地，须呈报驻藏大臣衙门，按其经过的路线签发路证，并在江孜和定日两地派兵驻扎，检查路证。外人赴拉萨者，须向边境宗本呈报，经江孜、定日汉官检查后，将人数呈报驻藏大臣衙门批准。达赖派赴尼泊尔修建佛像等人，由驻藏大臣签发路证。逾期不返者，由驻藏大臣另外行文廓尔喀王。

西藏地方与邻国来往行文，须以驻藏大臣为主，和达赖协商处理。廓番往见，其回文须按驻藏大臣指示缮写。关于边境重大事务，更要根据驻藏大臣的指示处理。外国所献贡物，也需请驻藏大臣查阅。各藩属给达赖等人来文，须译呈驻藏大臣查看，并代为酌定回书，交来人带回。所有噶伦不得私自与外藩通信，当外藩行文噶伦时，必须呈交驻藏大臣并达赖审阅处理，不得私自回信。

6. 由驻藏大臣设置专门机构并派人铸造银币，统一货币成色和折算比价。西藏地方收入开支，统由驻藏大臣审核。每年春秋各上报朝廷一次。于济咙、聂拉木两地抽收大米、食盐及各种物品之进口税，依原例办理。除非请示驻藏大臣同意，地方政府不得私自增加税额。西藏税收、乌拉等各种差役平均负担，实有劳绩需要优待者，和新成立之兵员，由达赖并驻藏大臣协商发给免役执照。

除此,章程还规定了今后噶伦、代本、活佛头目及达赖之亲属因私外出,一律不得由公家派用乌拉。因公外出,由驻藏大臣和达赖喇嘛发给盖印之执票,沿途按票派用乌拉等。

当然,这些内容尚不能代表章程的全部,但毕竟反映了改革的主要内容。比如,在加强中央政府对西藏的管理方面,突出了驻藏大臣的地位和权力。

实际上,早在章程制定之前,乾隆皇帝就旨谕福康安等人:"卫藏一切事务,自康熙、雍正年间,大率由达赖喇嘛与噶布伦商同办理,不复关白驻藏大臣,相沿已非一日。……向来驻藏大臣往往以在藏驻扎视为苦差,诸事因循,惟思年期届满,幸免无事,即可换臣进京。"[①] "驻藏大臣不谙大体,往往因接见时瞻礼,因而过于谦逊,即与所属无异,一切办事与噶布伦等视若平行,授人以柄,致为伊等所轻,诸事专擅。"[②]

因此,清政府下令:驻藏大臣督办藏内事务,"应与达赖喇嘛、班禅额尔德尼平等。自噶伦以下番目及管事喇嘛,分系属员,事无大小,均应禀明驻藏大臣办理。"这样一来,不仅驻藏大臣的职权比雍正朝和乾隆十六年大大地推进了一步,政治地位也得到了巩固和提高,而且在实际执行过程中权力多集中于驻藏大臣手中。这表现在:

首先,在权力机构——西藏地方政府中,高级官员的任免、升降,过去达赖不论其贤否,辄以世家富户充补。一旦有事,达赖只听左右近侍亲族及噶伦等专擅,率意径行,以致屡生事端。"即如四十九年(1785)沙玛尔巴前往廓尔喀地方,并未告知驻藏大臣,请领路引。前此达赖喇嘛令丹津班珠尔前赴廓尔喀讲和,驻藏大臣并未与闻。其许银赎地一节,亦未先行关白。而驻藏大臣等虽有所闻,亦佯为不知。此即噶伦等专擅之明验也。"[③] 再有第一次廓番侵藏,"系噶布伦索诺木旺扎勒起衅,此次又系噶布伦丹津班珠尔在彼播煽生事,此即噶布伦不可用之明验"。[④]

为加意整饬,力除从前积习,规定今后藏中诸事,责成驻藏大臣管理。遇有噶伦、第巴等出缺,必须经由驻藏大臣提名,呈报大皇帝任命,

---

① 《清高宗实录》卷1393,《清实录》,中华书局1985年版,第717页。
② 《清高宗实录》卷1403,《清实录》,中华书局1985年版,第852页。
③ 同上。
④ 《清高宗实录》卷1393,《清实录》,中华书局1985年版,第717页。

不得再出现前任听达赖等专擅，致滋弊端。同时，还规定"如达赖喇嘛徇私不公，准驻藏大臣驳正，秉公拣补"①。这样，牢牢地掌握了西藏地方行政人事大权，约束了噶伦等人的行为，起到了代表中央政权监督西藏地方政权、行使国家主权的实际作用。

其次，鉴于达赖的亲族管事，容易滋生弊端的教训，乾隆帝下令规定："严禁达赖喇嘛左右近侍、亲族及噶伦等干预滋事"，并将此写进了章程。在清代《理藩院则例》中，又对这一原则做了制度上的具体规定："西藏大小番目及前后藏管事喇嘛，均不得以达赖喇嘛、班禅额尔德尼族属挑补，僭越管事，俟达赖喇嘛、班禅额尔德尼转世后，方准将前辈亲族量材录用，以昭公允。"② 这也反映出削弱达赖、班禅行政权力，加强驻藏大臣职权的一项重要措施。

改革对后世影响最大者，莫过于对活佛转世制度的改革，它不仅仅影响到西藏地方其后100多年的政治制度，而且对固化和弘扬藏传佛教起到了不可低估的作用。根据当时遗存的材料看，乾隆皇帝将活佛转世制度的改革放到极其重要的位置，这主要基于清廷"兴黄教以安众蒙古"之宗旨以及对黄教传承所日益暴露出来的弊端的认识。

据西南民族大学李学琴教授提供的材料简述，正当福康安、和琳等人商讨"藏内善后章程"的内容时，突然接到乾隆皇帝的谕旨。谕旨内说：关于转世灵童的事，是根治西藏各种弊病的关键，在你们所制定的章程里，应该充分体现。朕扶持黄教，是因为它对安定蒙古，关系重大。但不是像元朝那样，盲目地崇信佛法，优待喇嘛，以至于将骂喇嘛的人割舌，打喇嘛的断手，不顾一切地庇护献媚藏僧。本来佛是无来无去、无生无死的，就像释迦牟尼涅槃后，并未出世一样，哪里会有能转世呢！但如果没有转世的灵童，则数万蒙藏僧人就没有皈依的地方，故不得不如此办理。

近来活佛转世，风习败坏，转世灵童，多出自一族，竟与蒙古王公一样，几乎成世袭的了。历辈达赖喇嘛，出身的地方都不相同，更何况一族。更可笑的是，在蒙古地方，从前哲布尊丹巴活佛圆寂了，因土谢图汗王的王妃怀了孕，众人就说她怀的孩子就是哲布尊丹巴活佛的转世灵童，结果孩子生下来，竟然是个女的，令人哭笑不得。为此朕特制了两个金奔

---

① 《钦定理藩院则例》卷62，天津古籍出版社1998年版，第452页。
② 《钦定理藩院则例》卷61，天津古籍出版社1998年版，第448—449页。

巴瓶，一个放在北京雍和宫，作为蒙古地区活佛和活佛圆寂后，认定转世灵童所用；另一个送到拉萨大昭寺，作为达赖喇嘛、班禅额尔德尼等圆寂后，认定转世灵童所用。

听说西藏过去认定转世灵童，是由吹忠降神指认，让和琳亲自面试，有无真正的舐刀、吞剑、割腕的神通，如果真能对身体无害，则因西藏相沿日久，姑且听便；若是不灵，即当众讲清，使僧俗都知道他的虚伪。和琳接到谕旨，找来拉穆、内噶吹忠等四人降神，交给他们刀剑，命令他们当众舞刀自砍，只见他们吓得脸色苍白，战战兢兢地从和琳手中接过刀，还没有动手自砍，就全都瘫软在地上了，旁观的人见了，情知过去上当受骗，一个个失望而愤懑地离开了现场。和琳抓住这一机会，问拉穆等人："前次蒙古来的拉旺达色求转世灵童的事，你们是如何指认的？"拉穆等人说："我原降神指示转世在东方中等人家寻找。过了几天，他们送给我50两银子、缎子1匹、哈达1条。告诉我说土谢图汗车登多尔济的儿子和公林沁多尔济的儿子，都是属鸡的，并且写了两个孩子父母的年龄，求我降神指认，我就按他递的字条说，车登多尔济的属鸡的孩子是额尔德班智达活佛的真正转世灵童。"

和琳将了解到的情况，向福康安大将军作了汇报。福康安认为吹忠指认转世灵童，弊病就在于此，或是畏惧权势，或是受人钱财，便胡乱指认，以至于活佛、大喇嘛都出在一家亲族。万一达赖喇嘛和班禅额尔德尼的转世灵童也指认不真实，那问题就严重了。和琳则认为西藏向来是由神汉作法降神指认，僧俗百姓也信以为真，一下怕很难革除，不如就将4名由吹忠所指认转世灵童的乳名、出生年月日，用汉、蒙、藏三种文字各写一签，放在皇上颁发的金奔巴瓶内，让通晓经典的喇嘛念7天经，把活佛都集中在释迦牟尼佛像前，由驻藏大臣监视，摇取一签，即按签内所写，定为转世灵童。如果仅找到一位灵童，则另外写一张空签，将两签放入金奔巴瓶内，通过7天念经，若摇出的是空签，吹忠所指认的，并不是真正转世灵童，还需要另外寻找，重新抽签认定。"福康安认同了和琳的如此安排。乾隆皇帝接到和琳的奏折，立即降旨给福康安与和琳，谕旨内说："你们两个所见，正合朕意。如今吹忠降神，多因受人指使，指认的转世灵童大多出自一族，将来必致互相争夺财产，引起纠纷，制造混乱。如仲巴活佛与沙玛尔巴，同为前辈班禅的兄弟，仲巴在扎什伦布充任总管，坐享丰厚的班禅遗产。沙玛尔巴居住在廓尔喀，未能分享，便唆使廓尔喀贼匪抢劫扎什伦布寺。如今通过金奔巴瓶摇签确认，即是朕本人，也无法从中作弊。较拉忠指认，更为公正，此类事件已可杜绝。你二人可将此项列为《钦定藏内善后章程二十九条》的第一条，并向达赖喇嘛等人公开宣布，至于金奔巴瓶，朕已派御前士卫惠伦等人，专程送往，遇有大小活佛的转世灵童，可以先行试用一下。"福康安与和琳收到谕旨，便向达赖喇嘛、班禅和拉穆等人宣布。

11月20日，惠伦等人将金奔巴瓶送到拉萨。福康安率领和琳等全体官员，济咙活佛率领各寺活佛、大喇嘛和噶伦等各级官员，外出迎接。达赖喇嘛早早下山，去到大昭寺等候，并派出喇嘛，各执香花、幡幢，引导福康安与惠伦等人，将金奔巴瓶送到大昭寺主殿上，供奉在宗喀巴像前。达赖喇嘛领着僧众，念经祈祷，十分虔诚。福康安等人，一直等所有的宗教仪式完了，才离开大昭寺。

不久，西宁和科尔沁等地，送来九名转世灵童，按照以往的规定，要交达赖喇嘛和班禅诵经指认。和琳便对来人说："皇上有旨，凡有大小活佛的转世灵童，先用金奔巴瓶试验摇签确认。你们将各个转世灵童，各写一签送来。"来人果然照办，和琳命人送给济咙活佛，济咙活佛率领喇嘛在宗喀巴像前念经以后，集中在释迦牟尼佛像前正式摇签。

当天，达赖喇嘛下山来到大昭寺，驻藏大臣和琳也亲自前来监视。逊巴活佛的转世灵童共是3个，摇得策旺哲布丹之子；大喇嘛罗卜藏多布丹的转世灵童3个，摇得乌珠穆沁地方第巴克之子；另外3名大喇嘛，各自只有一个转世灵童，就给每人配一张空签，分3次放入瓶中摇动。结果，只有伦珠布班珠尔大喇嘛的转世灵童，摇得空签，遂命当地另外寻觅。当天还有众多的僧俗官员在场，摇签的时候，众人都很兴奋，有的说："大皇帝真是英明，设立金奔巴瓶，确认转世灵童，谁也不能弄虚作假了。"有的说："以前的佛爷，大多出在大户人家，如今就不一定了，还是这个办法公正。"不过更多的人却说："既然是佛爷转世，自有神灵保佑，摇签确认的佛爷，我更相信。"

和琳见大家都很满意，即向全藏宣布：所有的活佛，不分大小，或有名无名，都将过去历辈转世呈报理藩院备案。今后，若有活佛圆寂，即在当地一二年内所生的有福相而又聪明的幼童中，各选三至五名到拉萨，通过金奔巴瓶摇签确认。

清王朝对藏政的全面改革，强化了清中央政府对藏内一切事务的管理，特别是由改革而产生的《钦定藏内善后章程二十九条》，成为清朝维护祖国统一和国家主权的象征。它不仅把西藏是中国不可分割的一部分这种客观事实法律化、固定化了，还使皇帝握有管理西藏的最高所有权，西藏居民都是"大皇帝之百姓"，而当地封建领主占有该地方的全部土地，并且占有农牧奴的人身，可以差、租、高利贷形式剥削、压榨广大农牧奴等这样一些西藏自身的基本社会制度，也得到了封建王朝的认可。这也是"章程"得到西藏上层及僧俗拥护并执行的原因。

四 西藏第二次抗英斗争前后驻藏大臣的心智状态

西藏第二次抗英斗争是中国近代史上反抗外来侵略的重要组成部分，是中国人民在西藏地区与西方殖民主义者斗争中最惨烈、最有影响的重大事件，这一事件尽管距今已百年之久，但有许多历史经验和教训仍值得我们深深地思考。这场斗争何以失败得那样惨烈？其中固然有敌人的武器精良和我方的装备落后、十三世达赖及噶厦对战争的处置荒谬等重要因素，然而驻藏大臣的心智状态对这场斗争进程和结果的影响则不容忽视。

（一）第二次抗英前清廷简选驻藏大臣的失误

英国人觊觎西藏是对华战略的一部分，隆吐山战役之后，驻藏大臣升泰与英印总督兰斯顿签订了屈辱的卖国条约，英人在西藏取得了某些利益，然而他们并"不满足于从1890年《中英会议藏印条约》和1893年的《中英会议藏印条款》获得的侵藏权益，而要求同西藏地方政府直接接触，签订新的条约，从中攫取更多的侵藏权益，以独揽长江以南的中国半壁河山，……将西藏变为大英帝国的殖民地"。[①] 对于英国人的企图，清廷不是不清楚，早在光绪二十二年，川督鹿传霖就在《密陈西藏情形可虑疏》中指出："英人窥伺藏地，早存吞并蚕食之心，势已岌岌可危。"[②] 但此时的清廷，已不可与康乾盛世同日而语，随着外部入侵的加剧，内部已日益腐朽。朝廷中枢虽看到藏事危急，但苦于吏治腐败，朝中已难以恢复乾隆时期治藏的锐气。一方面，朝廷仍顽固坚持驻藏大臣必须

---

① 王远大：《近代俄国与中国西藏》，生活·读书·新知三联书店1993年版。
② 《清代藏事奏牍》下册，中国藏学出版社1994年版，第974页。

由满人充任的定制,另一方面又难以寻找可堪任事的进藏官员,加之朝廷官风日腐、每况愈下,官员皆趋炎附势,诚信日失。一旦入朝,皆以攀附权贵为能事,畏苦、畏远、畏艰、畏事、畏洋,群官蚁聚京城,唯恐外任,而外任者则钻营富庶之地,力避边远寒苦之域,在这种情况下,清廷简选驻藏大臣或为失势满人驱边以惩,或为低官高补转缺以示"恩宠",如《张荫棠驻藏卷稿跋》中所述:"乾嘉之时,尚有和琳、松筠辈恩威并用,藏政绥和。自道咸以后,渐为失势满人之转缺,进藏者鲜有贤能之辈。"①

清廷中枢的日益腐朽,严重地影响了驻藏大臣的简选,在英人渐逼、藏事日益危殆的情况下,清廷对进藏大员的选任却处在消极应付的状态。

(二)英人紧逼,战事爆发之前驻藏大臣的心智状态

清廷简选驻藏大臣的失误,导致每一位驻藏大臣都带着一种复杂的心态处理西藏事务,特别是遇到英国人强盗式的讹诈时,驻藏大臣的智慧更显不足。客观地说,尽管朝廷所选任的驻藏大臣已远不及乾嘉时驻藏大臣的能力和智慧,但许多大臣在进藏之后还是想做几件值得称道的事情给朝廷看,可当心智不逮、力不从心之时,便暴露出不顾大局和急谋脱身的心态,反映出驻藏官员的另一面心理。

反映驻藏大臣心智状态最有代表性的莫过于文海、裕钢两位驻藏大臣。

文海是1896年3月2日擢任驻藏大臣的,开始他视进藏为畏途,在成都拖延不进,并向朝廷讨价还价,称"藏番现在情形非慭以兵威于事无济,拟招勇500带领进藏以壮声威"。② 并要求川省每月拨饷银2000两。当饷银不能满足时,又挟私夹怨,与恭寿一起不顾国家大局报复川督鹿传霖,并借口川资不足,无法进藏,就这样在成都折腾了一年多,后朝廷严旨"谕斥文海赴藏,沿途滞迟四个月,又定于七月十三日庚子(1897年8月10日)启程,殊属迟延"。③ 在文海起程进藏后,又在川边滞留数月,直到1898年初才抵达拉萨。可见,文海在驻藏大臣任上,仅在成都和沿途就折腾了两年之久。然而他一旦进藏,还是想在藏中多做几

---

① 《清代藏事奏牍》下册,中国藏学出版社1994年版,第1457页。
② 贺文宣:《清朝驻藏大臣大事记》,中国藏学出版社1993年版,第436页。
③ 同上书,第443页。

件事,这是文海的心智反映。文海进入西藏后,首先面对的是英人在边境的蚕食与骚扰。对此,文海颇知与英人周旋事关大局,必勤奋不怠,慎重对待,在进藏两年的时间里,文海便多次阅兵、巡边,亲赴边境了解与英人的界务冲突,如:"1898年4月9日,驻藏大臣文海照会印督,藏哲界务亟欲赴印面晤,统将藏印两边此一二年内应办事件一同议定。""7月14日,文海此次赴后藏靖西一带查阅防兵,并经边界办理界务、商务,事关重大,应需经费自不可少。""1898年12月8日,文海照会印督界务商务是否照办,希酌速复。""1899年4月22日,文海照复印度执政大臣查,本大臣十二日亲赴亚东与英员敕穆士晤面,印度商民拟改在帕克里贸易,此与由亚东改在仁进岗贸易之前议不符,藏人断难允行。本大臣回藏在即,若藏人遵允,另行照复。"① 在文海与英人的交涉中,已经洞察出英人屡屡越界挑衅不仅仅是为了经商,并将藏边形势奏明朝廷。这时,朝廷刚刚经历戊戌变法,朝中有识之士尚可明了英人力图藏境的野心,认识到"现在时局艰难,强邻环伺,闭关绝行,势所难行"。② 当博窝之乱发生时,文海又担心英人图谋博窝地方,于川、藏皆有窒碍,并秉承朝廷旨意,迅速前往波密指挥平定博窝之乱。在平定博窝之后,文海深感年迈体衰,病体难支,尽管朝廷因他平定博窝有功赏头品顶戴,但他也不愿因年老体衰丢命在藏,速奏请回川治病。从这点看,应该说文海的心智状态是可以理解的,故后继大臣裕钢评价文海"由川赴藏,道路险远,历尽崎岖,抵藏后前往办理界务事宜,凡遇交涉,靡不尽心筹画,俾臻妥善"。"每言西藏为川滇屏障,西藏安,川滇因之益安,现在番情冥顽,强邻密迩,亟思所以抚绥御侮之方,其诚恳之情辄形诸语意之间。谓受恩深重,无以仰答,力思黾勉,用以报称。"③ 由此可见,文海虽因朝廷以其六旬多高龄才擢任驻藏大臣而有怨意,进藏之后尚能以勤奋之态度处理藏事。

裕钢的心智状态则更为复杂。裕钢于1898年9月被朝廷任命为驻藏帮办大臣,一年后进藏。进藏初期,由于和驻藏大臣文海共同处理藏事,尚能静心处事,勤勉藏政,在文海生病期间,他向朝廷《密陈西藏远近边隘情形》,客观地分析了西藏的形势,认为"自光绪十四年(1888)藏英交战,藏人失利以后,仇视洋人最甚,所以划界开关各事宜,屡年不

---

① 贺文宣:《清朝驻藏大臣大事记》,中国藏学出版社1994年版,第449—450页。
② 同上书,第451页。
③ 《清代藏事奏牍》下卷,中国藏学出版社1994年版,第1076页。

结，皆由藏番结恨颇深，不愿与其交涉。……然驻藏大臣虽与达赖逼处，而番属之土地、人民、政事由来自理，遇有向归藏臣主政公件，或办交涉等事，伊等时常以糊涂之见从中搅扰，掣肘饶舌；至于惜军爱民等事，富国强兵之谋，历任大臣无不遇事开导晓谕，伊等只知执定番规，牢不可破，从未因时制宜，实力奉行，所以地瘠民贫，军旅不振。至若汉兵则为数甚少，平日用以戍防，不过略壮声威，一旦有事，不敷调遣。……靖西与英人接壤，且距其印度士马精骑之地甚近，一旦生衅，英从扛多进，则瞬息至亚东关，靖西虽有防营，兵仅百余名，枪械不精，且其他无险可扼；靖西、帕克里、干坝等处不守，敌人可长驱而至此，诚藏卫最危之势也。……奴才受国厚恩，极知边疆关系綦重，但有思患预防之策，无不殚竭微忱，稍图报称，即使强邻衅生意外，奴才亦当率藏人先驱，为应敌之计，是奴才既不敢畏难苟安，更不敢以血气用事，致误机宜"。① 在这里，裕钢对当时形势之分析基本上符合实际，此时的心智还算健康。

1900年10月，裕钢转迁驻藏大臣，此时他已在藏两年时间，熟睹英人在边境日渐骄横，藏事日见危急，而此时的大清帝国正遭遇八国联军的入侵，京城遭劫，慈禧挟光绪皇帝逃往西安，国事糜烂，藏事也日益棘手，他虽擢升为驻藏大臣，但心智逐渐沮丧颓败，在英人日渐紧逼的情况下，他开始思谋退路。1901年7月，裕钢上奏朝廷，"奴才病体不支，仰恳天恩，赏准开缺，俾资调理"。② 然此时与英交涉正处于紧张之时，朝廷不准其回京，仅批准其休假两月，以资调养。在这次奏疏中，可以看出裕钢急谋脱身的心理，甚至出现"倘荷圣恩破格矜全，自当感激不朽"③的恳求之语。一年之后，英军开始增兵边境，裕钢派边务委员何光燮赴边交涉，被噶厦官员所阻，裕钢认为"至藏番现在情形，遇事梗命。就便何光燮能以前往商办，英员必有要请条款，在唐古特亦万不能允从，仍难结局，是诚办犹不办也"。④ 又一次在对英交涉中打退堂鼓，思谋脱身欲急，并堂而皇之地向清廷奏请"奴才等受恩深重，畀以封疆，不能先事图化悟愚顽，扪心自问，能无愧乎。与其才庸任重，坐视贻误于目前，曷若黜职罢归，别思图报于日后。合无仰恳天恩，将奴才等立赐罢黜，另简

---

① 《清代藏事奏牍》下卷，中国藏学出版社1994年版，第1086页。
② 同上书，第1109页。
③ 同上。
④ 同上书，第1123页。

贤员迅速来藏接办，以专责任，而固边陲"。在这里，裕钢暴露出了他心智的另一面，为急谋脱离是非之地，宁愿不要驻藏大臣的职务，恳请皇帝将其罢黜。这次仰恳天恩又未获批准，反而遭到圣谕一番训斥："此次英员争界，自应设法商阻，该大臣身任藏务，责无旁贷，何得以藏番梗命，辄行诿卸。"① 这次奏请罢黜不成，情急之下，他便联合驻藏帮办大臣安成提出让外务部"拟请转商英使暂缓五年再议藏哲界商诸务"的荒谬主张。显然，这种荒谬主张触动了朝廷，再不好让裕钢继续留在西藏了，朝廷遂于1902年12月准其奏请，恩准回京。在裕钢的《蒙准回京谢恩折》中，道出了其急谋脱身的心智状态。"奴才钦遵之下，感戴莫名，当即恭设香案，望阙叩头，祗谢天恩。优念奴才材轻任重，力短心长，深惧于陨越，更懔惕于冰渊。"可见他蒙准回京的激动心情。实际上，当时朝廷有见于西藏多事之秋，英人交逼相攻的局面，虽圣谕恩准，但没有马上让他回京，而是严旨"裕钢着俟有泰到任后，再行来京"。此后，裕钢虽仍在西藏任事，而对与英人交涉这样事关国家安全的大事只推脱敷衍，不想尽一点责任，就连英人税司巴尔都感叹道："毫无疑问，现任驻藏大臣裕钢已决心在其继任者到来之前尽可能不承担任何责任。藏人目前令人难以忍受之态度若确非受到驻藏大臣指使，则必定是他们已不再受驻藏大臣控制之结果，而驻藏大臣似乎只关心在藏人与英人发生冲突之前安然脱身。"② 就这样，裕钢一直心惊胆战地等待着新任驻藏大臣有泰的到来，一直挨到1904年3月才由藏地戴罪返回内地。此时，抗英的大战即将爆发。

（三）英军入侵期间驻藏大臣有泰的心智分析

1902年12月2日，在英国侵略者对西藏步步紧逼的情况下，朝廷赏给有泰副都统衔，任命其为驻藏办事大臣，以替换在藏朝夕惶惶的裕钢。有泰字梦琴，蒙古正黄旗人，为大学士富俊之孙，前驻藏大臣升泰之弟。与奎焕、文海、庆善、裕钢相比，有泰虽同为满蒙，但属更为亲近的皇亲国威。在藏事日益糜烂之际，朝廷调派有泰进藏是有所考虑的，首先，有泰作为近臣，从同治四年考取额外蒙古协修官后，基本上在京城任职，光绪九年七月曾随武英殿大学士额勒赫布赴陕西查办重大事件，光绪十二年八月补选兵部武库司员外郎，光绪二十年，选用京察记名道，被端王载漪

---

① 《清代藏事奏牍》下卷，中国藏学出版社1994年版，第1123页。
② 《西藏亚东关档案选编》下册，中国藏学出版社2000年版，第882页。

所赏识，委为火器营文案，光绪二十一年五月委任为江苏常州知府，三年后被载漪奏调回京，委任为虎神营右军统领，后补鸿卢寺少卿。从其经历看，有泰大部分在京城任职，亲临内忧外患的一系列重大事件。其次，有泰为升泰之弟，在清廷看来，升泰在西藏第一次抗英斗争中，忠实地奉行了朝廷的媚外以自保的卖国路线，逼藏人撤卡，与英人签订所谓体面的屈辱条约，一时解决了与英国的冲突，尽管条约埋下使英人后来大肆入侵的隐患，朝廷对升泰的作为尚属满意，因而派出其弟有泰，以瞩厚望。最后，有泰因为是皇亲国戚，大部分时间在京城多个衙门任职，交结甚广。在解决西藏地方事务，与英人交涉中可取得京城权贵的奥援。

有泰在接旨之后，与其前几任大臣比较，确实表现出了不俗之处。前几任大臣因选自川、黔偏远之地，想觐仰天颜而不能，而他就可以"赴颐和园恭谢天恩，仰蒙召见，温谕叠加，并优承皇太后恩谕"。① 其后几天内，他先后拜访外务部重臣那桐，总管李莲英，军机大臣、文华殿大学士荣禄，庆亲王奕劻，督办政务大臣鹿传霖等，同时会约英俄使臣，办理赴藏的一切备用。在这一系列拜访中，有泰受到许多恩遇，如在蒙慈禧太后召见时，太后望着跪叩在面前即将赴藏的有泰说："知汝甚苦，赏汝盘川。"② 遂即赏银 3000 两。拜访荣禄时，荣禄告知，已将对藏事颇为熟练的讷钦赏三品衔作为帮办大臣襄助其办理藏事。当拜访大总管李莲英后，李莲英及军机处均厚赏其许多银两并稀有用物，以备其赴藏之用。在即刻起程前，他又一次蒙恩召见，光绪帝"谕以实心办事，任劳任怨"，皇太后"赏给福字各一张，愿汝福寿平安"。使其"伏闻之下，感流涕零，不知当如何报称也"。③ 在行程用物上，有泰享有"兵部车六辆，马八匹，自坐大轿一乘，驼轿两乘，小妾小女坐轿车三辆，仆妇共男家人十名，女家人五口"。④ 可谓舆乘迤逦，浩浩荡荡。在近几任驻藏大臣中，唯此有泰沐浴天恩，享此殊荣。客观地说，有泰受命驻藏大臣之始，曾到许多部衙翻阅藏事档案、文牍、慷慨陈词，大谈藏事，并指责前大臣文海因私愤阻鹿传霖改土归流事"可叹可气可恨不一而足，其受国恩之夫已氏"。⑤

---

① 吴丰培整理：《有泰驻藏日记》第一册，全国图书馆文献缩微复制中心 1987 年版。
② 同上。
③ 同上。
④ 同上。
⑤ 同上。

大有世受国恩，誓办好西藏事务之意。然而，当其踏上赴藏的路途，尝到山河险远、道路艰辛之苦后，这位曾大谈藏事、慷慨陈词的大臣的心智开始发生了变化。有泰于1903年3月4日离京，从北京到成都，在路途中基本上是快马疾行，于6月1日到达成都，除中间雨雪间停稍耽搁外，日均行80里。自京至川的路途中，仅在路过易州（今河北易县）时有"回忆去岁两赴易州，皆从此过，前为何事，今为何事，不禁怃然"① 的感叹。然当他到达成都后遂接触到在川省的大批官员，其中有些曾在西藏和川边返回的官员，具体得知西藏危急的形势和进藏路途的艰辛生活，特别是川省官员对当时世事维艰、朝廷腐败、贿赂盛行颇多议论，帮办大臣桂霖也"痛谈时事，大骂不绝"，甚至有人痛谈"循吏之选，然赔钱者甚不少，竟有循吏不可为之势"②，对其有所晤，遂有其后的川中滞留与藏途之拖延。1903年7月3日，有泰向朝廷报告了到川日期并在成都熟悉进藏情形的情况，称"现在川省主持无人，事机难定。再四思维，外人之嚣张要挟，尚可以理喻定争，若藏番之冥顽不灵，而又有心挑衅，则断非情理言词所能解释，川中为西藏后路，早在圣明洞鉴之中。一切用人筹饷防边备兵，如不于此时详筹妥计，则日后棘手情形更有不堪设想者"。③此时已显露出有意拖延进藏的心态。有泰到成都后，新任驻藏帮办大臣与川督锡良也先后于6月17日、9月7日到达成都，在此期间，有泰借口与驻藏帮办大臣桂霖、川督会商筹藏大计，整日与川省官员迎来送往，觥筹交错。9月18日，朝廷鉴于藏边形势日急，急电催有泰"藏事关系紧要，该大臣责无旁贷，着即提前迅速驰往，纵难兼程，切勿迟缓"。④ 有泰见电，仍向朝廷强调困难，称"奴才此行，明知事务重大，难于措手，然内外交汇，事机危急，不得不审时详察，亟议变更，以期有济"。⑤ 当外务部有感于西藏事迫，而有泰在川逗留不进，指责他有负朝廷厚望、迟迟不思进藏时，他向外务部辩解"泰受国厚恩，何敢迟迟，贻误藏事"。"故为迟迟，何所取意。惟关山鸟道，雪地冰天，稍能赶程，即万分艰

---

① 吴丰培整理：《有泰驻藏日记》第一册，全国图书馆文献缩微复制中心1987年版。
② 同上。
③ 《清代藏事奏牍》，中国藏学出版社1994年版，第1181页。
④ 同上书，第1182页。
⑤ 同上书，第1183页。

难。亦当遵旨,决不敢迁延,致误军机。"① 在朝廷的多次催促下,有泰于1903年10月11日自成都出发,至此,他在成都已拖延了四个多月。

由于朝廷屡屡电催,有泰仅用了20天的时间就到达打箭炉(今康定)。到炉城后,他又以"驰躯风雨,人困马疲"为由,借口,"蛮夷地面,迥异中华,茶叶米盐,皆须自备,且赏需及一切箱只,还须装裹生牛皮。兼以催雇乌拉,至速亦在二十余日"。② 这样,他在打箭炉又拖延了一个月的时间,至11月27日自炉城出发渐行进藏。而在此时,英国人已秣马厉兵,组建了"23锡克步兵营700人,32锡克步兵营700人,第八廓尔喀兵营700人,骑兵一队100人,孟加拉工兵一队,等"③,在麦克唐纳少将指挥下准备大规模入侵西藏。1904年1月8日,有泰一行抵达察木多(今昌都),翌日,适逢有泰生日,在前方战事日紧,裕钢翘首遥望有泰接任之时,他却在察木多赏歌饮酒,不思前进。据有泰日记载:"适遇生辰,……游府送戏一台,……喇嘛送男女锅庄加于戏内,戏止则锅庄上,男则圆音,女则尖音,可裂金石,诚羯鼓洗秽,灯后即止,(戏后)约六君子晚饭,将马介堂所送洋酒痛饮,余大醉,不醒人事矣。"④ 可谓醉生梦死矣。这时候,朝廷及川督急电频至,有泰在朝廷催促下,未敢在察木多迁延日久,休整一周后即起程前行,于1904年2月9日到达拉萨。当有泰到拉萨后,已钦定交部议处的前驻藏大臣裕钢在拉萨河岸接官驿面向东北跪请圣安,总算盼到新任驻藏大臣到达拉萨了。

有泰作为朝廷钦命的驻藏大臣,毕竟沐浴圣恩,饱读圣贤,尽管他一路延误,逡巡不前,可通过半年多的路途观察,以及与大批涉藏官员的交往,对藏政有一个基本的判断。他一方面报告沿途情形,另一方面说明藏事的艰难,到达拉萨后的第三天,有泰便急忙向朝廷奏报"川藏交界情形及藏印近事",称"奴才自奉恩命,持节西疆。当兹多事之秋,谬膺非常之眷,兢兢业业,惧弗克胜。所幸八月二十一日由川省起程,经过四川所属打箭炉、里塘、巴塘及西藏所属察木多、拉里等处,番民颇称效顺,夫马亦少留难。……惟有各寺院之喇嘛,愈出愈多,堪布之权,甲于官

---

① 《清代藏事奏牍》,中国藏学出版社1994年版,第1184页。
② 同上书,第1185页。
③ 杨公素:《中国反对外国侵略干涉西藏地方斗争史》,中国藏学出版社1992年版,第114页。
④ 吴丰培整理:《有泰驻藏日记》第四册,全国图书馆文献缩微复制中心1987年版。

长，稍不遂意，聚众横行，托庇居民，肆其鱼肉，邻里借贷，间出其中。……至于藏印边务，兵衅业已兆端。……奴才身受厚恩，自当力图报称。即有万分为难，亦当设法维持。惟任事之初，番情究未深悉，拟俟面商达赖喇嘛，及查番民近日情节之后，应如何筹办之处，再行陈奏办理。不敢因循误事，亦不敢激切图功"。① 实际上，从他给皇帝的奏折中，已经看出其并不想有所作为的心态。

1904年2月19日，有泰在罗布林卡面会十三世达赖喇嘛，在他的日记中记载："达赖面东，座稍高，余面北，矮座。"② 自乾隆帝《钦定二十九条章程》规定驻藏大臣督办藏务，与达赖喇嘛、班禅额尔德尼地位平等以来，尚未出现达赖居高座、驻藏大臣坐矮座的情况，但有泰并不以为然，而仍坐谈良久。1904年3月，英军开始大规模进攻曲米辛古，前方战事异常激烈，此役藏军死伤1400多人，损失惨重，而作为驻藏大臣的有泰，如同无事之人，好似赋闲养神，又如走马游客，享乐于堂间，出入于亭阁柳林，如3月2日："看宝童儿买绛兰小呢甚佳，京中多不见此货，……午饭后且倦而欲睡，因至西大院看马，到江少韩屋内闲谈。"③ 3月4日："午后约众委员至后院，将地毯铺于西南隅杨柳林树下，此院甚宽大，……令厨役将鸭十数只趋而浴水，羊数头亦趋之，因马兰极盛，令食之，诸人一面看远山，一面闲谈，忽有大雁六七落于泉上，甚堪入画，此景不易得也……"④ 3月8日，与诸君子饮，"吴少松因饮马军门所送洋酒大醉，未终席逃去，大呕、殊可笑"。⑤ 3月19日，"午后访江少韩一谈，马竹君将颜贴拿出一看。杨桐冈送来奶桃两个，其形大茶琖，光景皮似墨芩，内作白色……晚找鹤孙谈，竹君亦在座，落日前闻枪声隆隆，询之，乃小招烧草堆咒洋人，殊为可笑"。⑥ 从以上几天的日记可以看出，有泰对与英人的战事毫不在意。3月底，藏军已大败，急报频至，就连英人巴尔也看不过去，急切致书"有大人阁下：连进羽书，想蒙电察……查英员来边数月，终不开议，……兵连祸结在此一举，……英员现展十日

---

① 《清代藏事奏牍》，中国藏学出版社1994年版，第1186页。
② 吴丰培整理：《有泰驻藏日记》第五册，全国图书馆文献缩微复制中1987年版。
③ 吴丰培整理：《有泰驻藏日记》第六册，全国图书馆文献缩微复制中1987年版。
④ 同上。
⑤ 同上。
⑥ 同上。

之期，静候宿驾，务望贵大臣力顾交谊，挽东隅之失，作桑榆之收"。①有泰对此则不屑一顾，另表现出一副无所事事的样子。如3月25日："到吴小瑾屋内，登楼看书，鹤孙到楼一谈，在马圈看洗马，新得马虱子甚多，益瘦之过也，看硝皮子，其所用之刀刃朝下，甚大，上安木月牙架于胸前，其笨万状……"②进入7月，英军与我争夺江孜宗的战斗达到白热化，有泰与其随员仍然吃喝玩乐，不去关心前方战事。如7月8日："早找鹤孙谈……刘巡捕找来徐央宗（年十九），四朗拉真（年二十四）来耍，请鹤孙、惠臣同席，至寅初方睡。"③7月9日："早登楼，鹤孙来，徐央宗、四朗拉真亦到，在此盘桓，刘巡捕回公事后下楼，带两人并鹤孙、惠臣两位早饭，饭后大睡一觉，醒后与刘巡捕、鹤孙痛谈一切世路，二人深以为实在、切当，晚复约鹤孙、惠臣吃全羊，两女孩亦在座，痛饮……三人复谈，皆想起父母，无不哭泣，亦情之所感也。边疆所系，只有如此，怆怀古人之感慨，量无不同耳。"④由此可见，有泰已经丧失了抗敌和处理藏事的意志，这种情绪也波及其随员之中，以此种心态，不可能处理好与英人的斗争及西藏面临的复杂局势。此后张荫棠参劾其庸懦无能、颟顸误国、媚外之怜、讳过饰非、醉生梦死、朋比分肥，是对其言行的真实写照。以有泰这样的心智，酿成与英人妥协、丧权辱国的恶果，毫不足奇。

（四）江孜失陷后驻藏大臣处置藏事的心智反应

抗英斗争中几位驻藏大臣的消极心态，对抗英的进程与结果产生了极为消极的影响，"乃裕钢一误于前，有泰再误于后"。均为"借口商上不肯支应乌拉，不能起程为借口"。而"有泰到任半年，毫无经划，坐误事机"⑤，更加速了抗英斗争的失败。而且失败的代价是严重的，江孜一役，藏族士兵和民众付出近3000人的代价，许多村落、寺庙和古迹遭到浩劫。更大的损失则是拉萨的失陷，十三世达赖的悄然出走，西藏地方政府被迫签订城下之盟，朝廷的信誉尽失。这一系列重大事件埋下了近百年分裂主义破坏国家统一的潜流。

---

① 《西藏亚东关档案选编》，中国藏学出版社2000年版，第933页。
② 吴丰培整理：《有泰驻藏日记》第六册，全国图书馆文献缩微复制中心1987年版。
③ 同上。
④ 同上。
⑤ 《清代驻藏大臣传略》，西藏人民出版社1988年版，第267页。

有泰的昏庸无知，西藏地方分裂主义势力的坐大，引起朝廷的警觉，尽管中枢腐败，但毕竟还有一批爱国之士勉强支撑着大清的江山。有泰执掌藏事期间，朝廷本来委派了驻藏帮办大臣桂霖作为其辅弼，但在有泰"拟请于察木多地方，添设重镇，安驻大员，筹防练兵，次第奏办，庶几外可以慑藩服，内可以靖蜀疆"①的奏请下，朝廷并未催桂霖随有泰进藏，而命其驻察木多，居中策应。此公亦属满族贵戚，遇事好激切臧否，对朝中黑暗颇看不惯，但在藏事危急之时，他并未赴汤蹈火，以救糜烂，而是以"粤匪隐患深长，请革去职衔，以闲散发往军营自效，庶不至置身无用"②之借口，试图去驻藏帮办大臣一职，转赴广东任职，尽管朝廷一再训斥"藏务亦关紧要，仍着迅速赴任"，③最后仍借眼疾滞留川省。朝廷无奈，急擢任四川候补道凤全为副都统衔，即赴驻藏帮办大臣任。凤全是一位受新思想教育颇深的人，对此时西藏复杂的局势和中英在藏边的冲突十分清楚，接旨后也十分矛盾，主要是其妇要坚随一同入藏，这在清朝末年混乱之世是十分不便的。与其他大臣相比，凤全也同属受命于乱世，但他没有故意拖延进藏时间，在接到圣旨并做通其妇工作后，翌日便带了几个随从，踏上进藏旅途，尽管途中常遇到大雨泥泞，还是日夜兼程赶到炉城，同时接到清廷"所有西藏各边，东南至四川，云南界一带，着凤全认真经理。各将所属蒙番设法安抚，并将有利可兴之切实查勘，举办屯垦畜牧，寓兵于农，勤加训练，酌量招工开矿，以裕饷源"④的谕旨。行至巴塘，见可垦之地颇多，于是停此募勇垦荒，并奏请削减寺庙僧尼，收回三瞻，半年后被丁林寺喇嘛杀害。凤全遇害，实为"强化川边，以保藏圉"所招致，可看出他执着为国的苦心，尽管如此，后人还是怀疑他怯之不前、畏藏之苦的心态影响了进驻察台的勇气。

凤全蒙难后，朝廷立即命四川雅州知府联豫为副都统衔，即接任凤全为驻藏帮办大臣。联豫也为满族贵戚，他吸取了凤全在巴塘被杀的教训，同时对有泰、桂霖有关驻藏帮办大臣移驻察台、居中策应的做法提出质疑，他在给朝廷的奏折中说："窃查驻藏帮办大臣，定章驰驻前藏以应办事宜，可以就近与办事大臣共相商酌，即偶有迁调边远任重，亦无旷职之

---

① 《清代藏事奏牍》，中国藏学出版社1994年版，第1186页。
② 《清实录藏族史料》，西藏人民出版社1982年版，第4629页。
③ 同上。
④ 《清代驻藏大臣传略》，西藏人民出版社1988年版，第250页。

虚。"……"惟奉命以来,情览舆图,详征典籍,体足食始能足兵之训,念天时不如地利之言。桂霖报国之心有余,似于山川形势尚未深知,移驻察台不无窒碍。且藏事日亟,开导藏番,辑睦强邻,在在均关紧要。若使驻藏大臣舍彼就此,似亦稍失轻重之宜。……奴才则复旧制,仍驻前藏,遇有应办事件,会同办事大臣有泰和衷商榷,庶几寸长尺短,藉可仰达高深。"① 联豫奏请驻藏帮办大臣仍然驻在拉萨,反映出其为国保疆的责任心。

  驻藏帮办大臣移驻察木多,居中策应是川督锡良和有泰、桂霖三人所议后报请朝廷批准的,实为鉴于中英在藏边冲突日急,川边形势也诡谲叵测,唯恐一旦西藏被英人侵夺,可以退保川边。这种想法实为下策,同时还滋生了有些驻藏大臣不愿进藏,逡巡于川边的心态。所以,联豫向朝廷剖其心迹,称"夫由川入藏,道路艰险异常,奔驰于冰天雪地之中,历时必须数阅月之久,较之移驻川省边界,其劳逸迥不相侔。奴才急请仍复旧制者,实以统筹全局,保藏即所以保川,旷览事机,今日更难于昔日。管窥所及,用敢上达宸聪"。② 联豫恢复旧制的奏请很快得到朝廷的批准。1906年2月,联豫到达炉城,一路领受到风雪交加、冰峰旷野、道路艰险等困难,并时闻番人沿途作乱之谣传,油然而生惆怅和畏惧之心情,遂向朝廷上奏折回成都、东移香港走海道进藏,受到朝廷"仍着驰驿前进,并沿途察看一切情形,毋得藉词延宕"③的申饬,乃"跪聆之下,惶悚莫名。遵即催备乌拉,克日遄发"。④ 联豫1906年4月28日从炉厅出发,在理塘滞延月余,6月29日才抵达巴塘,后加快速度,于9月2日方抵达拉萨。进抵拉萨后,很快就因施政用人问题与驻藏大臣有泰发生冲突,两人形同水火,居一衙而互不通声息。12月8日,朝廷补授其为驻藏大臣以接替被革职的有泰。此后,联豫在藏政舞台上施政多年,论其心态,除在对张荫棠、赵尔丰进藏辅政的问题上有心胸狭窄的一面外,在对待重大问题上,要比前任有泰识大体、顾大局,故而在推行新政方面作出了应有的贡献。

  就当时的情况看,朝廷当务之急是与英交涉,挽回被有泰和噶厦出卖

---

① 《清代藏事奏牍》,中国藏学出版社1994年版,第1468页。

② 同上。

③ 同上书,第1471页。

④ 同上书,第1474页。

的国权，再是要尽快刷新藏政，惩处贪黩，恢复僧俗民众对朝廷的信心，而这两件大事都是联豫所不能及的，即"才疏任重，惧一木之难支，绳短汲深，时寸衷之滋憬"。① 于是，历史的重任就落在了近代藏政贤臣张荫棠的身上。

张荫棠，广东南海人，是有清以来朝廷所委派的唯一汉族进藏大臣。江孜抗英失败后，西藏内外交逼，藏政极为混乱，朝廷面临着两大任务，对外，与英人交涉以挽回国权；对内，刷新藏政以解西藏人民于倒悬。对于这两大任务，几任满、蒙驻藏大臣均无所建树，甚至出现有泰这样的满族贵戚出卖国权、祸乱藏政的情况，朝廷无奈，只好打破满、汉之成见，从汉族官员中选择良臣膺任藏事。1905年10月6日，朝廷委派张荫棠全权接议藏约。此时，英人新胜，唐绍仪与英人交涉未果，对此，张荫棠十分清楚，但他凭借对维护国家利益的强烈责任感及娴熟的外交能力，据理数争，交涉更改1904年英人入侵拉萨后所订的"拉萨条约"。1906年2月16日，张荫棠电奏外务部："英人经营西藏，已非一日，耗费不下千万，阴谋百出。……窃藏地东西七千余里，南北五千余里，为川、滇、秦、陇四省屏蔽，设有疏虞，不独四省防无虚口，其关系大局实不堪设想者，且各省办理边防，均有重兵镇守，西藏密迩印度，边患交涉与行省不同，其危险情形尤为与上年不同，诚如当此所谓整顿西藏有刻不容缓之势矣。"② 通过此奏可以看出，张荫棠是当时对西藏及藏边局势认识为数不多的清醒者，他希望朝廷重视对英人的交涉，借以挽回主权。并主张"所有内政外交以及一切新政，由国家简员经理，恩威并用，使藏人实信国家权力深有可恃，则倚仗之心益坚"。③ 同时，张荫棠也看到，英国人图谋西藏，是针对我治藏之力强弱而因应，如我能强化西藏的治理，外人就无隙可乘，即"英人亦视我在藏兵力强弱能否治藏地以为因应，我能自治，外人无隙可乘，自泯其觊觎之心"。④ 张荫棠的分析，其心智已经参透了藏事的症结，在他的参酌和力争下，朝廷一改往日忽略西南边疆的做法，特命……唐绍仪在北京与英使萨道义议定《中英续订藏印条约》，使我挽回了部分权益。

---

① 《清代藏事奏牍》，中国藏学出版社1994年版，第1474页。
② 《清代驻藏大臣传略》，西藏人民出版社1988年版，第263页。
③ 《清代藏事奏牍》，中国藏学出版社1994年版，第1306页。
④ 同上。

张荫棠在印度力争国权，折冲樽俎、虎口夺食的杰出表现，不仅一扫数十年来朝廷在藏边外事上屡屡失误的被动局面，也使西藏僧俗大众为之扬眉。1906年5月，朝廷鉴于张荫棠在对英交涉中的出色表现，命仅有五品之职级的他查办藏事，6月，清廷特调一批精干大员随往西藏听其委用。在朝廷的支持下，张荫棠开始大刀阔斧地查办藏事，刷新藏政。

1906年11月29日，张荫棠带领一批随员从经春丕、亚东、江孜抵达拉萨，受到噶厦僧俗官员及民众万余人的夹道欢迎。抵达拉萨后，张荫棠明察暗访，与僧俗官员、普通民众抵膝并肩，了解英人侵藏前后满、汉、藏诸官员的表现，首先参劾纠治了自驻藏大臣有泰以下的一大批贪黩昏庸官员，并对多年来藏中的积弊毫不保留，沥陈无余，如：他在《致外部电请代奏参藏中吏治积弊请旨革除惩办》一折中奏云："窃维安边之要，首在察吏，必大吏廉洁，率属办事，乃能刚正而服远人。今藏中吏治之污，弊孔百出，无怪为藏众轻视，而敌国生心。"[①] 接着，他甘冒得罪京中一批权贵的风险，密奏自英国第一次入侵西藏以来驻藏大臣的污浊吏治，"查驻藏大臣历任所带员弁，率皆被议降革之员，钻营开复，幸得差委，身名既不足惜，益肆无忌惮，鱼肉藏民，侵蚀库款。驻藏大臣利其节寿，一切暧昧供亿，反为讳饬……藏中文武大小官员，无不以边防报销为唯一之目的，此藏中员弁积弊也"[②]。接着，他把参劾的重点转向驻藏大臣有泰，揭露有泰到任后借口商上不肯支应乌拉，不敢赴边境与英人交涉，酿成了1904年7月之祸；英国进入拉萨后，又媚外乞怜，以牛羊犒赏英军，在英人哄骗下，压噶厦妥协，"坐视藏僧与英军在布达拉山议约十条，无一匡语，行成哄令画押"，此颟顸误国，令人发指；在与英人交涉间，预留浮冒，贪污公款，委任私人，朋比分肥，花费白银不过3000两，却借端报销冒领六万两；在江孜激战犹酣之时，警报屡至，催之敌前开议，其却置若罔闻，与宠姬五六人，并随员一起白昼赴柳林召妓侑酒，跳唱纳凉，其醉生梦死，亦令人发指等。在张荫棠的参奏下，朝廷令将有泰及其高级随员、噶厦高官等十几人即行革职，分别惩处。此一举措，西藏为之震动，僧俗民众欢欣鼓舞。乘借整顿藏内吏治，张荫棠又提出了"治藏刍议十九条"和"善后事宜二十四条"，其中包括整肃吏治、培养

---

① 《清代藏事奏牍》，中国藏学出版社1994年版，第1318页。
② 同上书，第1318、1319页。

人才、修筑公路、开发矿山、兴办学校、移风易俗、力避苛税、设邮局、拉电线等。尽管这些包含着新政内容的各类条款因张荫棠的很快离去未能完全实现，而其后联豫把大部分条款继承下来并分类予以试办。

从张荫棠力办外交、刷新藏政的两件大事中，分析其心智状态，确已超出十多年来所有的进藏大臣，从他受权接议藏约到离开西藏，不过一年半的时间，其间查办藏事仅一年时间，他以坚强而亲民的人格魄力完成了朝廷交办的别人无法完成的两件大事，其中固然有朝廷大力支持的重要因素，但与个人的心智状态是分不开的。第一，张荫棠不像前几任大臣一样，尚未进藏就慷慨陈词，向朝廷承诺一定不负圣恩，办好藏事，而到藏后稍遇艰难，就急谋退路。张荫棠在赴印接议藏约前冷静、沉着，进藏后雷厉风行，激浊扬清，在短期内办了几件让藏内僧俗大众和朝廷都满意的大事。第二，他能够清醒地分析藏内外及世界大势，执着、坚毅且有理有节地与英人交涉；在刷新藏政的重大举措上，他明白西藏的积弊在于吏治，并主动请辞驻藏帮办大臣一职，坚持以钦差身份专力查办藏事。再次，心态平和且实实在在为国分忧。据历史资料记载，他并没有因自己官职低微而怀有怨结，尽管他明知朝廷擢任了一批又一批德、能、才都不如己的高官，仍以"位卑未敢忘忧国"的心态力任藏事，到藏后也未下车伊始，失去理性判断，而是手拄拐杖，头戴毡帽，捧着木碗，深入民间查访，找出症结所在。第四，张荫棠勤勉于王事，无私己和苟且偷安之心，他在处理藏事短短一年半的时间里，留下文电、奏稿及朝廷给他的回电、谕旨等达250多件（封），是江孜抗英斗争前后历任驻藏大臣最为勤奋者。资料记载，他在大昭寺前登台演讲，讲解物竞天择、适者生存，曾累得吃不下饭；在查办藏事、参劾腐败官员期间，几次咯血，每天只能进食稀粥。第五，他对于查办藏事所出现的对己不利的后果，曾有所警悟，然而看到横暴贪黩之徒鱼肉百姓，心不能容，毅然前行，敢于以五品低级职位参劾朝廷头品及以下官员，如自序所说："十二月横被蜚语，有人奏参以强勒喇嘛还俗，尽改西装，旦夕恐激变。幸蒙两宫明察，洞见万里，弗加罪斥，训以办事勿过操切，恪遵弗谕，而藏僧罗桑四郎，藏官彭措汪垫等数人，害国病民，横暴最著，仍不敢姑息。"[①] 可见其心之正直，昭然于天下。第六，在查办藏事，功勋卓著，被世人赞许有加之时，其心亦

---

① 《清代藏事奏牍》，中国藏学出版社1994年版，第1287页。

静,更未居功自傲,且尚能移功于他人,他在自序中写道:"自维庸陋,任重材辁,赖枢府外务府王大臣主持于上,参赞何藻翔同心协助于下,得免陨越。"① 正因为朝廷任用了张荫棠这样的大臣,既为国家挽回了主权,又刷新了藏政,以至国外研究者也感叹道:"大清帝国在最衰弱之时,却成功地恢复了在西藏所削弱的权力和威望。"② 应该说张荫棠在处置藏事的心智表现,对清廷处理濒危的藏事起到了积极的效果,在一定程度上遏制了帝国主义对我西藏的进一步入侵。

五 晚清变局中的驻藏大臣

西藏是清王朝的西南边疆重地,自设立驻藏大臣制度以来,历代皇帝都高度重视驻藏大臣的选派。及至清代晚期,清王朝内外交困,风雨飘摇,已失去了往日治理西藏、管理西藏的锐气,对向西藏派驻大臣也不再高度重视,逐次降低标准。特别是到了晚清时期,清王朝的矛盾积累到最激烈阶段,内有各种社会矛盾的激烈冲击,外有帝国主义对边疆地区的疯狂入侵,内外交困的激荡使清代晚期社会处在急剧的变局之中,而身在这一变局内的驻藏大臣及其膺任的藏事也面临着前所未有的挑战。

(一) 晚清变局与驻藏大臣的状况

可以说,晚清时期的西藏,遭遇到从未有过的大变局,首先是来自外部的挑战。此时的各帝国主义国家已展开对中国的瓜分,英帝国主义也已将中国的西藏地区划入其南亚殖民的大战略之中。另外,清王朝已失去了往日对边疆地区管理的力度,驻藏大臣在这种大背景下,其状况可想而知。

1. 驻藏大臣所处的晚清变局

19世纪七八十年代,清王朝由所谓"同治中兴"急转直下,面临着内外交困、风雨飘摇的大变局。首先是来自外部入侵导致的变局。"同治之后,世界各主要资本主义国家先后向帝国主义阶段过渡。它们为了争夺商品市场、原料产地和资本输出场所,夺取殖民地、分割世界领土的斗争

---

① 《清代藏事奏牍》,中国藏学出版社1994年版,第1287页。
② [加拿大]谭·戈伦夫:《现代西藏的诞生》,伍昆明译,中国藏学出版社1994年版,第88页。

日益尖锐起来,远东地区成了它们激烈争夺的对象。"① 美、日、英、俄、法、德都把侵略的黑手伸向了中国,此时的中国已变成了各帝国主义意欲瓜分的丰盛大餐。在这种国际大背景下,清王朝首先面临着来自帝国主义列强的野蛮侵略。1874年5月,日本出兵3000多侵犯我台湾地区,美国为日本提供军火,运送军队。日本的侵略行径,遭到台湾人民的坚决反击。为避免事态扩大,清政府在英、美、法等国的压力下,被迫在10月与日本签订了中日《北京专约》,承认本属于中国的琉球为日本属国。1879年,日本以武力正式吞并琉球,改为日本的冲绳县。琉球为日本吞并,严重威胁台湾的安全,有识之士上书朝廷,"台湾为东南七省门户,各国无不垂涎,一有衅端,辄欲攘为根据"。② 于是,清政府于1885年10月将台湾建为行省。1875年,英国利用"马嘉理事件"③ 逼迫清政府签订中英《烟台条约》,获取了在中国的部分特权。根据《烟台条约》的专条规定,允许英国派人到西藏"探路"。1883年,法国发动了侵华战争,并于1884年先后向中越边境、福建马尾港、台湾等地进攻,在沿边、沿海军民的合力抗击下,先后取得了武装保台的胜利和中越边境上的"镇南关大捷"。然而,清廷态度软弱,致使中国不败而败,反而与法国签订了丧权辱国的《中法新约》。1888年,英国进攻我西藏地区的隆吐山,发动了第一次侵藏战争。1894年6月,日本发动了针对中国的甲午战争。由于慈禧太后、奕䜣、李鸿章等一味避战求和,导致中国甲午战争的惨败。赴朝清军一败涂地,大东沟千名将士被日舰袭击葬身于鱼腹,海战一败再败,北洋水师覆没于威海卫。其结果使中国在东北、朝鲜、东部海域的国权尽丧。《马关条约》所列的巨额赔款,使中国的数年膏血尽付予日本;被迫割让台湾,使台湾人民感受到被腐败的朝廷弃之于人的创痛,中国自此更加羸弱。

中日甲午战争后,各列强趁火打劫,先后逼迫清政府与之签订了一系列不平等的条约,相继攫取大量的在华利益,中国面临着被帝国主义列强瓜分的危险。面对帝国主义对中国的瓜分豆剖,中国人民忍无可忍,于1900年爆发了震惊中外的义和团运动,英、法、俄、德、日、美、意、

---

① 白寿彝:《中国通史》第11卷第19册,上海人民出版社1999年版。
② 《中国近代史》,中华书局1983年版,第195页。
③ 1875年2月,英国人马嘉理带领武装探路队窜入云南省腾冲地区,被景颇族人民所阻,马嘉理开枪杀害群众多名,愤怒的群众遂将其击杀。

奥等国借口保护侨民和领馆，蚁聚八国联军入侵中国，迫使清朝签订了《辛丑条约》。八国联军入侵中国，是中国近代史上所面临的最大变局，不仅首都被异国攻占，封建王朝的最高首领慈禧太后和光绪皇帝也仓皇出逃，写下了中华民族几千年来最耻辱的一页。《辛丑条约》规定向各国赔款4.5亿两白银，使中国关税和盐税全部被帝国主义控制。然而，遍布全国的自觉反抗也向世人昭示，任何帝国主义势力也不能灭亡中国。1904年2月，在中国东北爆发了日俄战争，日本和俄国的60万大军在中国的土地上厮杀了半年之久。这场不义之战给战区人民带来了巨大灾难。战区"陷于枪林弹雨之中，死于炮林雷阵之上者数万生灵，血肉飞溅，产破家倾，父子兄弟哭于途，夫妇亲朋号于路，痛心疾首，惨不忍闻"。① 可软弱无能的清政府竟然无视战火在自己领土上燃烧，无耻地宣布严守"局外中立"，每个有良知的中国人都感受到莫名地耻辱。同时，人们在耻辱中还期盼着黄种人的日本战胜白种人的俄国，使"黄白优劣天定之说，无人能再信之"。② 把中国能够复兴的希望寄托在黄种人能够战胜白种人之上。在日俄战争进行的同时，英国向我西藏地区发动了第二次侵略战争。

在面临着严重外患的同时，清王朝的内部求变和革命的运动使晚清变局更为复杂。太平天国革命失败后，清廷一批掌握着军政大权的官僚开展了洋务运动。两次鸦片战争的失败，使一批中上层官员逐渐认识到中国正面临着几千年来的"大变局"，传统的一套已不能应对新的形势，必须学习资本主义国家的"长技"，以挽救风雨飘摇的封建统治。这批人物以曾国藩、左宗棠、李鸿章、张之洞、沈葆桢、盛宣怀和皇族权臣奕䜣、文祥等为代表。洋务运动主要是建立适应近代战争的军事工业和新式海陆军，发展资本主义工商企业，学习西方的技术，"师夷之长技"。

甲午战争中，洋务派们武装起来的北洋水师和新式陆军被后起的"岛夷"日本打得惨败，宣布了洋务运动的破产。一批有识之士开始认识到仅仅学习西方的技术不足以改变清王朝落后挨打的局面，因而在朝廷内部出现了以挽救封建统治为目的的变法运动。当时一些资产阶级思想家深感封建专制制度的腐败，主张在学习西方资本主义先进技术的同时，也必

---

① 《盛京时报》，光绪三十二年九月一日。
② 《论中国前途有可望之机》，《东方杂志》1904年第3期。

须学习资本主义的政治制度和社会文明，进行政治改革和社会改革。这些有识之士从救亡图存的爱国思想和发展资本主义的要求出发，用进化论的思想作武器，猛烈抨击封建顽固派，对只主张学习资本主义的技术而反对学习西方资本主义制度的洋务派也不满意，因而连续上书主张变法，从而推动了著名的"戊戌变法"运动。戊戌变法运动的精英人物以康有为、梁启超、谭嗣同和光绪皇帝、翁同龢、文廷式、陈宝箴等为骨干力量。其基本主张为：设农工商总局和各省商务局，发展工商业；改革科举制度，设立新式学校，派人出国留学，设立译书局，学习西学，允许组织各类学会，奖励著书立说和创办报刊；训练新式军队，裁汰旧式军队，建造军火工业，改用西法训练军队；改革行政机构，裁汰无能官员，取消闲散重叠机构；改革吏治，医治吏治腐败，广开言路，允许官民上书言事；开启民智，改良社会风气，学习西方文明。1898年6月，光绪皇帝连续颁行诏书，进行变法，其结果遭到以慈禧太后为首的顽固派的强烈反对，新法仅推行百日即遭到失败，维新志士惨遭杀害。变法维新运动虽然失败，但流亡于国内外的维新志士仍奔走呼号，孙中山领导的资产阶级民主革命也在各地兴起。面对风起云涌的变局，特别是受到八国联军入侵中国而被迫出逃的刺激，以慈禧太后为主的清廷，意识到不做些改革已无法统治。1900年7月后，清廷连续颁发谕旨，称"世有万古不易之常经，无一成不变之治法，……深念近数十年积弊相仍，因循粉饰，以至酿成大衅。现在议和，一切政事尤须切实整顿，以期渐致富强"。谕旨要求中央和地方大臣参酌中西政要，对朝章国故、吏治民生、学校科举、军政财政等各方面如何改革，各抒己见。① 改革涉及调整统治机构，整顿吏治；停止武举考试，裁撤绿营防勇，改练常备军，设置巡警，操习新式枪炮；建立农工商部，注重民生和经济；废除科举制度，建立新式学堂等，这些改革曾一度缓解了封建统治的压力。1905年，在革命高潮的逼迫下，清廷曾下诏筹备立宪，但其宗旨与立宪派的要求相去甚远。1908年11月14日、15日，光绪皇帝和慈禧太后相继病逝，年仅4岁的幼童溥仪继位，各地革命活动加剧，继广州起义和四川保路运动，1911年10月，辛亥革命爆发，清王朝遂被推翻。这种来自全国的动荡和激烈的变局，不能不波及驻藏大臣及其所管理的藏事。

---

① 王文权、刘天路：《中国近代史》，高等教育出版社2001年版，第146页。

2. 驻藏大臣所处的腐败环境

驻藏大臣及其西藏的治理，不仅仅受到全国激烈变局的影响，同时还受到全国腐败的大环境的浸染。晚清激烈的变局，并没有起到激浊扬清的效果，反而使清廷及其以下的体制运转更加滞浊和腐败。当时的情况是，旧章已腐，新规未立，世道汹汹，人心尽失。朝廷之上，"聚议盈廷，是非莫决，甚且谓其更张成法，蜚语中伤，谗书满箧，于是不得不出之因循粉饰，以求苟安。卒之豪杰灰心，而国事也趋于不振矣！"① 导致国事颓败，士人苟且的主要原因是在那样的大变局中，吏治已到了腐败不堪的境地。当时来华的西方人曾这样描述道："京官曰畏葸，曰琐屑；外官曰敷衍，曰颟顸。畏葸者，同官互相推诿不肯任怨，遇事动辄请旨，不肯任咎是也。琐屑者，利析锱铢，察及毫末，自负精明，不顾大局是也。敷衍者，蒙头盖面，但计目前，剜肉补疮，只贪小利是也。颟顸者，徒具外貌，实无把握，空言塞责，不切事情也。"② 在康有为的上清帝第二书中，对吏治的腐败描写得更加淋漓尽致，他气愤地写道："今天下事皆文具而无实，吏皆奸诈而营私。上有德意而不宣，下有呼号而不达。同时兴作，并为至法，外夷行之而致效，中国行之而益弊者，皆上下隔塞，民情不通所致也。夫以一省千里之地，而唯督府一二人仅通奏章，以百僚士庶之众，而唯枢轴三五人日见天颜。然且堂廉迥隔，大臣畏谨而不尽言，州县专城，小民怨抑而未有呼吁。故君与臣隔绝，民与官隔绝，大臣小臣又相隔绝，如浮屠百级，级级难通，广厦千间，重重并隔。"③ 他在上清帝第四书中对当时的官场描写道：当今之事"大半牵于庸臣，无动为大之言，容悦谨媚之习。夫诸臣有事则束手无策，坐受缚割，当无事则容媚畏谨，苟持禄位。……上尊下媚，中塞外侮，谋略不能用，逆耳不能入，……然二十年来粉饰承平，大臣皆非以才能进用，率以年资累官，但以供文字奔走之劳，本不能责以旋乾转坤之任，然今则委以驱天下之位"。④ 所以，孙中山在《兴中会宣言》中将当时的弊端描写为："上则因循苟且，粉饰虚张，下则蒙昧无知，鲜能远虑。近之辱国丧师，剪藩压境，堂堂华夏，不齿于邻邦，文物冠裳，被轻于异族。有志之士，能无抚膺！夫以四百兆

---

① 翦伯赞、郑天挺：《中国通史参考资料》下册，中华书局1980年版，第17页。
② 同上。
③ 《康有为政论集》上册，中华书局1981年版，第134页。
④ 同上书，第161页。

苍生之众，数万里土地之饶，固可发奋为雄，无敌于天下；乃以庸奴误国，荼毒苍生，一蹶不振，如斯之极。"①

在如何处理日益危机的边疆问题上，朝廷官员与地方大员大部分心中无数，莫衷一是，甚至荒唐地认为可以放弃边疆的一些地方来换取京师重地的安宁和海防的安全。例如在新疆问题上，以李鸿章为代表的海防派认为新疆"即无事时，岁需兵费尚三百余万，徒收数千里之旷地，而增千百年之漏卮，已为不值"，且北邻俄罗斯、西界土耳其等国、南近英属印度，"即勉图恢复，将来断不能久守"②，主张放任新疆局势恶化。即使变法维新人物谭嗣同，为了速还各国之债务，竟主张卖掉西部和北部边疆之地，他天真地说："今夫内外蒙古、新疆、西藏、青海，大而寒瘠，毫无利于中国，反岁费数百万金戍守之。地接英俄，久为二国垂涎。一旦来争，度我之力，终不能守，不如及今分卖于二国，犹可结其欢心而坐获厚利。二国不烦兵力，骤获大土，亦必乐从。计内外蒙古、新疆、西藏、青海不下两千万方里，每方里得价五十两，已不下十万万。"③ 在这种腐败的社会环境和对边疆认识无知的情况下，朝廷向西藏选派驻藏大臣及驻藏大臣的自身作为是可想而知的。

3. 大环境影响下的驻藏大臣状况

在晚清经历激烈的变局和全国大环境日益腐朽的情况下，朝廷向西藏派驻的大臣及其所管理的藏事与康乾盛世不可同日而语。随着外部入侵的加剧和内部的日益腐朽，朝廷中枢对藏事的危机虽有所认识，但苦于吏治腐败和体制的弊端，朝中已难以应对晚清日益恶化的西藏形势。一方面，朝廷仍顽固坚持驻藏大臣必须由满蒙充任的定制，另一方面又难以寻找可堪膺任藏事的满蒙官员，加之朝廷官风日腐、每况愈下，官员皆趋炎附势，诚信日失。在这种情况下，清廷简选驻藏大臣，一是或为失势满人驱边以惩，或为低官高补转缺以示"恩宠"，如《张荫棠驻藏卷稿跋》中所述："乾嘉之时，尚有和琳、松筠辈恩威并用，藏政绥和。自道咸以后，渐为失势满人之转缺，进藏者鲜有贤能之辈。"④ 在晚清变局中，朝廷选派、补授驻藏大臣和帮办大臣，除少量从朝廷大员中选派外，多从川、黔

---

① 翦伯赞、郑天挺：《中国通史参考资料》下册，中华书局1980年版，第233页。
② 《中国近代通史》第三卷，江苏人民出版社2007年版，第257页。
③ 《谭嗣同文选注》，中华书局1981年版，第41页。
④ 《清代藏事奏牍》下册，中国藏学出版社1994年版，第1457页。

府道按察使中赏副都统衔急赴藏事,如驻藏大臣文海进藏前为贵州按察使;庆善为四川候补道赏副都统衔擢任驻藏办事大臣;裕钢由四川雅州知府调任西藏粮务委员;后赏副都统衔为驻藏帮办大臣,两年后擢任驻藏办事大臣。在帮办大臣中,桂霖由贵州贵西道赏副都统衔擢任,安成由四川候补道赏副都统衔擢任,虽然钠钦不是出自川、黔府道,但属被革职官员赏副都统衔充任驻藏帮办大臣。二是不问贤愚,只要能勉强进藏办事即可。驻藏大臣奎焕曾于1896年,被鹿传霖在《密陈西藏情形可虑疏》中参奏为"因其行为不检,商上更为藐视"。① 《奎焕驻藏卷稿跋》中则称"奎焕以庸碌之才,恰处内外交逼之势,何能有所作为"。② 驻藏大臣文海虽有到藏后勤于诸事之说,然其人见识乖谬,心胸狭窄,以私利害大局,因一时怨愤竟然与成都将军恭寿合谋腰斩了鹿传霖的收瞻及改土归流计划,故《文海驻藏卷稿跋》评述为"文海以贵州按察使升为驻藏大臣,于光绪二十二年二月任命,五月始抵成都,他要求招五百名勇丁以自卫,才肯入藏。……月需饷银2000两,由川照拨。时四川总督鹿传霖正有事于瞻对,筹款不及,……暂而未拨。适成都将军恭寿因鹿氏办事专断,与之会衔之奏不预先知会,……二人遂相谋结,扬言要给鹿以难堪。同时二人又受到藏人重贿,奏请将瞻对仍还藏管辖,使鹿氏收瞻之功毁于一旦"。③ 而驻藏帮办大臣桂霖于光绪二十九年一月接任,五月至成都,借故迟迟不进藏赴任,滞迟一年后以目疾解职。三是荒唐点官,不问具体困难,西藏不仅气候高寒,生活艰苦,交通十分不便,被选官员称为距川6000里,百日始过关。更有甚者认为西藏道路"乱石纵横,人马路绝,艰险万状,不可名态","世上不论何人,到此未有不胆颤寒栗者"。④ 就是这样的条件,清廷钦点驻藏大臣不问年龄,不问身体状况切实如何。驻藏大臣文海,以六十几岁高龄,在驻藏大臣任上五年之久,中间几次奏请休假或进京朝觐天颜,就是迟迟不批,后终可请病假入川治疗,结果死在了回川的路上,死时年已七十。驻藏大臣庆善本已年届七十高龄、体弱多病,但被清廷由四川候补道简选赴藏,并严旨"着即凛遵前旨,力图振作,以固

---

① 《清代藏事奏牍》下册,中国藏学出版社1994年版,第975页。
② 同上书,第866页。
③ 《清代藏事奏牍》下册,中国藏学出版社1994年版,第1061页。
④ 《西藏古近代交通史》,人民交通出版社2001年版。

边圉"。结果庆善"遵旨星驰进藏"①,行至昌都察雅昂地,即病殁于路途,要了他的老命。无怪他的继任者裕钢在奏报庆善病故时称庆善之死"固有道路崎岖,积受风寒所致,然已年届七十,实难耐此劳苦。……庆善蒙天恩破格,极思早日到任,藉资报称,不图行未至而身已卒,其情甚堪悯恻"。②驻藏帮办大臣安成本已年届七十,以候补道分发四川日久,品级久久未进,朝廷为了解决其进职,竟不顾西藏大局赏副都统衔命其入藏,安成当然熟知官场这一套路,进藏后不事藏务,但行推诿,常尾随驻藏大臣裕钢之后会衔奏事,从无个人主张,后通过朝中权贵,在西藏一年多时间就返回内地,后人讥评为"以此碌碌之辈而托以边疆重任,使权利渐丧,执政者能辞其咎乎"③。透过这段文字,可见晚清驻藏大臣状况及其藏事的一斑。

(二) 驻藏大臣在激烈的变局中对藏事的处理

晚清激烈的变局和当时腐败的环境,严重地影响着驻藏大臣对治理西藏的正常判断。无论是对外部入侵的应对还是对内部大事的决断,驻藏大臣都面临着艰难困苦的局面,且鲜有成功处理好藏事者。

1. 面对外敌入侵驻藏大臣的种种表现

进入晚清以后,英国已基本控制了毗邻西藏的尼泊尔、锡金、不丹等国,并以此为基地加紧向西藏渗透。1865年,英印政府建立了"印度三角勘测局"。1865年,勘测局人员南·辛格由尼泊尔进藏,先后在日喀则、江孜、拉萨进行秘密活动半年之久,为英国提供了入侵西藏的地形资料。英印政府经过长期的勘测,确定大吉岭春丕峡谷为入侵西藏的最佳通道。1882年后,英国经济进入了长期的萧条,英国资本家迫切要求开辟新的市场。英国人露骨地说:"我们到处听到商人诉说贸易停止。如果我们坚决要求进入西藏,那儿有一个广大的市场等待我们。"④尽管这是一种荒谬的判断,可为其后入侵西藏提供了借口。

1886年,马科蕾奉英印政府之命率领商务考察团进藏。对此,清廷内部产生了意见分歧。李鸿章、曾纪泽等主张同意英国商务团进藏,四川

---

① 《清代驻藏大臣传略》,西藏人民出版社1988年版,第243页。
② 《清代藏事奏牍》下册,中国藏学出版社1994年版,第1088页。
③ 同上书,第1173页。
④ 王绳祖:《中英关系史论丛》,人民出版社1981年版,第241页。

总督丁宝桢和西藏僧俗官员则坚决反对。驻藏大臣色楞额在获悉马科蕾一行的行动后,既不敢严正拒绝,也无法说服西藏僧俗官员同意让他们进来。便奏报朝廷,痛陈危害,他在奏报中说:"伏查西藏地处极边,幅员辽阔,内与川滇接壤,外与廓尔喀、哲孟雄、布鲁克巴各部落辅车相依。迩来廓尔喀国仅足自存,而哲布两部落向称富强。英人始则诱其人民,继则夺其土地,或建铁路以达火车,或修桥梁以便行旅,易远为近,化险为夷。藩篱已撤,与西藏疆界相距仅数日途程矣。唇亡齿寒,隐忧方大,积薪厝火,边患垂成。……游历通商直议既行,彼族(指英国)又将以蚕食各部落之法行之,或引诱边氓,或侵夺地利,及其根深蒂固,必兴吞并之谋,越南之事昭昭可鉴也。又藏中食茶一物,仰给于川,销路既广,厘税颇饶。近闻印度也产有茶,一经与议通商,岂能禁其运藏出售。运费省则价值廉,必使川茶无处行销。"① 奏报引起了朝廷的重视,总理衙门与英国反复交涉,英国人为了诱使中国承认占领缅甸,遂暂时取消了进藏商务考察。在中国承认英国占领缅甸为合法后,英国人又集结3000多人武装,进行战争准备,西藏地方政府被迫派兵在隆吐山口派兵设卡,实行自卫。但英国为了寻找战争借口,反诬藏军"越界戍守",要求清朝政府命令西藏地方从隆吐山撤走,遭到西藏地方的拒绝。1888年初,英军开始向隆吐山发动进攻,守卫隆吐山的藏军坚决抵抗,誓死不撤。此时,驻藏大臣文硕连续接到清廷的谕旨,要西藏军民放弃抵抗,文硕不好有违朝廷旨意,曾多次劝说,但当听到西藏第穆呼图克图和三大寺反复陈述申明后,对西藏军民抵抗英军的义举深表感佩。1888年1月5日,文硕曾咨复川督及成都将军:"本大臣十月十四日(指公历1887年11月29日)接到贵督部堂九月初一日来函后,曾以诘问第穆呼图克图,当将前大臣色(指色楞额)在任八年之久,而于封疆辖境犹未了然,所言初非确实之处,登时面复,已于十月十九日函致贵督部堂在案。且前大臣色只言设卡之区是在哲孟雄境,并无梗阻大路之语。而哲孟雄原是中国辖境,其设卡更在哲孟雄迤北,英人何得掠为己有,作此理直气壮之词。况前大臣色是与贵督部堂面谈示尔,即使分寄本大臣及总理衙门、北洋大臣李(指李鸿章),而英使乌自得而知之,此理殊觉费解。至来电所谓若不及早撤回藏界,英人定行驱逐,断不容其守冬一节。查藏番既未越界置守,似难勒

---

① 《清代藏事奏牍》上册,中国藏学出版社1994年版,第478页。

令遣散。况其地既藏地，人既藏民，更将命其撤至何处住牧耶。"① 文硕的这一段咨复函，既透露出对前驻藏大臣色楞额在藏八年，对边境毫无所知的批评，又表现出对川督和总理衙门那些卖国大臣们一味退让地不满。尽管文硕反复申述西藏的情势和西藏军民抵抗的理由，但不为总理衙门的官员们理解。1888年3月20日，英军向隆吐山大举进攻，5月，隆吐山、纳汤失守，文硕所期待抵抗的胜利没有实现。5月24日，朝廷谕旨"文硕著即革职"，派升泰接替其职务。文硕接到朝廷革职的谕旨后，曾致信第穆呼图克图："本大臣自惟到任，已及一年，未能靖供职守，承宣有黎，俯仰多惭。即如与英吉利交涉之事，在唐古忒以其人性阴鸷，教道不同，惟恐贻患藏地佛宗，是以坚持力拒，虽云不为无见；然而处事有经权，利害有轻重，平心立论，尔唐古忒亦实有过于任性固执，不能审度机宜随机权变之处，即此便是本大臣德化未孚，开导无力之明验。"② 这段话反映了文硕十分矛盾的心情，在这场与英人的战争中，他既同情支持西藏军民的抗英斗争，又表现出在那种大变局中的无能为力。

1888年7月，新任驻藏大臣升泰来到西藏，严格奉行清廷的妥协退让政策，无原则地迎合英人关于藏南界址的说法，逼迫藏军先行撤回帕里。8月，英军不断添兵运炮，凭借炮火优势，向已经后退到捻纳山的藏军发起再次进攻，藏军力战不支，伤亡惨重，被迫退至仁进冈一带。由于西藏军民的坚决抵抗，英军占领则利拉、亚东、朗热之后，再也不敢向前深入，而是把筹码放在与升泰的谈判上。此时，西藏地方政府在全藏进行总动员，加紧备战，至11月，集中到仁进冈一带的藏军和民兵达一万多人。为避免再战，升泰在逼迫藏军不许与英人开战的同时，不顾劳顿几赴大吉岭与英人谈判，此前，他还不顾哲孟雄（锡金）部长之母乞求，强行把哲孟雄划给英属印度。"先是，哲孟雄部长之母递禀乞勿将哲孟雄划出藏界之外，部长既被拘，其母子仍居春丕。英人假作部长书，取其子赴噶伦堡，部长母坚执不允。乃携其两孙至升泰营哭诉，乞朝廷作主，升泰无以援之。八月，哲孟雄部长复来书云，当回春丕，情愿弃地，不受洋人折磨。升泰虑为英人借口，复阻返藏。"③ 一年多后，升泰受命为全权大

---

① 《清代藏事奏牍》上册，中国藏学出版社1994年版，第599页。
② 《清代驻藏大臣传略》，西藏人民出版社1988年版，第216页。
③ 同上书，第221页。

臣，赴印度加尔各答与英国全权大臣、印度总督兰士顿进行谈判并划约签订了《中英会议印藏条约》。

尽管升泰一再向英国人低眉示弱，清廷也一再让步，然英国并"不满足于从1890年《中英会议印藏条约》和1893年的《中英会议藏印条款》获得的侵藏权益，而要求同西藏地方政府直接接触，签订新的条约，从中攫取更多的侵藏权益，以独揽长江以南的中国半壁河山，……将西藏变为大英帝国的殖民地"。① 对于英国人的企图，清廷不是不清楚，光绪二十二年，川督鹿传霖就在《密陈西藏情形可虑疏》中指出："英人窥伺藏地，早存吞并蚕食之心，势已岌岌可危。"② 但此时的清廷，把主要精力应对日益高涨的变法维新运动，对边疆的危机消极应付。1902年，英国人又策划第二次侵略西藏的战争，在英国侵略者对西藏步步紧逼的情况下，12月底，朝廷赏给有泰副都统衔，任命其为驻藏办事大臣，以替换在藏朝夕惶惶的裕钢。有泰字梦琴，蒙古正黄旗人，为大学士富俊之孙，前驻藏大臣升泰之弟。与奎焕、文海、庆善、裕钢相比，有泰虽同为满蒙，但属更为亲近的皇亲国戚。1904年2月，有泰经过一年多的路途盘桓到达拉萨，他作为朝廷钦命的驻藏大臣，毕竟沐浴圣恩，饱读圣贤，尽管他一路延误，逡巡不前，可通过半年多的路途观察，以及与大批涉藏官员的交往，对藏政有一个基本的判断。他一方面报告沿途情形，另一方面说明藏事的艰难。

1904年，英国经过一年多的经心准备，开始越过边界向西藏前进，3月，英军开始大规模进攻曲米辛古，前方战事异常激烈。此役藏军死伤1400多人，损失惨重，而作为驻藏大臣的有泰，却还魅于乱世之际为何让自己来藏的困惑，对前方战事漠不关心。他整天与同僚下人享乐于堂间，出入于亭阁柳林。3月底，藏军已大败，急报频至，就连英人巴尔也看不过去，急切致书"有大人阁下：连进羽书，想蒙电察……查英员来边数月，终不开议，……兵连祸结在此一举，……英员现展十日之期，静候宿驾，务望贵大臣力顾交谊，挽东隅之失，作桑榆之收"。③ 有泰对此则不屑一顾，表现出一副无所事事的样子。进入7月，英军与我争夺江孜宗的战斗达到白热化，有泰与其随员仍然吃喝玩乐，不去关心前方战事。

---

① 王远大：《近代俄国与中国西藏》，生活·读书·新知三联书店1993年版。
② 《清代藏事奏牍》下册，中国藏学出版社1994年版，第974页。
③ 《西藏亚东关档案选编》，中国藏学出版社2000年版，第933页。

如7月9日，"早登楼，鹤孙来，徐央宗、四朗拉真亦到，在此盘桓，刘巡捕回公事后下楼，带两人并鹤孙、惠臣两位早饭，饭后大睡一觉，醒后与刘巡捕、鹤孙痛谈一切世路，二人深以为实在、切当，晚复约鹤孙、惠臣吃全羊，两女孩亦在座，痛饮……三人复谈，皆想起父母，无不哭泣，亦情之所感也。边疆所系，只有如此，怆怀古人之感慨，量无不同耳"。① 由此可见，有泰已经丧失了抗敌的意志，与升泰相比较，有泰既不前往边界阻止战事，又不居后支援，怎能处理好与英人的斗争及西藏面临的复杂局势。尽管升泰妥协投降，他毕竟不折不扣地执行了朝廷的旨意，曾一时化解了当时的危局。而有泰这样放任无为的状态，不仅造成了与英人妥协、丧权辱国的后果，更为严重的是，助长了当时一些僧俗官员轻慢大臣、蔑视朝廷，游移于英人与大清之间的分离倾向。

2. 晚清变局中驻藏大臣对藏事的处理

英国对西藏的两次入侵，使藏事日益糜烂，帝国主义在西藏内部培植分裂主义势力，使清朝的西南边疆充满了危机。在这种充满危机的情况下，驻藏大臣在西藏也是表现不一，各有所想。驻藏大臣裕刚急于脱身离开西藏，对日益坐大的分裂主义势力熟视无睹，仅仅把当时不正常的现象归结为"至藏番现在情形，遇事梗命"② 所致。而驻藏大臣有泰，不知主权为何物。有泰在罗布林卡面会十三世达赖喇嘛时，对他代表朝廷的身份毫不在意，在他的日记中记载：会见时"达赖面东，座稍高，余面北，矮座"。③ 自乾隆帝《钦定二十九条章程》规定驻藏大臣督办藏务，与达赖喇嘛、班禅额尔德尼地位平等以来，尚未出现达赖居高座、驻藏大臣坐矮座的情况，但有泰并不以为然，而仍坐谈良久。当噶厦报来许多关于藏事重大事项的时候，有泰竟不动脑筋，挥笔签讫。特别是在英国快要打到拉萨，十三世达赖携带金银细软和随用经卷，离开拉萨，途经藏北草原，经青海、甘肃、内蒙古，直奔外蒙古库伦时，他对十三世达赖赴外蒙以求俄国支持，期望"以狼拒虎"之原因一无所知，而是以未报告驻藏大臣，"事前不遵约束，临时复昏夜潜逃。询及商上僧俗番官，佥云不知去向。查本年战事，该达赖实为罪魁，背旨丧师，拂谏违众，及至事机逼迫，不思挽回，乃复遁迹远扬，弃土地而不顾，致使外人藉口，振振有词。……

---

① 吴丰培整理：《有泰驻藏日记》第六册，全国图书馆文献缩微复制中心1987年版。
② 《清代藏事奏牍》下册，中国藏学出版社1994年版，第1123页。
③ 吴丰培整理：《有泰驻藏日记》第五册，全国图书馆文献缩微复制中心1987年版。

乞代奏请旨，将达赖喇嘛名号暂行褫革，以肃藩服，而谢邻封①"。清廷按照有泰的奏报革除了达赖的名号，但给朝廷治理西藏造成了被动，不久又恢复了十三世达赖的名号，为其后西藏的大混乱潜伏下危机。

如前所述，晚清处理藏事较为成功的应为驻藏大臣张荫棠。张荫棠是有清以来朝廷所委派的唯一汉族进藏大臣。英国第二次入侵西藏，藏政内外交迫，极为混乱，朝廷面临着两大任务，对外，与英人交涉以挽回国权；对内，刷新藏政以解西藏人民于倒悬，对于这两大任务，几任满、蒙驻藏大臣均无所建树，甚至出现有泰这样的满族贵戚出卖国权，祸乱藏政的情况，朝廷无奈，只好打破满、汉之成见，从汉族官员中选择良臣膺任藏事。张荫棠到西藏后，参劾了有泰及以下高级随员、噶厦高官等十几人，使一批腐败官员经朝审查批准后得到惩处，此一举措，全藏为之震动，僧俗民众欢欣鼓舞。乘借整顿藏内吏治，张荫棠又提出了"治藏刍议十九条"和"善后事宜二十四条。"其中包括整肃吏治、培养人才、修筑公路、开发矿山、兴办学校、移风易俗、力避苛税、设邮局、架设电线等。尽管这些包含着新政内容的各类条款因张荫棠的很快离去未能完全实现，而其后联豫把大部分条款继承下来并分类予以试办。

联豫在西藏实行新政从以下几个方面入手：在政治上，力主由驻藏大臣为首的中央驻藏官员直接管理全藏政事。他强调"清除内奸，挽回主权"。为此，将全藏政权收至驻藏大臣衙门系统，并按各省督抚衙门章程，设立幕职，分科办事。将衙门办公各房改科。地方官制方面撤粮员，改设理事官。在全藏各地择要设委员，管理刑名词讼、清查赋税、筹办各业。从内地调了一批官员赴藏任职，对赴藏官员优给薪水。同时将大权集中在驻藏大臣手中。联豫第一步是将驻藏帮办大臣由察木多改为前藏，第二步奏准裁撤驻藏帮办大臣，改设左右参赞，分管其下之各局。在经济上，振兴实业，发展经济。他提出开荒垦地。为开垦"藏河两岸膏腴之地"，派人到四川速购秧苗，办置农具，让人民种植。为启发藏民利用当地各种资源制成商品，发展西藏工业，建立了商品陈列所，同时选派藏族子弟20名到四川学习工艺。为抵制印度卢比，巩固主权，补充粮饷之需，

---

① 《清代藏事奏牍》下册，中国藏学出版社1994年版，第1190页。

仿乾隆宝藏银币试制出宣统宝藏银元一种、铜元两种，颇受欢迎。① 此外，兴办邮电和交通，以加强西藏与内地以及西藏各地间联系，巩固中央对藏统治和发展经济。1910年11月，成功开通了驻藏大臣衙门至西大关约30里之电线，以备与按通商章程赎买英办之江孜至中印边界之电线接通。然后拟再办通往四川内地之电线。② 同时官办邮政，将原塘汛驿站裁撤，并入邮政，并于1911年在拉萨成立邮政管理局；察木多、硕般多、江达、江孜、日喀则、亚东、帕里等地成立二等邮局。筹办修筑前藏至察木多（东路）2600余里（32站）道路工程，规格宽一丈五，能行牛车两辆。派汉藏官员携工匠前往视察工程，逐段勘验，后因资金缺乏和不久清朝灭亡而未能完成。在军事上以重军驻西藏以资震慑，内行新政，外御英人。照新章练新兵6000人，1000人驻察木多，3000人驻前藏，2000人分驻靖西、后藏、江孜，这些计划因筹款未到而推迟，此后仅练新兵一营左右。③ 1908年，在拉萨建立陆军小学堂一所，收汉、藏、达木蒙古及廓尔喀共40余名学生。在拉萨设巡警总局，设步警和马警以维持社会秩序。在文教卫生方面，联豫积极发展文化教育，设立医馆、学堂，提高藏民文化卫生水平，为推行新政，培养人才服务。他先将四所义学改作蒙养院，接着开办藏文传习所和汉文传习所各一所。1909年，联豫已办小学堂16所。在辛亥革命前夕，已在拉萨、日喀则、达木、江达、工布、察木多、拉里和靖西等地办蒙养院、初等小学堂等不同类型的新式学堂共22所。1908年，联豫设立译书局，准备印刷有关工农商各项实业的书籍，由汉文译为藏文后广为传播，先译印了《圣谕广训》。1907年，联豫设立藏文白话报馆，出版藏文白话报，以启明智。报纸既刊登中央和四川、西藏的公牍、各省官报与中外报刊文章摘要，也有政论文、中外新闻。有段时间还刊出了一些反帝爱国的文章，藏文白话报作为宣传工具，在推进新政过程中，对西藏民众进行思想教育方面发挥了一定的作用。④ 联豫为巩固主权，依据1908年新订通商章程，于同年9月正式设立亚东、江孜税关。次年又将江孜关改为分卡，隶属亚东税务司管

---

① 《清代藏事奏牍》下册，中国藏学出版社1994年版，第1553、1554页。

② 同上书，第1568、1569页。

③ 同上书，第1533页。

④ 《贝莱中尉致贝尔先生》之附件，1909年2月11日，见英国外交部档案，全宗535号，第12卷，第23—24页。

理。噶大克设分关,亦归亚东税务司管理。海关有护兵。亦为促使驻当地英兵依条约"早日撤退"。1908年,联豫奏请于印度加尔各答设领事馆,以维护当地华侨及自西藏来加尔各答经商之藏民的权益,同时亦为探查了解当地各方面信息,以防止英人对西藏的阴谋活动。联豫推出的新政在当时的形势下只有一部分得到了实行,随着清朝的灭亡,许多有益于西藏发展的设想也成为泡影。

(三) 驻藏大臣制度的终结和晚清驻藏大臣的命运

驻藏大臣制度到了晚清,面临着全国大革命的冲击,加之帝国主义势力的逐步渗透,在西藏施行了200多年的驻藏大臣制度已经不适应急剧变化的国内外形势,鼎革管理西藏的方式已势在必行。在这种大变局中,驻藏大臣制度与清王朝的命运一样,终结于清王朝覆亡之后。而晚清的许多驻藏大臣也难免受到乱世的影响,许多人或殉职于任内,或巧计脱身,或黯然离开西藏。

1. 清末革命大潮对驻藏大臣制度的冲击

清朝末年,在中华大地上陆续爆发了风起云涌的大革命。1906年,江西萍乡和湖南浏阳、醴陵等地爆发了由会党、农民、矿工参加的武装起义,队伍很快发展到30000余人。1907—1908年,在孙中山直接领导下,同盟会在广东、广西、云南等省连续发动了潮州黄冈、惠州、钦廉上思、防城、镇南关、河口、广州起义。同时,光复会也在浙江、安徽发动起义。1911年4月,孙中山和黄兴发动了震惊中外的广州大起义,黄花岗72烈士的威名震动全国。尽管以上的多次起义都在清廷的镇压下相继失败,但为推翻清王朝积蓄了革命力量和积累了经验。1911年5—6月,四川发生了有几十万人参加的保路运动,后来发展为武装起义,清朝在四川的统治陷于土崩瓦解。1911年10月10日,以武昌起义为标志的辛亥革命爆发,全国数省迅速响应,清朝在全国的统治迅速瓦解。

风起云涌的大革命,严重地动摇了清廷在全国各地的统治,清朝在革命的打击下,驻藏大臣制度中所规定的管理西藏行政、军事、外事等方面已无力实施,对驻藏大臣的武装力量和财政的支持也日益减少。在这种情况下,藏内分裂主义势力与英人勾结日紧,驻藏大臣职权日削,为了挽回清廷驻藏大臣制度所规定的权利,清廷任命赵尔丰为驻藏大臣兼边务大臣,并带兵进藏。赵尔丰做事操切,试图"乘胜一举平藏,革除易俗,廷意不欲开衅，阻之"，①未到拉萨被朝廷调回四川。1909年，驻藏大臣联豫奏请朝廷批准，由四川调2000川军进藏。1910年2月，协统钟颖率川军进入拉萨，与僧众发生冲突，一时谣言四起，局势趋于紧张，刚刚从内地返回的十三世达赖见乱局不可控制，随复离拉萨逃往印度，联豫派兵追赶未果，弹劾达赖又一次擅离职守，朝廷下令又一次革除了十三世达赖的名号。于是，英人乘机笼络十三世达赖，西藏政局的混乱进一步被帝国主义势力所利用。当辛亥革命爆发的消息传到拉萨后，清朝驻藏官兵立即分为共和派和帝制派，在藏官军互相仇杀。一部分川军围攻色拉寺，遭到寺内僧众的猛烈还击，部分西藏贵族和官员组织藏军与川军激战于拉萨并劫官署劫库银，联豫将此变局急奏朝廷，称"因八九月间内地不靖，风潮至藏，谣言四起，民心惶惶，忽起暴动。九月二十三四两日连劫兵备处及使署所储枪械子弹粮米，并库存饷银十八万余两，簿据表式，均一律焚毁"。②此时，驻日喀则、江孜、亚东的士兵也开始哗变，烧杀抢掠，危害地方，整个西藏处在极端混乱之中。在这种情况下，虽有驻藏大臣制度，但驻藏大臣无从约束西藏局势。英人此时又推波助澜，策动十三世达赖返回拉萨驱逐驻藏大臣及其朝廷驻军，驻藏大臣制度的所有规定已无法正常实施。

2. 晚清驻藏大臣制度的终结

清朝设立驻藏大臣制度，是总结了元、明以来管理西藏的经验和教训，结合当时的实际情况而确定的。初期的突出任务之一是代表朝廷在西藏协调西藏地方势力和厄鲁特蒙古和硕特部之间的关系，部署、防止准噶尔部对西藏的侵扰，保证西藏地方以及达赖喇嘛的安全。再是与朝廷遥通声息，向西藏僧俗转达朝廷德意。后来，随着全国政治局势的逐步稳定和西藏形势的发展，特别是西藏发生了戕杀首席噶伦康济鼐、珠尔墨特·那不扎勒之乱、廓尔卡入侵等几次大变故之后，驻藏大臣制度日益强化，陆续形成了管理西藏的《十三条章程》《钦定善章程二十九条》《裁禁商上积弊章程》等，驻藏大臣制度陆续系统化和制度化，明确驻藏大臣代表朝廷在西藏行使包括吏治、宗教、防务、财政、训练、指挥军队、外事等职权，与达赖喇嘛、班禅额尔德尼一道管理西藏。驻藏大臣制度的设立并

---

① 《清代驻藏大臣传略》，西藏人民出版社1988年版，第280页。
② 《联豫驻藏奏稿》，西藏人民出版社1979年版，第188页。

日益成熟，对稳定西藏、巩固西南边疆起到了积极的作用。

清朝晚期驻藏大臣制度越来越不适应内外形势的变化，弊端日益暴露。一是主权不固。1888年、1904年的两次英人入侵，使清朝丧失大量权益，这里固然有朝廷软弱妥协之因素，但与当时驻藏大臣不能控制西藏局势有直接关系。二是财力不敷。驻藏大臣制度规定，驻藏大臣及随员进藏每人只带少许银两，大项活动仰川督解决，在藏内活动一应需求多仰仗商上供给，乌拉差役皆是如此，这就使驻藏大臣在藏供应缺少朝廷的后援。清朝驻藏大臣和帮办大臣两人年公用经费只有6000两。清朝末年，驻藏大臣联豫推行新政，四川只能递解50万两银子，数求增加而不可得。在联豫给朝廷奏折中这样写道："奴才商之四川督臣赵尔巽以光绪三十四年拨款银五十万两，作为商埠开办经费，以宣统元年拨银五十万两，作为练兵经费，以后通计每年兵饷官薪学务警务劝工查矿一切要政常年经费五十万两，实属不敷甚巨。"① 而朝廷当时给新疆直接拨付经费已达500万两。三是藏内官吏任命失控于察，驻藏大臣形同虚设。在1910年4月19日向朝廷进献的《论治西藏善后之策》中，对当时驻藏大臣无权过问官吏简选的情况说得非常清楚："往时奏补蕃官，悉由大臣主政，继而达赖自行除授，事后徐以一纸公文，知会我官府。洎今达赖嗣位，乃一纸空文而靳之，藏民不知有朝廷官吏也，非一朝一夕之故矣。"② 四是朝廷轻忽藏事。选择驻藏大臣再也不像康乾盛世那样以国家大局为重，吏部掌握在一批轻漫边疆，朋比任私，贪图贿赂，视边疆安危为儿戏的无耻之徒手中。在晚清国家处在危机的大变局中，不是向边疆选派干练而才具、识大局而堪任重命者，而是蝇营狗苟，化私利为公行。晚清"历任驻藏大臣，率以旗员之沉滞者任之，视同远谪，方趋避之不暇，一旦任事，非卤莽灭裂，即畏葸因循，从无喜功好名之心，安识固国抚民之法。其始不肯办事，其后遂致失权，推原其故，虽由历任大臣之溺职，亦实由朝廷轻视此官，有以致之。驻藏大臣虽亦以二三品大员任之，然权势远不如督抚，而所入至菲，又不足以资肆应，且窥朝廷之不欲事事，故尤乐于无为。"③ 这是当时对驻藏大臣制度弊端的形象刻画。

晚清驻藏大臣制度暴露的弊端，已难以有效地管理西藏的政治、外

---

① 《联豫驻藏奏稿》，西藏人民出版社1979年版，第107页。
② 《清末民初藏事资料选编》，中国藏学出版社2005年版，第98页。
③ 同上书，第68页。

事、宗教和经济民生等重大事项，改革驻藏大臣制度已势在必行。因此，当时的有识之士提出了改革驻藏大臣制度的办法。即"兹宜将从前驻藏大臣、帮办大臣、经略使、镇抚使等名一律裁改，特设西藏总督一员，管辖察木多、前后藏、阿里等处地方，除外交、军事、财政、交通应随时咨商，交陆军、财政、交通等部办理外，其余一切事务，均归该总督便宜行事，不受他部节制。总督署内，设一、二、三等秘书，承总督之命令，掌理机要及铨叙事宜"。总督之下，设民政司、军政司、立法会等。全藏设察木多、拉萨、扎什伦布、宗哈四个道，设江卡、拉里、日喀则、大屯等31个县，道员和县长均有中央政府任命，只有这样，才能未雨绸缪，尚可补救西垂之危机。①西藏这种由中央直接派各级官吏管理的设想无疑是当时边疆危机的刺激所至，但在当时日益恶化的形势下，是没有条件实行的。1912年初，清朝宣统皇帝宣布退位，在藏的川军因内部不和，驻藏左参赞罗长裿被乱兵所杀。川军的内讧给藏内分裂势力提供了可乘之机，在英人的支持下，藏军及三大寺僧众武装包围了驻拉萨的少量川军。在弹尽粮绝、无以后援的情况下，驻藏大臣及其川军同意和谈，驻藏川军交出武器，与驻藏大臣经亚东撤出西藏，转道印度内返。此时，十三世达赖也返回拉萨，宣布"联豫原系清朝忠仆，清朝业已崩溃，不能在西藏继续留下来"。②"内地各省人民刻已推翻君主，建立新国，嗣是已往，凡是汉人递到西藏之公文政令，概勿尊从，身着蓝色服者即新派来之官吏，尔等不得供应。"③ 至此，维系了200多年的驻藏大臣制度宣告终结。

3. 晚清驻藏大臣的个人命运

晚清驻藏大臣个人的命运与清王朝一样，大部分人最终落得悲凉的结果。驻藏大臣色楞额在藏八年，建树不多，尤对边界事务知之甚少，竟报奏朝廷，认为藏军布防隆吐山隘口是"越界戍戍"，但他在藏八年，基本上是忠于职守的，因劳碌奔波，积病甚多，诏京后调任伊犁将军，不到四年病死在任内。驻藏大臣文硕坚持支援藏族军民抵抗英国人的侵略，被朝廷革职回京。升泰由于清廷总理衙门反复催促而与英人屡作周旋，反复来往于拉萨与大吉岭之间，同时又要反复逼阻西藏军民与英人斗争，最后气虚积劳累死在西藏亚东仁进冈一带。升泰是驻藏大臣中因劳成疾死于西藏

---

① 《清末民初藏事资料选编》，中国藏学出版社2005年版，第155、156页。
② 《当代中国的西藏》（上），当代中国出版社1991年版，第67页。
③ 朱锦屏：《西藏六十年大事记》。

的，他严格执行了朝廷中卖国大臣的政策，也给自己留下了千古骂名，在那种大变局中实为一个悲剧性的人物。驻藏大臣文海在驻藏大臣任上五年之久，在藏期间征博窝，巡边阅操，较为勤奋，特别是隆冬季节还要到边地查巡鄂博，与英人周旋，中间几次奏请休假未被批准，后终可请病假入川治疗，结果死在了回川的路上，死时年已届七十。驻藏大臣庆善本已年届七十高龄、体弱多病，却被清廷由四川候补道简选赴藏，结果死在进藏的路上。驻藏大臣有泰在藏毫无作为，且颟顸误国，贪污腐化，后被张荫棠参奏革职，他返京时一路心窄气小，盘桓未来，甚至行至昌都时向北京写快信阴诉张荫棠，信中称："密启者，联（豫）为那相（指军机大臣那桐）姑舅舅，张（荫棠）为那相门生，曾见那相致联信中有'近来朝政如何，实令人莫测'，联为人不过通声气，讲酬应，外甥前皆自称中堂，提到张则云，知道人家（指张荫棠）用几万两银拜得门生，不可得罪。现在革命党、排满党遍天下，大半广东人具多，曾与联面询张，方知荫桓为其族兄，伊族甚大，同族不同县人甚多，此（指张荫棠）为唐中丞绍仪所荐，与康梁皆为广东府属。（暗指张荫棠与维新党人康有为、梁启超有瓜葛）……"① 有泰怀着这种阴暗的心理一路经成都、西安、洛阳、郑州，然后乘火车进北京，身心俱损。根据朝廷的安排，他须赴张家口戴罪效力，由于心胸狭窄，到张家口一年多就郁闷而死。

晚清的驻藏帮办大臣凤全和驻藏大臣兼边务大臣赵尔丰死于暴动之中，前者为巴塘丁林寺的喇嘛所杀，后者为晚清革命党所杀。凤全也是受命于乱世，他在当时没有和其他驻藏大臣一样故意拖延进藏时间，在接到圣旨并做通其妻工作后，翌日便带了几个随从，踏上进藏旅途，尽管途中常遇到大雨泥泞，还是日夜兼程赶到炉城，同时接到清廷"所有西藏各边，东南至四川，云南界一带，着凤全认真经理。各将所属蒙番设法安抚，并将有利可兴之切实查勘，举办屯垦畜牧，寓兵于农，勤加训练，酌量招工开矿，以裕饷源"② 的谕旨，庶几，行至巴塘，见可垦之地颇多，于是停此募勇垦荒，并奏请削减寺庙僧尼，收回三瞻，由于他的一系列举措触动了地方土司和寺庙的利益，半年后被丁林寺喇嘛杀害。凤全遇害，实为"强化川边，以保藏圉"所招致，可看出他执着为国的苦心。凤全

---

① 吴丰培整理：《有泰驻藏日记》第十四册，全国图书馆文献缩微复制中心1987年版。
② 《清代驻藏大臣传略》，西藏人民出版社1988年版，第250页。

被杀,其夫人悲痛欲绝,见世道日非,亲自赴炉城舆榇而回,葬夫后跳成都荷花池尽节。有泰在返京途寓成都时,记下了这感人的情节:"闻凤威憨公入祠后,夫人季云赴荷花池尽节,后见讣闻,送礼吊之。见成都日报载,夫人刻砖赴池怀之,后捞得。诗云:嫁凤功成了,琵琶永不弹,乘鲸从此去,冷落菊花团。"[①] 凤全因为经营西藏落得家破人亡,使后人为之扼腕。赵尔丰也是清末不可多得的经边人才,他为人练达,忠于国事,带军纪律严明,在清廷腐败、西部边疆混乱不止的情况下,他经营川边,平定叛乱,改土归流,在西藏危机之时,他带兵进藏,一路宣扬朝廷威德,后因西藏地方和驻藏帮办大臣联豫所阻,被朝廷命令返川。在保路运动中,他镇压革命党,结怨甚重,后受四川督都尹昌衡欺骗放弃兵权被杀,尹昌衡将赵首级悬城门示众三日,以夸战功。晚清还有一些大臣命运也未得善终,左参赞罗长裿死于乱军之中。协统钟颖因所带官军祸乱西藏,自己无力弹压,导致不可挽回的恶果,返京后被议处。温宗尧虽早日脱身,但抗日战争爆发后投入汪伪政权效力,写下了自己不光彩的一页。

驻藏大臣制度的终结和晚清驻藏大臣的命运,给后人留下了深深的思考,正是这些历史经验的总结特别是清朝覆灭后西藏经历的几十年的变乱,使后人意识到,单凭驻藏大臣制度那样的有限管理已经不能适应西藏变化的形势,无论中国历史发展的结果怎样,但变更中央政府管理西藏的制度是任何人也阻挡不了的。所以,40年后中央政府对西藏管理制度的变化是历史发展的必然结果。

[①] 吴丰培整理:《有泰驻藏日记》第十五册,全国图书馆文献缩微复制中心1987年版。

第四部分　民国藏事乱局留给后人的启示

民国政府，加上国民党名义上统一的南京政府，总共加起来不过38年的时间，然而就在这短短的38年中，软弱的资产阶级建立起来的中央政府对边疆的管理既赶不上清朝中央政府，更无法和新生的人民共和国相比。尤其是对藏事管理的软弱与松散，不仅给后人留下了深刻的记忆，也留下了诸多遗患。正因为西藏没有强有力中央政府的支撑，致使藏事乱象丛生，乱局纷扰。一系列乱局首先损害的是国家治理西藏的威权，进而波及西藏的政治、宗教和社会安全，甚至一些上层贵族和僧侣都无法保障自身安全乃至付出生命的代价，而劳动人民则承受着更大的苦难。关于这段历史，许多史学家虽有研究但角度不同，考虑到启示后人、吸取历史教训的需要，本研究报告将从新的视角解读那段令人扼腕的历史。

一　没有强有力的中央政府做后盾，国家边疆治理的威权在藏事管理中难以保障，藏事乱局首先损害的是国家主权和中华民族的整体利益

在民国时期的38年里，西藏地区发生过多次损害国家主权和中华民族整体利益的事件，诸如驱汉事件，英国插手西藏事务，英国人主导"西姆拉会议"，康（青）藏连绵不断的纷争，阻挠修筑中印公路通过藏地，成立非法"外交局"并引发藏警案，逼迫国民党政府允诺西藏地方高度自治，等等。这一系列事件，既损害了国家的治藏威权，又给中国边疆西藏段领土完整留下了难以愈合的伤痛。

（一）民国初期令人痛心的藏事乱象

清末民初，中国处在辛亥革命及新旧政权交替之际，而西藏地区

第四部分　民国藏事乱局留给后人的启示　　287

也处于多事之秋。因英国侵略西藏而避逃外蒙及内地的十三世达赖喇嘛，刚返回西藏便遇上清廷派出的新军进藏，随之内地爆发了辛亥革命。辛亥革命的消息传到拉萨后，西藏本不太稳定的局势猝然大乱。

　　内地局势瞬间突变，诱发拉萨各派政治势力迅速作出反应，拉萨街头响起了令人惊恐的枪声。原来清末进驻西藏的新（川）军成分十分复杂，哥老会的势力在军中占有一定的地位，加之其统领钟颖管束部队和协调各方势力不力，乃至大权旁落。新军和边军分成勤王派和响应革命派。由于拉萨远离内地，得不到内地政局变化的详细而又确凿的消息，一时间拉萨街头笼罩着恐怖的气氛。[①] 在拉萨政局影响下，西藏其他地方，如波密、江孜、亚东、日喀则等地的驻军或发生哗变，或坐视乱局恶化，整个拉萨乃至西藏大部，都处于动荡不安之中。乱局使各怀野心的军人抢饷夺权，自署官职，号令一方。左参赞罗长裿被乱兵缢杀于工布；新军管带陈渠珍潜逃于荒野；驻藏大臣联豫为躲乱军藏于寺院。乱局致使百业凋零，民不聊生。而刚刚返回拉萨不久的十三世达赖又遭变乱，在亲英势力的裹挟下仓皇出逃印度。此次出逃加重了十三世达赖的分离意识。

　　清朝被推翻后，民国成立。出任中华民国临时大总统的孙中山和其后篡夺辛亥革命成果的民国大总统袁世凯相继对中外宣布包括管理西藏在内的建国方略和原则。[②] 这时，民国北洋政府对西藏地方的政局极为关注。袁世凯派从事蒙藏事务的官员杨芬、姚锡光等人为宣慰员，专程赴印度劝

---

　　① 据吴丰培所著《藏乱始末见闻记》记载："当时人心惶惶，谣言四起，番言杀汉，汉言杀番，各怀疑惧。"又如1911年冬，拉萨部守军首先发难，以联豫为元帅的"勤王军"，"向商人勒索饷银十万两，牛马五千匹，定期回川。商人见汉兵势盛，不敢抗议，即交银六万两，牛马如之。联豫受银之后，按兵不动，而汉兵得饷过多，大肆淫赌，转瞬用尽，随即掳掠妇女，抢劫商贾，而大昭周围之房屋，亦被川军焚毁殆尽矣"。而另一部分川军由谢国梁率领，自立旗帜。噶厦中也有参与联豫部队，即所谓为"勤王"之师效力的人。

　　② 孙中山在《中华民国临时大总统宣言书》中提出"五个统一"即民族之统一、领土之统一、内政之统一、外交之统一、财政之统一。在民族之统一中指出："国家之本，在于人民，合汉、满、蒙、回、藏诸族为一人，是曰民族之统一。"武昌首义，十数省先后"独立"，对于清廷为脱离，对于各省为联合，蒙古、西藏意亦同此。袁世凯重申了孙中山的原则，谓"现在五族共和，凡蒙、藏、回、疆各民族，即同为我中华民国国民"，并决定蒙藏、回疆事宜由内务部管辖，在地方制度未经划一规定以前，仍照旧例办理。

慰达赖喇嘛，希望他能以大局为重，速返拉萨主持政教事务①。当宣慰达赖喇嘛的专使杨芬一行受阻于印度后，民国政府很快又着手通过恢复其封号的手段，希望同上层领袖人物取得联系，进行直接"对话"，以解决西藏地方的乱局。然而，此时的民国政府却不清楚十三世达赖及其周围亲信在印度期间已经倒向了英国，决意利用全国大乱，软弱的民国政府无力西顾之际，驱逐清军官兵和内地在藏的各族商民。

1912年初，达赖秘密派遣亲信达桑占堆②由印度潜回西藏，在各地、各寺院积极活动，很快拼凑了万名民军。这些民军由英国提供武器，向驻各地的清军发起进攻。后来，民军和藏军合流，在英国人的支持下迅速扩展，先后逼迫驻扎在江孜、日喀则的清军交出武装，进而调兵包围驻拉萨的清军。此刻清朝业已崩溃，联豫系清朝官员，不可能在西藏再行使清朝的职责，因而联豫在东躲西藏数月后于1912年6月仓皇离开拉萨经印度返回北京。而被中华民国新任命的驻藏办事长官钟颖及一小部分卫队虽仍驻西藏，但在英国的挑唆下，西藏上层仍迫令钟颖及其卫队离开拉萨。然而，民国政府于9月16日电令钟颖等人："申明坚持条约，保全领土主权，该办事等万勿遂离藏境，致蹈自弃疆土之咎。"这样，钟颖与噶厦方面的矛盾更趋尖锐。

1912年9月21日，藏军再次包围拉萨，汉藏百姓及驻军虽有近千人，但仅有少量枪支，人少粮缺，每日炮火连天，枪弹如雨，惟盼中央政府援兵。当时有如此形容：钟颖及其卫队被包围在"东北至新房子，北至第穆寺，南至马队后营，西至钦署院墙的狭小范围内，月余无粮草接

---

① 杨芬一行于民国元年6月10日启程前往印度大吉岭，当抵印境时，得知达赖喇嘛已返回西藏。杨芬决心继续前行，从印度入藏，完成中央政府交给的任务。由于英人插手藏中政局，阻止中国政府官员入藏，而且所发电报也为英人扣压，只好滞留印境。杨芬被阻滞大吉岭期间，千方百计和噶厦取得联系。后来，他们又潜行入噶伦堡，遇达赖喇嘛派往英印的交涉大员扎喜旺堆和策登。扎喜旺堆二人是他们英语班同学，遂向其解释此行之任务及受阻原因，希望扎喜旺堆出面帮助与达赖喇嘛取得联系。后经扎喜旺堆周旋，"由其潜遣番人绕道进藏，传递劝慰书件。该藏员等亦加呈，痛言利害，乞达赖转向中华，勿受外人煽惑，致贻后悔等情。于是始得直与达赖接洽"。是年11月20日，达赖喇嘛派专员送信件至噶伦堡杨芬处，说在拉萨的新军本来是为保护西藏而来的，而今变为强盗贼子，烧杀抢掠，无恶不作，藏人已受不了这般惨苦了，希望杨芬如实向大总统汇报。

② 达桑占堆，原为达赖喇嘛的内侍，达赖在逃亡印度时，他在曲水阻击清军，保护了达赖，故日益得到重用。

济，粮尽杀战马为食，马尽食皮革树皮，城内各族商户及守军羸弱病馁者渐多，小儿渐哭无力，妇女哀号无门，被围守军一夜数惊，午夜惟现树影摇动疑似川滇救兵"。实际上，尹昌衡的西征军此时已经到达工布江达（时称太昭），然袁氏政府迫于英人压力，强令西征军撤回。钟颖闻讯无望，商部众决一死战，遂攻占尧西住地（十三世达赖父母居住地），达赖喇嘛家眷全行被擒获，遂以此为"讲和之资格"。

议和协议签字后，钟颖及其卫队及家眷、内地各族商户民众等被迫从拉萨撤走，准备取道印度返回。行至亚东北部的春丕时，发现此处尚留有川军 400 余人，家属 300 余口，因路费无着，不能回去。钟颖为了不使中央政府与西藏地方断绝联系，遂留在亚东附近的靖西，仍行使国民政府驻藏办事长官的职能，处理西藏事务。英国人对钟颖继续留驻靖西横加干涉，唆使噶厦逼迫钟颖 15 日内离开，否则就要诉诸武力。钟颖此时东望川滇，心寄北京，希望国民政府能够派一支劲旅，直抵西藏，解目前之困局。然坚持数月，仍无音信，遂于 1913 年 3 月数电民国政府请示去留，而民国政府却在 17 日电令其："刻下藏事尚未解决，该长官当以领土为重，慎毋遂离藏境，致碍大局。"民国政府的软弱无能，早已为英人及噶厦所侦知，既不派一兵一卒，让钟颖 1000 多羸兵妇幼孤悬藏境，内无粮草接济，又无外部援手，袁氏空谈"当以领土为重，慎毋遂离藏境，致碍大局"，袁氏民国政府实难辞其咎。钟颖等坚持到 1913 年 4 月，力不能支，随率 1000 多人在西藏地方武装的威逼下由靖西出藏境，经印度返回内地。

西藏形势急剧恶化，波及川滇交界的藏边地区。在赵尔丰改土归流时失去权势的旧土司和寺庙也趁局势混乱、川藏交界处防卫薄弱的时机，大肆驱赶地方官与汉族群众，制造多起"排汉"事件。在少数西藏上层分裂分子的唆使下，由英国人武装起来的藏军频繁东侵，窜扰川边，先后攻克了乡城、定乡、江卡、稻城、理塘、河口、盐井等处，巴塘、昌都被困，川边形势陡然直下。面对不断恶化的西藏地方及有关藏区形势，民国政府中的有识之士及与西藏联系密切的川滇民众极为忧虑，力主以武装西征解决西藏地方乱局，因而就有了川督尹昌衡[①]西征和滇军蔡锷部协助收

---

① 尹昌衡（1884—1953），原名昌仪，字硕权，号太昭，四川彭县（今彭州市）人。他早年曾留学日本，辛亥革命胜利之后，平定了在成都发生的兵变，在各方代表的支持下就任大汉四

复滇边藏区的重大举措。

尹昌衡西征是民国初年平息藏事乱局的一件大事，该次行动不仅获得了袁世凯政府的最终批准，更是得到广大人民群众的热情支持。据当时的《申报》要闻《川人欢送西征军》一文记载："六月十六日四川西征先锋队朱登五君出发，举凡军政警商各界以及各学校学生各民众团体代表于夫城庙内外之男女老幼均执欢送旗帜，从（老）南门大街起直至武侯祠及红牌楼外欢送，一时路为之塞。尹张两都督及罗梓青先生等均在武侯祠恭候，西征军人到时，军乐悠扬，炮声隆隆，校生唱歌，人民鼓掌，颇极一时之盛。"同时尹昌衡告诫出征军人，"军人第一要军纪，第二要名誉。须知此次出师藏人为五族之一部分，不可视之为异种，总要以攻心为上"。可见，民心希望中央政府能以武力为后援，迅速平息藏事乱局，解各族人民以倒悬。此时云南各界也力主滇军出师，稳定藏局，因而有蔡锷的滇军出师维西、盐井之举。

川、滇军西征，受到了英国人的无理干涉①，在英国人的压迫下，袁世凯向孙中山讨教："袁氏问：西藏独立，近有主张以兵力从事者，先生以为然否？"先生答："余极端反对以兵力从事者，一旦激起外响，牵动内地，关系至大。故余主张速颁待遇西藏条例，加尹昌衡宣慰使衔，只身入藏，宣布政府德意，令其自行取消独立。"② 新政府在解决清朝末年遗留下来的问题时，要主动派人前往西藏，沟通中央与地方的关系，宣传新政体的主旨，消除历史上造成的互相不信任；西藏问题之解决不能使用武力，以免激化矛盾，要以"共和之理论与优点"予以"开导"。孙中山的

川军政府都督。随后不久，尹昌衡又设计擒杀赵尔丰并整编赵的巡防军，这些举措使尹昌衡在川中的地位巩固起来。民国元年3月成渝两军政府合并，在张培爵的积极推举下尹成为正都督。此时"他认为全川既统一于一身，宏图大业已奠定了基础，应即因势乘时谋取进一步之发展。且以本人系于世事纷乱中侥幸地登上大位，若无其他功业，恐不能见重于时。适逢西藏地方政府有进兵川边里塘之举，临危请缨，最终得以应允"。

① 1912年8月17日，英国驻华公使朱尔典就川藏局势问题向中国政府提出所谓强烈抗议："（一）中国不得干涉西藏之内政。（二）中国官吏不得在西藏地方行使与内地行省同样之行政权。（三）中国除驻藏官员卫队外，不得派遣军队驻扎藏境。（四）关于西藏问题，中英两国另以新约定之。（五）中国如不承认以上各款，英国即不承认民国政府，且经印度入藏之交通，亦须暂时断绝。"

② 孙中山所指的"独立"是指其仅脱离清廷，而又未奉五族共和的中华民国而言，仍是此前宣言中"对于清廷为脱离，对于各省为联合，蒙古、西藏意亦同此"的意思。

这些意见，使处在进退维谷境地的袁氏政府找到了退回西征军的理由①，于是强令前锋已到工布江达的西征军撤回川境。

从历代王朝治理西藏的经验看，对于乱世，必须以武力为后盾；而于治世则施以德政。孙中山只是一厢情愿，想以德化感动藏内的亲英集团，未免有些天真，而袁世凯纯粹是私心作怪，一是有求于英国对民国政府的承认，二是担心川、滇军阀因西征而坐大不好指挥，恰恰这些私心断送了在此乱局下唯一可以解决西藏乱局的机会。

西征停止后，西藏地方亲英派本已收敛的分离行为遂又猖狂起来，数度逼迫尚滞留于亚东靖西的钟颖部离开西藏，民国蒙藏事务局也为恢复达赖喇嘛封号等事宜而费尽心机，认为褫革十三世达赖喇嘛封号，本是前清已往的事情，与民国无嫌怨，报告②袁世凯尽速恢复封号。袁世凯很快批准了蒙藏事务局的报告，下达了"恢复达赖喇嘛封号令"，然此时西藏地方的亲英势力依仗有英国人的支持，并不认同袁氏政府的加封。从当时的实际情形看，达赖喇嘛的心情十分复杂，内地政局的变化，促使他急于返藏，英国人也加快了对他的控制，他在民国与英人之间力求获取最大利益，对民国政府的联络较为冷漠或虚与委蛇，甚至将清末朝廷处理西藏问题的失误迁怒于民国政府。

1912年6月24日，十三世达赖喇嘛自噶伦堡正式起程返藏。12月16日回到拉萨。在这期间，民国政府为了解决清朝末年调藏的川军问题以及与之有关的其他问题，中央政府一方面寄希望于达赖回藏主政，再是强调西藏当前的问题均属于中国的内政，不应由英人插手，同时中央政府在某些问题上主动作出让步③。显然，这种毫无实力做后盾的让步不可能使西

---

① 袁世凯因受到英国政府胁迫，基于压力被迫颁布命令停止西征。当时袁世凯的北洋政府急于获得英国承认并得到各国银行的贷款来维持政权，正如赫伯特·亚当斯·吉本斯所说："如果他（袁世凯）拒绝像旧的帝国政府那样继续出卖中国的利益，外国公使们随时可以合伙阻止他捞钱来维持他的政府。"实际上，袁世凯所害怕的是英国人，孙中山的建议只不过是他遮羞的借口而已。

② 报告说，因宣统元年（1909）川兵入藏，达赖喇嘛疑惧，出亡印度大吉岭。是时政府不知挽回。辛亥革命，各省光复，疲于兵事，亦无暇顾及边疆，致使彼此误会，发生战事纠纷。为了消除阻梗，应恢复达赖喇嘛封号，同时也增加俸禄，除每岁所加廪金外，在酌加廪金，以示优异，其随从各员亦一律开复原官。

③ 民国政府继续派代表进藏，同西藏地方直接进行磋商，消除分歧。为此，指示在印度的杨芬继续利用关系，打通同达赖交往的渠道。当达赖到达拉萨郊外时，杨芬于12月2日给达赖

藏地方的亲英势力有所触动,反而使他们看到了中央政府的软肋,因而更加坚定了他们投靠英国人的决心。

十三世达赖喇嘛在印度一年多的时间里,思想发生了重大变化,对英人的态度有了根本的转变。首先,到印度不久,英国事务大臣慕莱指示英印政府"宜利用时机优待达赖喇嘛私人,以增进西藏之交谊"①。在英国人的拉拢和支持下,他回到拉萨后,向全藏宣布"内地各省人民刻已推翻君主,建立新国,嗣是以往,凡是汉人递到西藏之公文政令,概勿遵从,身着蓝色服者即新派来之官吏,尔等不得供应,惟乌拉仍当旧供给"。其次,"向清军作战中有显著军功的寺院赐供佛基金,对有功人员晋升表彰和奖赏物资"。严惩那些支持过驻藏大臣和汉人的喇嘛和寺庙,如杀害老擦绒噶伦父子;毁坏丹吉林寺,屠杀亲川军的僧人;没收皇家天嘉林寺,并解散其僧侣。再是晋升在同川军作战中有功的人员,如提升卫藏民军总司令达桑占堆为扎萨,将老擦绒噶伦的家眷、田庄、百姓一并赐予,赏赐摄政策墨林诺门汗以呼图克图名号、田庄等。

1913年1月14日,十三世达赖喇嘛颁布了《关于西藏全体僧俗民众今后取舍条例》布告。这则藏历水牛年文告对历史上中央政府与西藏地方的关系进行了歪曲②,将西藏地方与中央政府的关系仅仅看作是"供施关系",严重地歪曲了自唐以来,特别是元以来西藏与祖国关系的历史,也歪曲了他于1895年亲政以来与清朝中央政府关系的历史事实,甚至连同他的合法地位需要清中央政府批准方能有效这一基本事实也违背了。就

又去一电函,宣慰中央德意和对藏政策,强调目前的"汉藏隔阂"乃联豫朦弊办事、扣发军饷、引发兵变所致,非民国中央政府之所为。还说中央承诺查究不归统率作乱的陆军官兵和破坏旧制的无知官长,更换驻藏的官员。答应抚恤受害的群众。并告诉达赖,中央已明令恢复佛爷达赖的封号,并一再派册封使进藏。同时中央指派全权大员赴藏与佛爷面商兴革事宜,希望达赖根据中央的政策尽快衡夺利弊,向中央直接联系,和平解决"汉番纠纷"。

① 1910年3月14日将达赖带到加尔各答会见明托。达赖"对印度政府和给予食宿的方便感激至深。希望在英国人的帮助下立即将汉兵驱逐西藏。印度总督说:'此次见到达赖喇嘛很高兴。达赖喇嘛所云各项,将转陈英政府,听候答复。'达赖说'谢谢'。"他的这段表白,正是英国人多年所希望听到的。其属下的亲英派活动日趋活跃,也与此有莫大的关系。他把"汉兵将驱逐出西藏"的希望寄托在英国人的身上,同昔日的仇人握手言欢,走出了铸成大错的一步。

② 十三世达赖在水牛年文告中歪曲道:"在成吉思汗、俺答汗等蒙古王时期,明代历任汉王,以及五世达赖喇嘛与满洲皇帝时期,西藏与他们之间一直建立了供施关系,并相互间友好往来,互帮互助,和睦相处。"还说:"我和我的大臣们为了说明汉藏关系仅仅是供施,互相间未曾有过隶属关系这一道理,到了边界,向北京发了电报,希望澄清这一关系和有关的重要事宜。"

是这么一纸文告，堵塞了西藏地方与中央政府的关系，使上层政教人士中的少数亲英分子有恃无恐，与英人打得火热。但是，许多政教上层人士和广大僧俗群众都不同意，更不支持亲英分子的倒行逆施行径，希望民国中央政府加大管理西藏的力度，不应姑息养奸。民国政府当然不愿听任这种乱象继续下去，也采取了一些现在看来软弱无力的举措。① 终因英帝国主义从中作梗，达赖喇嘛这时欲依仗英人自立的想法较多，致使中央政府和西藏地方政府在昌都谈判解决西藏乱局的愿望未能实现，以致其后中央政府对藏治理屡丧威权。

（二）给后世留下无穷遗患的"西姆拉会议"

"西姆拉会议"在国际关系史中本是一个伪命题，这一会议所遗留下来的负效应仍是中国西部边疆和国家主权损失久久不能愈合的伤痛。该次会议是英国乘中国清末民初军阀混战、各地方势力各自为政、政权不断更迭、民国中央政府无力顾及藏内混乱形势、以承认和支持袁世凯政权为要挟、企图延续清末控制中国长江流域以及西藏地区、为英印地缘战略打造一道北部战略屏障而精心策划的。英国人之所以能够促成该会议的召开，主要是利用了袁世凯的自私和当时民国政府的软弱。本来作为一个在国际事务中有一定影响力的大国，完全可以不理睬这一由英国人导演、唆使西藏地方参加的会议，然而袁氏还是迫于英国人的压力，无奈地、毫无战略准备地参加了"西姆拉会议"。

英国政府为策划"西姆拉会议"，其用心可谓良苦。在正式通知中国政府1913年10月赴会前的几个月，就已私下告诉西藏地方政府赶快组织代表团，着手准备工作。② 当年为英国充任马前卒的贝尔也承认："当中

---

① 1913年4月2日，任命对藏务有丰富经验的陆兴祺为护理驻藏办事长官。6月14日，任命陈贻范为西藏宣抚使，胡汉民为副使。后来，陈贻范因参加"西姆拉会议"，且英人阻扰不准取道印度入藏，又任命王鉴清为执行宣抚使事西藏副宣抚使，拟从川边入藏执行公务。王鉴清受任后，即于1913年7月发布旨在使汉藏蠲除宿怨五族共和的告示，旨在解除相互猜疑，建议同噶伦在昌都直接谈判，"重结汉番之好"。后来，王鉴清又为了贯彻中央政府绕过英国人插手西藏事务的指示，决定在昌都同噶厦代表谈判，解决川边纠纷。为此，他多次给达赖和噶厦去信，邀请噶厦从速派代表赴昌都。王鉴清一再声明他已到达昌都，所抱宗旨乃一意和平，所以随行护卫兵勇不满40人。昌都至恩达一带的川军严守军律，准备迎接噶厦代表的到来，推心置腹磋商解决问题的办法。

② 据护理西藏长官陆兴祺报告，"英人当藏代表来印时，先派商务员贝尔在江孜迎接，又随同至靖西，留住至三月之久。每日互商对付中国交涉办法，协而谋我，其布置已甚周密"。

国全权大使逗留中国之时,吾于江孜遇到伦钦夏札。彼方自拉萨起程,为西藏全权代表,赴印度参加会议。""吾劝其搜集所有关于昔日中藏交涉,以及陆续为中国占领而西藏现今要求归还之各州县等项之文牍,携之赴会。故彼乘中国代表淹留于其国中、迟滞不前之时,留于西藏,于拉萨政府之档卷处,大行搜罗书籍。""举凡家宅、寺院、佃户、田主、租税、进款之册籍。门户灶炉之册籍(原注:每一户一灶表示一家),忠顺之保结,民兵之表册,与夫各县分摊军费之合同,法律规章、判决书、指令,以及其他实际行政之证据等等,无不收集,以便要求将先后为中国管辖之各县藏民,仍然退还归拉萨政府统治。"由此可见,英国与西藏地方政府为策划"西姆拉会议",非一朝一夕,而是长期密谋的结果。驻在印度的陆兴祺十分注意贝尔和夏札等人的活动,然而他并没有从大战略上考虑对付英国人和西藏地方的办法,而是不断催促中央政府代表尽速赴会。① 10月2日,毫无战略准备的陈贻范到达印度。陆兴祺将个人为会议准备的图书资料、往来信函、处理藏事旧制、藏内实情报告等交给陈贻范,并向他一一做了说明,以便他参加会议时有所准备。同时,还派熟悉西藏事务的秘书李嘉吉随陈氏赴西姆拉,以助其一臂之力。

1913年10月13日,"西姆拉会议"开场。英印政府外务大臣麦克马洪为首席代表,英驻华公使馆官员罗斯为中国事务顾问,锡金行政官员贝尔为西藏事务顾问;中国首席代表为西藏宣抚使陈贻范,副使王海平;西藏首席代表为司伦夏扎,助理人员有藏军副司令台吉赤门巴以及三大寺等僧俗代表。首次会议暴露出英国人的蛮横无理,会议仅用了20分钟,不容中国代表置喙地宣布了两项决定:(1)大会不设时限,不设议题,各代表有何议题均可随时提交讨论;(2)会议确定,只有英文才可作为权威语言,藏文可以作为参考辅助。夏札当即抛出英、藏文本的《西藏要求条件》,麦克马洪蛮横地不由中国代表分说便让陈氏带回去讨论,而陈氏不敢公开作色,只有内心的愤怒悻悻接下材料离去。那么,这个《西藏要求条件》到底是一个什么货色呢?这个草案共有六条,基本点是"汉藏地方,是谁也不属于谁的"。主要内容有:"(一)西藏独立。光绪三十二年在北京签订之中英条约作为无效。(二)划定中藏边界。其界限

---

① 1913年9月14日,陆兴祺电告国务院,告知西藏参加会议的代表夏扎等人已经到达印度,希望陈贻范专员立即乘快船赴印,以免过了期限给英国人制造事端创造条件。

尽括青海全部及川边各地。（三）光绪十九年暨三十四年之藏印通商章程由英藏修改，中国不得过问。（四）中国不得派员驻藏。华商无藏员护照，不准入境。（五）中蒙各处庙宇向皆认达赖喇嘛为教主，由达赖委派喇嘛为主持，中蒙僧徒向以金钱布施藏中寺宇，以后一律照行。（六）所有中国勒收之瞻对税款及藏人所受损失，一律缴还赔偿。"很显然，英国人是利用中国内地政局不稳，袁世凯政权没有能力控制由各帝国主义作后盾的各个军阀封建割据的局面，而急于求得英国等帝国主义列强承认的心理状态，威逼中国政府在西藏问题上作出让步，将西藏置于自己的控制之下，把中国的西藏地方割裂出去，只保留一个徒有虚名的"宗主权"的地位。而且英国人要当西藏的"主人"，其最终目的是要为英印建立一个牢固的北部"缓冲区"①。

　　西藏地方向民国中央政府提出的条款，实际上已超出了基本的底线，特别是所谓瞻对赔偿一节，视西藏地方与中央政府为交战国，很显然是贝尔等人帮忙的"成果"。对于这种明目张胆地分割中国西藏的要求，陈氏即使再软弱也万万不能承认，即"对于西藏方面所提出之基本意见，不能予以承认，其理甚明。因而关于西藏问题，除以下列各条②为基本依据外，实无他途"。接着，夏扎对陈贻范驳复中关于西藏与中国的历史关系问题进行辩驳，企图否定西藏是中国的一部分。由于议案悬殊太大，一直到12月18日仍无结果。英国人麦克马洪以调解人的资格自居，提出所谓先就所谓中藏疆界问题和中国军队破坏和借用的财物偿还问题进行谈判。

---

　　① 英国人不愿意看到在其统治下的印度的周围有一个强大国家的出现。他们认为辛亥革命推翻清朝统治，成立中华民国政府，这个政权一旦统一全国，政局一经稳定，鼎革旧制，不出一二十年则可能成为强国，对西藏的经营势必加强，对印度会形成威慑力量。因此，不如乘中国处于多事之秋，通过各种条约的形式，把西藏从中国政府手中夺过来，使中国在西藏问题上成为听从英国人指挥的有用的配角，但不能使中国在西藏有所作为，西藏也就成了真正的所谓"缓冲区"。

　　② 即"一、西藏为中国领土之一部分，其向为中国领土之关系，继续无间。二、中国可派驻藏长官驻扎拉萨，所享之权利，与前相同。并有卫队2600名。除1000名驻拉萨外，余1600名由该员斟酌，分驻各处。三、西藏于外交及军政事宜均应听受中国中央政府指示而后行，非经由中国中央政府不得与外国订商。四、西藏人民之以向汉之故，因而被监禁，产业被封者，西藏允一律释放给还。五、藏员所开之第五款可以商议。六、前订之通商条款如须修改，须由中英两方面根据光绪三十二年四月初四日中英所订藏事正约第三款商议。七、中藏边界兹于附上之图内约略画明"。

夏扎对英国人的公开袒护心领神会，拥护这一提议。陈贻范认为疆界问题只有两个国家才可谈判并不属于会议议题，应首先就西藏代表提出的所谓独立问题等按照中国方面的提案基本意见逐条商谈。实际上，作为主权国家，属于一国区域内的部分也不能谈"独立"问题的，在这里，陈贻范已经作出很大让步。但是，英人利用其特殊地位坚持要讨论疆界问题，否则英方将不得不单独与西藏方面磋商。在麦克马洪的导演下，夏扎立即拿出一个早已准备好的所谓中藏疆界问题的文件。到1914年1月12日，按事先的约定，民国中央政府和西藏地方各自向会议正式提交了"中藏疆界问题理由的申诉书"①，这种明显伤害中国主权的所谓"申诉书"，居然让麦克马洪虚意调停，并在其"调停意见书"中冒出了所谓"内藏""外藏"问题，并以"红线"与"蓝线"在地图上标出了内外藏界线②。英人这"调停意见书"共11条，包括了西藏地方向中央政府提出旨在闹地方割据的无理要求等内容。当时，袁世凯正在与南方各省的讨袁大军开战，决意平息"二次革命"的风潮，在国际上也需要得到英国等帝国主义国家的支持，因此对西姆拉会议上有关西藏问题的尖锐斗争默然处之，既不能坚持已往的鲜明态度，又不敢派出能维护国家主权的刚烈精明人才，对英国人的"调停约稿"内容连续作出让步。③ 在英人的威逼下，陈贻范不情愿地在草约上签了字，面带愧色无奈离去。可见，当时民国政府缺乏像清朝张荫棠那样的为国家利益而宁死不屈的外交人才。尽管后来民国政府不承认这一草约④，但陈氏的草签却给后人交涉留下了永久的隐

---

① 该申诉书无论哪一方面提出，都是伪命题，只有两个主权国家才谈得上彼此疆界，这不过是英国人抛出的圈套而已，欺负中国没有外交人才。

② 1914年2月17日，麦克马洪以貌似公正的面孔抛出了"调停意见书"和标出界线的地图各一份，而且还说他的这两份东西是"从各方面加以思考，再也没有未加考虑之处了"，"已经是临到将合约文件摆到桌上的时候了"。麦克马洪在其"调停意见书"中提出了所谓"内藏""外藏"问题，并以"红线"与"蓝线"在地图上标出了内外藏界线。

③ 1914年3月初，民国政府指示陈氏，除内外藏问题外，其余有损国格主权事体的条文亦予首肯。就是对内外藏界问题，在3月18日、28日和4月3日、20日的会议上连续四次作出妥协让步。英国人也在"约稿"上略加修改，以诱迫中方代表签字。4月27日，中、英、藏的代表再行开议，麦克马洪将略加修饰的"调停约稿"带到会议，宣称今日就草约和地图是否签字，必须作出肯定的答复，逼迫陈氏签字。

④ 民国政府和驻印的陆兴祺得悉陈贻范草签约条的内容及其详情后，很快向政府作了反映。陆兴祺十万火急电陈政府，指出"此约关系至重，万望筹议挽救之法"。陆兴祺又致电袁世凯，称他看到陈贻范的参赞夏廷献寄来的草约文稿和有关会议的报告后，"始惊悉印度政府外交

患。草约草签后，麦克马洪喜形于色，对西藏代表夏扎说："此次为了中藏间的谈判，数月辛劳未尝虚掷，西藏方面得到了最好的收获。"

1914年6月6日，英国驻华公使照会民国政府外交部，扬言4月27日中、英、藏三方代表于西姆拉签订之藏案草约，实为解决西藏问题的唯一法案，中国政府既拒绝正式签字，不欲解决藏案，则该草约所定之利益，中国不能享有。民国政府面对英国政府的恫吓，只好又作让步，于6月13日致函英人，谓草约所载其他各项大概同意，唯欲解决内外藏境界问题须照中国政府提出的四条款项办理。但是，英国政府仍不满意，认为中国政府没有按照他们制定的草约就范①。1914年7月3日，英国政府不顾中国政府的反对，命令其代表麦克马洪和西藏地方的代表夏扎分别在条约上签字，这就是非法的《西姆拉条约》。

更令人痛心的是，西藏地方代表夏扎贪恋于英国人赠送的大批军火及向民国施压的许诺，背着民国中央政府代表，于1914年3月25日私下里与麦克马洪、贝尔等画押"印藏边界"，也就是臭名昭著的"麦克马洪线"。由于当时夏扎对地理测绘知识的无知，被英国代表多次偷梁换柱，用不同的地图诱骗其画押，竟然将藏南9万多平方公里的土地，甚至将六世达赖喇嘛仓央嘉措的故乡也划给了英属印度。尽管英国人当时许诺原属藏政府管辖的宗、豀、庄园仍由西藏照旧管理②，但随着时间的推移，英

手段之老到不可企及，其内容之酷烈，直据西藏为己有，固不仅剥尽我国主权而已"。"事关领土主权，岂可因受人所逼而拱手相让。"由于陈贻范之举走得太远，有损国格，故政府于4月28日电令陈氏，谓"英员仅许以一隅之地，划归青海，迫我承认，殊堪诧异，执事受迫画行，政府不能承认，应即声明取消，如英专员愿和平续商，仍应接议，中国固不愿遂行停议也"。1914年5月1日，民国政府电训陈贻范不得在正式条约上签字，同时又指出"境界一项，万难承认，其他大体可予同意"，让他以此精神进行活动。与此同时，民国政府还把这一精神照会英国驻华公使馆，并指出陈贻范没有政府训令，其草签条约纯属个人行为，已声明无效，但中国愿与英国继续商议，和平解决。

① 25日，英驻华公使又照会民国政府外交部，提出所谓内藏的境界距拉萨不得少于300英里，并且还威胁说，本月底再不签约，英国政府就单独与西藏政府正式缔约等。29日，中国政府又照会驻华公使，提出再作让步，均被英人拒绝。7月2日，英专员麦克马洪照会中国专员陈贻范，定于7月3日开末次会议，陈氏表示不会签押。

② 1914年3月24日，麦克马洪为了诱使夏扎画押，提前一天交给夏扎一封信函，声称画押后将继续保留藏政府管理"麦克马洪线"以南的权利。即："甲、英属界内如有藏属庄园、百姓被划入者，英方不予占管和争夺；乙、错噶尔波、咱日莎巴等重要朝圣地如被划入自英方边界起一日途程以内时，此等地方仍旧划归西藏，并按此情况将边界加以改变；丙、听说对上述两项内容，西藏政府亦表同意，并经决定。我想您如能赐予关于肯定此项问题之明确答复，我将感到无限愉快。"

印政府并没有践行自己的诺言，并于20世纪二十、三十、四十年代逐步向北蚕食。

正因为受到"西姆拉会议"期间夏扎私相接授的贪诱，英印政府常常以所谓英藏私下协议为借口，从20世纪20年代起，开始向中国与英印边境传统习惯线以北陆续蚕食，先后于二十、三十年代和四十年代初在门隅、珞瑜、墨脱、达旺等地段设立哨所，派驻官员或考察人员或远征队，逐步占据了一部分由西藏地方政府控制的地区。在印度独立前夕，英印政府仍然不放弃侵占"麦克马洪线"以南的中国领土。1946年1月25日，印度事务部的惠特曼把"麦克马洪线"地区的经济发展计划书递交英印政府阿萨姆省督戈德夫瑞，并估算了开发该地的费用，要求英印政府再次派出侦察队对"麦克马洪线"以南地区彻底调查，英印政府在藏南的活动尽管遭到西藏地方政府的坚决反对①，但英国派驻拉萨的代表黎吉生却蛮横地表示英国政府并没有侵夺西藏的任何领土，这是因为你们签署了（西姆拉）条约的缘故，这个条约是印藏关系的基础。很显然，黎吉生是在暗示西藏当局的一些人自作自受，是当年你们自己签署了"西姆拉条约"中的印藏边界。

即便如此，西藏地方政府中的许多官员仍采取种种办法，阻滞英印蚕食藏南土地，迫使英军放慢了对传统习惯线以北的侵略步伐，引起了印度事务部不满②。1946年6月，西藏德宗宗本在噶厦的要求下，南下思昂河地区，与率军北上的英军相遇，由于德宗宗本拥有数百人的武装藏军，只率较少人的英军首领詹姆斯无奈，只好求助于萨地亚边境长官。萨地亚边境长官叫嚣德宗宗本对萨地亚构成了威胁，遂建议抢先占领"麦克马洪线"以南的全部土地，以迫使藏军回撤。于是英军再次北上时修建了图汀和吉多哨所，每一哨所为阿萨姆步枪队配备了自动武器装备。1946年

---

① 1946年4月，西藏"外交局"向英国驻拉萨代表团团长黎吉生递交一份西藏民众大会通过的公告，声称西藏民众大会再次抗议英印对"麦克马洪线"以南地区的侵略，要求英国政府归还被其占领的领土。

② 1946年5月，升任东北边界特区长官的米尔斯赶忙跑到阿萨姆省的阿巴塔尼斯（Apatani）和达夫拉（Tafla）村，策划向北推进，并任柏兹（E. N. Betts）为阿巴塔尼斯行政长官，希望其迅速派军队向北推进。然而，此时阿萨姆省政府却颇为踌躇，在给米尔斯的批复中说："在一个尚未知道确切情况和范围的地方，冒着与西藏当局竞争的威胁，是极不明智的。"因此，阿萨姆省未批准北进的军事行动。1946年5月底，霍普金森在给阿萨姆省政府的电文中建议："面对西藏人的抗议，不能改变立场，只能坚定地继续执行向思昂扩展的政策。"

11月,英印政府用飞机给驻扎在察隅一带的英军投放补给,同时进行航空测量。遭到了德宗宗本率领的千余名藏军阻截。阿萨姆邦政府得知后,由詹姆斯率领大队英军北上,与德宗宗本在图汀相遇。在英军强大的武装压力下,德宗宗本只好向北撤退。

对于英印在"麦克马洪线"地区的活动,中国国民政府也很关注,从1946年7月开始,国民政府连续四次照会英国驻华大使,抗议英印政府在"麦克马洪线"以南地区的蚕食活动。① 实际上,蒋氏政权此时正忙于发动内战,所谓抗议只不过是做做样子而已,他们对于该地区的前景早就不抱乐观态度,并自欺欺人地认为"因气候炎热,不适藏人居住,藏方对此一带地区向不关注,且滇、康、藏、印、缅之边境,过去迄未划清界限,故英人得从容蚕食。将来即有正式划界之日,而英方事实上已获得统治权,造成既成事实,挽回恐感棘手"。而且"此区人民素苦于藏政府之暴政,久有叛离之心,如英人稍事怀柔,不难据为己有",蒋氏政权对"麦克马洪线"以南的领土的不作为造成了英印政府侵占中国土地的既成事实。其后,印度政府继承了英国在"麦克马洪线"以南地区的侵略权益,陆续派兵进入门达旺的未进地区,到1951年西藏和平解放西藏时,"麦克马洪线"以南的9万多平方公里的土地几乎被印度蚕食殆尽。应该说,这些土地为外人所控制,始作俑者为"西姆拉会议"②,中印之间至今未解决边境争端,由此酿成了此后中印边界问题的久拖不决,给中国的领土完整造成了久久不能解决的隐患,也可以说是"西姆拉会议"遗祸至今。

---

① 1946年7月20日,国民政府致电英国驻华使馆,要求"英国官兵即行撤回传统习惯线,并将私立界碑、营房、电台等营造物拆除,恢复原有状态;严禁飞机侵越康藏领空,并保证今后不再发生类似事件"。国民政府还对"麦克马洪线"以南地区的前景忧心忡忡,认为"英军侵入西藏,西起拉达克,东迄桑昂宗,绵延二千余里,占据村镇六百余处。军队数目来往无定,然控制如此长线,估计约有两万人"。

② 1946年4月12日,西藏"外交局"向英国驻拉萨代表团团长黎吉生递交一份西藏民众大会通过的公告,声称西藏民众大会再次抗议英印对"麦克马洪线"以南地区的侵略,要求英国政府归还被其占领的领土。黎吉生表示"以我个人来看,英国政府并没有侵夺西藏的任何领土。西藏民众大会之所以这样认为,是因为他们没有意识到他们签署的(西姆拉)条约。而且这个条约是印藏关系的基础,因为这个条约,英国政府准备给民众大会所盼望的给予帮助和祝愿"。

(三) 兄弟阋墙的川、康（青）藏纷争

在中华民国的藏事乱局中，有几次较大的川、康（青）藏纷争，每次都会以武装争夺的冲突开始，又以谈判息兵的结局告终，一般史书将这些纷争概括为三次康藏战争。只不过令人感到不解的是，本来是一国各地方势力的地盘争夺，却要英国人过来当裁判。尽管民国政府乃至后来的南京国民政府都不情愿，但由于当时中央政府软弱无力或有求于列强，最终还是吞下难以下咽的苦果。

川、康藏冲突最早发生于民国建立的初年。辛亥革命爆发后，川督赵尔丰和代理川滇边务大臣傅嵩炑相继抽调驻防川边的军队，回川镇压革命。边务大臣长期离任，川藏边驻防空虚。于是十三世达赖喇嘛乘机秘密遣入至康区，煽动该地藏族土司、头人和僧人起事。在赵尔丰进行改土归流的四川藏区，被废除的土司及地方头人和寺院上层喇嘛乘机复辟，各地普遍发生了武装暴乱，驱逐汉军汉官，恢复了原来的土司制度和喇嘛寺庙的特权，于是康藏边形势急剧恶化。至1912年初，藏军乘川藏边局势动荡的机会，先后攻占了乡城、定乡，阻断了川藏交通；接着又攻陷江卡、乍丫、稻城、三坝、南敦等处，理塘、河口、盐井也相继失守，巴塘、昌都被围数重，打箭炉（康定）大震。至1912年7月，四川藏边未被藏军攻陷的，南路只有泸定、康定、巴安等三县；北路只有道孚、瞻化、炉霍、甘孜、德格、邓柯、石渠、昌都等八县。藏边毗连川滇，一有危迫，直接威胁到四川、云南的安全。面对危局，川督尹昌衡和云南蔡锷部不忍看到川滇被祸，以西征的形式回应藏事乱局，西征军势如破竹，迅速收复了被藏军占领的失地，尹昌衡的川军甚至挺进到距拉萨200多公里的工布江达，并将该地改名为太昭，川滇出师西征的举措，使藏内的爱国力量受到极大鼓舞，震慑了西藏地方当局中的亲英分子，他们急忙找来英国人干预中国内政。

1912年8月17日，英驻华公使朱尔典向民国政府外交部递交了英国政府关于西藏问题的五点备忘录，即所谓的《朱尔典备忘录》或《八一七备忘录》。要求停止西征，罢兵讲和。此时"西姆拉会议"尚未召开，英国人在《八一七备忘录》中刻意扶持西藏高度自治，要求民国政府下令停止西征。对于英国的无理干涉，袁氏政府欲妥协退让，全国各族人民却表示了极大的愤怒[1]。在全国各族人民的舆论压力之下，袁世凯政府虽

---

[1] 当时全国舆论哗然，纷纷抨击政府外交之失败。《申报》刊载的一篇题为《证明英人无

不敢明目张胆地出卖中国对西藏的主权，但还是在英国人压力下，强令川滇撤回西征军，无奈地维持现状，与藏内的亲英势力妥协了事。

第二次较大纷争发生于袁世凯死后，当时国内军阀混战，天下大乱。乘此混乱之际，西藏地方在英国人的武器支援下，因"割草事件"发起了对驻防川康边军的进攻。这次武装纷争又有英国人的参与。① 本来，此次冲突因一件小事而发。1917年7月，昌都西北类乌齐地方的驻防边军因上山割草，与藏军发生口角，边军扭解两名藏军回营，拷打审讯。西藏驻守该地的噶伦强巴丹达立即致函驻守昌都统领彭日升，要求将两名藏军交还自行处理，和平解决。然而，彭日升却下令将两名藏军由类乌齐押解至昌都，途中为藏军所阻击，藏军夺回被俘的两名藏军。这一事件遂成为引发第二次康藏纷争的导火线。而此时正是边（川）军与滇军系统的川边镇守使殷承献两派军阀混战时刻，彭日升抽调各营回援，昌都空虚，这给藏军打败彭部提供了机会。1918年1—3月，藏军先后攻陷类乌齐、察雅、恩达、同普，三路藏军逐渐合围昌都，4月19日，驻防昌都的边军投降，21日，藏军进入昌都，噶伦喇嘛下令将边军降者无论官兵一律解送拉萨，不准回打箭炉。

实际上，在此次川藏冲突中，民国派驻昌都及各县的驻防官兵因长期欠饷多数战斗力减弱且怯战之徒从中蛊惑而主张投降②，只有知事兼某营

可干涉藏事之理由》的文章指出："英人早存一扶持西藏独立之心，故不许我再有用兵平乱之举，然后可以遂其他日吞之谋，嗟呼！其日人之窥朝鲜，尚逐步而进，今英人之攫西藏，且一蹴而发。共和民国，开创伊始，若不设法拒绝其请，则指顾之间，西藏即为朝鲜之续。而满、蒙、新疆等处，曾不转瞬，又必为西藏之续，边邻之藩篱尽撤，长江之门户洞开，其不为刀上俎，砧上肉者几希也。"猛烈攻击政府外交之失败。

① 1914年"西姆拉会议"后，英国为诱使西藏代表秘密签订《英藏通商章程》及划分边界，就赠送西藏5000支旧步枪和50万发子弹。1915年10月又出售给西藏20万发子弹。就在1917年9月14日藏军大举东进前夕，英国驻锡金政务官贝尔又向政府建议，供给西藏50万发子弹。次年，这批武器运抵西藏，鼓舞了藏军东进。

② 1918年1月，北路藏军攻陷类乌齐、乍丫，一营营长田文清逃于昌都；接着南路察雅失守；2月19日中路藏军主力经激战后，攻陷恩达。三路藏军逐渐合围昌都。时护理川边镇守使的陈遐龄（2月2日正式任为川边镇守使）一面急电巴塘边军分统刘赞延率所部由南路援昌都，令边军打箭炉之第一营营长蒋国霖由北路援昌都。又命陆军在边之二团团长朱宪文率二营进抵甘孜，以为后援。结果却是刘存厚，拖延不接济；刘赞延迟迟不进，察雅失陷后，方派队往援，节节败还；而蒋国霖后在同普失利被俘（或说其投降），昌都陷落，彭日升投降，藏军将其携带妻子儿女奴仆及数十驮财物押解到拉萨，后西藏地方当局愤于其击杀藏军，将其发配到洛扎监管，又与当地藏族妇女结婚生子。

营长张南山率所部300余人反对投降。张南山见大局不可收拾,遂携年轻的妻子和年幼的儿子投江而死,所率300部众慷慨赴难,成为那个时代为维护国家统一和威权而殉难的一批悲壮人物①。

藏军占领昌都之后,以破竹之势,分南北两路进攻,相继攻陷贡县(贡觉)、同普、德格、白玉、邓柯、石渠、瞻化、武城等县。攻陷康区县城十分之二,打败边军八营,2000多官兵在此次纷争中被打死或失踪,被俘获者千余。后来幸遇朱宪文部所率边军在甘孜一带与藏军死战,陈遐龄又陆续调来陆军一团团长王政和部由瞻化转战至甘孜白利,二营营长戴世英率部抵达甘孜绒坝岔与藏军苦战,并与朱宪文等部会合,始遏制住藏军的进攻势头。据史书记载,1918年7月5—8日,边军和藏军在绒坝岔一带血战数日,火线延长500余里,藏军伤亡惨重,分攻白玉及西南盐井各路藏军,也为川军反攻,形势逐渐对藏军不利。有鉴于此,十三世达赖喇嘛在国民政府及川边镇守使一再呼吁和平解决川边、康区、西藏冲突的要求下,复函表示:"不肯悖逆中国施主,甚愿息兵,有汉、番、英三面各派替身议和。"很明显,当形势对西藏地方不利的时候,藏内亲英派仍然抬出英国人作为庇护。这才有了英国人台克满②非常及时地跑到绒坝岔,边军分统刘赞廷与英人台克满、西藏噶伦进行谈判,并于8月19日签订了长达13条的《汉藏停战条约》,也称《绒坝岔协议》进而结束了这次纷争。

第三次纷争发生于1930年,此时全国形势已发生了重大变化,蒋介石虽已完成了名义上的统一,但全国仍处在军阀混战时期,此时中原大战正酣,唯有红军发展壮大,全国人民抗日呼声迭起。蒋介石对边疆治理用

---

① 对于张南山这样的人物,后世特别是史学家并没有给予其公正的评价。这种不公正可能来自于朱绣的《西藏六十年大事记》。1919年,朱绣奉命来西藏联络中央政府与西藏地方感情并了解大量情况,有可能接触过滞留西藏主张投降的边军官兵。在多人皆降、唯有张反对的情况下,对张南山坚决不投降而投江殉难的目的进行不公正的歪曲,因而朱绣听信其言记载道:"(1918年4月)16日,彭日升开军官会议,征求意见,各军官默无一言。第七营营长兼昌都知事张南山主张逃走,众不赞成,均愿缴械降藏。遂与噶布伦提出善后条约五款。"如若张真是为了逃命,就讲不通何以有携妻儿投江的壮举。

② 台克满,原是英驻华公使官员,1917年10月改任英驻成都领使馆副领事和驻打箭炉观察员。他到任后,立即插手康藏战争,并将川藏边境情报源源不断地向英国报告。尽管英国政府一再否认台克满是英国派遣到川边的康藏战争的"调停人",但其充当英国驻北京使馆"代理人"的角色,却是无疑的。

力不多，却把大部精力用于消灭不听命的军阀和围剿红军上。因而英人看到了这种有利形势，企图趁中国的混乱局面支持西藏亲英势力扩大地盘，因而催生了这次纷争。事情源于1930年6月康区的大金寺和白利乡的地产之争①。大金寺为格鲁派寺院，因商致富，寺院有1000多僧人，按照第二次康藏纷争时的议和条件，该寺划归川边，并不属于西藏地方管理。然该寺依仗有西藏地方政府的支持，西藏背后又有英人撑腰，经常干预地方，势压周边。而白利乡原为白利土司所属，虽已改土归流，但仍有一定实力，且得到地方武装的支持，双方为并不多的地产、财物和差民大打出手，原本为大金寺与白利土司争产的小纠纷，转化为康（此时，西康筹备建省已经就绪）藏间的军事冲突。②

战端一开，300多藏军在英国新式武器的装备下大举向康军进攻，既缺饷又乏现代装备的康军节节败退，以及白利失守后，甘孜、瞻对、炉霍、道孚、理塘先后为藏军攻陷，川边震动。国民政府蒙藏委员会一面致电十三世达赖饬藏军停止进攻，一面急令蒙藏委员会唐柯三委员赴炉霍与藏军和谈。然唐氏并无报国之心，先是怕死怕苦不愿前往，后又迁延4个月之久方到炉霍，在接谈中软弱而猥琐，事事处于下风。在此形势下，刘文辉多次请缨联合滇青两省合击藏军，然蒋介石惧怕英国人干涉，在国联调停中日冲突时不为中国说话，仍希望唐柯三向藏军求情，解决大白纠纷。这当然有9月18日日本发动"九一八事变"之故，可国民政府对国内的康藏纠纷寄希望和平解决，无异于与虎谋皮，更加助长了西藏当局在康藏冲突上的强硬态度，几度和谈无望，唐柯三在感

---

① 白利土司家寺亚拉寺主智古活佛因与白利土司女头领发生矛盾，愤而入居大金寺，并试图将本属于白利土司的亚拉寺产及15户差民带到大金寺，白利土司拒绝其带走，因而遭到大金寺的干预。

② 1930年6月18日，大金寺激进之僧人武装攻入白利乡，强夺亚拉寺产，并焚烧房屋。双方因而诉之县知事韩又琦，韩置双方诉讼冷漠而不作为，反而请驻康军队来甘孜防范。西康政务委员会在大金寺攻占白利乡后，商旅长马骕派康军武力调解，所提条件为大金寺拒绝，驻德格藏军应大金寺请求开到甘孜。驻甘康军致函藏军德墨色代本，表示康军驻甘系保护地方秩序，将秉公办理甘孜村寺纠纷，决不袒护何方，静候解决。7月8日，康军应白利土司的请求占据亚拉寺，与大金寺僧众形成对峙之势，形势紧张，虽经康藏相关绅商、喇嘛头人调和及班禅驻康办事处的调解，但均无结果。至8月30日，康军排长李哲生为大金寺游骑击毙，甘康军遂大举进攻，收复白利，进围大金寺。此时，藏军也正式介入战争，助防大金寺。

到有损中央威权的情况下一再要求返回而不得，故委责刘赞廷在甘孜与西藏琼让代本谈判，并一再声称"惟中央正注意东北外患，西陲防务暂令和缓处置……由刘赞廷秉承尊旨妥为交涉，冀交涉不致中断为要"，导致有损川康利益的停战八项条件出笼，因而遭到川、康各界和刘文辉的强烈反对。

1932年3月，唐柯三推托有病离开，刘文辉接办解决康藏冲突事宜，康藏形势更趋复杂，先后发生了康军第二旅长马骕被杀、国民党特派整顿西康党务专员格桑泽仁提出康人治康而被藏军进攻的事件。西藏地方当局见形势对己有利，欲乘势攻取青海玉树苏尔莽部落，遂于1932年3月24日不顾后果地发动了对青海玉树的进攻①。蒙藏委员会得到青海方面的报告后，迭电达赖喇嘛，请其严令停止对青海玉树的进攻，但此时藏军依仗有英国人的现代化武器支持，气势正盛，根本不理睬中央政府的忠告，一意孤行，两面出击。

这样，在1932年3月期间，藏军在康、青一线，从巴塘、瞻化、甘孜、康北到青海玉树一线，展开全面进攻，战火又延及康青两地，战线过长，势分力弱，犯了两线作战的兵家大忌，这就为康军的反攻创造了有利的时机。刘文辉决定向藏军反攻，调遣余松琳旅及建南（今四川凉山自治州）黄汉诚旅入康，与藏军激战于朱倭、大盖，攻占朱倭；4月初，攻占甘孜。另一路康军也于5月初攻占瞻化，藏军主力退至大金寺一带。6月，藏军从大金寺反攻，遭康军阻击，康军乘胜占领白利，进围大金寺，经过激烈的战斗，藏军及大金寺僧众焚大金寺后，退走藏边。7月25日，康军分三路向藏军发动总攻击，德格藏军全面崩溃，退至金沙江以西，康军直抵金沙江岗拖渡口，德格、邓柯、石渠、白玉相继为康军所收复。同时，康军遣一团兵力入驻巴塘，与格桑泽仁部共击藏军。而此时的青海省代主席马麟及青海南部警备司令马步芳也增派

---

① 西藏地方当局进攻青海的借口是以玉树苏尔莽部落内属于格鲁派的朵丹寺与属噶举派和萨迦派的德赛提寺互争寺属差户、抢收田稼的小事。西藏支持朵丹寺，德赛提寺则诉之于青海省政府。于是，西藏当局于3月24日在昌都集中藏军千余人，攻占了大小苏尔莽（又作"苏莽"），4月4日又占领囊谦，进围结古。当时，结古仅有青海守军400余人，只有坚守待援。此时马步芳派遣增援结古的马骐宣慰使、马彪旅长所率青军以优势兵力反攻藏军，并于8月27日收复小苏尔莽，9月2日复达苏尔莽，9月4日复囊谦；9月底，青军乘胜向南进占邓柯之当头寺，于9月30日进占金沙江西岸之青科寺，俘虏藏军官及军士多名。

部队合围藏军①，并与川康军联络，会攻昌都。

西藏地方当局万万没有想到形势变化如此之快，十三世达赖首先想到的是向英国求救，英人不顾国民政府反对干涉我内政的抗议，对西藏当局鼎力相助，在此向藏军再次输送大批先进武器。②英人这种露骨地干涉中国内政的做法激起了全国各族人民的愤慨，国民政府也提出交涉。为了向西藏地方政府表明，不许英国干涉中国内政，1932年12月29日，忙于围剿红军的蒋介石也故作关心此冲突而致电十三世达赖喇嘛："汉藏问题纯属内部事务，现为国民政府时期，绝不允许他人插手干涉。吾望一如既往，热爱祖国，忠贞不渝，团结一致。""已严令西康、青海不准发兵。"实际上，蒋介石这一迟到的表态已毫无意义，早在与英国交涉期间，西康并青海与西藏方面的三股地方势力已于10月在金沙江岗拖地方签订了"停战条约"六条③和"青藏和约"八条。至此，长达3年多的康（青）藏冲突总告结束。

回顾自民国初年至1932年的20多年的川、康（青）藏纷争乃至以战争相向，纯属中国内部兄弟阋墙，但一系列武装冲突给发生地各族人民的生命财产造成了巨大损失，而每次冲突的幕后总是有英国人的影子，而藏内的亲英势力正是依仗英国人撑腰才敢于屡屡挑战中央政府的威权，而

---

① 1932年5月16日和25日，西藏噶厦和十三世达赖喇嘛先后致函英锡金政务官维尔，要求再提供一批武器弹药。6月，英印政府同意向西藏提供4门山炮、500枚榴霰弹、1500枚加农炮弹、1000枚炸弹、4挺马克西姆机枪和4挺刘易斯机枪、1500支步枪和100万发子弹。这批武器于同年8月初运出。

② 1932年7月，中国媒体披露了这次英国向西藏提供武器之事，引起舆论哗然。为此，民国政府外交部不得已于7月26日向英驻华公使（代办）英格拉姆（E. M. B. Ingram，旧译作"应歌兰"）提出质询和抗议，并要求停止向西藏供给武器；同时电令驻英使馆向英外交部交涉。

③ 岗托停战条约六条内容为：（1）汉藏双方接受议和协定，弃嫌修好，所有汉藏历年悬案，听候中央暨达赖佛解决。（2）汉藏以金沙江上下流东岸为最前防线，双方军队不得再进越前方一步。（3）自中历二十一年十月八日至十月二十八日，各将先头部队撤退。汉军退俄洛、德格、白玉以东，藏军退葛登、同普、武城以西，其最前线，汉军如邓柯、白玉、德格，藏军如仁达、同普、武城境内，双方每处驻兵不得超过200名，并各派员互相监视撤兵。（4）自停战撤兵日起，双方交通恢复原状，商民来往无阻，惟须双方官厅发给执照为凭；并本遵从（崇）佛教、维护佛法之意义，对于在康、藏各地之寺庙及住在潜心修养与来往两地之喇嘛伴侣，双方均一律保护。（5）自条约签订之日起，各飞报政府共同遵守。（6）此条约适用于汉藏双方，如有未尽，将来中央会同达赖佛修改之。

中央政府的软弱也是导致纷争不断的原因之一。

（四）损害抗日大局、阻挠中印公路通过西藏的事件

说起阻挠中印公路通过西藏的事，须先交代背景。1937年7月，日本军国主义发动了对中国的全面侵略战争，并借其海空军优势，对中国沿海进行封锁。1938年，武汉、广州、香港相继落入敌手后，东南国际交通线中断；1940年6月滇越铁路被日军炸断后，中国只剩下滇缅公路和西北公路两条运送外来军用物资的通道。同年7月，英国迫于日本的压力同意关闭滇缅公路3个月，使中国的国际运输雪上加霜，中国开辟新的国际运输通道，变得更加迫切。1940年7月，蒙藏委员会驻藏办事处处长孔庆宗提出"由印转运军火办法"，蒙藏委员会随即转呈军事委员会委员长、行政院院长蒋介石。起初，国民政府和盟国对开辟中印公路比较乐观，8月13日，军事委员会电示，"请即遴派熟习印藏地理并曾经亲历该地交通路线人员，携同参考资料暨详细地图，径与本会运输统制局核议"。10月，蒙藏委员会调查室主任刘赞廷建议开辟通往印度的国际交通线。这条交通线自印度的加尔各答至大吉岭经不丹、江孜、拉萨、玉树，最后到达陪都重庆，反而是交通部以修路困难为由态度不甚积极[①]，但不会想到西藏地方当局会加以阻挠。

康藏纷争解决之后，十三世达赖喇嘛圆寂，第五世热振活佛在各派政治势力的角逐中获得摄政之位而登上政治舞台。在热振摄政掌控藏内局面期间，中央政府与西藏地方关系明显改善，先后有国民政府大员黄慕松进藏致祭十三世达赖喇嘛和吴忠信主持十四世达赖坐床仪式，国民政府驻藏办事处也顺利建立，同时中央政府还在拉萨建立小学、气象测候所、交通部电台报务中心等，刘曼卿女士组织川康各界人士进藏宣传团结抗日，拉萨三大寺为全国人民抗战诵经祈祷等，形

---

① 交通部起初不同意，10月23日在回函中提出困难太多，暂缓办理。但是同时又认为，"为将来开发西部交通起见，此线自有研究之价值"。后来西祥公路工程局局长杜镇远在此大背景下提出的修筑康印公路的计划得到了重视。杜镇远所拟的计划书中有两条线，第一线贯通西康中部，由康定西经雅江、理化、义敦、巴安、宁静、盐井、察隅以接印度阿萨密省铁道终点的塞地亚站，全线长约1000公里，此即孙中山实业计划中高原铁路系统的"成都门公线"段，再由此经印度铁路至脑卡里以出海；第二线地跨云南、西康两省，由西昌经盐源入滇境的永宁、中甸、德钦、再入康境以接第一线的盐井，即沿第一线的西段路线入印度与塞地亚铁路衔接，共长约1050公里。第二线从中缅以西又可分为南北两线，北线自中甸向北转西，路程较远；南线自中甸直往西行，径达塞地亚，颇为近捷。

势正向着有利于支持抗战的方向发展。正因如此，国民政府行政院为此专门召集交通部、经济部、蒙藏委员会及中央大学等有关部门举行审查会议讨论，确定了可行线路并制定修路事先准备的有关建议。①可天有不测风云，藏内政局如夏天的云彩变化反复无常。1941年初，热振等亲中央的爱国力量被亲英势力所压制，热振摄政在亲英势力的政治阴谋中将摄政大权暂借于经师达扎活佛。达扎接任摄政后，背离了热振改善西藏地方与中央政府关系的政策，阻挠破坏中央与西藏地方业已改善的关系。因而发生了令国人不齿、损害抗日大局的阻挠中印公路通过西藏事件。

1941年5月，国民政府派遣的叙昆铁路工程局副局长袁梦鸿为队长的中印公路勘察队员13人，士兵20名，携带测绘仪器与筑路工具百余箱从西康出发，并做沿线交通地理调查。同时，蒙藏委员会致电西藏地方政府，详细说明修筑此路的原委，并且请其尽量予以协助，西藏地方通知昌都噶伦朗琼转令北线盐井、察隅等地的官员"对勘测给予便利"。英国也转告西藏政府，此事英国已经与中国商妥，西藏方面遂予应许。西康省向中央政府报告说，已经接到昌都方面明确的消息，中印公路西藏段的勘测，已奉到拉萨对勘测队沿途保护的指令，并有英方的照会，可请交通部安排勘测队速到西藏段勘测。但使人想不到的是，当勘测队行至西藏盐井、门工、察隅一带时，却被守候在那儿的藏官拆桥毁路，并派藏军阻止勘测队前进。民国政府紧急向英国交涉，英国随即声称，西藏地方政府仅仅同意航空测量，对此英方也表示特别遗憾。面对此变故，国民政府急商

---

① 行政院审查会议得出结论为：第一线康定盐井段，人口稀少，粮食短缺，气候寒冷，运输困难，匪患未靖，工程难于着手；第二线北线虽路程较远，但运输上较第一线及第二线南线安全。在这个计划中，中印公路可分为两条南北线路。其中北线经过盐井、科麦、察隅，与南线汇合于萨地亚，南线自叶支经过贡山、葡萄（坎底），西向北线汇合与萨地亚。据交通部长张嘉璈报告，北线比较合理，即起至西藏西昌，经盐源、永宁、中甸、德钦、盐井、察隅（日玛）进入印度，进而与印度阿萨姆省铁路终点萨地亚车站相接，可称之为中印公路日玛线。建议政府：(1) 应即与英交涉两事，即从塞地亚至我国边界的联络公路的兴筑问题；印度将来转运我国物资的优待及便利问题。(2) 应即与西藏地方政府接洽，在修筑期间应负地方治安之责，对工程员工充分予以便利。(3) 应即与西康、云南两省商定征工征粮征购材料骡马火药等项办法，对于工程的进行，予以充分协助。2月8日，行政院第五○三次会议决议："原则决定，一面踏勘，一面交涉。"国民政府既决定兴筑康印公路，为抓紧时间，就决定"三管齐下"——与英交涉、与西藏地方政府接洽、路线勘探同步进行。

对策，以求尽速解决。①

在蒙藏委员会驻藏办事处的斡旋下，噶厦许诺通知昌都总管朗琼"转令各地藏官，予测量人员以便利"。然而，当测量队至甲郎地区时，再次被藏军所阻。蒙藏委员会驻藏办事处处长孔庆宗愤怒地质问噶厦官员，时逢国家抗战艰难之际，各民族喋血沙场勠力同心抗日，地方当局何以阻挠修筑抗日物资转运公路，如藏方再不允许，中央可派军队护送测量，不必待其允准。但西藏噶厦有恃无恐，借口民众大会讨论等理由，仍不许测量人员进入藏境。同时噶厦派人破坏拟修中印公路西藏段的河桥，调兵扼守，行为十分恶劣。国民政府虽言辞激烈②而无实质对策，还企图通过英国的"协调"解决问题，无异于抱薪救火。③

---

① 7月18日，国民政府交通部长张嘉璈紧急召集外交次长傅秉常及蒙藏委员会代表，讨论如何疏通与西藏噶厦的关系。会议决定，通过蒙藏委员会驻藏办事处与噶厦进行交涉。据张在日记中记载："蒋兼院长即席面嘱蒙藏委员会吴委员长礼卿，于一个月内向藏方交涉办妥。会后吴委员长来部商讨应付办法。提议：（1）于筑路期间，对于藏方酌予财政补助，以示报酬；（2）路成后，每年续予补助，作为利益分配；（3）建筑与完成后管理，均可由藏方派员参加。决定如此向藏方接洽。"

② 据张嘉璈1942年5月12日日记记载，英国军事代表团代表布卢斯（Bruce）将军，在该日前建议中印公路"愈北愈佳，最好中英双方会同劝告西藏"。所以张嘉璈于次日致函军政部长何应钦"派兵护送测量队人员入藏，将西昌至中甸路线及时动工，下关至中线则俟军事形势稍稳，再行决定。如阿萨姆（Assam）受威胁，即派兵直趋拉萨，或由昌都入藏，请其与英方从速接洽"。

③ 1940年前后，英国政府对于中印公路计划持支持态度。1940年10月，英国驻华大使克尔与中国交通部副部长彭学沛会谈时还表示对中国的中印公路计划给予支持。后来，当克尔了解到西藏地方政府不同意修筑日玛线的态度后，建议另择公路，"使用汉人劳役的路线……避开来自西藏方面的政治困难"。同时，他并不放弃对日玛线的支持，明确表示："我怀疑是否中国提出阿萨姆与云南的路线连接计划应该得到赞扬，但我们应该尽力给予援助。"4月，外交部部长宋子文又转告英国驻美大使哈利福克斯（L. Halifax），希望英国在筑路方面给予帮助。哈利福克斯表示：英国的阻碍将不利于英美关系的发展，而帮助中国进行公路勘测是一种较好的和解方式。他还从英美关系的角度出发，进一步肯定了英国政府的支持态度，但他同时提出，英印政府的意见也必须考虑。然而，1941年下半年，英国政府突然改变态度，不主张陆测，改由航测。英国大使馆说，英国政府原则上欢迎中国筹修此路，但必须征求西藏地方政府的意见，同时由于地形困难，主张先办航空测量，并测量南线。1941年8月12日，军事委员会办公厅主任商震等与英国使馆陆军武官举行中英联合军事行动的商谈时，希望英国协助筑路工程。9月13日，蒋介石接见英国驻华大使克尔时，表示"从印度通至西康之公路，望促其早日着手测量"。克尔则答复，他将尽力督促英印政府在萨地亚一带进行测量，如果测量队"欲由印度和缅甸入藏，印缅政府固所欢迎"，但其安全问题"则由该队自身负责"。克尔还希望中国采用航空测量，因为"藏境地形复杂，岗峦起伏，（徒步）测量非易"。

英国虽然为抗日同盟国，但在修筑中印公路问题上态度屡屡变化是有战略考量的。因为修筑中印公路经过西藏段就势必要经过非法的"麦克马洪线"以南的传统习惯段，尽管"西姆拉会议"非法划界已有20多年，英印政府此刻还没顾得上对传统习惯线以北地区进行全面的实际控制，如果中印公路经过该区域，就会强化国民中央政府及西藏地方对那里的管理，会给以后蚕食该地区带来困难。英国人有此考量并不意外，而令人气愤的是西藏地方那些亲英分子接受了英国人的财物贿赂及武器赠予，既不顾全国抗日大局，又不为藏南即将失掉的大片领土考虑，不仅对修筑中印公路不配合，更不考虑此举对抗战大局和国家领土主权的危害。

1941年9月25日，国民政府面对西藏地方的阻挠，召开由西藏驻京办事处代处长伦珠参加的会议，认为此事虽然系英国人从中作梗，但是目前不便于（实际是不敢）向英国政府提出交涉，只有要求驻藏办事处对噶厦做"晓以大义，顾全大局，履行诺言"的说服工作，且警告噶厦，如果藏方再不允许勘测队通过，中央将派军队护送。但藏方在西藏地段仍然坚决阻挡筑路勘测队，勘测计划毫无进展，中印公路中国段的勘察修路计划因过不了西藏地方这一地段而被迫停止。1942年1月12日，噶厦通知蒙藏委员会驻藏办事处："此次修路调查路线一案，对于汉藏有无关碍，佛示不准，是以势难从命。"还威胁道，如果中央政府强行用军队护送测量队，则"不但藏方有碍，而且对于中央政府恐怕也（势必）妨害"。鉴于修筑中印公路计划有全面搁浅之虞，以美国为首的盟军为解中国战场燃眉之急只有先行开通空中走廊"驼峰航线"，并商请蒋介石尽可能开辟陆路人畜驮运通道。

在北线勘查受阻以后，国民政府决定转向南线计划①，而南线也遭到西藏地方政府的坚决阻挠。西藏噶厦之所以敢于阻挠中央政府的中印公路计划，虽然与英国政府在其中的干涉有很大的关系，西藏地方当局也多次

---

① 早在1941年11月10日，行政院副院长孔祥熙就向蒋介石提出了继续修建北线，若西藏仍然无法通融，再修筑南线的建议："英方之不愿意路线经过西藏，已属显然。窃思为经营边疆起见，当已经过西藏之北线为宜，惟西藏为我国之一部分，倘请英人转令就范，于我主权不免受损，纵令藏方同意勘测，并能于明年雨季前勘测完竣即速兴工，亦需二年半后方可打通。"他认为如果走南线，不仅没有西藏噶厦的阻挡，而且可缩短200公里，时间缩短6个月左右。孔祥熙还罗列了修筑路线所需经费：北线：93750万元（普通标准）；141750万元（轻轨标准）；南线：81550万元（普通标准）；122850万元（轻轨标准）。

将此种阻挠的责任推到英国人身上，但在整个中华民族血战日寇等待国际救援物资而嗷嗷待哺的大局下，即使有英人的阻挠，即使为亲英分子，也不该置整个民族大义于不顾，蛮横地阻挠中印公路通过西藏段。1941年、1942年的国内抗日如此惨烈，日本人在东北、华北、华东残酷地杀害中国各族人民，特别是在华北，正是日寇对晋冀鲁豫和内蒙古各族军民铁壁合围、残酷扫荡之际，多少男女老幼被残杀，多少村镇被焚毁，顽强抵抗的各族军民在日寇的封锁下缺医少药、缺枪少弹，正需要外部国际正义力量的支援和国际物资支持，对于这些，如果说因为藏内封闭尚不了解，但长期住重庆的西藏驻京办事处的人员是清楚的，这种不顾抗战大局的劣行与当年热振活佛摄政时组织三大寺僧人祈祷抗战胜利的活动相比较，与西藏爱国力量奔走各地为抗战募捐的大义相对照，既不可理喻，更为国人所不齿。

国民政府修筑中印公路的勘测在西藏亲英势力的阻挠下停了下来，而英国借口修筑中印公路向藏南渗透却未停止。受这次修筑中印公路的启发，英印政府乘修筑中印公路印度段之机，加紧了从传统习惯线向北推移，先后侵占察隅、门隅、达旺等地。据国民政府档案记载，1943年底，英国两名军官率领印度兵士30余名及当地劳役40多名，以勘测修筑中印公路为名，从萨地亚推进至察隅，并派当地人"由拖洛岭修筑简单道路到察隅"。1944年5月，又有英军40余名，"声称勘测公路线，由印度的萨地亚到康境察隅"。1947年印度独立以后，印度仍然借口中印公路"塞查"段，侵入察隅、门隅地区。英国对于修建中印公路的总体战略是：先唆使西藏地方亲英分子阻挠中国一段的修筑，同时加紧印度一段的修筑，并乘修筑中印公路之际加紧向传统习惯线以北的察隅、墨脱、米林、隆孜、错那一线推进，可谓居心险恶，路人皆知。只是藏内那些亲英分子们装疯卖傻，毫不顾及祖宗家业，更不顾及中华民族的整体利益，甚至把六世达赖喇嘛的家乡也慷慨让给英印占领，这实为后人永远的教训。

（五）在破坏国家主权的道路上越走越远的"外交局"事件及其无视中央政府威权的"藏警案"

西藏地方中的亲英分子阻挠中印公路通过西藏的劣行因中央政府的软弱而得以逞谋，又见蒋氏国民政府虽言辞激烈而无实际行动，对破坏国家权益的行为毫无办法，更加胆大妄为，在分裂国家的道路上越走越远。

1942年初，达扎当局在英国住拉萨的商务代表黎吉生的导演下，以对外事务增加为由，决定在原"外事局"①的基础上，成立专门负责与外国交往的"外交局"。7月6日，西藏"外交局"宣布正式成立，一贯亲英的索康·旺清次旦任外交总管。成立的当天，国民政府驻西藏办事处长孔庆宗派人到噶厦办理运输事务，不料却被挡在门外，所告理由为："藏政府本日已成立外交局，即将通知办事处，前此各案已交该局办理，自本日起一切事务请处长（指孔庆宗）向该局接洽，勿直接与噶厦提说。"②这时，孔庆宗感到事态严重，这显然是达札一伙在英国人黎吉生教唆下谋求"西藏独立"的一个步骤，只要民国政府办事处与这一非法的机关联系，就可以向民国政府宣示西藏已作为一个国家的存在；如果不联系，则使办事处形同虚设。

这些亲英分子选择在太平洋战争爆发，世界法西斯气焰嚣张，中国各族人民抗战最艰难的时候向国民政府发难，其用心确是险恶至极。7月8日，噶厦致函国民政府蒙藏委员会驻藏办事处，"今后汉藏间，事无巨细，请径向该机关洽办"③。不久，噶厦断绝了驻藏办事处的供给，无故逮捕拉萨汉人，不断制造迫害内地各族在藏商户的事端，以迫使驻藏办事处与"外交局"发生交涉。噶厦还通知英国和尼泊尔驻藏机构，"今后英国与西藏政府之间的所有大小事务都将同该机构协商解决"。7月16日，噶厦又致电蒙藏委员会，声称设立"外交局"是"重视中国政府及各外国提出巨细事务，使不致迟缓之便利，特为和睦计"，且"既经成立，无法变更"④。孔庆宗急电蒙藏委员会："现噶厦将事实要案悉归外交局，强我屈就，自动放弃对藏固有主权，而间接承认其独立，否则一切要案无从解决。设计限度，较拒修公路尤甚。"⑤蒙藏委员会委指示驻藏办事处坚

---

① 1921年，西藏地方政府出于对英国、尼泊尔等交往的需要，临时成立了"外事局"，由札萨索康·坚赞平措及札萨凯墨·仁钦旺杰任主管，工作人员有僧俗官员各一名，翻译一人。该外事局事务有限，人员较少，在噶厦内部的影响也很小。两位主管去世后，外事局撤销。

② 《孔庆宗为报西藏设立外交局事务致蒙藏委员会电》（1942年7月6日），《元以来西藏地方与中央政府关系档案史料汇编》（7），中国藏学出版社1994年版，第2841页。

③ 《孔庆宗为报西藏设立外交局事务致蒙藏委员会电》（1942年7月7日），见《元以来西藏地方与中央政府关系档案史料汇编》（7），中国藏学出版社1994年版，第2842页。

④ 《噶厦为强辩设立外交局理由并坚持以后一切事物均须向该局接洽事复蒙藏委员会电》（1942年7月16日），见《元以来西藏地方与中央政府关系档案史料汇编》（7），中国藏学出版社1994年版，第2844页。

⑤ 《孔庆宗为噶厦拒绝接见凡事须向外交局接洽等情致蒙藏委员会》（1942年7月11日），见《元以来西藏地方与中央政府关系档案史料汇编》（7），中国藏学出版社1994年版，第2843页。

决拒绝与"外交局"发生一切来往。接着行政院召集军事委员会、军政部、外交部、交通部、蒙藏委员会等部门进行研究。1942年8月，国民政府行政院向驻藏办事处并噶厦转达中央政治训令，指示藏方为处理地方涉外事务而有设置机构之必要，则应遵守下列两事："（1）有关国家利益问题，即政治问题，必须秉承中央旨意办理；（2）中央与西藏间的一切往还接洽方式，仍应照旧，不得经由上述外交机构。"① 国民政府还决定，如果西藏地方政府仍然坚持中央与西藏间的事务由西藏"外交局"承办，那么驻藏办事处将暂停对藏接洽，中央与西藏的畜力运输，则采用商业方式由交通部驻印度专员在印度筹建商业运输团体承办。

然而，西藏地方政府仍继续迫使国民政府驻藏办事处与噶厦"外交局"交往。1942年10月初，噶厦不仅完全停止了国民政府驻藏办事处基本生活物资的供应，还在拉萨制造了危害中央威权的"藏警案"。所谓"藏警案"，是指1942年10月6日发生在拉萨的西藏地方警察冲扰国民政府蒙藏委员会驻藏办事处，驻藏办事处依据中央管理地方的有关规则拘押4名藏警的事件，当时文件称为"藏警案"。1942年10月6日傍晚，一名汉人与一名尼泊尔人发生了商务纠纷，尼泊尔人受伤，汉人为避免报复前往驻藏办事处避难，藏警追踪而至，要求交出这名汉人，办事处因担心损害中央管理西藏的规矩而拒绝。于是，藏警不顾中央政府办事处的威权强行闯入搜捕，并与驻办事处警卫人员、职员及处长孔庆宗发生冲突。为表明中央政府办事处不受地方侵犯，办事处拘押了4名藏警。鉴于事态的紧急性及严重性，孔庆宗深夜前往罗布林卡，叩门求见摄政，但摄政达扎托词拒见。

次日，噶厦召开"民众大会"，以孔庆宗深夜叩门行为不可饶恕为由，停止了对办事处的柴草供应，撤销服务人员，并扬言中央政府驻藏办事处为非法机关，要求中央政府撤回孔庆宗。中央政府与西藏地方的关系由此陷入最低谷。后来蒙藏委员会为缓和关系，屈就于西藏地方的纠缠和压力②，电令驻

---

① 《孔庆宗为噶厦拒绝接见凡事须向外交局接洽等情致蒙藏委员会》（1942年7月11日），见《元以来西藏地方与中央政府关系档案史料汇编》（7），中国藏学出版社1994年版，第2843页。

② 现在回过头来看，中央政府在抗日的艰难时刻确实牺牲了威权。如果这名汉人确实触犯了西藏地方的相关法令应予以抓捕和惩处，也应通过正规的官方渠道，由噶厦或者其下属机构向驻藏办事处接洽处理，而不是由藏警直接"闯进办事处来"抓人，甚至"迫其交出'坏人'"。孔庆宗既然"坚持汉民由汉官管辖的原则"，且不说孔庆宗是否如噶厦所说对这名汉人予以庇护，即便不是也不会将此人交予藏警。因为如果这样做，无异于表明直接向噶厦交出了在藏汉人的管辖权。

藏办事处尽快释放被扣押的藏警①。孔庆宗28日收到电文后，立即召集全处人员会商藏警释放问题。最后由孔庆宗召集被拘四藏警训话，告之以拘留之理由，及释放之原因。可以看出，中央政府对该事件的基本策略是以和平与团结为要，在不公开损害中央政府威信的情况下，就事论事，大事化小，妥为处理。但噶厦却不准备接受中央政府驻藏办事处的处理意见。在召开的"民众大会"上，有些年轻的与会人员以无异议的方式通过清洗汉人、制造新的"驱汉事件"等激烈主张，而摄政达扎毕竟老谋深算，担心把蒋氏政府逼急作出激烈的军事行动，即如蒙藏委员会委员王敦所说"此亦暴露其做贼心虚，断然脱离国民党中央政府之决心，尚未最后定下"，怕激怒中央，因而阻止了一些年轻官员提出的洗汉动议。后来，"藏警案"的余波在孔庆宗去职后才彻底平息。

从设立非法"外交局"到损害中央权威的"藏警案"，一系列的事件背后都有一只强力的手在推波助澜，这就是英国人的幕后黑手。非法"外交局"一宣布成立，英印政府驻藏官员马上表示支持，扬言英国与西藏的直接关系不会中断，并且由于"外交局"的成立，双方交往将更加便利，西藏地方政府的地位将随着"西藏外交局"的建立而逐步提高。实际上，噶厦所设立的"外交局"，就是英国导演的一场企图分裂中国西藏的阴谋。其目的就是要把国民政府驻藏办事处，同英国、尼泊尔等国代表一样列为"外国"代表机关，这样，西藏就能以独立国的面貌出现。后来黎吉生在1945年给英国政府的报告中称，英印当局认为，有了西藏"外交局"，西藏政府的政治地位就可随之得到升格和提升。孔庆宗也向中央政府明确指出："查外交局性质系与外国洽办事件之机关，经噶厦告知须向该局洽办一切事件，是视中央为外国，视西藏为独立国。如我予以承认，则前此国际条约所订西藏为中国领土之文件无形失效，而西藏于外国所订明各约未为中央所承认者，无形有效。事关重大，中央似宜明电噶厦不承认该局，中央驻藏官员仍需照旧于噶厦接洽一切事件。"②

---

① 蒙藏委员会分电噶厦和驻藏办事处，指示"迅予了结"，酌定办法为："（一）办事处所留四藏警噶厦派人往领，办事处应即放出；（二）汉人与尼人斗殴孰是孰非由噶厦会同孔处长查明，依法办理，行凶者应负赔偿责任；（三）朗子辖（旧西藏时拉萨市政府）此后应约束警察，勿令入办事处。"在此办法下，"饬孔庆宗将留处四名藏警释放"。

② 《西藏地方是中国不可分割的一部分（史料选辑）》，西藏人民出版社1986年版，第531页。

为了制止西藏亲英派的分裂活动，1943年5月，蒋介石接见了西藏驻京办事处代表阿旺坚赞，"言词与态度均至严赞"，指出："驻藏办事处向藏方洽办事件，必须与噶厦接洽，不经外交局。"噶厦在中央政府的严厉申饬下，只好再次召开民众大会，决定不再强求国民政府驻藏办事处与"外交局"往来，"拟让步，另设机关与驻藏办事处往还……西藏应与中央保持感情，不应与中央驻藏办事处断绝关系"。① 此决议由西藏驻京办事处总代表阿旺坚赞等人呈交国民政府。1943年6月，噶厦恢复驻藏办事处的供给。然而，由于英国的支持，西藏噶厦"外交局"并未撤销，这一明显破坏国家主权的机构在后来的"泛亚洲会议"、向欧美派遣"商务代表团""逼迫国民政府办事人员及内地商民撤出西藏"等一系列活动中起到了推波助澜的作用，只有西藏和平解放、驱逐帝国主义势力出西藏后，这一帝国主义侵略的衍生品才最后消失。

二　没有强有力的中央政府做后盾，不仅西藏地方动荡不止、内部自相残杀不断，即使达官显贵、望族高僧也难逃被政敌谋害的厄运

　　在民国藏事乱局中，有许多令人惊悚不已且噩梦缠绕的历史现象，一些历史事件的发生与中央政府对西藏管理乏力相关联。没有强有力的中央政府做后盾，不仅普通百姓屡遭祸患，即使藏内的贵族、官员、僧侣也会有被对手算计的危险。在短短的30多年里，仅西藏地方政权内部、各有关寺院及大小贵族家庭不知发生了多少起阴谋和多少场悲剧，有多少人被残杀或被迫逃亡，就是上层贵族、寺院大小活佛和一般僧人也不能幸免。藏事乱局导致西藏内部被残害或屈死的冤魂很多，既有民初大量爱国人士、僧侣被杀的残酷场景，又有九世班禅被迫流寓内地，至死不得回西藏的心酸历程；既有十三世达赖宠臣土丹贡培、龙夏被政敌算计的咄咄怪事，又有热振摄政被阴谋陷害致死的千古奇案，而那些无数不知名被残害的普通贵族、僧侣和小人物则更不计其数。

---

① 《西藏地方是中国不可分割的一部分（史料选辑）》，西藏人民出版社1986年版，第533页。

第四部分　民国藏事乱局留给后人的启示

（一）《艽野尘梦》道不尽藏内各界上层人士及无辜百姓被残害的噩梦

在研究藏事乱局的众多典籍中，有一本叫《艽野尘梦》的书颇为后人重视，研究近代藏史的人都会认真阅读此书。这一本不太厚重的书之所以引起后人的重视，主要是亲历者所述自身经历的缘故。这本由清末新军管带陈渠珍撰写的历史纪实作品，其内容折射出当年西藏的乱象。内地大革命突然爆发，政权新旧更替，全国大乱，西藏当然也不能幸免。但接替清朝的民国政府在管理边疆的力量与意志上都比不过前朝。在国家主权、中央威权屡屡遭到挑战的情况下，西藏地方也难免政局糜烂，各界遭殃。这在《艽野尘梦》中多有反映。拉萨兵乱，信息传到陈渠珍驻兵的工布一带，左参赞罗长裿被乱兵缢杀①，陈氏更心知肚明。陈氏的《艽野尘梦》不仅述说了乱兵们的自相残杀②，也揭露了藏内上层之间的相互仇杀和对政敌的残酷。该书有一段叙述道："自德摩行两日，至脚木宗宿焉。喇嘛寺呼图克图，及加瓜营官彭错夫妇，均来送行。聚谈至初更始回。次日晨早出发。呼图克图感余德惠，执手依依，不忍离别。彭错与余尤契好，见余远去，惶惶如有所失。敬献酒呛，情致殷拳。余虽不能饮，亦勉尽三杯。彭错率其夫人双拜马前，泣曰：'彭错老矣，无能为役。本布此去，重会何年？'泣不已。复执西原（女儿）手泣曰：'汝其善事本布。'赠藏佛念珠各一。余与西原亦含泪而别，后闻达赖返拉萨，按治交欢汉官者，皆杀之。彭错夫妇，竟寸磔而死。亦惨矣哉！是日宿甄巴，范玉昆住此。玉昆娶甄巴番女，生一子，甫几日。余约其同行。玉昆因怜爱幼子，恐不胜塞外风寒，迟疑不决。余劝之曰：'雪地冰天，携幼子远征绝塞，

---

① 任乃强先生认为，此云罗长裿、陈英、赵立本等勒死于德摩山下喇嘛寺。他官书亦云缢杀。刘燮丞云：哥老首领某，寻得罗长裿以绳缚之，系马尾后，鞭马曳行。凡数十里，至喇嘛寺，罗已气绝矣。时罗年五十余云云。则其死过于惨酷，马拖行远，不仅勒毙而已。民国元年，罗长裿子刺指血上书讼冤，指控钟颖、陈渠珍等。时燮丞方在北平，住赵尔巽家，悉其控案原尾，所传当实。

② 至西原家，倚垫而卧。默念参赞被杀，余日与豺虎为伍，能幸免乎。不觉泪下。西原问不已，余始与言之。西原大惊曰："似此将奈何？"余曰："明日到江达，再看情形。"西原大哭，留余勿行。余曰："军队已变，无可收拾。达赖虎视境上，必乘机而入。汉番仇恨已深，后患犹堪问乎。覆巢之下无完卵，留此，不独我不能存，即汝也不可保。幸彼辈虽横，对我犹善。是前进犹可望生，留此终必一死。汝必同我去，勿以家人为念。万一藏事可为，吾离去，不久仍回工布也。"言次，西原哭不已。其母至，又牵衣大哭。母亦哭。余亦哽咽不能成声矣。乃百计安慰之，始止。

谁复堪此。但恐大军一去。藏番皆敌人,子身且不能保,又能保全幼子耶?'筹商半夜,不能决。翌晨出发,余再催之。玉昆曰:'公先行。公在江达,必有数日勾当,我即携眷同来。'遂怅惘而别。余住江达三日,玉昆犹未至。两函促之,初犹复函,支吾其词。后一函则杳如黄鹤矣。玉昆贵州省人,家寒微,有老母妻室,一子年十四岁。玉昆初以府经历分发成都。适我军入藏,玉昆乃慨然从军,为营部书记。亦欲资此为终南捷径也。与余交甚笃。因年老惮行役,每遇战事,皆留其在后。余则亲治军书焉。后子青由藏归,询玉昆踪迹。云自余去后,两月,即为番人所杀。所娶番女及幼子,同时遇害。"这段叙述只不过交代了西藏地方官被亲英分子残杀的一幕,更残酷、更血腥的还有更多。因为清末留下来的守军孤悬西藏,粮饷不济,内部不和,外无援兵,以致被藏军围攻,最终在英印政府的调解下,双方达成协议,川军分批离藏途经印度返回内地。然而,没有中央驻军的保护,亲英分子对自己昔日的同僚,无论是贵族、高官还是僧人大开杀戒,欲之杀尽而后快。

西藏地方政府擦绒·旺秋杰布噶伦,因心向中央政府,在十三世达赖出逃印度期间,极力维护地方秩序,反对英国人策划的助藏反汉阴谋,帮助驻藏官员和各族商民避祸而得罪了亲英势力。十三世达赖从印度返回后,亲英分子欲置其于死地,遂控告其有"助汉"之嫌疑。一日,擦绒噶伦正与几个官员在布达拉宫开会,会议刚刚进行到一半,忽见几个恶僧闯入会议室,不由分说便将其从布达拉宫会议室里拖出,不加审问,在众目睽睽之下即行杀害,这种无法无天的行为即使再野蛮的社会也不会容忍,一个藏政府的噶伦,既不经过"民众大会"讨论,也不加审讯,即被几个僧徒在大庭广众之前戕杀,而且那些亲英分子们也都目睹了这一幕。恐怖的情形还不止如此,已经是藏军军官的擦绒儿子还在外职守,也毫无知情地被捆绑到布达拉宫脚下杀死。据史料记载,当擦绒噶伦的儿子被牵拽到布宫脚下时,恐惧地呼喊身居高位的"阿爸啦"救命,后悔生在权贵之家,此时他并不明白为何遭此大难,在忠于职守的时候不明不白地被杀害。同时还有几个高级藏官和札隆的儿子,也被疑惑有帮助汉人的嫌疑,都在不经审讯的情况下被杀害,当时,被政敌杀害的高官、高僧就多达几十人。

在这次事件中,哲蚌寺、扎什伦布寺、丹吉林寺、第穆寺等多个寺庙的广大僧俗民众心向中央,坚决反对亲英分子驱汉、排汉逆流,尽全力帮助被围困的川军及内地在藏的各族商民①。第穆寺和哲蚌寺向来亲汉，拒不执行噶厦政府围攻川军的命令，且暗助川军粮饷。1912年3月，驻守拉萨的川军与地方武装藏军再次发生冲突，第穆寺的喇嘛看不惯那些亲英分子挟洋人以自重，遂发动武装起义，会同哲蚌寺出僧兵三百名援助川军，向噶厦开战。川军被驱逐后，噶厦下令将该寺尽兴捣毁，夷为平地，九世第穆活佛丹增嘉措及管家曲吉占堆等人被捕入狱，科以重罪，其财产全部没收瓜分，所余喇嘛被解往他方，永不准回藏，"嗣犹以为不足……又派军队围攻哲蚌寺，强迫捕去援助中国军队首领之数人，科以援助汉军之罪，施以最残酷之刑"。达赖从印度回藏后，第穆寺全部被毁，500多喇嘛僧人遭到血腥屠杀，当时的血腥场面为："遍地尸横，血溅画柱雕梁，红黄飘零起落错动，飞沙裹挟血腥，凄凄惨惨，慈眉菩萨或似露怒容，或为止悲戚。"不仅如此，哲蚌寺堪布二十余人也被凌迟处死，嗣后陆续就死者复有38人。当第一批川军启程返回内地时，前助汉之喇嘛也有相随而行者，达赖恨之，令杀哲蚌寺大堪布元典于彭多宗。

这种强加于爱国人士的滥杀无辜的恶行的发生，当然主要是因为"亲中央""助汉"等所招致，但还有另一层掠夺利益的贪婪心态掩盖其中。当没有中央政府强有力管理的时候，藏内乱局会使一些恶徒的贪欲更加膨胀。实际上，当时与川军和各族商民站在一起抵抗藏军的普通藏族群众还有许多，那些没有多少财产的人得以幸免，而那些拥有大批财富、田产的贵族、高官、寺院就没有那么幸运了。据史料记载，噶伦擦绒·旺秋杰布的房产、田地、牧场和大量的资财连同其几个年轻的女眷全被藏军司令达桑占堆所占有，因擦绒噶伦家男丁净尽，连同贵族封号也为达桑占堆所窃取。而哲蚌寺的部分百姓田产则被色拉、甘丹等寺所瓜分。后藏、山南、翠南等处百姓田产、牛羊概归噶伦分管。噶厦没收了曾竭力支持过川军的丹吉林寺的所有财产，遣散了所有喇嘛，与此相反，在驱逐川军的战斗中，捞得大批田产、百姓的一批人，如夏扎、达桑占堆、噶雪等，一下子被授予扎萨高级官衔，后又升任为噶伦；甘丹寺主巴策墨林阿旺洛桑·

---

① 亲英分子曾认为，哲蚌寺……（对噶厦政府）总是容易忤逆不忠。全寺喇嘛主要来自紧靠中国人口稠密省份的东部边界地区，总想尽可能同中国保持友好关系。札什伦布则……在西藏政府同中国发生争端期间即与中国人暗中勾结……至于丹吉林寺，更是公开为中国人而战。

丹巴坚赞在达赖喇嘛逃亡印度期间处理西藏事务，支持分裂势力围困川军及内地商民百姓，并亲自指挥藏军驱逐川军出藏，深合亲英势力的意图，因而赏给摄政呼图克图的封号，颁赐印玺和呼图克图所用的全套服饰、马鞍、包加（侍从官肩上之锻）、黄伞等物，并赠予好几个地方的田庄。色拉寺拉基（管理事务的机构）因组织僧兵围困川军有功，达赖喇嘛将达木蒙古八旗拨给色拉寺总管。甘丹寺拉基也因同样功劳，达赖喇嘛委任其人员为错那宗宗本。

在民国藏事乱局中，藏内的一些亲英势力还趁中央政府的驻军和内地商民被驱逐之际，大肆迫害已经遭难的各族平民。据《藏乱始末》记载：阴历十一月初十（1912年12月18日），番官派戴琫噶降丹巴，廓官派赛古雪及兵丁护送（川军）至藏河北岸。见帐房甚多，均商上及三大寺派来搜检枪支者，（对被逐汉军及商民）极行骚扰，甚至将汉人身带之小刀、牙签均行夺去。1913年2月24日，被逐汉军及商民遂移亚东税关居住，其时各山番兵密布，并闻番官传谕藏人不得售给汉人食物。不意次日竟能购牛一猪四。晚闻售猪牛之人几为雪巴露珠杖毙，且罚洋500元。不知面上被何物所击，异常轩肿，目不能开。藏人蛮刑，有挖眼断手抛水诸法，虽严禁不听，残忍极矣。从这段记载可以看出，不仅被驱逐的朝廷官兵及百姓由于藏军的封锁和地方官员的严令交逼而无生存保障，随身带的少许物品甚至连牙签也被藏官搜刮净尽。在饥寒交迫冻馁哭号情况下，有藏族民众实在看不过去，卖给这些被逐平民猪牛以解困厄，却被噶厦派出的藏官施以酷刑。被逐内地兵民不仅受到藏军的围堵交逼，英国人一同配合藏军藏官围堵被逐兵民，即使他们躲过西藏地方当局的检查围堵，又经常遇到英国人、廓尔喀人的阻截。① 由此可见，在中央政府孱弱的时候，挣扎在乱局中的人们无论任何民族、职位高低，都有遭遇人为残害的可能。

---

① 公历三月十四日（1913年3月14日）廓官来言，江、后两处番兵已到齐，戴琫等谓已奉严令攻逼汉人出藏，若能于十五天内出藏，可免围攻，即请酌令戴等语。长官探知郎惹地势险峻易守，较税关实胜万倍，遂于二十八号起行，驻郎惹，派魏和到噶伦布购粮，不意运至那当，又为洋员阻截。共购二百五十余包，只能偷运八包到郎，米商已受罚矣。但无粮难守，适于四月有罗桑、鹏威二人来见，声称系由京来。长官遂托伊等向戴琫婉劝，且勿迫逐。二人谓若肯将现有枪支收存税关，身边只留十余人，即无作战嫌疑，或可应允。长官以人数太少，又不能购粮，战守两难，遂许之，嗣来函一如所约。但云伊二人面达赖后如仍不准居住，须即日出界。

（二）没有强有力的中央政府，即使有着崇高威望的大活佛九世班禅，也难逃被亲英势力算计的厄运

1923年12月26日深夜，西藏发生了震惊全藏乃至民国中央政府的大事，一向具有崇高威望的九世班禅[①]大活佛为了躲避亲英分子的加害，在15名僧人的伴随下，黯然离开自己的主寺——扎什伦布寺，冒着凛冽的寒风从那塘、达拉、波日波多果，经谢通门、申扎进入藏北羌塘无人区。随后，又有大批扎什伦布寺僧官及高僧大德紧随其后会合于藏北。当班禅一行经过安多时，曾遭到当地武装和驻军的盘查，后经随从一再说明情况，才得以继续前行。九世班禅夤夜出走的消息很快传到了亲英分子那里，噶厦急忙派出藏军日夜追击，无论死活也要将九世班禅解回。噶厦追兵追到唐古拉山口不见踪影，只好空手而回[②]。班禅一行翻越唐古拉山，马不停蹄地进入青海高原。一路上历经天寒、饥馑及崎岖险峻的山岭，千辛万苦，心力交瘁，经过三个多月的艰难跋涉，终于1924年3月30日抵达甘肃省的安西（今瓜州市），受到安西县长及各族人民的热情欢迎和接待。

九世班禅出走祖国内地，犹如寒冬的一巨闷雷震得亲英分子和正在策划西藏独立的英国人晕头转向。他们非常明白，在乘民国危乱之机策划西藏独立的关键时候，在藏内外有着广泛影响的班禅大活佛因坚决反对西藏脱离中央，反对亲英分子的倒行逆施而率一批高僧大德和有志于维护国家统一的青年出走祖国内地，这一举动就意味着西藏上层和许多僧俗群众反

[①] 九世班禅额尔德尼，乳名仓珠嘉错，藏历第十五饶迥之水羊年（1883年）正月十二日生于前藏塔布噶夏村一户贫苦家庭。清光绪十四年（1888年）正月十五日，由清驻藏大臣文硕等在布达拉宫"金瓶掣签"后，成为九世班禅额尔德尼，并由十三世达赖喇嘛为其剃发，取法名为罗桑图丹却吉尼玛格勒男杰（省称"却吉尼玛"）。光绪二十八年（1902年），九世班禅到拉萨，由比他大7岁的十三世达赖喇嘛为其受比丘戒，故两者有师徒之谊。在西藏格鲁派两大活佛系统中，达赖与班禅互为师徒的情况是常见的；而且在宗教和世俗权力上，两者的地位也相等。按宗教上的说法，达赖是观世音菩萨的化身，班禅是无量光佛的化身。然而，事实上在世俗权力方面，因历史和地理等诸多原因，达赖喇嘛成为西藏事实上的政教领袖；而九世班禅主要在后藏以扎什伦布寺为中心的部分地区行使着世俗权力。

[②] 九世班禅一行出走后，噶厦驻扎什伦布寺的两位基宗立即派人追赶，并通过江孜的商务机构致电噶厦禀报。噶厦立即派孜本龙夏、代本崔科率藏军1000名兼程追赶、堵截。他们以为班禅一行会走藏人通常经过的那曲的大道，因此在那曲至唐古拉山一带搜寻。时已隆冬，大雪封山，结果无功而返。

对分裂，反对英国人插手西藏，反对亲英分子出卖西藏的态度。在此种情况下，英帝国主义和亲英分子无论如何狡辩，也不能否认在西藏的政教权力结构中，仍有许多人反对分裂西藏、倾向于中央的事实。噶厦中的一些人如挨了一记耳光顿时清醒过来，赶忙商量对策，同时派出噶厦官员接管扎什伦布寺及后藏班禅的属地。

实际上，九世班禅出走内地，完全是由噶厦政府一手逼迫造成的。原来，本有互为师徒之谊的历代达赖喇嘛和班禅额尔德尼的关系一直是融洽的，这可追溯到五世班禅的宽厚仁德和谦让的风格①。即使十三世达赖喇嘛与九世班禅，在早期的关系也较为融洽，年长7岁的达赖还曾为班禅剃度，因而班禅也非常尊重达赖。但是，自19世纪末至20世纪初，英国侵入西藏，十三世达赖喇嘛和九世班禅的政治取向慢慢发生了变化。特别是十三世达赖逃亡印度后，当时驻藏大臣联豫奏请九世班禅暂时摄政，班禅被邀到拉萨，为尊重达赖婉言谢绝了联豫的安排。使他们隔阂加深的最终原因还是十三世达赖投靠英国之后，使心向中央的班禅有所警惕。1912年底，十三世达赖从印度返回西藏，班禅专程到江孜迎接达赖喇嘛，而达赖却临时通知他不经过江孜，要班禅到热隆寺会面。热隆寺会见不仅没有使双方和解，反而加深了两者的矛盾。

民国建立后，因民国中央政府的软弱，西藏地方当局在英国人的支持下扩充武装，肆意东侵，作出了兄弟阋墙、民族仇杀的不义之事。扩充藏军又要从各方面征集军费，让扎什伦布寺拉章垫付总军费的四分之一，这理所当然地遭到班禅的反对。至1915年，亲英分子为了进一步控制班禅的辖地，在日喀则成立后藏基宗②，强行向班禅所属谿宗及拉章课以重

---

① 清康熙五十二年（1713年）正月二十二日，康熙帝在册封五世班禅额尔德尼名号的同时，法定了班禅的后藏行政辖区，规定"扎什伦布寺所属各寺、庄园为尔静善之地，他人不可借口滋事"。雍正七年（1729年），清朝改革和划分西藏地区行政区域时，当时五世班禅喇嘛主动放弃了对整个后藏和阿里地区的管辖，仅只保留了日喀则、拉孜、昂仁和彭错林四个宗的辖地。这就形成以达赖喇嘛为首的地方政府和以班禅为首的扎什伦布拉章两个地方政权，统由清朝中央政府管辖。

② 1915年，噶厦在后藏成立相当于专区的管理机构，委派僧官堪穷罗桑团柱（blo-bzang-don-grub）、俗官木霞为基宗总管，管理后藏16个宗，包括班禅扎什伦布拉章所属4个宗及30多个豁卡（庄园）的所有事务；并按新规定强征他们的羊毛、牛尾、食盐等税，甚至插手

税,九世班禅多次申诉未果。1919年11月,九世班禅终于被允许到拉萨,噶厦在接待礼仪上有意慢侮,派较低的官员接待①。十三世达赖与九世班禅曾会谈多次。其间,正值甘肃督军张广建所遣代表李仲莲、朱绣在拉萨,班禅为避嫌却不能会见一向有联系的甘肃代表,只有在回复张广建的信函中,曲折地表达了他到拉萨的目的和不方便见其代表的心情②。最后,九世班禅在多次弥合矛盾没有结果的情况下于年底返回扎什伦布寺。

然而,噶厦对扎什伦布拉章的进逼并没有到此为止。1921年,噶厦成立军粮局,统管全藏军粮的征收,规定扎什伦布寺拉章应承担总军费的四分之一,约合10000藏克青稞(1藏克相当于28市斤)。1922年,名义上任驻拉萨商务代表的英国人贝尔到达西藏,鼓动西藏地方当局与民国中央政府对抗,十三世达赖在英国人的武器支援下决心再次扩军,向扎什伦布寺拉章征收约30000藏克青稞和10000个银币的年附加税。在这种情况下,九世班禅曾致函能够控制噶厦的贝尔,申诉拉萨方面强加在他身上的苛重赋役,请求贝尔向达赖喇嘛说情,结果可以想见,贝尔不可能帮助一个和民国中央亲近的群体。

1923年,噶厦颁布了《水猪年法令》,更加肆无忌惮地强迫扎什伦布寺拉章所属百姓必须支应重税,且不考虑因自然灾害等原因所造成的土地荒芜的诸多因素。以上这些赋税、差徭,是班禅属地无论如何也承受不了

班禅拉章的内部事务,这是九世班禅和其属下不能接受的。为此,九世班禅于1916年写信给达赖喇嘛进行申诉,并要求到拉萨与之面谈。达赖喇嘛却一再推延会面的时间。到1917年(藏历火蛇年),噶厦又发布了《火蛇年法令》,规定:凡江孜境内宗与宗之间应支的徭役,倘如马差不超过100匹,驮牛不超过300头时,须要另行再支差役;扎什伦布所属庄园与百姓应共同承担江孜境内的各种差徭开支的七分之一。这不仅与历来班禅辖区僧俗官员、百姓和庄园、土地所承担的赋税、差役均向扎什伦布寺拉章札萨缴纳,从无支应噶厦的先例,是违背的;就是与1793年西藏订立的《水牛年汉藏差役细则》规定:"宗属权限内的乌拉差役,须支应马差四十九匹,驮牛差九十九头以上。凡超过规定数时,其人佚、骡马、驮牛的住宿开销、伙食柴薪、牲口饲料等等,则由扎什伦布方面负担超出部分的六分之一",也是不相符的。

① 据史料记载,噶厦仅派"侍卫马兵十二人到宣东嘎迎接,并差遣堪钦一人、堪穹二人、列参巴二、普通孜仲五人在鲁定材卡设灶郊迎"。这与班禅的传统地位是极不相称的。

② 函内称:"……本应派员随同李咨议等前来通候,只缘善后条件尚未解决,与达赖商酌再三,此次派人前来,诸多不便,望贵督军原谅。"

的，班禅又一次派人到拉萨商谈并申辩①，结果派去商谈的人被噶厦投入了监狱。九世班禅感受到生命受到威胁，所以决定离开扎什伦布寺到祖国内地寻求中央政府的帮助。

班禅一行离开了西藏后，相继经过青海、甘肃、陕西、山西、内蒙古、河北，沿途受到了各族群众和当地官员的热情欢迎与接待，于1925年2月抵达北京，民国中央政府给予了很高的礼遇。在中央政府的帮助和各族群众的支持下，九世班禅积极参与国内政教方面的活动，先后到华北、东北、华东、华南、西南等地宣传政教主张，到杭州隐灵寺、南海普陀山、山西五台山等地朝佛布施，同时经北京执政府的批准，在北京成立了班禅驻京办事处，以福佑寺为处址。不久，班禅驻川（成都）、驻青（西宁）办事处相继成立。到1928年，南京国民政府成立后，于次年2月批准在南京成立班禅驻南京办事处，以奇望街13号为处址并发表了《成立宣言》。此后，班禅驻京及各地的办事处在支持和帮助国民政府处理1930年的藏尼问题及西康"大白纠纷"等问题上，均做了一些促和增益的工作。

1931年5月，九世班禅应国民政府的邀请从东北到南京，参加国民大会，并在大会上作了简短的祝词。5月10日，在南京新亚细亚学会第三次会员大会上，作了题为《西藏是中国的领土》的重要讲演。同年6月12日，国民政府考试院院长戴传贤鉴于班禅、达赖喇嘛均派代表参加国民大会，"其拥护热诚，洵堪嘉尚"，故向国民政府提出："拟请中央给予达赖以护国普化广慈大师名号，给予班禅以护国宣化广慧大师名号，以示褒奖。"② 6月24日，国民政府正式下令着加给九世班禅"护国宣化广慧大师"名号，并于7月1日在国民政府大礼堂举行册授典礼，后又颁玉印一封。到1933年4月14日，经过一番周折之后，国民政府下令"特派班禅额尔德尼为西陲宣化使"，并颁发委令状，指定青海香日德为驻锡办

---

① 就在此年初，噶厦复函扎什伦布寺拉章，同意他们派代表到拉萨商谈减免赋税问题。于是九世班禅派驻拉萨的仲译格桑巴、扁康（德来康萨）、副官长赛巴及大马官德绕巴等去噶厦商谈，结果商谈变成了审问，并将他们投入布达拉宫夏钦角牢房，只有大马官德绕巴逃回扎什伦布寺。这一事件直接促成了九世班禅出走内地。

② 实际上，国民政府主席蒋介石批示："先发表班禅称号，达赖暂缓"；文官处处长古应芬签："笺函藏委员请转告蒙藏委员会马委员长（福祥），征询达赖意见，再行发表赖名号。"这不过是一个托词，实际上可能是当时康藏战争正进行中，故封达赖喇嘛名号一事暂缓。

公之地。

国民政府给予九世班禅名号及发布为"西陲宣化使",立即引起了十三世达赖喇嘛及噶厦的强烈不满,亲英势力在英国人的挑动下寻求对策,因而就有了西藏驻京办事处贡觉仲尼等致书国民政府行政院的呈请书,以译录三大寺及民众大会宣言的名义对九世班禅等进行了大肆攻击①。西藏驻京办事处译呈②的《西藏三大寺僧俗官员及民众全体大会宣言书》,首称"自班禅谒见南京当道,谋取西藏政教大权,将以蒙古、青海置于一己权力之下,而于康藏各地创设机关,请求中央予以一切援助。以此种种行为,遂引动西藏三大寺僧俗官员及民众等之愤慨而开全体大会,议决宣言发表于左",内追叙了西藏两个活佛系统的历史及九世班禅之出逃内地,中央国民政府对班禅之种种优待。威胁国民中央政府如再继续优待班禅等,则影响双方关系,等等。③

对于达赖及噶厦的构陷和指责,班禅驻南京办事处也毫不示弱,处长罗桑坚赞也呈文国民政府行政院,针对噶厦驻京办事处上述指责,陈述藏

---

① 在呈请书中,贡觉仲尼等西藏代表称,其"奔走藏事,使命未完,责任所在,终难缄默,兹再代表藏人意见",提出五点要求:(1)"查西藏政教两权,完全属于达赖喇嘛,经籍可考,事实有证……今见班禅一至内地遽膺殊典,得抗敌于达赖喇嘛,假使群思效尤,妄生希冀,不特西藏政教将受恶响,而内地应付亦入穷途。此不得不请求中央对于班禅名号、印册及新授职位即予收回成命,以防流弊者一也。"(2)"查班禅属下之人历年购置军火,其数至多……班禅既无管领地方之权,复无维护治安之责,储此巨量武器,意欲何为?……此不得不请求中央对于班禅购储军火,立予分别没收查禁,并请将班禅未回西藏以前,暂留平京,以遏乱萌而安边圉者二也。"(3)"班禅以一宗教师,并无政治地位,而月俸坐享万元,招待费折银至每月三万元之多……此不得不请求中央对班禅俸银及招待费,速予取销,以息彼辈阴谋者三也。"(4)"……且彼辈多设办公处,所办究竟何公?克实言之,无非为购军火之机关而已。连公家之费用既多,贻藏局之隐患尤大。此不得不请求中央对于班禅各地办公处,迅令裁撤,以免凭藉为恶者四也。"(5)蒙藏委员会下属藏事处处长及官员为班禅办事处人员,内外勾结,实为西藏之反动分子。"此不得不请求中央对于该藏事处亟予改组,以利策进藏务者五也。"

② 译录、译呈是两个不同文牍的叙事表述,翻译藏文文件作为附件称译录,翻译后作为正式文件上报国民中央政府,叫译呈。

③ 宣言威胁道:"彼辈并可至各省地方任意活动,是无异对于西藏政治为莫大之破坏也。以上各项,中央政府如不能予以撤销,则中藏两方和好恐根本上无成功之希望矣。"宣言最后说:"藏人全体开会议决,宣言如上,所言毫无差谬。特此寄示藏政府所派各代表转达中央及各机关,冀得明确之认识。对于班禅方面之缪行,中央如再不了解,尚拟由全藏民众举派代表向中央请愿,在未撤销班禅诸人名号职位以前,决定一致进行,非达目的不止也。"

情并历数十三世达赖罪状。呈文首先引据汉藏典籍，驳斥贡觉仲尼等谓班禅无政治权利是"纯属捏造曲解"。呈文还追述有清以来，西藏地方与清朝关系的历史，证明西藏早就为中国之一部分。呈文又说，"达赖喇嘛秉性骄横，凡事专断，内而排斥班禅，以期操纵前后西藏大权，外而听（英）人离间，希图脱离中国独立……班禅大师既忧藏局之危如累卵，复概独木之难支大厦，不得已有民国十二年内地之行"。目的所在，无非陈述藏情，请求（中央政府）挽救。

班禅办事处驳诘噶厦办事处的最激烈之处，当属给十三世达赖列举的十大罪状："背叛中央，妄自尊大，其罪一"；"始则联俄以拒英，继则亲英而叛华，反复无常，变化莫测，勾结外援，损害地方，其罪二"；惨杀第穆呼图克图，谋夺大权，"阴贼险恨，侵权害命，其罪三"；屠杀亲汉之第穆寺喇嘛五百余人，"违背佛法，惨杀同种，其罪四"；滥用酷刑，割鼻刖足，"罪及无辜，其罪五"；"吞没民产，以饱私囊，其罪六"；"不使汉藏人民互相来往，即使无政治作用之商贾贸易，亦均严加阻止，偶有违犯，杀戮随之，违背世界潮流，阻碍中藏交通，其罪七"；"媚外求荣，不惜断送国权，其罪八"；"横征暴敛，开租税史上未有之奇闻，其罪九"；挑起康藏战争，进攻青海，"无端起衅，侵略边省，其罪十"。实际上，这些呈文[①]已远远超出了相互间可以承受的底线，使两大活佛系统的和解又蒙上了一层阴影。

国民政府行政院先后接到西藏驻京办事处和班禅驻京办事处的呈文后，专门召开蒙藏委员会常务委员会议决，并作出答复。从致拉萨哲蚌寺、色拉寺、噶丹寺、西藏僧俗官民全体大会及十三世达赖函电的内容看，国民中央政府显然是尽可能促和增益，促进中央和西藏地方的关系，更何况此前已有国民政府文官处秘书刘曼卿两次进藏，已知十三世达赖对过去一味亲英有所悔意，总要以大局为先，以安慰西藏地方和达

---

① 呈文也对西藏驻京办事处进行指责，认为贡觉仲尼等"对于商洽藏事，多方推却，不予进行，专以要挟政府为能事，攻击班禅为目的。蹉跎岁月，虚縻国帑，中藏交涉，毫无成绩，康藏纠纷随之以起，发纵指使，挑拨播弄。谁为厉阶，贡觉仲尼等实难辞其咎"。"所有缕陈各节，暨请明令讨伐达赖，取销其驻京办事处、撤职查办贡觉仲尼等各缘由，是否有当，理合备文呈请钧院鉴核转呈，实为公便。"呈文又对九世班禅在内地情况进行了叙述，并驳斥上述西藏驻京办事处的各种指责。

赖喇嘛为要①。

但中央政府的缓和之意并未能解决班禅返藏的根本问题，即噶厦停止迫害九世班禅，尽快迎请班禅回西藏。而班禅坚持反对分裂的态度则更加坚定。在北京，九世班禅行辕安排了许多从西藏到内地的青少年进学校读书，后来成为驱逐帝国主义势力，解放西藏、建设新西藏的骨干力量。早在1931年5月，班禅应蒋介石之邀出席在南京召开的国民会议，向会议提出了"恢复西藏行政原状案"。1934年，十三世达赖圆寂不久，受国民政府之命的热振摄政派员到南京迎请班禅回西藏。为此，国民政府决定派专使和300人的武装仪仗队护送班禅返藏。这个决定即刻引起英国人及藏内亲英分子的强烈反对，英国驻华公使和参事等人，以"看望"班禅为名，诱劝其从海道回藏，其目的是不让班禅带"汉官汉兵"一同入藏，为班禅所拒绝。而亲英势力借口"民众大会"不同意班禅如此返藏，故而向热振频频施压。

由于英帝国主义者的公然干涉、操纵指使，加上当时年仅二十几岁的热振摄政缺乏政治经验，西藏地方政府中的要害部门仍被亲英和反对班禅的势力所把持，噶厦的高官们不顾藏内僧俗民众的呼吁和渴望，不断为九世班禅返藏设置障碍。1936年，当国民政府护送班禅的队伍进抵青海玉树时，西藏地方政府突然通知："勿带蒙汉官兵入藏。"与此同时，英国驻中国大使又向国民政府外交部提出：英国不同意班禅带护卫入藏。班禅无奈，只得向国民政府请示如何处理，而国民政府软弱无能，令班禅暂居青海，待中央向西藏地方交涉求情，以求转缓。就这样拖延到1937年7月，卢沟桥事变爆发，中华民族陷入日本的大举入侵之境地，全民族动员进行抗战，国民政府再复电班禅和护送专使暂缓入藏。

获悉暂缓入藏的消息，班禅的心情极为沉重，他连夜致函给赵守钰专使转呈国民政府蒙藏委员会，其中有这样一段话："班禅东来十有五载，

---

① 国民政府为了安慰十三世达赖，于1933年9月致电达赖及三大寺，云藏历辛未年七月二十一日宣言已悉。内地官绅信奉喇嘛教者比清代为多，故于达赖大师甚为钦敬，愿诚意合作，恢复昔年之关系，尤愿以全国帮助增进西藏之福利。宣言所说，都可商量，只在达赖有事实表现而已。政府对达赖、班禅无厚簿（薄）之成见，待遇亦循旧例。宣化名义，只关宗教。命驻青海香尔德寺，原是本来驻锡之所，无助彼回藏之意。前年达赖无人在京，故本会任用班禅左右，皆非轻视达赖也。总之，五族一家，中藏情如兄弟，果能诚心亲善，贵处派代表来京，自当欢迎。致十三世达赖喇嘛电全文："顷致三大寺、僧俗官民全体大会代电，文曰，据西藏代表云云，欢迎等语，并请查核。政府无助班禅回藏之心，望念五族一家，努力恢复旧日关系，作事实之表现，则一切都易商量了解。本会并拟派员趋谒，详达力求亲善之意。"

谬荷中央依界、殊遇优渥，心切五族团结，共安边防，冀报党国于万一，宁愿牺牲个人，力全大局，不愿中央威信陷于堕坠，既遵院令，暂缓西行，以待将来。"班禅回藏被阻，悲愤交加，即染重病，于1937年12月1日凌晨圆寂于玉树结古寺拉加颇章宫中。弥留之际，九世班禅大师留下了"望吾藏官兵僧俗，本中央五族建国精神，善继余志，以促实现"的遗嘱。九世班禅自1923年出走祖国内地，先后在各地活动了15年之久，最后含着一腔未竟报国情怀而去世，始终没能实现返回故乡的愿望。

（三）中央治藏力微之时，藏内权贵们恣意妄为且相互算计，即使达赖喇嘛的近侍也难逃牢狱之灾

民国时期的20世纪二三十年代，是民国政府对西藏管理力微势弱的时候。这一时期，西藏地方的一些高官显贵趁中央政府治藏乏计，无力约束地方的机会，恣意妄为，使尽了各种手段展示权势，彼此之间相互算计，制造了许多难以言状的事件，十三世达赖喇嘛的近侍土丹贡培也未能够逃脱政敌的算计。

早在20年代初，由达桑占堆控制的藏军自恃在护卫达赖喇嘛、驱逐川军及内地商民、与川康军争夺地盘及镇压藏内爱国力量中立下军功，根本不把其他僧俗官员放在眼里，稍有冲突，就以残酷的手段杀人示威，其后竟发生了亲英军人集团的夺权事件。1921年3月，6名军方代本荷枪实弹冲击春都会场（民众大会），在众多噶伦要求下，十三世达赖处罚了军方代本，为僧俗贵族们解了气。但以达桑占堆为首的亲英军人集团与僧俗贵族的矛盾不仅没有解决，反而愈演愈烈，这种矛盾或明或暗地积聚下来。1924年初，拉萨发生了士兵与警察的冲突，一名警察被藏军杀死，英籍教官莱登拉向达桑占堆要求严惩肇事凶手，达桑占堆为了讨好英国人并向政敌显示自己的威势，当众用酷刑处罚了几个士兵，其中一个士兵被砍掉了一条腿，几小时后死去，另一个士兵被割去耳朵。这还不算，他竟命人把死者的头与四肢悬挂于街头示众。此事的残忍当然不为达赖喇嘛所容忍，政敌也借机追查和制造舆论[①]。于是亲英军人集团与僧俗官员的矛

---

① 据史料记载，此事件为军方反对派大卓尼阿绕噶波所知，并向达赖喇嘛报告说："他们难道不明白上述的所作所为是企图脱离政府吗？您明令制止施用斩腿割耳这类酷刑，但他们依然为所欲为。应当由噶厦政府指派适当的代理人去进行搜捕和审讯，否则，这类事件何日才能被禁绝呢？"钦丹巴达吉去大昭寺转经，一天，发现挂起的人头和人腿，愤然言道："于佛地挂人头人腿，实乃罪过！"达赖闻知，心中不快。于是，达赖喇嘛指令大卓尼追查此事。

盾更加激化。为免于处罚,达桑占堆联合英籍教官莱登拉密谋政变,试图杀掉大卓尼及一批阻碍军人集团的僧俗贵族,削减十三世达赖的世俗权力,将全部大权收归亲英军人集团,但此密谋被人告密,十三世达赖预作布置,避免了一场残酷的流血政变。不过达赖喇嘛念其军功卓著,只是免了达桑占堆的军权,解除了其藏军司令的职务,但仍保留其噶伦职务。事后,僧俗集团及贵族们的矛盾继续延续,他们的斗争时隐时伏,一直到十三世达赖喇嘛去世也未停止,只不过是潜伏的矛盾又以另一种方式在另一批人的身上爆发出来,这就是著名的"土丹贡培事件"。

土丹贡培[①]本是达赖喇嘛最为宠信的近侍,外号"坚赛（红人）·贡培拉",十三世达赖喇嘛圆寂后,首先将其推入政治斗争旋涡中心。十三世达赖喇嘛在世时,土丹贡培是达赖喇嘛十分信任、常不离左右的亲信侍从,成为全藏有名的头号实权人物,人们尊称为"古甲"（贴身侍从）。他可以打破惯常的礼仪,只身到噶厦宣布达赖喇嘛的旨意,噶伦们见到他诚惶诚恐、赔笑奉迎。当时,西藏地方政府为达赖喇嘛从欧洲购买了两辆雪铁龙小轿车,其中的一部即为其专用。20世纪20年代以来,土丹贡培主持修复了布达拉宫东部的损毁建筑、修建了罗布林卡的坚赛拉章宫等工程,并与达桑占堆一道组建了札什制造厂。[②]特别是在1930年康藏战争爆发后,他经达赖喇嘛批准组建并掌握了一支现代化、实力雄厚的卫队,该卫队从富庶之家子弟中招募,共有1000名士兵。卫队官兵供给最好的英式武器和装备（包括军衣及饮食）,因营房建造在其负责的札什制造厂附近,故人们称为"札什代本团"。这一代本团不仅待遇高,其政治地位也超出其他藏军,先后担任该代本团的代本和代理代本的宇妥·札西顿

[①] 土丹贡培,1905年（藏历木蛇年）出生于西藏尼木宗雪地区一个富裕农民家里,因出世前占卜凶吉,要取一个女孩的名字可消灾,故取名德庆曲珍。1919年（藏历火龙年）,噶厦按惯例在尼木宗选派聪慧的孩子到拉萨罗布林卡为达赖喇嘛抄写经书、养花种草,称为"尼珠"。年仅14岁的德庆曲珍被选为"尼珠",到了达赖喇嘛身边。由于学习书写经书和受各种戒律的束缚,生活单调,管理严厉,因而他曾试图逃跑,被抓回来后,患了病,达赖喇嘛对他很关心,并时常看护他。从此,聪明伶俐的德庆曲珍,很得达赖喇嘛的欢心和关照,学业日有进步。1921年,他正式成为达赖喇嘛的贴身侍从,达赖喇嘛为他取名"土丹贡培"。

[②] 札什（又译作"札齐"）制造厂因坐落在拉萨北3公里札什而得名。它是在1931年合并以前的造币厂和兵工厂的基础上建立的。

珠、泽仁晋美曾在印度专门向英国人学习军事，其训练方式和装备都仿照英军，远看如一支英军驻扎在西藏。① 札什代本团听命于达赖喇嘛，但一切命令都是通过土丹贡培发出。正是这支装备现代化的军队，成为了土丹贡培势力的强大后盾。

在众多的噶伦、扎萨、孜本及大活佛堪布中，权势最显赫的却是这位没有明确职务的近侍②。关于土丹贡培的记载，在国内的一些档案文献中随处可见，如1931年到拉萨的谭云山，在其报告中写道："在拉萨，时常与达赖之宠臣建舍公批拉（即'坚赛·贡培拉'）谈话，藉以讲解三民主义及驳斥英前政务官查理斯·贝尔所著《西藏过去及现在》一书内关系之点，以破彼仰赖英人之观念。凡所讲者均由公批拉译呈达赖查阅。"③又说："达赖当时见面极为喜悦，除对云山私人恳恳安慰外，并极表示倾向中央之意。而其唯一之爱重人物公批拉更特别殷勤，时来接谈，一日数次。"④

正因为如此，十三世达赖喇嘛的圆寂，使其极度悲伤，甚至有放弃权势富贵，隐居当喇嘛的念头。据史料记载，达赖喇嘛离世后，土丹贡培先是把达赖喇嘛住所的钥匙交给噶厦官员，表示辞去政府部门职务，去当喇嘛。但是，在那种政治风向云谲波诡的形势下，任何一个显贵高官或集团都不敢贸然答应他的请求（尽管有些人从内心希望他尽快倒台），即使达赖喇嘛的侄子司伦朗顿也不便同意接受他的要求，相反却叫他不要离职，并把修建达赖喇嘛灵塔的任务交给了他。⑤ 其实原因很明显，他侍奉达赖

---

① 拉鲁·次旺多吉：《拉鲁家族及本人经历》，载《西藏文史资料选辑》第16辑，民族出版社1995年版，第28页。拉鲁·次旺多吉曾任札什代本团之教官。

② 关于土丹贡培的显赫地位和权力，以及与十三世达赖喇嘛的亲密关系，在1933年到拉萨的英驻锡金政务官威廉逊的一份报告中曾说："达赖喇嘛坐在法座上，贡培拉先生在给他侍奉茶水，贡培拉是一位高挑而英俊的28岁的年轻人。他在西藏无疑是仅次于达赖喇嘛的权势显赫的人物。他虽然没有官阶，但总是随侍在达赖喇嘛左右，并得到达赖喇嘛的宠爱，待他如亲生儿子一样。他对达赖喇嘛产生着巨大的影响……他非常聪明能干，他的本领和才干会使他前途无量"。

③ 《国民政府外交部关于谭云山报告咨蒙藏委员会函》（1931年4月13日），国民政府蒙藏委员会档案，一四一/2525。

④ 《国民政府文官处抄送谭云山报告给行政院函及附件》（1931年7月16日），国民政府行政院档案，二/2512。

⑤ 索康手稿，转见梅·戈尔斯坦《喇嘛王国的覆灭》，杜永彬译，中国藏学出版社2005年版，第114页。

喇嘛的功劳、在全藏的影响力和手中还掌握着札什代本团的兵权等一系列因素，都会使政敌心惊胆寒。也许是土丹贡培根本就无意争权夺利或者是过于自信，他仍旧像往常一样参加各种政教活动，与人为善，对于其后的风雨欲来毫无感觉和防范。

就在土丹贡培集中精力筹划修建十三世达赖灵塔的时候，一场隐藏在逢迎和笑容下的官场博弈已经开始。1933年12月21日，十三世达赖喇嘛圆寂不到5天，在西藏扩大民众大会上各种势力的角逐就隐形登场，司伦朗顿向大会报告了达赖喇嘛圆寂后的情况及采取的措施，随后民众大会就任命摄政的问题进行了讨论。会上意见分歧，争论激烈，各种算计在不同的面孔下相继亮出[①]。从最初民众扩大会议讨论的情况看，土丹贡培凭借其威望及与达赖喇嘛的关系，还有掌握札什代本团的兵权，是很有可能掌握权力或参加执政的。然而，土丹贡培并没有充分利用自己的优势进行活动，而只是日复一日的为修建达赖喇嘛灵塔而忙碌。几天后，形势急转直下。据美国学者戈尔斯坦根据旅居印度的西藏俗官阿伦的访问整理，当时土丹贡培的头号政敌龙夏·多吉次杰为了翦除其势力，躲在幕后，十分巧妙地联合三大寺一批关键人物，煽动三大寺主持及代表向噶厦呈交了一份旨在调查达赖喇嘛死因、尽快召开民众大会及增加寺院代表参加民众大会的决议书。司伦朗顿很快批准了他们的要求。[②]

达赖喇嘛离世仅仅一个月的光景，司伦和噶伦们就召开了民众扩大会议，开始追查十三世达赖喇嘛圆寂前的情况，可谓"尸骨未寒先自乱"。大会先后传讯了仲译钦莫、基巧堪布等与政治无关的近侍，然后传讯了土丹贡培。据说，当时土丹贡培对指控进行了辩解，并说明了自己对达赖喇

[①] 据载，当时与会的人各怀心思，为西藏局势稳定考虑者甚少。四品官噶雪巴·曲吉尼玛发言："原达赖喇嘛的心腹人（指土丹贡培）是现成的助理，我们拥护，不用再选别人。"以江洛金·索朗杰布为首的俗官则提出：摄政不一定由活佛出任，如今司伦朗顿还在位，最好还是从僧俗官员中选拔两名精明的司伦助理佐政。索朗杰布还说："活佛就是活佛，深居庙宇，不懂政治，如再配两个所谓'管家'的老僧，什么事都不会办，只会吸一斗鼻烟，滥使淫威。"而三大寺的僧官们都一致坚持应推举一名活佛出任摄政。以上三种意见，争论不休，卒无结果。

[②] ［美］梅·戈尔斯坦：《喇嘛王国的覆灭》，杜永彬译，中国藏学出版社2005年版，第117—118页。

嘛的感情和忠诚①。但一心想搞掉他的官员们对他的解释毫无兴趣，会场议论纷纷，无法平静，有鉴于此，主持会议者只好叫土丹贡培回家待传。第二天民众大会继续召开时，令土丹贡培不幸的事情发生了，他最依仗的札什代本团发生了兵变，脱离了他的管束，这是他始料不及的。关于札什代本团的兵变演化过程，确实有一段曲折，实际也是政治演变主导的自然结果。札什代本团的组建，是招收富裕家庭的子弟，其中中下层军官和士兵早就弥漫着厌倦军营刻板、艰苦的生活约束，这些人出身于贵族之家，娇生惯养使他们缺少适应艰苦生活的能力，更缺乏为自己的上司或某一政治集团献身的忠诚，故在此关键的时候哗变或倒戈应在预料之中②。在这种情况下，政敌们再也不用担心土丹贡培的势力威胁了，因为失去了军事后盾的他已无牌可出，等待他的只有悲惨的命运。

1934年1月底，又是在民众扩大会议上，土丹贡培被押解到会场，大会命他跪着回答问题，逼迫其承认谋害十三世达赖喇嘛的阴谋，在审问一系列在场的证人时，许多细节显然对土丹贡培不利。③ 认为他有意给达

---

① 土丹贡培申辩说，最初达赖喇嘛患病，以为是一般常见的感冒，以后又好了一些。到十月二十四日（公历12月12日），达赖喇嘛从下密院谒见后，病情加重，他本要通知噶厦，但达赖喇嘛执意不允，说恐怕噶厦得知他的病情会惊动全体僧俗官员，反而增加病情。而当司伦、噶厦成员及甘丹寺卸任赤巴来到达赖喇嘛寝宫时，达赖喇嘛从窗口看到他们，指示他，"不要让穿黄缎子的那些人进来，把他们送走"。因此，他未让噶厦成员等进入寝宫。

② 据史料载：土丹贡培在组建此卫队时，富有军事经验的原藏军总司令达桑占堆就说过："贡培的招兵办法欠妥。因为来自大户人家的子弟实难齐心，也缺乏自我牺牲精神。如果让穷人子弟当兵，他们能接受严格的训练，不仅心齐，而且勇于作战。"因此，在达赖喇嘛圆寂后，札什代本团纪律松弛，相互串联。据曾任代本团代理代本的泽仁说，龙夏这时派遣一名俗官噶伦强登巴，劝说代本团中层军官的关键人物，要他们煽动士兵逃跑，并暗示这一行动有重要人物的支持。因此，在星期六放假之后，一部分中下级军官和士兵集合起来，举行游行请愿，要求允许他们回家，终身不再服兵役。请愿的军人带着炊具和日用品，赶到噶厦开会的地点罗布林卡，并递交了请愿书。噶厦没有通知民众大会，在富有政治经验的噶伦赤门·诺布旺杰的主持下，调遣仲札军团的军官和侍卫本团的250名士兵保卫札什制造厂，并在四周架上机枪，控制札什代本团营房；又下令不准请愿的札什代本团军人返回营房。过了几天，噶厦下令让札什代本团1000人中的750人回家，其余250人则仍留军团服务，由泽仁继续统领。这样，土丹贡培一手组建之札什代本团瓦解。

③ 会上，先提问十三世达赖喇嘛的保健医生强巴给达赖喇嘛治病的情况。强巴回答说，最初是他敬的药，在达赖喇嘛圆寂前一天，"乃琼却吉（大护法神的降神师）来到后，近侍贡培将他请到寝室……可一走到大师跟前就降起神来。大声说出'降赐预言'——拿羌炅包乌十四味来（羌炅包乌十四味是治感冒的一种藏药）……听到此话后，（我）不禁双膝跪在门外，大声恳

赖喇嘛服用了邪药，决定立即逮捕并将其投入拉萨布达拉宫夏钦角狱中，听候判决。同时，其父扎西也随之被监禁起来。鉴于后来确实找不到土丹贡培谋害达赖喇嘛的直接证据，民众扩大会议判决将其流放到工布则岗宗（在今西藏林芝境内），并将其及亲属的特权和财产全部没收，其父札西则发配回尼木仍为农奴。医生强巴也判处流放到加查；乃穷护法神汉则监禁在哲蚌寺南色林札仓。1934年2月13日（藏历1933年十二月二十九），是西藏驱鬼节不吉祥的日子，被押送流放的土丹贡培经过拉萨八廓街时，正遇上其父札西从另一个方向被解押出拉萨，父子相遇而不能相互言语。① 事实上，这是一起典型的由权贵们自导自演的政治迫害。在一个有着极其顽固的、贵族血统意识根深蒂固的腐朽社会，土丹贡培以一介平民被强行拉进达赖喇嘛身边，成了令具有"高贵血统"的贵族们畏惧的近侍，他既没有像达桑占堆那样显赫的军功，又没有尽快入赘于哪位贵族之家以继承名号的续贵族身份，尽管贵族们从骨子里看不上这位近侍，但碍于达赖喇嘛的强大威势却也无可奈何。一旦达赖喇嘛离世，政敌龙夏迅速出手，落井下石者也蜂拥而至，即便如此，土丹贡培的遭遇仍然得到部分僧俗官员的同情和惋惜。

土丹贡培遭受牢狱之灾及其被流放，事件并没有完全结束。就在其流放一个月后，与土丹贡培关系密切的邦达昌家族②就公开举起反对噶厦的旗子。邦达多吉利用平时噶厦及驻康区的藏军对康人的歧视和盘剥所引起的不满情绪，掀起了一场武装反对噶厦的斗争，希望有为数众多的康区喇

请说，请不要用羌㖏包乌十四味，此药太危险啦。但降神师以'降赐预言'之意让贡培去问降神师的佣人是否带着此药，近侍贡培即刻出来问降神师的佣人。那佣人就掏出个药袋交给了他，他进去把药袋交给了降神师，降神师随即从袋中取出药，和近侍贡培二人一起给大师敬了药。大师服过药后，病情恶化，随之圆寂了。这事与鄙人无关"。会议立刻传讯降神师，他却说什么神附体后，"我什么也记不起"。

① 拉宗卓嘎：《关于坚赛·土丹贡培》，载《西藏文史资料选辑》第3辑。
② 邦达昌家族是昌都地区芒康县有权势的富商，他们曾在1911年十三世达赖喇嘛逃亡印度期间，资助和支持过达赖喇嘛，成为其亲信之一。1929年，达赖喇嘛遂将西藏羊毛出口交与邦达昌家族专营，因此，邦达昌家族颇有权势，且与噶厦政府在经济上有千丝万缕的关系。当时，邦达昌家族族长尼玛已亡，其同父异母弟邦达多吉任职于藏东，为察雅、芒康两宗基巧（总管），已拥有征调当地藏军千余人。而邦达昌家族素与土丹贡培关系密切，因此，当土丹贡培被流放、财产被没收后，多吉十分气愤。不仅如此，还有消息传到藏东，在拉萨主持商务的多吉兄长邦达养璧，也有被逮捕的危险，因而引发了武装反抗西藏地方政府的事件。

嘛的三大寺向噶厦施加压力，为土丹贡培鸣冤叫屈。1934 年 2 月，邦达多吉率领自己的武装向驻昌都的藏军发起进攻，攻占了代本军部，打死几名士兵，并将上盐井首领土登桑颇监禁起来。藏军所有武器及代本诺朗私人财产全为邦达多吉所夺取①。与此同时，邦达多吉还发出招帖，号召康人起来反抗噶厦，招帖宣称：达赖喇嘛尸骨未寒就马上惩罚土丹贡培，这是非常残酷的行为。贡培拉曾尽心尽力竭诚地侍奉达赖喇嘛，达赖喇嘛也很信任他，这样一位世人皆知的楷模却受到了贵族们不公正的对待，他们不仅使贡培拉受到侮辱，而且还监禁他，流放他。这表明，卫藏政府是何等的不公正。……因此，我们不能对这样一个政府抱任何希望，我们请求并呼吁全体康巴人团结起来，共同治理自己的家园。② 可能是信息闭塞的原因，前来响应者寥寥。后来邦达多吉在噶厦派出的两个代本的进攻下携带其战利品退回西康的巴塘，但已经拥有了装备较好的千余人武装③。为了报复邦达多吉的暴力抗争，噶厦下令逮捕了其仍在拉萨的兄长邦达养培并没收了养培的财产。当噶厦所遣官员、士兵查抄邦达养培住宅时，养培武装仆从，准备冲出去，但最终还是为藏军所包围，困在住宅内。此时，邦达昌家族的密友们以及获得过邦达昌商号利益的高官们纷纷出动④为其说情，最后终于摆平了这件影响西藏地方政坛的大事。出于噶厦自身利益的考虑，噶厦和民众大会几经周折，决定不对邦达家族进行惩罚，并把专

---

① 1934 年 7 月 14 日锡金政治专员致印度外交部函内附诺布顿珠报告、桑颇（四品官）访问记。均转见梅·戈尔斯坦《喇嘛王国的覆灭》，杜永彬译，中国藏学出版社 2005 年版，第 126 页。

② 桑颇访问记，转见梅·戈尔斯坦：《喇嘛王国的覆灭》，杜永彬译，中国藏学出版社 2005 年版，第 127 页。

③ 据黄慕松《使藏纪程》所记，其在拉萨时，9 月 4 日（1934 年）晚，邦达昌次子（即邦达养璧）来访，云其四弟刀嘉（即多吉）原为如本，统民军约千人，"其上并无代本，曾由藏政府发枪三百余支"。后缴获龙拿代本（即诺朗代本），"得枪三百余支，大炮三尊，弹百余发"。

④ 如西藏最著名的活佛之一帕邦卡的强佐（管家）、郭向巴（政府官员）、察珠昌等，秘密串联政府官员、商人和寺院要人，向噶厦说情。帕邦卡强佐和郭向巴还向噶厦中掌握权力的赤门噶伦行贿 100 秤藏银（一秤 50 两），求他关照。随后，帕邦卡强佐等劝说帕邦卡活佛及甘丹寺代表赤素活佛亲自出马，到噶厦为邦达昌请愿、说情，这应是极不寻常的事。帕邦卡活佛等说，应该给多吉以处罚，但是在拉萨的其他邦达昌家族成员并不知此事，与他们无关。邦达昌家族曾虔诚地侍奉达赖喇嘛，对噶厦一直是忠心耿耿。最重要的是，如果查封邦达昌在拉萨的所有财产，那么，他们在获得羊毛出口专营中所欠噶厦的款项及境外印度的大量资金均难收回。帕邦卡活佛还担保，邦达养培会交出在拉萨的武器，并派代表到康区多吉处追回他们夺取的军火等。

属其家属的财产交还给他们。

在土丹贡培和邦达昌事件相继发生后,国民政府想有所作为而不能,眼见西藏地方如此内斗不已,恐为英人所乘。但蒋介石此时正在发动对红军的第四次围剿,况且好不容易才疏通了西藏地方与中央政府的关系,国民政府要员黄慕松正在前往致祭十三世达赖喇嘛的途中,所以抱着多一事不如少一事的态度,静观西藏地方内部的斗争自生自灭,因而当1934年6月收到西藏驻京办事处要求国民政府边军协助藏方追缴邦达多吉及所携军火、马匹时[1],国民政府只是婉转地电告噶厦:因西康久事兵戎,徒苦民众,议定将各地民军(包括邦达多吉军队)暂时解散,各归田里,仅于每地方挑选精干者200名,连同枪械,调至巴安(巴塘),包括新式大炮三尊一并运至[2]。真实情况是曲折地回护了邦达多吉,日后邦达多吉对中央政府及川康各族人民感情益深,因此才有了后来邦达多吉积极支援解放西藏的义举[3]。至于对土丹贡培的遭遇,国民政府有同情而没有力量解救,后来土丹贡培乘机逃出流放地,先逃到印度,与江乐金·索朗杰布、更敦群培等一起试图组织革命党未果,被英印当局驱逐到内地,在南京获得了九世班禅办事处及国民政府蒙藏委员会的些许照顾,后来回藏搞一些商贸经营维持生计并迎来了西藏的解放,这些都是后话,不再赘述。

西藏地方争夺权利的斗争以土丹贡培的失败和宽大处理邦达昌事件而告一段落,但内部斗争并没有完结。十三世达赖喇嘛圆寂后,由谁来主掌西藏地方的政教大权,原有的西藏各种政治力量又将怎样重新组合,这是西藏地方上层集团在哀悼达赖喇嘛圆寂的同时,亟须解决的问题,也是牵涉到西藏各种政治集团切身利益的重大问题。十三世达赖喇嘛圆寂后,尽管很快推举出热振担任摄政,然而西藏各种政治集团、派系在热振未稳固权力结构之前继续展开激烈的争夺。当时,在西藏地方有可能成为权势人

---

[1] 《西藏办事处为奉噶厦谕请转饬边防军协助藏方追还在逃者及所携军火与匹等致蒙藏委员会代电》,国民政府蒙藏委员会档案,一四一/3811。

[2] 《蒙藏委员会为刘文辉函复邦达昌一案处理要点并令即电噶厦知照致西藏驻京办事处快邮代电》(1934年7月19日),国民政府蒙藏委员会档案,一四一/3811。

[3] 据《解放西藏史》记载:1950年2月,西康省藏族知名人士甘孜白利寺格达活佛、康北玉隆地区大头人夏克刀登和康南巨商邦达多吉派出的代表到达北京,向中央人民政府毛主席致敬,倾诉藏族同胞迫切要求解放的热望,表示将像当年支援红军北上抗日那样支援人民解放军进军西藏。《解放西藏史》,中共党史出版社2008年3月版。

物的各种政治势力的代表，除土丹贡培外还有时任俗官首领的司伦朗顿·贡嘎旺秋①、噶伦赤门·罗布旺杰、龙夏·多吉次杰和擦绒·达桑占堆。此时，噶厦的官员和显贵们正感受到来自龙夏为首的改良集团试图改变西藏现状的威胁。

（四）螳螂捕蝉、黄雀在后，龙夏试图改变西藏现状的努力却招来被挖掉双眼的悲惨命运

土丹贡培事件的余波尚未平息，另一场达官贵族之间的生死斗争又登上了政治舞台。作为这一斗争主角的龙夏②，原以为剪除政敌土丹贡培就可以顺理成章地跻身于地方政府权力的核心圈子，可令他失望的是，就在民众大会频繁审讯土丹贡培的时候，各派政治势力将热振推上摄政的位置，并于1934年1月31日报经国民政府核准。在龙夏看来，年仅24岁的热振活佛是资历较浅又缺乏政治经验的摄政，况且地方政治集团破天荒地为热振任命了一位助理摄政司伦朗顿·贡嘎旺秋，与首席噶伦赤门一起辅政，实际大权掌控在首席噶伦赤门手中。这种政治格局无异于将他拒之于权力核心之外。实际上他应该清楚，就在他积极策划搞掉土丹贡培的时候，那些政治经验圆熟、手腕老到的权贵们已经在背后悄悄地跟踪他下一步的行动，只要他不威胁贵族们的既得利益，大家可相安无事，如果再像他任孜本时那样，狂傲地、毫无区别地征税派差损害大贵族们的利益，那就毫不留情地将其搞掉，真可谓"螳螂捕蝉、黄雀在后"。可龙夏夺权的最终目的不仅仅为了私利，而恰恰是想将腐朽的噶厦的体制变一变，在变化中也稍微动一动贵族们的利益。

---

① 朗顿·贡嘎旺秋为十三世达赖喇嘛的侄子，1924年任司伦雪康之助理，1926年升任司伦，时年21岁。因其年轻，政治经验缺乏，故其追随者不多，人们普遍认为其不能胜任摄政一职。但是，有传言说十三世达赖喇嘛生前曾有意在他圆寂后，以一名僧官为司伦，协助朗顿共同执掌政教大权。

② 龙夏，出生于1881年，贵族出身，颇有才智，精明能干，20岁时，升任为孜巴（孜康的官员）。1914年，龙夏夫妇曾受达赖喇嘛的委任，带领四名青年到英国留学，在欧洲几年，他深受西方资本主义社会民主政治思想的影响。因此，返藏后，他积极参与十三世达赖喇嘛推行的改革，成为骨干，任孜本（财政官），为民众大会（春都）的主要负责人之一；1921年又担任新成立的"财源调查办事处"两个负责人之一，因而"得罪"了一批僧俗官员。但在1925年擦绒为首的军人集团夺取阴谋失败后，龙夏更是得到达赖喇嘛的宠信，帮助达赖喇嘛处理政教事务，拟写文件，并兼任藏军总司令顾问。虽然在1931年，龙夏因藏尼事件被免去藏军总司令顾问一职，但他仍是达赖喇嘛的宠臣和心腹之一。

回顾那一段历史，龙夏的改良只不过是试图改变西藏现状的一次不大的活动，谈不上如有些学者所说的"改革运动"。当时的西藏正处在封建农奴制度的没落时期，而帝国主义势力的大肆渗透或多或少地又带来一些西方的政治影响，特别是像龙夏这样的人物，早年奉命率贵族子弟前往英国学习，在这期间，他认真了解英国的历史、政治制度、经济关系和经济结构，还先后赴法国、意大利、德国、瑞士、荷兰、比利时等欧洲国家游历，通过所见所闻，启发了他改变西藏现状的思考，特别是英法的政治体制给他留下了深刻印象。他从英国的君主立宪政体的比较中看到了西藏社会制度的落后和腐朽，以致他认为西藏需要自觉地进行改良。回到西藏地方后，他常常向同僚好友及家人介绍在国外的所见所闻，讲一些关于英法革命的历史。拉鲁·次旺多吉曾回忆说："父亲从资本主义的生产过程和经济状况中感受到西藏社会制度的落后，民生凋敝，如不加以改革，将永远停滞不前，无法摆脱贫穷落后的状态……从而孕育了一些改良主义的思想。"这种判断应该是客观的[①]。

然而龙夏回到西藏后所面对的是一个在封建农奴制度中滋养起来的腐败、封闭、贪婪、残酷并且为了各自的私利而相互算计的三大领主系统，如一张大网一样牵一孔而动全局，其中既有世俗的力量，又有宗教的因素，任何权贵都不愿意交出自己的利益。尽管十三世达赖在世时有过修修补补的想法，但也没有想到要对封建农奴制度开刀，而龙夏也如此，并没有做好系统改良现状的思想准备和组织准备。只不过当他看到热振摄政的确认和执政，原想出任司伦或者控制官员大会的愿望落空，意味着他改良西藏的抱负无从实现，遂急急忙忙联络一些对现状不满的中下层官员向噶厦请愿。

据一些史料记载，当土丹贡培被赶下台后，龙夏认为时机已到，经常与有势力的僧官丹巴降央密谋，商议改良西藏权力运行结构和方式。在当时西藏地方的政治环境下，他们还没有胆量提出用君主立宪制度取代现有的封建农奴制度，只是把他改良的见解隐藏在传统的价值观念中。因而其活动极其隐秘，且采取和平请愿的方式。他们对封建农奴制度不敢涉及，主要是对噶厦官员的产生办法、议事制度和行政制度进行改良，如以投票方式选举产生各级官员，限制任期时间，噶伦满四年另进行选举，选举应

[①] 拉鲁·次旺多吉：《回忆我的父亲——龙夏·多吉次杰》，西藏自治区政协文史资料研究委员会主编：《西藏文史资料选辑》第2辑，内部发行，1984年，第47页。

公正投票，等等。即使这样，也不为当权者所容忍。

为推行改良和保证计划的成功，龙夏和丹巴降央密谋起草了一份盟约，以在把西藏政治事务搞好的名义下，顺利完成修建达赖喇嘛灵塔及寻访灵童等大事为由，聚拢同道者，参与盟誓的人，须加入一个名为"求幸福者同盟"的组织，由龙夏动员认为可靠的人签名①。在这些非官方活动中，龙夏集团仍没有跳出用西藏特有的宗教预言蛊惑方式行事，把本来很严肃、严密且需系统政纲支持的政治、组织活动寄托于宗教传统与神灵旨意的包装上。据当时参与该活动的拉乌达热·土丹旦达回忆说，按惯例僧俗官员每天要到布达拉宫开会，龙夏重要成员公秋就利用这个机会，在官员中散布"将要出现经塔无顶之灾"的预言，以及"现在若不着手修建十三世达赖喇嘛灵塔，恐怕会引起意外事故"等，煽动官员们应为此效劳。每当散会后，公秋就拉拢僧官，三三两两地到他家里，劝说他们在盟约上签字。土丹旦达就是在这种情况下，在盟约上签了字。当时在盟约上签字的已有僧官80多名，俗官30多名，签名者极少有高级官员，绝大部分是中下级官员，而且这些官员各怀心思，并无坚定的原则和目标，更没有对事业的追求和忠诚。和以往官僚贵族的内部相互算计一样，即使在同一份请愿书上都签了名，各有各的想法在秘密会议上都表现出来②。

几天后，在上述人员参加的会议上，僧官公秋宣称，请示了大僧官丹巴降央后，就将拟定的请愿书呈报上去，并当场宣读了请愿书，其要点是③：一是请准予修建灵塔；二是尽快寻访十三世达赖喇嘛转世灵童；三是保全政教宏业万古长青，以及噶伦赤门许多不公道的事实。同时指定了

---

① 首先签名的是龙夏本人及他的两个儿子恰巴·旺钦玉拉、拉鲁·次旺多吉（两人为同父异母兄弟）、龙夏的挚友，以后签名者达20余人。负责争取僧官签名的是丹巴降央，可是，他本人并不出面，而是委托管理经书的僧官公秋·土丹格登出面进行。

② 1934年3月，"求幸福者同盟"成员在僧官公秋宅内举行了盟约签字的僧俗官员全体会议。会上，意见分歧，有的僧官提出要求噶伦中应增加一名僧人；有的人指责噶伦赤门办事不公正，而又有支持和保持中立的意见。据土丹旦达的会议，会上"无形中形成了三派：即追随公秋者（即主张改革者）有十五名；反对者有四十多名；中立者有三十多名。三派之间依然各持己见，意见不能统一"。

③ 据拉鲁·次旺多吉的回忆，请愿书主要内容是："一、西藏政府需要进行一些变革，以改善政府的职能和工作效率；二、噶厦的所作所为不能令人满意，尤其令人不满的是，赤门噶伦任人唯亲，并且不能主持公道（拉鲁不能断定是否提到了赤门的名字，对请愿书是否只提到噶伦也没有把握）。"

呈送请愿书的僧俗官员名单。龙夏及少数几位决策者议定，于5月10日将请愿书呈送噶厦。然而请愿书还没有递到噶伦们的手里，噶伦们就接到了"求幸福者同盟"中重要成员的告密①。这样，赤门噶伦立即率领仆从和康巴卫兵向司伦朗顿、摄政热振报告了龙夏的计划，随后匆匆赶到哲蚌寺，请求庇护和支持。司伦朗顿及噶厦也立即采取行动，令藏军处于戒备状态，并采用"诱捕"的方式，以防止龙夏及其追随者的武装反抗。

1934年5月10日下午，司伦朗顿派人通知龙夏到布达拉宫参加重要会议。龙夏没有想到有人会告密，便毫无戒备地匆匆前往，当他到达布达拉宫侍卫室时，即被宣布免职逮捕②。5月11日，龙夏的追随者们决定用武力将其救出监狱，由于龙夏的两个儿子被拉鲁夫人劝阻，劫狱计划未予实施。接着，噶厦逮捕了"求幸福者同盟"组织的重要成员，包括龙夏的两个儿子、江乐金·索朗杰布、公秋·土丹格登、孜仲喀绕曲培等。为骗取口供，噶厦还假意将告密者噶雪巴·曲吉尼玛一同逮捕投入夏钦角监狱。不久，噶厦成立了专门调查审判龙夏的委员会，其委员会成员多是这个落后制度的坚定维护者或是与噶伦赤门沾亲带故的人③。在调查审讯龙夏的过程中，告密者噶雪巴的"供词"包括提出的所谓"暗杀赤门"的秘密内部文件，得到了委员会的认可。相反，龙夏的申辩和辩解，委员会则置之不理，根本不相信。委员会最后判定，龙夏犯有纠合100多名僧俗官员，阴谋杀害一名噶伦，推翻噶厦，实行布尔什维克制度，并用符咒害人等罪行。调查审判委员会最后判决：对龙夏处以挖去双眼的酷刑，没收其财产。他的两个儿子恰巴·旺钦玉拉和拉鲁·次旺多吉各砍去一只手，

---

① 告密者为噶雪巴·曲吉尼玛，此人系龙夏密友，原在孜康共事，且得到龙夏的扶植和提拔。然而，为了自身利益，他转身投靠赤门噶伦，于5月10日晨向赤门告密，不仅全盘托出"吉求贡东"组织的计划和内幕，而且还说什么龙夏的改革计划中要暗杀赤门噶伦。

② 据拉鲁·次旺多吉等人的回忆，当时龙夏跑出办公室，想从仆从手中拿出手枪，但是很快即为卫兵所捕获，立刻被押解到曾经监禁过他的政敌土丹贡培的夏钦角监狱地牢中。据说，在脱去龙夏官服及靴子时，从他的靴子中发现一纸，龙夏抓去吞食，在另一只靴子里发现了另一纸，上写有制伏赤门噶伦的咒语。

③ 审判委员会由俗官藏军总司令朗噶娃·旺秋达钦、俗官鲁康娃·泽旺绕登、僧官堪仲钦绕旺秋和丹巴降央四人组成。其中鲁康娃和钦绕旺秋是亲门噶伦的，朗噶娃持中立态度。而丹巴降央原为龙夏改革的支持和策划者，只不过在整个事件过程中，他没有出头露面。正如拉乌达热·土丹旦达回忆中所怀疑的，"这次他却成了审讯组的成员，其中必有阴谋"。事实上，丹巴降央见事件发展至此，也就随赤门噶伦之意，反过来参加审判龙夏。

后在帕邦卡活佛等的求情下，两个儿子才免去了砍手之酷刑，但宣布他们及其后代永远不得在政府中任职。

判决在噶厦官员们的推波助澜下得到民众大会的批准，热振以签署这种酷刑违反"比丘戒律"为由拒绝签字，最后由司伦朗顿签字批准执行。1934年5月20日，噶厦执行对龙夏挖去双眼的酷刑。龙夏组织的"求幸福者同盟"中几个核心成员，如江乐金·索朗杰布、公秋·土丹格登、祭祀官喀绕曲培、俗官嘉康朗巴、米日娃、札吞巴等分别处以流放。告密者噶雪巴·曲吉尼玛很快被释放，恢复了职位，后又升迁。其余在盟约上签字的官员，则宽大处理，按级别处以罚金①。但参与龙夏事件的僧官们却免于处罚，可见寺院势力的强大。

至此，引人注目的龙夏改良西藏上层官僚制度的尝试以失败而告终。这可以说是十三世达赖喇嘛圆寂后，西藏地方权贵们争夺权力斗争的第二个回合。但是，从真实的历史事件看，龙夏的改良活动除贵族间争权夺利的因素外，其思想和目标确有进步的一面，其改革的方式则是联络西藏地方政府中的中小僧俗官员，建立改革组织，以和平请愿形式进行，但至今尚未发现他们触动封建农奴制度哪怕只有改良的方案。同时可以看出，龙夏的这一改良活动与以擦绒为首的亲英军人集团夺权事件的性质确有不同，擦绒等是企图借用英国的力量争夺权力，如阴谋得逞则势必将西藏带入英国之附庸的泥沼，而龙夏及其改良活动并没有依靠英国人，也没有取得国民中央政府的支持，而是孤军奋战地自谋自划，这种行为难于理解。在一些档案文献中，很容易把龙夏列入亲英派的圈子里②。龙夏及其改良活动是既不依靠英国的支持和帮助，也未寻求中央政府的帮助，在当时的历史条件下，这只是幻想的一条走不通的道路，其失败的命运也就可想而知了。只是到了1940年，国民中央政府派遣吴忠信入藏主持十四世达赖

---

① 当时判定堪穷级各罚四两黄金，孜仲、雪仲、来村巴级各罚二两黄金，普通官员各罚一两黄金。

② 1934年入藏致祭、册封十三世达赖喇嘛的黄慕松，在其报告中，将龙夏列为亲英派首领之一，说他是"为反对班禅、反汉最力之人……故结党徒僧俗官员百余员，拟于中央大员未到藏前，谋杀热振、司伦、泽墨（即赤门）噶伦，自为藏王，改变旧制，创立国会，求英保护，拒绝中央大员入藏。又孔庆总撰《黄慕松入藏纪实》一文，也有同样的论述。因为当西藏噶厦同意国民政府派遣黄慕松入藏致祭之后，是龙夏首先于1933年12月29日秘密写信通知英驻锡金政务官，并说："英国政府应当关注此事。这是以我私人名义写给你的。"因此，当时中国文献记龙夏为"亲英派"也是事出有因。

喇嘛坐床典礼时，才对龙夏的改良活动有了进一步的认识，而龙夏本人也向吴氏说明希望中央政府推动西藏地方改革的愿望①。从龙夏的一生看，可对其有一个客观的判断。

龙夏出生于1881年（清光绪六年），他出生成长的年代，正值晚清内忧外患时期，清朝政府腐败无能，致使西藏两次被英国侵略而无所作为，然而他的贵族生活又与清朝廷有密切的联系。驻藏大臣与朝廷官兵驻守于西藏，噶厦官员的任免、大活佛的转世、认定、坐床须经朝廷批准，清朝廷向父辈、祖父辈们所赐的朝服及顶戴在青少年龙夏的脑海里留下深刻的印象。及至成年后，西藏又先后遭遇到英国人的入侵、达赖喇嘛两次出逃、清末民初变乱，多少黎民百姓遭受苦难，即使大贵族、高级僧侣也不能幸免。后来蒙达赖喇嘛的信任，带领几名留英学生，在国外生活了7年，受到西方思想的影响，回到西藏后继续得到重用，其复杂的经历必然造就其复杂的思想。一方面，他仍保留着对内地、对中央政府的些许情感，因为他的血液里毕竟流淌着中央政府对祖上的世代恩惠；另一方面，英国的官员及教师们对他的惠顾、欧洲各国自由而热烈的生活又助推他改变现状的冲动。当年国民政府文官处秘书刘曼卿女士晤谈龙夏时的记载就足以说明他的复杂情况。在生活上，他受西方影响较深，但其内心仍想到祖国内地。如刘曼卿在《康藏轺征》中记载她拜访龙夏时的情景述道："寓所有台榭池沼，南园有小湖有游艇，湖中峙青草台。过西园，则所雇乐师见吾等至，奏乐示迎，悠扬铿锵，各尽其致。入暮满园燃汽油灯，光亮同于白日。乐止方入座，酒肴之盛，得未曾有。座中间尝以英吉利语相笑谑，予偶亦应和之，皆大诧异。群出手卷恳予为书蟹行文，辞不走笔，龙虾（夏）即以小条书'我想至内地'一语，略示欢迎意，于此更证吾之略能洋文。后复由龙虾奏乐，二妻合唱，声音幽婉，如怨如诉，予几为之泣下。强要讴内地调，为吐两番，众又称善。"当刘曼卿女士拜访龙夏的办公地时，"初见时龙服清代礼服，戴大凉帽，加貂尾……拱手立门侧，迓予入，直行清朝旧礼。"与她多次晤谈，在送别之时谈到对西藏前途的三条意见："其一，

---

① 1940年3月29日，吴忠信派遣秘书朱少逸拜访了已于1938年5月获释的龙夏。朱少逸代表吴忠信对龙夏说：委座（吴忠信）对一切藏人具有新头脑及爱国、爱名思想者，无不爱重维护，绝不因其地位而有所轩轾。君虽在政治上失败，但在历史上仍极光荣，数十年后藏人终将觉悟，对先生为改革西藏政治而努力之精神，致其佩仰。

祈告中央，藏政府非不欲行三民主义，然以人之顽固，幸勿操急，徒致纷扰。以云外交，藏人决以中原行动为行动，断不致单独有所表示。其二，闻内地军备远不及列强，请加意准备，使内足以镇变护边，外足以御侮持平为要。其三，希望刘曼卿继续为藏人努力，对中原人士亦应鼓吹其注意边事，重视西藏，望其得闲重来，吾将尽力保护。"[1] 可见，此时龙夏已对改变西藏现状的难度有所体会，并希望中央政府能在富国强兵的基础上，关注边疆，关心西藏，帮助推进西藏变革。可惜，当时南京国民政府忙于国民党新军阀混战和"剿共"，日本又很快武力侵华，蒋氏政府自私的本能促其奉行"攘外必先安内"的政策，更不想对边疆投入力量，致使龙夏改良西藏的尝试失去了中央政府的帮助。

据史料记载，十三世达赖喇嘛在世时曾亲手赏给龙夏一尊饰有纯金冠顶和耳环的观音菩萨像，并为他祝福："愿你世世代代得到观音菩萨的保佑。"可惜，在疯狂的旧势力面前，观音菩萨保佑不了龙夏及其改良集团，只有强有力的中央政府才可避免惨剧的发生。

1940年1月15日，蒙藏委员会委员长吴忠信到达西藏主持十四世达赖喇嘛的坐床仪式，在此活动期间，龙夏强撑病体，派人持铜佛一尊献于吴忠信。吴忠信派随行官员朱少逸探望已经获释的龙夏。龙夏希望中央政府出面，排除外国侵略势力，变革西藏政治，造福西藏人民，并泣血进言："委座乃大人物办大事者，回返中央后，政务纷繁，更何能顾及极渺小之藏事，……从前张钦差荫棠来藏，曾设立农务局、建设局、盐茶局等机关，至今藏人犹蒙其利。故至少委座也应创立计划，交藏政府照办。尤甚望吴委员长有所决断……中央爱护藏民，众所周知……果中央尚以西藏为中国之领土，则解决藏事，不容再缓！"[2] 当时西藏官民有此心境者不在少数，可惜这时候国民政府对外曲线应付日本的入侵，对内不顾国家民族大义而搞摩擦，调兵遣将对付江南新四军，正策划制造袭击黄桥、皖南事变等破坏抗战的恶性事件，宁愿杀害数千名抗日的新四军将士，也不敢和英国人翻脸而解决西藏问题，为掩饰因轻慢西部边疆不愿向藏内投放力量的软弱心态，吴忠信只有用暖言安慰，不使其失望，几个月后，龙夏抱

---

[1] 参见刘曼卿《康藏轺征》，民族出版社1998年5月版。

[2] 参见《吴忠信入藏日记》，《奉使办理藏事报告书》和朱少逸《拉萨见闻记》，商务印书馆1947年版。

憾去世。

（五）正因中央政府无力干预，即使一度重权在握的热振摄政，也避不开被政敌构陷谋害的层层圈套

民国藏事乱局的最后十几年，西藏地方仍在上演着一场场内斗的生死剧幕。经过近二十多年的残酷斗争，上层贵族们已经有多家被难，达官贵人们也有许多死于政敌之手。如果按照正常逻辑的发展，当大家都为新一辈达赖喇嘛寻访而忙碌的时候，争权夺利的硝烟应该渐渐淡去。但事情并没有向着人们的愿望发展。就是在这时候，又一个使人注目的主角热振呼图克图[①]被卷入斗争的旋涡之中。

十三世达赖喇嘛圆寂后，按西藏"惯例"推举一位活佛担任摄政，执掌政教大权，管理西藏政教事务。在当时险恶的政治环境中，各派政治势力经过角逐后，恰恰将并不愿意担任摄政的第五世热振·江白益西推上了摄政的位置。据史料记载：1933年，"十三世达赖喇嘛在圆寂前，曾趋驾热振寺庙朝圣，赐给热振活佛一本白度母女神卜封册"，并郑重嘱咐他"要以此封册作为今后观察善恶取舍的借鉴，还要善积功德"[②]。该封册是达赖喇嘛自己手抄的，在赐给热振活佛后，对热振活佛说："我一直都在使用这些东西，并且证实是很有益处的，如果你以后使用这些东西，对你也是非常有用的。"[③] 在这次赴热振寺中，热振陪

---

① 热振呼图克图是近代史上对西藏政教事业和密切西藏地方与中央政府关系作出过重大贡献的历史人物。热振·江白益西于1912年（藏历第十五绕迥之水鼠年）出生于西藏加查县若美村一个农民家庭，父母都是以缝纫、修鞋和租种少许耕地糊口为生的农奴。因热振年幼就聪慧灵异，后人对其附会了种种传说。据传，五世热振诞生之日，正降大雪，两日后天晴。邻居发现他家屋顶的积雪上面，有两只乌鸦用嘴划来划去，他们近前一看，有形似藏文"热振"二字，十分醒目。又有人说雪化后留下藏文"热"字未化。还有人说热振诞生时，有杵铃不摇自动作响的现象。还有童年时，有一次他去放牧，当跳过一条小河时，河边的一块石头上留下了如踩进软泥里一样的足迹。有关五世热振出世和童年时代的种种神奇传说很多，这些像风一般传到了加查宗宗本的耳朵里，宗本立即将这一消息报告给十三世达赖喇嘛。十三世达赖闻知后，即通知热振寺，要他们做好对这个不寻常孩子的保护工作。宗本就将热振迎到宗本署衙供养。时隔不久，热振寺迎请活佛的一行人马抵达加查宗。宗本和热振寺僧众经过打卦问卜，确定他为第四世热振活佛的转世灵童。热振寺僧众迎请灵童回寺，举行坐床仪式，剃度出家，遂为第五世热振，取法名图旦江白益西丹巴坚赞。

② 李苏·晋美旺秋：《十三世达赖喇嘛圆寂后的西藏政局》，载西藏自治区政协文史资料研究委员会主编《西藏文史资料选辑》，内部发行，1984年，第2—3页。

③ [美]梅·戈尔斯坦：《喇嘛王国的覆灭》，杜永彬译，中国藏学出版社2005年版，第134页。

十三世达赖喇嘛在寺中柏树丛林中散步、谈心。因此，在一些老喇嘛中便开始流传十三世达赖喇嘛要热振活佛担任摄政的言论。然而，热振本人并不愿意出任摄政，热振寺拉章的所有人员也都不同意①。但事情的发展还是将他推上了摄政的宝座，出现这一结果的原因看起来是有卜卦的神意裁决，这也是各派力量较量的最终结果。当时，世俗力量和宗教力量不相上下，以龙夏为首的改良派为了取得宗教势力的支持，违心地赞同由寺院势力出任摄政，而宗教势力的各派及其尚有野心的世俗势力也属意于年轻且没有政治经验的热振来担纲摄政②。在报经国民政府批准后，1934 年 2 月 23 日，热振·江白益西正式坐床执政，开始了他在政治旋涡和阴谋家的包围中的摄政生涯。

热振任摄政后，所面临的政治环境异常艰难，摆在他面前的不仅有各种强势人物③，还有许多内外大事要尽快解决。而热振偏偏不像有些人期望的那样只当个任人摆布的摄政。在短短的几年里，他排除了一个个强势对手的挑战，担当起摄政应负的责任。第一件事就是尽早寻得十三世达赖喇嘛的转世灵童，为此，他于 1935 年夏天按惯例在首席噶伦赤门等官员和大批随从的陪同下，前往拉姆拉错观湖，从湖中寻找各种灵异预兆。之后热振在返回途中前往自己的出生地——塔布加查。在此每晚都要与赤门噶伦交谈至深夜。这次频繁的交谈后不久，赤门噶伦便

---

① 因为西藏历史上所有的摄政最后都遭到迫害，热振寺历史上出任摄政的活佛也遭到了迫害；同时，他们还认为噶厦的官员"都是一伙寡廉无耻的家伙"。

② 据记载，按照西藏惯例，能出任摄政的是新噶当派主寺甘丹寺的现任住持（即赤巴）和所有卸任住持，曾经选派出任过摄政的热振寺著名的策墨林、功德林、丹吉林和喜德林四大林的呼图克图。当时的情况是"功德林、策墨林两呼图克图尚年幼，丹吉林呼图克图早被达赖贬谪"，因此官员大会"议决从甘丹赤巴米爽·阿弥益西旺丹白、达赖经师普觉寺的强巴土登活佛、热振寺活佛土登坚白益西丹白坚赞三人选定一人"。这一消息传到热振寺之后，热振寺拉章们感到非常震惊，他们一面上函禀明热振活佛，一面念经祈祷热振活佛不被选为摄政。可经过 1934 年 1 月 24 日卜卦抽签，结果为热振活佛出任摄政。随后噶厦致电西藏驻京办事处将此情循例呈报中央。"至上怙主达赖喇嘛之灵童业已认定，但在其未坐床执掌西藏政教前，经西藏僧俗民众同意，并通过布达拉宫自在观音菩萨面前占卜，由热振呼图克图出任摄政，司伦、噶厦等文武诸官照旧。此情循例呈报汉政府。" 1 月 31 日，行政院致电西藏驻京办事处转电司伦噶厦等，核准热振活佛出任摄政，"三十日行政院会议决议，即日呈请国民政府以热振呼图克图代摄达赖佛职权，深信热振呼图克图必能益宏智慧，敷施教化，巩固中央"。

③ 如噶伦赤门·旺秋杰布、助理摄政司伦朗顿·贡嘎旺秋、要求改良的龙夏、桀骜不驯的琼让代本等。

被推下了政治舞台①。

此后，热振摄政通过排除司伦朗顿②，完全掌握了西藏地方的政教大权，并进而通过制造琼让事件、扎康事件和凯墨事件等一系列的权力角逐，进一步巩固了自己的统治。热振的强势作风，确实成就了几件大事，但也遭到了对手们的嫉恨特别是亲英势力的仇视。据史料记载，热振摄政上台以后，成功寻访了达赖喇嘛的转世灵童，完成了十四世达赖喇嘛的坐床事宜，排除亲英势力的干扰，热情接待了中央大员黄慕松入藏致祭十三世达赖喇嘛的代表团，迎接蒙藏委员会吴忠信并与其共同主持十四世达赖

---

① 据赤门噶伦的侄子、时任噶厦的职员夏格巴说："他的叔父赤门噶伦每夜都与热振活佛商谈至夜里两三点钟。"虽然没有人知道他们具体谈了些什么，但有一点可以肯定的是，热振摄政向赤门谈到了辞职和暗示将提升赤门为司伦。"热振向赤门宣布他将同赤门一道辞职，这就暗示热振已告诉赤门（或暗示他）应该充任司伦，如果他作为噶伦辞职，热振缺少他便不会继续执政，也会辞职，因此而强迫'官员大会'劝说热振和赤门继续留任，条件是将赤门的官职由噶伦升为司伦。"夏格巴也说，赤门曾对他说热振摄政将与他一起辞职。"以专横跋扈、狂妄自大而著称的赤门，也自认为西藏的噶厦离不开他，他实际行使的已是司伦的权力，应当升任他为司伦。"因此，在赤门与摄政热振活佛长谈一夜之后，叫其侄子夏格巴为其起草辞职书时，尽管夏格巴曾努力劝说他三思而后行，他仍坚持己见。同年10月，热振摄政一行返回到拉萨，赤门在夏格巴和家人的反对下，一意孤行，修改辞职书，于1936年1月欢度藏历新年的时候呈递给热振摄政。受到赤门的辞职书之始，热振摄政既不答应赤门辞职，也不提出自己辞职。这让赤门受到巨大刺激，甚至产生了某些精神问题，变得有些疯癫和古怪。"例如：他穿着白色'仙他'（shamthabs，西藏僧人穿的裙子）去逛拉萨的市场；人们还看到他在街上奏乐跳舞；有一次他因敲大昭寺的大门叫管家开门而引起了一场风波。"等到欢度新年的活动结束之后，热振摄政便同意了赤门的辞职。同时，为了表彰他为噶厦政府作出的贡献，赏赐给了他一所庄园，赤门就这样退出了西藏历史的舞台。

② 赤门辞职之后，热振又利用在转世灵童上与司伦朗顿的分歧，成功地迫使司伦朗顿辞去职务。热振摄政本身就对他与司伦朗顿共同执掌政教大权，且受到司伦朗顿的牵制而感到不满，长期以来，只是因为时机不成熟，而一直强忍。到1938年，这个时机终于到来了。这年，在转世灵童问题上，通过拉姆拉错湖观景和活佛们的寻访，最后基本确定了三名灵童候选人。其中，在青海寻获的拉木顿珠尤为奇异，热振摄政、三大寺活佛以及多数僧俗官员都倾向于确定其为十三世达赖喇嘛的转世灵童。但是司伦朗顿却支持他的亲戚饶西颇本之子（后来的德珠活佛），并利用其司伦职位之便，多次扣留沟仓活佛等送呈给热振的关于拉木顿珠的信息。据江央嘉措说，在确定拉木顿珠为十三世达赖喇嘛的转世灵童之后，"格乌昌活佛（即沟仓活佛）及其随行人员即向噶厦打了报告。但司伦朗顿·贡嘎旺秋接到这一报告之后，没有能够及时呈送，其目的是为了造成人们承认德珠活佛为十三世达赖喇嘛转世的事实"，这就引起了热振摄政的更大的不满，并决定排除朗顿。1939年3月、4月间，热振以履行政教职权困难为由，向官员大会提出辞职，直到朗顿同意辞去司伦为止。

坐床等。从而加强了同中央的联系，改善了汉藏关系，为中央政府恢复行使对西藏地方的主权作出了积极的贡献。因为这些，热振摄政被划分为亲汉派，受到英国侵略势力及其支持的亲英势力的排挤，使整个西藏地方的政治格局和政治斗争更加复杂。树敌过多的热振摄政面对反热振势力的增强和英国侵略势力的强势介入，而国民党的中央政府对此又无所作为，渐渐地感到政局难以控制并缺乏与对手们抗衡的力量。

1940年，蒙藏委员会委员长吴忠信刚刚离开西藏，拉萨街头就流传出关于热振破戒的谣言，人们认为"热振活佛破戒于异性，无资格再担任达赖喇嘛的经师"。[①] 而达赖喇嘛则要在1940年的下半年接受沙弥戒，这是一种世代相袭的戒律，如果前一个人破了戒，那么戒律对后一个受戒的人便毫无意义。这时，拉萨又传出另外的流言："下半年达赖喇嘛要受'沙弥戒'，热振活佛考虑到若不提前辞职，那时可能有人借口闹事，给政教大业带来麻烦。"就这样，热振在由亲英势力策划的一场政治阴谋中被迫辞职。

热振辞职时，坚持要求达扎接替他执政。[②] 他对噶雪巴说："一个代理摄政不宜主持达赖喇嘛受沙弥戒，我还是决定让达扎活佛任正式摄政。……我已与达扎活佛面商过，他表示在二到三年内尽心主持政教事务，并发誓到期定将摄政位奉还予我。他还表示一定不忘我的恩情，照顾好噶厦政府中我委任的所有成员。"[③] 热振认为，达扎活佛是他的老师，也是达赖喇嘛的副经师，很忠诚，达赖喇嘛也很尊崇他，此外，达扎活佛年事较高，学识渊博，定能胜任摄政一职。热振这一善意的愿望为其后的遭遇埋下了祸根。

1941年2月28日，达扎活佛接任西藏地方政府的摄政。反热振的官员们抓准了这一机会，纷纷聚拢于达扎的周围。他们联合写信给达扎，"要求将新任摄政的地位、待遇、薪俸、印章以及住房规格等，都加以肯定，目的是阻止三年后热振再行上台"。[④] 这使达扎在继任之初，便获得

---

① 噶雪巴·曲吉尼玛：《回忆热振事件》，《西藏文史资料选辑》第6辑，第3页。
② 拉鲁·次旺多吉：《热达矛盾起因及我等受命于达扎摄政"迎请"热振活佛的经过》，《西藏文史资料选辑》第5辑，第3页。
③ 噶雪巴·曲吉尼玛：《回忆热振事件》，《西藏文史资料选辑》第6辑，第5页。
④ 拉鲁·次旺多吉：《热达矛盾起因及我等受命于达扎摄政"迎请"热振活佛的经过》，《西藏文史资料选辑》第5辑，第3页。

了亲英势力的支持。达扎担任摄政的第一年，遇有重大事情还向热振请示。但仅仅一年后，达扎隐藏于慈善面孔下的亲英倾向便暴露出来。1942年7月，达扎在英帝国主义的支持下，擅自设立"外交局"，任命亲英分子札萨索康·旺钦次旦[①]为"外交局"总管，这是达扎领导的亲英集团企图使西藏脱离祖国的一个阴谋。紧接着达扎开始有计划地铲除热振在噶厦中的亲中央的力量，让仇视热振的亲英分子夏格巴·旺秋德丹任孜本，用一批亲英分子替换了忠于中央政府的官员。由于这些变动，热振与达扎的矛盾逐渐公开化，为以后一系列反常事件埋下了伏笔。

到1944年，原约定三年归政的期限已满，可达扎丝毫没有交权的意思，在政治上被亲英势力控制的噶厦此时已开始酝酿一场更大的阴谋。可善良的热振认为，只要到拉萨与达扎会面，就可以履行三年前的誓约。于是热振给过去的"亲信"、现在仍在噶厦任职的高官们写信[②]，希望他们设法邀请自己去拉萨，主持为十四世达赖祈福的诵经大法会。于是，三大寺的堪布们认为祈祷法会事关十四世达赖健康，建议由热振来主持，这样才会更加灵验。但首席噶伦僧官丹巴降央一反常态，满面怒容地对与会的三大寺代表说："达扎活佛明明健在，何必请热振活佛来诵经祈祷？真是多此一举。""我劝各位堪布还是老实点好，否则（你们的脑袋）就会像自己手中的念珠一颗一颗被抹掉，到那时就不要后悔了。"几天之后，摄政达扎下令把拥护热振的上层僧人软禁起来。同年5月，热振不顾危险前来拉萨。出于礼仪，达扎让噶厦在拉萨近郊举行了欢迎仪式。这一虚情假意的举动给很多人一种错觉，以为热振回拉萨重掌摄政大权。一时间噶厦的僧俗官员、各大寺活佛、堪布以及在拉萨的富商大贾们都蜂拥前来拜谒，喜德林热振拉章周围的大街小巷挤满了前来拜谒的人群。几天之后，热振穿戴着盛装，前往布达拉宫拜见

[①] 此人是和平解放西藏时期噶伦索康·旺钦格勒的父亲，是著名的亲英分子，为了让自己的儿子挤进噶厦的核心决策圈子，为此向达扎摄政行贿藏银20000品（一品＝50西藏银），按时价折合银元20万。

[②] 热振写信的对象有：首席噶伦僧官丹巴降央、嘎伦嘎雪、仲译钦莫（秘书长）群培图登、孜本嘎雪·曲吉尼玛、哲蚌寺"阿巴"扎仓卸任堪布阿旺嘉措。如热振写给噶雪巴·曲吉尼玛的信中说道："这次请丹巴降央出面，由你协助，设法与三大寺堪布和有关重要人员密商，然后以三大寺的名义，要求噶厦政府请我来拉萨为（十四世）达赖喇嘛长寿永生诵经祈福。"噶雪巴·曲吉尼玛：《热达矛盾的形成与发展》，《西藏文史资料选辑》，民族出版社1995年版。

十四世达赖,并拜会摄政达扎,典仪结束后,他俩来到达扎寝殿。三年不见,两人免不了要寒暄一番,但是,老谋深算的达扎只字不提践约归政之事。年轻的热振再也忍不住了,他直言道:"我现在已经结束了静修,承蒙您这三年代我辛劳,考虑到您年岁已高,继续主持政教事务有困难,特地赶来拉萨……"可达扎却两手托腮,装聋作哑,只是"啊,啊"不已,根本不谈归政之事。达扎不愿交权的消息一经传出,原来纷纷来拜谒的僧俗官员顿时退走,热闹的热振拉章顿时冷寂下来,热振也只好无奈地返回热振寺。

然而事情并没有完结,实际上,热振与达扎的斗争并不是单纯的个人权利之争,而是亲英势力与亲中央政府力量的一场斗争。达扎的背信弃义背后有着亲英势力的支持,他们本来对热振亲中央的态度就极端仇视。即使在热振摄政时期,热振等爱国力量提出的一些为改善西藏地方与中央政府关系、班禅大师回藏等问题的意见,就经常为噶厦中的亲英势力所曲意夭折,或为亲英势力阳奉阴违地予以阻止。为了清除障碍,热振曾采取过以退为进的策略而化解危机。由于得到热振摄政和噶厦中一些爱国人士的帮助,中央与西藏地方的关系大为改善。为此,国民政府曾于1935年册封热振为"辅国普化禅师"名号,以表彰他"自达赖圆寂,综摄全藏政教,翊赞中央,抚绥地方"等方面所作出的贡献。

热振接位摄政后,遵循十三世达赖喇嘛晚年逐渐靠拢中央又不能与英国人决裂的方针,处理同各方面的关系。上任伊始,就接待了中央册封致祭十三世达赖喇嘛的专使黄慕松,并冲破重重阻力,同意黄慕松留下中央驻藏代表、电台,为西藏地方与中央关系正常化创造了条件。后来,他竭诚欢迎与接待中央大员吴忠信率领的庞大代表团,与吴忠信共同主持十四世达赖喇嘛灵童坐床大典,同意中央政府设立驻藏办事处,为保持与发展西藏地方与中央关系作出了重要贡献。在他任摄政期间,与上层亲英势力进行周旋,避免了多事的川藏、青藏之间再发冲突,但他的爱国、拥护中央、维护与中央的关系是在与亲英势力的不断斗争中实现的,因而也得罪了一批亲英的权贵们。正因为有这种前因后果,热振也把复位的希望寄托到中央政府的身上。

热振曾对国民政府蒙藏委员会驻藏特工人员侯国柱表示,"只要中央支持我重新当政,一定为增进中央与(西藏)地方的关系作贡献"。并委托他的两位好友,四川省甘孜藏区的国大代表直霍尔·普顿朗和拉嘎尔·

普士多在赴南京参加国民大会期间向中央说明情况。但这时热振拉章激进的雍乃喇嘛等以无法接受眼前的残酷现实为由，冒险实施报复达扎的计划①，但报复计划未能成功，却成为亲英势力迫害热振的借口。

1947年4月中旬，索康·旺钦格勒等率200名藏军，星夜出发直奔热振寺，毫无戒备的热振活佛还在他的佛邸花园里赏花，却遭遇到藏军武装的"邀请"。热振已明白落入敌手，他从容地穿好法衣，并戴上金刚护身符，准备骑上心爱的玉龙驹"优珠"，索康怕热振骑上白骏马逃之夭夭，坚持让热振改骑一匹羸弱的骡子。在查封了热振寺后，热振被押解到拉萨，并被投入夏钦角监狱。

消息传出，拉萨僧俗民众舆议哗然，色拉寺僧众愤怒异常，曾组织大批僧众前来劫狱②。但热振活佛相信中央政府会出手相救，因他还是国民党中央执行委员，也是国民政府加封的护国禅师，中央政府不会对自己的执委见死不救的。亲英集团也担心中央政府干预此事③。实际上，敌对的双方都错误地判断了形势，此时国民党正发动全面内战，对边疆西藏所发生的事件不感兴趣。尽管这样，不明蒋介石心思的热振集团还是跑到内地

---

① 1947年元旦后的一天，一个自称是来自西康的不速之客，进入达扎·阿旺松绕的亲信——有权有势的基巧堪布（总僧官，三品衔，负责管理达赖身边的全部僧职人员，对全藏僧俗事务有很大的决定权。译仓的所有报告和请示必须经基巧堪布审核修改才能呈送达赖决定）阿旺朗杰宅邸，献上一个包裹，上面标着"昌都总管宇妥札萨致达扎摄政的秘密报告"字样，请阿旺朗杰转交达扎·阿旺松绕。阿旺朗杰信以为真，就把包裹放在家里。有一天阿旺朗杰的孙子格顿好奇地打开了包裹，里面是一个木盒，拉开盒盖，只见里面装有一枚手雷，并听到引线发出的咝咝声，吓得格顿丢下盒子往外跑。手雷轰地爆炸了，除了屋内一些摆设被毁外，格顿没有受伤。阿旺朗杰立即向达扎·阿旺松绕禀报了原委，并把炸坏的木盒一同呈上。

② 1947年4月下旬发生了"杰扎仓之战"，拥护热振活佛的色拉寺部分僧侣与噶厦藏军间爆发的一次严重的武装对抗。五世热振活佛入狱后，激起了色拉寺喇嘛的反抗。为了营救热振活佛，色拉寺的喇嘛表现得异常的英勇顽强，他们手持大刀、长矛、木棍冲下山来直奔拉萨市区，准备劫狱。而达扎·阿旺松绕一伙早有防备，他们派嘎伦嘎雪·曲吉尼玛等30多位僧俗官员组成指挥部率领数千藏兵沿流沙河一线布防，将色拉寺包围起来。但是色拉寺的喇嘛们并不屈服，他们脱下袈裟，赤膊上阵与藏军拼杀，最终寺僧伤亡80多人，少数僧人突围逃亡康区，一场营救五世热振活佛的斗争以失败而告终。

③ 英国驻拉萨的商务代表黎吉生也通过关系向达扎报告称："据可靠情报，热振活佛派遣的直霍尔和拉嘎尔在南京参加国民大会期间受到的礼遇胜过噶厦派去的两位札萨。会后这两人已经留在南京，他俩承认西藏是中国的领土，不搞独立，要求国民党派兵入藏，还要求派飞机轰炸拉萨以助热振重新掌权。"黎吉生还说："国民党已向热振活佛的代表提供武器和金钱，热振拉章与班禅堪厅（九世班禅的办事机构）结盟，准备以色拉寺为据点搞叛乱。"

向他们信任的国民党中央政府求助。据韩敬山、喜绕尼玛先生从台北档案所得到的资料证实：1947年2月9日16时30分，西康省主席刘文辉给蒋介石发去密电："藏政府前执政热振呼图克图密派代表图岛求中枢援助，推翻现任辅政达扎政权，经职代请吴文官长转陈钧座承谕命其在渝等候，俟图大会毕再令来京。职在京临行前向钧座请示曾奉谕准予召见。现该代表留蓉日久，据谈达扎为缓和反对派，表面将归政于达赖，实权则交（其他）呼图克图，已仍暗中操纵，亲英背汉，热振切盼中央早为适当处置，免失事机，嘱该代表速觐钧座请命等语，特电代陈。如钧座召见有期，期即电复，以便转饬该代表来京展觐。职刘文辉叩。"① 这份电报的拟办意见极其详尽，"该代表等暂住成都，可优予招待，并告以钧座极愿接见，并亲予指示，惟须在国民大会开会代表离京后，方较便利"。蒋介石用红笔批示："待藏代表回藏后再来见可也。"

2月22日，刘文辉再次从雅安发电：《热振代表业先首途来京不及阻止》，拟办意见为"西藏代表现定于三月十号以前离京，倘热振代表于渠等行前抵京露面，实不相宜，拟饬知军统局与热振代表邓珠朗杰、图岛朗嘉二人在三月十日以前抵京时，密为安置，避免渠等公开活动，并与藏政府在京人员接触。如能中途设法使该员等能羁延至三月十日以后抵京更佳"。然而当热振代表到南京后，蒋氏虚以应付，坐视藏内拥护中央之势力一一被剪除，就连拥护热振、与甘青汉人有着深厚感情的十四世达赖的父亲尧西·祁却才仁也于月前被亲英势力毒杀。当蒋介石得知热振被捕②后，曾通过沈宗濂遵奉蒋氏面谕拟就电稿给达扎，"达扎摄政勋鉴：倾闻藏政府将热振呼图克图逮捕拘禁，未悉真相如何，查热振主持十四辈达赖转世，功绩昭著，且经国民政府册封为禅师，中央至为关心。希执事慎重处理，并将详情迅为电复。蒋中正印"。也许就是这个毫无约束力的电稿，促使达扎加快了谋害热振的步伐。③

噶厦决定立即组建一个审判委员会，对热振活佛进行审讯。但为了表示对卸任摄政的尊重，没有要求热振跪在审讯人员面前，并允许穿他通常

---

① 《请速核定召见西藏热振代表图岛日期》（1947年2月10日），《藏王达扎与热振交恶》（二），台北"国史馆"藏国民政府档案，典藏号001-059200-0010。

② 同上。

③ 《电达扎摄政稿》（1947年4月22日），《藏王达扎与热振交恶》（二），台北"国史馆"藏国民政府档案，典藏号001-059200-0010。

穿的佛衣而不是囚服。第一次审讯是在热振入狱后的第 6 天（1947 年 4 月 2 日），热振否认自己做过任何有损于西藏政教的事，他对审讯人员说："尽管达扎不遵守诺言，但我从来没有图谋杀害他。"第二次审讯时，热振要求面见达扎当面解释，否则他将拒绝回答任何问题。审讯者讥讽说，摄政怎么会接见一个囚犯。第三次审讯时，审判人员向热振活佛出示了查抄来的部分信件，这些信件涉及热振手下人商议报复达扎集团的计划，特别是向国民政府请求帮助之"大罪"。据时任国民政府住西藏办事处的英文秘书柳陞祺在《拉萨旧事》一书中记载："有人问热振何以要亲中央？他回答说：中央与西藏在宗教地理上都无法隔离，1904 年英将荣赫鹏攻入拉萨之后，军事赔款概由中央代付，所以不啻是中央的钱赎回了西藏的身，……问他是否有信给中央方面要求给予武力支持，以谋复掌政权的时候，他自承确有几个亲信人物极盼望他重执政权，但他本人并不鼓励，可是亦未加抑制。"后来噶厦张贴的告示所列热振大罪就是："热振勾结中央为害达扎摄政"①，其罪名既非常荒唐也昭然若揭。实际上，国民政府住藏办事处近在咫尺，尽管明白地方政府给热振所定的"勾结中央"之大罪既荒谬又损中央威权，因未接到上峰命令也不敢贸然营救。

热振被囚禁在布达拉宫的黑牢里经受着煎熬，达扎选用两名与热振有私仇的厦尔孜·益西土丹和龙夏·乌金多吉为狱吏，监狱长则是深受达扎信任的藏军总司令格桑楚臣的家臣。刚被投入监狱时，热振活佛烦躁不安，因牢房特别窄小、黑暗使他感到头痛，希望狱吏换一间较明亮点的房子。但龙夏·乌金多吉立即挖苦道："我父亲龙夏·多吉次杰坐牢时，那间牢房只有一尺，黑得连自己的脚都看不见，比较而言，这间已是好多了，都是囚犯嘛。"②后来，趁龙夏·乌金多吉不在时，热振曾对另一名狱吏厦尔孜·益西土丹讲述了当时龙夏被挖掉双眼的经过③。几天后，在监狱长和狱吏的折磨下，热振感到身体不适。监狱长格桑阿旺给狱吏送来

---

① 陈锡璋遗作：《西藏从政纪略》，《西藏文史资料选辑》第 3 辑，西藏自治区政协文史资料研究委员会编（内部发行），1984 年，第 129 页。

② 厦尔孜·益西土丹：《我当过监禁前摄政——五世热振活佛的狱卒》，《西藏文史资料选集》第 2 辑，民族出版社 1995 年版。

③ "乌金多吉在泄私愤，其实那时他还小，不懂事，真正坚持要对他父亲用刑的是贵族集团，那份处以龙夏挖双眼的报告，让我签字，我以那是违反戒律为由拒绝签字，实际上签字的是司伦朗顿。在拉鲁是否是龙夏儿子的问题上我也帮了忙，这样拉鲁·次旺多吉才能继续做官。"

三颗"阿格尔三十五"药丸，要狱吏让热振用肉汤服下，热振服用最后一颗药丸不久，呼吸急促，他用微弱的声音，要求狱吏快去丹吉林英国驻拉萨商务代表处请印度医生来抢救，监狱长格桑阿旺拒绝去请印度医生，很显然，这是有意毒杀热振性命，至5月8日凌晨3时，热振在政敌的谋害下停止了呼吸。从下午4时到第二天凌晨3时，热振临终前的11个小时是在药毒的慢慢折磨下非常痛苦地度过的，当时住在布达拉宫下面的许多官员回忆，他们都听到深夜从夏钦角监狱的窗口传出的热振痛苦的喊叫声。可见，亲英分子们对倾向中央的热振的刻骨仇恨已到什么地步。

热振活佛被谋害的噩耗传到热振寺后，引起热振寺僧众的悲愤，500多名僧人武装起来，杀死了驻扎在热振寺的十几名藏军，噶厦在亲英势力的控制下，丧心病狂地调集1000多藏军进攻热振寺，激战七天七夜，很多僧众被残酷杀害，一部分被迫投降，只有热振寺的曲本·益西楚臣等四人突围而出，经青海逃往西康省，向省主席刘文辉报告了热振被害及噶厦残杀僧人的残酷情况。但刘文辉因受蒋介石的钳制心有余而力不足，对此事也不了了之。益西楚臣后来跟随人民解放军第十八军进藏，亲眼看到了西藏人民的解放，也目睹了达扎等亲英势力的最终结局。

三 没有强有力的中央政府做后盾，劳动群众只有承受着旧西藏及其黑暗制度所带来的无尽苦难

民国时期的30多年间，因国家中枢为新老军阀们所把持，全国遭受到军阀混战的荼毒和各帝国主义势力的控制特别是日本帝国主义的入侵，始终未能形成一个强有力的中央政府。在这种情况下，各族人民遭受到帝国主义、封建主义、官僚资本主义的压迫和剥削，处在边疆地区的西藏各族人民当然也不能幸免，更为悲惨的是，西藏地方的劳动群众还承受着旧西藏及其黑暗、落后、残酷的封建农奴制度所带给的无尽苦难，这些苦难在中央治藏主权受损，藏内权贵之间血腥的内斗中更带有一种悲惨的色彩。

（一）扼杀人权和摧残人性的政教合一的黑暗制度

政教合一的封建农奴制度经历了700多年，先后经过起始阶段、强化

阶段、衰落阶段，到民国时期，这一制度已到了衰亡的前夕。体现这一制度的噶厦，是上层僧侣和贵族联合压迫、剥削广大农奴的专制工具。民国时期的噶厦及其所属机构，都是由上层僧侣和贵族联合组成的，达赖喇嘛是这一制度的总代表。在这一制度里，宗教与政权得到了紧密的结合，三大领主既用藏军、法庭、监狱等专政工具来压迫广大农奴，又通过教权来控制广大农奴的精神。凭借政教合一获得政治上、经济上的种种特权，三大领主毫无顾忌地压迫、奴役广大农奴，不遗余力地吸食农奴的血汗乃至生命。

民国时期西藏的政教合一的封建僧侣贵族专制政体，最高首领为达赖喇嘛，依次为摄政（达赖喇嘛未亲政时期）、首席噶伦、噶伦。噶厦仍延续着清朝以来的一些架构，继承了从噶厦到基巧（相当于专区）、宗（相当于县）、错、定（相当于乡、村）等一整套的政权组织。噶厦下设有许多办事机构①，其核心机构是"孜康"，掌管全藏的土地、牛羊、户籍的清查，审计地方政府的财政收支，负责俗官的选拔和升迁任免，发布文书、政令等。孜康设四品俗官孜本4名。达赖身边设重要机构"译仓"②，负责主要僧官的物色、任免和大寺院堪布任用的建议，遵照达赖的指令发布文书训令等。译仓设四品僧官仲译钦波（相当于秘书长）4名。遇有重大事件，受噶厦的委托，召开有4名仲译钦波和4名孜本参加的"仲孜会议"或全体官员会议，研究处理方案，在没有中央政府派员管理的情况下，上报达赖批准。

民国时期西藏地方政府各级官员，完全由上层僧侣和世俗贵族担任。其官阶仍遵循明、清官制，设置由一品至七品的官阶。一品官与驻藏大臣相适应，仅有达赖喇嘛一人，二品官为摄政和司伦③等，三品官为噶伦、总堪布。小三品、大四品为扎萨和台吉等。四品僧俗官分别称为堪穷、仁希。扎萨和台吉，贵族官员的子弟一出生就获得四品官阶，称"色囊巴"，十七八岁就可出任藏政府的重要职务。中小贵族的子弟经俗官学校学习后，即可进入藏政府内任职。僧官，大部分由贵族出身的喇嘛担任。

---

① 如"玛基康"（藏军司令部）、"拉恰列空"（财政局）、"孜恰列空"（布达拉仓库）、"扎其列空"（藏币铸造和电机局）、"协尔康"（法院）等。

② "译仓"，意为秘书处，系藏政府保管文件的机构。

③ 为了分散摄政的权力和便于达赖的直接控制，十三世达赖喇嘛时期增设了"司伦"一职，司伦高于噶伦。

有了官职，就有了直接统治百姓，进行敲诈、勒索、盘剥农奴的权力。所以僧侣、贵族们为谋取官职而不择手段，买官鬻爵现象司空见惯。各地寺庙中的上层僧侣，包括活佛、堪布等，本身就是披着宗教外衣的大农奴主，他们经常干预、操纵当地的政治、经济，是西藏社会统治集团的重要成员之一。

封建农奴制度所常用的《十三法典》和《十六法典》，是三大领主维护其利益和森严社会等级、压迫广大农奴、践踏人权的重要工具。"法典"第七条把人严格地划分为三等九级，"人分上中下三等，每一等人又分上中下三级。此上中下三等，系就其血统贵贱、职位高低而定"。上等人是为数极少的大贵族、大活佛和高级官员；中等人是一般僧俗官员、下级军官，以及三大领主所豢养的爪牙；下等人是占西藏总人口95%被压迫、被剥削的农奴和奴隶。人与人之间这种法律上的明确不平等，实质上就是西藏封建农奴制社会森严等级的制度化。在制度化的森严等级壁垒之下，统治者和被统治者之间，剥削者和被剥削者之间，不仅在经济、政治地位上极不平等，而且在日常生活的每一个细节上，甚至在说话时的每一个名词、动词上都要区分出双方地位的贵贱尊卑。如下等人见了上等人必须弯腰躲避，用吐舌的动作表示敬畏，从而置广大农奴和奴隶于非人的境地，永远在压迫和奴役之下活命，其界限是如此的清楚和不可逾越。

西藏档案馆内至今仍保存着一份《不准收留铁匠后裔的报告》：堆龙德庆县一个铁匠的后裔在十四世达赖身边做事。当达赖发现他是铁匠的后代后立即将其赶走，并命令凡是出身金、银、铁匠，屠夫等家庭的人均被视为下等下级人，不能在政府里做事，不能和其他家庭通婚。在"法典"明确规定之下的森严等级制度中，金、银、铁匠，屠夫等同乞丐视为最低贱的人。西藏妇女也被"法典"列为这一等级的人之中，尤其是处于社会底层的贫苦妇女更是如此。"法典"关于杀人赔偿命价律中规定："人有等级之分，因此命价也有高低"。上等上级的人如王子、大活佛，其命价为与尸体等重的黄金；而下等下级的人如妇女、屠夫、猎户、匠人等，其命价为草绳一根。

在关于处置犯罪人家属的条文中称："绝嗣之家，其妻室有父归父，无父归其兄弟近亲。"或者"无父"，则将其女人与一半牲畜、库物给其兄弟近亲中之一人。某（上等）人"若从牦牛身下救人，被救者则以女儿偿之，无女则给妹，无女、无妹则给银200两"。可见，在森严等级制度下西藏妇女地位的低下，可以与牲畜并列，作为财产的一部分定其归属，可以当作礼品赠予他人。妇女同屠夫、猎户、匠人等，在森严等级制度下受着整个社会的歧视与奴役，实际上是排斥在正常社会生活之外的"非人"，人权的概念与他们没有任何联系。

　　三大领主的利益在"法典"中是神圣不可侵犯的。农奴如果"触犯"了三大领主的利益，法典规定："按其情节不同挖其眼睛，削其腿肉，割舌，截手，推坠悬岩，抛入水中，或杀戮之，惩戒将来，以儆效尤。"而广大农奴和奴隶的权利，"法典"则没有丝毫的体现与保障，遭到迫害的农奴和奴隶甚至连喊一声"冤枉"都是非法的。法典规定："向王宫喊冤，不合体统，应逮捕械击之，不受主人约束拘捕之；侦探主人要事者拘捕之；百姓碰撞官长者拘捕之。"还规定：凡仆人反抗主人，而使主人受伤较重的，要砍掉仆人手和脚，如主人打伤仆人，延医治疗即可，如打伤活佛，则犯了重罪，要挖眼、剁脚、断手或处以各种各样的死刑。正是这些骇人听闻的法典，使三大领主随心所欲地对农奴和奴隶实行各种残暴的私刑。①

　　仅看"法典"的一纸规定，还远远不能说明三大领主对农奴和奴隶的残暴。如寺庙可以根据法典制定详细的"寺规"，贵族可以根据法典在自己的庄园制定细的"家法"，寺庙和贵族可以自备刑具，私设公堂，惩罚农奴和奴隶，甚至可以将农奴和奴隶处死。三大领主要处置农奴和奴隶，想制定什么就制定什么，想怎么做就怎么做。当时前往拉萨主持十四世达赖坐床的吴忠信也认为："西藏因地处高寒，农产稀少，人民生活本极困难，而西藏当局压迫剥削更无所不用其极，使藏民生活堕入人间地狱，其苦乃不可言。西藏当局视人民直如奴隶牛马，随意役使，随意蹂躏，不稍怜惜。政府征用人民及其牛马，照例不付代价，即伙食马料亦须

---

　　① 据民主改革时期对1200名群众调查的材料看，仅甘丹寺赤降拉让，从民国到民主改革前夕，就有541人被打，其中165人被打伤致残，121人坐过监狱，89人被流放过，538人被逼当奴隶，1025人被逼逃亡在外，265户的亲人被活活打死或用其他手段残害致死，有72人被拆散婚姻，有484名妇女被强奸或轮奸。从19个庄园的不完全调查看，在几年间，支乌拉差役路上风伤、病、累、残或事故而死47人，被打死7人，逃离出去无法生活因病困而死的19人，支不起乌拉差役而逃跑的294人。散发着血腥气的这些数字就是寺庙上层僧侣以"佛"的名义，在政教合一制度下，对"苦难众生的超度。"

由人民自备,而差徭纷繁几无宁日,人民受扰之剧可以想见。政府复可一纸命令无代价地征收人民之财产,或将此种财产赏给寺庙或贵族中之有功者。总之,在西藏境内,人民已失去其生存与自由之保障,其生活之痛苦实非言语所可形容也。"①

关于民国时期西藏社会的性质,就连外国学者都有透彻的认识,即使与境外达赖集团的"藏学家"们打得火热的外国学者也不得不承认西藏农奴制的社会性质。外国著名学者拉姆·拉赫尔在《西藏政府结构》一文中曾毫不讳言地说:"西藏的农民,特别是在贵族和寺院的庄园里干活的农民,从某种意义上讲都是农奴。一个佃农必须把他的大部分农产品交给地主,留下的仅够养活他自己和家人。他还必须向地主和所有过路的政府官员服徭役和提供物品。未经老爷的允许,佃户不得擅离他的土地。如要离去,须先呈上西藏人称之为的'离开庄园申请书'。通常这类申请是不会被批准的。"著名的加拿大藏学家谭·戈伦夫在他的《现代西藏的诞生》引述了这一段论述,意在说明封建农奴制度在西藏的不合理性,接着他说,"虽然有大量证据说明西藏是一个多层次的社会,阶级之间差别很大,但一些作家仍然忽略了这一点,或者企图为这个社会辩护,说它是仁慈的"②。

关于民国时期西藏地方的阶级等级,1940年前来主持十四世达赖喇嘛坐床的国民政府蒙藏委员会委员长吴忠信也有深入的观察。他在《奉使办理藏事报告书》里说:"西藏社会阶段之划分,细微严密,亦远非他处所可企及。其制系分上中下三级,每级又分上中下三等。上级上等,达赖及藏王等属之;上级中等,噶伦及活佛、掌教喇嘛等属之;上级下等,代本、营官及普通喇嘛等属之;中级上等,地主大家之后裔等属之;中级中等,书记、小吏等属之;中级下等,兵卒及一般人民属之;下级上等,官员家族之仆婢佣人等属之;下级中等,男子无妻无家、女子无夫自为社会者及乞丐等属之;下级下等,屠夫、清道夫、收尸者及五金工人等属之。各级之间不通婚媾,不作交往,富贵者世为富贵,贫贱者世为贫贱。富贵者衣必锦绣,食必珍馐,出必乘骏马,携仆从,贫贱者劳苦终日,不得一饱。各级各等之间,界限分明,不稍僭越,礼节亦有区别。各级各等

---

① 黄慕松、吴忠信、赵守钰、戴传贤:《奉使办理藏事报告书》,中国藏学出版社1993年版,第159页。

② [加拿大]谭·戈伦夫:《现代西藏的诞生》,中国藏学出版社1990年版,第8、11页。

之人员，对于本身所属阶级视为前生命定，行之若素，即极下贱者，亦甘之如饴。阶级观念深入人心，故西藏乃一阶级森严之社会也。"①

政教合一的封建农奴制度使广大农奴必须承担无限度的残酷压迫和剥削，忍受难以忍受的痛苦，这使一部分农奴，为了寻求出路和寄托，不得不到寺庙，加入僧侣队伍，然而在寺庙里他们的地位并没有也不可能有丝毫的改变，所不同的是变成了穿着袈裟的农奴，从事着寺庙里的各种劳役。地方政府明文规定"家有三男，必有一人去支僧差"，导致西藏社会僧尼成群的畸形社会现象，由于僧尼除宗教活动之外，根据宗教戒律的规定，既不从事生产活动，又不进行人口自身的生产，使奄奄一息的旧西藏经济不堪重负，人口锐减，生产力退化。

（二）剥夺农奴阶级自由生存权的生产生活资料占有形式

民国时期，封建农奴主对生产生活资料的占有形式较之清朝丝毫没有变化，因为没有中央政府驻藏官员的监管，较之前朝更为贪婪。封建农奴主包括官家、贵族、寺庙上层僧侣三部分，通称为三大领主。官家，是指西藏地方各级政权中的僧俗官员，民国时期的各级官员有近千人。贵族，有历代中央政府敕封以及达赖、班禅等分封的世袭贵族，当时计有200多家，其中大贵族25家，中等贵族26家，小贵族150家。贵族还包括牧区的世袭千户、昌都地区的土司、大头人等200多家，全藏总共有400余家。寺庙，主要指寺庙中的活佛、堪布等上层僧侣，500多人，另有管理财务的喇嘛"基索"4000余人。三大领主一般不亲自经营管理所占有的庄园和牧场，而是委派代理人代其管辖、经营。这些人包括管理庄园的小吏"豀堆"、为宗政府管理差税的头人"佐扎"、领主家中的大管家"强佐"（司库）、一般管家"涅巴"、各级封建政权中的世袭"根保""错本"秘书等。他们直接统治和剥削农奴，并从中获得相应的收入，属于农奴主阶级的一部分，农奴主及其代理人共占西藏人口总数的5%左右。却占有西藏几乎全部耕地、牧场、森林、山川以及大部分的牲畜和农具。据统计，西藏耕地330万克②中，官家占有128.37万克，贵族占有79万

----

① 黄慕松、吴忠信、赵守钰、戴传贤：《奉使办理藏事报告书》，中国藏学出版社1993年版，第158页。

② "克"，藏区计算容量、重量单位以及土地面积单位的名称。容量1克，即1藏斗种子，约折合14公斤；重量1克，即1藏斤，折合3.5公斤（1克酥油为2.5公斤）；计算耕地面积时，按播种1克种子的土地为1克的土地面积，约合1市亩。

克，寺庙占有 121.44 万克，他们占有耕地的总数分别为 38.9%、24% 和 36.8%，共 99.7%；边沿地区有极少数自耕农，占有约 0.3% 的耕地。

与三大领主相对立的是农奴阶级。这个阶级主要有差巴、堆穷和朗生三种人。

差巴就是束缚在农奴主差地上，无偿地为其种地和支差的农奴。农奴主将较好的、集中的土地作为自营地，由农奴主代理人经营，差巴耕种，收成归领主所有。农奴主将贫瘠、边远的土地分成若干块份地，称为差地，指派给差巴耕种，收获归差巴所有，以维系其最低的生存所需。农奴主则以此向差巴支派名目繁多的无穷无尽的差役。差巴人数占农奴总数的 60% 左右。

堆穷意为小户，有的是外来的烟火户，有的是种内差地的"朗差"，也就是家内奴仆。他们基本上没有或已经丧失了差地，而人身仍然依附于农奴主，受剥削奴役的程度更为惨重。他们占农奴的 30% 左右。

西藏人口中还有占农奴总数 5% 左右的奴隶，称为"朗生"。朗生，是领主或代理人家中的家奴，人身完全为农奴主占有，受农奴主绝对支配，被农奴主视为"会说话的牲畜"，可任意将其租让、抵押、作为赌注、赠送以至出卖。许多朗生一生被转让、出卖过多次，甚至被用去交换牛马。西藏封建农奴制社会中存在着奴隶社会的残余，其主要表现就是朗生的存在。

此外，寺院中还有一定数量的贫苦僧人、尼姑，他们在寺院里干着背水、劈柴、扫地、喂马等繁重的劳动，备受欺压。还有失去差地又没有固定营生而四处流浪的游民。他们或捕猎，或打零工，过着半乞讨的生活，到一定时候还要回原地向所属的农奴主缴纳人头税。还有城镇中的乞丐，民主改革前拉萨市区就有三四千人，日喀则城区也有二三千人。这些也都是农奴阶级的组成部分。

差巴、堆穷、朗生加上贫苦僧尼、游民、乞丐等，共占西藏人口总数的 95%。

三大领主占有绝大部分生产资料，对没有任何生产资料的农奴的剥削形式主要包括繁杂的徭役、赋税、地（畜）租在内的乌拉差役。在封建庄园内，农奴主将土地分成两个部分：相对肥沃的土地，留作庄园的自营地；小部分贫瘠的、边远的土地则是以奴役性的条件分给农奴使用的份地。

进入民国时期，三大领主高度集中占有和垄断以土地为主的生产资料占有形式不仅没有丝毫的改变，而且得到进一步强化，使占西藏人口90%以上的农奴从根本上丧失了赖以生存的物质条件，处于被剥削、被奴役的地位，靠耕种份地维持生计。他们所拥有的生产生活资料多是依附于封建农奴主，且刚刚能够维持生命延续和基本劳动的需要。

（三）侵害劳动群众人身自由权的乌拉差役

三大领主凭借他们占有全部生产资料，通过超经济的剥削形式强制占有农奴人身。旧西藏噶厦地方政府规定，农奴只能固定在所属领主的庄园土地上，不得擅自离开，绝对禁止逃亡。"人不无主、地不无差"这一流行于旧西藏的话，就是三大领主强制占有农奴人身，使农奴世世代代依附领主，作为土地的附属物束缚在差地上的真实写照。三大领主占有农奴人身，使其牢牢地束缚在土地上，凡是人力和畜力能种地的一律得种差地，并支乌拉差役，而农奴一旦丧失劳动能力，就收回牲畜、农具、差地，使农奴降之为奴隶。

三大领主通过对生产生活资料的占有，对农奴进行残酷剥削。这种剥削大量的体现在"差乌拉"上[①]，这是西藏特有的劳役地租形式。差乌拉包括两大类，一类称为"冈卓"，意为用腿走路，即人役、劳役和畜役，包括耕种土地、担负运输、家务劳动等；另一类称为"拉顿"，意为手捧的奉献。差乌拉项目繁多，无所不包[②]，实际上就是乌拉差役的统称。

乌拉差役是西藏封建农奴制度下，三大领主对农奴进行残酷剥削的主要形式。西藏的乌拉差役是包括徭役、赋税、地租等在内的含义十分广泛的差役赋税的总称，其名目之繁多，给农奴的负担之沉重，使农奴成年累月地辛勤劳动，却难以维持生计。有载入册籍的各种永久性乌拉差役，有临时加派的各种乌拉差役，形式上可分为内差和外差。内差是农奴向所属贵族或上层僧侣和寺庙及其代理人所支应的各种劳役和实物差役。领主土地的经营方式是把土地划分为两个部分，肥沃的土地作为领主自营地，贫瘠的土地作为份地（差地），以给领主支应各种差役为条件，分租给农奴

---

① "差乌拉"，专指赋税和徭役。最初来源于突厥语，元朝时期随着驿站在藏区的设立，"差乌拉"成为一个混合用语，即农奴主统治者拥有驱使农奴劳役和向其收税费的权利。

② 例如为农奴主的自营地修水渠、垒地堰、送肥、浇地、耕翻、播种、锄草、收割、打场，直到粮食入库、炒磨青稞糌粑等；为农奴主出牲畜驮运物资；为农奴主割草、打柴、背水、跑腿；为农奴主伐木、运料、建房、搭厩等；为农奴主放牛牧羊、挤奶、剪羊毛、打酥油等。

耕种，耕种份地的农奴每年要自带农具、口粮等在领主代理人的监督和鞭打下，在领主自营地上为领主从积肥、播种、除草、浇水，到收割、打场、入仓，提供无偿的劳役，这便是内差中的所谓"长年差"。除此之外，领主还根据自己的需要，随时给农奴摊派各种临时差役，主要有：修整领主住宅，为领主搬运粮食、牛粪，捻毛线，背水，砍柴，拾牛粪，炒青稞，磨糌粑，鞣皮张，炸油，做口袋，等等。另外还要给领主缴纳马草、酥油、粮食等实物差。只要领主生活、生产需要，领主就要派差役，农奴要支付多少差役，没有什么明文规定，由领主说了算。长年差加上临时摊派的各种差役，农奴所要承受的剥削是极其沉重的。①

外差是指给噶厦支应的差役，包括"差岗""乌拉牌票""兵役差"。"差岗"是由西藏地方政府将一部分耕地作为向噶厦支应差役的土地分给寺庙、贵族，由寺庙、贵族负担一定的差税义务；而寺庙、贵族又将这一部分"差役"地分租给农奴耕种，由农奴向噶厦支应差役。耕种"差岗"地，农奴就要无偿地为持有噶厦马牌的官员、僧侣、商旅等人员提供人力、畜力和物资食宿，无偿地为噶厦和寺庙修建工程服徭役，缴纳噶厦所需的青稞、酥油、鸡蛋等一切实物及银元、藏银等货币。不仅如此，噶厦以下的基巧、宗等各级政府的官员也给农奴派外差，噶厦只要求下级官员按规定完成上交噶厦的实物和劳役，概不过问下级官员实际给农奴摊派多少外差，以致各种乌拉差役名目繁杂，农奴负担沉重。如墨竹工卡宗向农奴支派的主要实物差就有菜油差、燃料差、牲畜差、扫帚差、皮绳差、降神差、红土差、花盆差、念经费、酥油罐差，等等。

普通外差还有按照政府开的"乌拉牌票"，出人、出牲畜为藏军运输行李、军火、军饷，为其提供坐骑，保障食宿，以及担负修路、建筑、送信等。另外还要负担基层小官的差役，如丁青宗有个呷日本②的百户，规定除收割时每户要出7个工外，每年每户还要出50个工给其家庭支各种劳务差役。昌都宗规定牛马差随叫随到，且无数量限制。如差民支应困难，交五两藏银可免一次牛差、七两半藏银可免一次马差。边坝宗规定无论有无牛马均要支差，每岗地每年出牛马长差15次、短差百余次。如无牲口需要向别人租用时，长差每头牛藏银30两，短差5—8两。总之，农

---

① 据统计，白朗宗白利寺庄园，贵族彭许的彭中庄园，江孜宗白居寺庄园，其剥削率分别是78%、68.9%、77.7%，墨竹工卡十个庄园平均剥削率甚至高达80.56%。

② 呷日本，是三十九族地区集军政于一身的基层官员，相当于现在的镇长一职。

奴主需要干什么活，农奴们就得支什么差，不但不给任何报酬，而且必须是随叫随到。农奴支差所付出的劳动，一般要占全家劳动力全年劳动量的50%—80%。农奴虽有一小块份地，但大多不能很好耕种。因大部分时间用于支差乌拉或耕种农奴主自营地，而无暇照管自家的份地，以致庄稼往往烂在地里。农奴为了活命，既种有内差地因而要为领主支应内差，同时又种有外差因而要给噶厦支应外差，使广大农奴不堪重负，甚至逼迫一些小户破产而无以为生①。仅以民国后期摄政达扎的达隆绛庄园为例：达隆绛庄园共有土地1445克，庄园所属农奴全劳动力和半劳动力计81人，全年共支内差11826天，外差9440天，内外差共计21266天，每个劳动力平均要支应262.5天的差役，折合劳动量占全部劳动量的72%。这只是一般的统计，还有比这更高的农奴无偿地为农奴主支应差役的劳动量比率。惊人的剥削，沉重的乌拉差役，使人无法形容农奴要承受的痛苦，仅仅维持肉体生存也要受到严重的威胁。一些不堪差役负担的农奴，被迫逃离家园，逃荒要饭，病死、饿死在异乡。

民国时期，西藏地方政府的"兵役差"也到了不堪重负的地步。"兵役差"，是农奴自带吃穿费用为政府服兵役。清朝乾隆时期，西藏地方根据《二十九条章程》，只配备3000名常备军，而且军费大部分由朝廷承担，劳动群众还感受不到兵差所造成的苦难。但进入民国时期，由于英国人有意扶持藏内分裂势力搞"西藏独立"，噶厦在西藏大肆强征。据英国人贝尔回忆："一九二一年一月二十五日，我拜访了达赖喇嘛。他告诉我议会已经结束了他们关于增加军队的辩论。看来他们建议每年招募五六百名士兵，直至增加到一万一千多，使总数达到一万七千；另外，寺庙和贵族的庄园都应纳税，以为士兵们（作战）提供费用。议会的这些建议在群众中引起了恐慌，他们担心不仅仅要增加赋税，而且喇嘛也要应征入伍。"② 实际上，这些增加的兵员负担沉重地压在了广大农奴身上。西藏兵制，除军官外，士兵一般由小户中强征而来，自带衣食兵器，可免去服兵役时的税负。然而大量地增加兵员，又将兵丁所免赋税转嫁到其他农奴身上，本来就不堪重负的农奴又平添了一份负担，以致到后来小民已无可

---

① 据民主改革时统计，札囊宗贵族朗色林庄园和拉孜宗贵族杜素庄园的农奴，支应内外差被剥削率分别达到73.6%和74%。

② ［英］查尔斯·贝尔：《十三世达赖喇嘛传》，西藏社会科学院西藏学汉文文献编辑室译印1985年版，第245页。

搜刮，时任"孜本"的龙夏不得不提议部分兵役费由各等贵族们来承担，甚至强迫九世班禅的所属宗豁承担四分之一的军费，以致九世班禅被迫出走内地导致西藏地方政局一度出现大动荡，这些动荡影响深远。

在民国前期的十几年间，由于藏内分裂主义势力在英国人的支持下明目张胆地从事分裂活动，挑起了三次"兄弟阋墙"的川康藏、青藏战争，尽管英国人在后面输送大量的武器装备，但每一批武器都要由西藏地方付费，只有再向民众横征暴敛或承诺由关税抵顶。更为悲惨的是承担兵差的普通兵丁们在军官们的驱赶下，投入异常残酷的战场。因分裂主义分子常常鼓动民族仇杀，使一些普通差兵无端地死于非命。据国民政府文官处秘书刘曼卿叙述，在第二次康藏战争里，有"藏军击汉卒，截头五百余颗，排列道旁，使长官见而称勇"①的惨剧，而汉兵也不示弱，以杀藏兵作为报复。最惨烈的当属第三次康藏、青藏战争。1932年3月，藏军在康、青一线，从巴塘、瞻化、甘孜、康北到青海玉树一线与康、青军展开激战，战火又延及康青两地，刘文辉调遣余松琳旅及建南（今四川西昌）黄汉诚旅入康，与藏军战于朱倭、大盖、甘孜、瞻化等地，藏军主力伤亡惨重，退至大金寺一带。6月，藏军从大金寺反攻，遭康军阻击，康军乘胜占领白利，进围大金寺，经过激烈的战斗，藏军及大金寺僧众焚大金寺后，退走藏边。7月，康军分三路向藏军发动总攻击，直抵金沙江岗拖渡口，德格、邓柯、石渠、白玉相继为康军所收复。而此时的青海省代主席马麟及青海南部警备司令马步芳也增派部队合围攻入结古的6000多藏军，十三世达赖在英国人的先进武器支援下欲与马家军决战②，然马家军素以彪悍著称，双方激战数日，藏军败退，青军与康军联络，会攻昌都，后在英国人的干预下，加之国民中央政府的严令息兵和谈，青康地方势力才同意罢兵。然而在这次战争中，藏军先胜后败，并遭受重创，数千名差兵丧命于战场，千百万财富毁于一旦，藏内千家万户举丧痛悼，许多青壮年劳动力非死即残，藏内生产力遭受巨大破坏，以至于长时间人口不增反降。这场由英国人背后导演挑动，分裂主义势力鼓噪前仆的不义战争，不仅使

---

① 刘曼卿：《康藏轺征》，民族出版社1998年版，第68页。
② 1932年5月16日和25日，西藏噶厦和十三世达赖喇嘛先后致函英锡金政务官维尔，要求再提供一批武器弹药。6月，英印政府同意向西藏提供4门山炮、500枚榴霰弹、1500枚加农炮弹、1000枚炸弹、4挺马克西姆机枪和4挺刘易斯机枪、1500支步枪和100万发子弹。这批武器于同年8月初运出。

承担差役的兵丁遭受重大伤亡，而且给西藏广大农奴的生命财产造成了重大灾难。

民国时期，广大农奴除了支应繁重的乌拉差役外，还要向农奴主缴纳定额的实物和钱款，即"拉顿"。农奴主巧立名目，花样繁多，向农奴索取各种租、税、费。如粮租、畜租、地皮税、人头税、牲畜税、屠宰税、鸡蛋税、菜油税、草税、柴税、山税、水税、牛粪税、降神税、念经费、寺庙喇嘛过节费、给官员送礼费、为达赖庆贺生日费、给拉萨朗子辖的公用费、花盆费、红土费，等等。各种商业税，包括茶税、出口羊毛税、盐税等；出产石料的地方要交石板，有森林的地方要交木板、竹帚。还有山南一些地方要交木碗，藏北要交皮口袋，墨脱要交藤条、藤棍。而这些物品都由差巴采集、制作和运输，这些差税使农奴们不堪重负①，甚至使一些税官因怕完不成收税任务，不愿意到灾害税负严重的地方任职，如：前往定日宗绒辖赴任的雪仲贝西普所呈禀帖就足以说明问题②。

---

① 例如，后藏白朗宗一个中等差巴家庭，除每年付出374个人工和大量地租外，还要给地方政府缴付各种杂税20项，包括给宗本的伙食费青稞10克、羊肉32藏斤（合8只羊）、酥油3克、烧柴10斤、口袋2条，宗政府送信费若干，官员应酬费青稞1克，驿站修缮费青稞5克，宗政府敬神香火费藏银2两，政府官员为喇嘛布施费用藏银3两，还有给官员每年几次的"过节费"，等等。

② 1934年1月，因尼泊尔8.4级大地震造成定日、定结、聂拉木等地灾害严重，几乎中属地百姓缴不起税赋，当派出税官前往赴任时，被派税官向噶厦呈文，请求降职转任，呈文道："小民当佑雪仲贝西普敬礼以无奈之态不得不禀短小之文，望请宽恕，谨祈明鉴。拜呈要义：尊贵的上师和官员仁者对小民视土为金，拟任命小民为绒辖税收官，9月2日，下达任命通知，不胜感激。刚一任职，无论如何，亦不敢马上诉说疾苦，便牢记教诲于心。小民于上月18日一抵达定日，即请绒辖税收官交出宗府印章等物。因上年地震之故，价值一百左右章多（一个章多为藏银50两——译者注）之物资清单遗失，便向上师和官员呈了反映疾苦的报告。指示：'在出任绒辖税务官一年内补偿亏欠，不然严格一点，立即就要交齐。除了补偿，若要交接完成，则可以交还。其余一年内想必无法凑齐。'上缴物品等遗失乃实情。因之，上师和官员宽限上缴期一年。除此别无他法，（小民）岂可埋怨乎？然，小民亲戚不和睦，连鼻绳长的可依托之祖业（土地——译者注），无以退返。现小民寄居定日，绒辖税收上缴期为10月3日。若要直到那时等候一年时间，这点骡马、资财恐怕为吃穿所耗尽。绒辖税收不同于宗豁，除做点买卖，没有丁点税收可缴。一个无助无靠者不论是经商资金，还是佣人都无法收拾得住，终将要沦为乞丐是有目共睹的事实。民之疾苦一如官之筋脉。小民被迫呈文诉苦，无任何嘲弄旨意、欺瞒讹诈之意。倘十方佛子能够做证，祈请以慈悲为怀，考虑小民我切身利益，免予接收绒辖税收官之职，最好封赏五品宗豁，如有变故，哪怕降一级，亦是无奈之举，就请封赏一个六品宗豁，并请赐予今后之居

实际上，在那个黑暗的年代，农奴的乌拉差役已经波及所有的穷苦百姓，就连八十老妪也不能幸免。对于当时的民间痛楚，代表中央进藏联络感情的刘曼卿女士与为她送信的女差役及其随从有一段形象的对话：女差问："我若为公服役，公能携我去否。"刘问：（何以出此言），女差答："予能往，予亦以骏尔以骏马，衣尔以锦绣，至内地后尔不但可住华屋、食膏粱，且可择温柔郎君为配。"刘："（吾见）渠始而喜，继而忧，终淋淋泪下。惊问之。"女差答："吾父母早谢世，遗予祖孙二人，祖母年八十，身弱多病，且家无恒产，而地方政府抽派差税无已时，吾去祖母不惟无以谋生，而徭役之催逼，亦足可致其死命。"刘："予见其孝思纯笃，深敬爱之，慰之曰，予有善念，将获善报，人生贵贱本无常，吾之匆匆与君匆匆等尔。（随从告吾），今速前，恐误事尔。闻言惊觉，提足驰去。"刘转问从者："藏人年八十尚纳差税耶？"随从答："凡平民即有为乌拉娃之义务，自幼弱至于老死，家三人二之，家一人必一人供役。惟于次数有稀密，遇疾与私事（自）必雇人为替，所谓丁口不分男女，故女子亦为乌拉娃也。纳税分两种，一致喇嘛寺，一交藏政府，税值百分之十至百分之五十，其苛重有如此者。闻达赖佛爷旧有令禁止之，而小吏则作威福如故，兼以员厮过境，尽所需取给，略无限制，如团长（代本）一员来，所居天篷帷幕坐垫卧褥俱需崭新，一不如意，则施重罚，故官吏一过，即骚扰不堪，藏中小民殊可怜悯。"① 这段对话形象地说明了当时藏内乌拉差役给人民造成的负担和痛苦。

（四）敲骨吸髓的高利贷盘剥

三大领主用乌拉差役压榨农奴的血汗还不够，还要以放高利贷的形式来敲骨吸髓。

西藏的三大领主同时也是西藏广大农奴的三大债主，农奴的普遍欠债是与三大领主普遍放债同时并存的。噶厦设有好几个放债机构，"朱颇列空""拉恰列空""则恰列空""特不加列空"等。历代达赖喇嘛也设有专管自己放债的"孜布"和"孜穷"两个机构。据1950年达赖的这两个机构有关账簿的不完全记载，共放高利贷"藏银三百零三万八千五百八

所、差地等。总之，小民已将各方面疾苦倾诉于您，恳请一如既往给予关照，而不要像母亲弃子一般。望垂怜。明鉴，明鉴！随文礼哈达一条。"见《西藏地震资料汇编》（内部本），西藏档案馆

① 刘曼卿：《康藏轺征》，民族出版社1998年版，第73页。

十一两，年收利息三十万三千八百五十八两"。

贵族放债的利息一般占贵族家庭收入的15%—20%。日喀则贵族索朗旺杰全年土地收入为2853克，放高利贷15000克，每年收入利息粮食3000克，利息超过土地的收入。由此可见，贵族通过放高利贷攫取农奴的劳动财富。农奴欠三大领主的很多高利贷是还不起，还不清，利滚利，还不完的"子孙债"。这种债农奴们甚至根本不知道是从何时借的，最初借了多少，已经还了多少，只知自己现在仍欠很多债①。这些农奴的债务，都是上辈遗留下来的"子孙债"，有的已经有120多年的历史，是世世代代也还不清的阎王债。民主改革时期墨竹工卡农奴次仁贡布控诉说，他的祖父70多年前曾向色拉寺借了50克粮食，还利息还了18年，他父亲接着又还利息还了40年，他接过父亲又还了19年，整个的还息过程经历了清朝、民国及和平解放后的两种社会结构并存时期封建农奴制地方政府统治下的那段时间，历时77年，总共还了3000多克粮食，超出债本粮60倍，但领主说他还欠债粮10万克，比债本粮多出2000倍。子孙债是三大领主剥削农奴的无底洞，是吸干血后的敲骨吸髓。

农奴所欠的债务还有"连保债""代还债"等。农奴还不起债，领主就强迫农奴用份地来抵债。为了生存下来，农奴又将被领主拿去顶债的份地租回来耕种。这样，一份差地既要给领主支应劳役地租，同时，又要交实物地租以顶债息。残酷之极的双重剥削，使农奴再怎么当牛做马，也无法维持生计。而另一位来自东嘎宗的农奴丹增控诉，民国中期的1941年，他借了农奴主1克青稞，到1951年，农奴主要他还800克，因实在还不起债，丹增只得逃往他乡，随后其妻被逼死，7岁的儿子被抓去抵债。

官家、贵族和寺庙普遍都放高利贷。他们疯狂地聚敛财富，将广大农奴逼到难以维持生计的贫困境地，只有依靠举债度日。高利贷的利息收入成为三大领主的另一项重要剥削收入。噶厦政府把放债、收息列为各级官员的职责，并为此制定有关的行政措施。有的官员强行给人放债，不借也得借。大小寺庙更是无一不向百姓放债。哲蚌、色拉、甘丹三大寺放高利

---

① 据对朗塘、卡则、林周、旁多等拉萨以北四个宗的调查，各宗负责一般占户口总数的90%左右。这些负债户中负债10000克粮食以上的12户，5000克以上的14户，1000克以上的159户，500克以上的106户，100克以上的266户。

贷的利息收入高达29万克青稞、28万余品藏银①，约占寺庙总收入的25%—30%。多数活佛私人也放高利贷。贵族们是向自己所属庄园的百姓放高利贷，其利息收入一般要占家庭收入的15%—20%。十四世达赖家族尧西达拉一年的债息收入占到家庭总收入的25%左右。高利贷的利率，官府一般为借十还十一（年利率10%），贵族借五还六（利率20%），寺院为借四还五（利率25%）。借债多在春荒季节，还债则为秋收刚结束时，实际举债仅半年，按年利率折算已达20%—50%。

牧区放贷通常为年利120%。有些心黑手狠的农奴主专拣春季牧民生活最困难时去藏北放债，将茶叶、青稞等生活必需品贷给牧民，到夏秋畜产品生产旺季时，强迫牧民以高额畜产品顶债。有的春季贷出一块砖茶，秋后收羊毛20斤左右；春季贷出25斤青稞，秋季收酥油12斤。丁青县的高利贷债主春天放青稞1克，秋天竟收虫草2斤。沙丁宗②的寺庙春季贷出一块砖茶，秋季竟收虫草1000根。利率虽然如此之高，但一些农（牧）奴为了活命仍不得不去借贷以维持生活，借债时还要向债主送礼、献哈达。当农奴还不起债时，农奴主往往将农奴领种的份地收回，作为抵押。但农奴为了活下去，再将拿去顶债的份地租回来。如此一来，农奴既要给农奴主支差，又要交实物地租以还债息。这种双重剥削，真是敲骨吸髓，惨重至极。

农奴们欠债是普遍的，许多农奴都欠下祖祖辈辈还不清的子孙债。据昌都地区调查，边坝宗政府附近有农奴40余户，100%欠债；倾多宗③叶柏洼村共有33户农奴，不欠债的仅有2户。农奴不仅负债面大，而且多超出还债能力。拉孜宗桑珠豁卡的15户差巴和6户堆穷共负债7032克粮食和650两藏银，平均每户负债粮300克；托吉豁卡27户欠债，经20世纪50年代减免核定后，尚欠债粮2605克；山南朗赛林豁卡79户农奴欠债粮24048克、藏银1234两。这些债务几辈人也难以偿还。农奴主为了逼债，除斥骂、吊打还不起债的农奴外，还任意掠夺其家中仅有的财物，甚至抢走儿童。那曲宗桑雄地方阿巴部落的喇嘛债主将无力还债的贫苦牧民俄日的12岁的女儿索姆和8岁的女儿卓嘎掠去作奴仆，后来卓嘎就死

---

① "品"在藏语中称"多蔡"，旧西藏的货币单位之一，1品藏银为50两藏银。
② 沙丁宗，今昌都地区边坝县沙丁乡。
③ 倾多宗，今昌都地区波密县扎木镇倾多乡。

在债主处。①

（五）摧残基本人权的人身占有

人身占有，是政教合一的封建农奴制度的一个重要特征。民国时期，由于人口总量的不断下降，对人身占有的需求却与日俱增，除农奴主对劳动力的役使外，"兵役差"的增加使三大领主感受到人力的不足。对此，噶厦有明令规定，农奴无论到达藏内何方，都必须有主依附，农奴始终无法逃脱被奴役的命运。在这种制度下，占西藏总人口95%的农奴和奴隶只能世代为奴，在饱受农奴主经济上的盘剥外，基本的人身自由被农奴主剥夺，农奴主不仅掌握着农奴的生死、婚嫁大权，而且还可以将农奴视作私有财产任意处置，可随意买卖转让赠送。比如，农奴的婚姻必须取得领主的同意，不同领主的农奴婚嫁要缴纳"赎身费"。农奴生孩子要到领主那里缴纳出生税、登记入册，农奴的子女一出生就注定了终身为农奴的命运。农奴一出生就成为农奴，就要登记在谿卡的人口清册中，作为摊派乌拉、收取人头役税的根据。农奴从15岁到59岁都得为领主支差服役，农奴死后家属要报告领主，以消除这份差役负担。农奴主对逃亡的农奴有严厉的法规和惩罚措施。农奴通婚要得到领主同意，属于不同领主之间的农奴通婚受到严格限制，特别是劳动力短缺的庄园，领主就只准农奴娶入，不准嫁出。个别要入赘别家的农奴，要交几十到几百两藏银的赎身费。被领主看中了的差巴和堆穷，便让其作为自己的跟班或奴婢，使其多年不能与家人一起生活，几年不能婚嫁，实际上过着朗生的生活。领主还可以指定面临破产的差巴家庭与另一家庭合并。这种任意拆散和合并农奴家庭，也是领主的一种特权。农奴主对奴隶握有生杀予夺大权，可以随意责打乃至杀戮农奴。江孜一带大农奴主的庄园中，每年藏历大年初一都要举行一次惩罚农奴仪式，将他们认为不好好支差、交租的农奴按在地上，向其嘴里强行灌脏水，灌得农奴死去活来。

不仅如此，三大领主还把农奴当作私有财产随意支配，用于赌博、抵债、赠送、转让和买卖。1943年，大贵族车门·罗布旺杰把100名农奴卖给止贡地区噶珠康萨的僧官洛桑楚成，每个农奴的价钱是藏银60两，另外，他还把400名农奴抵押给功德林寺，抵3000品藏银债务。农奴若

---

① 以上资料来自《藏族社会历史调查》五卷本、《解放西藏史》等。一、《藏族社会历史调查》，西藏人民出版社1989年4月版。二、《解放西藏史》，中共党史出版社2008年版。

被迫流落外地去谋生,要向原属领主交"人役税",持已交人役税的证明,才不至于被当逃亡户处理。这种实质上完全占有农奴人身的超经济强制,使农奴除了终身劳作外,没有任何人身自由,更谈不上人的尊严。"生命虽由父母所生,身体却为官家占有。纵有生命和身体,却没有作主的权利。"这是农奴对三大领主强制占有自己人身的悲怆控诉。

人身占有还体现在人身依附方面,和土地一样也有其最终的依属占有关系。土地的封赐和没收,是连同土地上的农奴一起进行的。据20世纪50年代民主改革前中国科学院社会科学部少数民族研究人员调查:在民国初年,像丹吉林活佛因帮助川军获罪,其谿卡被没收后,百姓的主人马上换为藏政府。一些没有百姓的谿卡,其主人可以向藏政府要求封赐若干农奴,只要这个主人承担一定义务,还要送一份可观的礼物,并支付新封赐农户们的人头税,西藏地方政府就可以指定几户到某一庄园居住。同时,凡逃亡户未经其领主寻获者,最后由藏政府予以登记,成为直属官府的农奴。只有经达赖批准者,可以免除人头税以外的一切差税。另外,在老百姓(由差巴到堆穷、朗生等)的观念里,异口同声笼统地说:自己是达赖的百姓(后藏则说是班禅的),他们并不因有具体的某个主人不承认这一点。实际上,按照封建农奴制度的《十三法典》和《十六法典》规定,在藏内的广大农奴都有所属[①],农奴主不但占有农奴的人身,还掌握了他们的生杀予夺大权。按藏政府的有关规定,各谿卡不能私立法庭去

---

① 从20世纪50年代对墨竹工卡的全宗情况调查看,即使官家所占有的庄园,也牢牢地把百姓控制在所占有的谿卡内,宗政府自己直接占有的谿卡有七个(格霍谿卡、伦布谿卡、强中谿卡、该中谿卡、囊母及林谿卡、甲马康吉谿卡、给洛姓谿卡),谿卡里的百姓全有归属;贵族庄园共有12个,也是同样的道理。另外有墨竹工卡宗雪皆属贵族夏扎赛所占有,当他的宗本官职卸任时,这些庄园要交给新任者,同样百姓也交给新任者。另外,寺庙和活佛在墨竹工卡宗所占有的谿卡,占半数以上。其他如甘丹池巴有格桑谿卡、切马谿卡、工锅谿卡;甘丹拉基伽卡谿卡、伽拉多谿卡(另有两块地方——扎西囊母杰、卡梅岗);甘丹哲恶康村有哀杰康刹谿卡;甘丹夏孜札仓墨竹旁阿曲谿;色拉寺杰札仓有刹赖谿卡(另一块下巴地方);色拉寺麦札仓有旁梅谿卡、塔巴曲谿、拍绕谿卡、拍堂谿卡、色渎谿卡、尾桑谿卡;色拉寺工德有涅当谿卡;哲蚌寺"背巴雄"有恶札谿卡;哲蚌桑洛札仓有桑洛乞囊谿卡、桑洛急巴谿卡;哲蚌寺囊杰札仓有汤吉谿卡。以上是三大寺的19个庄园和寺地,约占全宗寺庙庄园土地的半数。其余尚有居堆巴的札西岗曲谿、哀火谿卡、析多、热秦等几块地方;林昌活佛有马拉西谿卡、杰丁谿卡;功德林寺有道布谿卡;拉木活佛有拉木雄甲马出巴谿卡、拉龙谿卡;次觉林寺有吉中谿卡;热振寺有昂路谿卡;洛巴拉让有康刹谿卡;强马林寺有直龙谿卡;尼江堪布觉谿卡;卡札寺有卡札斯幕谿卡;格伽拉让有隔伽谿卡。

审问、追逼、鞭打犯人。但实际上，较大的和较老的谿卡都有一套刑具，用来惩罚逃跑、抢盗或怠工的人，而地方政府则默认其暴行。像甲马谿卡有一套刑具，连涅巴也说谿卡可以严惩那些不法的人。在民国后期的几年里，塔巴强佐曾打死几个农奴，宗政府虽有所耳闻，然慑于色拉寺（塔巴寺隶属此大寺）势力，既不敢过问，也不敢上报给噶厦，办法是不闻不问，不了了之。要债的喇嘛任意吊打人，打成重伤，或打得致于死命，这是每年都屡有发生的事情。宗政府对寺庙也无权追问，对一些喇嘛，如果作恶犯科也只能送其回原寺处理。寺庙打死人，有的需要按规定以40—50克青稞抚恤赔命，但事实上不仅没有，而且所欠债务却不得减少分厘。按地方政府的法令，只有长期流放，而无死刑；喇嘛犯法要由寺庙处治，这些都助长了喇嘛肆意肇事，胡作非为。所以农奴中，特别是目不识丁、贫困不堪的内差或差巴，人身和生命是毫无保障的。

在人身依附关系方面，还有因积仇积怨过多而投靠新主人、请求保护的人身占有。这种情况，不仅富裕差巴中有，连中上层中也有投靠势力更大的人身依附，这往往发生在自己生命财产安全难以保障的时候，甚至有一些中小活佛也有投靠大领主的情况①。章地区一户康巴人原系逃亡户，包租却定活佛土地300克，认活佛为主人，甘愿将自己的人身交给该活佛。这样的事例在民国时期的西藏，因没有强有力的中央政府的管理，从上层到中下层都没有安全感，所以寻找更大势力的人身依附在所难免。

在民国时期，还有一种人身占有的情况，即外来逃亡户中尚未被发现者，或者因私生子而未被登记户口者，或是因父母被农奴主折磨而死的孤儿，但是当其长大后也可能会被索朗列空所强收为奴隶。还有一种是孩子被人从父母身边偷走或太穷养不起而沦为奴隶。据英国人查尔斯·贝尔在其《西藏的过去与现在》一书中记载："有时候，小孩被人从父母身边偷走，沦为奴隶，或者父母亲太穷，养不活他们的小孩，于是把他们卖给别人，那人向他们付一笔'母亲的奶汁费'，把孩子养大，就让他当自己的奴隶或把他们卖给别人当奴隶……我看见的两个奴隶……是五岁时被人从

---

① 直贡寺前琼昌活佛和秦昌活佛不和睦，琼昌对下极为苛刻，常有因积怨太深而联合控告琼昌者。后来色拉寺杰札仓也乘机控告琼昌，索取旁中谿卡。琼昌为自己安危，遂投靠三大寺中最大的哲蚌寺，每年以10克酥油作供礼，请该寺支援。

他们父母身边偷走的，后来每个小孩以七英镑在拉萨卖掉了。"①

对于人身依附的情况，可归纳为以下三种。（1）西藏地方政府在把土地封赐给贵族、寺庙领主时，随着也封赐给农奴。豁卡土地的主人，往往也是该豁卡各户农奴的主人。（2）对于一些无主的农奴，西藏地方政府索囊列空则予以收容，要其支应一定差役，缴一定量的人头税，人头税是人身依属的象征。人头税缴纳后，可以换得一定程度的流动于各豁卡的自由。寺庙、贵族和西藏地方政府的人头税数量多少也不一致，而对不直接给自己支差的农奴特别苛刻。（3）西藏地方政府可以拨给一些豁卡农户，只是所拨百姓的人身不属于豁卡。西藏地方政府对这类农奴同样封赐、拨予，政府对他们的人身也握有最高的占有权力。

农奴对领主的人身依附，起决定作用的应归于差地，但强制力也起很大作用。人身属于主人，不只表现在要为主人支差、缴人头税方面，还表现在主人对其农奴，有赠送、转让、陪嫁、买卖、抵债的权力。在对农奴施以酷刑和处以死刑上，虽然没有法律的依据，但实际上普遍存在于西藏社会中。以对墨竹工卡宗的调查为例：（1）互换农奴和家奴。（2）陪嫁：德庆宗堆（头人）吉马纳母牧主的女儿嫁给本宗拍绕豁卡差巴阿茹，给了一个女佣人陪嫁。（3）赠送：某庄园的一个女佣和宗本的一个男佣私通，女佣经常跑到宗本家去，庄园主干脆把此女佣赠送给宗本。后来庄园主以"家中娃子跑得太多，人手不够用"为理由，又要回来了。这种属于互赠或转让性质的情况各豁卡都有。（4）抵债，宗政府所属大差巴迪誉任宗政府秘书时，直贡寺送了6个农奴给他。后来他又把其中的5个人送给塔巴强佐用以抵1000多克粮的债务。另一个秘书江季，利用职权之便，扣下一个逃亡户共3人，也用来给塔巴寺抵债。（5）买卖：抵债还不是公开买卖。在直贡区的农奴买卖较多，一般买价是29多克青稞，并依劳动力强弱决定增减。② 这与领主卖农奴的性质不同，卖出原因也有区

---

① ［英］查尔斯·贝尔：《西藏的过去与现在》英文版，牛津大学出版社1927年版，第78—79页。转引自［加拿大］谭·戈伦夫《现代西藏的诞生》汉文版，中国藏学出版社1990年版，第11页。

② 例如，在甲马豁卡，农奴简二家因全家处于饥饿绝命境地，经涅巴同意，以青稞5克把其15岁大女儿卖出当佣人，这种父母为了生存卖女儿的例子在西藏是比较多的。

别,但最终结果还是带有人身占有的性质。[①]

(六) 加重民众苦难的落后生产力和窳漏的公共条件

民国时期,时代已进入 20 世纪,发达资本主义国家已迈进了现代化的门槛,第一个社会主义国家苏联也进入工业化时代。中国内地各省尽管遭受着军阀混战的困扰和日本帝国主义的入侵,处在半封建、半殖民地社会,然而官僚资本主义垄断下的实业在各省有所建设,民族资本主义在夹缝中求生存、求发展,近代社会的一些工业、交通、电力、轻工、民用制造、矿产等在各省会城市和交通要道陆续产生和缓慢发展,即使远处西北的兰州、西宁、乌鲁木齐也有了近代工业、交通和近代教育、医疗事业。但在西藏区域内,则仍停留在中世纪,英国人除在暗中挑唆亲英势力脱离中国、支持大量军火挑起兄弟民族间的战端外,并未在经济、民生方面向西藏投入,更不想劝导西藏的僧俗集团放弃政教合一的封建农奴制度,走现代化的发展之路。因而使民国时期的西藏生产力落后于边疆地区的任何一个地方,这无形地加重了民众的苦难。

民国时期西藏的封建农奴制度已经走到了尽头,生产关系严重地束缚着生产力的发展。民国年间,西藏地方的经济文化长期停滞,生产日益萎缩,工具简陋,生产力遭到严重破坏。很明显,在这种制度下的生产关系已与生产力形成了尖锐的矛盾和对立,其基本特征表现出了对文明和进步的反动。(1) 依靠政治和宗教的强力保障的森严等级制度使人们的社会地位与经济关系"先天赋予",任何活力在这种制度下都会失去再创造的能力;这种制度保护愚昧和寄生,其制度本身也不能再创新。最使人无法忍受的是对任何试图发展经济、提高生产力的努力的阻碍和扼杀,制度本身规定了三六九等,反对科学技术的介入和技艺更新,把建立在新型技术基础上的经济进步视为洪水猛兽,并将其与宗教常规对立起来,像一颗钉子把社会前进的车轮牢牢固定在宗教门槛之下。(2) 把生产力的主体牢牢束缚在庄园和牧场之内,用制度限制劳动主体的自由流动。农奴和奴隶在经济上饱受剥削,在政治上遭受压迫,以致生活极端贫困,劳动热情受到压抑和摧残,而封建农奴主不事生产,挥霍无度,这就如同肆意扼杀、摧残生产力中的活因素,使生产力中最主要、最活泼的因素窒息殆尽。(3) 封闭的地域环境和封建贵族、上层僧侣唯恐失去既得利益的心态,

---

[①] 以上资料来自《藏族社会历史调查》五卷本,西藏人民出版社 1989 年 4 月版。

使西藏社会失去了对外部文明的接受弹性，而制度自身又缺乏自我更新的机制，导致一种文化心态的特殊凝滞与地域上的长期封闭互为因果，仅靠封闭的内部循环来苟延其制度的生存已不可能。

封闭循环的结果使其对外部文明与文化产生一种本能的抵制基因，这种状况在三大领主及其生活中尤为强烈。在这种状况下，当时的民国政府几次派员增进中央与西藏地方的联系，尝试着将内地已有的建设成果移入藏内，都遭到了亲英势力的抵制，即使抗战时期修筑公路的计划，也在亲英势力的反对下而搁浅。黑暗、落后的封建农奴制度，使西藏悠久灿烂的历史文化和人民的智慧暗淡无光，人民群众的创造力被愚昧和贫困所吞没。农民仍使用着几百年来始终不变的简陋的生产工具，二牛抬杠的原始耕作，手撒种、牛踩场播收形式，粗糙的木犁和少量的铁铧犁交替使用的原始工具，使落后的农业难以发展，加之许多地方的农田基本不施肥，有的地方甚至刀耕火种，多数农田的产量只有种子的4—5倍。而牧业一直沿用过去的放牧形式，牲畜品种退化，疫病流行，草场鼠害严重。无论是农业还是牧业，一旦遭遇旱灾、虫灾、雪灾时，大都靠喇嘛念经"驱灾除害"，结果是颗粒无收，牲畜大批死亡。农牧业社会生产力的低下可想而知。

在交通运输方面，十三世达赖及西藏地方政府中的一些人士试图仿效内地新政和英印等近代建设的做法，在西藏进行改良和建设。然而，西藏地方政府原封不动地保留着腐朽、落后的封建农奴制度，在这种情况下，改良与建设现代交通成为一句空话，通往各地的道路沿袭清代古道，交通运输依然如旧；运输方式仍靠人背畜驮，间或使用一点古代传下来的运输工具。据20世纪30年代的《西藏始末纪要》载，西藏道路"乱石纵横，人马路绝、艰险万状、不可名态"，"世上不论何人，到此未有不胆战股栗者"。西藏的交通状况，使许多进藏者望而却步，踟蹰不前。进入民国以来，由于英人的挑唆和西藏地方政府中分裂势力的支持，西藏地方曾一度封锁西藏与邻省的商贸通道，加之连年纷争，战火不息，致使许多商道时断时续，商人有时冒着生命危险，开辟山间险路，试图打通贸易运输。在民国时期，清朝时西藏与邻省的茶、马、盐、粮交换时有中断，藏内群众的生活必需品严重不足。仅以当时作为西藏经济来往重要通道的滇藏商道为例：1921年运茶叶到藏由1911年前的200多驮下降到150驮，至1928年又减为120驮；同样，布匹也趋于减少。滇藏商道如此，川藏、青藏、新藏诸线粮、盐、茶运输通道也常被阻塞，以致连西藏派驻雍和宫堪布棍却仲尼也认为：藏人吃茶，全用中国品；藏边驻兵吃粮，全靠从内地购买，断绝商道，粮食无从购买，使藏内茶粮腾贵，边民困苦，时生怨言。①

民国年间的西藏区内交通，可谓全国各省中最落后的地区，主要原因是长期以来封建农奴制度所造成的弊端，特别是西藏地方当局在英国人的挑唆下对内地各省实行封闭政策，拒绝外来的文明介入西藏，反对民国中央政府帮助西藏兴办交通事业。当时的噶厦政府的高级官员们只知争权夺利，坐享其成，对兴办近代交通事业漠不关心，即使在封建农奴体制中产生出少数主张革新政治、兴办实业、修筑近代交通设施的进步力量，也会在强大的保守势力的压制下消磨殆尽。曾到西藏致祭十三世达赖喇嘛的国民政府大员黄慕松，对当时西藏的交通曾有过一段简练的描述："西藏交通，在现今二十世纪可谓最落后之民族，铁路无一里之建筑，汽车路仅由拉萨至罗布林卡一小段，其他飞机、轮船等近代交通利器，一无所有。〔仅有〕代步运物者，惟牛、骡、马、轿而已。"即使十三世达赖从欧洲进口的两辆雪铁龙小轿车，也只有拆解后用牲畜驮运到拉萨后组装，两车只能往来于布达拉宫到罗布林卡的简易道路上。就连策划"西藏独立"的英国人贝尔也在感叹当时西藏交通的落后，他说："在这整个面积相当于英国二十倍的山国里（计算和表述有误——作者注），没有车辆交通，除了人背畜驮，又有什么别的办法呢？没有火车、没有汽车和马车，甚至连一辆手推车也没有。"②

在民国时期，全国各省会城市包括边疆地区的昆明、归绥（今呼和浩特）、乌鲁木齐的基本城区都通了电，而拉萨市基本上还靠油灯照明。1924年，十三世达赖喇嘛指令刚从伦敦学电回到拉萨的强俄巴·仁增多吉尽快修建一个小型水力发电站，仁增多吉组织人员在拉萨市北郊的"夺底"沟引水建站，经过五年多时间的努力，夺底电站终于在1928年竣工发电。当时西藏电学技术极端落后，多数人不仅不懂电学知识，连电机是什么样子都没见到过。仁增多吉在西藏这种"神权至上"的封建农奴制社会里，不顾"冒犯神灵"，总算点燃了第一盏电灯。但因电站只有

---

① 《西藏地方与中央政府关系史》，西藏人民出版社1995年版（2005年第2次印刷），第234页。

② 参见查尔斯·贝尔《十三世达赖喇嘛传》汉译本，西藏社会科学院1985年版，第89页。

几十千瓦,只能供布达拉宫照明用电。1936年,经过扩建,在拉萨市内杰布岗筑起一座供电房,才使大昭寺和小昭寺通电,几年后,才又给摄政热振拉章和司伦朗顿·贡噶旺秋以及众噶伦官邸安装了照明的电灯。即使这些少量的发电,后来由于疏于维护和管理也是时断时续,有些大贵族家的用电也难以保证。① 至于普通市民和百姓家,直到民主改革后才用上照明的电灯。

民国时期,西藏基础工业基本上处于空白状态。在建成"夺底"小水电站后,在拉萨市北郊建起拉萨扎吉造币厂,制作银币、铜币和纸币,电站为造币厂提供动力。为了扩大武装,与川康青滇等省搞武装摩擦,在英国人的支持下建立了枪弹工厂,因缺乏技术设备和原材料,只有从英印军工厂购进弹壳,在厂内装填自制的火药,成品枪支弹药也没能造出多少,主要武器还是靠英国人的支持。除造币、枪弹厂外,还有一些延续了几百年的手工业,而其他用于民生的近代工业一直没有建立。

西藏的城镇建设在民国时期更为落后。拉萨市只有2.8平方公里,仅有少量的街道由石板铺路,城市应有的供排水设施基本上没有,城市穷巷密布,雨天污水横流、冲积秽、裹腐余;风天掘堞扬尘、吹死灰、骇浑浊;乞丐成群结队,漏棚遍于街市,且野狗与流浪儿争食,恶吏攘夺农奴仅有之物。只有寺庙金碧辉煌,贵族房屋院落气昂奢华。加拿大学者谭·戈伦夫在《现代西藏的诞生》一书里描述道:"要把拉萨弄干净是件很艰巨的事情,因为这个城市比今天的任何城市都脏。到处是垃圾,随地大小便,据说到处还可以看到动物的尸体。情况非常糟糕,由于臭气熏天,污物遍地,致使十三世达赖几乎总在害病。当贵族骑着马穿过拉萨市区时总

---

① 据强俄巴·多吉欧珠在《先父点燃了西藏第一盏电灯》一文中回忆:电机开始运行时,因用电户少,灯光是很亮的,深受用户赞扬。那时没有电表,只能按灯泡瓦数大小收电费,规定一个十五瓦灯泡收费七分半藏银。后来随着用户的增多,负荷量加大,灯泡亮度减弱,到冬季河水结冰,春季农民引水灌地时,电机不能运转了,只好停止发电。我父亲为了解决拉萨冬春用电问题,经请示噶厦批准,又从印度购进一台小型火力发电设备,使电力得到了补充,但由于缺油,火电不久便停了。后来又对用户采取"封电"办法供应,那就是暂时切断平时不急需用电户的电源,只限他们节日使用,按用电日数和灯泡度数大小计收电费。在发电与用电矛盾突出以后,我父亲又向噶厦呈递报告,要求购买几部马力较大的火力发电机及配件,并要求投资扩装,加大水电站的引水量,以便从根本上解决拉萨供电问题,噶厦政府未予批准,致使西藏的水电、火电事业在一片怨声中停滞。

要用洒了香水的手绢捂着鼻子走。"① 据20世纪50年代调查，拉萨城区的"鲁布邦仓"是一个乞丐窝，来自各地逃荒的贫苦农奴，住在200多顶破烂不堪的小帐篷里。许多失明、跛足的乞丐们，挤在拉萨一些富豪的院外，争抢富人家从窗户里扔出的吃剩的肉骨头。他们一无所有，靠乞讨为生。对于拉萨的这种惨象，前往西藏致祭十三世达赖喇嘛的黄慕松描述的更加形象："昔英人贝尔著述，谓拉萨市有三多，即喇嘛多、乞丐多、犬多是也。盖拉萨乞丐多（之）最大原因，为西藏政府苛捐人民所演成，此类无告贫民，平日鹄立街市，鸠形菜色，实属可怜。职为表示中央对僧俗人民一体待遇起见，乃派员按名发赈，计数约有二千余名，亦云惨也。"② 这种乞丐帐篷群，在日喀则、昌都、那曲等城镇中，在宗（县）政府所在地都随地可见。其生活条件之恶劣，超过世界上任何地方的贫民窟。农奴终身辛劳却没有起码的生存权利，发展生产的积极性完全丧失，社会生产力直接遭到破坏。

民国时期，西藏地方的财政几乎长期处于困顿状态，落后的生产力几乎支撑不起封建农奴制度运转的机制。据曾与十三世达赖过从甚密切并在藏十几年的英国殖民主义者查尔斯·贝尔③从噶厦孜康（类似财政局的机构）获得的资料记载：1917年拉萨政府（泛指西藏）的总岁入大致如下："现金……6万英镑；谷物、酥油、茶叶、纸张、牛粪、布匹、木材、肉类等……30万英镑；百姓提供的劳务价值，即免费为政府运输驮子，借马、骡、驴、牛以及免费搬运等……20万英镑；其他杂项岁入……16万英镑；共计72万英镑。"各寺庙拥有免征租税的庞大庄园，如要收租税，计约80万英镑（这部分根本收不到）。除上所述，各宗本还要直接向寺庙提交大量酥油、谷物和茶叶以及若干现金，

---

① 此段内容见《现代西藏的诞生》第14页。从才旦多噶《来自西藏的女孩》第11页（洛约拉大学出版社1971年版）、贝尔《西藏的过去与现在》第128页、罗威尔·托马斯和小罗威尔·托马斯著《高耸云霄：喇嘛的首府》（1950年8月《矿工杂志》）第36页等书刊中综合而来。

② 黄慕松、吴忠信、赵守钰、戴传贤：《奉使办理藏事报告书》，中国藏学出版社1993年版，第29、30页。

③ 查尔斯·贝尔，英国驻锡金的行政长官，先后在西藏及其邻近地区任职21年，在19世纪末20世纪前期的40多年里，致力于研究西藏及其南亚诸国，被西方殖民主义者奉为"西藏通"。在藏期间，他经常与十三世达赖单独密谈，离间西藏地方与中央的关系，培植亲英势力，十三世达赖一段时间与清中央关系的恶化与其人有一定的关系。

以供养不计其数的僧众，总金额达7万英镑左右。除此之外，还要给各寺庙提供谷物、茶叶、酥油、现金等，供其举行特别的宗教仪式，如为达赖喇嘛消灾祛病、为获得好收成、为军事战役取得成功等之用。因为参加此种仪式的喇嘛、寺庙很多，每年可达12万英镑。另外还有各大寺庙、宫殿彩色装饰需要各种布匹费用7万英镑。以上累加，噶厦及各寺庙每年总计从各地获得100万英镑[①]。这些还要供养人数1.7万多的藏军，其负担已难以支撑。在清朝时期，清中央政府每年还补贴西藏地方100万两左右的白银，用于政府运转日常开支。[②]民国时期由于亲英势力的阻挠，地方政府欲伸手向英人索要钱、物支持，但建立在资本主义制度基础上的英国资本家，不愿意做赔本的买卖，即使支持西藏地方武装的枪弹也要索回成本，致使西藏地方政府财政拆了东墙补西墙，捉襟见肘，入不敷出，而民国中央政府见地方困难，在黄慕松与吴忠信进藏时曾带来一批钱物予以赈灾与布施，但解决不了根本问题。何况还有百万农奴生活在水深火热之中呢！

民国年间，西藏生产力低下，医疗极端落后，失去了抵御流行疫病的能力，原有驻藏大臣在西藏推行的劝痘、种痘措施被亲英势力废止。当天花和鼠疫等恶性传染病发生时，许多民众只有束手待毙。1925年，西藏中部发生天花，仅拉萨地区就有7000人丧生。1934年和1937年两次伤寒流行，拉萨地区又死去了5000多人，这种流行病的不断爆发，使西藏一些地方成为令人恐怖的人间地狱。

落后的生产力，窳漏的公共设施，也使西藏基本群众失去了抵御自然灾害的能力，而地方政府和大贵族又不顾人民群众的死活，依然催逼和盘剥百姓，使民众的苦难雪上加霜。在民国年间至西藏解放前夕，西藏及周边发生过多次大地震，其中1934年1月15日发生于尼泊尔的8.4级大地震和1950年8月15日发生于印藏交界处的阿萨密8.5级大地震，给靠近震中的定日、定结、聂拉木和察隅、林芝、米林、墨脱、波密等地造成了毁灭性的灾难，在这种情况下，三大领主及地方政府对民众的灾难冷漠无情，反而继续催逼和压迫民众，致使当时各种乞求政府援手和控诉官员欺

---

① 参见查尔斯·贝尔《十三世达赖喇嘛传》汉译本，西藏社会科学院1985年版，第153—155页。

② 参见黄慕松《使藏纪程》，第245页；吴忠信《西藏纪要》、《西藏学汉文文献丛书》第二辑，西藏人民出版社1988年版，第131—141页。

压的禀帖、呈文一月数至，宛若雪片。如档案馆提供的《孜岗宗僧众差民控告救灾官员禀帖》中控诉道："铁虎年，由于小民等身遭厄运，时蹇命乖，遭受全藏罕见、无法比拟之大地震。对此，上司已任命仁细和勒参巴大人莅临敝地，对政教各方所受损失已作巡察。蒙开鸿恩，赏赐粮、钱和茶叶，但无济于事，众灾民已上书请求适当减免差务，而且已蒙允诺。窃思作为政府公仆诸位老爷断无欺骗百姓之理，对于有此要求和希望而有想逃荒之人在应允救济之同时，也应减免一些差税，我等将铭记大兜率宫之恩惠，永听驱使，坚贞不渝。谁知休说减免差税，即使是已确定赏发之粮、钱和茶叶，也未说明道理即封进仓库。今收税纳物之期逐渐逼近，百姓忧心如焚，一筹莫展。在遭受特大地震，损失极大的情况下，仁细和勒参巴大人及随员二人，分作四起有孜岗百姓伺候，仆役人等需固定支应。再者，卧垫、被盖、地毯等类，均需百姓供给，为此，使灾区百姓欠下大量粮钱债务。"再如，噶厦对于定日绒辖税卡官员吁请增拨救灾款一呈文斥责道："此项费用，当年已由后藏粮饷官僧官土登阿旺所管粮账之中拨给850克粮食，尔等尚不知足，认为救济数量太少，竟提出更大要求，实属不当！近期地方政府须组织经常及临时大量诵经活动，宗教和军费开支甚巨，实难应付。"实际上，西藏地方对于受灾百姓之冷漠，也许确有财力不足、没有办法的原因，但在灾害面前仍向百姓横征暴敛或不管灾民死活而故意拖延[①]，就是封建农奴主的本性使然了。

落后的生产力，窳漏的公共设施，更进一步加重了劳动群众的苦难，基本民众的生活除受到敲骨吸髓的盘剥外，还要承受落后生产力的折磨，运送物品要人背马驮，远行靠两脚驱动，大部分路途要翻山越岭，没有公路，没有机械化的车辆，即使简易的人力车因无路可借助都无法普及，基本财力没有丝毫用于民生，几乎全部用于宗教活动和扩大武装，农奴主攫取来的农奴艰难生产的劳动财富，基本上都用于他们穷奢极欲的生活、官员薪饷、供养寺庙以及名目繁多的宗教仪式，无人关心经济社会发展所需之投资，甚至连简单再生产也成为大问题，扩大再生产更是无从谈起。正

---

① 其中有一个小贵族西波瓦焦急等待达赖及噶厦伸手救援的呈文："铁虎年，由于发生前所未有之地震，卑职主奴死亡四十余名，房屋、家产、牲畜、田地、道路、水渠等，损失不计其数，其景之惨，即便世仇见之亦将为之落泪。……现今卑职和属民百姓均处于非求亲靠友则无法维持起码计之处境。……虽已将地震灾情多次禀告，由于吾辈福浅命薄，灾难殊多，传闻卑职所呈禀帖已列入司伦之文案中，鉴于时日难熬，才不得不再次禀报尊前。"

是旧西藏封建农奴制度对广大农奴的残酷盘剥和社会生产力的破坏，导致整个西藏经济的衰败、萎缩、凋敝和人口减少。阿沛·阿旺晋美曾回忆："记得四十年代（指民国时期），我同一些知心朋友曾多次交谈过西藏旧社会的危机，大家均认为照老样子下去，用不了多久，农奴死光了，贵族也活不成，整个社会就得毁灭。"可见，当时落后的生产力和黑暗的制度，此之于欧洲中世纪的落后、黑暗，有过之而无不及。

（七）神权控制民众精神的残酷现状

民国时期的民众遭受封建农奴制度摧残的现状已经使人不寒而栗，更为残酷的是神权利用宗教对民众的控制，致使许多人遭到盘剥和压迫而麻木不知，还心有余悸地认为是前世造孽而今世理所应当地偿还，使自己心甘情愿地承受着剥削和蹂躏。

宗教是西藏社会上层建筑的重要组成部分，是旧西藏上层统治阶级的有力支柱，它禁锢着人们的思想，严重地阻滞社会生产力的发展。但是，宗教信仰、宗教感情以及与之相应的宗教仪式和宗教组织，都是社会历史的产物。但是，神权一旦与世俗政治和意识形态结合到一起，就形成了无形的压制力量。20世纪20年代，曾在十三世达赖喇嘛身边的日本学者多田等观在其《西藏纪行》中写道："西藏人的想法完全是宗教性的，他们认为自己罪孽深重，认为达赖喇嘛为了挽救他们才课以重税。他们还认为今世如能减轻罪恶，来世就能幸福。这种想法又为宗教所渲染，所以，迄今一切事情都要按宗教方式来解决。"[①]

宗教紧密联系着西藏民众的心理和道德标准。佛教的因果报应、轮回宿命论，紧紧束缚着人们的思想，认定今生的一切都是前世所为，命里注定，不可改变；一生以虔诚奉佛之举，期盼来世投个好胎，获取善果。他们无力摆脱封建农奴制度统治下遭受的苦难，把希望寄托在宗教的梦幻世界里，求得精神上的寄托和慰藉。他们将许多时间和精力用于叩头、转经、拜佛等活动。封建农奴主阶级指定许多"神山""神水"，禁止人们上山开荒、伐木、筑路、开矿，但将这些资源据为己有；他们更借佛教"慈悲为本"的教义，禁忌杀生，视打猎、灭鼠、除虫等为罪孽；以宗教偏见看待打铁、鞣皮、制陶、屠宰、丧葬等职业者，将他们视作下等人。寺庙甚至对播种、收割的时间都加以干涉。这些做法，直接对生产起了破

[①] ［日］多田等观：《西藏纪行》，中州古籍出版社1987年版，第25、26页。

坏作用。

在神权政治下，宗教被封建农奴制玷污，寺庙并非单纯的潜心礼佛的清净之地，而是集开展宗教活动、控制一方政权、实施经济剥削、囤积武装力量、进行司法审判等功能为一体的统治堡垒。有的寺庙内部私设公堂，不仅有手铐、脚镣、棍棒，还有用来剜目、抽筋的残酷刑具，惩罚农奴手段极其残忍。农奴主阶级不仅以推崇教义来禁锢人们的思想，还打着"佛法无边"的旗号来发展宗教，经常以支僧差①的规定，向群众摊派青少年出家，甚至强行抓丁为僧，维持寺庙的僧源。广大群众只有信教的"义务"，而没有不信教的自由。寺庙在政治上、经济上拥有至高无上的特权。据20世纪40年代初来西藏主持十四世达赖坐床的吴忠信观察："僧侣之有地位者尤得藏民崇拜。每年自各地前往拉萨朝佛者，络绎于途，类多囚徒蓬头垢面，衣服褴褛，沿途乞食以行，状至困苦，亦有中途为野兽吞食或堕入山谷毙命者，彼等犯险历艰，目的乃在倾其所有贡献达赖，而以一得达赖之'摩顶'为功德圆满，其信佛之深，概可想见。各地寺庙自有系统，不受地方官厅之管辖。其主持堪布，均由达赖直接委派，多有利用其优越地位左右地方政治者，至于总揽政教大权之达赖，更不待论，故西藏乃一宗教至上之社会也。"②

民国时期，西藏全区共有寺庙2670多座，僧众11.5万人。其中大小活佛500人，掌握经济实权的上层僧侣共4000余人。寺庙占有全区耕地的36.8%，约121万克，还占有牧区大量牲畜和牧场。仅拉萨的哲蚌、色拉、甘丹三大寺就有僧人1.6万人，共占有庄园321个、土地14.7万多克，占有牧场450个、牲畜11万头，占有农牧奴6万多人。寺庙利用其封建特权，残酷地剥削广大农牧民。僧人不参加生产劳动，全靠农牧民供养。寺庙是西藏最大的高利贷主，三大寺放高利贷的利息每年收入28万多克青稞、藏银28万余品（每品合50两），占三大寺总收入的25%—30%。农奴耕种寺庙的土地，要缴纳各种租税，还要无偿地支应各种乌拉差役。寺庙的上层僧侣残酷压迫贫苦僧尼，直接参与政治活动；僧侣担任从噶伦到宗本等各级政府官员，很多政府机构中均以僧官为首。达赖喇嘛是集神权与王权于一身的最高统治者。

---

① 民国时期，噶厦规定，一家人如果有2子或3子必须送1子入寺为僧。
② 黄慕松、吴忠信、赵守钰、戴传贤：《奉使办理藏事报告书》，中国藏学出版社1993年版，第157、158页。

寺庙本应是念经礼佛、普度众生的净地，但许多寺庙设有监狱、法庭，对广大农奴滥施刑罚，随意杀戮。当时西藏的寺庙不仅成为三大领主在精神上使农奴就范的统治工具，而且本身直接压迫和剥削着农奴，使农奴受到双重的压迫。口口声声宣扬"普度众生""慈悲为怀"的寺庙和上层僧侣，在这里一方面在观念上禁锢广大农奴的思想，使农奴安于现状，忍受压迫和剥削。三大领主以极其残暴的封建农奴主专政维持其统治。旧西藏的法律体现了封建农奴制度的森严等级，浸透着宗教色彩和神权观念，农奴主受到政教合一的封建政权一整套法律制度的庇护，农奴毫无权利。《十三法典》《十六法典》明文规定：农奴"勿与贤哲贵胄相争"，"民反者均犯法"，"不受主人约束者逮捕之，百姓碰撞官长者逮捕之"。"人有等级之分，因此命价也有高低"：杀死一个上等上级的人，如王子、活佛，其赔偿价金与尸体的重量等同；仆人反抗主人而使主人受伤较重，要砍掉仆人的手或脚；打伤活佛，属重罪，要剁脚、断手或处以推坠悬崖、抛入水中等各种死刑。通常的刑罚有鞭挞、掌嘴等，重则割鼻、割耳、割舌、砍手、剁脚、抽脚筋、剜眼珠，还有站木笼、戴铁镣、上木铐等，令人发指。

在神权统治下，不仅政治非常黑暗，一些佛教仪式也使人不寒而栗。为达赖念经做法事要用人血、人头骨和人皮，这在民国时期十三、十四世达赖喇嘛统治时期是常见的事。即使到20世纪50年代初，西藏地方政府有关部门致热布典头目的一封信件内称："为达赖喇嘛念经祝寿，下密院全体人员需要念忿怒十五施食回遮法。为切实完成此次佛事，需于当日抛食，急需湿肠一副、头颅两个、多种血、人皮一整张，望立即送来。"旧西藏政教合一封建农奴制度的残忍和血腥由此可见一斑。

民国时期进藏的国府大员吴忠信曾对宗教的神权力量概括道："西藏乃宗教势力最大之地方也。西藏人民笃信佛教，凡家有数子者，必送其一二入寺为僧。僧侣在社会上具特殊地位，享特殊权利，不受官厅之管束，不负纳税之义务，一切生活所需，胥由人民供给。藏地文化偏枯，一般人民无受教育之机会，而僧侣因须诵读经典，必习藏文，僧侣更利用其特殊地位从事经营商业，增置庙产。故在今日，西藏寺庙已成为社会上一切文化与经济之中心矣。藏民对于宗教信仰弥深，虽至贫苦者，家中亦必悬供佛像一二帧，晨夕焚香默祷，以求佛佑，富贵者更有佛堂之设。藏人患病，轻则自诵经咒，重则延请僧侣为之禳解。如遇天时旱潦，必延僧侣念经祈雨祈晴。凡此，均足表现藏人之日常生活，已与宗教发生密切关系。①"西藏群众相信寺庙的高僧是引导自己进入佛门的导师，子女出生要请喇嘛②取名，结婚要请其占卜，患病要请其医治，死后更需请其诵经超度。西藏的部落、村寨，乃至地方政府遇有大事，均靠喇嘛降神、占卜来决定。日常生产中求雨、防雹、抗洪、驱虫，各种节日庆典，也要请喇嘛主持诵经，这已成为民间一种习以为常的风俗。只是在民国年间，由于现代医疗的落后，普通民众的生老病死也只有乞念喇嘛的保佑，即使死去也无所留恋，而活佛高僧自然明白有些病靠佛祖保佑是不行的，大病只有延请医生才可解决问题。③

在当时，大部分人希望活佛保佑自己，不仅慷慨地将全年的大部分收入献给寺院，还经常乞求大活佛为自己摸顶祈福，岂不知就连摸顶祈福都有严格的等级。据民国时期英国人贝尔观察，十三世达赖喇嘛为人摸顶是有严格区别的："对那些总数不到二百的达官贵人，十三世达赖喇嘛是以双手来摸顶的。除了对官员中的显贵外，达赖喇嘛都用一只手来为每个僧俗官员、每个喇嘛摸顶。至于上面未提及的俗民百姓，他只是用一根短棍头上的缨繐来碰一下他们的头。所有的妇女也享受这种待遇，但桑顶寺的多吉帕姆例外。就是首席噶伦们的夫人，也只能手缨繐摸顶。"④

实际上，神权控制民众精神的现状，不仅民国盛行，这种现状一直延续到民主改革前夕，只不过时代已经进入新中国时期，神权的控制在一些地方隐秘地进行，但残酷依旧。所以1959年5月12日，周恩来同班禅等人的谈话时指出：关于宗教问题，"民主改革，就是要打击像喜饶嘉措所说的'披着袈裟的豺狼'，去掉宗教被封建农奴制度玷污了的东西，恢复宗教的

---

① 黄慕松、吴忠信、赵守钰、戴传贤：《奉使办理藏事报告书》，中国藏学出版社1993年版，第157页。

② 喇嘛，藏语读音，意为上师。藏族称一般出家人为"扎巴"，对寺院的大活佛等高僧才称"喇嘛"。以往习惯上称呼的"喇嘛""喇嘛寺""喇嘛教"，在本书中统称僧人、寺庙和藏传佛教。

③ 如民国后期，五世热振活佛因拥护中央政府而受到迫害，监狱长格桑阿旺给狱吏送来三颗"阿格尔三十五"药丸，要狱吏让热振服用肉汤服下，热振服用最后一颗药丸不久，呼吸急促，他用微弱的声音，要求狱吏快去丹吉林英国驻拉萨商务代表处请印度医生来抢救，监狱长格桑阿旺拒绝去请印度医生，看着热振被毒毙。

④ 《十三世达赖喇嘛传》，西藏社科院西藏学汉文文献编辑室编印，1985年版，第184页。

本来面目。现在存在的这些被封建农奴制度所玷污的东西是很不慈悲的"。①所以对寺庙进行民主改革。如民主改革工作队入驻甘丹寺后,发动贫苦僧众,揭露叛乱罪行,收缴各种枪101支,反动文件一部。僧人们说:"我们的甘丹寺成了真正的叛乱马基康(司令部),反动的活佛、堪布成了马基(武装司令)。"寺庙民主改革展开后,工作队召集了甘丹寺所属的22个宗豁、33座寺庙以及普通喇嘛、农牧民代表3200多人的控诉大会。在5天时间里,有100余人在会上激昂悲愤地揭露和控诉上层反动喇嘛的罪恶。大量事实证明,当时的甘丹寺不仅是叛乱势力的重要巢穴,而且对农牧民的残酷剥削和压迫罪恶累累。达赖喇嘛副经师赤江在德庆宗的私人寺庙管理机构赤江拉让,就打死打伤当地农奴和贫苦僧人300多人,把121人关进监狱,将89人流放外地,逼迫538人当奴隶,1025人被逼逃亡,有72人被拆散婚姻,484名妇女被强奸。拉姆一个13岁的女儿被6个叛乱僧人轮奸,病倒几个月。从寺内搜出了多件人的头盖骨、人手、人心、人眼、人皮和少女的腿骨。有一个活佛的念珠,就是用108个男人和108个女人的头盖骨磨制成的。该寺中用来残害农奴的刑具,除手铐、脚镣、棍棒外,还有割舌、挖眼、抽筋、剥皮用的刑具,令人触目惊心。② 这些骇人听闻的神权掩盖下的黑暗与残酷,恐怕欧洲中世纪也难以匹比。无怪当时参加大会的农奴愤慨地说:"甘丹寺就是一座人间地狱。"由此可见,民主改革既是对神权的有力触动,也是被封建农奴制玷污的宗喀巴教义、教规的回归,代表了广大农奴和众多贫苦僧尼的要求和愿望。

从民国时期封建农奴制度的黑暗和劳动人民遭受的苦难可以推断出,这种极端落后的制度已经失去了继续存在的条件,被先进的社会形态合理替代实属必然。所以,始于1959年的民主改革,揭开了旧制度消亡和新制度诞生的新的一页。

西藏的封建农奴制度被社会主义所替代,是20世纪中叶中国社会历史进程中的一件大事,这一重大事件的出现既是社会自身客观运动的必然结果,又是中国共产党人顺应历史潮流,领导西藏人民推翻旧制度,迎来新西藏;给西藏各族人民带来新生的范例。新的制度发展与繁荣向世人昭示,民主改革50多年的经济、政治、文化、社会、生态发展的成功实践,

---

① 《周恩来与西藏》,中国藏学出版社1998年版,第199页。
② 参见《解放西藏史》民主改革部分,中共党史出版社2008年3月版。

和民国时期的西藏相比较，更加显现出天壤之别。无论何人，只要是站在公正客观的立场上，就不难感受到今天在中国共产党的领导下西藏各族人民所拥有的福祉。不惟如此，今天的社会主义新西藏在以习近平同志为核心的党中央坚强领导下，享有中央政府所赋予的更丰厚的优惠和恩泽，西藏将会拥有更加美好的明天。

第五部分　当代西藏历史与中国共产党人的边疆治理意识

中华民族的历史是不断接续、不断创新的历史，在长期的历史发展过程中，各民族相互影响，相互促进，心手相连，共同开拓了祖国的疆土，建设了各民族共有的美丽家园。西藏地方历史悠久，是各民族在西藏这一地域上共同创造的。进入20世纪中叶，中国共产党人肩负起解放西藏，变革西藏的历史责任。伴随着人民解放战争的伟大进程，中国共产党把解放西藏作为中国革命的组成部分，先后经过和平解放西藏、维护和执行"十七条协议"、废除封建农奴制度、实现民主改革、实行民族区域自治、社会主义改造、改革开放和加快社会主义现代化建设等历史进程。在这一伟大进程中，中国共产党始终坚持把马克思主义、毛泽东思想和中国特色的社会主义理论运用于中国的民族地区，创造性地解决了西藏革命和建设中的实际问题，开创了西藏地区从黑暗走向光明、从落后走向进步、从贫穷走向富裕、从专制走向民主、从封闭走向开放的光辉历程。

一　和平解放西藏的历史经过

1949年10月1日，中华人民共和国宣告成立。为完成祖国大陆的统一大业，中央决定尽快解放西藏，命令人民解放军积极准备向西藏进军，同时通知西藏地方政府派代表到北京谈判，期望用和平的方式解放西藏。西藏地方当局非但未及时响应中央的号召，还以军事和政治手段相对抗，迫使人民解放军发起昌都战役。昌都战役胜利后，西藏地方政府应中央人民政府要求派出和谈代表赴北京谈判。1951年

5月23日签订了《中央人民政府与西藏地方政府关于和平解放西藏办法的协议》。根据协议精神，人民解放军和平进军西藏，西藏实现了和平解放，回到中华人民共和国的怀抱，中国实现了大陆的统一和国内各民族的大团结。在新中国成立68周年之际，我们回眸这段不平凡的历史岁月，更加感受到历史基业创建的艰辛，更加珍惜现在来之不易的幸福生活。

（一）和平解放西藏的前期准备及贯彻中央关于通过谈判和平解放西藏的方针

1949年秋，人民解放战争以排山倒海之势向西南、西北地区推进，西部大部分民族地区陆续获得解放，进军西藏、解放西藏已势在必行。然而，由亲帝分裂势力控制的西藏地方政府，竟然丧心病狂地制造驱逐国民党政府驻拉萨办事处及其他一些汉人的事件，企图阻止中国人民解放军进军西藏，把西藏从中国领土上分裂出去。1949年9月，西藏高级官员会议提出扩充军备、加征兵丁、准备粮饷，以对抗解放军进军西藏。11月9日，官员会议决定派人到美国、英国、印度等国乞求军事援助。此时，西藏当局已将藏军从14个代本扩充为17个代本，并组织了民兵，部署于金沙江一线，企图以武力阻止西藏的解放。

具有反帝爱国斗争传统的西藏人民，对亲帝分裂分子损害祖国的统一行径坚决反对。1949年10月1日，滞留在青海的十世班禅额尔德尼致电毛泽东主席、朱德总司令，拥护中央人民政府，请求速派义师，早日解放西藏。11月，原西藏地方摄政热振活佛的却本堪布益西楚臣，到西宁向解放军控诉帝国主义破坏西藏民族内部团结的罪行。1950年1月，在北京的藏族知识分子集会，斥责拉萨当局背离祖国的行为，要求迅速解放西藏。

为粉碎帝国主义策划"西藏独立"的阴谋，完成祖国统一大业，满足西藏人民回到中华人民共和国大家庭的愿望，中央军委主席毛泽东于1950年1月初指示，以中共中央西南局和人民解放军第二野战军为主，在中共中央西北局和人民解放军第一野战军的配合下，准备进军西藏，要求迅即调查西藏情况，做好进军西藏的各项准备。西南局和第二野战军接受并迅速部署了这一任务，确定以第十八军为进藏之主力，并抽调10余个工兵团、运输团，组成西南军区支援司令部，提出了在进军中"政治重于军事，补给重于战斗"的重要原则。1月24日，经中共中央批准，组成中共西藏工作委员会，张国华①为书记，负责统一筹划进军和经营西藏的工作。同时中央决定，由青海、云南和新疆部队派出各一部兵力，配合西南部队的行动。

已驻防川南的十八军，许多干部已经安排在地方工作，如，张国华已经任川南行署主任，谭冠三②已任自贡市委书记，其他师团营连干部一部分也在地方安排了职务。川南山清水秀，物产富饶，许多干部战士已经打算在那里安家立业、娶妻生子。当大家听到受命进军西藏后，思想上必然有一定的波动。面对这些情况，军党委立即召开扩大会议，进行思想动员和工作部署，经过动员和。广大指战员迅速扭转在川南安家思想，迎接向西藏进军的光荣任务。按照西南军区的统一部署，十八军全体指战员1950年2月在乐山誓师，同时进行进军西藏的物资准备工作，4月开始，以一部分兵力配合工兵部队抢修雅安以西公路的同时，由副政委王其梅③和第二参谋长李觉④组成的前进指挥所，率领一支精干的先遣部队，进驻西康甘孜、巴塘地区，进行调查研究，筹措物资，为后续部队进军作准备工作。主力部队则先投入川西地区剿匪，扫清进军途中障碍。云南、青海和新疆军区准

---

① 张国华（1914—1972），江西省永新县人，1929年3月上井冈山参加红军，当了司号员、司号班长。1930年加入共青团，1931年转为中国共产党党员。历任班长、干事、政治指导员、连长、总支书记、团政委、红一军团政治部巡视团主任。八路军一一五师话剧社社长、直属队政治处主任、军分区政委、中共（微山）湖西区党委书记兼军区政委，冀鲁豫军区任军分区政委兼地委书记，晋冀鲁豫野战军第七纵队副政委，豫皖苏军区司令员，开辟和巩固了豫皖苏解放区。1949年2月任第十八军军长。

② 谭冠三（1908—1985），湖南省耒阳县人，在大革命时期参加农民运动，1926年入党，担任区苏维埃政府秘书、赤卫队长，1928年参加湘南暴动，后随朱德、陈毅上井冈山，任红四军军需处文书、纵队宣传科科长、师训练队队长、团政委、军团巡视员，长征后到延安，任抗大俱乐部主任、秘书科长，后任冀中军区政治部主任、军分区政委、南进支队政委。冀中纵队政治部主任、豫皖苏解放区地委书记兼军分区政委，组建十八军时任军政委。

③ 王其梅（1914—1967），湖南省桃源县人，大学文化程度。1932年参加反帝大同盟，1933年加入共青团，同年转入中国共产党，1935年参加"一二·九"运动。曾任北平学联交际股股长、河南西华县委书记，豫东特委书记，水东独立团政委、水东地委书记兼军分区政委，地委书记兼军分区政委、第五十三师政委，入藏前夕任第十八军副政委。

④ 李觉，1914年生于山东省沂水县，大学文化程度，1937年参加红军，同年入党。历任东北军骑兵学校教员、骑兵连副排长、红军步兵学校教员、八路军总部随营学校教员、决死总队大队总支书记、营教导员、团政治处副主任、军分区参谋处长、纵队参谋处长、副旅长、师长、第二野战军司令部作战处处长。入藏前任十八军第二参谋长。

备进藏的部队，也进行了思想动员，物资准备，并修筑道路等。

为了贯彻中央关于通过谈判和平解放西藏的方针，青海省委书记张仲良于1950年5月初拟定了六项条件，报经中央同意，作为青海劝和代表同西藏地方政府的谈判条件。5月中旬，西南局也拟定了关于和平解放西藏的四条方针、政策上报中央。5月17日，中央电示西南局、西北局，同意西南局所拟四条，指出加强政治争取完全必要，并要求西南局和西北局从速草拟一个作为谈判基础的若干条款报中央审定。中央指出谈判的基本原则是：西藏方面必须驱逐帝国主义势力，协助人民解放军进藏；中央则承认西藏的现行政治制度、宗教制度、达赖地位、现在的武装力量、风俗习惯概不变更。总之，所提条件要有利于进军这个前提。西南局根据中央指示精神，针对西藏实际，由邓小平同志执笔经讨论将原来的四条扩展为同西藏地方政府和平谈判的十项条件。十项条件是：（1）西藏人民团结起来，驱逐英、美帝国主义侵略势力出西藏，西藏人民回到中华人民共和国祖国大家庭中来。(2) 实行西藏民族区域自治。(3) 西藏现行各种政治制度维持现状概不变更。达赖活佛之地位及职权不予变更。各级官员照常供职。(4) 实行宗教自由，保护喇嘛寺庙，尊重西藏人民的宗教信仰和风俗习惯。(5) 维持西藏现行军事制度不予变更，西藏现有军队成为中华人民共和国国防武装之一部分。(6) 发展西藏民族的语言文字和学校教育。(7) 发展西藏的农牧工商业，改善人民生活。(8) 有关西藏的各项改革事宜，完全根据西藏人民的意志，由西藏人民及西藏领导人员采取协商方式解决。(9) 对于过去亲英美和亲国民党的官员，只要他们脱离与英美帝国主义和国民党的关系，不进行破坏和反抗，一律继续任职，不咎既往。(10) 中国人民解放军进入西藏，巩固国防。人民解放军遵守上列各项政策，人民解放军的军费完全由中央人民政府供给。人民解放军买卖公平。5月20日至28日，十八军党委在新津召开扩大会议，参加会议的有团以上干部142人，会议着重检查了进军准备工作情况，研究了加强政治争取问题。6月1日军党委发出《关于进军第二步工作的决定》。

为了贯彻中央和平解放西藏的方针，在积极做好进军准备的同时，从中央、中央局到进藏部队，通过四川、青海、西康和中国驻印度大使馆等几种渠道，采取利用广播公开宣传、用书信联系、直接派人劝和以及通过中国驻印度使馆做西藏地方政府的工作等方式，大力开展政治争取工作。

(二) 政治争取与以战促和相并举，促使西藏地方当局派代表赴京和谈

为实现和平解放西藏的方针政策，党中央、西南局、西北局以及进藏部队，从政治、军事和外交等方面，采取了一系列重要措施。

其一是扩大政治影响。由于历史上形成的藏汉民族隔阂，反动派对共产党的造谣诬蔑，以及语言不通等障碍，给人民解放军进入西藏带来许多特殊困难。为此，中央要求入藏部队必须执行好民族平等、民族团结和宗教信仰自由等政策，以实际行动来搞好团结，消除隔阂。进至甘孜、巴安①等地的第十八军先遣部队，严格执行这些政策，遵守人民解放军"三大纪律、八项注意"，尊重藏族群众的风俗习惯。行军中不进寺庙、不住经堂，修路不损坏"马尼堆"、经塔等宗教设施，不在寺庙附近打猎捕鱼，不触动其"神山""神水"。由于运输困难，一段时间里粮食供应不上，在甘孜的先遣部队指战员喝稀面糊、吃马料，甚至捕鼠雀充饥，也不妄取群众一粒粮食。部队领导人认真做好民族、宗教上层人士的团结工作，主动登门访问，积极宣传党的政策，协助调解历史纠纷，所需物资的畜力运输和购买，都是通过协商的方式进行，并照价付钱，而且不征粮款、不派"乌拉"（无偿差役），一切做法都不同于旧政府、旧军队。指战员们把藏族同胞当成亲人，为其背水扫地，帮助生产劳动，给予免费治病等。从巴安等地入伍的200多名藏族青年以及中央派出的数10名藏族干部，在上述工作中发挥了重要作用。人民解放军严守纪律、秋毫无犯的行动以及真心实意为藏族群众服务的精神，很快赢得藏族群众和上层人士的理解和信赖，他们称赞解放军为"嘉沙巴"（新汉人），热情欢迎积极支援解放军进藏。西康藏族头人、土司夏克刀登②、邦达多吉③、降央白姆④等为支援进军西藏作出

---

① 今四川省巴塘县。

② 夏克刀登（1900—1959），藏族，四川德格县人，玉隆地区大头人，辖邓柯、白玉、石渠等县。解放前曾反抗过噶厦藏军和国民党巴塘驻军，1936年率部与北上红军作战被俘，后任"波巴"苏维埃政府军事部长。1949年底，曾与格达等派出代表赴京，要求早日解放西康地区，支援进军西藏。

③ 邦达多吉（1914—1974），藏族，西藏宁静人，1935年先后与驻康之刘文辉部队和藏军对立，在红军路经甘孜建立的"波巴"苏维埃政府中任财政部长。后又为国民政府蒙藏委员会调查委员。其家族在康定、南京以及印度均有商店。四川解放前夕，曾与格达等人派代表至北京，向中央人民政府致敬，后被委任为康定军管会副主任。

④ 降央白姆（1913—1988），藏族，青海囊谦土司之女，与十二世德格土司登巴泽仁结

了积极贡献。这些行动产生的影响逐渐传播到金沙江以西，传播到全西藏，对后来西藏的和平解放起到了良好作用。

其二是积极开展政治争取工作。在中华人民共和国成立前后，中央就通过电台广播，声明西藏地方是中国领土的一部分，中国人民一定要解放西藏。1950年1月，青海省人民政府副主席廖汉生给西藏当局写信宣传中央的方针政策，信通过商人传到拉萨后，西藏当局曾开会讨论并复了信。中央人民广播电台正式开办少数民族藏语节目后，即播发了在佛教界颇有声望的喜饶嘉措[①]大师的讲话，他谈到共产党实行宗教信仰自由，希望达赖喇嘛勿听信帝国主义的谣言等，在西藏上层中产生了一定的影响。第18军在邓柯、巴安的先遣部队，也向驻扎金沙江西岸的藏军主官写信，阐明当前形势，晓以民族大义，要其迅速作出抉择。新疆独立骑兵师进藏先遣连，于8月下旬进至阿里地区改则后，在当地积极开展统战工作，争取了西藏阿里总管派代表前来联系，商谈了人民解放军在当地开展活动的事宜。在红军长征时担任过甘孜"博巴"（藏族人民）政府副主席的甘孜白利寺格达活佛[②]，主动请缨去拉萨为和平解放西藏而奔走，格达活佛于7月10日自甘孜启程赴藏，沿途宣传中央的政策法令，劝说土司头人、藏军官兵勿与人民解放军为敌。7月24日格达抵昌都后，被西藏昌都总管扣留，8月22日遇害身亡。在此前后，西北局也派出了"青海寺院赴藏劝和代表团"。该团于10月中旬行至西藏黑河（现那曲）附近时，为西藏当局所阻拦，代表团的夏日仓活佛等人到拉萨后被监视，工作人员迟玉锐等被押送至乃东软禁（直至1951年初和谈前才解除）。1950年4月，中国与印度建立外交关系，我国驻印大使馆临时代办申健于8月底到达新德里后，不久即会见了已在印度、声称要同中央谈判的西藏代表团官员夏

婚，后土司亡故子年幼，继任土司之职，为康区四大土司之一，辖数十个牧场和农业宗，但因常与其他土司头人械斗，势力逐渐削弱。解放后，积极与人民政府合作，支援解放军进藏。后任西康省人民政府委员，昌都解委会副主任等。

① 喜饶嘉措（1883—1968），藏族，青海循化人，幼年出家，曾在甘肃拉卜楞寺、青海塔尔寺游学，后入藏学经，获"格西"学位，任达赖喇嘛侍讲，国民政府时期担任过参政员、蒙藏委员会副委员长。解放后任西北军政委员会委员、青海省副主席。

② 格达（1903—1950），藏族，四川甘孜人。7岁时被认定为"转世灵童"，成为白利寺活佛，取法名洛桑登增·扎巴他耶。1936年5月，红军北上抗日路过甘孜地区建立的"波巴"苏维埃政府中曾任副主席，与朱德总司令等人熟识。格达曾以粮食、畜力支援过红军，掩护过红军伤病员，是中国共产党最早结识的藏族上层爱国人士。

格巴·旺秋德丹①等，传达了中央关于解决西藏问题的方针，要他们迅速至北京谈判。9月17日、23日新到任的袁仲贤大使又两次敦促他们务必尽速至京，"否则将承担后果"。而夏格巴等以种种借口拖延，企图延缓人民解放军进军西藏的时间。在中央对西藏当局的争取做到仁至义尽仍然未得到响应时，才不得不开始了军事行动。

其三是果断进行昌都战役，以战促和。昌都地处川康入藏的咽喉要道，是藏东政治经济中心。西藏当局在昌都地区部署藏军和民兵大约8000人，妄图依仗其军事力量并凭借金沙江之险，阻止人民解放军西进。为打破其以武力抗拒的企图，促使西藏问题的和平解决，对驻守昌都的藏军给予军事打击已不可避免。8月23日，毛泽东在批复昌都战役计划时指出："如我军能于10月占领昌都，有可能促使西藏代表团来京谈判，求得和平解决……果能如此，则明年进军拉萨会要顺利些。"8月下旬，雅安至甘孜段公路通车，运输部队抓紧前运大批物资。9月，中共西藏工委制定了解放昌都的各项政策规定，下达部队贯彻执行。9月底，参战各部队进至战役展开位置。10月初，在规定西藏代表赴京谈判的限期已过若干天后，西南军区下达了战役开始命令。10月6日，十八军部分部队横渡金沙江，154团和由青海玉树南下的青海骑兵支队（附第52师骑兵侦察连），在52师统一指挥下，迂回昌都以西之类乌齐、恩达一线，截断藏军退路，十八军参战部队主力和由云南丽江北上的第126团，从南北两翼包围和从正面向昌都攻击，克服自然环境和粮食不足等困难，迅速逼近昌都。10月12日，藏军第九代本德格·格桑旺堆②率部380余人在宁静（现芒康县）起义。18日昌都藏军撤离。19日我军进入昌都。21日，到达昌都西南竹阁寺的昌都总管阿沛·阿旺晋美，在派人同解放军取得联系之后，下令总管署及藏军2700余人放下武器。24日昌都战役结束。由于在战前明确规定了各项政策，强调在战役过程中对藏军的政治争取，尽量避免对民兵作战，切实优待俘虏，从而争取了藏军一个代本起义，以及

---

① 夏格巴·旺秋德丹（1907—1989），出身西藏大贵族，其叔父曾任噶伦。本人青年时去英国上学，十几岁在噶厦担任官职，不到30岁就任孜本，一直干了十年之久。1947年曾率"商务代表团"赴英美等地游说"西藏独立"。属于西藏地方政府中的亲英派和顽固搞分裂活动的代表人物之一。

② 德格·格桑旺堆（1919—1983），藏族，出身于德格土司世家，曾受训于英国在江孜办的军事训练班。1943年出任昌都总管宇妥的随从副官，1946年担任藏军第九团代本。

溃散的2500名藏军和民兵携械来归。这一胜利，消灭了藏军主力，解放了昌都广大地区，打开了进入西藏的必经通道，粉碎了帝国主义及西藏亲帝分裂势力妄图以武力顽抗的迷梦，震撼了西藏上层统治集团，促使其迅速发生分化，为和平解放西藏铺平了道路。同时还使中央的方针政策直接同藏族人民见面，人民解放军以完全不同于旧军队的形象在藏区出现，揭穿了反动势力的造谣诬蔑，扩大了我党我军的政治影响。

其四是全力开展外交工作配合解放西藏。外国反动势力一直觊觎着西藏，妄图阻挠中国的统一。昌都战役之前，印度政府要求我国对西藏不要"使用武力"。中国政府答复愿争取和平解放西藏，希望印方促使西藏代表团迅速到北京，印度则以中国停止进军西藏，作为代表团赴京的条件。人民解放军解放昌都后，印度政府又连续三次照会我国政府，干涉我国内政，妄称我进军西藏是"入侵西藏"，是可悲叹的，要求保持他们在西藏所设的代表机构、驻军及邮电通讯等特权。中央人民政府明确表示：西藏问题是我国内政不容外国干预，人民解放军必须进军西藏保卫国防，中印两国在西藏地方的商业、外事等关系，可循正常的外交途径解决。印度在进行外交干涉的同时，派兵进一步非法侵占"麦克马洪线"以南的大片中国领土。1950年11月8日，滞留在印度的西藏代表团，在外国的唆使下，向联合国发出"呼吁书"，妄想经由联合国来干涉中国人民解放西藏。11月15日，美国指使萨尔瓦多政府向联合国大会提出"西藏问题"提案。在辩论中，该提案遭到多数代表的冷落，"联大"总务委员会决定延期审理此案。所谓"西藏问题"提案被搁置起来，帝国主义的阴谋再次破产。

昌都战役后，争取和平解放西藏的工作进一步加强。西南军政委员会、西南军区颁发藏汉文布告，在藏区公布了十条政策的基本内容。入藏部队派出宣传队，向广大群众进行宣传，还把宣传品发给过往客商、释放的藏军官兵以及去拉萨等地朝佛者，进一步扩大政策影响。对被解放的藏军官兵，都发给路费和马匹当即释放，对其中代本（相当于团长）以上的官员，则按原来的品级对待，从生活上给予特殊照顾。部队负责人同他们一起座谈学习中央的方针政策，耐心帮助消除疑虑，使他们中的大多数人对共产党和人民解放军开始有所认识，逐渐转变了对中央的态度。原西藏地方政府噶伦、昌都总管阿沛·阿旺晋美较快地接受了和平解放西藏的方针，站到了维护祖国统一方面。11月9日，他和在昌都的40名原西藏军政官员联名写信给西藏当局，陈述中央和谈方针的内容，建议迅速派人与中央谈判。随即派官员金中·坚赞平措将信日夜兼程送往拉萨。

解放后的昌都，实行党的民族政策和宗教政策，开展统一战线工作，社会秩序安定。1950年底，组成了有各界代表参加的统战性质的政权机构——昌都地区人民解放委员会，王其梅任主任，帕巴拉·格列朗杰、阿沛·阿旺晋美、罗登协绕、邦达多吉、降央白姆、平措旺阶①、惠毅然、德格·格桑旺堆任副主任。

西藏统治集团在昌都地区的武力对抗失效后，内部发生了争论。以摄政达扎·阿旺松热为首的"主战派"一面为其失败辩护，诬蔑解放军"以强凌弱"；同时谎称"拉萨危在旦夕"，鼓动尽早出逃。原不赞成打仗的如三大寺等宗教上层人士，则追问西藏代表团未能去北京的原因，主张另派代表到昌都同解放军谈判。许多地方政府官员已逐渐明白，不能再采取对抗态度，只有和解，才能保住已有的地位和财产。这一场争论，动摇了主持西藏政教事务10年的摄政达扎统治，迫使其引咎辞职。第十四世达赖喇嘛丹增嘉措于11月17日亲政。达扎的下台，表明西藏统治集团开始分化和亲帝分裂势力的失势。

在急剧变化的形势下，达赖喇嘛亲政后的西藏统治集团，仍处于慌乱之中，一些官员将贵重物品运往国外，不少人在准备后路。12月19日，在确定大堪布洛桑扎西、孜本鲁康娃为司曹（即代理摄政）留守拉萨后，达赖喇嘛及噶伦索康·旺清格勒等30余名官员，于当晚深夜出走。于1951年1月2日抵达西藏边境城镇亚东。达赖至亚东后，为摆脱困境，仍在继续向国外寻求援助。夏格巴等人返亚东后汇报美、英等国驻印度大使以及印度外交部的态度时说，这几个国家出于各自的原因，都不愿直接公开地给予军事援助，而希望西藏当局同中国政府谈判。对此，西藏统治集团觉得靠外国支持搞的所谓"独立"状态已难以继续维持下去，而中央关于通过谈判解决问题的办法和保持西藏政治制度不变、达赖地位不变等政策照顾了他们的切身利益。他们不得不面对现实，议定派代表赴北京谈判。2月26日，达赖喇嘛写信给毛主席、朱总司令、周总理称，除已

---

① 平措旺阶，藏族，1922年出生于西康（现四川）巴塘，1949年秋在滇西北参加中国共产党，不久返回家乡巴塘，建立起中共康藏边工委——巴塘地下党，并建立了东藏民主青年同盟，任工委书记兼盟委书记，1950年3月，平措旺阶到达重庆向西南局汇报情况后，被批准为中共西藏工委委员、西南军政委员会委员。

令阿沛·阿旺晋美等立即经昌都前往北京外，另派出三品官凯墨·索安旺堆和土丹旦达经印度去北京谈判，并期望"达成好的协议"。

至此，西藏地方政府的代表遂分头动身前往北京，参加和平解放西藏的谈判。已在昌都的阿沛·阿旺晋美等和谈代表，于3月27日启程，经甘孜、雅安、重庆、西安，于4月22日到达北京。他们在途中和抵京时，均受到了热烈欢迎。由亚东派出的凯墨和土丹旦达，于3月初离藏，转道印度赴京。他们在新德里，曾拜会了印度总理，听取其对和谈的"指教"。此二代表于4月26日抵京。

（三）经过和平谈判，顺利签订解放西藏的"十七条协议"

在西藏和谈代表到达北京的前夕，中央指定了李维汉等为中央人民政府和谈全权代表。班禅额尔德尼也于4月27日到达北京，配合有关和谈的工作。

西藏和谈代表到京后，周恩来、刘少奇、朱德等先后接见了他们，向他们宣传解释党的民族政策，强调要把团结搞好。4月28日周恩来总理、李济深副主席、陈云、黄炎培副总理宴请西藏地方政府代表团。周恩来在讲话中，对代表团来京表示欢迎，指出谈判要依据和平解放西藏的十项条件进行，这是十条公约，大家共同遵守。宴会上宣布了参加和谈的代表名单，中央人民政府方面的全权代表是：首席代表李维汉，代表张经武、张国华、孙志远；西藏地方政府方面的全权代表：首席代表阿沛·阿旺晋美，代表凯墨·索安旺堆、土丹旦达、土登列门、桑颇·登增顿珠。周恩来还指出，中央方面参加谈判的人员，一定要做好西藏地方政府代表和班禅方面人员的团结工作。李维汉就谈判地点、时间、方式征求了阿沛·阿旺晋美的意见。为了返藏后让达赖了解谈判情况，每次协商都有翻译彭措扎西（达赖的姐夫）参加。

4月29日，中央人民政府和西藏地方政府关于和平解放西藏的谈判正式开始。谈判集中在三个问题上：第一是人民解放军进驻西藏问题；第二是围绕西藏实行区域自治和各项改革事宜，核心是西藏当局害怕改革；第三是关于班禅固有地位问题。双方代表经过20多天六轮正式谈判，在耐心、友好、充分协商的基础上，圆满达成了《中央人民政府和西藏地方政府关于和平解放西藏办法的协议》（简称《十七条协议》）。协议由一个前言和十七条组成，其基本内容为：西藏人民团结起来，驱逐帝国主义侵略势力出西藏；西藏人民回到中华人民共和国祖国大家庭中来；西藏地方政府积极协助人民解放军进入西藏，巩固国防；根据中国人民政治协商会议共同纲领的民族政策，在中央人民政府统一领导下，西藏人民有实行民族区域自治的权利；对于西藏的现行政治制度，中央不予变更。达赖喇嘛的固有地位及职权，中央亦不予变更。各级官员照常供职；班禅额尔德尼的固有地位及职权，应予维持；实行中国人民政治协商会议共同纲领规定的宗教信仰自由政策，尊重西藏人民的宗教信仰和风俗习惯；西藏军队逐步改编为人民解放军，成为中华人民共和国国防武装的一部分；依据西藏的实际情况，逐步发展西藏民族的语言、文字和学校教育，逐步发展西藏的农牧工商业，改善人民生活；中央人民政府统一处理西藏地区的一切涉外事宜，并在平等、互利和互相尊重领土主权的基础上，与邻邦和平相处，建立和发展公平的通商贸易关系。

协议达成后，李维汉高兴地说，在座的各位，为西藏人民，为全国人民做了一件有益的事。阿沛·阿旺晋美说，谈判能达成这样的协议，我们很感谢中央。由于班禅在京，协议的内容都曾听取过他的意见。《十七条协议》是马列主义、毛泽东思想同西藏实际相结合的产物，是中国共产党成功地解决民族问题的典范。协议符合全国人民和西藏人民的利益和愿望。1951年5月23日，双方全体代表在北京中南海勤政殿举行隆重的签字仪式。仪式由中央人民政府副主席朱德、李济深和国务院副总理陈云主持，董必武、郭沫若、黄炎培、陈叔通、聂荣臻、彭真等党和国家领导人以及班禅的代表拉敏·益西楚臣、詹东·计晋美等参加了签字仪式。李维汉和阿沛·阿旺晋美分别致词，朱德讲了话。23日下午毛泽东主席听取了签字情况的汇报，向张国华询问了进军准备情况，要求部队很快进军拉萨，为全部实现《十七条协议》而努力。毛泽东高兴地说："好哇，办了一件大事，这是一个胜利。但这只是第一步，下一步要实现协议，要靠我们的努力。"他还指示："你们在西藏考虑任何问题，首先要想到民族和宗教问题这两件大事，一切工作必须慎重稳进。"

5月24日，毛泽东主席在怀仁堂接见了西藏地方政府和谈代表团，同他们进行了亲切的谈话。毛泽东从松赞干布同文成公主结亲、吐蕃和唐朝建立关系到几百年来藏汉关系的发展变化谈起，说共产党是帮助所有少数民族发展政治、经济、文化事业的，对西藏人民也一样。阿沛·阿旺晋美等人听后很受感动，一再表示感谢共产党、毛主席对西藏人民的关怀。晚上毛泽东举行盛大宴会，庆祝《十七条协议》签字。应邀出席宴会的有西藏地方政府全体和谈代表，班禅及其堪布会议厅有关官员，中央人民政府副主席朱德、刘少奇、李济深，政务院副总理董必武、陈云、郭沫若、黄炎培，全国政协副主席陈叔通，人民革命军事委员会代总参谋长聂荣臻，中央人民政府和谈代表以及党、政、军、民主党派、人民团体负责人180多人。在宴会上，毛泽东致辞，班禅、阿沛·阿旺晋美相继讲话。在团结友好的气氛中，毛泽东说："几百年来，中国各民族之间是不团结的，特别是汉民族与西藏民族之间是不团结的，西藏民族内部也是不团结的。这是反动的满清政府和蒋介石政府统治的结果，也是帝国主义挑拨离间的结果。现在达赖喇嘛所领导的力量与班禅额尔德尼所领导的力量与中央人民政府之间，都团结起来了。这是中国人民打倒了帝国主义及国内反动统治之后才达到的。这种团结是兄弟般的团结，不是一方面压迫另一方面。这种团结是各方面共同努力的结果。今后，在这一团结基础之上，我们各民族之间，将在各方面，将在政治、经济、文化等一切方面，得到发展和进步。"

5月28日，《人民日报》用藏汉两种文字公布了协议全文，并发表题为《维护关于和平解放西藏办法的协议》的社论，阐述了协议签订的重大意义，指出这是西藏民族永远脱离帝国主义侵略和羁绊，是西藏人民从黑暗和痛苦走向光明和幸福的第一步。这是西藏人民的伟大胜利，也是全国人民的伟大胜利。《十七条协议》的公布，受到了全国各族人民特别是藏族人民和上层爱国人士的欢迎和拥护。班禅和班禅堪布会议厅发表声明，拥护协议的签订。班禅还致电达赖，说愿在中央人民政府领导下，加强团结，协助达赖和西藏地方政府彻底执行协议。西南和西北军政委员会、内蒙古自治区政府致电毛泽东，全国政协委员桑吉悦西（天宝）发表谈话，中华全国总工会、团中央、全国妇联、民主青年同盟总会、中华全国学生联合会发表声明，热烈欢呼协议的签订，欢呼西藏民族的新生。中国民主同盟、中国民主建国会、中国农工民主党、九三学社等民主党派为协议的达成致电达赖和班禅，表示热烈祝贺。

（四）人民解放军和平进军西藏各地，西藏和平解放

《中央人民政府和西藏地方政府关于和平解放西藏办法的协议》签订的消息公布后，全国许多地方群众集会或游行，热烈欢庆祖国大陆全部得到解放。班禅额尔德尼于5月28日发表声明，表示愿为正确执行全部协议，为西藏与全国各民族的团结和西藏民族的内部团结而奋斗。

为促进协议的贯彻执行，中央委派张经武为中央人民政府代表，前往

西藏。6月13日，张经武一行自北京起程，西藏和谈代表凯墨、土丹旦达同行，经香港绕道印度，于7月14日抵达西藏亚东。两天后，张经武代表同达赖喇嘛会晤，转交了毛泽东主席给达赖喇嘛的信和协议的副本。毛泽东在信中肯定了达赖亲政后，派代表来京谈判"是完全正确的"，希望"西藏地方政府认真地实行《关于和平解放西藏办法的协议》，尽力协助人民解放军和平开进西藏地区"。达赖遂表示将返回拉萨，并于7月21日偕随行官员自亚东启程。张经武代表随即于7月23日离开亚东，8月8日到达拉萨。

十四世达赖于8月17日返回拉萨。达赖的返回，使反动分子策划的政治阴谋破产。但是，西藏上层中不少人仍有疑虑，顽固的分裂分子在暗中破坏捣乱。张经武在拉萨致力于稳定上层，开展统治工作。他普遍地访问西藏地方政府主要官员和宗教上层人士，耐心宣传十七条协议精神，反复阐述中央的方针政策，还给寺庙僧尼发放布施，以示对其风俗习惯的尊重。9月9日，王其梅率18军先遣支队到达拉萨，积极配合了上述活动。随先遣支队一起返藏的西藏地方政府和谈首席代表阿沛·阿旺晋美，于9月12日回到拉萨。阿沛·阿旺晋美抵拉萨后，首先向达赖喇嘛报告了在北京谈判的情况，随后在9月24日召开的西藏官员扩大会议上，就谈判的经过和协议的内容作了详细介绍，并出示了协议的正本。会议经过两天的激烈讨论，总的认为"协议本身很好"，但也提出了一些问题。对此，张经武、王其梅又做了大量的工作，对协议的条款进行了详细解释，根据中央精神回答了提出的问题。经过这些工作后，西藏上层中多数人已表示初步理解和赞成协议。1951年10月24日，达赖喇嘛致电毛泽东主席，表示对协议的拥护，愿"在毛主席及中央人民政府领导下，积极协助人民解放军进藏部队，巩固国防，驱逐帝国主义势力出西藏，保护祖国领土主权的统一"。毛主席于10月26日复电表示欢迎。

和平解放西藏协议签订后，中央军委主席毛泽东当即发布了派必要兵力进驻西藏的命令。人民解放军进藏部队，分别自西康、云南、新疆、青海向西藏开进，正式开始具有历史意义的和平解放西藏大进军。由张国华军长、谭冠三政委率领的第18军机关一部，于7月1日自甘孜出发，17日抵达昌都，在此作进一步的准备后，于8月28日离开昌都继续前进，10月26日到达拉萨。第52师第154团也同时进抵拉萨，受到西藏地方政府官员和僧俗群众两万多人热烈隆重的欢迎。该师师部率直属队10月7

日进驻太昭（现工布江达）地区；第155团进驻比如宗的札雪奔噶。

由范明率领的西北西藏工委，于8月22日由青海香日德出发，12月1日到达拉萨。中共西北西藏工委系西北局根据中央关于西北方面参加解放西藏工作、护送班禅进藏的指示，于1951年春在甘肃兰州筹建的。2月17日，西北军政委员会任命范明为驻班禅行辕代表，牙含章为助理代表。6月7日，西北局正式通知由范明（任书记）、慕生忠[①]、牙含章、白云峰组成西北西藏工委。在此前后，已陆续调集干部及警卫部队1100余人，筹措了大批物资和上万头骆驼、马匹。7月底，人马由西宁等地集中香日德。8月22日，西北西藏工委（对外称第18军独立支队）由此出发进藏。班禅行辕派出约200人的工作队，由计晋美率领与西北西藏工委同行返回西藏。

新疆独立骑兵师于1950年8月派出先遣连（第1团的一个加强连），进入西藏阿里地区改则后，又在1951年5月派第2团后续部队280人入藏，于6月29日进驻普兰，8月3日进驻阿里首府噶大克（现噶尔）。云南进藏部队第126团于1951年9月12日自门工出发，10月1日进驻察隅。随后，第18军第154团（第3营留驻拉萨）于11月15日分别进驻江孜、日喀则，1952年7月15日进驻边防重镇亚东。1952年1月第155团1营进驻山南地区隆子。至此，各路入藏部队已进驻西藏各边防要地，把五星红旗插上了喜马拉雅山，完成了统一祖国大陆的历史任务。

各路部队在进军西藏途中，发扬人民解放军艰苦奋斗的精神，爬雪山、穿草地、趟冰河、渡急流，克服了高寒缺氧供应不足等重要困难，广大指战员恪守政策纪律，宣传执行协议，坚持开展上层统战工作和影响群众工作。部队所到之处，均受到藏族人民的欢迎，取得了各阶层人士在运输和售粮等方面的协助。

中央根据西藏地方人口稀少、生产水平低以及历史上形成的民族隔阂等实际情况，明确规定了"进军西藏，不吃地方"的方针。进藏部队所需粮食等物资基本上都由内地供给。在全国刚解放不久，国民经济正在恢复，接着又开始抗美援朝的情况下，中央十分关心进藏部队的物资供应问题。朱德总司令对此做了具体指示。西南局、西南军区决心"不惜任何

[①] 慕生忠（1910—1994），陕西吴堡人，1930年参加革命，1933年入党，历任支队政委、团政委、纵队政委、分区司令员、一野民运部长、政治部秘书长、西北铁路干线工程局政治部主任等。西北西藏工委委员、十八军独立支队政委等。

代价"修筑康藏公路,对进藏部队的物资"需要什么就给什么"。西南地区投入了大量的人力物力修路,使康藏公路短期内通车甘孜以西,把一批批粮食等物资源源前运,基本上保障了部队的供应。领近西藏的四川、西康、云南、青海、甘肃、新疆等省区,在筹集粮食、组织运输、修建道路等方面也进行了大量工作。各地一批医务、畜牧、气象、矿产、社会学等专家教授,如李濮、林耀华、李安宅、于式玉等随军进藏,为发展西藏的经济、文化事业作出了积极的贡献。从巴塘等地入伍和由中央、西南、西北派出的一批藏族干部,在进军西藏的各方面工作中都发挥了很大作用,后来逐步成长为西藏革命和建设中的各级领导骨干。

人民解放军进驻西藏拉萨等地,担负起巩固国防、建设边疆的重任,受到广大僧俗群众的欢迎,促进了西藏政治形势的变化。长期受压抑的上层爱国力量开始增长,他们热忱拥护和支持协议,协助我军在各地驻防,配合开展有关工作。但部分群众的疑惧心理尚未消除;少数反动分子的破坏活动也未停止,他们在拉萨指使一些人向我寻衅滋事。当时进藏部队粮食供应困难,司曹鲁康娃公开以"饿肚子比打败仗更难受"相威胁,妄图破坏协议,赶走我军。中央代表、西藏工委和进藏部队负责人均以主要精力进行统一战线工作,团结争取广大上层人士,同顽固的分裂分子作斗争,努力稳定拉萨局势。遵照毛泽东关于"一面进军、一面建设","生产与筑路并重"等指示,多数部队在后方继续修建康藏公路,加紧各项物资运输;少数进驻拉萨、江孜、日喀则、察隅等地的部队,一方面在生活开支上精打细算、节衣缩食,另一方面大力开荒生产,力争部分粮菜自给,并逐步打通与印度的贸易关系。进藏部队和工作人员终于在十分复杂困难的条件下,逐渐在西藏站住脚跟。

1951年12月19日,中央同意西藏工委与西北西藏工委会合后的组成人员为:张国华、范明、慕生忠、牙含章、谭冠三、王其梅、昌炳桂、陈明义、李觉、刘振国、平措旺阶。1952年3月7日中央通知,为加强党在西藏的统一领导,确定中央人民政府代表张经武[①]兼任书记,张国华、谭冠三、范明任副书记。1952年1月,中央军委批准组成中国人民

[①] 张经武(1906—1971),湖南省炎陵县(原名酃县)人,1930年加入中国共产党,1932年参加红军。曾任红军学校政治营营长、教导团长、教导师长、野战纵队参谋长、八路军山东纵队司令员、陕甘宁留守兵团副司令员、晋绥军区参谋长、中共驻北平"军事调停执行部"参谋长、西北军区参谋长、西南军区副参谋长、中央军委人民武装部部长、中央军委办公厅主任。

解放军西藏军区，张国华任司令员，谭冠三任政治委员，阿沛·阿旺晋美任第一副司令员、多噶·彭措饶杰任第二副司令员、昌炳桂任第三副司令员，范明、王其梅任副政治委员，李觉任参谋长，刘振国任政治部主任，陈明义任后方部队司令员兼政治委员。西藏军区于2月10日在拉萨成立。

和平解放西藏协议，恢复了班禅额尔德尼的固有地位和职权。达赖喇嘛于1951年9月19日致电班禅，欢迎他回西藏。12月9日，班禅及其堪布会议厅全体官员，在牙含章等人的护送下，离开西宁，经过长途跋涉，于1952年4月28日到达拉萨，同达赖喇嘛进行了历史性的会见，实现了西藏民族内部的大团结。

1952年9月，根据和平解放西藏协议的精神，设立了中央人民政府驻藏代表外事帮办，由中央统一管理西藏地方的一切涉外事务，取代了西藏地方政府原"外事局"的活动。到1954年，我国政府在和平共处五项原则的基础上，又同印度签订了有关协定，结束了印度在西藏驻军、设立邮电、驿站等特权。

西藏的和平解放，是在中华人民共和国成立后全国解放事业的壮举，是中国共产党运用马克思主义的民族学说，解决复杂的民族关系问题的成功范例。西藏的和平解放，完成了祖国大陆的统一，实现了全国各民族的空前团结，揭开了西藏历史新的篇章。它将彪炳史册，光照千秋。

二　执行协议的八年岁月

在西藏和平解放60多年后，我们翻开尘封的历史，去追寻逝去的岁月，顺着历史的脉络清晰地看到在西藏和平解放后的8年里，在党中央的领导下，广大党员干部、驻藏人民解放军及地方工作人员怎样开展了艰苦细致的工作。在这8年岁月里，他们坚决维护和执行协议，挫败了顽固的亲帝分裂势力的捣乱破坏；他们按照中央"进军西藏，不吃地方"的指示精神，开荒生产，修筑公路，千方百计筹措物资，尽可能不给地方增加负担；他们广泛开展爱国统一战线，积极争取大多数上层爱国人士、并推动了达赖与班禅集团之间的团结；他们全心全意为人民服务，积极开展影响群众的工作，同时，在他们的努力下，成立了西藏自治区筹委会并在贯彻"六年不改"工作中一次次挫败不断升级的武装叛乱活动。他们这些艰苦的工作和努力，赢得了上层爱国人士的拥护和人民群众的坚定支持。人民群众看了8年，比了8年，最终选择了共产党。这段不平凡的历史，对于我们致力于西藏的发展稳定，加强民族团结，建设小康西藏、平安西藏、和谐西藏有着非常现实的意义。

（一）坚决维护和执行协议，挫败伪"人民会议"的闹事活动，废除外国在西藏的特权

西藏和平解放后，进藏人民解放军和工作人员坚决贯彻执行协议，按照协议的有关各条，人民解放军陆续开赴各边防要地，保卫祖国边疆，大力开展上层统战工作，团结一切可以团结的力量，在公路尚未开通的情况下，为减轻地方负担开荒生产，为驻地人民群众做好事，免费看病，兴办学校，扶危济贫。这一系列深得人心的活动，却引起一些反动分子的恐慌。上层中的亲帝分裂主义分子，顽固坚持分裂主义立场，勾结帝国主义，竭力反对和阻挠协议的执行，继续进行"西藏独立"的阴谋活动，制造了企图将人民解放军赶走、饿走的伪"人民会议"事件。所谓"人民会议"，是在分裂主义分子司曹鲁康娃·才旺绕登和本珠仓·洛桑扎西等操纵和支持下，以反对祖国统一的商人、上层喇嘛和无业流民为骨干，纠合社会闲杂人员拼凑起来的反动组织。

1952年1月30日，西藏地方政府司曹鲁康娃召开官员会议，妄图趁解放军立足未稳，严重缺粮之际，策划实施"困饿"政策，企图"饿走"解放军。并且私自调动藏军，策划和纵容伪"人民会议"分子在拉萨挑起事端，并作出"采取武装行动把解放军赶走"的决定。在鲁康娃和洛桑扎西的支持和唆使下，伪"人民会议"分子多次开会，起草了《请愿书》在拉萨张贴和散发，同时组织示威游行，制造骚乱闹事事件，造成市内秩序混乱。3月30日，伪"人民会议"派出5人将《请愿书》送到噶厦，受到接待。3月31日，噶厦派秘书将《请愿书》送给中央人民政府驻藏代表张经武，3名伪"人民会议"分子到张经武住所要求接见。与此同时，哲蚌、色拉两寺喇嘛进入市区，与藏军第二代本共同包围了张经武住所（工委驻地）和人民银行，并枪击阿沛·阿旺晋美住宅。另一些藏军占据了拉萨周围制高点，并有所谓"解放大队"人员暗藏武器进行活动。4月1日噶厦几个噶伦又带着3个伪"人民会议"分子向张经武请愿。在此之前，鲁康娃和洛桑扎西还密令驻日喀则藏军炮兵代本赶来拉萨。一时，拉萨谣言四起，阴云密布，市民惊恐不安，商店关门，形势十分严峻。

面对复杂的形势，中共西藏工委根据党中央的指示，把坚持协议的原则性同执行中的灵活性结合起来，进行了有理、有利、有节的斗争。当时，反对伪"人民会议"已成为维护协议的突出问题。对伪"人民会议"的非法活动，工委和驻藏部队早有察觉，并在军事上做了部署。同时力求从政治上争取瓦解，避免武装冲突。中央代表张经武三次致函达赖，要求取缔伪"人民会议"。3月31日，张经武要求达赖命令噶厦立即采取措施制止骚乱活动。同日张经武、张国华、谭冠三、范明等同噶伦们开会，说明问题的严重性，要求噶厦对拉萨治安负起责任来。会议持续到晚8点，仍无结果。而市区骚乱更为加剧，伪"人民会议"分子竟然在开会地点鸣枪，由于解放军的严密防范，坏分子才未敢贸然行动。4月1日，张经武要求达赖取缔伪"人民会议"，责成噶厦维持社会秩序，以安定人民。4月4日张经武要求达赖召开司曹、噶厦全体官员会议，共同商讨取缔伪"人民会议"。与此同时，工委、军区在军事上也做了应变的准备，增调兵力到拉萨附近地区，机关、部队生产人员返回市区，严密防范，准备自卫。

1952年4月6日，党中央发出毛泽东主席起草的《中共中央关于西藏工作方针的指示》，深刻分析了西藏形势，指出："最近拉萨的示威不应看作只是两司伦等坏人做的，而应看作是达赖集团的大多数向我们所作的表示。其请愿书内容很有策略，并不表示决裂，而只要求我们让步。"所以，我们目前在形式上虽然采取攻势，理直气壮地责备此次示威和请愿的无理，但在实际上要准备让步，等候条件成熟，再逐步实行协议中规定的有关条文。遵照党中央的指示，西藏工委进一步发动政治攻势，4月8日，张经武在市区极不安全的情况下，仅带翻译和保卫干事，冒着生命危险[①]，登上藏

[①] 1952年3月31日，一批反动武装分子暗藏武器，分散布置于拉萨市各街口要道；一些僧人在市区寻衅滋事；数百名藏军趁夜晚包围了中央代表和阿沛的住宅，并向阿沛住宅开枪；藏军还占领了市区周围制高点，在药王山修筑工事。两司曹密令驻日喀则的藏军第六团（炮兵）急调拉萨（于4月2日到达）。一时间拉萨阴云密布，谣言四起，商店关门，形势异常紧张。为了挫败分裂势力的阴谋，中央驻藏代表张经武决定亲自到布达拉宫与达赖交涉。当时布达拉宫上既有藏军，又有武装僧人，荷枪实弹，戒备森严。张国华、谭冠三等都为张代表去布达拉宫的安全担心。张经武则说："不论出现什么情况，我都必须前往布达拉宫，向达赖当面讲明中央的态

军荷枪实弹的布达拉宫同达赖面谈,要求解散非法组织"人民会议"。4月9日,党中央又指示说:"我们的妥协政策,是向达赖及其他中间派实行的,不是向鲁康娃等反动派实行的,因此不论这次骚乱是扩大还是收场,我们必须借此无理骚乱为题,尽可能将反动派痛惩一下,否则西藏政局不能稳定,爱国分子不能抬头,生产、贸易、医药、修路、统战等各项工作都不能开展,我们将经常处于被动地位。"根据中央指示精神,张经武4月15日致书达赖,要求撤销鲁康娃、洛桑扎西二人的司曹职务。班禅在返藏途中得悉伪"人民会议"事件后,于4月15日在黑河致电达赖,严厉谴责这一事件,请达赖将伪"人民会议"的活动"迅速予以弥平,妥善处理,而安民心。"

1952年4月13日、16日、19日,张经武召集噶伦、孜本、仲译钦波和三大寺堪布等主要上层人物开会,揭露鲁康娃和洛桑扎西的罪行,深入宣传协议。张经武严正指出,对鲁康娃、洛桑扎西的罪行不能原谅,并宣布:中央宽大为怀,对鲁康娃、洛桑扎西二人可予撤职而不查办,以观后效。经过20多天的尖锐斗争,在中央代表张经武的严正要求下,4月27日达赖下令撤销鲁康娃、洛桑扎西二人的司曹职务。接着又在张经武的督促下,噶厦逮捕了50多个伪"人民会议"分子。5月1日,西藏军区和噶厦分别宣布"人民会议"为非法组织,予以取缔。对伪"人民会议"斗争的胜利,沉重打击了亲帝分裂主义势力,支持和鼓励了爱国力量,使许多中间人士向爱国势力靠拢,教育了僧俗群众。

《十七条协议》规定:"驱逐帝国主义侵略势力出西藏","中央人民政府统一处理西藏地区的一切涉外事宜,并在平等、互利和互相尊重领土主权的基础上,与邻邦和平相处,建立和发展通商贸易关系"。此时,废除过去强加在中国西藏地区不平等的条约,统一处理西藏地区的一切涉外

度和我们的立场,同他共同商讨处理办法。"张经武还分析了清代七十八任驻藏大臣中仅两人被杀的原因在于当时清朝在藏撤走了驻军,并着重指出:"现在我们有解放军驻在西藏,我作为中央人民政府的代表,谅那些反动分子也不敢冒天下之大不韪,我看他们没有这个胆量。""但如果我回不来,我将和达赖一起在布达拉宫观看同志们的自卫作战,你们胜利的越快,我平安返回的可能性就越大。即使万一被害,也是为革命、为西藏人民而牺牲的嘛!"1952年4月8日、13日,张经武仅带1名翻译和2名警卫两次登上布达拉宫,向达赖严肃地揭露了两司曹破坏协议、策动骚乱的罪行,提出撤销两司曹职务的要求。经过有理有节的斗争,最终使达赖及其噶厦解散了伪"人民会议",撤销了两司曹鲁康娃和洛桑扎西的职务。

事宜，并在平等、互利和互相尊重领土主权的基础上，与邻邦和平相处，建立和发展通商贸易关系已提上议事日程。1952年9月6日成立了中央人民政府驻西藏代表外事帮办办公室，杨公素为西藏外事帮办，在中央人民政府外交部领导下，统一处理西藏地区的一切涉外事宜。从1953年12月31日开始，中印两国代表团在北京进行谈判。1954年4月29日，签订了《中华人民共和国、印度共和国关于中国西藏地方和印度之间的通商和交通协定》（简称《中印协定》），随着协定的实行，印度在中国西藏地方的特权被完全取消。1956年8月至9月，中尼两国代表团在尼泊尔首都加德满都举行谈判，签订了《中华人民共和国和尼泊尔王国保持友好关系以及中国西藏地方和尼泊尔之间的通商和交通协定》（简称《中尼协定》），随着协定的实行，尼泊尔在中国西藏的特权被完全取消。

（二）开荒生产，修筑公路

和平解放后，进藏部队和工作人员不仅要同亲帝分裂分子作斗争，而且还要克服物资供应上的极端困难。在进军西藏开始，毛泽东主席就指出"一面进军，一面生产、建设""一面进军，一面修路"。人民解放军到达拉萨后，物资供应特别是粮食供应更加严峻。1952年2—3月，拉萨部队仅有3天的存粮，有时连烧柴也实行配给。造成这种局面，既有运输线长、交通不便、当地群众手头缺粮等原因，更重要的是一小撮亲帝分裂主义分子实行"困饿政策"，妄图趁解放军进藏立足未稳、粮食供应十分困难的情况，将人民解放军困死、饿死、赶跑。西藏地方政府和贵族手中都掌握一定数量的粮食，有的甚至因为存放年久而霉烂变质，但他们却借口"西藏产粮不多"拒绝向解放军售粮，甚至还严禁群众向解放军出售柴火。因此，开荒生产、修筑公路以解决物资供应，就成为西藏工委和西藏军区一项十分重要而紧迫的任务。

早在先遣部队进入拉萨不久，党中央和毛泽东主席就考虑到进藏部队的供应问题。1951年9月13日，毛泽东在给邓小平的电报中指出："如果我军不从事生产，则给养将成严重问题"，提出"生产与筑路并重，即令甘孜到拉萨沿途所驻部队以一部分担任生产，以一部分担负筑路"的方针。根据毛泽东的指示，西藏工委和西藏军区迅即作出节衣缩食、开荒生产的决定。1951年11月25日，张国华、谭冠三率领部队前往西郊开荒。西北进藏的十八军独立支队到拉萨后，慕生忠等也率领其支队指战员参加开荒。到12月13日，共开垦荒地2300多亩。1952年春节刚过，机关、部队全体出动积肥，铲平了布达拉宫前堆积数百年的粪土垃圾山，3月21日，又抽调驻拉萨机关、部队70％的人员到西郊开荒。连同1951年冬季所开的荒地，1952年春共播种蔬菜、粮食3000多亩。于6月先后建立了七一农场和八一农场。进驻昌都、日喀则、太昭、江孜、阿里、察隅的部队和地方机关，在驻地附近开荒生产。担负修路任务的部队，也利用修路间隙开荒生产。经过一年的劳动，到1952年秋，全区部队共开荒1.4万余亩，收获青稞38万多公斤，可供机关部队食用2个月；收获蔬菜98万多公斤，基本达到自给。1953年开荒面积继续扩大，粮菜产量提高，试种成功了黄瓜、四季豆、番茄、大白菜等几十种蔬菜，给当地群众的生产作出了示范。从1951年冬到1954年冬，全区部队共开垦荒地6.1万多亩，修水渠20多千米，生产粮食85万多公斤，土豆76万多公斤，蔬菜636万公斤，太昭以西部队蔬菜基本达到自给，粮食部分自给。此外，部队还植树15万多株。

开荒生产对缓解供应困难、改善生活起到了极为重要的作用，同时锻炼了部队，减轻了人民的负担。尤其是以实际行动宣告人民解放军是人民子弟兵，表明了长期建藏的决心，挫败了西藏上层反动分子妄图困死、饿跑解放军的阴谋。开荒生产还教育了群众，开阔了各界人士的眼界，是一项以实际行动影响群众的重要工作，直接起到了增强民族团结、密切军民关系的作用。

在开荒生产的同时，中央和进藏工作人员以及部队还通过其他措施，解决物资供应困难问题。如通过外交途径从印度运进转口粮食；通过藏、回、汉以及印度、尼泊尔商人，用外汇进口大批物资；通过西南、西北两条线用牦牛、骆驼队运粮运物资；就地采购解决急需；精简机构，减少消耗等。开荒生产解决了急需物资的供应，为进藏部队和地方工作人员站稳脚跟奠定了物质基础。

西藏和内地相距遥远，山川阻隔，交通运输极为困难。因此，修筑公路是解决进藏部队和工作人员物资供应的关键，也是建设西藏，改变其贫穷落后面貌的关键。遵照毛泽东主席"一面进军，一面修路"的指示，康藏（川藏）公路在进军伊始就开始了修筑。昌都解放后，为集中统一领导，西南军区成立了康藏公路修建司令部，陈明义任司令员，穰明德任政委，王其梅任第二政委。随即投入部队、西南交通部公路工程局和技工大队共10万人修建机场和公路。于1951年11月修通甘孜至昌都450多千米的公路。西南军政委员会和西南军区领导刘伯承、贺龙发电嘉奖，毛泽东主席、朱德总司令题词。1953年1月1日，毛泽东批准康藏公路昌都至拉萨段走南线的方案，并要求1954年通车。西南军政委员会交通部和西藏工委、西藏军区为1954年康藏公路通车到拉萨，决定从昌都和拉萨同时相向修筑。数万名指战员、一万余名民工和近千名工程技术人员，以"让高山低头，叫河水让路"的英雄气概，加紧抢修，于1954年12月25日，康藏公路东起雅安西至拉萨2255千米全线贯通（后改为川藏公路，东起成都，西至拉萨，全长2416千米）。

青藏公路从1950年6月起，由青海军区负责修复西宁至日月山段，1952年底通车到格尔木。1952年冬，西北局组成了由慕生忠等领导的运输总队。运输总队在加紧向拉萨运粮的同时，派出了由该队副政委任启明为领导的30余人的探路队，探察由格尔木至黑河的公路线。1954年5月11日，青藏公路格尔木至拉萨段动工修建。格尔木至拉萨公路长1300千米，仅用7个多月时间就胜利修通，创造了工程量小，施工时间短，投入少，快速在高原修路的奇迹。青藏公路从西宁到拉萨全长2100千米（后经改建全长1948千米）。

1954年12月25日，康藏和青藏两条公路同时通车到拉萨，举行了隆重的通车典礼。毛泽东题词："庆贺康藏、青藏两公路的通车，巩固各民族人民的团结，建设祖国！"拉萨倾城出动，从两条公路开来的350辆满载筑路指战员、民工和功臣模范的汽车在布达拉宫前会合。陈明义、慕生忠热烈握手，前后方将士热泪盈眶，相互拥抱，拉萨全城沸腾，盛况空前。两条公路的通车，彻底粉碎了反动上层妄图困死、饿走解放军的阴谋，我党我军在西藏站稳了脚跟。两条公路通车，彻底改变了西藏极度封闭的状况，对于发展西藏的政治经济文化，建设繁荣幸福的新西藏，巩固国防，保卫边疆，有着极为重要的意义。

1955年以后，筑路大军又乘胜前进，先后修通了羊八井至日喀则、日喀则至江孜、江孜至亚东、拉萨至江孜、拉萨至泽当、邦达至芒康、黑河至阿里等公路。1957年，新疆叶城至阿里噶尔昆沙全长1179千米的新藏公路通车。至此，初步形成了西藏区内外的公路网络，改变了西藏交通闭塞、经济极端落后的状态。

（三）积极开展上层统战工作

统一战线是中国共产党领导的新民主主义革命胜利的三大法宝之

一。西藏和平解放后,统战工作更有着特殊重要的作用。西藏的统战工作,在提出解放西藏和进军西藏时就开始了。无论是在进军途中的甘孜还是在昌都,解放军每到一地都同当地土司、头人加强联系,向他们宣传党的民族宗教政策和和平解放西藏的方针,团结了上层,支援了进军。昌都人民解放委员会就是一个统一战线性质的过渡阶段的政权组织。新疆骑兵师先遣连对阿里噶本的统战工作,收到了好的效果。从西藏和平解放到平叛改革前,中央和西藏工委把统战工作列为主要任务,逐步建立了反帝爱国统一战线,成为全国人民民主统一战线的重要组成部分。

协议规定"对于西藏的现行政治制度,中央不予变更"。因此,和平解放后,西藏反封建的任务尚未提上议事日程。在这种特殊的历史条件下,争取团结上层,才有利于团结中层,影响群众。为了做好统一战线工作,进藏人民解放军和地方工作人员根据中央的指示,在西藏工委的领导下,开展了多种形式的统战活动。

1. 广泛接触上层人士。为了消除上层人士的疑惧心理,贯彻执行《十七条协议》,中央驻藏代表和西藏工委、西藏军区领导以及各地驻军官兵,广泛接触上层人士,宣传党的方针政策和协议精神,联络感情,了解情况,广交朋友,交流思想。利用国庆、元旦、军区成立等节日,召开庆祝会、联欢会,加强同上层人士的联系。通过这些活动,扩大了接触面,进行了不同程度的思想交流。张经武、张国华带领随员先后到三大寺和大昭寺与上层喇嘛交谈,宣传党的宗教信仰自由政策。从1951年10月18日起,张经武先后向三大寺、大昭寺、小昭寺、上下密院的喇嘛发放布施。1952年传召期间,又向参加传召大法会的僧尼普遍发放了布施。共产党和人民解放军向喇嘛发放布施的消息迅速传开,对揭穿"共产党消灭宗教"的谎言起到了重要作用。张经武在传召期间还向贫民乞丐1500多人发放了布施,扩大了共产党的影响。

加强同上层人士的经济联系。搞好同上层人士的经济联系,是做好统战工作的重要方面。根据毛泽东"进军西藏,不吃地方"和"不因我军入藏而使藏民生活水平有下降,并争取使他们在生活上有所改善"等指示,1953年3月15日,西藏工委在《一九五三年的工作和任务》以及后来发的一些文件中提出,在保证军供、兼顾民需的总方针下,大力开展经济统战工作,更广泛地与贵族、寺院和商号订立购货合同,大量利用外汇，购买必要的物资。工委还把紧缩银根，严格控制现金在市场上的投放量，防止物价上涨过猛作为一件大事来抓。成立了国营拉萨贸易总公司，通过该公司与上层人士、寺庙和大商人建立了买卖关系，使他们的资金周转起来，在经济上有利可图，使贵族、寺庙的投资有利于人民的商业和工业。其他地区亦如此。拉萨贸易总公司还以高出国际市场的优惠价购买了400万银元的积压羊毛。此举既照顾了藏商的利益，提高了他们对祖国强大的认识，更调动了他们给部队、机关办货的积极性。通过贸易工作，不但解决了部队、机关和民需，而且使许多上层人士赚了丰厚利润，使他们的经济利益与祖国的利益联系了起来。经贸工作促进了统战工作的开展。各分工委、各地驻军领导也利用各种机会，通过登门拜访、请客送礼、联欢、庆祝重要节日、放映电影、学习宣传协议等各种形式广泛结识当地头人、官员、上层喇嘛和其他统战人士，以便联络感情，交流思想，增进了解，向统战人士宣传协议和党的民族宗教政策。以上这些是和平解放初期统战工作的重要方式。

2. 促进达赖和班禅之间的团结。促进达赖和班禅之间的团结，是西藏上层统战工作的重要组成部分。在西藏和平解放前的30多年间，西藏民族内部是不团结的，主要表现在达赖和班禅之间的斗争上。1923年，由于十三世达赖和九世班禅的矛盾，九世班禅被迫离开日喀则扎什伦布寺，避居内地，过着流寓的生活。九世班禅曾寄希望于国民党政府的帮助，但由于西藏地方当局的百般阻挠而未能成行。1937年12月1日，九世班禅在青海玉树圆寂。

1941年，班禅堪布会议厅按照宗教仪轨选定出生于青海循化县的藏族儿童宫保慈丹为九世班禅的转世灵童。党中央和西北局为解决好班禅的返藏并保持在西藏的固有地位做了大量工作，在和平解放西藏的谈判中，经中央人民政府代表耐心说服和双方代表的充分协商，才将班禅问题写进了《十七条协议》，明确规定："班禅的固有地位及职权，应予维持。""达赖和班禅的固有地位及职权，系指十三世达赖喇嘛与九世班禅额尔德尼彼此和好相处时的地位及职权。"

1951年11月5日达赖致电班禅，欢迎他返藏，并表示要派西藏地方政府和三大寺代表恭迎，到拉萨"友好相见，畅叙旧情"。班禅返藏前夕，毛泽东和中央人民政府特派西北军政委员会副主席习仲勋为代表前往送行。周恩来就班禅返藏事项作了具体指示。在牙含章等人的护送下，班禅及其堪布会议厅官员，于1951年12月19日由青海西宁启程，1952年4月28日抵达拉萨，和达赖进行了历史性会见①。在牙含章等人护送下，班禅一行1952年6月8日离拉萨返日喀则，拉萨各界3万多人送行。班禅行前再次会见达赖。6月23日抵日喀则，受到数万名僧俗群众的热烈欢迎。在中央的直接关怀和西藏工委的具体指导帮助下，根据《十七条协议》精神，班禅堪布会议厅和噶厦的官员就恢复班禅固有地位及职权进行谈判。在谈判中双方互相尊重，互相让步，于1952年6月16日签订了《西藏地方政府与扎什伦布寺喇章（班禅堪布会议厅）谈判备忘录》，合理解决了班禅方面有关乌拉差役、军用粮饷负担、诉讼罚金、税收和归还原属班禅的宗豁等问题，加强了西藏内部的团结。

3. 建立各种形式的群团组织，组织各种团体到内地参观访问，扩大统战队伍。西藏工委通过建立拉萨小学董事会，青年、妇女文化联谊会和学习会等群众组织，组织国庆观礼团、致敬团、参观团和代表团等形式，巩固和扩大统战队伍，深入开展统战工作。

工委经与西藏地方政府协商，建立拉萨小学，小学的组织领导形式是董事会，设正副校长4人。28名董事中，绝大部分为上层人士，该校董事会成为联系上层人士的渠道之一。1952年5月4日，中国新民主主义青年团西藏工作委员会（1957年5月以后改称"中国共产主义青年团西藏自治区工作委员会"，简称"团工委"）在拉萨成立，随即在党的领导下，开展团结教育藏族青年的工作，特别在上层青年中广交朋友，组织他

---

① 1952年4月28日，十世班禅一行经过5个多月的跋涉，从西宁出发，经香日德、返唐古拉山，于3月进入西藏聂荣，在黑河休整一段时间后到达拉萨。按西藏的旧规旧例，班禅进城时，噶厦在拉萨市东郊搭了欢迎帐篷，由首席噶伦然巴带领全体噶伦，还有西藏地方政府四品以上的全体僧俗官员向班禅献哈达。班禅坐在一个高床上，给每个官员都摸了顶。然后是拉萨三大寺僧众在甘丹赤巴带领下，向班禅献哈达，班禅也向他们赠了哈达。中央代表张经武和西藏军区司令员张国华、政委谭冠三、西北军政委员会代表范明等，另搭了一个欢迎帐篷，也按藏族礼节向班禅献了哈达，班禅也回赠了哈达。这天西藏地方政府出动了藏军1000多人，吹打着军乐，参加欢迎。布达拉宫出动了古典仪仗队，都骑着马，出来欢迎。拉萨全体市民则按藏族的礼节，在每家门口用白灰画了图案，在香炉内煨了"桑"（柏树枝叶），在房顶上换了新制的经幡。男女老幼穿了新装，在班禅经过的道路两旁磕头，表示了最高的崇敬和虔诚。班禅则坐了由噶厦准备的八人抬的黄色轿子，一直到大昭寺，住在历代班禅来拉萨时居住过的门楼上面，那一天拉萨全城一片欢腾，气氛热烈隆重。班禅稍事休息，便乘轿前往布达拉宫，与十四世达赖举行了第一次会见。这是自九世班禅与十三世达赖失和以后，经过了29年才由十四世达赖与十世班禅会面，在实现西藏民族内部大团结的路上迈出了重要一步。

们参加政治学习和各种文体活动。经张经武与达赖商定，1953年1月下旬，成立了拉萨市爱国青年文化联谊会，这是一个团结教育藏族青年的统战性质的群众组织，由达赖的三哥担任会长。接着先后成立了日喀则、江孜、阿里、昌都等地区的爱国青年文化联谊会。1954年拉萨爱国青年联谊会作为集体会员，加入了中华全国青年联合会，会员6000余人。1954年3月8日，成立了拉萨市爱国妇女联谊会。西藏工委通过这个妇女群众组织的会员，联系上层人士的家属子女，以致影响上层人士，在当时起到了积极作用。江孜分工委创立了学习委员会的组织形式。江孜分工委把上层人士组织到该委员会学习《十七条协议》，进行爱国主义教育，收到了良好的效果。后来学习委员会的组织形式推广到拉萨和其他地区，成为组织上层进行政治学习和对他们进行爱国主义教育的重要阵地。西藏工委还组织西藏地区的致敬团、国庆观礼团、参观团和佛教代表团到内地参观访问。从1952年到1954年，就组织了几十个这样的团体，参加人员有西藏地方政府和班禅堪厅官员、宗教界人士、工商业者、青年、妇女1000多人。这些人回到西藏后，他们以其所见所闻广泛宣传，产生了很大影响。

西藏工委根据中央指示精神，积极开展寺庙和宗教界上层的统战工作。利用瞻仰寺庙、宗教节日及其他有关活动，与各大寺庙和整个宗教上层人士建立朋友关系，邀请他们参加座谈会、学习会和纪念会等活动，向他们宣传协议和党的宗教政策，动员和组织有威望的喇嘛，特别是上层青年喇嘛到内地参观访问，以便提高其爱国主义觉悟，增强祖国观念。不定期地向喇嘛发放布施，扩大了党的影响。经过协商，由功德林呼图克图率领西藏地区佛教代表团参加全国佛协成立大会。会上达赖、班禅被选为名誉会长，功德林被选为副会长。经过筹备，1956年10月6日，中国佛教协会西藏分会在拉萨成立。这是西藏历史上一次宗教界团结的大会，是对宗教统战工作的一次检阅。此后，对寺庙和宗教界的统战工作，就更加有组织地深入开展起来。

通过上述一系列富有成效的统战工作，壮大了上层爱国力量，中间势力一部分向爱国势力靠拢，分裂势力有所分化并趋向孤立。共产党、解放军团结了一大批有影响的上层爱国人士，他们成为我党的可靠朋友，后来有的成为西藏自治区甚至国家的领导人，在西藏革命和建设中发挥了有益的作用。共产党领导的反帝爱国统一战线在西藏的建立，是我党在西藏革命和建设事业中创造性运用马列主义的结果，是毛泽东统一战线思想同西藏实际相结合的产物。

（四）积极开展影响群众的工作

影响群众工作，是党面对西藏的客观形势采取的工作方针。西藏和平解放前，没有共产党的组织，没有群众工作的基础。《十七条协议》规定："对于西藏的现行政治制度，中央不予变更。"这就决定了党必须以上层统战工作为主，不能立即直接发动群众进行阶级解放的斗争。影响群众的工作从进军西藏就开始了，主要是通过进藏部队和地方工作人员模范地执行党的民族宗教政策，尊重藏族人民的风俗习惯，模范地遵守"三大纪律，八项注意"，积极为群众办好事，广泛开展宣传活动等进行的。在执行政策纪律方面，从开始进军西藏起，西南局、西南军区以及西南军政委员会和十八军及西北独立支队都有明确的规定。进藏部队所到之处，认真保护寺庙、经堂、经幡、玛尼堆等一切宗教设施和宗教活动场所，不触动"神山"，不在寺庙附近打猎捕鱼，不住寺庙、经堂等，受到群众的好评。进藏部队严格执行纪律，照顾群众利益，买卖公平，宁肯自己挨饿也不妄取群众一粒粮食，借物归还，损坏照价赔偿，做到秋毫无犯。雇用民工、驮畜和协商购物，严格按照公平合理的价格付给银元。对违背群众利益和政策的做法，一经发现，立即进行纠正。

人民解放军和进藏工作人员牢记党的全心全意为人民服务的宗旨，处处为广大劳动人民谋利益。1951年10月24日，中央人民政府代表张经武同噶厦协商，决定向拉萨各大寺庙僧众发放布施，同时也给拉萨贫民乞丐发放了布施。此举产生了深远的影响，这是通过上层统战工作去影响群众的一个典型事例。进藏部队和机关工作人员走到哪里，就为哪里的群众免费治病。进藏部队和机关工作人员所到之处，在繁忙的执勤、工作和生产之余，经常挤时间为群众盖房子、修水渠、春种秋收、背水打柴、修桥补路，得到了群众的好评，僧俗人民反映："只有毛主席才这样关心我们，只有解放军才这样帮助我们。"

在修筑公路过程中，先后有数万名藏族民工参加。筑路部队指战员积极做影响群众的工作，像兄弟姐妹一样爱护民工，热心帮助民工学技术、关心民工的生活，免费为民工治病，按月发工资。第一次发工资时，头一天发给民工，第二天就被头人收走了。为使民工得到实惠，经与上层人士协商，改为发一部分钱，发一部分实物，如糌粑、衣服、茶叶、胶鞋等，使民工的生活得到改善。在共同劳动中，部队和民工团结互助，克服施工中的困难，结下了深厚的友谊，不仅按期完成了筑路任务，还提高了民工的思想觉悟，其中不少人后来参加了工作，有的当了养路工人，成为西藏第一代工人阶级。

进藏部队和机关工作人员十分关心群众的疾苦，通过各种形式进行救济、抢险救灾，解决群众的困难。为了帮助农牧民解决实际困难，发展生产，经与上层协商发放无息贷款，使农牧民免受高利贷的盘剥。到1956年初，共发放无息农贷银元1386万多元，还发放了大量无息贷种、贷粮和无偿农具，帮助贫苦农牧民和手工业者发展生产，解决生活困难。1954年7月，年楚河上游因冰川爆发造成特大洪灾，江孜、白朗两宗淹死群众91人，冲毁村庄170个，受灾群众1.6万多人，淹没土地6万多克（相当于亩），死亡牲畜8000多头（只）。灾情发生后，中央立即拨款80万银元救灾，江孜分工委和驻当地解放军舍生忘死与洪水搏斗，抢救受灾群众。当地驻军和工作人员在供应十分困难的情况下，仍救济灾民口粮73万多公斤，贷放种子4万多克（每克14公斤），无偿发放农具折合银元1.5万余元，帐篷布2.8万米，干部战士捐献衣物和现金合计折合银元10万多元。西藏工委与噶厦协商，经中央同意采取"以工代赈"的办法，拨款300万银元修筑江孜至日喀则、江孜至亚东的公路，既发展了交通事业，又帮助灾民重建了家园。通过救灾，扩大了党和解放军的影响，密切了军民关系和民族关系，受灾群众从内心发出了对共产党、毛主席和解放军的感激之情。1956年3月，黑河地区发生重大雪灾，全地区3.6万人口中，受重灾的达1.8万多人，牲畜大量死亡。灾情发生后，中共黑河分工委召集当地头人和牧民群众，转移放牧地区，发放救济物资，发放青稞81万公斤、茶叶3500公斤、无息贷款6.5万银元。与此形成鲜明对照的是，西藏地方政府不但不救灾，反而催逼牧民交租，并且不准减免。当雄宗政府甚至阻止黑河分工委下发救灾青稞1000余袋和茶叶，对此牧民敢怒不敢言。

进藏解放军和机关工作人员，通过组织到各地访问、放电影、演出文艺节目、开座谈会、举办展览、散发宣传品和利用节日庆祝活动，大力宣传《十七条协议》、党的民族宗教政策、祖国建设成就、文化科学卫生知识和国际时事等，开展影响群众的工作，收到了好的效果。

（五）成立西藏自治区筹备委员会和贯彻"六年不改"的方针

由于进藏人民解放军和广大工作人员坚定地维护和执行协议，大力开展爱国统一战线工作，经过开荒生产和修筑川藏、青藏公路，积极影响群众的工作，党在西藏的社会基础和物质基础日益巩固，特别是1954年达赖、班禅赴京参加第一届全国人民代表大会，成立西藏自治区筹委会已经具备了广泛的社会基础、群众基础和上层基础。毛泽东在1954年9月11日接见达赖、班禅时提出，现在我国宪法已颁布，过去各大军区的军政委员会也已撤销，西藏和平解放也已3年，情况已经有了变化，因此今后西藏不成立军政委员会，而成立西藏自治区筹备委员会。达赖、班禅表示完全同意。在中央的关怀和领导下，西藏工委经过艰苦细致的工作，最终确定适时成立西藏自治区筹备委员会。1955年3月9日，国务院举行第七次全体会议，专门研究成立西藏自治区筹备委员会及西藏的有关问题。会议经过讨论和协商，通过了《国务院关于成立西藏自治区筹备委员会的决定》《国务院关于帮助西藏地方进行建设事项的决定》《国务院关于有关西藏交通运输问题的决定》，同时还通过了《国务院关于西藏地方政府和班禅堪布会议厅委员会之间关于历史和悬案问题的谈判达成的协议的批复》《国务院对于达赖喇嘛随行官员领导小组关于西藏自治区筹备委员会组成人员名额和比例及其主要人员、藏钞、藏军问题的报告的批复》。《国务院关于成立西藏自治区筹备委员会的决定》中指出：西藏自治区筹备委员会是负责筹备成立西藏自治区的带政权性质的机关，受国务院领导。其主要任务是依据我国宪法的规定以及关于和平解放西藏办法的协议和西藏的具体情况，筹备在西藏地区实行区域自治。筹委会委员由51人组成，藏族48人，其中西藏地方政府方面15名，班禅堪布会议厅委员会方面10名，昌都地区人民解放委员会方面10名，中央派在西藏的工作人员5名，其他主要寺庙、主要教派、社会贤达和群众团体11名。筹委会主任委员由达赖担任，第一副主任委员为班禅，第二副主任委员为张国华，秘书长为阿沛。在国务院作出上述决定后，党中央又及时对西藏工委发出一系列指示，要求积极进行筹备工作，根据工作情况确定成立时间。

在筹备成立西藏自治区筹委会期间，上层亲帝分裂势力极力破坏筹委会的筹备工作，伪"人民会议"在阿乐群则等人的策划下又死灰复燃。由于工委态度严正、立场坚定地进行有理、有利、有节的斗争，加之上层爱国人士对伪"人民会议"的反对，促使西藏地方政府于11月17日宣布伪"人民会议"非法，并向全区发布处理伪"人民会议"的布告。在工委领导和上层爱国人士的支持下，筹委会筹备小组经过积极努力工作，成立西藏自治区筹备委员会的准备工作进展顺利。西藏工委报请中央同意，决定1956年4月22日成立西藏自治区筹备委员会。

1956年1月16日至2月23日，中共西藏地区代表会议在拉萨举行。会议听取了工委第一副书记张国华所作的《关于四年来党在西藏地区的工作总结和一九五六年工作任务》的报告，选举产生了中共西藏地区监察委员会，选出了出席中国共产党第八次全国代表大会的代表，他们是张国华、谭冠三、范明、杨东生、梁选贤。另外，军区党代会选举王其梅为出席党的八大代表。张经武为总参选出的代表，八大被选为中央候补委员。

为庆祝西藏自治区筹备委员会成立，中央派出以中共中央委员、国务院副总理陈毅为团长，张经武、汪锋、黄琪翔、桑吉悦西（天宝）、王再天、栗再温、王兴纲、巩天民为副团长的中央代表团。代表团成员包括各民主党派、各人民团体和17个兄弟民族的代表57人，连同文艺团体、工作人员800人左右。代表团于3月16日从北京启程，4月17日到达拉萨，受到拉萨僧俗群众3万多人的热烈欢迎。达赖、班禅到离拉萨5000米的西郊坚参鲁丁接官亭欢迎代表团，举行了隆重的欢迎仪式。4月20日，毛泽东主席、刘少奇委员长、周恩来总理和全国人民代表大会常委会及其民族委员会、国家民族事务委员会发来贺电。毛泽东在贺电中说："我愉快地祝贺西藏自治区筹备委员会成立，热忱地希望西藏各阶层人民在你们指导之下更加团结和进步，在发展西藏政治、经济和文化事业上获得更大的成就。"

西藏自治区筹备委员会成立大会于1956年4月22日至5月1日在拉萨举行。参加大会的正式委员50多人，列席代表260多人，其中包括西藏各地区、各民族、各阶层、各教派和各群众团体的代表。一个有如此广泛代表性的人士参加的大会，民主协商，共议大事，在西藏历史上是第一次。在22日的大会上，达赖致开幕词，中央代表团团长陈毅宣布西藏自治区筹备委员会成立，宣读了国务院命令，并代表国务院将西藏自治区筹备委员会的印鉴授予达赖。陈毅、张经武、汪锋分别在会上讲了话。在以后几天的大会上，达赖、班禅、张国华和王其梅分别作了报告，汇报了西藏地方政府、班禅堪布会议厅委员会、西藏地方和昌都地区人民解放委员会在中央的领导下所取得的各项成就。大会通过了这些报告，通过了《西藏自治区筹备委员会组织简则》。5月1日，班禅在会上致闭幕词，筹委会成立大会圆满结束。

　　1956年5月2日,在拉萨的机关工作人员、工人、学生和拉萨市民、郊区农牧民、各阶层各族各界人士、各群众团体3万多人举行庆祝筹委会成立大会。会后,中央代表团分赴各地进行慰问。在首都北京,各族各界和在京的藏族人士1000多人欢聚一堂,热烈庆祝西藏自治区筹委会成立。中央又调拨了大批粮食帮助西藏,向农牧区赠送了许多新式农具、优良作物品种和牧业工具。中央代表团向西藏各界赠送了大量礼品、纪念品,向寺庙、僧众发放了大量布施。在自治区筹委会成立前夕,西藏修建了海拔4300米的当雄机场,5月26日北京至拉萨航线试航成功,陈毅乘坐试航后的拉萨至北京的飞机于31日方才回到北京①。西藏自治区筹备委员会的成立,是西藏实行民族区域自治的重大步骤,标志着西藏工作进入了一个新阶段。

　　自治区筹委会成立以后,西藏工委对形势估计过于乐观,指导思想出现了偏差,产生了急躁情绪。1956年6月30日,西藏工委在向中央上报了《今冬明春在昌都和日喀则地区实行民主改革的重点试办》的意见并在少数地方匆忙试行。这一行动引起了一些上层人士的疑虑,分裂主义分子也乘机造谣惑众,甚至发动局部叛乱。党中央和毛泽东主席及时察觉了这些问题。毛泽东主席根据西藏的形势,于1956年8月18日写信给达赖,说:"西藏社会改革问题,听说已经谈开了,很好。现在还不是实行改革的时候,大家谈一谈,先做充分的精神上的准备,等到大家想通了,各方面都安排好了,然后再做,可以少出乱子,最好是不出乱子。"9月4日,中共中央发出指示,指出:"西藏地区的民主改革,必须是和平改革,要做到和平改革,对西藏上层一定要做好准备工作以后再去进行。""从西藏当前的工作基础、干部条件、上层态度以及昌都地区最近发生的一些事件来看,西藏实行改革的条件还没有成熟,我们的准备工作也绝不是一两年内能够做好的。因此,实行民主改革,肯定不会是第一个五年计划期内的事,也可能不是第二个五年计划期内的事,甚至还可能要推迟到第三个五年计划期内去。在西藏的民主改革问题上,我们已经等待好几年了,现在还必须等待。"西藏工委贯彻执行中央"六年不改,适当收缩"

---

①　陈毅所率中央代表团来西藏祝贺自治区筹委会成立是费时最长的一次活动,从3月16日到5月31日,前后达75天,仅在西藏活动就达一个半月。

的方针，停止了关于改革的宣传。1957年3月5日，中央书记处召集西藏工委在京人员会议，讨论西藏工作问题。3月19日西藏工委上报并经中央批准《关于今后西藏工作的决定》，提出今后一个时期西藏工作的基本任务是："坚持和平解放西藏办法的协议，继续巩固和扩大反帝爱国统一战线，加强民族团结，巩固祖国统一。"根据《决定》精神，西藏大规模地精简机构紧缩机构，精减人员。自治区筹委会机关撤销合并了一些机构，全区成立不久的7个基巧级办事处和60多个宗级办事处，除昌都地区的以外，全部撤销。大批汉族干部、职工内调，一部分藏族干部精减，新参加工作的3400多名藏族青年送到内地学习，全区地方工作只保留3700余人。总计减少员额4.5万余人。西藏军区遵照中央大收缩的精神，调出了一大批部队，只保留了一些独立团，军区机关做了相应的精简，总员额减至1.4万人。交通运输方面只保留了一线两段指青藏公路全线及川藏公路成都至怒江桥、林芝至拉萨两段。地方和军队的大收缩，表明共产党提出在西藏"六年不改"的方针是真诚的，执行也是坚决的，用事实揭穿了少数分裂主义分子的造谣诬蔑，稳定了多数上层人士的不安情绪。

在紧缩机构的同时，西藏工委根据"五为四不为"于1957年5月14日，在中共中央对西藏进行民主改革和收缩方针的指示中指出：今后至少六年内，在西藏地区的工作有可为和不可为的两个方面（即"五为"和"四不为"）。"五为"是：一要继续进行和开展上层统一战线工作，并以达赖集团为主要对象；二要继续注意培养藏族干部；三要继续办一些群众欢迎的，上层同意的，而我们又有条件办的，能够对群众产生积极影响的经济、文化事业；四要继续坚持把国防、外事和国防公路等事项置于中央管理之下；五要经过各种适当方式，向西藏上层和人民群众进行爱国主义教育，反对分裂活动。"四不为"是：一停止和结束民主改革的准备工作；二不干涉西藏的内部事务；三不在社会上发展党员；四不办不是西藏上层和下层迫切要求和同意的建设事宜。继续加强统一战线工作。大力做好对已经安排了工作的200多名上、中层人士的团结、教育、巩固和提高工作，帮助他们提高爱国主义思想和政治认识，加强对他们进行民族平等、民族团结和西藏内部团结的教育，并使他们做到有职、有权、有责，生活待遇不降低。

为了加强对民族干部的培养，西藏工委于1957年6月在陕西咸阳筹建了西藏公学，把大收缩精减下来的3000多名藏族青年绝大部分送西藏公学学习，后来改制为西藏民族学院。这批藏族青年大多是农奴的子女，成为西藏培养和积蓄的一批民族干部。与此同时，西藏工委还选送了一批藏族干部和青年到北京、兰州、成都民族院校学习。这些经过培养学习的藏族干部、学员，后来成为西藏民主改革的骨干力量。西藏工委通过自治区筹备委员会和爱国青年、妇女等团体，继续组织西藏上层人士学习中央一系列重要指示，对人民群众进行爱国主义教育。通过学习，使上层人士认识到，西藏人民主要的敌人是帝国主义和背叛祖国、背叛西藏的少数分裂主义分子，必须时时提高警惕，紧密团结在祖国大家庭里，坚决和帝国主义及一小撮反动分子进行斗争。

"六年不改"是符合西藏实际情况和《十七条协议》精神的，一经传达公布，立即受到广大爱国人士和处于中间状态的上层人士的拥护。然而，少数上层反动分子囿于他们的阶级本质，认为"六年不改"最终还是要改的，其"美妙的"封建农奴制度仍然岌岌可危。他们采取阳奉阴违的手段，一面对中央虚与应付，另一面暗中与国外反华势力相勾结，加紧策划武装叛乱和分裂祖国的活动，并加强其内部的统治和控制，极力巩固其农奴制度。在这期间，发生了江孜地区头人本根却珠毒打藏族学员旺钦平措残暴事件。旺钦平措原是本根却珠的朗生，已参加工作并在江孜分工委举办的训练班学习。1957年9月15日，本根却珠以旺钦平措没有为其支差为借口，将其叫去戴上脚镣，用皮鞭毒打数小时，身体严重致伤。分工委对此非常重视，经报请工委批准，决定给予严肃处理。后由自治区筹委会派人调查，作出《关于免去西藏各族人民参加国家机关工作人员、学员的人役的决定》，同时宣布判处本根却珠向旺钦平措献哈达道歉，赔偿医药费，并拘押四个月。此举受到了广大藏族干部和群众的欢迎，有力地打击了反动统治者的气焰。

由于西藏工委坚决贯彻中央"六年不改"方针及以后的一系列重要指示，相应地采取了一些行之有效的措施，使上层人士中的多数情绪逐步稳定下来，顾虑有所消除，愿意继续同共产党合作共事，参加自治区筹委会的各项工作。但这并未能改变西藏地方政府中上层反动分子妄图永远保持封建农奴制度的顽固态度。进入1958年后，西藏的斗争形势更加严峻，一部分上层反动分子不断组织武装叛乱，叛乱武装烧杀抢掠，无恶不作，最终发展到撕毁协议，发动全面武装叛乱，人民解放军和地方工作人员严阵以待，有理、有据、有节地处置了一些地方发生的局部叛乱，最大限度地减少党政机关和人民群众的损失，同时也争取了群众。

从中国人民解放军进军西藏到1959年3月平息叛乱前，整整经历了8年时间，这是共产党领导的人民军队和进藏工作人员全心全意为西藏人民谋利益，同三大领主野蛮统治、残酷压迫剥削形成鲜明对比的8年。广大农奴和奴隶看了8年，等了8年，比了8年，想了8年，逐步认识到只有共产党、毛主席和解放军才是自己的亲人，是为西藏人民谋幸福的。他们称颂共产党、毛主席是"大救星""大恩人"，称颂解放军是"菩萨兵"。经过8年的观察对比，广大群众终于把自己翻身解放的希望寄托在共产党和解放军身上。

三　西藏的民主改革及其特点

在新中国成立60年的进程中，西藏高原发生了一次影响国内外的重大变局，这一变局彻底摧毁了封建农奴制度，解放了百万农奴，改变了西藏的社会历史和社会面貌，这就是20世纪中叶影响西藏历史进程的民主改革。西藏民主改革发生在1959年至1962年的西藏地区。1959年3月，西藏地方政府中的上层反动分子，不顾人民群众要求进步，反对叛乱升级的要求，公然撕毁《十七条协议》，发动全面武装叛乱。在全面武装叛乱发生后，中央政府鉴于上层反动集团已公开撕毁协议，"六年不改"的政策已不宜继续执行，果断地决定在平息叛乱的同时，坚决地放手发动群众，实行民主改革，彻底摧毁封建农奴制度，解放西藏百万农奴，推动西藏地区的社会变革。西藏的民主改革是在没有任何可借鉴经验的情况下进行的，她揭开了西藏人民彻底解放的大幕，改变了西藏人民的命运，加速了西藏社会发展的进程，这次民主改革反映了边疆民族地区社会变革的基本特点，富有很强的灵活性和创造性。全面、客观、真实地反映这段历史，对于珍惜来之不易的历史成就，满怀信心地开创未来具有重要的智力支持作用。

（一）中央关于西藏民主改革的方针、政策

西藏的民主改革是中国共产党领导的中国革命的一个组成部分，是中国各民族的社会发展变革不平衡性在西藏地区的具体体现，是腐朽社会形态自然消亡和进步的社会形态合理替代的自然演进结果。对于西藏的民主

改革，中央早就予以关注和重视。早在 1951 年 5 月签订的《十七条协议》中，就规定了改革的条款；但同时又明确："有关西藏的各项改革事宜，中央不加强迫。西藏地方政府应自动进行改革，人民提出改革要求时，得采取与西藏领导人员协商的方法解决之。"1952 年中央决定："西藏至少在两三年内不能实行减租，不能实行土改。"[①]

在全国已经基本完成社会主义改造后，中央又提出，西藏的改革在"第二个五年计划时期是不能实行的，第三个五年计划时期也还要看情况如何才能决定[②]"。在全国基本完成了对农业、工业、资本主义私营商业的社会主义改造之后，西藏人民要求改革的呼声日益高涨，然而为了照顾上层集团的利益，等待他们自我觉悟，中央提出了"六年不改"的方针。尽管中央对改革封建农奴制度一再让步，但三大领主依然故我，继续着这种延续了几百年的不人道的制度。这种制度，是比欧洲中世纪封建制度更为残酷的腐朽制度，占人口不足 5% 的三大领主几乎占据着西藏的全部耕地、草原、山林和绝大部分牲畜，并以封建领主庄园的占有形式为其服务，而占总人口 95% 以上的农奴和奴隶几乎没有属于自己的生产资料，不得不终身依附于三大领主，祖祖辈辈遭受着封建领主的残酷剥削和压迫。三大领主结成一体，构成了政教合一的统治政权，倚仗封建特权私设公堂、监狱，随意对农奴施行鞭打、挖眼、抽筋、断肢等酷刑，随意买卖和任意处置农奴，劳动人民被剥夺了做人的权利。在封建农奴制度统治下，西藏的经济社会事业长期停滞，生产日益萎缩，工具简陋，生产力遭到严重破坏。在这种制度下的生产关系已与生产力形成了尖锐的矛盾和对立，其基本特征表现出了对文明和进步的反动。就是这样的一种制度，西藏上层反动集团却坚决反对任何形式的改革，直至悍然发动全面武装叛乱。对此，中共中央根据形势的变化，宣布："原来决定的'六年不改'的政策，自然不能再继续执行下去。"

1959 年 3 月 22 日，中共中央发出《关于在西藏平息叛乱中实现民主改革的若干政策问题的指示》，强调："在这次平息叛乱的战争中，必须同时坚决地放手发动群众，实行民主改革，以便彻底解放藏族人民群众，引导西藏地区走上社会主义的道路，从根本上消除叛国分裂活动

[①] 《毛泽东西藏工作文选》，中央文献出版社、中国藏学出版社 2001 年版，第 61 页。
[②] 同上书，第 154 页。

的根源。"4月28日，第二届全国人民代表大会第一次会议通过了关于西藏问题的决议，指出：由于反对改革的原西藏地方政府反动分子的叛乱已经平定，西藏广大人民的改革要求，已经得到顺利实现的条件。西藏自治区筹备委员会应当根据宪法，根据西藏广大人民的愿望和西藏社会经济文化的特点，逐步实行西藏的民主改革，救西藏人民于水火，以便为建设繁荣昌盛的社会主义的新西藏奠定基础。中央还明确：民主改革要"依靠劳动人民，团结一切可能团结的力量，有步骤、有区别地消灭封建农奴制度"。"西藏地方政府拥有的耕地必须分给农民所有，其债务、乌拉和差役应予废除。对于贵族的封建占有制也要一律废除。但在做法上应根据他们的政治情况，加以区别对待，凡参加叛乱的分子，他们所有的耕地、房屋、耕畜、粮食和农具一律没收，分给农民，其债务、乌拉和差役一律废除。对没有参加叛乱的分子，应该经过和他们协商，将土地和多余的房屋、耕畜和农具分给农民，废除其债务、乌拉和差役。对于在平息叛乱和民主改革中表现进步并且政治上还有较大影响的进步分子，可采取赎买的办法。[①]"中央决定"对于没有参加叛乱的贵族的土地和多余的农具、耕畜、房屋，一律仿照内地对待资产阶级的办法，实行赎买政策[②]"。

中央对牧区、寺庙的民主改革以及对待工商业等方面的问题，也都作出了具体规定。这些规定，为西藏的民主改革指明了方向。

在民主改革期间，党中央和毛泽东主席一直关注改革中的问题，及时提出指导方针与政策。毛泽东主席于1959年4月7日致信国家民委副主任汪锋，索要有关藏区情况的13个方面的材料：（1）西藏的人口；（2）西藏面积；（3）农奴制内容；（4）喇嘛人数；（5）贵族对农奴的政治关系；（6）寺庙对农奴的剥削压迫情形；（7）寺庙内部的剥削压迫情形；（8）藏军的经费来源；（9）叛乱者占总人口的百分比；（10）剥削阶级中的左、中、右派比例；（11）滇、川、甘、青各省的藏人数字；（12）以上四省藏区的面积；（13）青、甘、川省藏区寺庙诉苦运动情况[③]。毛主席还指示新华总社要长期调查研究藏区情况。1959年5月上

---

① 《西藏的民主改革》，西藏人民出版社1995年版，第68—69页。
② 《平息西藏叛乱》，西藏人民出版社1995年版，第103页。
③ 《毛泽东西藏工作文选》，中央文献出版社、中国藏学出版社2001年版，第173—174页。

旬，西藏工委讨论拟定了《关于在当前平叛工作中几个政策问题的决定》（草案，简称"十三项政策"），就接管旧政权、调整行政区划、对旧官员和叛乱分子的处理、交通运输、财经工作、涉外事宜、收缴枪支、建立地方武装、农牧区工作、寺庙改革、组织机构和干部的调配等13个方面，制定了平叛改革的一系列政策。中共中央于5月31日批准了这个草案，认为所定的各项政策都是正确的。中央指出，改革将在充分照顾西藏地区特点的条件下进行，把自下而上的充分发动群众同自上而下的协商结合起来。目前西藏地区的任务是：结合平息叛乱的斗争，采取边打边改的方法，完成全区的民主改革。中央指出，西藏民主改革分两步走。第一步以"三反双减"为内容，第二步以分配土地为内容。明令宣布废除乌拉差役制度，废除高利贷，废除农牧民的人身依附；没收参加叛乱的贵族、寺庙及原西藏地方政府的土地，由原耕农民耕种。按照毛泽东的多次提议，中共中央创造性地决定了对没有参加叛乱的贵族的土地和多余的农具、耕畜、房屋实行赎买政策①。这些改革是中国共产党根据中国革命不平衡性的特点，正确处理民族地区共性与个性，特殊与一般的结果，是党的民族政策在特定时间、地点灵活应用的充分体现。特别是在全国已经进入轰轰烈烈的社会主义建设时期，对西藏统治阶级采取的特别温和宽松的一系列政策，体现了党中央对西藏民族民主改革的慎重态度，对西藏社会的历史进程有着深远的影响。

（二）西藏民主改革的基本方法

为做好民主改革的准备工作，西藏工委于1959年5月中旬通知各分工委，要求在近日内查告当地三大领主占有土地、耕畜、农具、粮食情况，贵族和寺庙参加叛乱情况，以及大差巴的人数、占有土地、耕畜、农具、房屋和剥削等情况。此后，西藏工委副书记张国华、周仁山先后到山南的贡嘎、乃东、扎囊、隆子等地农村，深入实地进行调查研究，访问贫苦农奴及爱国上层人士，调查阶级状况，为制定民主改革的具体方针、政策做准备。

1959年6月28日至7月17日，西藏自治区筹备委员会举行第二次全体会议，通过了《关于西藏全区进行民主改革的决议》《西藏地区减租减息办法》和《西藏地区各县、区、乡农民协会的组织章程》。8月27日，

---

① 《平息西藏叛乱》，西藏人民出版社1995年版，第102—103页。

西藏工委提出了《关于西藏土地制度改革方案》的报告。报告规定：改变封建土地所有制，主要根据是叛乱与未叛乱的区别，分别采取没收和赎买政策。叛乱与未叛乱是基本界限。因此，原西藏地方政府的所有耕地及其他农业生产资料一律没收，分配给农奴（含奴隶）所有。对于叛乱的贵族的耕地、房屋、耕畜、农具，一律没收，分配给农奴所有。而对未叛乱的贵族的耕地和多余的房屋、耕畜、农具，实行赎买后分给农奴所有。对寺庙所属溪卡的耕地、房屋、农具、耕畜，也按叛乱与未叛的界限，分别采取没收和赎买政策，分配给农奴所有。9月上旬至11月上旬，西藏工委扩大会议讨论通过了《关于划分西藏农村阶级的方案》《关于西藏地区土地制度改革方案》《关于执行赎买政策的具体办法》《关于当前牧区工作的指示》《关于三大寺若干问题的处理意见》等一系列的具体政策规定，这些政策规定在中央的批示下贯彻到民主改革的具体工作之中。具体精神为：（1）在农业区的改革，只划分农奴主阶级、农奴阶级，而不划分富农阶级。民主改革分两步走。第一步以"三反双减"为内容，第二步以分配土地为内容。改革的阶级路线是：依靠贫苦农奴，巩固地团结中等农奴和团结一切可以团结的力量，打击叛乱的和最反动的封建农奴主及其代理人[①]；废除封建农奴主阶级的生产资料所有制，实行劳动人民的个体所有制。对叛乱农奴主的土地，一律没收分给农奴。对未叛乱农奴主的土地，除其应留的一份外，多余部分实行赎买，分给农奴。（2）牧区（包括半农半牧区）的民主改革，实行反叛乱、反乌拉、反奴役和牧工牧主两利的"三反两利"政策。没收叛乱的农奴主及其代理人和叛乱牧主的牲畜，除抽出一部分给贫苦牧民外，谁放牧归谁所有。在牧区不分配牲畜和牧场，对牧主不斗争，不公开划分阶级。整个牧区生产资料所有制基本不变，以稳定牧业，保证人畜两旺。（3）对寺庙的民主改革，除少数上层僧侣外，多数是中下层和贫苦僧尼，不划分阶级。民主改革中，实行反叛乱、反封建特权、反封建剥削，算政治迫害账、等级压迫账、经济剥削账的"三反三算"政策，彻底废除寺庙的剥削压迫和封建特权制度。坚持宗教信仰自由政策，废除寺庙向各地摊派群众为僧的制度，禁止寺庙强迫群众为僧。保护爱国守法的宗教界人士，保护历史文物古迹。实行政治统一，政教分离，选举民主管理委员会进行管理。对留寺僧尼的生活，

---

① 《西藏的民主改革》，西藏人民出版社1995年版，第156页。

由政府用补贴的办法解决。(4) 在拉萨、江孜、昌都等城镇，开展反叛乱、反封建制度、反封建剥削、反封建特权的"四反"运动。保护工商业，安置贫民、乞丐，处理游民，组织就业，扶持手工业，加强城乡物资交流，发展工商业，逐步进行市场管理。(5) 对边境地区的民主改革，实行更加谨慎、灵活和宽松的政策，并推迟进行。

根据这些政策，西藏的民主改革先后在农牧区、寺庙、城镇、边境全面展开。农村的民主改革分两步进行。第一步以"三反双减"为内容。"三反"即反叛乱、反乌拉差役、反人身奴役。"双减"即减租、减息。具体内容是，对叛乱农奴主及其代理人的耕地，当年实行谁种谁收。对未叛农奴主及其代理人占有而由农奴耕种的土地，1959年实行收获物的二、八分成，农奴主及其代理人得二成，农奴得八成。减息，即扣除种子外，1958年以前的欠租一律免交。参加叛乱的三大领主及其代理人放给劳动人民的债务，一律废除；对未叛领主、代理人1959年内所放的债，一律按月利一分计息即每元每月付息一分，销毁旧约，另立新约。同时，解放奴隶，废除奴隶对主人的人身依附关系，改为雇工关系，从1959年1月1日起计算工资，工资标准由各地农民协会根据当地具体情况商定。第二步是分配土地，废除封建农奴主阶级的生产资料所有制，实行劳动人民的个体所有制。根据西藏的特殊情况，根据叛与未叛，分别采取没收或赎买的政策：对原西藏地方政府、叛乱寺庙和叛乱贵族的生产资料（包括土地、牲畜、房屋、农具），一律没收，分给农奴和奴隶；对未叛寺庙和贵族的多余生产资料，则实行赎买，国家用钱买过来分给农奴和奴隶。分配土地时以乡为单位按人口平均计算，本着尽可能满足贫苦农奴和奴隶的要求，适当照顾中等农奴的利益进行分配。对于原来耕种"份地"面积较大的富裕农奴，除超过当地平均数一倍以上的可适当抽出一些分给其他农奴外，一般的不予变动，仍分配给该富裕农奴所有。农奴主和农奴主代理人、还俗僧尼、投诚归来的叛乱分子，也和劳动人民一样分给一份土地和生产资料。1959年底，西藏全区已有57个县、74万人口的地区，开展了民主改革运动，有32个县、约43万人口的地区完成了土地改革[①]。其余农业县也在1960年6月前后全部完成。班禅堪厅所辖的日喀则部分地区，

---

① 《西藏的民主改革》，西藏人民出版社1995年版，第194页；《西藏革命史》，西藏人民出版社1991年版，第167页。

属于未叛乱地区。在此地区，实行区别对待政策。1960年3月，张经武、张国华、周仁山与第十七世班禅、詹东·计晋美、拉敏·益西楚臣等人协商了堪厅所属地区的民主改革问题，并规定了相应的方针、政策。这些地区的民主改革，比全区推迟了一年时间才进行，方式方法更加缓和。到1960年10月，西藏全区基本上完成了土地改革工作。共没收和赎买农奴主土地280多万克（约合280多亩），分给了无地的农奴和奴隶20万户、80万人所有。1961年初，颁发了土地所有证，确认了农民的土地所有权。

在牧区，则采取了更宽松、更灵活的改革和方法，步骤也同农区不一样，进行的时间稍晚一些，完成的时间也稍长一些。不公开划阶级，只开展以"三反两利"（反叛乱、反乌拉差役、反奴役和牧工牧主两利）为内容的民主改革运动。除了没收叛乱的农奴主及其代理人和叛乱牧主的牲畜分给原放牧者和贫苦牧民所有，对整个牧区的主要生产资料所有制基本上不予变更。到1961年上半年，西藏牧区28万人口中，已有25万人口的地区开展了"三反两利"运动，并在21万人口的地区完成了"三反两利[①]"运动。牧区县、区、乡人民政府普遍建立，并开始在牧区发展党员，建立基层党的组织。牧民协会、民办小学、供销社、信用社等陆续办起来，并根据中央指示规定至少5年之内不办牧业生产合作社，稳定牧民的个体所有制，进一步发挥了牧工的生产积极性和牧主的经营积极性，大力开展爱国增产保畜运动，开展自由交换，允许自由借贷，活跃牧区经济。这些措施，使牧业生产得到稳定发展。到1961年底，全区牲畜总数达到1161万头（只），超过了平叛前的任何一年。牧区社会安定，出现了人畜两旺的新气象。

寺庙的民主改革，基本上是同当地农牧区的民主改革同步进行的。在《关于进行民主改革的决议》中，对寺庙民主改革问题做了明确规定：一方面继续保护宗教信仰自由，保护爱国守法和有历史意义的寺庙和文物古迹；另一方面在寺庙中必须开展反对叛乱、反对封建特权、反对剥削制度的"三反"运动。按照西藏工委制定的《关于三大寺若干问题的处理意见》的十项具体规定，首先对拉萨的哲蚌、色拉、甘丹参加了叛乱的寺庙进行改革，在拉萨平叛战斗刚一结束，西藏工委和军区即向三大寺派出了军事代表和工作组迅速进驻三大寺，发动贫苦僧众，团结爱国的上层僧

[①] 《西藏革命史》，西藏人民出版社1991年版，第177页。

侣，开展了反叛乱、反封建特权、反封建剥削，算政治迫害账、算等级压迫账、算经济剥削账的"三反三算"运动。通过这一运动，挖出了一批叛乱分子和叛乱组织，收缴了大量枪支，揭露了三大寺以宗教为外衣策动叛乱、残害农奴和贫苦喇嘛的残暴罪行。后来三大寺的"三反三算"运动与附近农村的"三反双减"运动紧密结合进行。尽管广大群众笃信宗教，崇敬喇嘛，但当他们一旦知道三大寺是西藏叛乱的一大祸根时，就勇敢地站起来控诉寺庙中反动僧侣的累累罪行。

在拉萨、江孜、昌都等主要城镇，开展反叛乱、反封建剥削、反封建制度、反封建特权的"四反"运动。在贯彻执行保护工商业的政策方面，除叛乱首领、骨干分子独自经营的工商业由军管会登记接管外，其余一律不动。同时，安置贫民、乞丐、游民，组织就业，扶持手工业，加强城乡物资交流，逐步进行市场管理。在特殊地区和边境地区的民主改革，则采取了更加谨慎和灵活的做法。作为民主改革的一项内容，收兑藏钞、藏币工作同时展开。西藏民主改革开始后，中央提出收兑藏币藏钞问题，为了从"政治上争取西藏人民，其中包括寺庙贵族等未逃跑人民，我以为我们付出这一百万美金，政治上十分主动有利，而不理藏钞反使寺庙贵族可以鼓动西藏人民来反对我们，历史上成为反对我们的借口[①]"。据此，西藏工委财委于7月22日提出收兑藏币的办法意见上报。中央于29日对有关收兑藏币与人民币的比价、收兑期限、筹备和调运物资应付市场需要，加强宣传等问题做了批示，并特别强调："收兑藏币的时间愈快愈有利。"[②]

8月10日，自治区筹委会正式发出藏钞停止流通的布告，限期以人民币收兑藏钞，同时禁止外币流通。布告规定：1元人民币收兑藏钞50两，7角人民币兑换藏银币1枚，1元人民币兑换藏铜币大的40个、小的200个。西藏人民银行调拨一批人民币，各地开始有组织地收兑藏币，较大城镇用10天左右完成，各县用20天左右完成。当年10月，已收兑藏币纸币5250万两、银币664967枚、大小铜币4041万枚。1960年4月，王永魁在自治区筹委会第七次扩大会议上的报告。到1960年底，共收兑藏币约1亿两，合人民币285万元。西藏和平解放8年后，人民币才在市

---

① 《西藏工作文献选编》，中央文献出版社2005年版，第236页。
② 同上书，第237—238页。

面上正式流通，表明中央对西藏这一特殊地区使用人民币，也是耐心等待、稳步实施的。

边境地区的改革开展的更晚一些。边境居民与邻国有悠久的经济、文化联系和习惯性的友好往来。西藏平叛后，由于逃往国外的叛乱分子不断骚扰边境，印度政府实行封锁、禁运和制造边境冲突，致使边民的习惯性往来受阻，边境小额贸易中断。本着"稳妥、缓改"的方针，这些地区一般都在腹心地区改革结束后才进行，沿边境的一线乡，少数地方甚至推迟到1963年才改革。在改革中，首先开展反叛乱，宣布废除封建特权和剥削，安排好群众生活、生产，发动群众建立农民协会，继而建立乡政权，然后才分配土地。边境地区的小额贸易、盐粮交换、边民过境往来，依从原有的习惯不变。整个改革过程中，一般没有搞面对面的斗争。由于步骤适当、政策比较稳妥、时间较短，又对群众生活给予了特殊的照顾和安排，对逃至境外的叛乱武装骚扰和农奴主的破坏而出现的不安定情况都采取了有力的措施，及时加以解决，从而保持了边境社会的相对安定，群众没有大量外流，生产、生活不断发展和改善，边防更加巩固。

在民主改革中，广大党员干部和工作人员严格执行党的政策。一是在执行赎买政策中，对赎买的对象、价格估算、赎买方法和付款办法、不赎买的内容等做了具体规定。至1961年9月，全区的赎买工作基本结束，在总计应赎买的2355户中，已办清赎买手续的2085户，共计金额1996万多元，占应赎买的88.54%，1960年已支付年赎买金178万元。二是严格把宗教问题和叛乱寺庙分开。根据中央的指示，西藏工委十分重视民主改革过程中的宗教问题，在有关指示、决定中都重申继续坚持宗教信仰自由政策，对各教派一视同仁，对重要寺庙和文物古迹严加保护。对寺庙，按叛与未叛画线。对未参加叛乱的寺庙，予以保护，其土地和多余的房屋、耕畜、农具等，实行赎买。寺庙进行民主改革的内容是开展"三反三算"运动，即反叛乱、反特权、反剥削，算政治迫害账、等级压迫账和经济剥削账，彻底废除寺庙的剥削压迫和各种封建特权制度。通过民主改革，废除寺庙的封建特权，割断寺庙之间的隶属关系，实行政治统一、信仰自由、政教分离。在进行的过程中，把政治问题同宗教信仰问题区分开来，保护爱国守法的寺庙和爱国守法的宗教界人士，保护僧尼的公民权，不干涉寺内正常的宗教活动和群众自愿给寺庙的布施等。同时，对寺庙僧尼的生活由政府统筹安排，其收入不够正常开支时，政府采取补贴的办法解决。

为了谨慎起见，在全区范围内还开展了民主改革复查工作。在民主改革取得决定性胜利的同时，也存在以下问题：群众的思想发动还不够充分，存在侵犯中等农奴利益的问题；在一些工作较差的地区，存在着农会组织不纯、对阶级敌人打击不力等现象。为此，西藏工委决定已完成土地改革的地区，以生产为纲，大力开展土改复查运动，并于1960年2月4日发出了《关于土改复查的几个问题的指示》。3月12日至22日，工委又召开扩大会议，着重讨论、总结了民主改革工作，安排了民主改革复查工作和农业生产工作。7月20日，工委再次发出了关于必须彻底进行土改复查工作的紧急指示。复查的内容，一查土地分配是否合理，二查群众优势是否树立，三查封建阶级的威风是否打倒，四查生产措施和劳动互助是否正常发展，五查干部立场作风是否健康，六查寺庙工作处理安排是否妥当。在领导方法上，坚持以点带面，抓重点、抓试点。工委还对已查出的农奴主、代理人的比例偏高偏低、有些地区复查工作还很粗糙、奴隶和贫苦喇嘛发动较差、寺庙工作很不深透以及基层干部和农会组织、农业生产互助组逐步转为农业生产合作社等六个方面的问题提出了处理意见。复查工作于1961年基本结束。

随着民主改革的进行，统一战线工作进入了一个新的阶段。统战工作的主要任务不仅要教育中、上层人士反帝爱国，而且主要的是教育他们站在人民的立场上，赞成民主改革。一些重大问题和重要措施，要和有代表性的上层统战人士充分协商，尽量取得他们的同意，一些重大政策，可经过协商，由自治区筹备委员会明令颁布。加强对左派、中间派的思想、政治教育，帮助并保护他们过好民主改革这一关。安置好需要安置的上层人士的工作和生活，建立自治区和专区的政协组织。1959年12月27日，中国人民政治协商会议西藏第一届委员会正式成立，标志着统一战线工作取得了新的胜利。

在民主改革中，党的基层组织建设也逐步展开。1959年11月，西藏工委下发了《关于在农村中进行建党工作的指示》，《指示》说："在民主改革运动中结合做好建党的准备工作，并在民主改革完成的基础上，紧接着经过试点，有计划、有步骤地在农村中发展新党员，建立党的组织。"《指示》要求在民主改革中要做好挑选和培养发展党员对象的准备工作，对改革结束及发展党员的方法、步骤作出了具体规定，并提出建团工作原则上应与建党工作同时进行。1960年2月23日，中央组织部对1960年建党工作的指示中说：工委组织部计划1960年在农业区接收占总人口1%的人入党有些过急过高，望再加考虑。对各方面都好的青年，首先应该接收他们参加共青团。经过团的教育，再接收其入党为好。在个别情况下，对确实具备党员条件的，也可以个别的接收入党。在少数民族中，首先接收经过锻炼和培养的民族干部入党，然后经过他们在社会上吸收党员。

（三）西藏民主改革的基本特点

西藏的民主改革用了不到三年的时间，就取得了全面胜利。分析这次民主改革，有一些特点值得我们重视。

1. 这次民主改革广泛发动群众，适应了最广大人民群众的要求，得到了95%以上人民的拥护，具有全民性的特点。

西藏的民主改革是解放农奴的一次大革命，广泛发动群众，紧紧依靠群众，适应最广大人民群众的要求是民主改革成功的关键。为适应西藏的实际情况，并使群众能充分发动，根据中央指示精神，必须动员一切可以动员的力量投入到民主改革中来。例如在农区，各地工作组进村以后，首先从访贫问苦入手，与贫苦农奴群众实行"三同一交"即同吃、同住、同劳动和与群众交心。白天在田间地头帮助群众劳动，晚上深入群众中宣传国务院关于平叛的命令和中央、西藏工委关于改革的文件，讲解各种政策。然后发动群众，揭露和批判叛乱分子祸国殃民的罪行，深挖隐藏的残余叛乱分子。工作组通过扎根串联，逐步摸清依靠、团结、打击的对象，物色、培养积极分子，开展诉苦运动，把阶级队伍组织起来。各地在宣传发动群众的基础上，召开了"吐苦水，挖穷根"的集会。农奴们用亲身经历的事实，控诉叛乱分子和反动农奴主的罪行。在诉苦会上，许多被叛乱分子烧杀抢掠的受害者、被农奴主残害的亲人家属、被逼得妻离子散家破人亡的农奴们，一个个高呼："要申冤"，"要报仇"，要打倒吃人肉、喝人血的"阿达松"（三大领主）。农奴们要求解放，要求推翻野蛮的旧社会。经过诉苦算账和说理斗争，打掉了农奴主的威风，初步树立起贫苦农奴的政治优势。在反对叛乱的基础上，再开展反高利贷、反乌拉差役、反人身奴役的斗争，解放奴隶，并帮助他们安家和实行减租减息政策，使劳动人民初步获得改革的实惠，群众被充分地发动起来。

在广大牧区主要是发动牧民协助解放军肃清叛乱分子，控诉叛乱分子罪行，收缴枪支，逐步建立平叛保畜委员会和各级基层政权，把叛乱的三大领主、代理人以及叛乱牧主的牲畜先行没收,并实行谁放牧归谁所有的原则,而不是打乱平分。第二步是明确宣布废除三大领主在牧区的封建特权和封建剥削,牧区的草场按原来放牧的习惯,继续放牧,除个别需要调整的以外,草场一律不分配。三大领主霸占的草场、牧场和收取草场税租等封建特权一律废除。第三步是废除牧区名目繁多的乌拉差役,对农奴主及其代理人借给劳动牧民的高利贷,宣布一律废除。明确宣布废除剥削最严重的"计美其美"意为不生不死,即领主将牲畜租给牧奴,不论牲畜生死,都永远按定额向牧奴收取畜租的畜租形式。牧区实行"三反两利",特别注意保护草场、牧场,明确宣布不改变原来的所有权和使用权。即使没收叛乱分子的草场、牧场也不重新分配,而是按原有放牧习惯,归牧民放牧使用。这些政策的贯彻执行,调动了牧主、牧民的生产积极性,既稳定了牧区社会秩序,也广泛地发动了群众,使生产形势蒸蒸日上。

2. 西藏的民主改革是彻底摧毁封建农奴制度的大革命,民主改革不留死角,具有革命的彻底性的特点。

西藏的民主改革涉及农牧区、寺庙、城镇、边境,尽管所采取的政策和方法不同,在具体时间上也有先后,但三大领主赖以剥削、压迫的一切领域都成为改革的对象,包括寺庙在内的一切场所、领地都没剥削阶级的藏身之地,而且改革涉及土地、牧场、房屋、地产、牲畜等一切生产资料。比如在农村,凡占有大量土地和农奴,握有封建特权,不劳动,依靠剥削压迫农奴为生的贵族、土司和占有土地、农奴的寺庙活佛、堪布、政府官员等,划为农奴主;代表农奴主直接统治农奴的管家、谿堆①、佐扎、世袭根保和少数大差巴。"谿堆":指替农奴主掌管谿卡的代理人。"佐扎":相当于区长。"世袭根保":指世袭的小头人,相当于村长。"差巴":指支差的人,他们租种领主的地,还要为领主支差。等划为代理人。这两部分人为农奴主阶级,其人口不到农村人口的5%。都被列为改革的对象,无论跑道哪里,都会按照民主革命的相关规定进行登记并划分成分。在广大牧区,牧民在坚持按"三反两利"政策进行改革的同时,对有罪恶行径的牧主毫不留情。如黑河县桑雄牧区牧民协会组织牧民揭发

---

① 谿堆,封建庄园主。旧西藏的谿堆分为大小两种,一种为一般的封庄园主,还有一种特权谿堆可行使宗本的权力。

领主代理人、叛乱分子维色朗杰的罪恶，吐出了世世代代的苦水。在工作组的支持下，牧民协会没收了叛乱领主、牧主的牛羊，分给贫苦牧民和牧工放牧。在谷露牧区，共没收叛乱领主的牛6217头、绵羊1417只、山羊26只，全部分给了贫苦牧民和牧工。

寺庙的民主改革解决得更为彻底。西藏的寺庙是封建农奴制度的重要支柱，不少寺庙还是直接组织和支持武装叛乱的巢穴。因此，民主改革不能不触及寺庙，进而清理参加叛乱的僧人。民主改革前，西藏全区共有寺庙2676座，僧众114925人。其中大小活佛500人，掌握经济实权的上层僧侣共4000余人。寺庙占有全区耕地的36.8%，约121万亩，还占有牧区大量牲畜和牧场。寺庙的上层僧侣残酷压迫贫苦僧尼，直接参与政治活动；僧侣担任从噶伦到宗本等各级政府官员，很多政府机构中均以僧官为首。达赖就是集神权与王权于一身的最高统治者。寺庙本应是念经礼佛、普度众生的净地，但许多寺庙设有监狱、法庭，对广大农奴滥施刑罚，随意杀戮。多数寺庙中的上层喇嘛组织策划或支持了叛乱。全区参加叛乱的寺庙1486座，占总数的55.5%[①]。因此，对寺庙必须进行彻底的民主改革。对此西藏工委首先制定了彻底解决三大寺若干问题的十条意见：（1）彻底摧毁一切叛乱组织和反革命组织（如"西藏独立国人民会议""西藏自由同盟"和"四水六岗"等）；彻底肃清寺内的叛乱分子和反革命分子。（2）坚决废除寺庙的各种封建特权，包括寺庙委派官员、管理市政；私设法庭、监牢、刑罚和私藏武器；没收群众财产，流放人民；干涉诉讼，干涉婚姻自由和干涉文化教育卫生事业等。（3）废除寺庙放给农奴和贫苦喇嘛的所有高利贷债权。（4）依法没收哲蚌寺、色拉寺、甘丹寺所占有的牧场、庄园及一切生产资料。（5）废除寺庙向群众派乌拉、派差役，对群众进行人身奴役的封建特权制度。（6）不准寺庙向群众敲诈勒索财物和强行摊派；取缔其非法工商业和强买强卖；严禁其投机倒把和走私漏税行为。（7）废除寺庙向宗、溪、部落摊派群众当喇嘛的制度，禁止寺庙强迫群众当喇嘛。（8）废除寺庙内的封建统治和封建等级制度，废除寺庙内的打罚制度。（9）废除寺庙间的封建统治隶属关系。（10）废除寺庙利用宗教节日（如传召）行使的一切封建特权，包括接管市政，

---

① 《西藏革命史》，西藏人民出版社1991年版，第178页。

对人民横征暴敛，巧取豪夺，没收人民财产，强奸妇女，残害人民等①。

这些对寺庙的改革规定，实质上就是对藏传佛教的一次重大改革，这十条后来成为全区寺庙民主改革的重要参考。对寺庙的民主改革彻底切断了宗教干预政治、经济生活的一切特权，达到实现政教分离的目的，从根本上改变旧西藏政教合一的制度，使寺庙成为纯粹的宗教活动的场所。

3. 结合西藏边疆民族地区的特殊情况，将民主改革中原则性与灵活性结合起来，创造了适合西藏特点，照顾各界上层爱国人士利益的方式方法。

西藏的民主改革没有照搬照抄内地土地改革时期的做法，而是根据西藏的特殊情况，创造出一套适合西藏实际的改革方法。如在农区第一步实行"三反双减"，第二步再分配土地。"三反双减"的主要内容，是发动群众进行"反叛乱、反乌拉、反奴役和减租、减息"运动。在牧区实行反叛乱、反乌拉、反奴役和牧工牧主两利的"三反两利"政策，同时考虑到牧主虽然直接经营大量牲畜，靠牧工、牧奴从事放牧生产，也有靠出租牛羊或放高利贷来进行盘剥的，但牧主也要向三大领主支乌拉差役，受一定程度的剥削。他们在政治上、经济上的地位都与三大领主不同，在民主改革时将未参叛的牧主与三大领主严格区分开来。

西藏处在边疆民族地区，因历史情况和民族风俗、文化特别封建农奴制度的长期统治，在民主改革中必须团结一切可以团结的力量，创造性地对待一些特殊情况。如：西藏的上层爱国人士从和平解放以来，长期与中国共产党合作，在各个历史阶段都发挥了重要作用。进入民主改革时期，他们的作用更是不能忽视的。因而中央明确指示："对于改革中的重要问题，要和上层中的进步人士和中间人士进行反复协商，尽可能取得他们同意。"在民主改革期间，西藏工委在制定改革的政策、规定时，都事先同他们酝酿商讨，在协商一致后，再提交自治区筹委会讨论通过。自治区筹委会还数次组织上层人士到农牧区视察。政府对未叛的上层爱国人士一直采取保护态度，并向劳动群众说明他们做过有益于人民的事情，帮助他们取得劳动群众的谅解。中央还明确提出：对坚持爱国进步的阿沛、班禅和帕巴拉等上层人士所辖地区和庄园，属于未叛地区，民主改革应缓进行，并实行和平改革的方针。不仅对上层爱国人士如此，对没有参加的叛乱的

---

① 《西藏的民主改革》，西藏人民出版社1995年版，第135—136页。

农奴主，也实行这一方针，即对其多余的生产资料实行赎买，而不是实行没收的办法。这是西藏实行民主改革中一项区别于全国其他省、区的特殊政策，这是党中央和毛泽东运用马克思列宁关于民族理论解决西藏问题的创造和发展。1959年4月15日，毛泽东在第十六次最高国务会议上的讲话中说：在西藏民主改革中，"对那些站在进步方面主张改革的革命的贵族，以及还不那么革命、站在中间动动摇摇但不站在反革命方面的中间派"，"对于他们的土地、他们的庄园，是不是可以用我们对待民族资产阶级的办法，即实行赎买政策[①]"。

西藏民主改革时期，全区共有贵族、大头人642户，其中叛乱的462户，未叛乱的172户，情况不清的8户。全区农奴主代理人约4000户，其中未叛乱的共2800户，需要赎买的耕地90万克（约合90万亩）、牲畜82.4万头（只）、房屋6.42万间[②]。西藏工委制定的《关于执行赎买政策的具体办法》中规定，对他们的生产资料的作价，以多数劳动人民和贵族觉得比较合理为宜。按当时的市场物价计算：耕地每克30元，骡马每匹100元，耕牛每头50元，毛驴每头25元，绵羊每只5元，山羊每只2元，房屋按好坏区分每柱（西藏房屋按立柱多少计算面积）24—16元，农具每套20元。预计全区需付赎买金约6000万元[③]。赎买金分期付款，按时兑现。5万元以下者8年付清，5万—10万元者10年付清，10万元以上者13年付清。不动他们的底财。未叛农奴主对待赎买政策有不同态度，有的要求进步，想放弃赎买金；有的因不了解政策，愿意放弃多余的土地等生产资料，不要赎金；还有的害怕被斗争，认为只要不斗争，什么都可以不要；也有个别人将生产资料以少报多、以次充好，想多要赎买金等。有些干部和群众开始时对赎买政策理解不深，重视不够，认为农奴主的财产是剥削来的，不应再给钱赎买；有的认为土地和其他生产资料作价越低越好等。对这些问题，经过各级党的组织进行宣传教育，都得到了较好的解决。到1961年8月底，全区共给2085户赎买对象办清了手续，共支付赎买金2000多万元。

在寺庙的改革中，同样坚持原则性与灵活性的高度统一。自治区对参加叛乱与未叛的寺庙是有严格区别的。西藏工委认为，宗教信仰是广大群

[①] 《毛泽东西藏工作文选》，中央文献出版社、中国藏学出版社2001年版，第176页。

[②] 《西藏的民主改革》，西藏人民出版社1995年版，第161页。

[③] 同上书，第162页。

众的思想问题，必须认真地、长期地贯彻执行宗教信仰自由政策，除了在改革中废除的封建特权、封建剥削、人身依附、人身奴役外，还特别强调宗教信仰自由、保护爱国守法的寺庙、保护历史文物古迹，安置好僧尼的生活以及上层宗教人士的政治安排、生活补助等①。

即使参加过叛乱的寺庙，也要将参叛人员与未参叛人员区分开来，将表示悔改的与顽固不化的人区分开来。此前进行试点的甘丹寺就是这样做的，甘丹寺于9月15日成立了寺庙民主管理委员会，贫苦喇嘛洛桑诺拉当选为主任。安排了自愿留寺的312名喇嘛的生活，政府按定级定量发给生活用粮，还给寺里留下10万元的管理费用。将留给寺庙的339克（约合339亩）土地建成农场，为寺庙僧人提供生活来源。根据僧人本人的意愿和要求，批准了300多名要求还俗的僧人还俗。各地根据西藏工委的有关规定，认真做了寺庙改革后的处置，对没有参加叛乱的1167座寺庙的土地、耕畜等生产资料，也都实行了赎买政策，给活佛、堪布等留足一定数量的骑畜、奶牛、菜地。对爱国进步并具有代表性的大活佛、堪布等，则留得更多一些。1961年1月，寺庙民主改革基本结束，全区保留了寺庙553座，留寺僧尼7000多人，基本适应当时群众宗教活动的需要。所有寺庙均选出管理委员会，实行民主管理。留在寺里的宗教上层人士和老弱僧尼，由政府每月给予粮、钱补助。青壮僧尼分有土地，自食其力。愿意还俗者听其自便，愿意留寺的仍继续为僧，信教和不信教都是自由的，宗教信仰自由政策得到真正的贯彻。1959年下半年自治区筹委会通过的《寺庙民主管理试行章程》规定：实行"政治统一，信教自由，政教分离"的方针，所有住寺僧尼都必须接受共产党的领导，反帝、爱国、守法，维护祖国统一和民族团结，走社会主义道路。住寺僧尼凡是国家公民的，均享有公民的权利，同时必须履行公民的义务，遵守政府的政策、法令。《章程》还规定各教派在政治上一律平等，各教派继续实行"各行其是，互不干涉②"的原则。这些规定是寺庙民主改革的结果，完全体现了中国共产党的宗教信仰自由政策，受到了宗教界爱国进步上层和广大信教群众的欢迎。1960年3月初，按照宗教习惯，拉萨举行传召大法会。中央人民政府代表、西藏工委书记张经武向僧众发放了布施。班禅大师在

---

① 《西藏的民主改革》，西藏人民出版社1995年版，第146—147页。
② 同上书，第299—300页。

传召大会上讲了经。民主改革后，一些重要的具有历史文物价值的寺庙如哲蚌寺、色拉寺、甘丹寺、大昭寺、扎什伦布寺、萨迦寺、桑耶寺等，都被定为国家级或自治区级文物保护单位，政府予以保护和维修。1962年政府拨款11万元，维修了布达拉宫。后又陆续拨款维修了大昭寺、甘丹寺、扎什伦布寺、萨迦寺、白居寺、热振寺、夏鲁寺等。

当然，在这史无前例的社会大变革中，许多不熟悉的东西摆在人们面前，在具体工作中也难免出现某些偏差。如在昌都地区平叛改革开始的一段时间内，没有很好地贯彻执行"军事打击、政治争取、发动群众"相结合的方针政策，充分发动群众不够，真正的敌人没有孤立起来，在一定程度上影响了平叛改革的深入开展。又如日喀则地区的改革工作，工委在具体要求和做法上有"左"和急的情绪，没有很好地体现更稳一些、更宽一些的精神。同时，对改革中发生的一些问题和工作上的缺点错误看得过重，认为日喀则的改革是假改革，分工委右倾，并派出工作组对分工委进行批判，错误地将分工委第一书记梁选贤等几位主要领导人定为"右倾机会主义集团"经自治区党委复查，并经中央纪委同意，区党委于1980年5月作出结论，认为这是一个错案，予以平反，取消所有处分。在"左"的思想影响下，一度出现了一些群众斗争个别爱国人士特别是到班禅父母家中进行检查和搜查的现象。

1960年3月，工委扩大会上提出要反右倾鼓干劲，"特别是要着重狠狠地打击敌人的现行破坏，打不狠，是个立场问题"。有的地方在执行过程中，对稳、准、狠方针全面掌握不够，强调了狠，忽视了稳和准，出现了打击面过宽的偏差，伤害了一些群众，也伤害了一些朋友。在民主改革基本完成之时，工委想"趁热打铁"，急于进行社会主义改造，1960年9月发出了《关于试办农业生产合作社问题的通知》，并列入第四季度的工作安排。这年秋天，全区试办了1370多个农牧业生产合作社，在一定程度上助长了干部急于改变农牧民个体所有制的思想。对于上述偏差，中央及时发出指示予以纠正，有的工委当时已有察觉，并采取措施注意纠正。中央1960年7月30日在民主改革中团结班禅集团的指示下达后，工委于8月18日上报了对日喀则发生搜查班禅集团成员家中的"左"的行为进行检查的报告，完全接受中央的批评，并在工作中坚决贯彻执行中央的指示。10月22日，工委发出《关于加强和改进镇反工作的指示》，就贯彻执行"准、稳、狠"的方针，按照叛与未叛区别对待，严格控制捕人数字，做好群众工作，认真清理积案等问题，作了明确指示和具体规定。工委接到中央 11 月 15 日《西藏地区几年之间不应试办合作社》的批示后，即于 11 月 20 日发出《关于停止试办农业生产合作社的紧急通知》。之后，工委还对纠正占用群众斗争果实、侵犯中等农奴利益和应分配给群众的生产资料等问题，发出了具体指示。12 月 6 日，张经武就西藏全区平叛、改革、生产情况向中央和西南局作了综合报告，对存在的问题从政策上、领导思想上作了检查，提出了改进意见。各分工委、县委也先后召开会议总结检查工作。由于及时采取坚定的措施，使改革中一度发生的偏差和失误，较快地得到了纠正，在总体上保证了民主改革运动健康地向前发展。

西藏的民主改革是一项前无古人的创举，它打破了几百年的封建农奴制度对广大农奴的束缚，解放了百万翻身农奴，解放了生产力，加速了西藏社会发展的进程，推动了西藏社会以矫健的步伐向着社会主义社会迈进。西藏民主改革的胜利，打破了帝国主义和国际反华势力妄图利用上层分裂势力分裂西藏的图谋，也打破了达赖集团及其上层反动势力企图永远保持"最美妙"的封建农奴制度的迷梦。西藏民主改革的胜利，是党领导广大农奴自己解放自己的伟大胜利，是西藏社会进步的一个重要标志。

四　中印边境自卫反击作战的历史综述

中印边境对印自卫反击战发生于 20 世纪 60 年代，是新中国成立后中国人民捍卫国家主权和领土完整，保卫祖国西南边疆安全，维护国家和人民利益，维护西藏地区安定的一次重要边境自卫反击作战，在这次作战中，驻藏人民解放军在西藏各族人民的大力支援下，发扬"一不怕苦，二不怕死"和连续作战的精神，迅速挫败了印军向"麦克马洪线"以北蚕食的企图，遏制了印度"得陇望蜀"的野心，使中国西南边疆中印边境实际控制线内保持了几十年的和平环境，为社会主义现代化的和平建设赢得了较长时间的和平。在纪念新中国成立 60 周年之际，回顾那一段激动人心的自卫反击战历史，对于激励人们的爱国精神，保卫和巩固祖国西南边疆安全，建设新西藏，具有极其重要的现实意义。

（一）中印边界问题的由来

中印两国的边界线在新中国成立以前从来没有正式划定过。两国政府和人民按照双方的行政管辖范围，在长期和平相处的过程中，形成了一条传统习惯边界线。该线全长约 1700 千米（在西藏约 1500 千米、新疆约 200 千米），分为东、中、西三段。东段大体沿着喜马拉雅山脉南麓和布拉马普特拉河北岸平原交接线东西走向，长约 650 千米；中段大体沿着喜马拉雅山主脉分水岭，长约 450 千米；西段大体沿着喀喇昆仑山脉分水岭，长约 400 千米。在 19 世纪，英国帝国主义通过印度殖民地沿喜马拉雅山南麓向北部急剧扩张，先后用武力突破了清朝驻藏大臣设立在边境上的"鄂博①"向北大肆侵略。特别是② 1888 年和 1904 年两次对西藏地区的入侵，逐步向喜马拉雅山南麓中国领土推进。

在中印边界东段传统习惯线向北到喜马拉雅山脊，是清朝的中国西藏地区所管辖的门隅、珞渝、下察隅三个地区，居民分别为门巴族、珞巴族、僜人和部分藏族。英印政府从 1903 年开始派遣军事人员进入下察隅、下珞渝地区活动，但遭到当地居民的强烈反抗。1904 年夏天，随着英国侵略军对西藏地区的大肆入侵，英印军队陆续派出小股战斗人员向这一地区渗透，由于清朝末年中国处在风雨飘摇之中，朝廷无力派兵对侵入这一地区的外国武装人员予以驱逐，在其后的十多年里，英印政府利用清末民初中国大动荡而无力西顾之际，在这一地区肆意妄为。他们驱逐我边民，屠杀坚持抵抗的部落首领，建立军事设施。1913 年下半年，英印政府利用西藏地方中某些分裂主义势力急于脱离中国的心理和中国内地军阀混战，天下大乱的国内局势，策划召开"西姆拉会议"，并事先策划了在此次会上吞并中国领土的计划。1914 年 2 月，在"西姆拉会议"召开的前夕，英国驻印总督派人到他们侵占的藏南地区进行一个多月的所谓踏勘和调查，竟然标画出一条与传统习惯线大相径庭的沿喜马拉雅山脊，从中国、缅甸接壤处到中国、不丹接壤处的"中印边界线"，于 3 月提交给正在举行"西姆拉会议"的英方代表麦克马洪。尽管这一所谓边界线遭到了正在参加会议的民国政府代表的坚决反对并拒绝签字，而西藏地方派出的所谓代表背着中央政府代表与麦克马洪私下签字，炮制了所谓的"麦克马洪线"，硬将该线以南 9 万平方千米的中国领土划入了英印政府的管辖范围。因为历届中国政府拒不承认这一非法的私下交易，因而英印政府

---

① 一种用石头砌垒而成的界桩。

② 1913 年 10 月至 1914 年 8 月，在印度西姆拉由英国主导召开的旨在分裂中国西藏地区的会议。

始终未敢将该地区划为他们的行政实体。

1947年印度独立后，尼赫鲁和他所领导的政府崇尚大英帝国的"印度中心论"，继承了英帝国主义的侵略衣钵，妄图运用军事和外交手段扩大其势力范围，将所谓的"国家安全边疆"拓展到理想位置。它在已经吞并锡金并企图将不丹、尼泊尔纳入印度势力范围的同时，也企图把西藏变为在印度控制下的"缓冲国"。印度政府认为，"实行把西藏变为缓冲区的政策不仅为地缘政治学所规定，而且是保持印度安全的最经济办法①"，并认为独立后的印度与西藏之间存在着一种特殊关系。尼赫鲁曾经说过他早已习惯印度"在西藏世袭权利"，"到西藏就如同在自己国内②"。印度政府以逐步渗透的手段，采取试探性前进政策和逐步扩大的方法，力求在中国未完全有效地控制边境地区以前抢占更多的领土，夺取和全面控制南亚地区通向亚洲腹地的战略通道。印度政府的这一野心，为其后中印边界埋下了纷争的种子，是中印边界问题的主要根源。

（二）印军越过实际控制线对中国边境的入侵

1950年，印度竭力阻挠中国人民解放军进军西藏，但未能得逞。这一企图失败后，1951年初，印度派出大量部队继续向前推进侵占门隅的达旺，当年冬季又侵占了珞渝的梅楚卡。到1959年，印军抢占了整个"麦克马洪线"以南9万平方千米的中国领土。印度当局在其非法占领的这块中国领土上，成立了所谓的"东北边境特区"，并在官方地图上把"麦克马洪线"标为中印边界东段"已定界"。对于这些，中国政府和人民理所当然地拒绝承认。中印边界西段和中段的传统习惯线以北和以东地区，历来都在中国政府的有效管辖之下。新疆、西藏和平解放以后，1956年3月至1957年10月，中国边防军民建成纵贯阿克赛钦地区长达1200千米的新藏公路。这条公路成为新疆、西藏间的交通命脉。1954年4月，中国政府与印度政府签订关于中国西藏地方与印度之间的通商和交通协定后不久，印军就违反协定，于6月间在中段占领中国达巴宗所属的乌热，尔后又占领与乌热接界的香扎、拉不底。1955年，印军又公然侵占中印协定中由中国同意开放的市场之一的扎布兰宗的波林三多。1956年到1958年，印度军队不断派出小股部队，越过已经侵占的地区继续向前突

---

① 印度《战略分析》1988年7月，达瓦·诺希：《中国对西藏和喜马拉雅地区的战略思想》。

② 印度前外交秘书V. 朗格尔：《印度防务与对外政策》，新德里1988年版，第57页。

出，企图蚕食中国更多的领土。1959年3月，印度政府企图利用西藏上层反动集团发动全面武装叛乱的机会"得陇望蜀"，于3月22日向中国政府提出领土要求，不但要把东段有争议的9万平方千米、中段有争议的2000平方千米的中国领土划入印度，而且要求把西段一向在中国政府有效管辖下的3.3万多平方千米的中国领土也划归印度。这些地方的总面积达12.5万平方千米，相当于四个比利时或三个荷兰的领土面积。印度政府还先后将"麦克马洪线"以北的扯冬、兼则马尼（沙则）、朗久和塔马墩等地划到"麦克马洪线"以南。此后，又企图以西藏错那县的拉则拉山为界，将该山以南克节朗河两岸的大片中国领土划入"麦克马洪线"以南，纳入印度版图。

印度政府在肆意篡改"麦克马洪线"的走向前后，从1959年起开始大量向中印边境东段地区增兵。印度陆军第四师之第五、第七旅分别从中印边境传统习惯线附近前推至阿朗和达旺地区。到1959年8月，印军在中印边境东段的兵力由1958年底的2000余人增加到4000余人，据点也由25个增加到61个。印度政府为了达到长期控制已占中国领土的目的，加紧在这一地区进行战场建设，加强了"麦克马洪线"南北地区的防务。达赖叛国集团进入印占区后，印军就在中国西藏错那县当面的棒山口、马哥、扯冬等地的前沿哨所普遍增兵，并越过"麦克马洪线"进行巡逻，甚至跨越门隅地区的娘姆江曲河上的仲昆桥，巡逻到桥北1000米处的中国领土兼则马尼（沙则）。8月14日，印度军队在该地建立哨卡，插上了印度国旗。

中国政府为了避免边境冲突，顾全历史悠久的中印友好大局，从1959年冬起，建议通过和平谈判解决边界问题，双方在边境实际控制线全线各自后撤20千米，并停止边境巡逻。这些建议遭到印度政府的拒绝后，中国边防部队单方面停止了巡逻。为了谋求边界问题的和平解决，周恩来总理于1960年4月赴新德里同印度总理尼赫鲁会谈，希望印度政府以中印两国人民世代友好的大局为重，本着相互尊重领土完整，相互尊重主权的原则，妥善处理好边界问题，为表示诚意，中国政府宣布单方面停止边境巡逻活动。印度政府把中国政府在两国总理会谈中表现的和解诚意当作软弱可欺，把中国单方面停止巡逻当作有隙可乘。反而派出越来越多的武装部队，越过"麦克马洪线"，进行越来越严重的武装挑衅，不断制造流血事件。

在不断制造事端的同时，印度政府在中印边界问题上的态度越来越强硬，他们错误地认为中国国内面临难以克服的经济困难，国际上既与美国对立，又与苏联失和，蒋介石集团又准备窜扰东南沿海，中国一定无暇西顾，是其以武力改变中印边境状况的有利时机。中国军队的高度克制，"不打第一枪"的做法，也使他们产生了错觉，认为印军无论怎样逼近中国哨所，侵占中国领土，中国边防部队也是不会还击的。于是，他们抛出了所谓的"前进政策"，其主要内容是：要在东线占领喜马拉雅山脊，即所谓的"麦克马洪线"；在西线夺取阿克赛钦地区，将边界推至昆仑山。使印军尽可能多地在中国的土地上建立哨所，在中国哨所之间及后方建立印军哨所并增加入侵部队，切断中国哨所的补给线及其之间的联系，以逼迫中国哨所撤走，逐步蚕食，逐步向前推进。1962年3月下旬至4月7日，印军在中国天文点地区的斗拉特别奥里地、5002高地、昆兹兰加尔、波鲁野营地等地建立了6个哨所，企图从西南、西北方向向中国天文点侧后迂回，以占领其东侧高地，控制奇普恰普山口，割断天文点哨所与后方的联系，迫使中国天文点哨所后撤。印军为了配合这一蚕食行动，在西段其他地区，也以侦察、渗透等手段进行蚕食活动，有时竟深入中国境内20多千米进行侦察挑衅。

印军在这一地区的蚕食活动，破坏了边界现状，严重威胁中国边防哨所的安全。1962年4月19日，中国人民解放军总参谋部决定：在中国哨所之间空隙较大、印军易突入的地段增加一些哨卡，阻止印军向前推进。新疆军区遂向天文点、空喀山口哨卡增加了兵力，以阻止印军向哨所进逼、迂回、侦察的活动。同时，组成有力的侦察分队，对印军入侵的据点和印军可能入侵的各个地区，进行全面的侦察，以掌握敌情和地形等情况；并恢复喀喇昆仑山口至空喀山口地段边境巡逻地，增设了部分哨卡。与此同时，中国政府外交部就印军在中国境内占地设点等侵略行径向印度政府提出严重抗议①。4月30日，中国政府就4月上旬以来印军先后15次入侵中国新疆地区，设立军事据点，连续进行挑衅活动，威胁中国边防哨所安全等严重情况，再次照会印度政府，要求印度政府立即从中国领土上撤出侵略据点和军队②。

---

① 《中华人民共和国对外关系文件集》第9集，世界知识出版社1958年5月版，第35页。
② 同上书，第38页。

然而，印度政府无视中国政府的严重警告，决心继续扩大对中印边境西段的武装入侵。5月初，尼赫鲁主持召开高级军官会议之后，印军不仅继续在西段增加兵力，加紧了对天文点和其他要点地区的抢占。同时开始在东段展开兵力，向我西藏地区的错那、隆子、米林等边境方向大肆推进。1962年5月11日，中国政府照会印度政府，对其武装滋事的严重挑衅行为提出强烈抗议。照会列举印军的侵略行径之后，指出：这就表明了印度政府决心在中印西段边境全线加剧紧张局势。中国政府重申，如果印度政府不撤走侵略据点和入侵军队，并继续挑衅，中国边防部队将不得不实行自卫。

（三）中国政府被迫进行自卫反击

到1962年7月至10月，印军先后在中印边界西段和东段加紧蚕食中国领土，在西段，他们强行闯入中国境内设立了43个侵略据点，侵占中国领土约4000平方千米。在东段，印军在"麦克马洪线"以北扩大侵占范围，从1962年7月起，印军先后占领了属于我错那、隆子、米林的克节朗河地区，扯冬、绒布丢、扯果布、卡龙、章多、克宁乃、日挺布、娘巴等大片领土，并空投成批次的武装和军事物资到中国边境内设立军事据点。面对印军的武装入侵，中国政府一再向印度政府提出抗议，要求印军撤走。印度政府全然不予置理。他们错误地认为，经过几个月的蚕食行动，尼赫鲁的"判断和胆略也胜利地得到证明，'前进政策'的基本前提也从而得到证实"。《印度斯坦旗报》称："我们现在必须做的事情，就是保卫我们已经建立起来的任何一个据点。1962年7月24日《解放军报》。"进入1962年9月，印军入侵挑衅活动更加频繁，我国边防部队不得不恢复边境巡逻。这时印方加紧调兵遣将，气焰更加嚣张。1962年9月底，侵入克节朗地区的印军不断开枪袭击我军守卫择绕桥西头的边防哨卡，打死打伤我军官兵10人。10月上旬，印军又连续多次进行武装挑衅，打死打伤我军官兵20余人。我方被迫还击。这时我国政府仍然不愿事态扩大，力争把冲突限制在局部地区，并再次提出和谈建议。当印度军队更加频繁地侵犯中国领土和领空时，中国政府多次向印度政府提出最严重的抗议，并庄严地宣布：中国政府在任何情况下都不会被战争叫嚣和军事威胁吓倒。如果印度政府一意孤行，继续向中国境内推进，扩大非法占领，它就必须对由此而造成的新的紧张局势负完全责任。可是印度政府顽固坚持扩张主义立场，决心以武力来实现其领土要求，终于在1962年10

月20日沿中印边境全线向我国发动大规模的武装进攻。

为了打击印度政府的嚣张气焰，保卫中国边疆的安全，创造和平解决中印边界问题的条件，中共中央决定对印度军队的进攻坚决予以反击。10月17日，毛泽东主席主持中央军委会议，到会的有周恩来、刘少奇、邓小平以及罗瑞卿。会议定下了在中印边境进行反击印军的作战决心。17日，中央军委发出《歼灭入侵印军的作战命令》。命令指出："为了打击印度反动派的气焰，保卫祖国边疆安宁，创造中印边界问题谈判解决的条件，中央决定进行反击战役。以西藏边防部队4个多团的兵力，首先粉碎克节朗地区的进攻，然后歼灭克节朗地区和可能由达旺地区来援之印军。"中央军委还命令新疆军区在中印边境西段攻歼侵入加勒万河谷和红山头之印军；西藏的昌都、林芝、山南边防部队向当面之印军反击，配合主要方向的作战。

西藏军区司令员张国华、参谋长王亢在京参加了中央军委会议后，于10月12日返回拉萨，随即在13日上午召开军区党委和西藏工委联席扩大会议①，传达贯彻中央指示精神。会议结束后，张国华同副司令员邓少东、赵文进、政治部主任吕义山、副参谋长石伴樵、后勤部副部长于一星等人组成的西藏军区前指，于10月15日到达麻玛，统一指挥前线作战。

在中印边界东段的自卫反击作战，经历了两个阶段。从1962年10月20日到23日为第一阶段，主要的反击方向是克节朗——达旺地区。战前，印度陆军第四师战术司令部指挥"王牌"军第七旅及炮四旅等部6000多人，分别集结在克节朗、棒山口、达旺地区，企图一面巩固其已侵占的中国领土，一面继续开过"麦克马洪线"侵占克节朗河以北地区。盘踞在克节朗河南岸卡龙草场上的第七旅，凭借悬崖峭壁，筑起大量工事，不断向克节朗河北岸我边防部队开炮。中国边防部队于10月20日7时30分开始反击作战。印度军队凭借密集地堡和强大交叉火力，拼命封锁中国边防部队的前进道路。中国边防部队指战员冒着枪林弹雨，互相掩护，交叉前进，充分发挥各种短兵火器的威力，与印军展开了激战。负责摧毁卡龙据点的某部二连六班，在班长、共产党员阳廷安带领下，勇猛地向入侵印军的纵深冲击。班长在激战中牺牲后，副班长曾祥智继续指挥战

---

① 党雨川：《张国华与中印边境东段自卫反击作战》，载《世界屋脊风云录》(3)，西藏军区政治部编印，第289页。

斗；副班长牺牲后，六班战士们仍然前赴后继，直到摧毁卡龙据点。在这次战斗中，六班在五班的协同下攻克27个印军地堡。战后，六班被中华人民共和国国务院授予"阳廷安班"英雄称号。经过连续10个小时的激战，我军采取两翼开刀、迂回侧后、包围分割、各个击破的战术，迅速歼灭了侵占克节朗地区的印度"王牌军"第七旅。克节朗战役告捷。接着，根据中华人民共和国国防部发言人10月20日发表的声明，为了防止印军卷土重来，再度发动进攻，中国边防部队兵分五路，实施了战役追击，并且很快分别抵进东新桥、达旺等地。

首战告捷后，为珍惜中印两国和两国人民的友谊，缓和被印度政府挑起的严重局势，中国政府在10月24日发表声明，本着和平解决中印边界问题的一贯立场，郑重地提出了停止边境冲突、重开和平谈判、解决中印边界问题的三项建议。为了促进三项建议的实现，根据中国政府的指示，中国边防部队立即停止了前进。但是印度政府不仅断然拒绝了中国政府的三项建议，而且宣布全国处于"紧急状态"，成立新军团，并组织"紧急内阁"，扩充"国民军""国防义勇军"等武装组织，还调遣大量印军向边境地区迅速推进，继续向中国边防部队进攻。为此，中国边防部队被迫进行第二阶段的自卫反击。

从11月16日至21日，是自卫反击战的第二阶段。主要的反击方向是瓦弄和西山口——邦迪拉地区。在第一阶段的战役以后，印军采取了新的攻势。从11月初起，盘踞在达旺和瓦弄以南的印军连续不断向中国边防部队猛烈炮击。15日，中国边防部队开始了自卫反击。根据中央军委对于印军作战态势的分析，中国边防部队成功地运用了集中优势兵力，大胆实行迂回包围、穿插分割等打歼灭战的传统战术，采用行之有效的近战、夜战多路突击，实行钳形攻击，在毙伤少量顽抗的印军后，全部俘获印军六十二旅等部，于16日进驻瓦弄，18日进驻西山口，19日进驻德让宗东南的重镇邦迪拉，20日进驻比里山口，21日进驻梅楚卡、打拢、金古底等地，逼近了中印边界的传统习惯线。

在取得东段反击作战胜利的同时，西藏军区边防部队还配合新疆军区边防部队胜利地击退了印度侵略军在中印边界中段和西段的全面进攻。11月20日，中印边境西段全部清除了印军在中国境内安设的43个侵略据点和印军在中印边界中段中国境内安设的侵略据点。至此，中国边防部队仅用一个月就完成了中印边境各段的自卫反击任务。在此期间，中国边防队有 498 个单位和 4355 人（含干部 674 人）荣立战功。

在取得两个战役的重大胜利之后，中国政府为了更高地举起和平谈判的旗帜，促成中印边境问题的和平解决，于 11 月 20 日下午 6 时作出了关于中国边防部队全线停火后撤的决定，并于 11 月 21 日零时向全世界宣布：中国边防部队从 11 月 22 日零时起在中印边界全线停火，并从 12 月 1 日起撤到 1959 年 11 月 7 日实际控制线后 20 千米。

根据中央的决定，中国边防部队从 1962 年 11 月 22 日零时起，即在中印边界全线单方面停火，宣告中印边境自卫反击作战结束。从 12 月 1 日起，西藏边防部队和新疆边防部队经过三个月的积极努力，于 1963 年 2 月 28 日全部完成了后撤计划。在完成后撤计划以后，为了保证边境地区人民的正常往来，防止破坏分子的活动和维持边境的安宁和秩序，在实际控制线中国一侧 20 千米地区的若干地区设立了民政检查站。中国政府为了响应科伦坡会议号召，对于实际控制线中国一侧 20 千米地区内中印双方对停火安排存在争议的四个地区，即东段的扯东地区和朗久、中段的乌热、西段印度曾设边防哨所的地区，决定把它们空出来，在边防部队后撤后，也不设立民政检查站。

1963 年 3 月 1 日，中华人民共和国国防部发言人发表声明，宣布中国主动停火、主动后撤和设立民政检查站三项任务已经完成。只要印度方面不再进行挑衅，不再进入停火安排中有争议的四个地区，已经和缓了的边境局势不会重新紧张起来。为了进一步表示中国政府谋求和平解决边界问题的诚意和创造和解气氛，中国边防部队奉命把在反击战中缴获的大批武器、车辆进行擦拭维修，把缴获的其他军用物资进行整理包装，于 1962 年 12 月中旬交还了印度，开创了古今中外胜利之师主动停火后撤、退还战缴物资的先例，使我军获得军事政治的双胜利。同时，对被俘人员一律不杀、不打、不骂、不侮辱、不没收私人财物，生活上给予优待，受伤者给予治疗，还组织他们到中国一些著名城市和工厂参观，在 1963 年 5 月 26 日以前，把他们全部释放回国。中国政府的诚意和友好行动，赢得了世界爱好和平的国家和人民的热烈欢迎和赞扬。

（四）西藏人民积极支援前线

在中印边境东段自卫反击作战中，西藏工委向全区发出了"一切为了前线，一切为了胜利"的号召。10 月 14 日，工委组成了以副书记、军区副政委王其梅为组长的支前领导小组，自治区筹委会各部门及有关地、市均成立了支前指挥机构。各级党政部门和各行各业把支前当作压倒一切的中心工作，全力以赴支援反击作战。自治区筹委会交通处、商业处、外贸局、银行和拉萨市委做到要人有人，要车有车，要物给物。全区先后抽调各级党政干部1280人，组成支前工作队（组），率领民工奔赴前线。自治区筹委会交通处专门组成指挥所，由汤化东负责，出车完成支前运输140万吨物资的任务，并运送了一个团的部队到前方。还动员民工一万多人参加抢修公路，加上军工修路，保障了战时运输的畅通。自治区筹委会商业处提供的支前物资总价值达近52万元；人民银行西藏分行拨给前线部队银元14万元、印度卢比11万盾；自治区筹委会组建俘虏医院两所，743人参加献血。

经过平叛改革获得翻身解放的西藏百万农奴，怀着"驱逐印度侵略军，保卫幸福生活"的心愿，以极大的爱国热情，踊跃地投入支前行列。许多地方出现了父母送子女、妻子送丈夫、兄弟姐妹争着上前线的动人情景，农村中90%以上的人积极报名支前。山南地区隆子县的翻身贫苦农奴南杰把自己的两个儿子、三个女儿都送上前线支前。山南、昌都、林芝、江孜、阿里等5个地区和拉萨市，共出动民工32237人、民畜1057头，支援糌粑112万公斤、酥油3万公斤、牛羊肉66万公斤、柴草150万公斤、马料48万公斤、蔬菜15万公斤。

在支前工作中，西藏各族优秀儿女，吃苦耐劳，不畏艰险，不怕流血牺牲，同边防部队指战员并肩战斗。他们在抢修道路、前运后送、救护和医治伤病人员、装卸物资、打扫战场等各项勤务中，表现出高度的爱国热情，涌现出许多可歌可泣的英雄人物和模范事迹。山南乃东县卡多乡民工降巴次勒与另一民工布琼争着到沙则的战斗前线抬伤员。降巴次勒对布琼说："你家里负担重，万一牺牲了，家里怎么办？我家没负担，还是我去。"降巴次勒抢到任务后，一次次地把伤员从前沿阵地背下来，出色地完成了任务，最后在前线不幸中弹牺牲。战后，乃东县委举行隆重的追悼会，当地人民为他塑了像，陈列在山南烈士纪念馆中。

担负战区运输的民工，克服种种难以想象的困难，背送弹药，运送粮草，抬运伤员。有的鞋底磨穿就赤脚走路，有的肩、背磨破甚至化脓，也不肯休息，部队打到哪里，他们就支援到哪里。据不完全统计，山南地区组织担架250余副随队前进；在达旺方向，民工运物资达250万公斤；林芝地区仅第一批民工运送的物资即达30多万公斤。在克节朗反击战中，桑日县 60 名民工出色完成了将 13 箱手榴弹和 98 发重炮炮弹背运到拉则山口的任务。在抬运解放军伤员时，他们对伤员爱护备至，把自己的衣服脱下来给伤员盖，用洁白的哈达给伤员包扎，遇上险道就把伤员一个个背过去，有的民工还用自己的饭碗给伤员接小便。山南一个民工细心护理 23 个伤员，三天三夜没睡觉。有好几个抬担架的藏族女民工，像抗战时期山东沂蒙山区的"红嫂"一样，挤下自己的奶水喂担架上的解放军重伤员。

拉萨市城关区贫苦农奴出身的罗桑，是平叛中支前的积极分子，1960 年 4 月曾出席了全国民兵代表大会，受到毛泽东主席和其他中央领导人的接见，并荣获了一支以毛主席名义授予的"五六"式半自动步枪。自卫反击战中，他又积极支前，带领一支担架队，奔跑在炮火连天的前沿阵地上。罗桑和他的伙伴们心中只有一个念头，就是拼着性命也不能丢下一个伤员。在运送伤员途中，他们宁肯自己不吃，也不让伤员挨饿；宁肯自己受冻，也不让伤员挨冻。把伤员运到后方后，他们顾不得休息，又背上弹药，返回前线，往返运送弹药、物资和抬护伤员。罗桑的脚指甲盖冻掉了，痛得钻心，也不叫苦、不喊痛，仍带领全队积极顽强地完成任务。战后，罗桑荣获"支前模范"的光荣称号。桑日县平邛乡民工索朗欧珠、索南平措等 12 人，在火线运送伤员时，发现了被打散的 4 名印军。他们在没有武器的情况下，隐蔽接近，勇敢机智地活捉了这 4 名印军。在东段自卫反击战的全部支前队伍中，共有 17 名民工光荣牺牲。他们将宝贵的生命献给了祖国和人民。

西藏广大人民群众的积极支前，对自卫反击作战的胜利起了重大作用。张国华在中印边境东段自卫反击作战总结时说："民工的作用很大，如果没有这些随军支前的民工，要定下战役决心，保证战役全胜，将是很困难的。"

反击作战刚刚结束，西藏工委、西藏自治区筹委会及各界人士便组成慰问团，由西藏工委副书记、自治区筹委会副主任委员杨东生和爱国上层人士金中·坚赞平措、雪康·土登尼玛带队，深入边防前线，对参战部队进行了广泛的慰问活动。部队回撤时，受到西藏党政机关和人民群众的热烈迎送。

在自卫反击作战当中，民工的带队干部们十分注意同部队和地方干部的团结。民工们看到解放军为了保卫边疆、保卫西藏人民的胜利果实，发扬吃苦耐劳的精神，在战斗中英勇献身，受到了深刻的教育，因此对解放军也更加爱护，出现了用自己的饭碗接伤员的小便，让自己的孩子吃饭，而给伤员喂奶等感人的事迹。部队干部十分注意同地方干部的团结，并且派出得力干部协助带队干部工作；地方带队干部也主动征求部队干部的意见，注意向部队的指战员学习，进一步增强了军政干部和民工等各方面的团结。支前工作中，藏汉干部之间密切配合，互相学习，互相了解，共同研究、解决遇到的问题，使民工们保持着旺盛的支前情绪，增强了藏汉民族的团结。

自卫反击作战显示了进藏人民解放军是一支保卫祖国疆土的坚强武装力量。反击作战也是对平叛改革后西藏人民力量的一次胜利检阅。

五　人民当家做主与西藏社会历史的伟大跨越

西藏民主改革的胜利，摧毁了政教合一的封建农奴制度，打碎了加在农奴和奴隶身上的枷锁，百万农奴获得了解放，同时解放了社会生产力。为了进一步使生产关系适应生产力的发展，推动社会变革，发展人民当家做主的政治、经济、文化等各项事业，进而建立符合西藏实际的民族区域自治制度，实现西藏社会历史的伟大跨越，西藏各族人民在党中央的领导下，积极投入稳定发展和成立西藏自治区的伟大变革之中。

（一）中央提出"稳定发展"方针

西藏民主改革基本完成后，西藏劳动人民经过轰轰烈烈的民主改革运动和生产运动，政治觉悟有了很大提高，听共产党的话，跟共产党走，已经成为他们的自觉行动。但是，在平叛改革中还没有来得及对干部和广大劳动人民进行系统的民主和社会主义前途教育，人们对社会主义改造缺乏必要的思想准备。1960年秋季，有些地区在急于进行社会主义改造的思想指导下，试办了一些农业生产合作社；有的互助组出现了明组暗社的现象。由于工作方法简单，加之敌人造谣，在农牧区部分群众中引起思想不安定，挫伤了部分中等农牧民的生产积极性。

1961年1月23日，毛泽东在与班禅额尔德尼·确吉坚赞的谈话中指出，西藏社会制度经过改革，从封建农奴制度变成了农民个体所有制，要安定一个时期。现在只搞互助组，不搞合作社，发展生产，使农牧民安定下来，生活得到改善。这次谈话后的第二天，周恩来与班禅、张经武谈话时指出，西藏地区辽阔，不要主观，一切从群众的需要出发。西藏的方针、政策概括起来就是，土地所有制是农民个体所有制，这个制度要继续好多年，中心是增加生产，这条要坚定不移地执行下去。这些情况说明，在经过了近两年平叛改革的激烈斗争以后，需要有一个稳定发展时期，使农牧民群众在自己分得的土地上安心生产，休养生息，并通过实践接受民主和社会主义教育。如果马上实行社会主义改造，他们是难以理解的。勉强去做，不仅不利于保护和发展生产力，而且也不利于民族团结和对上层的团结，也就不利于将来进行社会主义改造。同时，对平叛改革中涌现出来的大批积极分子和基层干部，需要进一步培养和提高，还要继续做好上层人士的工作，切实解决好民主改革出现的遗留任务。

为使西藏切实做好稳定发展各项工作，党中央从西藏的实际和特点出发，提出了"稳定发展"的方针。1961年春，周恩来总理、邓小平总书记召开会议，讨论西藏工作，着重研究西藏工作的方针和若干重要问题，并于1961年4月21日下达了中央《关于西藏工作方针的指示》。在这个指示中，中央明确提出，今后西藏工作必须采取稳定发展的方针。从1961年算起，五年内不搞社会主义改造，不搞合作社（连试点也不搞），更不搞人民公社，集中力量把民主革命搞彻底，让劳动人民的个体所有制稳定下来，让农牧民的个体经济得到发展，让翻了身的农奴群众确实尝到民主改革给他们带来的好处。在这五年，党在西藏的一切政策包括经济政策、财贸政策、社会改革政策、民族政策、对上层人士的团结改造政策、宗教政策等，都一定要力求稳妥，都要防"左"防急。同时，中央进一步指出，在西藏这样一个民族、宗教关系很突出，经济、文化很落后，而又和印度等国为邻的边疆少数民族地区，在经过了近两年平叛和民主改革的激烈斗争以后，如果没有一个稳定发展的时期，使农民群众在自己得到的土地上安心生产，休养生息，并且通过实践接受民主和社会主义的教育，而马上实行社会主义改造，他们是难以理解的，勉强去做将会带来极大的危害，不仅不利于保护和发展生产力，而且不利于民族团结和对上层的团结，也就不利于将来进行社会主义改造。

根据稳定发展方针，中央要求西藏必须切实做好六项工作：第一，集中力量领导群众发展生产，繁荣经济，改善人民生活；第二，彻底完成民主改革，向群众深入进行民主革命的政治思想教育、爱国主义教育和社会主义前途教育；第三，肃清残余叛乱分子和其他反革命分子；第四，做好上层统一战线工作；第五，整顿干部作风，发展党的组织，培养藏族干部；第六，建立各级人民代表大会制度，成立西藏自治区。中央认为，只要做好这些工作，就可以进一步提高群众的觉悟，增强人民的团结和汉藏民族间的团结，巩固党的领导，巩固工农联盟和人民民主专政，为西藏实行社会主义改造创造可靠的条件。

中央还指出，今后西藏工作的重点，应该是集中力量发展农业，大力发展牧业，同时发展商业和为农牧业服务的手工业，巩固和适当加强国营经济。工业方面，除了极个别确有必要的项目（例如开采硼砂和建立毛纺厂）以外，不要再扩大，职工人数一般不增加。农业不发展，基础打不好，交通问题不解决，要想发展工业是不可能的。不能设想靠内地运粮进去办工业。在西藏当前的具体情况下，所谓发展生产，主要的就是发展农（牧）民的个体经济，不要害怕农（牧）民富裕起来，现在的问题正是应该使农（牧）民富裕起来。我们在西藏一切政策的基础，就需要放在农（牧）民富裕之上。不管是发展农业、牧业，还是发展商业、手工业的各种措施都要按照这个精神作安排，艰苦奋斗，精打细算，勤俭建设。今后三至五年，进藏部队和职工的用粮仍由内地调运。在民主改革中曾经发生过侵犯中农利益的地方，要切实检查纠正，对中农的财产损失要坚决给予补偿，这笔款可以由国家拿出钱来帮助解决。在建立各级人民代表大会和人民委员会方面，中央指出，经过普选建立各级人民代表大会和人民委员会，是彻底完成民主改革和巩固人民民主专政的一个重大步骤，也是西藏历史上从来没有过的一件大事，特别是基层的人民代表大会和人民委员会具有重大意义。要认真地做好普选和成立自治区的筹备工作。在培养干部方面，中央指出，要彻底完成民主改革，并在将来完成社会主义改造，建成民主和社会主义的西藏自治区，必须在当地藏族劳动人民中发展党的组织，培养大批共产主义干部，同时注意培养革命知识分子和各种科学技术干部。随着少数民族干部的成长，许多工作逐渐由少数民族干部来当家做主，更多的事情将逐渐由他们来办，这是符合党的民族区域自治政策的。鉴于西藏的民主改革已经基本完成，西藏自治区行将成立，必须更加重视培养藏族干部的工作。中央还对如何做好统战工作、宗教工作、边境地区的工作和肃清残匪等，提出了明确具体的要求。

为了贯彻好上述方针政策，中央提出，应该严格要求西藏各级党委、驻藏部队和各方面工作的干部坚决执行中央的指示，不要在此以外兴章程、出点子。一切工作要实事求是，要经过调查研究，从西藏的实际出发，不要机械搬用汉族地区的经验；必须坚决依靠群众，贯彻阶级路线和群众路线，处处看到群众的利益，发扬民主作风，贯彻民族平等团结政策，有事和藏族人民、藏族干部商量，并且同一切可以争取团结的上层人士和宗教界人士团结起来，实行合作，踏踏实实地把西藏工作做好。

(二)"稳定发展"方针在西藏的贯彻实施

在稳定发展时期，由于党的政策的落实，农牧业生产连年丰收，各项建设事业得到发展。驻藏部队、进藏干部和各级党政干部进一步坚定了全心全意为西藏人民服务的思想，发扬"一不怕苦、二不怕死"的革命精神，把帮助西藏人民搞好革命和建设事业，把保卫国防、巩固内卫作为自己的神圣职责，在实践中继承发扬了"老西藏精神"。广大翻身农奴们尝到了民主改革的好处以后，深深体会到党的方针、政策的英明正确，对共产党无比热爱和崇敬，对建设新西藏充满信心，对崭新的生活充满热爱，精神面貌也焕然一新。全区到处呈现一派兴旺发达、安居乐业、团结互助、奋发图强的喜人景象。因此，"稳定发展"方针，给民主改革基本完成后的西藏各项工作指明了方向，为西藏自治区的成立奠定了坚实的基础。

1. 发展生产，繁荣经济

为了落实"稳定发展"方针，1961年6月15日，西藏工委在充分调查研究的基础上制定了《关于农村若干具体政策的规定》（即农村26条）。其主要内容是：第一，稳定农民个体所有制，使农民安心生产；第二，认真办好互助组，五年不办社；第三，大力开展爱国丰产运动，积极扶持发展农村手工业和副业生产，活跃农村经济；第四，以1960年核实的常年产量为计算基础，计征爱国公粮，五年不变，增产不增税，农户存粮备荒；第五，坚决保护农村劳动力，加强农业生产。在1961年6月1日至21日召开的第二次牧区工作会议上，又制定了《关于牧区当前若干具体政策的规定（草案）》（即牧区30条）。这个草案后来遵照中央指示进行了修改，并由筹委会负责人协商通过，作为正式文件下发执行。其主要内容是：第一，稳定牧民个体所有制和牧主所有制，至少五年不办牧业生产合作社；第二，认真贯彻"两利"政策，允许雇用牧工和出租牲畜，发挥牧工生产积极性和牧主经营积极性；第三，大力开展爱国增产保畜运动，认真办好互助组，积极发展生产；第四，广泛开展自由交换，允许自由借贷，活跃牧区经济；第五，实行轻税政策，四年内增产不增税。与此同时，西藏工委还制定了《关于整顿巩固农业生产互助组和停止试办农牧业生产合作社的方案》。1962年12月17日，又发出了《关于当前整顿、巩固、提高互助组，发展农业生产的指示》。上述一系列具体政策，比较全面地体现了"稳定发展"方针的精神，也具体地反映了西藏的实际和人民群众的愿望。

当《农村26条》和《牧区30条》下达后，受到广大干部和群众的衷心拥护，很快成为调动群众积极性和推动全区工作的巨大力量。各地分工委、县委组成工作队或工作组，深入区乡，采取扎点的方法，分批分期地进行，一面认真宣传共产党的方针政策，一面妥善处理工作中存在的问题，解决民主改革不彻底的问题和平叛民改中的遗留问题。通过这些工作，到1961年底，农牧区的个体所有制基本稳定下来，并在此基础上，通过加强对互助组的领导，使互助组越办越好，出现了许多"穷棒子互助组"。到1965年，全区已有农业生产互助组22195个，占总农户的95%；牧业生产互助组4150个，占总牧户的34.2%。

随着各项政策的落实、兑现和互助组的整顿提高，一个以互助组为中心的爱国增产运动在农牧区兴起，通过改变生产条件，推广新式农具，改进耕作方法，开垦荒地，从而使农牧业生产有了很大的恢复和发展，群众生活进一步改善。到1965年，全区粮食总产量达到29.07万吨，比民主改革前的1958年增长66.1%。1965年全区牲畜有1701万头（只），比1958年增长54.6%。

在农牧业生产大力发展的同时，西藏的交通、教育、文化、卫生等各项事业也取得重大进展。到1965年，全区公路里程达14721千米，比1958年增长1.6倍多，全区90%以上的县有了公路；全区中等专业学校和普通中学由民主改革前的1所增加到5所，全区公办小学和民办小学由民主改革前的400多所增加到1822所；专业文艺团体和电影放映单位133个；全区医疗机构发展到193个，为民主改革前的3.11倍，卫生人员增加到2947人，为民主改革前的3.73倍。

在稳定发展时期，中央和国务院的亲切关怀、内地各省市区和各兄弟民族的热情支援，对西藏生产发展和人民生活改善起了重要的作用。据统计，1959年至1965年，中央给西藏地方财政补助剧增，累计达5.9亿元。从1959年到1963年，国家给西藏发放的贷款逐年增加，五年中的贷款总数共有954万元，大体上相当于民主改革前七年贷款总和的3.5倍，贷款利息也由年息3厘降低到1厘。从1963年起，国家又拨出500万公斤粮食作为长期无息贷款，发放给贫苦农民换购牲畜、发展生产。到1964年止，先后扶助1.5万户贫苦农民，换购耕畜1.3万头，基本上解决了大部分贫困农户缺少耕牛的问题。1963年和1964年，国家又拨款140万元，作为扶助贫苦农牧民发展生产的无偿投资，使3000多户牧民有了自己的牛羊。此外，西藏较大的建设项目国家都拨给了专项经费。如治理雅砻河中段，国家投资8万多元，经过3000多名翻身农民的努力，工程于1964年上半年竣工，使雅砻河两岸2.6万多克（亩）耕地和1000多户居民免受洪水威胁。在稳定发展时期，国家直接用于西藏农田水利、文教卫生、抚恤救济等方面的支出，比群众缴纳的税款多六倍以上。从民主改革到1965年8月，六年内国家直接供给西藏农牧民粮食1650多万公斤，调进各类农具140万件，给农民发放上千万斤的种子。

此外，中央还调拨给西藏大批科学文化设备，帮助自治区、各地（市）和部分县建立科研机构、农业试验场、农业技术推广站等。根据西藏的需要，中央和国务院继续从全国选调有领导能力、经验丰富、懂民族政策的各级干部和大批各类专业技术人才以及分配大专院校毕业生进藏。同时有计划地安排许多大专院校培养西藏选送到祖国内地学习的民族干部和各类民族专业人才。为帮助西藏更快地发展，全国各省市区也给西藏以物力支援并表现出了高度的友爱合作精神。从民主改革到1965年初，在国家扶助下发展生产的户数占西藏总数的三分之一，很多贫苦农民重新安家立业，发展了生产，改变了贫困的面貌。

为了完成平叛改革的遗留任务，西藏工委在认真总结平叛改革工作的基础上，根据中央有关批示精神，先后发出《关于民主改革运动中彻底肃清残匪加强对敌斗争的指示》《关于目前边境工作的指示》（即边境10条)、《关于打击农奴主阶级分子反攻倒算、复辟破坏的有关政策》《提高警惕、打击反革命现行破坏活动的指示》和《对改革中遗留的几个问题的处理意见》等，这些文件明确规定了彻底完成平叛改革的政策和应切实做好的各项工作。通过这些工作，安定了社会秩序，巩固了祖国西南边防，保护了农民的个体所有制经济，纯洁了基层政权组织。

实行民族区域自治，是中国共产党解决国内民族问题的基本政策，是保障少数民族平等权利的基础和前提。

1959年3月28日，国务院命令解散西藏地方政府，由西藏自治区筹备委员会行使西藏地方政府的职权。第十世班禅额尔德尼代理了主任委员，帕巴拉·格列朗杰为副主任委员，阿沛·阿旺晋美为副主任委员兼秘书长。接着，昌都地区人民解放委员会、班禅堪布会议厅委员会相继被撤销和结束工作。从此结束了几个政权并存的局面。西藏自治区筹备委员会成为名副其实的人民民主专政性质的政权机构。随着迅速平息叛乱，并实行民主改革，推翻了政教合一的封建农奴制度，废除了封建等级制度、人身依附关系和各种野蛮刑罚，百万农奴和奴隶翻身解放，成为国家和西藏地方的主人，获得了宪法和法律规定的公民权利和自由，为实现民族区域自治扫清了社会制度障碍。

1961年，西藏各地开始实行西藏历史上从未有过的翻身农奴和奴隶第一次获得了当家做主的民主权利，选举产生了各级人民政权。直至1965年9月西藏自治区正式成立，标志着西藏全面实行民族区域自治制度。西藏人民从此享有自主管理本地区事务的权利，与全国各族人民一道走上社会主义发展道路。

2. 培养民族干部

培养民族干部是实行民族区域自治的组织基础和关键问题。毛泽东早在1949年11月就指出："要彻底解决民族问题，完全孤立民族反动派，没有大批从少数民族出身的共产主义干部，是不可能的。"① 在确定进军西藏、经营西藏任务以后，毛泽东要求西北局、西南局注重训练藏民干部。邓小平也有同样的论述："团结各民族于祖国大家庭的中心关键之一，是在于各民族都有一批热爱祖国并能联系群众的干部。"②

西藏自治区筹备委员会成立之后，一项重要任务就是积极培养民族干部，在筹委会第4次常委会上作出决议，1956年内选送500—700名藏、回族青年，到中央民族学院、西南民族学院学习。10月6日，第14次常委会上作出《关于大力培养藏族干部的决定》，并就自治区筹备委员会所属各部门、各基巧办事处、宗级办事处培养吸收藏族干部等问题作出明确规定。决定要求帮助和培养民族干部，关心民族干部政治进步，认真解决

---

① 《建国以来毛泽东文稿》第1册，中央文献出版社1987年版，第138页。
② 为西南民族学院的题词，《西南民族学院学报》1999年第6期。

他们生活上的困难，把民族干部放到适当的工作岗位上，使他们有职有权。1956年9月，西藏工委根据"六年不改，适当收缩"的方针，作出《关于精简在藏的汉族干部，发展藏族党员的决定》。在陕西咸阳组建了西藏公学和西藏团校，将新吸收参加工作的3400多名藏族青年送到两校学习，为西藏民主革命培养了一批后备力量。

西藏各级党组织为培养民族干部做了极大的努力，尽力为他们创造了良好成长的条件，一方面是大批进藏汉族干部的言传身教，给民族干部传带好思想、好作风；另一方面是这些从黑暗的旧制度的统治下挣脱出来的进步分子，怀着对共产党和新社会无限热爱的心情，冒着各种危险，参加工作和学习，在实践中承受锻炼。同时各级组织对反动势力打击和迫害民族干部的事进行坚决斗争。处理江孜反动头人本根却珠毒打藏族干部旺杰平措事件，自治区筹委会通过了关于免除国家机关各族工作人员和学员人役税的决定，提高了民族干部的人身权利和政治地位。

平叛改革胜利，百万农奴翻身解放，为西藏民族干部的成长发展创造了极为有利的条件。西藏工委在城镇、农牧区和各企事业单位发展党员，在基层建立共产党和共青团组织，从中有计划、有组织地大批培养民族干部。在各级党政组织的关怀培养下，在平叛改革斗争中，西藏民族干部迅速成长起来。在民主改革中，各地普遍注意兴办小学，让农牧区的适龄儿童大部分都能上小学，后来部分又上中学。还举办夜校，组织许多基层干部参加学习文化。在此基础上，一些中学生和基层干部后来又被送到内地民族学院学习。对新成长起来的民族干部，在政治上强调阶级立场的同时，要求民主作风好，能够贯彻执行党的政策。到自治区正式成立前夕，西藏全区藏族和其他少数民族干部已达16000余名，其中1000余名分别担任了县以上的各级领导职务。乡级干部全是藏族，区级干部90%以上是藏族。随着民主改革的深入发展，西藏进入经济、文化稳定发展时期，强调要注意培养革命知识分子和各类科学技术干部。使全区工、农、林、牧、交通运输、工程建筑、金融商贸、医疗卫生、教育、文艺、气象、邮电、新闻、公安等各条战线上，都有了一批民族干部。这些干部，大多数出身于劳动人民家庭，而且是从平叛斗争、民主改革、中印边境自卫反击作战和各项建设事业中涌现出来的先进分子，有较高的政治觉悟，50%以上参加了共产党或共青团。他们热爱祖国，密切联系群众，并有一定的工作能力，是党的宝贵财产。此外，还有约1400名上层爱国人士，他们同共产党长期合作，患难与共，是可以信赖的力量。还有2万多名藏族工人成长起来，其中包括数千名技术工人。藏族干部和工人队伍的成长和壮大，为藏族人民实现自治权利奠定了坚实基础，为西藏自治区的正式成立准备了最重要的条件。

3. 普选建政

自治区筹委会在平叛改革中，对全区行政区划进行调整后，建立了拉萨市人民政府和昌都、江孜、日喀则、塔工、黑河、阿里等6个专员公署及78个县（包括县级区）、283个区和1009个乡人民政府。在民主改革前后，各级负责干部主要是委派的，民主程序还不可能十分完善。为适应形势发展的需要和满足广大人民群众的要求，进一步建立和健全人民民主制度，在条件成熟的地区实行普遍选举，成立经过人民选举产生的政府，就成为一项迫切的重要任务。

为了做好普选工作，西藏工委在1961年初即决定成立普选工作筹备小组，负责普选前的一切准备工作。1961年5月，颁发了《西藏自治区各级人民代表大会选举条例》以及《西藏自治区各级人民代表大会和各级人民委员会组织条例》。《选举条例》中规定："各级人民代表大会的代表，由自治区境内各民族人民普选的方法产生，不具备普选条件的乡、县，可以召开各界人民代表会议，代行人民代表大会的职权。各界人民代表会议的代表，由本级人民政府和有关方面协商产生。"《各级人民代表大会和各级人民委员会组织条例》中规定："西藏自治区是中华人民共和国的一个行政区域，是民族自治地方。""自治区各级人民代表大会和各级人民委员会，是工人阶级领导的、以工农联盟为基础的、团结各民族、各民主阶层和一切爱国人士的人民民主专政的地方国家机关。自治区人民代表大会和人民委员会是西藏自治区的自治机关。""自治区各级人民委员会，即自治区各级人民政府，是自治区各级人民代表大会的执行机关，是地方各级国家行政机关。"

1961年9月，西藏自治区筹备委员会常委会决定在全区进行民主选举试点工作。9月19日，又决定成立西藏自治区选举委员会，由班禅额尔德尼任主席，张国华、阿沛·阿旺晋美、帕巴拉·格列朗杰等任副主席。经国务院批准，西藏自治区选举委员会于1962年8月25日正式成立。接着，西藏各级选举机构也相继成立，普选试点工作在各地先后展开。

各地基层普选工作进行得热烈、隆重。在选举的日子里，各乡各选区的投票站彩旗招展，锣鼓喧天，像过节一样。选民们穿着新衣，成群结队，手捧洁白的哈达，举着象征丰收染色的青稞穗，老人拄着拐杖，妇女有的怀里抱着婴儿，兴高采烈地走向投票站，投下自己庄严的一票。不识字的人，在候选人的背后放下一粒涂着红色的石子或蚕豆，作为投给最满意的人的一票，或者把候选人的帽子放在主席台上，将石子或蚕豆投入最满意的人的帽子里。选民们选出自己称心如意的代表，心情十分激动。墨竹工卡县塔巴乡的百岁老人库拉说："在旧社会里，为领主支了一辈子差，干了一辈子牛马活，连说话的权利都没有。在新社会里，我们终于有了当家做主的权利。"堆龙德庆县古荣乡64岁的翻身女农奴仁增拉姆说："过去我是一头衰老的毛驴，终年驮着沉重的驮子，连说话的权利都没有。在共产党领导下，我真正成了主人啦！"选举结束后，选民们在篝火前彻夜狂欢，唱歌、跳舞、演藏戏，歌颂共产党。然后召开乡人民代表大会，选举产生了乡人民委员会。

到1965年7、8月，全区的乡、县选举工作基本完成，共有1359个乡、镇召开了人民代表大会，选出了正副乡长、区长。另有567个乡、镇召开了人民代表会议，代行人民代表大会职权，选出了正副乡长、区长。这两项选举占全区乡、镇总数的92%。在完成基层选举的基础上，有54个县召开了各界人民代表大会，16个县召开了各界人民代表会议，选举出了正副县长。全区有11名昔日的女奴隶、女农奴当选为正副县长。据统计，在县、区和乡级人民政权中，农奴和奴隶出身的女干部分别占20%和50%。林周县人民代表大会选举的女副县长次登卓玛，过去是色拉寺的农奴，1951年农奴主害死她的阿爸，阿妈接替阿爸为农奴主支差。她从小就担起养活全家的重担。民主革命中次登卓玛参加了工作，并被选为乡农协会主任，积极带领群众参加改革和发展生产。1962年林周白朗乡15户牧民被洪水围困，生活出现困难。此时她腰系绳子，跳入水中，直扑对岸，召集牧民开会，商讨自救办法，为群众解了围。她被选为副县长后，翻身农奴都说："选对了，选对了！"经过各级选举，还选出301名出席自治区人民代表大会的代表（其中爱国上层人士占11%以上）。通过自下而上的民主选举，加强和巩固了人民民主专政，保证了人民充分行使当家做主的权利，为正式成立自治区打下了坚实的基础。

（三）成立西藏自治区、民族区域自治制度在西藏正式建立

西藏自治区筹备委员会在九年多的时间里，特别是经过平叛改革和稳定发展时期，为筹备正式成立西藏自治区做了大量工作。此时，全区形势大好，政权巩固，社会稳定，民族团结，生产发展，人民生活改善。成立西藏自治区的条件已经成熟。西藏工委报请中央批准，正式成立西藏自治区。

此前，鉴于达赖辜负了中共中央和国务院对他的殷切期望，他出逃后在叛国的道路上越走越远，1964年12月17日国务院第151次会议讨论决定，撤销他的西藏自治区筹委会主任委员和委员的职务。

1965年8月23日，国务院全体会议举行第158次会议，讨论了西藏自治区筹委会关于正式成立西藏自治区的报告，同意1965年9月1日召开西藏自治区第一届人民代表大会第一次会议，正式成立西藏自治区，并将这一议案提交全国人民代表大会常务委员会第15次会议审议批准。第三届全国人民代表大会常务委员会会议批准了国务院的议案，通过了《关于成立西藏自治区的决议》。

与此同时，经中共中央批准，从1965年9月1日起，中共西藏工委改名为中共西藏自治区委员会，张国华为第一书记，谭冠三、周仁山、王其梅、郭锡兰、任明道、苗丕一、杨东生、麻贵书、郝平南为书记处书记。各分工委也相应改为中共地区委员会。张经武调回北京工作。

1965年8月31日，西藏军区军事法院根据惩办与宽大相结合的政策精神，宣判将在押期间低头认罪、有改恶从善表示的反革命罪犯本珠仓·洛桑扎西（原藏政府卸任司曹）、拉鲁·才旺多吉（原藏政府卸任噶伦）、松多·坚村云登（原藏政府仁希）等三人予以宽大释放。

为了庆祝即将正式成立西藏自治区，国务院拨下专款，西藏工委动员拉萨市党政军民一齐努力，在拉萨新建了劳动人民文化宫、西藏革命展览馆、百货商店、人民路饭店等一批崭新的现代化城区建筑。在没有碎石机的条件下，拉萨市委发动全体拉萨市民参加砸石块，修筑了西藏第一条柏油铺设的人民路。这些，使拉萨城区的面貌焕然一新，增进了浓烈的节日气氛。

中共中央和国务院非常关心西藏自治区的成立，派出了以谢富治副总理为团长的中央代表团，前来祝贺西藏自治区成立。代表团包括中央各部门、27个省市自治区、16个少数民族自治地方的代表共76人，于8月29

日到达拉萨，受到拉萨各族各界1.2万人的隆重热烈欢迎。8月30日、31日，全国人大常委会和国务院分别发来电报，祝贺西藏自治区成立。

1965年9月1日，西藏自治区第一届人民代表大会第一次会议在拉萨隆重开幕。出席大会的代表301人，西藏各民族代表占代表总数的80%，其中藏族226人，门巴族、珞巴族、回族、纳西族、怒族等共16人。代表中有农奴和奴隶出身的县长、区长、乡长和中共支部书记，有各条战线的先进人物，有爱国上层人士。中央代表团团长谢富治、中共西南局书记阎秀峰先后在大会上讲话，代表党中央、国务院、西南局向大会祝贺。

中共西藏自治区委员会第一书记张国华在会上作了题为《高举毛泽东思想的伟大红旗，为争取社会主义革命的伟大胜利，为建设社会主义的新西藏而奋斗》的政治报告。他在报告中总结了党在西藏15年来的工作，指出西藏自治区的成立，标志着西藏的革命和建设进入了一个新的时期，进入了社会主义改造的新时期。今后的工作任务是：依靠广大劳动人民，团结一切可以团结的力量，继续大力开展互助合作运动。同时在条件成熟时，逐步地、稳妥地进行社会主义改造。积极进行社会主义建设，加强国防建设，巩固国防。自治区筹委会代理主任委员阿沛·阿旺晋美在会上作《西藏自治区筹备委员会的工作报告》。报告回顾了筹备成立西藏自治区的过程中所经历的斗争，报告了筹委会成立之后西藏在经济、文化等方面所取得的主要成绩。中央人民政府驻西藏代表张经武也在会上讲了话。大会以主人翁的负责精神，认真讨论并通过了上述报告。

一批翻身农牧奴出身的人民代表，破天荒第一次在这样全区性的重要大会上纷纷发言。全国人大代表、巴青县牧奴出身的布德，在平叛中为那曲养护段纪路通林场送信，被叛乱分子剜去双目。他对叛乱罪行的愤怒控诉和他后来积极参加改革、被选为乡长的事迹，使到会的不少人感动落泪。日喀则军分区独立营二连副指导员大扎西，讲述他从小要饭长大，参军后勇敢战斗、积极工作，由奴隶变成一名人民解放军干部的经历。日喀则城关镇的模范手工业者石达在发言中，说他出身铁匠家庭，小时候被农奴主侮辱为下贱脏人，民主改革后带头组织铁木生产合作社，为农牧业生产服务，作出了突出成绩的事迹。乃东县结巴乡互助组组长次仁拉姆发言，讲述了她带领12名翻身奴隶克服困难，战天斗地，以突出的劳动成绩连续几年夺得农业丰收的生动经过。这些人民代表的发言，不仅对西藏各阶层人民有很深的教育意义，也震惊和感动了中央代表团到会祝贺的全体代表。

9月8日，大会举行了庄严的选举，以不记名投票方式选举产生了西藏自治区人民委员会。阿沛·阿旺晋美当选为西藏自治区人民委员会主席，周仁山、帕巴拉·格列朗杰、郭锡兰、协饶顿珠（杨东生）、朗顿·贡噶旺秋、崔科·顿珠才仁、生钦·洛桑坚赞当选为副主席。达瓦、仁钦索朗、扎西平措等37人当选为西藏自治区人民委员会委员。洛桑慈诚当选为自治区高级人民法院院长。

9月9日上午，拉萨阳光明媚，各族各界3万多人在拉萨市体育场举行了盛大集会和群众游行，庆祝西藏自治区成立。中央代表团团长谢富治、西藏自治区党委第一书记张国华、西藏自治区人民委员会主席阿沛·阿旺晋美先后在大会上发表了热情洋溢的讲话。大会通过向毛主席致敬电，通过西藏自治区各级人民代表大会组织条例和各级人民委员会组织条例。然后，阿沛·阿旺晋美致闭幕词，大会胜利闭幕。会后，举行了盛大的群众游行，热烈庆祝西藏自治区的成立。

西藏自治区的成立，是中国共产党的民族政策的光辉胜利，标志着西藏人民和祖国大家庭关系的进一步紧密，标志着西藏地区在共产党领导下以工农联盟为基础的人民民主专政进一步巩固，标志着西藏民主革命的基本结束，实现了西藏从封建农奴主土地所有制转变到农牧民个体土地所有制后，进入了社会主义革命和社会主义建设的新时期。

六 新中国西藏地区的社会主义改造

社会主义改造是新中国由新民主主义社会进入社会主义社会的必由之路，也是西藏社会发展不可逾越的历史阶段。由于中国社会发展的不平衡性，边疆少数民族地区许多地方是由封建农奴制、奴隶制甚至部落式的社会经济制度构成的，当全国基本上完成对工业、农业和资本主义工商业的社会主义改造后，许多边疆少数民族地区尚未完成对旧制度的改革，西藏地区在当时属于较为典型的代表。西藏民主改革后特别是经过稳定发展，生产关系和经济水平都发生了本质的变化。西藏自治区的成立，产生于群众中间的要求和全国形势的发展，将西藏的社会主义改造由理论推向了实践。在中华人民共和国成立60周年之际,我们回顾新中国西藏地区的社会主义改造,对客观反映当时西藏社会主义改造的全面情况,使人们了解西藏走上中国特色社会主义道路的曲折历程,有着重要的理论意义和现实意义。

(一) 新中国西藏地区社会主义改造的历史背景

西藏的社会主义改造是全国社会主义改造的一个重要组成部分,是中国社会发展不平衡性在边疆少数民族地区的具体体现。新中国全面进行社会主义改造开始于20世纪50年代初。1952年9月,毛泽东在中共中央书记处会议上讲道:我们现在就要开始用10年到15年的时间基本上完成向社会主义的过渡,而不是10年或者更长时间以后才开始过渡。1953年6月,中共中央政治局正式讨论和制定了中国共产党在过渡时期的总路线:"从中华人民共和国成立,到社会主义改造基本完成,这是一个过渡时期。党在这个过渡时期的总路线和总任务,是要在一个相当长的时期内,逐步实现国家的社会主义工业化,并逐步实现国家对农业、对手工业和对资本主义工商业的社会主义改造。"这是一条社会主义建设与改造同时并举的路线。1954年9月通过的《中华人民共和国宪法》,以根本大法的形式,把中国共产党在过渡时期的总路线作为国家在过渡时期的总任务确定下来。实际上,社会主义改造的实际进行在1952年初就已经开始了。1951年12月,党中央颁发了一系列的决议,规定了我国的农业社会主义改造的路线、方针和政策。1952年初,开始在一些农业发达地区试点,到1956年底,农业社会主义改造在经历了互助组、初级社、高级社三阶段后基本完成,全国加入合作社的农户达96.3%。手工业的社会主义改造从1953年11月开始至1956年底结束,全国90%以上的手工业者加入了合作社。资本主义工商业的社会主义改造,从1954年至1956年底全面进行。党对之采取了"和平赎买"的政策,通过国家资本主义形式,逐步将其改造成社会主义公有制企业,而且将所有制改造与人的改造相结合,努力使剥削者成为自食其力的劳动者。我国对农业、手工业和资本主义工商业生产资料私有制的社会主义改造,在理论上和实践上丰富和发展了马列主义的科学社会主义理论,极大地促进了工、农、商业的社会变革和整个国民经济的发展。

社会主义改造在全国基本完成后,还有一些边疆少数民族地区由于历史和经济结构、生产力发展水平的原因一时还不能进行社会主义改造,甚至一些地方的民主改革都不能进行。特别是西藏这样在祖国大陆上解放较晚，而且中央政府与西藏地方政府已经签订了《十七条协议》的地区。按照《十七条协议》的有关条文，西藏社会改革的进程显然不能与内地同步进行。那么，是不是西藏地区就可以永远在社会主义生产关系之外，保留一种特殊的生产关系呢？显然不是。1957年2月，毛泽东主席在《关于正确处理人民内部矛盾的问题》一文中指出："经过各族人民几年来的努力，我国少数民族地区绝大部分都已经基本上完成了民主改革和社会主义改造。西藏由于条件还不成熟，还没有进行民主改革。按照中央和西藏地方政府的十七条协议，社会制度的改革必须实行，但是何时实行，要待西藏大多数人民群众和领袖人物认为可行的时候，才能作出决定，不能性急①。"1959年3月，西藏地方政府的上层反动分子公然撕毁协议，发动全面武装叛乱。叛乱迫使我们不得不提前进行民主改革，民主改革敲响了埋葬封建农奴制度的丧钟。经过两年多的时间，西藏全区基本完成了民主改革的任务。民主改革后，中央根据西藏的实际情况，并不急于进行社会主义改造。1960年11月，中央在对西藏试办农业生产合作社问题的批复中指出，西藏地区几年之内不进行社会主义改造，不要试办农业生产合作社。1961年1月23日，毛泽东主席在与十世班禅谈话时说："现在只搞互助组不搞合作社，搞互助组，发展生产，使农民安定下来，生活得到改善。你们那里同内地不同，是由封建农奴制度进到个体所有制，经过个体所有制要多长时间，以后再看②。"后来，随着稳定发展，特别是农牧民个体所有制逐步建立了互助组、初级社，农村牧区经济发展较快，人们从互助中体会到组织起来抵御灾害、克服困难、发展生产的好处，对成立更高一级的所有制产生了自发的动力，加上全国当时的形势，西藏不可避免地步入了社会主义改造的阶段。

但是，西藏的社会主义改造，大部分时间又处于"文化大革命"这一特定的历史过程之中，一方面它由于开展得晚吸取了历史经验，避免了一些内地存在的失误和弯路，另一方面却不能不受到"文革"的影响，发生了带有"文革"极"左"标志的错误和失误。因此，西藏的社会主义改造作为新中国社会主义改造的一个组成部分，既遵循了社会主义改造

---

① 《西藏工作文献选编》，中央文献出版社2005年版，第196页。
② 同上书，第247页。

的一般规律，又呈现出其自己的特点。

（二）西藏社会主义改造的基本过程

西藏的社会主义改造从 1964 年的第一个试点，到 1976 年人民公社化和对个体私营业的改造完成，前后历时达 12 年之久。从农牧民个体经营组织的互助组，到组织起来办社，一开始取名就叫人民公社。所以，西藏的社会主义改造，实际上是在人民公社这一形式下进行的。全国普遍是先初级社，后高级社，然后到人民公社。西藏的所谓人民公社化运动融括了几个发展阶段，初级社、高级社的内容都是在人民公社内进行的。西藏的人民公社运动，除了吸收前者的经验教训外，又结合了西藏特殊的自然环境和经济发展水平等自身因素。因此，西藏的人民公社没有实行全国初期人民公社"一大二公、一平二调"等的做法，维持和尊重农牧户分散经营的特点。这是西藏人民公社不同于内地人民公社的一个方面，而西藏的人民公社更深刻的内容，是它在这一形式下完成了西藏地区社会主义改造的历史进程。西藏的工商业极其弱小，所以西藏的社会主义改造在后期才触及他们。西藏社会主义改造的基本过程，基本上是和"文化大革命"同步的。

1964 年 7 月，中共西藏工作委员会（以下称工委）在西藏林芝召开了工作会议，提出了进行农牧业社会主义改造的规划，准备农区到 1968 年，牧区到 1970 年，基本完成社会主义改造（三年准备，四年完成），变农牧民个体所有制为社会主义集体所有制。会后，中共西藏工委向中共中央报送了《关于在西藏进行社会主义改造的请示报告》。1965 年 8 月 17 日中共西藏工委扩大会议通过，9 月 17 日出台了《西藏自治区党委关于农牧业社会主义改造的若干问题的意见（草案）》，要求在实现人民公社化的过程中：政治从严，经济放宽；步子放稳，时间放长。1965 年 8 月 29 日，中共中央批示同意在西藏有领导、有计划、有步骤地试办人民公社（名称定为人民公社，但内容是初级社再高级社，最后到人民公社）。先办初级农牧业合作社，一方面加强对农牧业互助组的领导，另一方面进行建社（即人民公社）试点工作。要求在建社过程中，宁可时间用的长些，准备得充分一些，也要搞得好一些。

1964 年冬，中共西藏工委组织了办社工作组，在西藏拉萨市西郊的堆龙德庆县通嘎乡冲色村，开始试办了全自治区第一个农业初级合作社（1965 年 7 月 8 日改名为人民公社）。通过办社，土地和基本的生产资料等归集体所有，到1965年底，全社的粮食总产量增长了45.4%，群众感受到了走集体化、合作化道路的优越性。总结他们取得大丰收的原因有三点：一是跟着中国共产党走，办起了社；二是社员思想精神面貌变了样，生产干劲比过去大了；三是国家的支援。1965年7月，中共西藏工委又在拉萨市东郊的达孜县帮堆乡试点办社。1966年7月5日，中共中央西南局批复了《西藏自治区党委关于在门堆乡试办牧业人民公社的指示》，从此，在牧区也开始了社会主义改造的试点工作。这样，西藏在农业地区和牧业地区都开始了社会主义改造试点工作。

建立人民公社是以原来的乡为建制单位进行的。农区一般的每个乡（社）也只有100来户，牧区更少。人民公社直接领导管理生产队，没有生产大队或小队之分。人民公社直接受县的派出机构——区的领导，它既是相当于乡级的政权组织，又是社会主义集体经济管理机构，实行社、队两级管理，生产队为基本核算单位。由于西藏地广人稀，自然环境与生产状况差异相当大等特点，全自治区各地的社会主义改造不能同步前进，即使在前面三个试点的基础上，也是分期分批地在试点。各个专区选择了有代表性的乡进行试点，视情况再扩展到县级试点。在各层次的试点进程中，坚持了先农区后牧区，先腹心地区后边境地区的原则。从先行的农牧业互助组，向初级社或高级社过渡，根据各自的具体实际情况，可分三步（互助组—初级社—高级社—人民公社）走，亦可分两步（互助组—初、高级社—人民公社）走，最后实现集体化，到达所谓真正意义上的人民公社化。

交代政策，宣传群众，调动广大农牧民群众参与建社的积极性。在广大的农牧区，基于平叛及民主改革稳定发展的良好工作基础上，有成长起来的大批藏族等少数民族干部及当地的基层干部，这些在组织上为建社创造了良好的条件。在进行社会主义改造的过程中紧紧依靠了贫苦农牧民出身的群众，团结95%以上的广大群众，树立出身贫苦农牧民的绝对优势，最大限度的孤立极少数敌对分子，较全面地贯彻了党的阶级路线。有的地方还进行了民主革命（民主改革）的补课教育，分清敌我友。在原民主改革工作中培养成长起来的基层干部，又一次得到了锻炼和提高，他们同新成长起来的大批积极分子一道，奋战在建社的第一线，带领和组织群众走合作化的道路，贯彻中共中央和西藏自治区党委关于社会主义改造的方针政策，宣传教育群众，使广大农牧民认识到走社会主义道路是必由之路，逐步加深对农牧业社会主义改造意义的理解。把社会主义改造与农牧民发展生产，增加收入，改善生活等实际利益联系起来，进行对比教育；把单干、互助组、初级社、高级社或人民公社的优缺点相互对比；用合作化的优越性说明只有社会主义道路，才是广大农牧民由穷变富的唯一道路。

西藏的牧区，从 1966 年起，三年没有全面办社，只是搞了试点。在此期间，主要是大力整顿和发展互助组，仍然继续贯彻执行"牧工牧主两利"（牧工利：牧主提高牧工的待遇；牧主利：减轻对牧工的剥削）政策，为办社创造了条件。在牧区，继续坚持了不公开划分阶级的做法。在牧区进行试点的原则是：牧户除自留畜以外，牲畜入社，分配上按畜分红；牧主的牲畜，自留其相当于中等牧民的数额外，余者社队作价赎买，或社私合营；富牧的牲畜实行社私合营，具体做法由社队里的群众和富牧商定。对于富牧在认识上作为剥削阶级来掌握，但在具体操作上仍按民主改革时期的政策，作为团结的对象对待，以利于减少社会主义改造的阻力。

社会主义改造的大部分农村牧区，在建社过程中，成立了贫农（牧）团组织，吸收了一批积极分子和骨干参加。人民公社的干部是从当地群众中培养选拔出来的，他们仍是农（牧）业户口，参加社队的分配。这样在组织上干部上有了保障，有了一大批社会主义的中坚力量和"顶梁柱"，有力地保证了农牧业社会主义改造较为顺利地进行。

1970 年，西藏自治区党的核心小组和国家农林部党的核心小组及成都军区一起，对西藏农牧区进行了调查研究。针对西藏自治区社会主义改造问题，由西藏自治区和国家农林部，于 11 月向中共中央作了《关于西藏地区农牧业社会主义改造问题的请示报告》。12 月中共中央根据前几年西藏农牧业社会主义改造的进展情况和形势的发展，发出了《关于西藏社会主义改造问题的指示》（简称为：中共中央 68 号文件）。《指示》中说："原则上同意西藏地区在完成民主改革的基础上，有领导、有计划、有步骤地实现人民公社化"，提出"在农牧业社会主义改造运动中，必须坚定地依靠贫下中农牧，巩固地联合中农牧，消灭农奴主、牧主和富农牧阶级的剥削制度"。"总的打击面，要切实控制在以县为单位的总户数的百分之七八以内。"要"把办社同认真搞好斗、批、改结合起来"。在此之前，西藏全自治区 1940 个乡，已有 1023 个乡分期分批建起了人民公社，占乡总数的53%（其中1966年前建151个，1967年至1969年建462个，1969年冬至1970年9月建410个）。开始建的人民公社一般都巩固了下来，新建的尽管好的和比较好的占一定的比例，但仍然存在较多的问题。这时正是"文革"最混乱时期，进行了所谓的"夺权"，从自治区一直到基层中共党委党组织处于瘫痪半瘫痪状态，西藏的农牧业社会主义改造运动遭到了难以挽回的损失。

中共中央《关于西藏社会主义改造问题的指示》强调了西藏人民公社，可以是两级（两步走），也可以是三级（三步走），可大可小，要因地制宜，对生产资料入社可采取初级社的经验，也可采取高级社的经验，或采取内地人民公社的做法。这个要求比1965年开始办社的速度明显要加快了，尽管强调了要与群众商量，不可强迫命令，但可采取"内地人民公社的做法"，从根本上动摇了西藏工作一贯"慎重稳进"的方针，不顾西藏的客观实际。这在"文革"的重创下，雪上加霜，导致了"大呼隆"，"一步登天"的现象。有个别地方，甚至是召开了一次群众大会，干部一宣布，明天就"人民公社化"了。这一现象在昌都专区最为突出，后来到十一届三中全会时，大部分群众生活水平下降。

1970年冬，根据中共中央的精神，西藏自治区党的核心领导小组开始对已经办起来的社进行整顿，其重点放在了牧区、边境地区及一般地区的三类社；1971年夏季进行了第二批400个人民公社的整顿工作。到1973年底全区已建的1256个人民公社中，在整顿之列的有1204个，其中问题较多的已整顿过2—3次。1970年以后的做法基本上是边建边整顿。据做得好的山南专区，对397个人民公社的排队比较，好的和比较好的占89.5%，比较差的（三类社）占10.5%。全自治区经过整顿只纠正了部分偏差。如纠正了过去社员的生产资料，特别是牲畜，无偿入社和作价偏低的做法，还有过早过快取消土地入股分红等。经过整顿，好社率均上升了15%—20%。通过建社整社，培养了大批藏族等少数民族干部，加强了基层组织建设，建立健全了人民公社党支部、革委会、贫协会、共青团、妇联、治保等组织。基本做到了社有支部，队有中共党员，30%的生产队建立了党小组。在全自治区，据对210个社的统计，整社前有党支部70个，党员363名；整社后党支部发展到219个，党员1636名。通过整社建社促进了农牧业的发展，巩固了农村牧区的基层政权。其中山南专区在这方面做得比较好，据1973年的统计，全专区90%以上的社队粮食产量较往年都有不同程度的增长。到 1975 年年底，全自治区的 1929 个乡（不含阿里专区），已建立 1921 个人民公社，西藏基本实现了人民公社化，在所有制的形式上与全国走到了一起。

在社会主义改造中，有两件大事值得特别记述，一件事是中共西藏自治区第一次代表大会的召开。1971 年 8 月 7—12 日中共西藏自治区第一次代表大会在拉萨举行，组成中共西藏自治区委员会出席会议的代表 505 人。任荣代表自治区革委会党的核心小组作了题为《团结起来，沿着毛主席的革命路线奋勇前进》的工作报告。会议选出了 56 名委员和 16 名候补委员，组成中共西藏自治区委员会。区党委第一次全体委员会选举并经中央批准，任荣为第一书记，陈明义、天宝（藏族）、杨东生（藏族）、封克达、高圣轩、巴桑（藏族，女）为书记。此次会议的召开，为社会主义改造提供了路线保证和组织保证。第二件事是著名的"六人报告"，1972 年 5 月 21 日至 6 月 23 日，中共中央在北京京西宾馆召开批林整风汇报会。按照中央要求，每个省、市、自治区来六名负责人参加会议，其中应包括一名优秀年轻干部。西藏参加这次会议的党政军负责人有任荣、陈明义、天宝、杨东生、巴桑。当时担任那曲地委书记的热地作为年轻干部，也参加了会议。为了研究"批林整风"和"文革"中西藏工作的一些具体问题，批林整风汇报会结束后，根据周恩来的提议，党中央指示西藏的参会者留下来，继续召开西藏工作会议。会议从 6 月 25 日至 7 月 5 日，共开了 11 天。会议分两段进行。前一段研究西藏的批林整风问题，后一段研究西藏工作问题。会议开始由周恩来主持，后因外事离会。叶剑英、李先念、华国锋、纪登奎以及中央的一些领导人参加了部分阶段的会议。江青、张春桥、王洪文、姚文元参加了前一段会议。他们首先要求军区政委任荣和军区司令员陈明义在批判林彪的问题上作检讨，之后要求与会人员对任荣等自治区党委领导进行揭发批判。在会上，任荣、陈明义在高压之下作了检讨，并对各种不实之词进行了解释。最后，参加会议的李先念代表中央说道，任荣、陈明义就是那么几件事，在会上都说清楚了。后一段会议的主要内容，是分析西藏的形势，总结经验教训，研究此后的工作。按照周恩来的委托，会议由华国锋、纪登奎召集。中途，周恩来和叶剑英、李先念等中央领导也参加过会议。当时，"文化大革命"中的西藏，同全国一样受到严重冲击。为了稳定社会，巩固国防，发展生产，改善人民生活条件。与会同志就西藏深入揭批林彪反党集团罪行，搞好社主义改造，落实党的民族、宗教和平叛政策，培养少数民族干部，恢复和发展交通运输，铺设输油管道，扶贫、教育卫生等重大问题进行了广泛的讨论。在若干重大问题上达成了共识。西藏工作会议之后，以参会的六位西藏负责人的名义，形成了致毛泽东、党中央的《关于贯彻中央批林整风汇报会议精神的报告》。这个报告后来被简称为《六人报告》。

西藏工作会议和"六人报告"的产生，是西藏党政军领导层在以周恩来为代表的党内健康力量的领导下，开始纠正"文革"极"左"错误，减轻"文革"造成的损失的一次具有重大历史意义的政治事件。这个文件成为以后一段时间内西藏工作的指导性文件。

1975年，中共西藏自治区委员会决定在全区范围内对城镇和私营商业、手工业进行社会主义改造。西藏自治区党委根据手工业工人的愿望，因势利导，把实现城镇手工业的社会主义改造，作为完成社会主义改造的重要任务，加强领导，采取"重点试办，分期分批，稳步前进"的方针，由国家在资金、物资、技术等方面给以大力支援。这样，对手工业的社会主义改造便顺利地开展起来。到1975年底，全自治区已把铁木、毛纺、皮革、缝纫、卡垫、揉皮、土陶、木碗等28个行业中的互助组和个体劳动者，组成了近400个手工业生产合作社，基本上实现了合作化。西藏对城镇和私营商业、手工业进行社会主义改造主要限于拉萨、日喀则等几个城镇，其中对为数不多的私营商业、手工业者补划了成分，组织起手工业生产合作社。到1976年上半年，全区共划资本家206户，其中拉萨城区140户（房产资本家13户，商业资本家121户，手工业资本家6户）；全区26个手工业行业成立380多个合作社（组），参加手工业生产合作社（组）的有8300多人。在此同时，按照党的政策，对私营商业也进行了社会主义改造，小商小贩也全部组织起来，走上了为社会主义服务的道路。

对西藏手工业、私营商业的社会主义改造，反映了西藏广大人民群众在党的领导下，走社会主义道路的愿望。大批过去从事手工业生产的奴隶和贫苦农奴，成长为基层干部和技术骨干，许多人加入了中国共产党。各手工业合作社都建立了党的组织和革命委员会（或革命领导小组），还建立了工会、妇女、共青团、民兵和治安保卫等群众组织。

（三）新中国西藏地区社会主义改造的历史评估

西藏地区的社会主义改造，是全国社会主义改造的重要组成部分，是体现西藏这一边疆民族地区社会主义性质的重要标志，是西藏不可逾越的历史阶段。西藏经过民主改革，摧毁了封建农奴制度，建立了生产资料个人所有制，继而建立生产互助组，组织半社会主义性质的供销合作社和信用合作社，发展半社会主义性质的初级农牧业生产合作社和社会主义性质的人民公社，这是党领导西藏各族人民有步骤地实现从民主改革到社会主义革命的必然过程。

西藏民主改革前，在最反动、最黑暗、最残酷的封建农奴制度统治下，占西藏人口不到5%的三大领主，占据了全部土地和绝大部分牲畜，广大农奴和奴隶被当作"会说话的牲畜"，终年挣扎在死亡线上。1959年，在党中央的领导下和社会主义大家庭里，百万农奴才得以彻底摧毁封建农奴制度，当家做了主人。这一历史的变革，打碎了千百年来束缚西藏生产力发展的桎梏。广大农牧民深深体会到，跟着共产党，走社会主义道路，就是幸福，就是胜利，就有美好的前程。民主改革以后，在西藏的农村牧区，翻身农牧民迅速办起两万多个互助组，农牧业生产连年丰收，群众生活日益改善，翻身农牧民亲身体会到组织起来的好处。随着生产力的迅速发展，广大翻身农牧民要求进一步走共同富裕的道路，社会主义积极性空前高涨，迅速出现了农牧业社会主义改造的高潮。西藏自治区各级党组织积极领导，实行"书记动手，全党办社，分期分批，稳步前进"的方针，认真贯彻执行"坚定地依靠贫下中农牧，巩固地联合中农牧，消灭农奴主、牧主和富农牧阶级的剥削制度"和对阶级敌人"给出路"的政策，坚持自愿、互利的原则，有计划、有步骤地开展建社运动。在建设过程中，国家以资金、物资等各方面给翻身农牧民以大力支援。连人口较少的门巴族、珞巴族和僜人等也纷纷办起了人民公社。各地人民公社建立以后，坚持以党的基本路线为纲，贯彻执行党在农村的各项方针政策，建立健全了各项制度，使集体经济不断巩固和发展。广大翻身农牧民看清了社会主义的光辉前程，欢欣鼓舞地高唱起"雪山有了红太阳……"在人民公社普遍建立并经过整顿而得到巩固发展的过程中，一大批翻身农奴出身的基层干部成长起来，许多人加入了中国共产党，壮大了农牧区党的组织。仅1972年到1973年，西藏全区就发展了11000多名农牧民新党员。人民公社普遍建立了党的组织，同时建立健全了贫协、妇女、青年、民兵、治安保卫等群众组织。

西藏的社会主义改造，是一场深刻的社会主义革命，翻身农牧民和城镇工商业者经受了社会变革的锻炼,进一步加强了集体的力量和民族团结,精神面貌焕然一新。坚定了跟党走,走社会主义道路的信心。同时,西藏的人民公社的体制和当时的内地有较大区别,它以初级农牧业生产合作社或高级农牧业生产合作社为内容,挂人民公社的牌子,实行两级所有、队为基础,所以生产力还是有一定的提高。

社会主义改造使许多地方依靠集体的力量,发挥群策群力的聪明才智,创造出在封建农奴制度下连想也不敢想的奇迹。隆子县列麦公社深入开展农业学大寨群众运动,大干、苦干、巧干,创造了列麦经验,不断夺得农业大丰收;那曲县红旗公社持续开展牧业学大寨群众运动,干部社员自力更生,牧业生产大发展,牲畜头数不断增加;平均海拔4000多米的普兰县,实现公社化以后,广大群众在党的领导下,集体组织生产,改良土壤,兴修水利,粮食单产达到480斤,创造了当时最好的纪录。

西藏的社会主义改造,为改变西藏落后的生产技术和耕作制度创造了有利条件。组织起来的农民群众,打破了世世代代基本上不种越冬作物的习惯,大面积试种、推广冬小麦、冬青稞,至今,这种创新的种植方式仍然保留在西藏的农区。社会主义改造也为不断扩大再生产创造了条件,加快了农牧业机械化和半机械化的进程。不少公社购置了拖拉机、播种机、脱粒机、抽水机等农业机械,大大增强了抗灾能力。

西藏的社会主义改造,进一步增强了对社会主义大家庭的认同感和各民族的团结。一定形式的社会组织,有利于人们的凝聚力和团结精神。高级合作社和人民公社建立后,许多从内地支援西藏的干部和下乡知识青年深入基层,有的担任了区上的领导干部,有的直接插队落户,人民群众对社会主义大家庭更加向往,因而涌现出西藏农牧民在河北邢台大地震的关键时刻跋涉几千千米送马支援灾区及后来向毛主席纪念堂"献土"的感人事迹。

对于西藏的社会主义改造,党中央、国务院给予了充分的肯定。1975年8月,前来祝贺西藏自治区成立10周年的中央副主席、国务院副总理华国锋同志代表中央对西藏完成社会主义改造、西藏各族人民走上社会主义道路表示赞同,并鼓励西藏各级党政组织和各族人民坚持走社会主义道路,沿着社会主义的康庄大道奋勇前进。

然而,由于西藏的社会主义改造毕竟是在"文化大革命"期间进行的,它深深地带着"文化大革命"极"左"的烙印。在一些政策和做法上有一定的失误,例如:1970年西藏自治区和国家农林部向中共中央作的请示报告,认为西藏的民主改革不彻底,有一个富农(牧)阶级存在,中共中央的68号文件即提出了消灭富农(牧)阶级。这样一来,先后在农牧区人为地划出一个根本不存在的富农(牧)阶级和一批剥削阶级分子,侵害了部分中农(牧)的利益。将打击面由原来的3%—5%扩大到7%—8%。60年代末"文革"的那几年,本来党委党组织已瘫痪半瘫痪,导致了农牧业社会主义改造工作的无序状态,还嫌"左"得不够,更进一步地强调阶级和阶级斗争,其结果严重地削弱了社会主义改造对发展生产发展经济的作用。

再如:由于受"文化大革命"的影响,一些地方未按照中央对西藏的特殊政策办事,违背了中央的政策,照搬了内地的"政社合一""一大二公"的组织形式,脱离了西藏农牧区的生产力发展水平,特别是未能按照中央的要求,给农牧区的社员留足自留地和自留畜,影响了经济的发展,后来尽管进行了整顿,"一大二公"的状况未能彻底改变。后期从办社进度、形式和规模上看,有的地区要求过急,超越了从初级农牧业生产合作社逐步过渡到高级农牧业生产合作社的要求,产生了管理上的"大呼隆"、分配上的平均主义。在办社规模上,把生产队搞得过大,没有充分考虑和照顾到西藏地域辽阔、居住分散的特点,给社员的生产和生活造成了许多不利。在进行农牧业社会主义改造中,从1971年至1975年先后在农区和牧区划出了富农富牧阶级和富农富牧阶级分子,不仅缩小了团结面,扩大了打击面,而且也混淆了敌我界限,严重地挫伤了这部分农牧民的生产积极性。

在城镇进行社会主义改造中补划资本家,脱离了西藏地方实际。由于民主改革前西藏处于封建农奴制阶段,资本主义还未发展,也基本上没有形成现代工人阶级,商品经济很不发达,较大的商店也是贵族、寺庙依靠封建特权经营的买卖,但是随着平叛改革对寺庙和贵族的处理,他们经营的商业也不复存在。在客观上不存在资产阶级的情况下补划资本家,严重地伤害了一般的工商业者,影响了城镇工商业的发展和城乡交流与群众的生活。西藏实现了手工业生产合作社以后,许多手工业生产合作社进行了技术改造,部分手工业生产合作社实现了半机械化生产,提高了劳动生产率。但是在手工业的社会主义改造中,工作过粗,没有很好地考虑到西藏手工业的地方特色、分散灵活、产品多样以及群众的不同要求和适应市场变化等特点，实行了集中生产和统一计算盈亏，导致在生产和经营方面都出现了不少问题。

由于西藏的社会主义改造是在"文化大革命"的动乱年代中进行的，出现过"左"、过急的失误在所难免，许多方面的问题在十一届三中全会后得到了纠正。现在看来，西藏的社会主义改造是西藏社会发展的一个不可逾越的历史过程，正确、客观地认识这一历史过程，对我们正确把握历史，分析问题，总结历史经验，有一定的借鉴意义。

七　改革开放与西藏的"一个转折点"

西藏是祖国西南边疆重要的民族自治区，长期以来，一直是党中央和全国人民十分关注和重视的地方。改革开放后，西藏也同全国一样，开始了以经济建设为中心的现代化建设事业。由于西藏社会特殊的发展进程，在改革开放中也遇到一些曲折。特别是1986年之后，随着苏东形势的巨变，达赖分裂集团在西方反华势力的支持下加紧了分裂活动。1987年到1989年，西藏拉萨连续发生了多起大规模的骚乱，使西藏的稳定与发展遭受到严重的破坏，西藏的现代化事业遇到了很大困难。1988年12月1日，中共中央作出决定，胡锦涛同志任西藏自治区党委书记。1989年10月，党中央召开政治局常委会会议，形成了稳定和发展西藏工作的十条意见。西藏在胡锦涛同志为班长的区党委的带领下，认真贯彻中央常委会会议精神，结合西藏实际提出了"一个中心，两件大事，三个确保"的新时期西藏工作的指导思想，推动了西藏工作的重大转折，这一转折加速了西藏迈向现代化的历史进程，奠定了西藏自改革开放以来由艰难的探索向长期稳定发展的基础。回顾这段历史，我们会从中总结出十分宝贵的历史经验。

（一）改革开放初期西藏工作的基本情况和探索中的曲折

党的十一届三中全会以后，西藏与全国一样，将工作重点转移到社会主义现代化建设上来，在解放思想、开动脑筋、实事求是、团结一致向前看的思想路线指导下，继续落实党的干部、民族、宗教等各项政策，全力医治"文化大革命"带来的创伤。从1979年初，自治区陆续对自1959年以来遭受错误处理的党的中高级干部和上层爱国人士予以平反昭雪或落实政策。与此同时，全面落实党在农牧区的生产经营政策，在人力、物力及资金等方面扶持农牧区发展生产，繁荣经济，不断改善人民群众的物质文化生活。会议还恢复成立了中共西藏自治区纪律检查委员会。

1979年11月，根据中央统一部署，区党委颁发了《关于国民经济三年调整有关问题的要点》，确定在全党工作重点转移后，用三年时间贯彻中央"调整、改革、整顿、提高"的八字方针，首先是对农牧业结构进行调整。从西藏农牧区地域辽阔、经营分散这一实际出发，允许各地区根据自己的客观自然条件和群众生产生活习惯，在"宜农则农，宜牧则牧，农、林、牧、副、渔全面发展"的总方针下，扬长避短，发挥自己的优势，组织生产。给生产队下放经营自主权，调高农畜产品价格，调减征购任务，放手让社员经营自留地，发展自留畜和其他家庭副业生产；对公有土地、畜群实行联产计酬，增产增收，激发农牧民发展生产的积极性；提倡恢复农牧交换、盐粮交换和发展个体小商贩。其次是调整工农牧业布局，加强农牧业基础地位，按照围绕农牧业办工业的方针，对当时的企业分为发展、维持和关、停、并、转三种类型。继续发展电力、燃料、建材、采矿业以及有利于群众生产、生活和外贸创汇的手工业，维持群众需要又有条件生产的毛纺、火柴、造纸、粮油加工等企业，对不具备生产条件的农机、制糖、化肥等厂矿实行关、停、并、转。

1980年3月14日至15日，中央在北京召开第一次西藏工作座谈会。会议根据十一届三中全会精神，坚持解放思想、实事求是的思想路线，一切从西藏实际出发，明确了西藏工作的指导思想及面临的任务。1980年4月，中央批转了《西藏工作座谈会纪要》。《纪要》肯定西藏和平解放以来，特别是粉碎"四人帮"以后几年来所取得的成绩，提出了西藏当时和今后一个时期的中心任务和奋斗目标：以藏族干部和藏族人民为主，加强各族干部和人民的团结，调动一切积极因素，千方百计地发展国民经济，提高各族人民的物质生活水平和文化科学水平，建设边疆，巩固国防，有计划有步骤地使西藏兴旺发达、繁荣富强起来。根据这一中心任务和奋斗目标，《纪要》从西藏的自然条件、民族特点、群众生产和生活的需要出发，提出了大力发展农牧业、工业、交通运输业、商业、文教卫生事业，在发展生产的基础上，逐步改善各族人民的物质生活。《纪要》强调，要加快西藏建设，必须进一步解放思想，落实政策，紧密结合西藏实际，深入批判林彪、"四人帮"的极"左"路线，坚决肃清其流毒，调动一切积极因素，变消极因素为积极因素，努力巩固和发展安定团结的政治局面。

中央第一次西藏工作座谈会对西藏的经济建设产生了深远的影响。它进一步端正了思想路线，开拓了人们的思路，摆脱了两个"凡是"的禁锢，提高了一切从西藏的实际出发，研究新情况，解决新问题，探索加快西藏发展新路子的自觉性。这次中央西藏工作座谈会一个非常突出的内容就是对西藏实行休养生息的方针，在政策上给予西藏一系列特殊照顾，从人力、物力、财力上给予巨大的支持，给西藏落后薄弱的经济基础以有力的扶持，增强了西藏经济竞争的实力，启动了西藏经济的自身活力。

1980年5月，中共中央总书记胡耀邦、国务院副总理万里率领工作组到西藏考察指导工作，与区党委和各地市负责人座谈，深入基层调查研究。在自治区4500多人的干部大会上，他第一次提出"为建设一个团结、富裕、文明的新西藏而奋斗"的战略目标。要求西藏在当前和今后一个时期解决六件大事。① 中央第一次西藏工作座谈会和胡耀邦同志到西藏指导工作后，西藏自治区实行了一系列休养生息政策，农牧业得到了恢复和发展，群众生活得到逐步提高，但由于欠账较多，底子薄，加上自然灾害和人为的因素，经济社会发展的差距越来越大，同时，大批内调进藏干部的风潮，严重地影响了民族团结。

为加快西藏经济的发展速度，宣传"两个离不开"的思想，对西藏工作来一次再认识。中央于1984年2月、3月间又召开第二次西藏工作座谈会并形成了《西藏工作座谈会纪要》。《纪要》概括了第二次西藏工作座谈会的目的意义和主要内容，对西藏的基本情况来一次"再认识"，对现行的方针政策作一次再研究，力求把问题看得更全面、更准确些，提出更切实、更有力的措施，争取较迅速地、大步地把西藏工作推向前进，

---

① 六件大事为：第一，在中央的统一领导下，充分行使民族区域自治的自治权。第二，坚持执行休养生息的政策，大大减轻群众的负担。第三，实行特殊的灵活政策，以促进生产的发展。第四，把国家支援的大量经费，用到发展农牧业和西藏人民日常迫切需要的用品上来。西藏在3—5年内实行免征、免购政策。从1981年起给予西藏的财政补贴每年递增10%。第五，在坚持社会主义方向的前提下，大力地充分地发展藏族的科学文化教育事业。第六，正确执行党的民族干部政策，极大地加强藏汉干部的亲密团结。

中心是把经济搞上去,使人民尽快地富裕起来。中央把在西藏的认识上的错误思想概括为两种:一种是只看到西藏的特殊性,不承认西藏同全国其他各地的共性,甚至非常错误地认为西藏可以"独立",这种认识不可低估它的影响和危害。另一种是只看到西藏同全国各地的共性,忽视甚至否认西藏的特殊性。

1984年8月19日至31日,中共中央书记处书记胡启立、国务院副总理田纪云等到西藏调查研究指导工作,返京后于9月14日向党中央、国务院写出了调查报告。在中央批转的《胡启立、田纪云赴西藏调查研究的报告》指出:要解决西藏经济发展中的突出问题,必须在指导思想上进一步清除"左"的思想影响,彻底解放思想,放开手脚,一切从西藏的实际出发,从有利于调动广大农牧民和职工发展生产的积极性出发,充分发挥西藏的优势,敢于探索,善于改革,制定适合西藏实际情况的方针政策。要从封闭式经济转变为开放式经济,增强自身活力,逐步实现城乡经济的良性循环;从供给型经济转变为经营型经济,努力提高经营者的积极性,提高经济效益。《报告》提出了"两个为主"和"两个长期不变"的农牧区方针政策[①]。还提出了"本地区的产品可以全部实行市场调节"的商业政策。这些都是西藏农牧区经济工作的重大突破,成为发展西藏农牧区经济的长期的基本方针。关于教育与人才培养问题,《报告》提出在西藏办学的同时,要采取集中与分散相结合的原则,在内地省市办学,帮助西藏培养人才。

中央提出的"两个为主""两个长期不变"的政策,受到了广大农牧民的欢迎。由于这一政策符合农牧区的经济发展水平、自然条件和群众的认识程度,很快在全区推广。到1985年初,实行上述生产责任制的农牧户达到95%以上,加快了西藏农牧经济的发展。1987年4月,自治区党委、政府发出《关于深化农牧区经济体制改革的意见》,重申西藏农牧区经济体制改革要在坚持土地、草场和森林公有制的前提下,坚持家庭自主经营和市场调节的方针,提出进一步完善各种责任制,疏通流通渠道,发展经济,改变投资方式,加强重点投资,逐步调整产业结构,发展多种经营和乡镇企业等措施。

---

① "两个为主,两个长期不变"指:以家庭经营为主和以市场调节为主的方针,农区可实行土地归户使用、自主经营、长期不变;牧区可实行牲畜归户、私有私养、自主经营、长期不变的政策。

西藏城市经济体制改革起步较晚。根据中共中央、国务院《关于深化经济体制改革的决定》，西藏在贯彻执行"调整、改革、整顿、提高"的方针时，关、停、并、转了33个长期亏损的国有企业。1985年1月，自治区党委、人民政府发出《关于改革经济体制、加快经济发展的意见》，提出"从实际出发，抓好增强企业活力"，采取更加放宽的政策，更加灵活多样的措施和经营方式。为此，提出大力发展个体和集体经济，进一步扩大国营企业的自主权，实行责、权、利结合，减轻企业负担，给予适当扶持，企业内部要进一步推行和完善多种形式的层层承包的经济责任制，培养和造就一批有社会主义觉悟、会经营管理、具有一定文化和技术水平的少数民族专业干部等措施。同时，还制定了计划、价格、劳动工资、财政、信贷等方面的改革配套措施。与此同时，自治区全面推行厂长（经理）负责制和全面推行承包经营责任制。

坚持对外开放，发展横向经济联合。区外的国营、集体、私人企业和个体工商户可以进入西藏，开办商业、服务业、建筑业、运输业和加工业，繁荣市场，活跃经济，方便群众。西藏还加入西南五省七方经济协调会，同西南各省市以及青海、甘肃、新疆的兄弟省区开展了经济联合与协作，签订各种协议500多项。通过开放，引进了技术、人才和先进的管理经验，提高了企业的经营管理水平，调剂了物资余缺，促进了经济发展。从此，西藏改变了长期封闭的局面，西藏经济初步由封闭型、计划型、供给型向开放式、经营型、市场商品型转变。

为了充分体现党中央、国务院和全国各地对西藏各族人民的关怀，以新的面貌迎接西藏自治区成立20周年，鼓舞和增强西藏各族人民建设西藏的信心，党中央决定由北京、上海、天津、江苏、浙江、福建、山东、四川、广东等省市，按照西藏提出的要求，分两批帮助西藏建设43项迫切需要的中小型工程项目，工程总面积23万平方米，从项目前期准备、工程土建、安装、内外配套到人员培训，共投资4.8亿元。

1980年第一次西藏工作座谈会后，在内地进藏干部两次大批内调的同时，大量藏族及区内其他少数民族干部走上领导岗位，藏族干部在干部队伍中的比例进一步增大。1983年4月，在完成县级直接选举的基础上，召开了西藏自治区第四届人民代表大会第一次会议，以藏族为主体的少数民族代表占人大代表总数的82%以上。1985年自治区成立20周年时，藏族和其他少数民族干部占全区干部总数的62.3%。

1985年11月，西藏自治区党委召开常委扩大会议，提出"三个进一步"的思想教育：一是进一步彻底否定"文化大革命"；二是进一步清除"左"的思想影响；三是进一步端正思想路线。抓好两件大事：一件是机构改革，另一件是经济建设与经济体制改革。常委扩大会议上提出了1986要在全区开展"一切从西藏实际出发"的大讨论。这场讨论从1986年4月开始，历时一年零九个月，它对于肃清"左"的影响，正确认识西藏区情，坚持从西藏实际出发，进一步落实各项方针政策，促进我区经济发展产生了一定的影响。然而，由于过分地强调特殊性，在一定程度上割裂了共性与个性的关系，也带来了一些消极影响。

全面正确地贯彻党的宗教信仰自由政策是西藏当时政治上的一件大事。按照1982年中央《关于我国社会主义时期宗教问题的基本观点和基本政策》和中央两次西藏工作座谈会精神，自治区全面实行了宗教信仰自由政策和放开了宗教、寺庙管理，从1980年起，中央和自治区先后拨出专款，维修了在"文革"中遭到破坏和年久失修濒临倒塌的宗教场所，维修了一批重要宗教文化古迹。中央拨专款5000多万元，开始对布达拉宫进行维修；拨专款1300万元，黄金100公斤，维修西藏最古老的寺庙桑耶寺；拨专款780万元和大量黄金白银，修建五世到九世班禅灵塔合葬祀殿。

在改革开放的最初10年里，西藏社会进步和经济发展不是一帆风顺的。通过和平解放、民主改革、自治区成立和社会主义改造30多年的时间，积累了社会主义革命的一系列经验，进入改革开放时期，西藏对于如何进行社会主义现代化建设缺乏足够的经验，加之国际、国内大小气候的影响，西藏的工作也遇到了一系列的特殊困难和问题，这些困难和问题大体上体现在两个方面。一方面来自西方反华势力的渗透和达赖分裂集团的干扰破坏；另一方面来自对西藏工作的认识和判断上的偏差。长期以来，西方敌对势力把所谓"西藏问题"作为对中国实行"西化""分化"战略的突破口。达赖集团在西方反华势力的支持下，也从未放弃过搞西藏独立的企图，他们根据国际国内形势的变化而不断变换手法，时而公开打出"西藏独立"的旗帜，时而玩弄"和谈"手段，摆出一副求和的假象，但万变不离其宗，始终没有停止过分裂活动。西方反华势力"西化""分化"的图谋和达赖集团的分裂破坏活动，给西藏的工作造成了很大的困难和被动，这是西藏工作出现困难和问题的主要因素。

从西藏工作自身检查，也存在不可忽视的问题。1979年9月至1980年10月，达赖集团先后派了三批参观团回国参观，在参观过程中，他们到处进行煽动，四处招摇，叫嚣"西藏独立"，甚至唱起西藏独立的歌曲，散发反动传单，向爱国人士、藏族干部投递恐吓信，一段时间拉萨大街上到处出售达赖像，寺庙把达赖奉若神明，一度引起了西藏干部群众的思想混乱。此后，达赖集团继续玩弄和谈阴谋，声言要回国参加建设，当苏东形势发生变化，社会主义在世界范围遇到困难时，他们立即撕下了虚伪的面纱，策划拉萨骚乱活动。对于达赖集团的一系列阴谋活动，当时缺乏应有的警惕。对西藏工作影响最大的问题是80年代初大批内调汉族和其他民族的干部职工。西藏是祖国的一个民族区域自治地方，建设社会主义新西藏是各民族的共同责任，和平解放以来，党中央根据西藏社会经济发展的需要，从全国各地选派了一些西藏急需的党政干部、教师、科技人员、医务工作者，同时采取传、帮、带的形式，大力培养当地民族干部，形成了一支稳定而坚强的干部队伍。1979年，根据改革开放和西藏大发展的需要，经区党委请求，先后从内地调进3000多名党政干部和专业技术干部。1980年中央第一次西藏工作座谈会以后，由于调查研究不够，在西藏正需要大批干部进行现代化建设的时候，却作出将汉族和其他民族干部内调85%的错误的决定。这一决定在干部队伍中引起了很大震动。1980年至1983年，西藏全区大批干部内调，地区及以下单位调走了90%。据统计，仅在两年多的时间里，汉族和其他民族的干部职工先后分三批内调45100余人，连同亲属一起有80000多人离开了西藏。他们当中，有的在藏工作几十年，与藏族干部群众结下了深厚感情，已经与西藏密不可分，离藏时满含热泪，恋恋不舍。由于干部工作上的失误，把一些年富力强的领导干部和专业技术骨干也调走了，给西藏的改革开放和现代化建设造成不可弥补的损失。为此，中央及时提出"两个离不开"的民族地区工作思想，并通过对口支援的方式，紧急给西藏补充了一些领导干部和专业技术人才，但也只是杯水车薪。1987年6月，邓小平在会见美国前总统卡特时的谈话中指出，西藏是人口很稀少的地区，单靠200万藏族同胞去建设是不够的，汉人去帮助他们没有什么坏处。他强调："如果以在西藏有多少汉人来判断中国的民族政策和西藏问题，不会得出正确的结论。关键是看怎样对西藏人民有利，怎样才能使西藏很快发展起来，在中国四个现代化建设中走进前列。①"邓小平在这里明确提出了判断中国的民族政策和西藏问题的标准。历史经验证明，在西藏既要重视藏族干部和其他少数民族干部的培养，又要保持一定比例的其他民族的干部队伍。"如果在那里的汉人多一点，有利于当地民族经济的发展，这不是坏事。看待这样的问题要着重于实质，而不在于形式。"②邓小平同志的这一重要论述对当时的形势有着深刻的寓意。

此外，当时在依靠力量、反对分裂与"左"的思想区分、落实政策的界限、要不要对宗教与寺庙加强管理等方面存在模糊的认识，直到大规模骚乱的前夕还在继续清"左"和无区别地落实政策。把正常工作中可以纠正的问题拔高为指导工作方针，使干部群众的思想离开了经济工作中心，用大量精力和时间开展清"左"和无限度地落实政策，一些地方甚至出现伤害翻身农奴感情的情况。一些领域对过去许多复杂的事物，简单地用"左"和"右"来套，导致了人们思想上的混乱，严重地伤害了一大批我们党长期培养起来的各族干部和拥护我们的群众，甚至把拉萨的骚乱也笼统地归结为"左"的结果，不能及时有效地制止骚乱。更有甚者对宗教和寺庙放弃了管理，全区掀起了大修寺庙的热潮，引起宗教狂热和失控。特别是后来一个时期，在对待宗教问题的把握上，片面强调宗教信仰自由，在有些地方，党和政府对宗教管理处于失控状态，甚至出现了宗教干预行政、司法、教育，干预群众正常生产、生活等现象。这些问题给西藏工作埋下潜伏的隐患，干部群众思想的混乱也影响了经济工作，80年代中期，曾一度出现国民经济全局性的负增长，1986年，西藏生产总值由上年的22.28亿元下降到20.31亿元，国民收入由12.58亿元降至11.07亿元，粮食总产量由上年度的5.3亿公斤下降到4.5亿公斤，农牧民人均纯收入由368元降至343元。

(二) 西藏拉萨骚乱的发生

正当全区上下致力于改革开放的时候，从1987年9月起，拉萨连续发生了大规模的骚乱活动。拉萨骚乱是分裂主义势力有组织有计划地分裂祖国的犯罪活动，是帝国主义分裂中国图谋的继续，是达赖集团鼓动和策划搞起来的。

达赖集团自1959年叛逃国外后，一直没有放弃分裂的图谋。"文化大

---

① 《立足民族平等，加快西藏发展》，《邓小平文选》第三卷，第246页。

② 同上。

革命"结束后,党和国家逐步纠正了"文化大革命"所犯的错误,内、外政策发生了重大变化,对逃亡国外的达赖一伙人提出爱国不分先后,只要真心实意回到祖国怀抱,站在人民一边,政府和人民是欢迎的,对他们一定会给予妥善安置的。1978年5月,达赖表示想回来看看。12月,邓小平在同美联社记者谈话时明确表示:"达赖可以回来,但他要作为中国公民。"1979年2月,邓小平在接见达赖的二哥嘉乐顿珠时指出:"只要达赖公开承认西藏是中国的一部分,就可以与中央对话,爱国不分先后。根本问题是西藏是中国的一部分,对与不对,要用这个标准来衡量。"随着西藏各方面工作的开展和全国改革开放的大好形势以及中美关系正常化,逃到国外的达赖集团包括达赖本人,多次对中央表示了某种回心之意。在这种情况下,中央于20世纪70年代末和80年代初,多次明确并重申了对达赖集团的方针政策。这些方针政策的主要内容是:1.达赖出走外逃,在国外搞"西藏独立"并散布了许多错误的言论,这两件事干得不好。他对不起国家,对不起西藏人民,也败坏了自己的名誉。2.我们对达赖仍然是继续做工作,争取他向好的方面转化。只要他有爱国之心,什么时候回来,我们都欢迎,都会给予妥善安排。他如果不相信、不放心,多看几年也可以。跟着达赖外逃的一批人,凡是愿意回国的,我们一律欢迎;回来不走的,给予妥善安置;回来又要走的,礼送出境。他们是否回来,这决定于他们是否彻底转变立场。早回来,我们欢迎;迟回来,我们等待;不回来,我们争取;搞分裂,我们反对。3.中央对达赖的五条方针不变①。4.西藏是中国领土

---

① 这五条方针是:(1)我们的国家,已经走上了政治上能够长期安定,经济上能够不断繁荣,各民族能够更好地团结互助的一个新时期。达赖和跟随他的人都是聪明的,应该相信这一条。(2)达赖和他派来同我们接触的人,应该开诚布公,不要采取捉迷藏或者是做买卖的办法。对过去的历史可以不再纠缠,即1959年的那段历史,大家忘掉它,算了。(3)我们诚心诚意欢迎达赖和跟随他的人回来,目的是欢迎他们能为维护我们国家的统一,增进汉藏民族和各民族的团结,为实现四个现代化作贡献。(4)达赖回来定居后的政治待遇和生活待遇,照1959年以前的待遇不变。党中央可以向人大建议让他当副委员长,至于西藏的职务就不再兼了。西藏年轻人已上来,他们工作做得很好。当然也可经常回西藏看看。或经过协商,当全国政协副主席。生活上也维持原来的待遇不变。我们对跟随他的人也会妥善安置,不必担心工作和生活,只会比过去更好一些,因为我们国家发展了。(5)达赖什么时候回来,他可以向报界发表一个简短的声明,声明怎么说由他自己定。他哪一年、哪一月、哪一天回来,给我们一个通知。如果从陆地上经香港到广州,我们就派一位部长级干部到边界去迎接,也发表一个消息;如果坐飞机回来,我们组织一定规模的欢迎仪式,并发表消息。

不可分割的一部分，不能搞独立，也不能搞半独立。5. 要向达赖集团明确宣布，"来去自由"是有原则的，即必须放弃"西藏独立"，承认中国国籍，遵守人民政府的法律法令。不承认中国国籍，不承认是中华人民共和国公民的人，"回归祖国"也是一句空话。6. 中央的政策是明确的，达赖及其集团应当正确理解中央的方针政策，不要捉迷藏，不要讨价还价。只要维护祖国统一、民族团结，为"四化"作贡献，祖国的大门是永远敞开的。

达赖集团错误估计形势，坚持分裂立场，毫无诚意，他们追逐着当时的国际大气候，把中央人民政府欢迎他回国参加社会主义建设的好意，当作他搞分裂活动的机会。1987年9月21日，到美国"访问"的达赖在美国众议院人权小组会议上讲话，提出旨在搞"西藏独立"的五点计划①。为了策应达赖在美国的分裂活动，隐藏在区内的分裂主义势力马上行动起来。他们于1987年9月27日、10月1日，连续以少数僧人打头阵，扛着"雪山狮子旗"，呼喊着"西藏独立""赶走汉人"等破坏国家统一和民族团结的口号，在八廓街游行，并在大昭寺门前广场向围观的人群发表煽动性演说，声称达赖在国外争"西藏独立"。1988年3月5日，一伙骚乱分子趁拉萨传召大会迎请强巴佛仪式之际，突然发出"西藏独立"的号叫，向执勤公安干警投掷石头，围攻指挥传召活动的领导人，冲击自治区佛协传召办公室，砸毁价值270万元的电视转播车和设备，捣毁商店、餐馆、诊所，杀害执勤的藏族武警战士，打伤近300名武警和公安干警。

拉萨的骚乱，严重地破坏了西藏局势的稳定和经济的正常发展，但由于当时国内外的大环境，西藏的局势未能很快地平静下来。西藏的局势，引起了党中央的高度重视，1988年6月15日至29日，中共中央政治局常委乔石同志率调研组赴西藏调查研究。他们先后到拉萨、日喀则、山南、林芝等地农村、工厂、机关、学校、驻藏人民解放军和武警部队视察。他每到一地都广泛接触各方面人士，听取他们的意见。乔石同志在各种会议

---

① 达赖集团所抛出的"五点计划"，成为20世纪80年代直到现在从事分裂活动的基本纲领，其要点是：(1) 将整个西藏变成一个缓冲的和平地区（他这里的整个西藏暗含包括甘、川、青、滇在内的大藏区）。(2) 中国放弃向西藏地区移殖人口的政策，移殖政策已威胁着西藏民族的根本生存。(3) 尊重西藏人民的根本人权和民主权利。(4) 恢复和保护西藏的自然环境和中国放弃在西藏生产核武器和堆放核废料计划。(5) 就西藏未来的地位以及西藏人民和中国人民之间的关系问题举行诚挚的谈判。

上,发表了一系列重要讲话,回答了干部群众十分关心的重大问题,阐明了党在西藏必须坚持的正确方针政策。他指出拉萨骚乱是达赖分裂主义集团在外国敌对势力支持下,以分裂祖国,实现"西藏独立"为目的,有组织、有计划策动的严重政治事件。这次骚乱是从帝国主义入侵西藏以来长期的分裂与反分裂斗争的继续。强调西藏和平解放后在共产党培养下成长起来的当地民族干部、内地进藏的各族干部及驻藏人民解放军、武警部队,为西藏的革命和建设作出了历史性的贡献,他们是维护西藏稳定、进行社会主义建设的骨干,是党和西藏人民完全可以信赖的依靠力量。指示西藏自治区党委要实事求是地抓紧处理好落实政策问题。要从西藏实际出发,以发展社会生产力为根本出发点和落脚点,做好经济建设工作。要提出一个经济建设发展的蓝图。要加强内部各方面的团结,特别是汉藏民族之间的团结,军民团结,爱国统一战线内部民族、宗教上层人士之间的团结,克服各种困难,排除一切障碍和干扰,做好各项工作,发展各项建设事业,夺取反分裂斗争的胜利。

乔石同志在西藏的调研活动,为党中央在西藏日益严峻的形势下作出重大决策提供了重要依据。

(三)胡锦涛同志接任自治区党委书记,西藏工作的重大转折

1988年12月1日,中共中央作出重要决定,胡锦涛同志任西藏自治区党委书记。胡锦涛同志受命于危难之际。

胡锦涛同志受命主政西藏后,不顾隆冬季节西藏的高寒,于1989年1月14日赶赴拉萨,此前,他在成都走访了长期在西藏工作的老同志,召开座谈会,征求他们对西藏工作的意见。到西藏之后,他忍受着强烈的高山反应,先后走访了社会各界的干部群众,召开各种形式的座谈会,倾听广大党员干部、上层爱国人士特别是长期建藏的干部和出身于翻身农奴的藏族干部的意见,他紧紧依靠广大干部和群众,发挥爱国人士的作用,做了大量制止骚乱的工作。他以马克思主义者的睿智洞察全局,提出"一手抓稳定局势,一手抓经济建设"两手抓的方针,坚持在稳定中求发展。针对境内外分裂主义势力的反动宣传和干部、群众中存在的模糊认识,提出"四个理直气壮"① 指导宣传舆论工作,增强人民群众对党和政

---

① "四个理直气壮"指:理直气壮地宣传西藏是祖国领土不可分割的一部分;理直气壮地宣传民主改革以来特别是党的十一届三中全会以来西藏经济文化和社会发展方面取得的伟大成

府的信任感和向心力。西藏各级党政领导机关,通过各种会议、新闻宣传舆论工具,学习和宣传中央指示,用中央指示统一党内思想,宣传教育群众。

1989年3月初,西藏的形势日益严峻。3月5日是藏传佛教传召大法会辩经的宗教活动日。从早晨7点30分左右,在大昭寺辩经场、冲赛康等处,发现了用藏、英两种文字印成的传单,传单为两张八开纸油印后用订书机钉上的。这种式样的传单从前在拉萨还从未发现过。传单的主要内容是诉说30年来的所谓的"苦难",并煽动说:"在今年的3月5日和今年的3月10日,纪念斗争的火焰会越烧越旺……把汉族从西藏赶出去,为争取自由而斗争。"署名是"西藏独立团"。这份反动传单到处张贴,一伙伙不明身份的人开始麇集。3月6日这一天,骚乱分子开始袭击公安干警和过路行人,凡是机关干部和国家工作人员,无论是汉族还是藏族,都是暴徒们的袭击目标。3月7日,暴徒们继续前两日的丑恶表演。骚乱分子对几条街道的商店、机关和其他公共设施一遍又一遍、一轮又一轮的打、砸、抢、烧。有近百家个体商店和几家国营、集体商店遭到彻底破坏。

连续三天的严重骚乱,充分暴露了分裂主义分子的反动本质。区内的骚乱分子和国外的分裂集团遥相呼应,制造了1987年9月27日以来的十多起骚乱事件,并且视人民政府的克制为软弱可欺,肆意抢掠,开枪杀人。有的骚乱分子已不止一次参加骚乱,还说:"死了不要紧,死了可以马上转世。"事实证明,这是在达赖和西方敌对势力的支持下,有计划、有组织、有预谋地进行的骚乱、闹事以及分裂祖国的活动,是一场维护国家统一、坚持党的领导、坚持社会主义制度、坚持民族区域自治的严重政治斗争。

在严峻的形势面前,胡锦涛同志带领党委一班人,紧紧依靠广大人民群众,沉着应对,研究并提出制止大规模骚乱的对策,并及时上报党中央、国务院。在党中央的领导下,1989年3月7日,国务院采取了制止骚乱的果断措施,国务院总理李鹏签署戒严令。在拉萨实行戒严,是中华人民共和国成立后,中央政府发布的第一个戒严令。拉萨发生的骚乱,教

就;理直气壮地宣传中国共产党、人民解放军的伟大历史功绩;理直气壮地宣传西藏只有在中国共产党的领导下走社会主义道路,才有光明的前途。

育了干部、群众，使广大干部和人民群众进一步认清了达赖集团的本质，认识到拉萨骚乱的深刻的国际背景，认识到这是一场在国际反华势力支持下境内外分裂势力掀起的旨在分裂祖国、反对共产党、颠覆社会主义制度的严重政治斗争。

国务院在拉萨实行戒严的重大举措，迅速平息了骚乱。为了科学分析和冷静思考拉萨骚乱的原因以及提出稳定局势和发展经济的对策，胡锦涛同志和区党委班子的同志一道，在全区范围内展开了调查研究，胡锦涛同志在短短的几个月里，先后调研走访了拉萨、日喀则、林芝、山南、那曲等地，召开基层干部和群众座谈会，看望为西藏革命和建设作出贡献的老干部、老党员、老英模，了解他们的所思所想；召开各地（市）、各单位负责人和知识分子座谈会，倾听他们对形势的分析和意见；慰问驻藏人民解放军和戒严部队指战员，充分肯定人民子弟兵在稳定西藏、建设西藏中的柱石作用；召开统战人士和上层爱国人士座谈，征求他们稳定西藏局势的意见和建议。在走访调研中，胡锦涛同志特别注意听取老西藏们和党培养起来的当地民族干部的意见，从各方面的意见及反映中分析西藏骚乱产生的原因和研究西藏长治久安的对策。胡锦涛同志和区党委脚踏实地的工作作风，赢得了包括离退休老同志、广大知识分子、上层统战爱国人士和宗教界爱国人士在内的广大干部群众的衷心拥护，奠定了稳定西藏、推动西藏工作重大转折的群众基础、干部基础和广泛的社会基础。

1989年"6.4风波"后，党中央召开十三届四中全会，作出重大人事调整，江泽民同志任中共中央总书记。1989年10月19日，江泽民同志主持召开中央政治局常委会会议，听取西藏工作汇报。西藏区党委主要负责同志胡锦涛、热地、多吉才让参加汇报。胡锦涛同志汇报了西藏当时的局势和在调查研究中所汇总的情况，他在汇报中说，我们在反分裂斗争任务十分艰苦的情况下，坚持"一个中心、两个基本点"，正确处理改革、建设和稳定局势的关系，带领全区各族人民坚持反对分裂、反对骚乱，治理经济环境、整顿经济秩序、发展社会生产力，使各项事业取得了不同程度的进展。在任何情况下必须牢固树立"以经济建设为中心"的思想，排除一切干扰，真正从西藏的实际出发，采取各种特殊政策和措施，发展经济，发展教育，改善人民生活，提高民族素质，使社会主义的优越性进一步体现出来，以增强社会主义祖国的凝聚力和向心力，这样，才能为西藏的长治久安打下一个坚实的基础。关于西藏稳定局势方面的工作，胡锦涛汇报说，在西藏工作中，人民群众是我们的基本依靠力量，必须放手发动和依靠群众，开展群防群治；狠抓清查清理，打击分裂主义分子和其他严重犯罪分子；妥善处置游行请愿、骚乱闹事等突发事件；继续贯彻落实党的民族、宗教、统战政策，加强对宗教工作和寺庙的管理；部署寺庙整顿工作；加强边防，严厉打击敌特势力的渗透、破坏活动；抓好宣传和思想政治工作，开展政治攻势，宣传党在西藏的光辉历史，宣传社会主义制度的优越性，宣传人民解放、广大群众在西藏革命和建设中的作用。会上所有常委都发了言。

会议形成了《中央政治局常委会讨论西藏工作会议纪要》。中央政治局常委会认为，西藏自治区党委在面临着严峻复杂的形势下，始终坚持用中央指示精神统一西藏各族干部、群众的思想，坚持一手抓稳定局势，一手抓经济建设，成绩明显，全区局势基本稳定，中央是满意的。《中央政治局常委会讨论西藏工作会议纪要》提出了十条意见，指出：西藏工作始终要紧紧抓住两件大事，即政治局势的稳定和发展经济。保持社会稳定，巩固和发展安定团结的政治局面，是西藏第一位的政治任务。拉萨发生的骚乱，有其深刻的国际国内背景①，是从帝国主义入侵西藏以来长期存在的分裂与反分裂斗争的继续，是境内外分裂势力在国际反华势力支持下掀起的旨在分裂祖国、反对共产党、颠覆社会主义制度的严重政治斗争。不能把骚乱简单地说成是长期"左"的结果。鉴于西藏地区的特殊性和复杂性，西藏工作特别应注意保持政策的连续性和稳定性。《纪要》指出：西藏自和平解放以来，在中国共产党的领导和全国人民的支援下，全区各族干部、群众和驻藏人民解放军紧密团结，共同奋斗，经过平息反动集团发动的武装叛乱，实施民主改革，建立民族区域自治政权，进行社会主义建设和改革开放，使西藏的政治、经济都发生了翻天覆地的历史性变化。几十年来西藏自治区党委和各级党组织以及广大党员，团结带领各族人民群众为西藏的发展繁荣做了大量工作，对西藏各方面的进展应充分肯定。同时要看到党在西藏的工作中有过失误，包括"文化大革命"那样的严重错误，对这些错误我们通过拨乱反正、落实政策已基本纠正。一定要不断改进工作，稳步地发展经过几十年艰苦奋斗取得的伟大成果，切

---

① 指1988年、1989年苏联、东欧所发生的激烈的政治动荡，西方反华势力加大对达赖分裂集团的支持力度，我国国内发生的政治风波。

实加强党的领导核心地位，增强党对西藏人民的凝聚力和号召力，确保西藏的长期稳定和发展。

《纪要》对西藏的干部队伍建设、西藏稳定和发展的依靠对象、民族团结和民族区域自治、全面贯彻执行党的宗教政策等都作出了明确的指示。指出：西藏和平解放40年来，在党的培养下成长起来的当地的民族干部，从内地进藏的各族干部以及军队干部，都是西藏革命和建设的骨干。他们在党的领导下，忠于职守，艰苦奋斗，为西藏的革命和建设事业作出了重要贡献。这支干部队伍是我们党完全可以信赖的依靠力量。在西藏工作中，必须坚定地依靠农牧民、工人、知识分子和其他劳动者在内的广大劳动人民群众。他们是反分裂斗争和建设西藏的主力军，始终是我们的基本依靠力量。同党长期合作的西藏各族各界爱国人士，为维护祖国统一、建设西藏作出了重要贡献，应当充分发挥他们的积极作用。

要加强民族团结，完善民族区域自治制度。民族团结是我们国家兴旺发达的保证。促进各民族团结、进步是我们民族工作的根本任务。民族区域自治是中国共产党运用马列主义原理解决我国民族问题的基本政策，是具有我国特色的一项重要政治制度，必须始终一贯地、全面地加以坚持。要高度警惕帝国主义和分裂势力利用民族问题进行分裂祖国、破坏民族团结的活动。达赖集团鼓吹的所谓"西藏独立""高度自治"，其实质是反对共产党，反对社会主义，分裂祖国，妄想恢复他们在西藏的统治地位。一定要旗帜鲜明地维护祖国统一，坚决抵制和反对西藏独立、半独立或变相独立的一切主张和行为。宣传民族区域自治，要遵守《宪法》和《民族区域自治法》的规定，注意防止与达赖集团的主张混淆起来。

全面贯彻执行党的宗教政策，尊重和保护宗教信仰自由，是党对宗教问题的基本政策，必须认真贯彻。建设好寺庙民主管理委员会，把寺庙的领导权真正掌握在爱国守法的僧尼手中。寺庙必须服从政府的领导，宗教活动必须在宪法和法律规定的范围内进行，严格禁止利用宗教进行危害祖国统一、破坏民族团结、干扰生产建设、损害公民健康、妨碍国家兴办教育等行为的发生。绝不允许恢复已经废除的宗教特权和宗教压迫制度。对僧尼和广大信教群众要经常进行爱国主义和法制教育，增强他们的爱国观念和法制观念。《纪要》还对西藏的边防建设，拉萨戒严，西藏与中央、国务院及有关部门的工作联系作了指示。

这次会议的历史功绩在于：一是明确了拉萨骚乱的性质和根源①。要丢掉对达赖的幻想，与达赖集团进行针锋相对的斗争，西藏社会局势才能稳定，经济建设才能有一个良好的社会环境。二是明确了在西藏，农牧民、工人、知识分子和其他劳动者在内的广大劳动人民群众，是反分裂和建设新西藏的主力军，是党深厚的阶级基础，始终是我们的基本依靠力量。三是明确了在宗教工作方面的政策。尊重和保护宗教信仰自由，是党对宗教问题的基本政策，必须认真贯彻。要切实抓好寺庙整顿工作，建设好寺庙民主管理委员会，把寺庙的领导权真正掌握在爱国守法的僧尼手中。四是明确了干部队伍建设必须坚持"五湖四海"的原则，西藏的干部队伍应以藏族干部为主，同时要保持一定数量的汉族和其他民族干部。这是维护祖国统一、加强民族团结的需要，是西藏稳定和发展的需要。

中央政治局常委会研究西藏问题会议的召开，对稳定西藏局势，鼓舞广大干部群众反对分裂、维护民族团结、发展经济起到了重要作用。1989年12月，区党委召开三届八次全委（扩大）会议。会议重点传达了《中央政治局常委讨论西藏工作会议纪要》精神，胡锦涛在会上作重要报告。指出：反分裂的形势仍很严峻。达赖集团在国际反华势力支持下，一方面加紧在国际上制造"西藏独立"的舆论和影响，另一方面采用各种方式，利用各种渠道对区内进行政治渗透，企图制造新的骚乱；西藏的经济基础脆弱，生产的发展仍不适应人民生活和社会发展的需要；农牧业生产徘徊不前，能源短缺，交通运输困难，通信设施落后，财政十分困难，严重地制约着西藏经济的发展，加之经济生活中存在的混乱现象、经济效益不佳等问题，使经济生活的困难更加突出。报告认为，稳定局势是西藏第一位的政治任务。有效地开展反分裂斗争，首先要认清骚乱的性质和根源。报告强调指出，把拉萨的骚乱简单地说成是长期"左"的结果，既不符合历史事实，又严重搞乱了广大干部、

---

① 拉萨骚乱既有深刻的国际、国内背景，又有深刻的社会历史根源，是境内外分裂主义分子在外国敌对势力的支持下，有计划、有组织、有预谋的活动。其实质是分裂祖国、反对共产党、颠覆社会主义制度的严重政治斗争，是西藏长期存在的分裂与反分裂斗争的继续，并不是长期"左"的结果，明确了骚乱的性质和根源，广大干部群众反分裂斗争、维护社会稳定的积极性才能充分调动起来。

群众的思想，给处置骚乱造成了很大困难。要夺取反分裂斗争的胜利，必须旗帜鲜明地开展同达赖集团的斗争。实现局势的稳定，归根结底是要坚定地依靠我们的基本力量，即农牧民、工人、知识分子和其他劳动者在内的广大劳动群众。实现局势的稳定，搞好反分裂斗争，还必须坚持人民民主专政，认真执行党对西藏的方针政策。报告进一步指出：任何时候都不能忘记经济建设是一切工作的中心，各项工作都要服从这个中心。要进一步完善民族区域自治，全面正确地贯彻党的民族、宗教及统战政策；加强民族团结，巩固和发展平等、团结、互助的社会主义民族关系。会议要求"所有在西藏工作的汉族和其他民族的干部，都要学习、发扬老一辈进藏干部的优良传统，热爱西藏、热爱西藏人民，艰苦奋斗，勤奋工作，全心全意为人民服务"。

这次会议的召开为自治区第四次党代会作了思想准备和组织准备。

确立西藏工作的指导思想，是解决西藏当时稳定与发展中一系列问题的关键所在。在社会局势趋于稳定，改革开放逐步深入，经济建设稳步发展的情况下，西藏第四次党代会于1990年7月召开。胡锦涛代表中共西藏自治区第三届委员会作了题为《团结全区各族人民，坚持党的基本路线，为实现西藏长治久安和繁荣进步而奋斗》的报告。大会在肯定过去7年工作成绩的同时，实事求是地指出了存在的困难和问题。一些曾长期在西藏工作过当时已离藏的老同志和长期在基层工作的老英雄、老模范应邀参加大会，与代表们一起共商西藏稳定和发展大计，是这次大会一个引人注目的特色。

胡锦涛在报告中指出，西藏工作的基本指导思想是：在党的领导下，团结全区各族人民，凝聚各方面力量，以经济建设为中心，紧紧抓住稳定局势和发展经济两件大事，确保西藏社会的长治久安，确保经济持续、稳定、协调发展，确保人民生活水平明显提高。西藏工作的主要任务是：在保持局势稳定的前提下，大力发展社会生产力，大力发展社会主义商品经济，大力发展教育科技文化，进一步加强党的建设，进一步全面正确贯彻党的统战、民族、宗教政策，进一步做好各方面的基础工作。大会要求各级党组织务必要有足够的认识，保持高度警惕，努力做到一切着眼于稳定，一切有利于稳定，一切服从于稳定，为西藏的长治久安打下一个良好的基础。为此，大会提出，必须紧紧依靠全区各族人民做好稳定局势的工作，牢牢占领社会主义宣传阵地，发挥舆论导向的作用，运用各种宣传工具，通过各种渠道，向群众深入进行以维护祖国统一、反对分裂倒退为主要内容的爱国主义教育；以坚持四项基本原则为主要内容的社会主义教育；以民族团结为主要内容的民族政策教育和以宪法、民族区域自治法为主要内容的法制教育。大会强调恢复和发扬党的优良传统和作风，大力弘扬老西藏精神，密切党同人民的血肉联系。在坚持党的领导、加强党的建设方面，大会提出当时和今后一个时期，党的建设必须以马列主义、毛泽东思想为理论基础，保持工人阶级先锋队性质，努力做到思想上统一、政治上坚强、组织上纯洁、党同群众的关系更加密切，真正成为领导全区各族人民建设社会主义新西藏的坚强核心。

中共西藏自治区第四次代表大会，认真贯彻中央政治局常委会对西藏工作的指示精神，首次提出了西藏工作"一个中心、两件大事、三个确保"的指导思想。是在新的历史条件下，综合分析国际、国内形势，立足西藏实际，对西藏的长远发展和当时的工作作出了科学的判断，为西藏的社会稳定和经济发展明确了指导思想和工作思路，当时前来西藏考察指导工作的中共中央总书记江泽民说："我赞成你们区党代会提出的指导思想。"他强调，要实现这"三个确保"，必须进一步抓好以下五项工作：一是继续把稳定局势的工作放在首位。他强调西藏局势稳定与否，决不仅仅是西藏的问题，它关系到边防的巩固和中华民族的统一。稳定西藏局势必须坚定地依靠各族人民群众。广大农牧民、工人、知识分子是我们的基本依靠力量，是稳定局势、进行反分裂斗争的主力军，也是我们的力量源泉和胜利之本。要把分裂祖国的问题同民族宗教问题严格区别开来，既要坚决地同分裂主义势力作斗争，又要尊重群众的民族感情和信教群众的宗教感情；既要严厉打击顽固坚持反动立场的少数分裂主义分子和严重刑事犯罪分子，又要团结一切可以团结的人，调动一切积极因素。二是努力加快经济建设的步伐。三是积极培养人才，加快民族干部队伍建设，要确保西藏社会的长治久安，加快经济建设的步伐，使人民群众尽快富裕起来，必须下功夫大力培养坚定地维护祖国统一和民族团结，密切联系群众，具备马克思主义民族观、宗教观，有革命事业心、责任感和一定业务能力的少数民族干部。四是继续全面正确地贯彻执行党的民族、统战、宗教政策。五是坚持党的领导，加强党的建设。

中共西藏第四次党代会所确定的"一个中心、两件大事、三个确保"的指导思想，得到了党中央的充分肯定，形成了党的第三代领导集体的治藏方略①，成为90年代乃至21世纪全区党政军民建设团结、富裕、文明的社会主义新西藏的行动指南。以此为中央政治局常委会和西藏第四次党代会为标志，西藏工作实现了重大转折，最终形成了改革开放史上西藏工作著名的"一个转折点"。

八 西藏新时期工作的里程碑与深化治藏思想的认识及实践

（一）深化西藏治理的理论准备

新时期西藏工作实现的重大转折，为西藏的科学治理提供了思想保障。1990年7月，时任中央总书记、国家主席的江泽民同志亲赴西藏视察指导工作，并在干部大会上作了指导性讲话，表示中央赞同西藏第四次党代会精神。1992年10月，党的第十四次全国代表大会确立了邓小平同志建设有中国特色社会主义理论在全党的指导地位，明确我国经济体制改革的目标是建立社会主义市场经济体制。第十四次代表大会精神为西藏这一边疆民族地区提供了新的理论支持和政策支持。然而，长期形成的封闭保守观念、不愿与兄弟民族的交流交往的意识及达赖集团的干扰破坏仍困扰着西藏的发展与稳定。1992年12月，陈奎元同志继主持西藏工作被任命为西藏自治区党委书记。接着区党委四届四次全委（扩大）会议召开。会议的主要任务是认真学习党的十四大精神，以建设有中国特色社会主义的理论为指导，研究西藏加快改革开放、经济建设的思路，认清形势，更换脑筋，振奋精神，结合西藏实际，全面贯彻落实党的基本路线和党的十四大提出的各项任务。这次会议的报告贯穿了一条主线，就是解放思想、更新观念、转换脑筋。会议认为，西藏与沿海地区和内地最大的差距，就差在解放思想上，差在改革开放的程度上，差在自身努力上，差在紧迫感上，差在作风上。阻碍西藏改革开放和经济建设的陈旧观念包括：第一，供给型模式禁锢着人们的思想。一切习惯于等、靠、要，只会靠财政拨款搞建设、过日子，下面靠上面，一级靠一级。没有形成自我发展、自我积

---

① "一个中心、两件大事、三个确保"的指导思想，在中央第三次、第四次西藏工作座谈会上根据形势的发展变化得到了丰富和发展，形成了新时期党中央指导西藏工作的方针。

累的机制和经济的良性循环。第二，长期计划经济体制使人们对搞市场经济缺乏足够的认识和兴趣，甚至以计划和市场来区分姓"资"姓"社"；用一些过时的甚至是被扭曲的所谓的社会主义理论，让旧体制、旧模式束缚自己的思想和手脚；在经济活动中，搞行政命令、长官意志、主观主义，跳不出计划经济模式的框框；不按价值规律办事，财政包袱越背越重。第三，对封闭型经济的危害认识不足。在经济活动中视野不开阔，目光短浅，对先进的管理经验麻木不仁，对开放存在恐惧心理。对进来的，怕别人赚了西藏的钱，占了自己的位置；对走出去，又怕肥水外流；对到区外投资，认为是花了西藏的钱，肥了别人的田。第四，小农意识浓厚。满足于小富即安，自给自足，只求温饱，不求富裕；商品经济观念淡薄，传统的产品交换方式根深蒂固；缺乏搞社会主义现代化大生产、干大事业的雄心壮志和气魄。第五，因循守旧，故步自封。习惯于在现成模式和条条框框中想问题，办事情，没有危机感、紧迫感，缺乏事业心、责任心。满足于纵向比较，只看变化大，看不到西藏与全国日益拉大的差距；竞争意识不强，没有敢闯、敢冒、敢为天下先的开拓精神。第六，不愿打破现有权力结构。怕转变职能、政企分开、转换机制后丧失权力和既得利益，改革不积极，不主动，或迫于形势，明改暗不改，半改半不改，简政放权中，留肥放瘦，缺乏改革旧经济体制的自觉性。第七，畏难悲观情绪严重。只看到西藏自然条件差、交通不便、基础设施落后、劳动力素质低、人才缺乏、财力紧张等客观的不利因素，看不到发展经济的优势和前景，强调具体困难多，寻找自身有利条件少，说得多，干得少，对西藏发展经济、深化改革缺乏足够的信心。工作不思进取，得过且过，不求有功，但求无过，打不开新局面，闯不开新路子。

为了彻底清除阻碍经济发展和社会进步的旧思想、旧观念、旧的思维方式和行为方式，真正解放思想、更新观念、转换脑筋、统一思想，使西藏的改革开放迈开新的步子，经济建设开创新的局面，1993年1月，自治区党委决定在2、3月间用整风的精神举办省、地、县干部学习班，重点学习党的十四大精神和区党委四届四次全委（扩大）会议精神。1993年6月，区党委发出《关于进一步在全区开展"换脑筋、找差距"大讨论的通知》。《通知》要求以邓小平同志建设有中国特色社会主义理论为指导，贯彻落实党的十四大和区党委四届四次全委（扩大）会议精神，全面解剖和分析阻碍西藏社会经济发展的根源，冲破一些陈旧的、过时的观念，一些保守的、封闭的思想，一些落后的、不适应市场经济发展的旧的思维定式，克服现有的封闭观念、排他意识、垄断思想，以"三个有利于"为标准，解放思想，转变观念，真抓实干，努力探索加快改革开放和经济社会发展的有效途径。《通知》提出了这次全区大讨论需要分析的经济建设、机构（体制）改革、精神文明建设三部分29个专题。全区各地市、各部门按照《通知》要求，结合本地实际，深入分析研究在经济建设和精神文明建设，经济体制改革和政治体制改革中存在的差距和问题。按照"三个有利于"的标准要求，把广大干部职工、人民群众的思想统一到党的十四大和区党委四届四次全委（扩大）会议精神上来。通过学习和讨论，全区基本上统一了思想，为改革开放的进一步深入打下了思想基础。

（二）全面推进改革开放的政策支持

1992年7、8月间，自治区党委、政府相继作出了《关于深化改革扩大开放的决定》《关于鼓励国内外来藏投资的若干规定》《关于大力发展乡镇企业的决定》《关于加快发展第三产业的实施意见》。西藏实行全方位开放，积极引进内资和外资，努力扩大对外经济技术合作与横向经济联合。鼓励区内企业走出区门，积极在内地、邻国兴办独资、合资、合作企业。外贸企业要充分利用中央给予西藏的特殊政策和灵活措施，进一步发展和扩大对外贸易。以边境口岸为依托，确立通贸兴边、振兴边境地区经济、促进全区经济发展的战略思路，搞活同邻国的边境贸易。以西藏旅游资源为导向，吸引更多的国内外游客，繁荣旅游市场，大力发展旅游业。以转换企业经营机制为重点，全面推进我区经济体制改革，把企业推向市场，使企业成为自主经营、自负盈亏、自我发展、自我约束的商品生产者和经营者，继续推行和完善厂长（经理）负责制和承包经营责任制。积极培育市场，加大物资、商业体制改革的步伐。进行城市综合改革试点，加快计划、财税、金融、价格、科教体制以及住房、养老、失业保险等社会保障制度改革的步伐。继续深化农牧区经济体制改革，稳定、完善"两个长期不变"的家庭自主经营制，建立健全统分结合的双层经营体制，加快科技兴农、兴牧的步伐。大力发展乡镇企业，扩大农牧民群众的增收渠道，增加农牧民的收入，促进农牧区经济的全面发展。重视培养使用，引进适应改革开放所需人才，鼓励和支持党政机关、事业单位的技术、管理及有专长的人员从机关分离出来，承包、租赁企业，领办、创办乡镇企业。充分发挥资源优势，积极发展资源工业，加快西藏经济建设的步伐。这些决定是学习贯彻邓小平同志南方谈话，解放思想，转变观念，加快改革开放步伐的具体体现，标志着西藏全方位改革开放的开始。

1993年3月，自治区出台贯彻《全民所有制工业企业转换经营机制条例》的实施办法。自治区给企业下放了一系列权利：企业对国家授予其经营的财产，享有占有、使用、依法处理的权利，并依法行使经营权；企业根据自身发展需要自主选择承包经营责任制，经济目标责任制，租赁制，合资、合作经营制，股份制和国家法律允许的其他经营形式，企业享有生产经营的决策权；企业享有产品、劳务定价权、产品销售权；企业享有物资采购权、进出口权、投资决策权；企业享有留用资金支配权，资产处置权；企业享有机构设置权、拒绝摊派权；企业经营自主权受法律保护。这些改革措施的实施，对深化企业改革、将企业推向市场起到了巨大推动作用。

同年，自治区还先后出台了《关于改革我区计划管理体制的意见》《关于加快个体、私营经济发展的若干规定》《关于改革投资体制和基本建设管理的意见》《关于改进工业、矿业生产计划和调度管理的意见》《关于改进公路计划和调度管理的意见》《关于加快价格改革的意见》《关于深化全民所有制企业劳动制度改革的意见》。从1993年西藏经济体制改革的要点看，西藏改革已从重点突破进入全面推进阶段，改革内容几乎涵盖了西藏经济的各个领域。全面贯彻实施《全民所有制工业企业转换经营机制条例》，落实企业经营自主权，切实转换企业经营机制；积极进行产权制度改革；调整经济结构，提高整体经济效益；深化流通体制改革，积极培育和发展各类市场；转变政府职能，搞好宏观经济体制改革；建立健全社会保障体系，大力推进住房制度改革；大力推进科技体制与经济体制的配套改革，发展科技事业。这些改革措施的推出，对逐步建立社会主义市场经济新体制打下了坚实的基础，促进了西藏国民经济朝着健康、快速、高效的方向发展。

（三）建立与全国"框架一致、体制衔接"的社会主义市场经济体制

在西藏全面推进改革开放的时候，1993年11月，党的十四届三中全会通过了《中共中央关于建立社会主义市场经济体制若干问题的决定》。决定坚持解放思想、实事求是的思想路线，科学地、系统地总结了十多年来中国经济体制改革的实践经验，回答了进一步深化改革需要解决的重大

问题。《决定》从微观基础到宏观管理,从城市改革到农村发展,从经济运行机制到科技教育体制,从经济手段运用到法律制度建设,从生产、分配到流通、消费等各个环节和领域,构筑了社会主义市场经济的基本框架。同时,《决定》系统地阐述了判断改革是非得失的根本标准,阐述了社会主义市场经济体制的所有制结构、分配方式、市场体系、价格形成机制、宏观调控等理论问题。特别是在现代企业制度、国有企业产权关系、生产要素市场等问题上,对传统社会主义理论有新的突破,形成了既体现社会主义本质特征,又反映社会主义市场经济基本规律的理论框架,标志着改革由探索进入深化阶段。

自治区党委结合西藏实际贯彻决定精神,提高认识,统一思想,抓住机遇,深化改革,乘这次全国深化改革的东风,搭上全国由计划经济体制向社会主义市场经济体制转轨的快车,建立与全国"框架一致、体制衔接"的社会主义市场经济体制。自治区党委认为,建立社会主义市场经济体制,是一项开创性的伟大事业,必须解放思想,克服陈旧观念和僵化条框的束缚,树立敢闯、敢试、敢冒的大无畏精神;必须进一步解放思想,彻底转变观念,理直气壮地坚持生产力标准,始终把"三个有利于"作为判断一切工作的标准;必须破除故步自封、不思进取的保守思想,树立勇于改革、勇于实验、勇于创新、敢为人先的思想观念;必须克服求稳怕乱,遇事左顾右盼,甘做太平官的陈旧意识,树立只有通过改革才能求发展、才能实现真正稳定的思想。针对有些同志希望永远保留西藏现行特殊的经济体制的糊涂认识,会议进一步指出,西藏的经济体制要力求与全国同步,因为经济体制是上层建筑的重要组成部分,涉及社会经济制度。从理论上讲,不可能全国搞社会主义市场经济,西藏仍搞计划经济或半计划经济;从实践上讲,如果不与全国经济体制改革同步,每当国家出台一项新的改革开放政策,西藏就会被动,甚至难以承受,而且与国内其他地区的经济交往也会受到严重阻碍。只有与全国市场经济体制保持一致,才是唯一的出路,才有利于西藏的经济运行。经过认真学习和讨论,人们基本统一了思想,认识到在西藏建立社会主义市场经济体制的必要性和紧迫性。

根据《决定》精神,自治区对建立与全国"框架一致、体制衔接"的社会主义市场经济体制作出了安排。1994年2月,西藏自治区人民政府根据区党委四届五次全委(扩大)会议精神,制定出了西藏自治区近期经济体制改革工作要点，对深化经济体制改革作出了全面部署。要点涉及加快转换企业经营机制，积极抓好建立现代企业制度的基础工作；推进价格改革，加强统一、开放的市场体系建设，重点培育生产要素市场；加快财税、金融、计划体制改革，建立社会主义市场经济基础上的宏观调控体系；加快社会保障制度和住房制度改革；转变政府职能，加强法制建设，积极培育中介组织；进一步扩大开放，深化农牧区改革等各个方面。为了使这次改革的精神家喻户晓，人人皆知，同时能够深入广大农牧区，自治区还专门拟定了宣传提纲，向广大干部群众进行宣传。自此，西藏建立社会主义市场经济体制的改革全面展开。

（四）中央召开第三次西藏工作座谈会，西藏新时期第一个里程碑的形成

在西藏向社会主义市场经济体制转轨的过程中，西藏仍面临着许多困难，经济增长速度仍低于全国平均水平，贫穷落后的面貌还没有得到根本改变。特别是在全国加快向市场经济过渡的情况下，自治区的经济社会生活中又出现了一些新问题，面临着一些新困难。中央在计划经济条件下为自治区制定的一系列优惠政策，其作用在经济体制改革过程中，有些已经或正在消失。针对西藏深化改革、加快发展、促进稳定工作中存在的困难和问题，区党委进行了深入细致的分析和研究并决定请求中央加大对西藏的指导、支持力度。

1993年10月，自治区党委书记陈奎元、自治区党委常务副书记热地代表区党委、政府，在广州向江泽民同志汇报了西藏工作。陈奎元同志的汇报分为三个方面。第一，简要回顾了十年来西藏工作的基本情况，充分肯定了中央的关心对西藏建设和发展的巨大作用，特别是江泽民同志等中央领导先后多次赴藏调查研究，指导工作，明确了西藏要以经济建设为中心和"一个解放、两个为主、两个转变、两个长期不变"（即解放思想；以家庭经营为主，以市场调节为主；逐步从封闭式经济转变为开放式经济，从供给型经济转变为经营型经济；牲畜归户、私有私养、自主经营政策和土地归户使用、自主经营政策长期不变）的重要思想。自治区党委、政府认真贯彻中央为西藏制定的一系列方针、政策，从实际出发，坚持以经济建设为中心，不断深化经济体制改革，进一步扩大对外开放，使西藏经济迈上了一个新台阶。第二，提出了今后西藏工作的基本思路，就是：遵照党的十四大精神，结合西藏实际，在党中央领导下，坚定地依靠农牧民、工人、知识分子和其他劳动者在内的广大劳动人民群众，凝聚各方面的力量，紧紧抓住"一个中心、两件大事、三个确保"，处理好建设、改革和稳定局势的关系，充分发挥资源、地缘、政策优势，推动西藏经济更好更快地上一个新台阶。第三，提出了中央帮助西藏发展的请求。陈奎元同志在汇报中向中央提出：为实现我区国民经济社会发展的第二步战略目标和社会的长治久安，巩固祖国西南边防，对新形势下我区稳定与发展的重大方针，请中央明确；对国家已经给予西藏的各项优惠政策，请中央继续保持不变；对计划经济向社会主义市场经济体制过渡中我们自身难以克服的困难和问题，请中央帮助解决。

中央充分肯定了区党委在稳定局势、发展经济、提高人民生活水平方面所做的工作和取得的成绩，了解了西藏面临的困难和问题，决定在充分调查研究的基础上，再次召开西藏工作座谈会，从指导思想、方针政策和财政物资上加大对西藏建设的支持力度，促进西藏改革开放与内地同步发展，逐步缩小与内地的差距。

为了开好中央第三次西藏工作座谈会，1993年下半年，中央各部委负责人陆续到西藏实地考察，研究发展西藏的具体办法。1994年2月18日，江泽民同志在北京主持召开了西藏工作座谈会筹备会议。会议研究确定了中央第三次西藏工作座谈会的指导思想、目的和要求，并对进一步支持西藏工作做了明确指示：中央了解西藏的情况，理解西藏存在的困难；中央有决心帮助和支持西藏经济社会健康发展，促进西藏人民生活同兄弟省区一道进入小康；中央也有决心指导西藏保持社会稳定，领导西藏胜利进行反分裂斗争；对于一些改革动作和措施，要在充分调查研究的基础上，通过召开西藏工作座谈会来加以确定。按照筹备会议的部署，中央立即组织对西藏工作的大规模调研活动。

经过深入调研和充分准备，1994年7月20日至23日，中央第三次西藏工作座谈会在北京召开。所有在京的中央政治局常委和党中央、国务院领导同志出席会议，中央国家机关有关部门的负责同志，各省市区党委、政府负责同志，计划单列市负责同志和人民解放军、武警总部的负责同志共计190余人参加了座谈会。会上，江泽民、李鹏、李瑞环等领导同志发表了重要讲话。

会议指出：西藏的工作在党和国家的工作中居于重要的战略地位。全党同志特别是各级党委、政府的主要领导干部必须清醒地看到，西藏的稳定涉及国家的稳定，西藏的发展涉及国家的发展，西藏的安全涉及国家的安全。重视西藏的工作实际上就是重视全局的工作，支持西藏的工作就是支持全局的工作。为进一步推动西藏的发展进步，中央制定了特别优惠的政策，各兄弟省区市要大力支持。中央作出这样的决策是有战略考虑的。首先要从战略上统一认识。西藏在我国政治经济和文化的发展全局中具有重要地位，是我国重要的国防前哨和战略要地之一。加快西藏地区的经济、社会发展，保持那里安定团结的局面，对国家安全具有重大意义。

会议指出：加快西藏经济社会的发展，关键是把中央的大政方针同西藏的具体实际结合起来。无论是经济社会发展，还是改革开放，都要从国家大局和西藏实际出发，实事求是。加快西藏经济社会发展，在大的方面要把握三点：第一，必须坚持以经济建设为中心，一手抓发展，一手抓稳定，两手都要硬；第二，加快改革开放步伐，逐步建立新体制，为经济发展提供强大动力；第三，发挥全国支援西藏和西藏自力更生两个积极性，下决心把基础设施建设搞上去，带动经济增长，增强发展后劲。

西藏的稳定，是保证西藏各项事业持续发展和人民生活水平逐步提高的前提。没有稳定，一切都谈不上。对于达赖喇嘛，只要他放弃西藏独立的主张，停止分裂祖国的活动，随时欢迎他回来。但搞独立不行，搞变相独立也不行。会议针对达赖集团的分裂破坏活动，确定了鲜明的反分裂斗争的方针和措施。明确指出：达赖集团的分裂活动是影响西藏稳定的主要根源。我们与达赖集团的斗争不是信教不信教、自治不自治的问题，而是维护祖国统一和反对分裂的问题，是敌我性质的斗争。我们必须坚决保卫民主改革的成果，坚决保卫改革开放的成果。针对达赖集团分裂破坏活动的特点和手法，会议明确提出，要高举维护人民利益、维护法律尊严的旗帜，依法打击分裂活动，全面加强反渗透斗争，针锋相对，打防并举，主动出击。这一方针和措施，有力地统一了全区各族干部群众的思想，牢牢掌握了反分裂斗争的主动权，改变了一段时间存在的被动局面，维护了社会政治局势的基本稳定，为西藏的发展创造了一个相对稳定的政治局面。

会议还认为，西藏是藏族人口占总人口比例最高的自治区，藏传佛教在广大群众中有很久很深的影响，做好民族、宗教工作，对维护稳定，促进发展，有非常重要的意义。无论从事哪方面的工作，都要高度注意民族、宗教问题，关心和支持民族、宗教工作，使党的民族、宗教政策以及国家有关法律，在西藏的政治、经济、文化等各项工作中，都能得到认真的贯彻和体现。民族区域自治制度，是我们党解决包括西藏在内的我国民族问题的基本制度。我国民族区域自治制度的长期实践证明，它完全符合中国国情，具有强大的生命力，必须坚定不移地继续实施。西藏是群众性信仰喇嘛教的地方，存在众多寺庙和僧侣。必须全面、正确贯彻党的宗教信仰自由政策，保护正当的宗教活动，按照政教分离原则和政府有关法规，加强对寺庙的管理。

以江泽民同志为核心的党的第三代领导集体，继承和发扬中央第一、二代领导集体关心西藏革命和建设事业的一贯思想，在全面、系统、深刻地总结第一、二次西藏工作座谈会以来西藏经济发展与社会稳定的经验教训的基础上，以邓小平同志建设有中国特色社会主义理论和党的基本路线为指导，深入研究新形势下的西藏工作，科学地制定了从20世纪90年代中期到20世纪末西藏工作的大政方针，系统地解决了西藏工作中存在的特殊困难和问题，进一步丰富了党的第三代领导集体的治藏方略，是新时期西藏工作的第一个重要里程碑。

（五）中央确定新时期西藏工作指导方针，出台一系列优惠政策

中央第三次西藏工作座谈会从西藏实际出发，在全面总结第一、二次西藏工作座谈会以来西藏稳定发展经验教训的基础上，确定了新时期西藏工作的指导方针，即：在邓小平同志建设有中国特色社会主义理论和党的基本路线指引下，依靠西藏各族人民，抓住机遇，迎接挑战，深化改革，扩大开放，以经济建设为中心，紧紧抓住发展经济和稳定局势两件大事，确保西藏经济的加快发展，确保社会的全面进步和长治久安，确保人民生活水平的不断提高。这次西藏工作座谈会，全面分析了在社会主义市场经济条件下西藏经济社会发展面临的特殊困难和具备的有利条件，制定了切实可行的发展目标，出台了一系列扶持西藏发展的优惠政策和措施。会议提出：西藏要在优化经济结构、提高经济效益的前提下，力争国民经济年均增长10%左右，到2000年国民生产总值比1993年接近翻一番。

党中央、国务院从全局高度研究西藏工作，中央各部委和各兄弟省区市从全国工作的整体来认识西藏工作，经过深入调研，采取了一系列具体措施支持西藏工作。会议在认真讨论的基础上，形成了指导西藏工作的纲领性文件《中共中央、国务院关于加快西藏发展、维护社会稳定的意见》。文件包括统一思想认识，明确指导方针；加快经济发展，推动社会进步；深化改革，搞好衔接，实行优惠政策；维护祖国统一，反对分裂，保持社

会稳定；做好民族、宗教工作，扩大爱国统一战线；加强自身建设，增强党的战斗力；中央关心西藏，全国支援西藏等七个方面的内容共31条。

为了使西藏经济实现持续、快速、健康发展，中央在文件中为西藏制定了八项优惠政策：（1）财税政策。中央对西藏的财政补贴，实行"核定基数、定额递增、专项扶持"的政策。税收实行"税制一致、适当变通、从轻从简、征税退还"的政策。（2）金融政策。继续实行优惠的贷款利率和保险政策。（3）投融资政策。对西藏的能源、交通、通信以及综合开发等大中型骨干项目和社会发展项目，由国家给予重点扶持，对建设周期长的实行动态投资。对西藏的固定资产投资项目，国家在资金上给予优先保证。（4）价格补贴政策。为了保证社会稳定，使人民生活水平有所提高，对中央出台的重大调价措施在西藏的涨价影响，由国家财政给予补贴。（5）外贸政策。对现行外贸管理方面的优惠政策不变，并实行"放宽政策、扩大开放、加快发展"的政策。（6）社会保障政策。帮助西藏逐步建立健全离退休养老保险、失业保险、医疗保险和工伤保险体系。（7）农业和农村政策。继续实行"土地归户使用、自主经营、长期不变""牲畜归户、私有私养、自主经营、长期不变"（即两个长期不变）政策。继续免征农业税。在土地、草场公有的前提下，鼓励个人开垦农田、荒滩、荒坡，种植农作物和植树种草，实行"谁开发、谁经营、谁受益、长期不变、允许继承"的政策。对农用生产资料继续实行财政补贴，给予西藏免征乡镇企业所得税的优惠政策，并在安排扶贫专款"以工代赈"的资金时，对西藏实行倾斜。（8）企业改革政策。分期分批解决国有企业历史包袱问题，优先解决效益好的企业。会议确定，为西藏安排62个工程建设项目，建设投资由中央有关部委和有关省区市分别承担。

党中央、国务院不仅在政策、资金、项目上加大了对西藏的支援力度，而且更加大了对西藏人力资源的支援力度。会议确定了"分片负责、对口支援、定期轮换"的干部援藏方针。中央各部委对口支援西藏自治区各部门，全国15个省市（后增加重庆市）对口支援西藏7个地（市）。1995年上半年，首批600多名干部辞别亲人，不远千里来到西藏工作。他们在各条战线、各个地市县，与藏、汉族干部紧密团结，相互支持，克服各种困难，开拓进取，使不少地方工作取得了令人瞩目的进步，为西藏的稳定和发展发挥了重要作用，受到了西藏各族人民的欢迎。在62项工程之外，又落实了668个援助、合作项目，资金额达8.8亿元。

中央给予西藏的一系列优惠政策和安排的大批建设项目，进一步体现了中央对西藏工作的高度重视和对西藏各族人民的巨大关怀，为西藏经济社会的发展提供了极为有利的外部环境，体现了社会主义制度的优越性。中央关心西藏、全国人民支援西藏，说明祖国是西藏发展的坚强后盾，体现了中华民族大家庭的巨大凝聚力，增强了西藏各族人民维护祖国统一和坚定不移地走社会主义道路的信念。

（六）提高认识，统一思想，深刻领会第三次西藏工作座谈会精神

中央第三次西藏工作座谈会的召开，为西藏的发展和稳定明确了指导方针，明确了各项政策，明确了工作思路。如何使广大党员、干部群众领会精神，提高认识，统一思想，成为贯彻落实会议精神的关键。1994年9月1日至8日，自治区党委召开了四届六次全委（扩大）会议。这次会议主要是通过认真学习中央第三次西藏工作座谈会文件，深刻领会其精神实质，提高认识，把与会同志的思想统一到中央精神上来。自治区领导陈奎元、热地、江村罗布分别作了重要报告、讲话。在热地同志所作的主题报告中，明确提出要贯彻落实好中央第三次西藏工作座谈会精神，首先必须认真地、系统地学习，深刻领会座谈会精神，切实把思想统一到会议精神上来，统一思想，统一意志，统一步调，振奋精神，鼓舞斗志。

区党委要求，要把思想统一到用战略全局的眼光看待西藏工作，将西藏放在全国的大局中，来认识西藏工作在党和国家全部工作中的重要战略地位。要深刻领会江总书记指出的"三个涉及""两个大局"的重要意义。必须把中央的大政方针同西藏具体实际结合起来，牢固坚持"一个中心、两件大事、三个确保"的指导方针，进一步明确新时期西藏工作的主要任务是加快发展和维护稳定。要把思想统一到这次会议确定的西藏社会经济发展的指导思想和战略目标上来。中央确定西藏在20世纪的最后几年，发展速度高于全国的平均水平，使多数群众生活达到小康水平，这是一项重要的战略决策，为西藏社会经济发展创造了历史性的机遇。要深刻理解中央这一重大决策的伟大意义，竭尽全力做好西藏工作，使战略目标得以尽快实现。要把思想统一到达赖集团是影响西藏稳定的主要根源，我们同达赖集团的斗争是敌我性质的矛盾这一认识上来。我们与达赖集团斗争的实质不是信教不信教、自治不自治的问题，而是维护祖国统一，反对民族分裂，保卫民主改革成果的问题。我们要维护好社会稳定，取得反分裂斗争的胜利，关键是把自身建设好，是把自己的事情办好。要重视新时期党的统战、民族、宗教工作。在西藏衡量民族政策的标准，关键是看怎样对西藏人民有利，怎样才能使西藏很快发展起来，在中国四个现代化建设中走进前列。要不断完善民族区域自治制度。要继续全面正确地贯彻党的宗教信仰自由政策，依法加强对宗教事务的管理，引导宗教与社会主义社会相适应。要充分发挥各族各界爱国人士的作用，不断壮大爱国统一战线，团结一切可以团结的力量，调动一切积极因素，为西藏的振兴共同努力。要深刻认识"两个离不开"的原则是处理民族关系的根本准则，在西藏坚持"两个离不开"不仅是经济、文化、科技等各项事业发展的需要，也是维护祖国统一、增强民族团结、维护西藏社会稳定的迫切需要。

根据四届六次全委（扩大）会议的要求，10月27日，自治区党委批转了区党委宣传部《关于进一步深入学习第三次西藏工作座谈会精神的意见》。西藏各级党组织、广大干部群众掀起了学习的热潮。自治区党委将组织学习贯彻中央第三次西藏工作座谈会精神宣讲团分赴全区七地市进行宣讲，各级报刊、广播电台、电视台要开辟专栏、专题节目和专门时间，集中报道会议精神和全区学习贯彻情况，形成声势；许多领导干部带头撰写认识体会文章，形成强大的社会舆论导向。

根据区党委的统一部署，区党委很快组成由各级宣传领导干部、理论工作者组成的规模较大的宣讲团。宣讲团采取先集中培训，再分赴各地进行宣讲的办法，围绕"以新的精神面貌、新的思维方式、新的行动姿态贯彻落实第三次西藏工作座谈会精神，开创西藏工作的新局面"、"西藏在全国大局中的地位"、"把中央的大政方针同西藏的具体实际相结合，坚持'一个中心、两件大事、三个确保'的指导方针"、"积极开拓，勇于进取，实现西藏社会经济发展的战略目标"、"贯彻第三次西藏工作座谈会精神，建立社会主义市场经济体制"、"认清达赖集团本质，反对分裂、维护祖国统一"、"全面贯彻党的民族、宗教政策，不断巩固和壮大爱国统一战线"、"牢固树立'两个离不开'的思想，加强民族团结"、"加强党的建设，保证第三次西藏工作座谈会精神的贯彻执行"、"中央关怀西藏，全国支援西藏，西藏怎么办"等10个专题进行宣讲。区党委宣讲团和地市委宣讲团先后分赴7地市40余县，集中宣讲两个多月，行程2万多公里，宣讲120多场，听讲的基层干部达2万多人次。与此同时，区党委宣传部及时编写第三次西藏工作座谈会精神宣传提纲，分13个专题用藏、汉两种文字印发全区，并在《西藏日报》全文刊发。区内各新闻媒体用大量篇幅、大量时段播发学习、宣传中央第三次西藏工作座谈会精神的消息、文章、体会和认识。各级党委中心组集中时间分专题认真学习，深入思考，把中央第三次西藏工作座谈会精神与当地实际相结合，谈体会，谈认识，真正使会议精神入脑、入心。

在全区广泛学习、宣传、领会第三次西藏工作座谈会精神的同时，自治区党委、政府派出由主要领导带队，抽调52个厅、局、部、委领导组成的工作组分赴7个地市、26个县、108个乡开展调研工作，督促检查学习、宣传、贯彻落实第三次西藏工作座谈会精神的情况。

集中学习、宣传中央第三次西藏工作座谈会精神，是自改革开放以来，全民动员学习中央对西藏的会议精神中规模和力度最大的一次。通过认真的学习、宣传，广大党员、干部对会议精神加深了理解，统一了思想，提高了认识；广大群众领会了中央的精神，提高了思想觉悟，为以后全面贯彻落实中央第三次西藏工作座谈会精神奠定了思想基础。

1995年7月29日，中共西藏自治区第五次代表大会在拉萨召开。陈奎元同志作了题为《深入贯彻第三次西藏工作座谈会精神，为实现本世纪末的宏伟目标而奋斗》的报告。大会结合贯彻落实中央第三次西藏工作座谈会精神，作出了加快发展、维护稳定的重大部署。决定深化改革，扩大开放，向社会主义市场经济体制迈进；加快资源开发，优化产业结构，增强国民经济的实力和活力；加强社会主义精神文明建设，推动社会全面进步；深入揭批达赖集团，切实维护西藏社会稳定；加强社会主义民主和法制建设，加强党对统一战线的领导，认真做好民族、宗教工作。大会明确提出，实现西藏到本世纪末的宏伟目标，关键在于高度重视党的建设，切实加强和改善党的领导。用邓小平同志建设有中国特色社会主义理论武装全体党员；进一步加强领导班子建设，努力培养和造就一支德才兼备的干部队伍；坚持民主集中制，维护党的团结统一；切实加强党的基层组织建设，增强党的战斗力和凝聚力；加强党风廉政建设，密切党同人民群众的联系。这次大会重在解决加快西藏发展、维护西藏局势稳定两大问题，针对西藏实际，确定了由计划经济体制向社会主义市场经济体制转轨，优化产业结构；加强社会主义精神文明建设，推进社会全面进步；公开揭批达赖集团，维护社会稳定；加强党的建设，改善党的领导等四项重大措施。

（七）稳定西藏社会局势的重大举措

自治区党委、政府根据中央第三次西藏工作座谈会确定的反分裂斗争的方针、政策和原则，按照自治区第五次党代会的部署，狠抓了以下几方面的工作。

1. 公开揭批达赖集团及其分裂主义势力，为西藏局势稳定创造良好的政治环境

区党委四届六次全委（扩大）会议在总结以往经验的基础上，作出了主动出击、集中治理的决策，使反分裂斗争很快出现了新局面。遵照区党委的统一部署，自治区有关部门和各地（市）都结合本地区、本部门的实际，认真研究和采取了进一步稳定局势的具体措施。各新闻媒体大张旗鼓地宣传反分裂斗争取得的重大胜利，揭露达赖集团勾结国际敌对势力分裂祖国、恢复政教合一的封建农奴制度的政治阴谋，使广大干部群众在分裂和反分裂的斗争面前保持清醒的头脑，在全社会基本形成了反对分裂势力的良好舆论氛围。

自治区党委针对达赖集团在精神领域的渗透引起的部分干部群众的思想混乱，在全社会广泛开展了树立马克思主义的祖国观、民族观、宗教观、文化观的"四观"教育，引导干部群众认清达赖及其同伙的本质。这是在更深层次上反对和粉碎达赖集团制造骚乱、分裂祖国阴谋的重大举措。

1996年7月23日，自治区党委书记陈奎元同志在拉萨市精神文明建设动员大会上尖锐地指出：我们和达赖集团斗争的主战场在精神领域。他说，在精神文明建设和社会生活中，我们经常遇到达赖集团的干扰、破坏。达赖集团在政治上已被推翻，在经济上他们的特权也已被取缔，但是在精神领域，他们的影响还在起作用，甚至在某些时候，由于我们对他们的揭露、批判、斗争不力，还有扩大、泛滥的趋势。对精神领域的斗争形势我们要有充分的认识，对达赖在精神领域的影响不能低估。如果在精神领域退缩，那就等于我们在与达赖集团的斗争中从主战场后退了，如果在精神领域为达赖留下一席之地，在政治上就必然受制于人。十四世达赖背叛佛教的宗旨和佛教徒的行为准则，充当政治上分裂主义的头子，充当西方敌对势力危害我国安全的工具，他把宗教当作武器，当作盾牌，当作资本，我们不缴下他的武器，不打掉他的盾牌，不剥夺他的资本，我们和他斗什么？那是避实就虚，和达赖的影子斗争。与达赖作斗争，首先要剥掉达赖的宗教外衣，揭露达赖的本来面目，才能教育广大人民摆脱他的影响，才能取得斗争的胜利。

为了加强在精神领域同达赖集团的斗争，自治区党委要求：加强对共产党员和干部职工的教育、管理，肃清达赖集团的反动宣传对党员、干部、职工的思想影响。为此，自治区党委作出规定，要求共产党员必须是无神论者，不但要在政治上与达赖划清界限，而且不能参加任何形式的宗教活动，党员干部不准在家里悬挂、摆放达赖像，不准在家里设置经堂。组织人事部门也发出通知，党政机关、企事业单位的干部职工（包括离退休的）不得出境听达赖"讲经"，不得送子女到达赖集团的学校学习或当达赖认定的活佛。发现此种情况，须对当事人进行批评教育，并限期改正，否则作开除公职处理。根据中央对达赖的定性①，针对部分群众对达赖打着"宗教领袖"旗号产生的幻觉和模糊认识，在报刊、广播电视和群众教育活动中，理直气壮地点名揭批达赖，针对达赖图谋西藏"独立"不惜歪曲历史而制造的种种谎言，理直气壮地宣传西藏与中央政府的关系，宣传西藏是祖国不可分割的一部分。针对达赖对西藏现实生活的诽谤，理直气壮地宣传解放后在中央的亲切关怀和祖国各族人民的帮助下，西藏经济社会发展所取得的辉煌成绩，宣传西藏人民只有在中国共产党的领导下，坚持社会主义道路，才有光明的前途。针对达赖诬蔑我们"毁灭宗教、毁灭文化"的谎言，理直气壮地揭露达赖统治下利用宗教愚弄、剥削人民大众，把民族文化推向灭绝边缘的罪行，宣传党的宗教信仰自由政策，宣传党和国家保护、发展民族传统文化取得的举世瞩目的成就。要在大、中、小学和广大青少年中开展唯物论、无神论和马克思主义祖国观、民族观、宗教观、文化观（即"两论""四观"）教育。使青少年了解"宗教是麻醉人民的精神鸦片"，爱教要以爱国为前提，藏族是中华民族的一员，爱西藏与爱祖国是统一的等普遍常识。自治区党委组织专家撰写系统读物，先后出版了《爱国主义教育丛书》《西藏通史》《当代西藏简史》《西藏地方与中央政府关系史》《历史造成的统一体》等专著，在山南烈士陵园、江孜抗英遗址建立了爱国主义教育基地，收到了明显的社会效果。

2. 严厉打击分裂主义的渗透破坏活动

针对达赖集团利用广播、音像、书刊向境内进行政治、思想和文化渗

---

① 达赖是图谋西藏独立的分裂主义政治集团的总头子，是国际反华势力的忠实工具，是在西藏制造社会动乱的总根源，是阻挠藏传佛教建立正常秩序的最大障碍。

透, 自治区各级党委、政府以及公安、工商和文化界各部门对各种宣传品进行了认真清理, 收缴了大批鼓吹"西藏独立"的音乐磁带、录像带和非法书刊, 对销售反动宣传品的商贩给予了警告或处分。从1994年冬天开始, 先以城镇为重点, 后在全社会收缴清除以达赖像为代表的反动宣传品, 有力地遏制了反动标语、反动传单事件上升的势头。公安、海关和边防武警等部门密切配合, 严格禁止达赖集团的反动宣传品入境。同时, 在全区机关、厂矿、中小学校和广大农牧区大张旗鼓地批判达赖集团的反动宣传和分裂主义观点, 揭露达赖集团通过思想、文化渗透搞乱西藏、破坏现代化建设的阴谋, 激起了广大干部群众的无比义愤, 增强了识别是非的能力。

自治区党委、政府充分认识到分裂与反分裂斗争的长期性和复杂性, 在加强精神文化领域反分裂斗争的同时, 始终高度警惕分裂主义武装组织死灰复燃。为保护人民利益、维护法律尊严, 依靠西藏广大人民群众, 充分发挥政法部门、驻藏人民解放军、武警部队的专政柱石作用, 加强对重点地区、重点对象的监控工作, 就有关信息及时作出反馈。在问题多、容易出事的地点和时间开展专项斗争, 不给分裂主义分子以可乘之机。由于信息灵、反应快、措施得力, 1995年以来, 达赖集团策划的"和平挺进"等阴谋破坏活动都得到及时、果断处理, 把隐患排除在预谋阶段。在各方面的有力配合下, 坚决取缔了为十四世达赖祝寿祈福的"冲拉亚岁"等非法活动。各地公安部门还根据群众举报线索严密排查, 顺藤摸瓜, 摧毁了达赖集团潜伏的地下反动组织。充分发动干部群众, 在4000多公里的边境线上堵塞达赖集团向境内渗透的渠道, 抵制和反对达赖集团的思想影响, 为政治稳定和现代化建设创造了一个团结向上的良好社会环境。各地各单位还开展了以反分裂斗争为重点的社会治安综合治理活动, 采取政法部门与群众相结合的方式, 从宣传教育入手, 依法严厉打击分裂活动和其他刑事犯罪分子, 确保社会的长治久安。广大公安干警和武警部队官兵坚守岗位, 旗帜鲜明地维护祖国统一, 反对分裂破坏活动, 有力地保障了人民群众正常的生活秩序和现代化建设的顺利进行。

3. 粉碎达赖集团的干扰破坏, 顺利完成班禅转世工作

1989年1月9日, 第七届全国人大常委会副委员长、第十世班禅额尔德尼·确吉坚赞大师, 由北京赴日喀则市扎什伦布寺主持五至九世班禅大师遗体合葬灵塔祀殿——班禅东陵扎什南捷开光典礼。由于操劳过度,

突发心脏病，经多方抢救无效，不幸逝世。十世班禅大师是我国伟大的爱国主义者，著名的国务活动家，中国共产党的忠诚朋友，中国藏传佛教的杰出领袖。他为西藏的和平解放和繁荣进步努力奋斗，在西藏分裂与反分裂的斗争中，旗帜鲜明地坚持爱国主义立场，为维护祖国统一，增强民族团结，建立了不可磨灭的功绩。

十世班禅大师逝世第三天，国务院作出了关于第十世班禅逝世后治丧委员会和转世问题的决定。确定由扎什伦布寺民主管理委员会负责，并视必要请中国佛教协会、佛协西藏分会协助，办理第十世班禅转世灵童的寻访、认定事宜，报国务院批准。扎什伦布寺民管会遵照国务院的决定，就十世班禅转世灵童寻访工作的有关问题向自治区提出报告。不久，经国务院批准成立了以十世班禅经师嘉雅活佛为首的寻访班子，组成了以中国佛教协会会长赵朴初和副会长、佛协西藏分会名誉会长帕巴拉·格列朗杰为总顾问的顾问班子。

江泽民同志等中央领导人经常过问寻访工作进展情况，作了许多重要指示。1991年4月和1993年7月，先后两次在北京召开寻访工作会议，明确寻访工作原则，强调在整个工作中必须尊重宗教仪轨和历史定制，必须坚持爱国主义，接受中央政府领导。在中央和自治区的直接领导下，经过各方的共同努力，到1995年初，寻访工作取得了实质性进展。寻访班子访到了28名儿童，并准备按照宗教仪轨和历史定制从中选出3名，经中央政府批准后进行金瓶掣签认定，报请中央政府批准继位。

但是，十四世达赖出于其反动的政治目的，在十世班禅转世问题上大肆插手，进行阴谋活动，勾结、操纵扎什伦布寺分裂主义分子恰扎·强巴赤列，公然违背中央批示，先是在十四世达赖授意下，硬要将一个在十世班禅大师圆寂之前出生的儿童塞进重点对象名单，一再拖延寻访工作。当他收到达赖妄指"灵童"的密信后，又采取弄虚作假的手段，按照达赖的意图，谎称已找到"唯一候选灵童"，要求速报中央认可。当这一阴谋活动被识破后，十四世达赖便迫不及待地于1995年5月14日在境外妄自宣布他非法认定的所谓"班禅转世灵童"，严重干扰和破坏了班禅转世工作的正常进行。

事件发生后，国务院宗教事务局发言人很快宣布，十四世达赖认定班禅转世灵童是非法的、无效的。达赖非法宣布班禅转世灵童的行为，引起了西藏宗教界、党外人士的强烈愤慨，他们纷纷谴责达赖违反历史定制和宗教仪轨，破坏班禅转世工作。一场揭批达赖祸教乱藏的群众性热潮在城乡声势浩大地开展起来。人们一致拥护中央按照宗教仪轨和历史定制，尽快完成班禅转世灵童的认定和坐床工作。

为了满足广大信教群众盼望十世班禅大师早日转世的愿望，中央在排除达赖的干扰后，于1995年11月在北京召开了班禅转世灵童领导小组第三次会议。中共中央政治局常委、全国政协主席李瑞环主持会议并作了讲话。1995年11月29日，金瓶掣签仪式在拉萨大昭寺举行。国务院代表、国务委员罗干，国务院特派员、自治区主席江村罗布和国务院宗教事务局局长叶小文共同主持了掣签仪式。罗干宣读了《国务院对西藏自治区人民政府〈关于确定三名男童为第十世班禅转世灵童金瓶掣签候选对象的请示〉的批复》。仪式严格按照宗教仪轨进行，结果西藏自治区嘉黎县的候选灵童坚赞诺布中签，接着举行了剃度仪式。同日，在拉萨雪林·多吉颇章举行第十一世班禅额尔德尼册立典礼。国务院代表罗干郑重宣读了《国务院关于特准经金瓶掣签认定的坚赞诺布继任第十一世班禅额尔德尼的批复》。

同年12月，国务院代表李铁映专程赴藏主持十一世班禅的坐床典礼。12月8日，坐床典礼按照宗教仪轨和历史定制在扎什伦布寺日光殿隆重举行。李铁映代表国务院宣读了《国务院对西藏自治区人民政府〈关于十一世班禅额尔德尼坐床典礼的请示〉的批复》，亲自把十一世班禅扶上宝座，充分体现了中央对十一世班禅的支持和亲切关怀。李铁映代表国务院向十一世班禅授予金册、金印，并将由江泽民同志亲自题写"护国利民"金字的大匾颁赠给了扎什伦布寺。

在中共中央、国务院的正确领导下，自治区党委、政府排除达赖的干扰破坏，经过6年艰苦细致的工作，顺利完成了班禅转世，为僧俗群众的期盼画上了吉祥的句号。

4. 开展寺庙爱国主义教育，建立正常宗教秩序

长期以来，达赖把寺庙当作他分裂祖国、复辟"政教合一"封建农奴制度的最后堡垒，处心积虑地向寺庙进行政治渗透。他一是以"宗教领袖"的名义在境内非法认定活佛，二是引诱喇嘛去印度听他"讲经"，三是在寺庙发展反动组织，四是利用广播进行反动宣传，偷运反动宣传品，煽动喇嘛闹事，从事分裂活动。有的寺庙在分裂主义势力操纵下反攻倒算，群众在民主改革中分得的寺庙财产被迫送回寺庙。有的寺庙领导权

被分裂分子篡夺，党和政府的政策、法令无法在寺庙中贯彻执行，爱国僧侣在寺庙受到严重压抑。为数不少的寺庙成了达赖集团在境内制造动乱的基地。达赖集团的干将桑东就公开叫嚣："要利用宗教去发动群众起来反对共产党"，"控制了一个寺庙，就等于控制了共产党的一个地区"。

为了从根本上稳定西藏社会局势，自治区党委、政府认真分析反分裂斗争的情况，在顺利完成班禅转世工作的有利形势下，乘势而上，决定对寺庙开展爱国主义教育，向乱藏祸教的达赖集团开展一场大反击。

1996年5月25日，自治区党委召开在全区寺庙进行爱国主义教育和建立正常秩序工作会议，决定从1996年6月起，用4年时间，对全区寺庙分批开展爱国主义教育，依法整顿寺庙秩序，打击分裂活动，引导宗教与社会主义社会相适应。陈奎元、热地、江村罗布在会上就在寺庙进行爱国主义教育和整顿工作的目的、任务、方针和政策措施发表了重要讲话。他们强调指出，在这项工作中，必须注意两个重要的基本点：一是要保护在宪法和法律允许的范围内正常的宗教活动，维护公民的宗教信仰自由的权利；二是依法对宗教事务进行管理，制止和打击利用宗教从事危害人民和危害国家利益的行为。我们对待宗教问题、指导宗教工作，都必须始终坚持两点论，坚持全面正确贯彻党的宗教政策。

1996年6月，在自治区党委的直接指挥下，由自治区党委副书记丹增、列确牵头，组成了强有力的领导小组。全区选择了150多座各种类型的寺庙作为试点，选派8名省级干部、58名地级干部带队，组成工作组进驻寺庙。试点工作首先在受分裂主义集团影响严重的色拉寺、甘丹寺、哲蚌寺展开。把三大寺作为首批试点单位，进行教育整顿，表明了自治区党委义无反顾、决不动摇的坚定决心。

在工作组进驻寺庙之际，自治区党委书记陈奎元同志三次发表讲话，他尖锐地指出：整顿寺庙是一场非常艰巨、复杂的斗争，我们去动摇达赖集团的社会根基，向多年来形成的曾经至高无上的特权挑战，不要抱有一路顺风的幻想。不管遇到多大阻力，也要坚定不移地进行下去。如果工作组能够顺利地进入庙门，就心平气和地开展工作；进去时有障碍，就扫除障碍；如果分裂主义分子以暴力阻挠，就果断地处置。不要怕敌对势力说东道西。在我们的国土上，无论什么人、什么阶层阻挠国家政权运作，抵制政策、法律的贯彻执行，都要坚决予以制止，寺庙也不例外。

自治区党委在中央的有力支持下，令出如山，百折不挠。工作组不避困难，耐心面对僧众，引导僧众认清爱国守法、遵经守戒是唯一光明的道路。工作组与寺庙所有人员逐个进行面对面的谈话，上到寺院住持，下到扎巴和工杂人员，不留空白，一律接受教育。爱国主义教育受到了广大僧人的欢迎。一些原来曾经失足的僧人，经过反复教育，态度发生了转变，主动作自我批评，表示忏悔之心。在充分教育的基础上，工作组帮助寺庙处理多年积累的问题，清除达赖集团渗透的影响，打击分裂主义分子，清理不法僧尼，加强寺庙民管会，使有威望的爱国守法僧人主持寺庙，建立健全了寺庙爱国公约及约束僧尼行为的规章制度。

寺庙教育整顿工作大长了爱国僧尼的志气，打击了分裂主义分子的嚣张气焰。全区各族人民一致拥护自治区党委的正确决策，大力支持整顿寺庙工作组的果断行动。在拉萨三大寺的教育整顿试点进展顺利，取得显著的成效。1997年初，这项工作在全区全面铺开。寺庙教育整顿动摇了达赖集团在西藏苦心经营的社会根基，遏制了达赖集团向寺庙和基层渗透的势头。自中央第三次西藏工作座谈会以来，西藏的稳定与发展进一步展现出新的局面。

5. "治乱""治愚"，加强社会主义精神文明建设

1996年8月，根据党的十四届五中全会精神和社会主义精神文明建设的需要，西藏自治区成立了由区党委书记陈奎元为主任的西藏精神文明建设委员会，同时成立了精神文明建设办公室。各地（市）、县也相应成立了精神文明指导委员会，由第一把手亲自抓，有专门机构，上下形成了共识，使精神文明建设落到了实处。同年11月，自治区党委召开五届二次全委（扩大）会议，学习贯彻《中共中央关于加强社会主义精神文明建设若干重要问题的决议》，结合实际，深入分析了西藏社会主义精神文明建设的形势。会议认为，90年代以来，西藏工作取得了全面推进改革开放和现代化建设的重大成就。但是，社会主义精神文明建设的任务仍然十分艰巨，决不可掉以轻心。这是因为西方敌对势力对西藏"西化""分化"的图谋不会改变，达赖集团对西藏内部的思想渗透还十分猖狂，分裂主义势力与西藏争夺群众、争夺青少年、争夺寺庙领导权的斗争还很尖锐，达赖对群众的精神影响依然存在；西藏经济不发达，教育、科技比较落后，文盲率高，群众的科学文化素质普遍偏低，宗教影响广泛；马克思主义的民族观还未完全确立，马克思主义民族观同资产阶级民族观的斗争还存在；一些领域道德失范，拜金主义、享乐主义和个人主义滋长；一些

地方封建迷信活动盛行，"黄、赌、毒"等丑恶现象使党风、政风、社会风气受到损害。这些现象的存在有着深刻的社会原因和历史根源，绝不是一朝一夕可以解决的。它影响和阻碍了西藏的改革开放、局势稳定、民族团结和物质文明建设进程。

为此，自治区党委下发了加强社会主义精神文明建设的纲领性文件《关于贯彻党的十四届六中全会精神的意见》，确定了西藏社会主义精神文明建设的指导思想，明确了精神文明建设中亟待解决的问题。

在自治区党委的领导下，西藏的社会主义精神文明建设以邓小平同志建设有中国特色社会主义理论为指导，以治乱、治愚为突破口，广泛开展爱国主义教育，树立马克思主义祖国观、民族观、宗教观、文化观，坚持唯物论和无神论，加强民族团结，消除唯心主义和封建迷信思想的束缚和影响，破除危害经济社会发展的陈规陋习，实施"科教兴藏"战略等。全区群众性精神文明建设活动，通过爱国主义教育、民族团结教育、思想道德建设、科学技术和法律知识普及活动以及创建文明城市、文明村镇和文明行业活动，迈上了新的台阶。

（八）加快西藏经济发展的重要措施

中共西藏自治区第五次党代会之后，自治区党委、政府根据中央第三次西藏工作座谈会提出的要求，结合中央所给予西藏的优惠政策，努力实现西藏发展的总体目标，在实现社会稳定的同时，解放思想，深化改革，扩大开放，作出50多个加快西藏经济发展的重大决定、规定和具体政策，主要有：《西藏自治区人民政府关于进一步扩大开放、加强经济技术联合的若干规定》《中共西藏自治区委员会、西藏自治区人民政府关于实施科教兴藏战略、加速科技进步的决定》《中共西藏自治区委员会、西藏自治区人民政府关于加强农村牧区工作的决定》《中共西藏自治区委员会、西藏自治区人民政府关于进一步深化流通体制改革的实施意见》《西藏自治区人民政府关于加快发展旅游业的决定》等。至此，西藏经济社会步入加速发展的轨道。

1. 认真贯彻第三次西藏工作座谈会提出的发展思路，有效利用国家投资

为了帮助西藏加快经济社会发展，国家加大了对自治区的投资力度。在"八五"目标顺利实现之后，自治区按照中央的部署，经过两年多的调查研究，在国家计委、经贸委的指导下，于1995年末制定了《西藏自

治区国民经济和社会发展"九五"计划和 2010 年远景目标纲要（草案）》。《纲要（草案）》明确了 1996—2010 年西藏经济社会发展的指导方针、总体目标、主要任务和经济社会综合指标，贯穿了中央第三次西藏工作座谈会和自治区第五次党代会精神，突出了西藏经济社会发展中期计划的宏观性、战略性和政策性，力求使主要指标和重大措施与地市、行业规划相衔接。

1995 年 12 月 23 日，自治区党委召开常委（扩大）会议，围绕加快西藏发展这一主题，研究讨论《纲要（草案）》。自治区党委书记陈奎元同志在会上指出，西藏国民经济体系不健全，存在严重缺陷，需要调整和发展。"九五"期间要体现出来，并在发展过程中理顺关系。所以，今后的五年是发展的五年，是在发展中理顺关系的五年。为此，前五年必须在社会形成一种全面发展的形势，形成追求全面发展的精神状态，绝不允许无所作为，贻误事业。要使经济结构趋向合理，为未来的发展打下基础。会议通过了《纲要（草案）》，并决定提交自治区人代会审议。1996 年 5 月，自治区第六届人民代表大会第四次会议召开。会议一致通过了《西藏自治区国民经济和社会发展"九五"计划和 2010 年远景目标纲要》。

在自治区党委的领导下，自治区政府认真贯彻中央第三次西藏工作座谈会精神和自治区第五次党代会确定的方针，努力实现《纲要》目标，按照"严格审查、严格监督、严格管理"的要求，有效利用国家投资，大力加强基础设施建设。按照"稳定第一产业，有重点地发展第二产业，大力发展第三产业"的思路，积极推进经济结构的战略性调整，优化产业结构。按照强化农牧业基础地位的要求，加大扶贫开发力度，加快乡镇企业和多种经营的发展。按照"继续把教育放在优先发展的战略地位"的要求，实施"科教兴藏"战略，实施国家贫困地区义务教育工程，加强教育基础设施建设，深化教育体制改革，努力实现"两有八〇"（即县县有中学、乡乡有完小，适龄儿童入学率达到 80%）的目标。

2. 在中央和兄弟省市支持下，做好受援工作

为了贯彻落实中央第三次西藏工作座谈会作出的"分片负责、对口支援、定期轮换"支援西藏的重大决策，中央组织人事、文化新闻出版、广播电视、文物档案、金融财政经贸、科学教育、冶金电力交通、民政、气象、高检院等 10 多个相关部、委、局和 15 个对口支援西藏的兄弟省市，把援藏工作当作重要工作来抓，主要领导亲自挂帅，组成援藏工作领

导小组。派出考察组到西藏实地考察，认真研究援藏工作的具体事宜，提出具体方案。选拔政治强、业务精、素质高的干部和专业技术人员进藏担任相关地、市、县党委、政府及职能部门的领导，充实各地班子，进行人才智力援助，大大改善了干部队伍的民族结构、年龄结构和文化结构，对各地（市）、县的各项建设起到了很大的促进作用。

中央各部委和兄弟省市除对西藏进行资金、设备、项目、技术援助外，还积极对西藏开展各类人员专业技术的免费培训，接收西藏地县及基层干部到相关部门挂职锻炼，接收小学毕业生到内地西藏班学习。各省市还相继建立了专门的援藏基金，形成了固定的资金渠道，保证了对口支援项目的顺利实施。

自治区党委、政府十分重视受援工作，作了周密部署。自治区领导明确指示，要关心援藏干部的生活，改善他们的工作、生活条件，保证他们的身体健康；要支持他们的工作，确保他们有职有权，鼓励他们放开手脚、大胆工作。自治区各级党政机关充分准备，积极配合，创造条件，配备人员，组建机构，制定措施，确保资金到位和有效利用，确保援藏项目的顺利开工和建设质量，确保援藏设备的有效使用。在自治区各级党政机关和受援单位的积极配合、共同努力下，较好地完成了受援任务。

3. 结合贯彻党的十五大精神，进一步解放思想，积极探索西藏经济发展的实现形式

正当全国人民为实现跨世纪的宏伟目标而奋勇前进的时候，1997 年 2 月 19 日，中国改革开放的总设计师邓小平同志不幸逝世。邓小平同志逝世后，中国将举什么旗？走什么路？面对这个令全世界关注，也是中国发展最关键的问题，以江泽民同志为核心的党中央作出了明确回答：继承邓小平同志遗志，高举邓小平理论伟大旗帜，坚定不移地沿着邓小平同志开辟的建设有中国特色社会主义道路继续前进。

1997 年 9 月，党的第十五次全国代表大会召开。此次会议首次使用了"邓小平理论"的称谓，指出：我们这次大会的灵魂，就是高举邓小平理论的伟大旗帜。旗帜问题至关重要。旗帜就是方向，旗帜就是形象。坚持十一届三中全会以来的路线不动摇，就是高举邓小平理论的旗帜不动摇。在当代中国，只有把马克思主义同当代中国实践和时代特征结合起来的邓小平理论，而没有别的理论能够解决社会主义的前途和命运问题。大会通过的党章修正案把邓小平理论确立为党的指导思想，明确规定：中国

共产党以马克思列宁主义、毛泽东思想、邓小平理论作为自己的行动指南。会议系统论述了党在社会主义初级阶段的基本路线和基本纲领。明确指出，建设有中国特色社会主义的经济、政治、文化的基本目标和政策，有机统一，不可分割，构成党在社会主义初级阶段的基本纲领。这个纲领，是邓小平理论的重要内容，是党的基本路线在经济、政治、文化等方面的展开，是这些年来最主要经验的总结。

为学习贯彻党的十五大精神，自治区党委召开了五届三次全委（扩大）会议。会议的中心议题是：从西藏的实际出发，认真贯彻党的十五大精神，高举邓小平理论的伟大旗帜，明确方向，总结经验，规划未来，解放思想，更新观念，加快发展，把全区各族人民的力量凝聚到十五大确定的宏伟目标和各项任务上来，全面推进西藏各项事业的不断发展。会议指出：西藏经济发展水平在全国处于落后状态，处于社会主义初级阶段，又长期面临达赖集团的干扰和破坏，这是西藏的基本区情。要迈出新的、更大的步伐，西藏必须从实际出发，要进一步解放思想、更新观念，要坚持改革开放，加快经济社会发展。西藏改革开放应采取的主要措施是：第一，大胆探索公有制的多种实现形式。第二，改革和完善分配制度。第三，在继续稳定和完善"两个长期不变"政策的基础上，加快调整农牧业经济结构，搞好农牧业产业化试点，支持带头搞农牧业产业化的企业和带头人。第四，多种所有制经济共同发展。第五，加快政府职能转变。西藏经济发展的有效依托和强大动力是对外开放，不仅经济领域要扩大开放，科技、教育、文化等领域也要扩大开放。

4. 迎接西部大开发，加速西藏经济发展的步伐

在自治区贯彻落实中央第三次西藏工作座谈会精神，全面推进西藏经济社会发展之际，1999年10月，党中央召开了十五届四中全会，研究部署国有企业改革和发展的重大问题，并提出加快西部地区、民族地区的发展，加大对西部地区、民族地区的支持力度，实施西部大开发战略。同年11月，中央召开全国经济工作会议，具体部署、着手实施西部大开发战略。根据中央十五届四中全会、中央经济工作会议精神，自治区党委先后召开了五届五次全委（扩大）会议和全区经济工作会议，具体部署了西藏如何乘着贯彻落实中央第三次西藏工作座谈会精神，连续几年保持了经济快速发展的大好时机，适时抓住西部大开发的历史机遇，乘势而上，再创辉煌。

自治区党委五届五次全委（扩大）会议指出：党中央作出了加快西部地区和少数民族地区发展的决策，并制定了相应的政策、措施。国家通过优先安排基础设施建设、增加财政转移支付等措施，支持中西部特别是西部地区和少数民族地区加快发展，同时本着互惠互利、优势互补、共同发展的原则，通过产业转移、技术转让、对口支援、联合开发等方式，支持和促进中西部地区的经济发展。这为我区的发展又一次提供了机遇。我们必须开阔视野，拓宽思路，以贯彻落实十五届四中全会精神和国家实施西部大开发战略为契机，整体推进经济建设，保持经济持续、快速、健康地发展。

全区经济工作会议更进一步指出：中央决定实施西部大开发战略，不仅是号召西部人民加快经济建设步伐的一项重要举措，还标志着全党对经济落后地区、少数民族地区开发与发展的重视。中央领导同志的讲话中也讲到西部大开发不仅仅是西部人民的事，也是全国的事，发达地区也要关心西部大开发。事实上，如果没有发达地区的配合，光靠西部地区孤立地奋斗，大开发是不会取得显著成效的。西部大开发不是局部的政策，是国家发展战略中重要的一环，是全党全国人民共同奋斗的一项大战略。当然，这一决策首先为我们提供了良好的发展机遇。全区各级党委、政府应当发动群众一起开动脑筋，看清形势，抢占先机，选准突破口，下定决心抓住这次机遇。要通过大开发，与西部各省区一道走向兴旺发达。我们一定要有紧迫感，一定要拿出实际行动来，牢牢地抓住这次历史机遇。因此，要认真研究我区的实际，正确决定西部大开发的路子，在领会中央战略决策的基础上，调整西藏的经济结构，提高经济整体水平，抓住机遇发展农牧业，加快交通、能源建设，挖掘资源潜力，发展优势产业，积极推进小城镇建设，提高城乡人民的物质文化水平。要抓紧制定适应大开发的措施，研究促进大开发的新思路，深化改革，创造有利于大开发的环境，进一步扩大开放。在实施西部大开发中，还要注意分类指导，改变用人观念，发挥科技、教育在大开发中的作用，特别要选好切入点和突破口，扎扎实实地选择一些项目，尤其要选择一些与人民生活密切相关，能够提高经济增长点的项目。

（九）加强党的建设的重要步骤

1. 党的基层组织建设

中共西藏自治区第五次党代会上指出：党的基层组织是我们党全部工

作和战斗力的基础。我区绝大多数基层组织是好的，发挥了党组织的战斗堡垒作用和共产党员的先锋模范作用。同时我们要看到，在基层组织中，还有许多薄弱的地方，存在着一些亟待解决的问题。部分基层组织软弱无力，少数乡村组织处于瘫痪半瘫痪状态，有的甚至为宗教势力所压制；有些党员长期不过组织生活，却频繁地参加宗教活动，甚至说今生靠共产党，来生还要靠达赖喇嘛，思想严重蜕化；少数干部缺乏事业心、责任感，缩起头来只顾办自己的事；农牧区党员队伍年龄偏大，后继乏人。我们必须看到我区基础工作的重要性和艰巨性，按照自治区党的第五次代表大会的部署，大力加强党的基层组织建设。

在自治区党委的领导下，各级组织部门下大力气，把基层组织建设工作的重点放在乡镇。第一对软弱涣散的基层组织分批进行整顿，以增强党组织的凝聚力和战斗力，注重发展翻身农奴后代和有一定科学文化知识的中青年农牧民入党，壮大党员队伍，力争在较短时间内基本达到村村有党员。第二是各乡建立党委，在各行政村建立党支部，以解决西藏基层党组织机构不健全的状况。第三是高标准、严要求，认真配备基层党组织领导班子，特别是把政治强、觉悟高、有干劲，经得起考验的党员选配为基层党委书记和党支部书记。第四是坚持机关干部下基层工作的制度，从区直机关和地、市选派部分干部到县乡挂职锻炼，促进他们了解基层，提高工作能力。第五是通过党校轮训、基层培训、农牧区流动党校的方式对基层干部进行培训，提高他们的政治业务素质和带领群众脱贫致富奔小康的能力。

抓好基层组织建设，关键在县委。自治区党委要求，各县委要把加强基层工作作为自己工作的重点，负起责任，抓出成效。各级党的领导机关，都要牢固树立抓基层抓落实的思想，要把抓基层工作的好坏作为衡量各级领导机关工作的重要标准。到中央第四次西藏工作座谈会前，乡镇一级党的基层组织建设取得明显成效，全部建立了党的基层组织，农牧区党员的先锋模范作用和党组织的战斗堡垒作用得到了加强。

2. 党的思想建设和"三讲"教育

陈奎元同志在自治区第五次党代会上的报告中指出：党的思想建设要突出重点，解决思想问题要有针对性。思想建设要联系时代的特点，西藏地区党和人民面临的任务，党组织和党员的精神状态、思想实际。在政治上，明辨是非，站稳立场，自觉地反对达赖集团的分裂主义，为实现西藏的社会稳定和维护祖国利益而奋斗。在经济上，继续解放思想、破除迷信，提高建设社会主义市场经济的本领，以适应社会主义现代化建设的需要。思想建设的目的是提高党的战斗力、凝聚力。

针对党内存在的思想不纯问题，自治区党委指出：有的同志没有树立起正确的祖国观，没有坚定地站在反对达赖分裂主义的立场上，在许多场所甚至流露出团结分裂主义的情绪；有的同志没有树立起坚定的社会主义理想和信念，羡慕资本主义的物质生活和生活方式，分不清社会主义好还是资本主义好，对于没有社会主义就不能救中国和发展中国，就不能救西藏和发展西藏这样重大的政治观念，缺乏应有的觉悟；有的同志民族观不端正，对兄弟民族的同志抱有不信任甚至是对立的民族偏见，当分裂主义利用民族的名义进行煽动的时候，分不清是非和敌我；有的同志没有树立起马克思主义的宗教观，视宗教为神圣，在内心里深藏着对达赖的信奉，不想、不敢也不愿意脱离宗教的束缚和影响。

1998年11月，中共中央下发了《关于在县级以上党政领导班子、领导干部中深入开展以"讲学习、讲政治、讲正气"为主要内容的党性党风教育的意见》。《意见》下发后，自治区党委立即着手"三讲"教育准备工作，于1999年春季部署在党委办公厅、统战部、财政厅和日喀则地区等四单位进行"三讲"试点工作。试点结束之后，在自治区五届五次全委（扩大）会议和1999年12月全区经济工作会议上，自治区党委根据中央会议精神，结合西藏干部队伍中存在的问题，全面部署了西藏的"三讲"教育工作。自治区党委立即着手组织第一批"三讲"教育巡视组派驻自治区有关厅、局、部、委，组织党员干部进行广泛深入的"三讲"教育工作。在"三讲"教育中，紧密结合西藏实际，突出马克思主义的祖国观、民族观、宗教观、文化观的"四观"教育，突出解决干部队伍中存在的"三个不纯、一个不良"的问题，收到了良好效果。

中央第三次西藏工作座谈会以来，自治区党委团结一致，扎实工作，积极贯彻落实会议精神。西藏呈现出经济发展、社会进步、局势稳定、民族团结、边防巩固、人民安居乐业的良好局面，进入和平解放以来发展和稳定形势最好的时期之一。

九 社会主义市场经济体制在西藏的建立并逐步完善的历史过程

1992年春，邓小平同志视察南方发表重要讲话，明确指出"社会主义也可以搞市场经济"。10月召开的党的十四大第一次会议明确提出了"建立社会主义市场经济体制"的改革目标，中国改革开放事业进入一个新的发展阶段。1993年11月，党的十四届三中全会作出了《中共中央关于建立社会主义市场经济体制若干问题的决定》，提出了建立社会主义市场经济体制的总体规划和20世纪90年代经济体制改革的行动纲领。按照中央确定的"社会主义市场经济体制"改革的目标，西藏提出了总体上与全国"框架一致、体制衔接"的改革原则，确定与全国一道逐步建立社会主义市场经济体制。在西藏地区建立社会主义市场经济体制，曾经历了一个艰难的历史过程。在党中央的关怀和全国人民的大力支援下，经过西藏各级党政干部和各族人民的努力奋斗，西藏与全国一道平稳健康地初步建立起社会主义市场经济体制并逐步完善。在纪念中华人民共和国成立60周年之际，我们回顾这段不平凡的历史，对于我们继续坚持新时期党对西藏工作的大政方针，做好西藏的各项工作有着十分重要的现实意义。

（一）建立并不断完善社会主义市场经济体制在西藏经历的几个阶段

西藏是我国比较特殊的边疆民族地区，由封建农奴制进入社会主义时间短，经济发展水平低，尽管在由传统的计划经济向社会主义市场经济的转变过程中大体上与全国保持了"框架一致，体制衔接"，同时也反映出西藏自身的特点。从西藏建立并不断完善社会主义市场经济体制的历史过程看，大体上分为解放思想阶段、全面推进阶段和逐步完善阶段，每一个阶段都体现出了西藏这个边疆民族地区的基本特征。

1. 解放思想阶段

对西藏地区来讲，最初向社会主义市场经济体制转轨是十分艰难的。西藏物质生产能力弱，自身商品生产不发达，农牧业在经济总量中比重大，农畜产品的综合商品率不足三分之一。长期以来，西藏一直处在高度集中的计划经济体制运转之中，基本上属于由国家供给型、输血型经济，人们的思想意识和思想观念一直受到计划和封闭的双重束缚，在这种情况下向市场经济转变首先要解放思想，更新观念。1992年12月，自治区党委召开四届四次全委扩大会议，这次会议认真贯彻落实党的十四大精神，从认识入手，认真清理了存在的阻碍向社会主义市场经济转变的难点和问题。会议指出："通过改革，冲破'左'的、传统的体制和思想的束缚。通过开放，冲破西藏经济的封闭状态，与内地直至国际市场结合起来，博采众长，使西藏经济的发展得到有效的依托和强大的推动力量。"会议查找了影响西藏发展的诸多因素，特别是长期计划经济体制的影响。指出：由于长期的封闭型经济意识影响，使人们在经济活动中视野不开阔，目光短浅，对先进的管理经验麻木不仁，对开放存在恐惧心理，对进来的，怕别人赚了西藏的钱，占了自己的位，对走出去的，又怕肥水外流，对到区外投资认为是花了自己的钱，肥了别人的田。针对这些问题，区党委要求广大党员干部解决好思想认识问题，积极行动，大胆开拓进取，形成全区上下人人谈改革开放，处处抓改革开放的舆论氛围和形势。

为解决一些同志思想深处的问题，1993年2月至4月，自治区党委用整风的精神举办省、地、县干部学习班，全区300多名省、地、县干部汇集到自治区党校，分期分批地进行了认真学习和讨论。他们对照本地区、本部门存在的差距找原因、理思路，发扬党的优良作风，努力解决思想认识问题和实践中的现实课题。通过学习和讨论，基本上统一了思想，为真抓实干打下了思想基础。1993年4月至5月，自治区党委组织各地市、区直有关部门主要领导干部赴沿海各省市学习考察，学习兄弟省市建立社会主义市场经济体制的经验，更新观念，进一步解放思想，并与沿海省市洽谈了一批经济技术合作项目的意向书。1993年6月，区党委发出《关于进一步在全区开展"换脑筋、找差距"大讨论的通知》，要求以建设有中国特色社会主义理论为指导，贯彻党的十四大和区党委四届四次扩大会议精神，全面解剖和分析西藏当前存在的问题，真正找出阻碍西藏社会经济发展的原因，克服现存的封闭观念、排他意识、垄断思想，清除阻碍西藏改革开放和发展的一切障碍；紧紧围绕发展经济和稳定局势这一主题，寻找西藏改革开放和社会经济发展的基本对策，开展解放思想大讨论。通过学习和讨论，实现了思想上的统一，为一系列改革开放措施的实施提供了强有力的思想保证。

在解放思想过程中，自治区着眼于社会主义市场经济体制建立，推出了一系列重大举措。1992年7月，自治区党委、人民政府作出《关于深化改革扩大开放的决定》，从10个方面对进一步推动改革开放的重大问题进行了部署。从《关于深化改革扩大开放的决定》中可以看出，西藏从认识上显示出了变革的力度和决心。同时，自治区人民政府推出了《关于鼓励国内外来藏投资的若干规定》，制定和实施了5个方面的优惠政策，吸引国内外企业或个人进藏兴办经济实体，参与各项经济社会事业建设。8月，自治区人民政府作出《关于大力发展乡镇企业的决定》，制定了促进乡镇企业发展的5条优惠政策。这一系列深化改革、扩大开放的政策措施，成为西藏向社会主义市场经济体制转轨的先导。进入1993年以后，西藏向社会主义市场经济体制转轨的速度明显加快。这种态势一方面是来自全国对西藏经济发展的影响，另一方面还由于西藏经济内部运行机制的变化所致。从社会和个人的经济行为看，在全国都转向社会主义市场经济体制的情况下，西藏不可能保留一个独特的计划经济模式。向市场经济体制转轨是全方位进行的。而重要的变革是来自农牧区。其变革的具体内容突出在政策、结构、体系三个方面。这些举措是解放思想在建立社会主义市场经济体制的最初体现。

2. 建立社会主义市场经济体制的全面推进阶段

1993年11月14日，党的十四届三中全会通过了《关于建立社会主义市场经济体制若干问题的决定》，指出：在建立社会主义市场经济体制的进程中，我们应当在党的基本理论和基本路线指引下，始终坚持以是否有利于发展社会主义社会的生产力，是否有利于增强社会主义国家的综合国力，是否有利于提高人民的生活水平，作为决定各项改革措施取舍和检验其得失的根本标准。建立社会主义市场经济体制，要坚持整体推进和重点突破相结合。改革从农村起步逐渐向城市拓展，实现城乡改革结合，微观改革与宏观改革相配套；对内搞活和对外开放紧密联系、相互促进；根据不同情况，有的先制订方案，在经济体制的相关方面配套展开；既注意改革的循序渐进，又不失时机地在重要环节取得突破，带动改革全局。

西藏与全国一样，根据十四届三中全会精神，建立社会主义市场经济体制进入全面推进阶段。建立社会主义市场经济体制首先体现在流通和市场方面。在向社会主义市场经济体制转轨过程中，流通体制的变革幅度非常大。与以前明显不同的是，这次变革是朝着现代化的模式发展。(1) 尽快使商品流通体制转移到市场经济的轨道上来，鼓励和支持其他行业及集体、个体商户和私营企业从事商品流通，建立以国有企业为主导,多种经济成分参与的商品流通体系;(2)形成完善的商品市场体系,建成以农牧区综合性、基础性初级市场为依托,与城镇中高级综合型批发市场、专业市场相结合的功能齐全、辐射能力强的商品市场体系;(3)建立现代流通企业制度,发展企业集团、连锁店、综合商社的流通企业;(4)建成适应市场经济要求的商品流通宏观调控体系;(5)培育农牧区批发市场,加快市场基本建设,加强市场立法,完善市场制度,实行规范化管理;(6)推进内外贸结合,发挥边贸有利条件,鼓励群众及流通企业参与边贸和对外进出口活动;(7)改善各类流通设施,保证农牧区商品流通顺畅无阻,减少中间环节。1993年底,自治区人民政府发出《关于深化粮食流通体制改革的决定》,决定从1994年1月1日起,全面放开粮价,同时在改革中采取了若干配套措施,政府投资5000万元建立粮食储备制度和风险基金,保证粮食流通体制改革方案平稳出台。

为适应市场经济,1993年底到1994年,自治区连续提高成品油的销售价格,至1997年3月才结束成品油凭票计划供应的历史,成品油价格全面放开。1994年,西藏与全国同步实行分税制财政管理体制。在自治区人民政府颁行的《西藏自治区分税制财政体制试行意见》中,划分了自治区与地市的事权与收入、支出项目;确定了自治区对地市财政的补贴办法;改革国有企业利润分配制度;改进部分专款使用管理办法;加强预算管理,开始编制复式预算。1993年后,西藏社会主义金融业开始转换机制,逐步向市场经济体制靠拢。一方面金融部门积极开拓业务,增强金融业对经济社会发展的宏观调控职能,另一方面加快金融体制改革步伐,长期处于政策性银行的金融机构从计划经济体制模式中脱胎出来,逐步成为自主经营、自负盈亏、自我发展、自我约束、专门从事金融经营的企业法人和经济实体。1993年底,西藏部分企业组成企业集团,在社会上集资并准备发行股票。1994年1月,西藏信托公司拉萨证券营业部正式开始挂牌营业,并与上海、深圳联网,西藏开始有了股票交易。

为建立符合社会主义市场经济体制要求的税制体系。1993年12月,自治区人民政府发出《关于贯彻〈中华人民共和国企业所得税暂行条例〉的通告》,对西藏企业所得税税率乡镇企业和牧区的私营企业、资源税、营业税等作了变通规定。1994年1月,自治区人民政府召开西藏房改工作会议,确定了西藏城镇住房制度改革的基本方针、指导思想和主要举措。会议提出:适当提高公有住房租金标准,全面推行住房公积金制度,积极进行出售公有住房的试点工作，逐步建立政府、单位住房基金。1994年初，区党委召开了全区经济工作会议，按照党的十四届三中全会构筑的社会主义市场经济体制的框架精神，西藏制定了全面推进改革，建立社会主义市场经济体制的一系列措施。期间，先后制定出台了《自治区人民政府近期经济体制改革工作要点》《关于加快个体、私营经济发展的若干规定》《西藏自治区分税制财政体制试行意见》《关于深化固定资产投资体制和基本建设管理改革的通知》《进一步深化商品流通体制改革的通知》《关于进一步扩大开放加快经济技术联合的若干规定》等重大政策措施，改革开放从重点突破转向全面推进。

1994年2月，自治区党委、政府作出了《关于加快发展农牧业和农牧区经济的决定》，采取了10个方面的措施，坚定不移地引导农牧业生产和农牧区经济向市场经济体制转轨。1995年初，自治区党委、政府作出《关于加强农村牧区工作的决定》，就发展农牧业，建设农牧区，提高农牧民生活水平提出了40条措施。至此，适应社会主义市场经济体制、有利于农牧区经济发展的政策体系基本建立。随着这些政策措施的落实，全区农牧区经济结构和产业结构不断调整优化，农牧业生产的市场化程度和经济效益水平不断提高，农牧民的生活条件大幅度改善，农牧民收入明显提高。

中央第三次西藏工作座谈会后，全区各族人民在自治区党委、政府领导下，在全国人民的大力支援下，认真贯彻第三次西藏工作座谈会精神，正确处理改革、发展和稳定的关系，积极推进经济体制改革和经济增长方式的转变。1995年1月，西藏第一支股票——西藏明珠发行，其后又有数家股份公司陆续上市。拉萨啤酒工业概念股在深圳证交所成功挂牌上市，这是西藏向社会主义市场经济体制迈进的又一标志。1995年6月，自治区人民政府作出了《关于进一步扩大开放加强经济技术联合的若干规定》，提出坚持公平开放的原则，除国家规定专管、专控、专营的行业、产品外，西藏区内的资源、产业等向国内外的国有、集体、"三资"、股份、私营等各种经济成分开放，不受地区、行业、部门的限制，依照国家和自治区有关法律、法规，保护投资者的合法权益；客商在藏投资企业可享有充分的经营权，产品进出口的，除国家特别规定的外，均享受区内企业有关外贸的优惠政策。1996年7月，自治区转发《关于全区科技体制改革的要点》，指出科技体制改革要坚持与建立社会主义市场经济体制相统一，逐步建立起社会主义市场经济体制与科技发展规律、经济发展规律密切结合的新型科技体制。1996年11月，根据中保财产有限公司关于保险体制向社会主义市场经济体制转轨的精神，自治区对西藏的保险体制进行全面改革。

　　1997年9月，党的十五大提出了建设有中国特色社会主义的经济，就是在社会主义条件下发展市场经济，不断解放和发展生产力。要坚持和完善社会主义公有制为主体、多种所有制经济共同发展的基本经济制度。坚持和完善社会主义市场经济体制，使市场在国家宏观调控下对资源配置起基础作用。大会首次明确股份制是现代企业的一种资本组织形式，有利于所有权和经营权的分离，有利于提高企业和资本的运作效率。强调建立现代企业制度是国有企业改革的方向。要按照"产权清晰、权责明确、政企分开、管理科学"的要求，对国有大中型企业实行规范的公司制改革，使企业成为适应市场的法人实体和竞争主体。进一步明确国家和企业的权利和责任。国家按投入企业的资本额享有所有者权益，对企业的债务承担有限责任；企业依法自主经营，自负盈亏。政府不能直接干预企业经营活动，企业也不能不受所有者约束，损害所有者权益。要采取多种方式，包括直接融资，充实企业资本金。培育和发展多元化投资主体，推动政企分开和企业转换经营机制。强调要加快国民经济市场化进程。继续发展各类市场，着重发展资本、劳动力、技术等生产要素市场，完善生产要素价格形成机制。改革流通体制，健全市场规则，加强市场管理，清除市场障碍，打破地区封锁、部门垄断，尽快建成统一开放、竞争有序的市场体系，进一步发挥市场对资源配置的基础性作用。强调要按照社会主义市场经济的要求，转变政府职能，实现政企分开，把企业生产经营管理的权力切实交给企业；根据精简、统一、效能的原则进行机构改革，建立办事高效、运转协调、行为规范的行政管理体系，把综合经济部门改组为宏观调控部门，调整和减少专业经济部门，加强执法监管部门，培育和发展社会中介组织。根据党的十五大精神，自治区在1998年工作要点中作出了深化经济体制改革，加快建立社会主义市场经济体制步伐的部署。进一步明确：（1）坚持所有制形式和分配方式的多样性，大力发展多种经济成分。积极探索公有制经济的多种实现形式，大力发展非公有制经济。坚持按劳分配和按生产要素分配相结合的分配制度。（2）以建立现代企业制度为方向，加快推进西藏的国有企业改革。（3）搞好全区的流通体制改革和市场体系建设。（4）积极推进全区城镇住房制度、社会保障制度、国有管理体制改革。推进城镇住房商品化进程，加快建立全区养老、失业、医疗保险保障体系，建立再就业服务中心，制定职工最低工资标准和最低生活保障线。建立国有资产管理、监督和营运机制，保证国有资产保值增值，开展国有资产运营试点。1999年9月，自治区人民政府印发了《关于招商引资的若干规定》，在投资经营方式、产业导向、优惠政策、奖励政策和投资保障与服务等方面，对区外投资者到西藏兴办企业制定了18条措施。这一时期，随着中央对口支援西藏机制的建立，利用对口支援关系，外引内联，把内地的支援帮助与西藏的自身努力结合起来，把国家对西藏的政策扶持和西藏的资源优势与内地人才、资金、技术、物资和管理优势结合起来，西藏与发达地区优势互补、互惠互利、共同发展的格局初步形成。

3. 逐步完善社会主义市场经济体制阶段

1999年，党中央作出了实施西部大开发的战略决策。面对西部大开发的机遇与挑战，西藏社会经济发展还面临一些突出问题：自改革开放，特别是建立社会主义市场经济体制后，社会经济发生了巨大变化。但是，由于历史、自然、社会等原因，西藏总体上仍属于欠发达地区，经济起点低、基础差、总量小、财政自给率低、缺乏自我积累和自我发展能力，在经济体制转换过程中仍有较大困难。农牧业抵御自然灾害能力低下，基础设施"瓶颈"制约依然严重，生态环境脆弱，可持续发展面临一系列严峻挑战。社会主义市场经济体制需要逐步完善。1999年12月，自治区成立了"实施西部大开发战略领导小组"，专项负责在西部大开发和推进社会主义市场经济体制工作中基础建设、产业与小城镇建设、农牧业与生态建设、招商引资、科技教育等市场经济中相关政策的制定。为了让西藏在西部大开发中抓住机遇，加快发展，2001年6月，中央召开了第四次西藏工作座谈会，集中研究并提出进一步做好新世纪初西藏工作的方针政策，提出了加快西藏跨越式发展，完善西藏在建立社会主义市场经济体制中应强化的具体经济、政策措施。

2002年12月，党的十六大提出了全面建设小康社会的奋斗目标，明确了"根据世界经济科技发展新趋势和我国经济发展新阶段的要求，本世纪头二十年经济建设和改革的主要任务是，完善社会主义市场经济体制，推动经济结构战略性调整，基本实现工业化，大力推进信息化，加快建设现代化，保持国民经济快速健康发展，不断提高人民生活水平"。根据十六大提出完善社会主义市场经济体制的总任务，2003年10月，党的十六届三中全会通过了《关于完善社会主义市场经济体制若干问题的决定》。明确了完善社会主义市场经济体制的目标和任务。按照统筹城乡发展、统筹区域发展、统筹经济社会发展、统筹人与自然和谐发展、统筹国内发展和对外开放的要求，更大程度地发挥市场在资源配置中的基础性作用，增强企业活力和竞争力，健全国家宏观调控，完善政府社会管理和公共服务职能，为全面建设小康社会提供强有力的体制保障。完善公有制为主体、多种所有制经济共同发展的基本经济制度；建立有利于逐步改变城乡二元经济结构的体制；形成促进区域经济协调发展的机制；建设统一开放竞争有序的现代市场体系；完善宏观调控体系、行政管理体制和经济法律制度；健全就业、收入分配和社会保障制度；建立促进经济社会可持续发展的机制。

  自治区全面贯彻落实党的十六大和十六届三次会议提出的完善社会主义市场经济体制的精神，在六届五次全委会上提出坚持社会主义市场经济的改革方向，提高驾驭市场经济的能力，进一步破除封闭保守和盲目排外意识，进一步改变用计划经济手段调控经济、用行政权力配置资源的习惯和做法，进一步发挥市场对资源配置作用，迈出完善社会主义市场经济体制的新步伐。根据这一精神，西藏从向市场经济体制转轨的实际出发，坚持和完善基本经济制度，把完善体制作为改革的重点。首先是深化宏观管理体制改革，结合新一轮的机构改革，从2004年起，以政府国有资产监督管理委员会、劳动与社会保障部门的建立和职能完善为标志，逐步完善了国有资产管理、公共卫生、就业与各类社会保险等制度。同时，把积极发展非公有制经济作为完善社会主义市场经济体制的一项重要内容。2005年，《国务院关于鼓励支持和引导个体私营等非公有制经济发展的若干意见》颁布实施后，自治区人民政府相继制定了《西藏自治区贯彻落实〈国务院关于鼓励支持和引导个体私营等非公有制经济发展的若干意见〉的实施意见》《西藏自治区关于建立中小企业信用担保体系实施细则》《西藏自治区非公有制经济补助资金管理办法》等配套政策，进一步明确非公有制经济发展的总体思路、发展目标，进一步放宽了非公有制经济的市场准入条件，为中小企业和非公有制经济的发展营造良好的环境，非公有制经济得到前所未有的发展。

2006年，自治区提出了"一产上水平，二产抓重点，三产大发展"的经济发展战略，进一步理顺了产业发展思路。2007年，自治区出台《关于深化我区国有企业改革的意见》，全面启动新一轮国有企业改革工作，企业债务重组和组建企业集团工作成效显著。2007年10月，党的十七大进一步提出了实现全面建设小康社会奋斗目标的新要求。这一时期，中央印发了《关于进一步做好西藏发展稳定工作的意见》，西藏的改革开放按照科学发展观的要求，结合《西藏自治区"十一五"时期国民经济和社会发展规划纲要》的制定和实施，认真分析形势，解放思想，与时俱进，坚持统筹兼顾协调推进，加快跨越式发展步伐，全面建设小康社会。进入21世纪，西藏经济社会发展出现了更加可喜的态势，经济发展速度和市场化进程同时加快，硬环境和软环境同时改善，投资和消费的拉动作用同时增强。社会主义市场经济体制的逐步完善，有力推动了西藏经济发展，为维护局势稳定、促进经济社会跨越式发展、建设平安西藏、小康西藏发挥了十分重要的作用。

（二）社会主义市场经济体制在西藏的建立和逐步完善的重要领域

在西藏建立并逐步完善社会主义市场经济体制，涉及以下重要领域，主要是加快培育和发展统一开放、竞争有序的市场体系；根据中央关于西藏农牧业政策，推进农牧业由传统农业向市场化现代农业转变；转换国有企业特别是大中型企业的经营机制；深化分配制度和社会保障制度的改革；加快政府职能的转变。

1. 市场流通领域

党的十四大以后，西藏按照建立社会主义市场经济体制的目标，进一步深化农牧区流通体制改革。首先相继成立国营联营公司和县供销社联社，并对基层供销社免征营业税、所得税。从1994年起将国家定价的民茶和粮油实行市场调节，在主要产粮区普遍推行合同订购，当市场价低于最低保护价时，按最低保护价收购，收购价低于市场价时，允许自由出售，对粮油贸易实行价外补贴办法。与此同时，城乡集贸市场建设取得重大进展，初步形成了以拉萨为中心，各地（市）所在地为依托，市县乡大中小市场相互补充，零售批发相结合，多层次、多功能的城乡农副产品市场网络。

在市场流通领域建立社会主义市场经济体制最首要的是进行粮食流通体制改革。在计划经济时期，西藏粮食流通领域中实行计划收购和计划供应政策，即统购统销；1979年至1993年，基本维持统购统销制度。1994年取消粮食统购和商品粮定量供应制度。1995年，自治区人民政府决定深化粮食流通体制改革，改革的主要内容为狠抓粮食生产，对当地粮食的合同订购实行价外临时补贴，对城乡优抚对象、在校大中专学生、三包学生、劳教人员、牧民、边民及城镇部分低收入人口的口粮实行优惠价供应制度，国有粮食企业政策性业务和商业性经营分开，建立两条线运行机制，在全区实行粮食区域总量平衡专员、市长负责制。国有粮食部门坚持执行各项政策，保证了粮食供应，保持了粮食市场的稳定。同时，全区国有粮食企业按社会主义市场经济体制的要求，迈出了重要步伐，取得了实质性进展。1998年，自治区党委、政府实施以"四分开、一完善"为主要内容的粮改政策措施，即实行政企分开、储备和经营分开、自治区和地（市）责任分开、新老财务挂账分开，完善粮食价格机制。1999年，自治区实行以"贯彻三项政策、加快自身改革"为重点的改革，即坚决贯彻按保护价敞开收购农民余粮、国有粮食企业实行顺价销售、粮食收购资金封闭运行的政策，加快国有粮食企业自身改革。随着全区经济的不断发展，社会局势的稳定，粮食生产和流通格局的变化，全国粮食购销形势的影响以及西部大开发和中央第四次西藏工作座谈会给粮食生产和流通带来的机遇和挑战，粮食生产和流通愈来愈成为关系农民增收、农业增效、农村稳定的重大问题。2001年10月，自治区人民政府下发了《关于进一步深化粮食流通体制改革的意见》，提出了"放开销区、保护产区、专员（市长）负债、加强调控"的改革思路。根据国务院《关于进一步深化粮食流通体制改革的意见》《关于完善粮食流通体制改革政策措施的意见》等文件精神，2006年1月，自治区人民政府下发了《关于进一步深化粮食流通体制改革的实施意见》，并相继出台了《西藏自治区对种粮农民直接补贴实施办法》《关于深化我区国有粮食企业改革的指导意见》《西藏自治区储备粮食管理办法》《西藏自治区粮食应急预案》《西藏自治区粮食流通监督检查细则（试行）》《西藏自治区粮食质量监管细则（试行）》《西藏自治区粮食收购资格审核管理办法（暂行）》《关于对自治区储备粮实行实物垂直管理的工作方案》等粮改配套文件。放开购销市场，直接补贴粮农，转换企业机制，维护市场秩序，监管全社会粮食流通，加强宏观调控。

在流通领域建立社会主义市场经济体制还表现在对外开放西藏的市场

方面，首先是对全国兄弟省、区、市全方位开放，其次是放开边境贸易，多层次、多渠道、多形式地吸引区外的企业、公司、经济组织和个人来藏投资兴办开发性和生产性企业。同时要求继续发挥区内资源优势，搞好区域协作、企业联合、技术协作、对口支援、资金融通等经济合作，发展横向经济联合。鼓励区内各类企业走出区门，积极在内地、邻国兴办联营或独资的经济实体。确立通贸兴边、促进全区经济发展的战略思想，搞活同邻国的边境贸易。稳定发展同尼泊尔的经济贸易，开拓同其他邻国的边民互市贸易。

2. 向市场经济转轨的农牧业领域

西藏农牧业在经济社会生活中一直占有重要的地位，农牧区、农牧业、农牧民是建立和完善社会主义市场经济体制的重要部分。改革开放后的经济体制改革首先从农牧区开始，主要是实行休养生息，免征农牧业税和其他一些税费；在坚持土地、草场公有制的前提下，在农区实行"土地归户使用，自主经营，长期不变"，在牧区实行"牲畜归户、私有私养、自主经营、长期不变"，实行土地、草场的所有权与经营权分离，实现了农牧业生产的家庭经营责任制；取消原来不适应生产力发展要求的"政社合一"体制，恢复了乡村政权组织；取消一切形式的统购派购，放开畜产品和粮食价格，支持、鼓励发展集体和个体商业，发展城市集市贸易，搞活农牧区流通。还采取了支持发展多种经营、乡镇企业，积极推行农业综合开发等一系列政策措施。

1993年下半年，社会主义市场经济在农牧区逐步推开。1994年初，自治区党委和人民政府在《西藏日报》全文刊登了农牧区社会主义市场经济体制宣传纲要，之后，全面放开农牧区的市场价格，放开农畜产品和农村的市场流通，并引导农业向市场经济转变。

到2000年，农牧区向社会主义市场经济体制的转轨取得实效，农畜产品由过去长期短缺变为总量基本平衡，市场农畜产品供应充足，顺利实现了中央第三次西藏工作座谈会为西藏确定的粮油肉基本自给目标，绝大多数群众的基本温饱问题得到解决，部分群众开始向小康生活迈进。发展乡镇企业是深化农牧区改革，调整农牧区产业结构，发展农牧区经济的战略措施，是合理利用农牧区劳动力，促进剩余劳动力转移，扩大集体经济实力，发展农牧区各项建设事业的重要途径。在农牧区建立社会主义市场经济体制的过程中，自治区对乡镇企业给予特殊扶持，财政在乡镇企业基地建设、人才培训、周转金等方面给予补贴，放宽对乡镇企业。

进入21世纪后，自治区党委和人民政府把实现"三大任务"作为"九五""十五"农牧业和农牧区工作的重中之重，继续把农牧业摆上重要的议事日程进行研究，相继作出加强农村牧区工作的决定。明确指出，稳定和完善党在农牧区的基本政策，抓住经济发展和稳定局势两件大事，推进思想革命和技术革命，引导农牧业走上高产优质高效轨道，促进农牧区经济由传统计划经济体制向社会主义市场经济体制转变，由粗放型经济向集约型经济转变，实现农牧区经济的持续快速发展和社会的全面进步。2005年，自治区党委、政府出台了《关于进一步落实完善草场承包经营责任制的意见》，进一步明确提出"坚持草场公有，承包到户，自主经营，长期不变"的政策。关于土地、牲畜、草场的"三个长期不变"政策正式确立，农牧区经济体制进一步完善，极大地调动了农牧民群众的生产经营积极性。不同形式、多种类型的农牧民专业合作经济组织不断发展壮大，加快了农牧业产业化和劳动力的有效转移，增收作用明显加强。从2004年开始，按照资金来源渠道不变、使用性质不变、管理主体不变的原则，集中各涉农部门的资金、技术力量，着手实施了农牧业特色产业开发项目，逐步探索出了符合西藏实际的国家补贴、群众投入、企业参与和农牧民为生产经营主体、受益主体、逐步成为投资主体的产业开发有效机制。实施了特色种植、养殖、设施农业、生物资源开发和畜禽水产良种繁育等8大类项目。初步形成了藏东北牦牛、藏西北白绒山羊、藏中奶牛、藏中北草地型绵羊、一江两河中部优质青稞油菜、城郊县（区）优质蔬菜、藏东南林区林果和林下资源基地等7个产业带。无公害蔬菜、优质油菜、优质青稞、优质大蒜、优质饲草、白绒山羊、藏猪、藏鸡、肉鸭、奶牛养殖、牛羊异地育肥等一批商品生产基地建设步伐加快，并正在形成规模，发挥效益。农牧业经济结构调整逐步趋于合理，特色农牧业区域化布局、专业化生产、产业化开发、规模化经营的产业化、标准化发展初具雏形。

自治区从农牧区市场经济体制基本确立的实际出发，把农牧区改革的重点转移到全面建设小康社会上来。2004年，西藏启动了农牧区全面建设小康社会的试点工程，以增加农牧民收入为中心，全力抓好结构调整、基础设施建设、深化农牧区改革、城乡协调发展、农牧区民主法制建设和精神文明建设5个重点，做好试点示范工作，进一步解放思想，更新观念，调动一切积极因素，采取综合措施，确保农牧民人均纯收入不断提高，努力实现农牧区经济社会的全面发展。

在农牧区建立并完善社会主义市场经济体制是一个庞大的系统工程，搞好农牧区小康社会的建设，必须解决农牧民安居工程建设，使村镇建设逐步规范化。为切实改善西藏农牧民群众的居住条件，实现建设"生产发展、生活宽裕、乡风文明、村容整洁、管理民主"的社会主义新农村和小康社会的宏伟目标，充分体现党和政府对农牧民的关怀，自治区党委、政府决定，整合财政资金、社会资金、民间资金和援藏资金，加快实施以农房改造、游牧民定居和扶贫建设为重点的农牧民安居工程，力争使全区80%的农牧民住上安全适用住房。

2006年，自治区全面启动农牧民安居工程建设。到2007年底，自治区计划完成安居工程91912户，实际完工114476户，完成自治区计划的124.5%。全区农牧民安居工程建设共投资64.582亿元，其中自治区补助资金12.394亿元，地（市）补助1.885亿元，县（市、区）补助0.931亿元，援藏投入1.52亿元，农牧民自筹47.820亿元（包括金融部门累计发放的农牧民安居工程建设贷款9.710亿元）。

3. 国有企业领域

1992年国务院颁布了《全民所有制工业企业转换经营机制暂行条例》，明确了国有企业享有的经营权。自治区党委、政府根据当时西藏经济社会发展和企业改革发展的需要，为促进企业转换经营机制，深化企业改革，鼓励企业进入市场求生存、求发展，力求解决影响企业改革和进入市场的主要障碍，西藏陆续出台了《关于深化改革扩大开放的决定》《西藏自治区全民所有制工业企业转换经营机制实施办法》《西藏自治区人民政府办公厅转发自治区计经委改革我区计划管理体制意见的通知》《西藏自治区人民政府办公厅转发自治区计经委、体改办"510"工程实施方案的通知》等一系列政策，进一步指明了国有企业改革的方向，提供了更有力的政策支持。这一时期，狠抓了以自主经营、自负盈亏、自我发展、自我约束为核心的企业经营自主权的落实，推进国有企业面向市场转换经营机制，促使企业内部实行劳动、人事、分配三项制度改革，国有企业活力、竞争能力进一步增强。拉萨啤酒厂、自治区对外贸易进出口公司试行建立现代企业制度，开始国有企业制度创新尝试，初步建立了现代企业制度。1995年2月17日，西藏第一家上市公司西藏明珠股份有限公司以募集设立方式改制上市，到1999年，全区先后有7家企业陆续改制上市，8家上市公司共募集资金24.09亿元，有力地促进了企业的发展，尤其是西藏明珠、西藏矿业等上市公司在拉萨本地的网下发行，极大地冲击了人们固有的传统观念，对解放思想、转变观念、培养和发展西藏证券市场起到了十分积极的示范和推动作用。

党的十五大为国有企业改革指明了方向，党的十五届四中全会确定了《中共中央关于国有企业改革和发展的若干重大问题的决定》，区党委五届五次全委（扩大）会议提出了《贯彻〈中共中央关于国有企业改革和发展的若干重大问题的决定〉的意见》，根据自治区党委、政府的要求和总体部署，全区国有企业改革发展进一步解放思想、更新观念，坚持"三个有利于"标准，以市场为导向，以建立现代企业制度为方向，以改革产权制度、探索公有制的多种实现形式为突破口，以国有经济战略性结构调整和国有企业战略性改组为重点，以加强管理和技术进步为手段，以优势企业和拳头产品为龙头，充分发挥资源优势和政策优势，积极实施双开推进战略和资源转换战略、支柱带动战略、科技兴藏战略、可持续发展战略，着力培育特色产业和新的经济增长点，从总体上增强国有企业的活力和国有经济的控制力，努力把国有企业培育成为西部大开发的主体，促进全区经济持续、快速、健康发展。通过"三改一加强""抓大放小""扶优扶强"、实行国有企业改革目标责任制、实施"西部优势工程"、落实国家"优化资本结构试点城市"配套政策，大力推进改革、改组、改造和加强内部管理等政策措施，尤其是经过实施国有企业改革和脱困"三二目标"，企业的市场主体作用明显增强。国有企业改革取得明显成效。国有企业改革和发展取得了实质性突破和得到了前所未有的发展。经过多年的努力，培育了西藏发展、西藏高争、西藏藏药、西藏矿业、西藏天路等一大批优势企业，成为西藏基础产业、特色产业、支柱产业、新兴优势产业和高科技产业的重要依托，成为西藏的龙头企业和利税大户。截至2001年底，全区共有国有及国有改制企业487家，职工5.15万人，资产总计180.4亿元。全区国有企业上缴税金29303.32万元，是1995年的2.13倍。成功组建了西藏明珠股份有限公司、西藏圣地股份有限公司、西藏银河科技发展有限公司等8家上市公司，总资产达37.29亿元。在加强对上市公司规范运作的同时，积极选择和培育预上市公司，培育了拉萨啤酒、奇正藏药、甘露藏药、高争水泥等一批名牌产品。通过建立现代企业制度，企业经营运作更加规范，市场竞争能力进一步提高，初步形成了支撑西藏特色经济发展的优势企业群体。西藏国有企业改革已由过去基本依靠扶助生存，发展到了基本建立良性发展机制，并正在向现代企业大踏步迈进。在建立并逐步完善社会主义市场经济体制过程中，西藏国有企业按照"分类指导、突出重点、整体推进"的改革思路，坚持以"三个有利于"为标准，以市场为导向，以建立现代企业制度为目标，通过采取股份制、股份合作制、经营承包、租赁、兼并、破产、拍卖、出售等多种改革形式，培育了一批特色产业的龙头企业，国有经济带动力增强；一部分劣势企业退出了市场，经济结构进一步优化；初步建立了现代企业制度，多数国有企业经营机制好转；企业管理水平提高，企业竞争能力进一步增强，国有企业对经济社会发展的贡献作用突出。

党的十六大把国有资产管理体制改革确定为深化经济体制改革的一项重大任务。根据党中央、国务院的部署，自治区党委、政府于2004年依法设立了西藏自治区人民政府国有资产监督管理委员会，代表自治区人民政府履行出资人职责，明确了首批授权自治区国资委监管企业17户，间接监管企业65户。随后各地（市）也相应地组建了国有资产监督管理机构，代表本级政府履行出资人职责，享有所有者权益，权利、义务和责任相统一，管资产和管人、管事相结合的国有资产管理体制，首次实现了出资人职责到位。2003年以后，国有资产管理体制改革深入推进，国有资产保值增值责任层层落实，极大地激发了国有企业改革的动力和发展的活力。成立国资委、从政府机构设置上实现了"政企分开""政资分开"。国有资产保值增值责任得到有效落实，国有资产监管得到切实加强，形成了责任落实和压力传递相统一的工作机制，极大地调动了企业负责人和职工的积极性。在新阶段，全区国有企业继续坚持新世纪初西藏工作指导思想，紧紧围绕"一加强、两促进"的历史任务，以企业工作为中心，以结构调整和发展特色经济为主线，西藏国有企业改革全面推开，国有经济布局和结构调整深入推进。2007年下发了《关于深化我区国有企业改革的意见》，召开了全区国有企业改革工作会议，在国有企业改革的一些重大问题上开始统一认识、在一些难点问题上有了新的突破，明确了国有企业改革的任务和目标，落实了改革责任，新一轮国有企业改革工作全面启动。至此，全面完成了8家上市公司的股权分置改革工作，上市公司市值规模进一步扩大。国有企业减负和企业债务重组工作取得重要进展，拉萨饭店债转股工作顺利推进,积极实施债权回购工作,已完成区企业涉及东方资产管理公司成都办事处不良金融债权的整体打包回购,有效减轻了企业的债务负担。截至2006年底,全区共有国有及国有控股参股企业358户,职工总数41994人,资产总额2208564万元,负债总额916626万元,资产负债率为41.5%。当年实现主营业务收入5.13亿元,上缴税收4.65亿元。国有经济的发展壮大,有力推动了西藏经济社会发展,为维护局势稳定、促进经济社会跨越式发展、建设平安西藏、小康西藏发挥了十分重要的作用。

4. 财税领域

建立并完善社会主义市场经济体制财税体制,是本着"体制衔接,框架一致,适当变通"的原则进行的。1993年12月,自治区根据十四届三中全会精神,开始酝酿对财税体制进行改革的问题。中央第三次西藏工作座谈会,为西藏的财税改革注入了活力。从1994年下半年,中央对西藏实行"划分税种、核定收资、定额补助、分级包干"的预算管理体制以及"核定基数、定额递增、专项扶持"的财政补贴政策。从1994年起,对西藏实行了定额补贴逐年递增,对西藏行政事业单位职工实行2.5倍工资政策。从1994年起,自治区还颁发了分税制财政体制试行意见,划分了自治区与地市的事权与收入、支出项目,确定了自治区对地市财政的补贴办法,改革国有企业利润分配制度,加强预算管理,开始编制复制预算,以适应建立社会主义市场经济体制的总要求。2001年后,自治区的财政体制进一步适应完善社会主义市场经济体制的要求,进一步加大了对建立社会主义市场经济体制中重要领域的补助力度。如陆续兑现行政事业职工2.5倍工资政策,增加职工住房、医疗补助标准,加大专项转移支付力度,财政支出逐年向社会保障、扶贫、农业综合开发、科学教育、劳动保护和就业等领域倾斜。这些措施保证了社会主义市场经济体制的逐步完善。

税制改革是建立社会主义市场经济体制的重要体现。1994年5月,西藏推出《关于工商税制改革的实施方案》,开始进行新一轮全面性、结构性的税制改革。税制改革基本内容包括:建立以增值税为核心的新型流转税制,统一内资企业所得税,改革个人所得税,撤并和开征一些地方税种。税制改革主要是按照充分体现公平、中性、透明、普遍的原则,在保持总体税负不变的前提下,改革原流转税按产品分设税目和分税目制定差别税率的办法，对商品的生产、批发、零售和进口普遍征收增值税，实行价外计税和根据专业发票注明税金进行税款抵扣制度。对不实行增值税的劳务和除商业以外的第三产业、转让无形资产、销售不动产和农林牧产品采购征收营业税。改革后的流转税制由增值税和营业税组成，统一适用于内外资企业，取消外资企业适用的工商统一税。同时统一内资企业所得税，取消以往按企业所有制形式设置所得税的做法，将国有、集体、私营所得税统一合并为企业所得税，实行统一的比例税率；改变国有企业承包所得税的做法，用税法规范了企业所得税税前扣除项目和列支标准，取消国有企业税前还贷、上缴能交基金和调节税等。再是改革修订个人所得税，将对国内公民征收的个人收入调节税、对外籍人员征收的个人所得税和城乡个体工商业户所得税合并，建立内外统一的个人所得税。西藏的税制改革力求符合西藏实际情况。根据西藏资源状况，本着合理开发、保护现有资源的原则，适当扩大资源税征税范围，调整资源税税额、税率标准；对土地和房地产交易中的过高利润进行适当调节，开征土地增值税；取消奖金税和工资调节税；停征建筑税、筵席税等税种；延长农牧业税的免税期，并对农牧民在农牧区的取得部分应税收入实行免税。同时，西藏充分利用国家赋予的税收政策权限，陆续出台实施一系列完善税制和税收政策的办法和措施，税制体系进一步优化，税收职能作用进一步强化。

进入 21 世纪后，西藏在不断完善社会主义市场经济体制中与全国一样也在强化税收的职能作用。自 2005 年 1 月 1 日起开征车辆购置税，将车辆购置费纳入税收规范化管理，税收收入持续稳定增长，成为西藏税收收入增长的新亮点。2007 年，根据国务院将《车船使用牌照税暂行条例》和《中华人民共和国车船使用税暂行条例》合并而成的《中华人民共和国车船税暂行条例》，制定了符合西藏实际的实施细则，并从 2008 年 1 月 1 日起开征车船税。再是改革和完善税制结构。2001 年，恢复对粮油征收增值税。2002 年，将虫草采购营业税税率由 20% 统一降低为 10%。2003 年，明确了茶园、桑拿营业税政策。2004 年 5 月 1 日起，降低了西藏商业小规模纳税人的征收率，同时提高了增值税、营业税起征点，这项政策对于鼓励社会就业、扶持社会弱势群体起到一定的积极作用。在计税工资标准方面，结合实际陆续提高了扣除标准。在个人所得税方面，根据国家赋予西藏免税权力，对行政机关、事业单位人员工资组成中包括西藏特殊津贴等特殊组成部分免税，并对个人所得税扣除标准进行相应调整和补充。2005年和2008年，国家将工资薪金所得税前扣除标准提高为1600元和2000元，西藏根据西藏工资制度改革，对扣除标准进行了相应的提高。2007年，为了合理利用土地资源、保护耕地，对原有耕地占用税政策进行了调整，并于2008年7月1日起施行。西藏的税改以促进产业发展和有利于完善社会主义市场经济体制为目的，根据各个时期的经济社会发展对税收工作所提出的要求，针对扶持和鼓励的行业，制定一系列包括增值税在内的各个税种更为优惠的税收优惠政策，主要集中于高新技术产业、第三产业、国有企业、乡镇企业、社会公益事业、促进非公有制经济发展、扶持社会弱势群体促进和谐社会建设以及促进下岗职工再就业等方面。通过实施向产业与社会弱势群体倾斜的税收优惠政策，有效实现了政府对各项经济调节目的，发挥了积极的调节、引导和扶持作用。

5. 社会保障领域

完善社会保障机制是建立社会主义市场经济体制的基本要求。西藏的社会保障过去一直沿用计划经济时期大包大揽的办法。为了保持社会稳定，社会保障向市场经济过渡用了较长的时间。1994年，自治区政府下发了《关于加快养老、失业保险制度改革的通知》，决定扩大养老保险覆盖面和统筹项目，依据"以支定收，略有节余"的原则，采用统一统筹比例，实行统一制度、统一办法、基金统一调剂使用，逐步实现一体化管理。2000年，西藏从7月1日起实行了与全国养老保险制度框架基本一致的社会统筹与个人账户相结合的基本养老保险制度，同时按照国家统一规定建立了规模为本人缴费工资11%的个人账户，实行了"老人老办法，中人平稳过渡，新人新办法"的养老金计发办法，并将原在职职工工资总额加离退休费总额20%的养老保险费征缴基数（双基数），调整为在职职工工资总额一个征缴基数。单位缴费比例调整为企业在职职工工资总额的25%，个人缴费比例由原标准工资的3%调整为月工资收入的5%，此后每年提高0.5个百分点。根据国家劳动和社会保障部的要求，为加快个人缴费比例的调整工作，从2003年7月1日起，个人缴费比例每年提高1个百分点，到2004年7月1日提高到8%为止。为进一步扩大养老保险统筹覆盖范围，2004年1月，将西藏行政区域内股份制企业、城镇集体企业、城镇私营企业单位及其所有从业人员纳入基本养老保险统筹范围。2006年，围绕贯彻落实《国务院关于完善企业职工基本养老保险制度的决定》，自治区下发了《西藏自治区人民政府关于印发西藏自治区完善企业职工基本养老保险制度实施方案的通知》，完善企业基本养老保险制度取得了5个方面的成绩，基本养老保险实现了自治区级统筹；降低企业缴费比例5个百分点；做实了按新制度参保人员的基本养老保险个人账户；改革了基本养老金计发办法；完成了企业离退休人员养老金待遇调整工作。2007年，自治区劳动和社会保障厅制定出台了《西藏自治区完善企业职工基本养老保险制度实施细则》，将城镇各类经济组织及其从业人员、灵活就业人员和机关事业单位聘用人员纳入基本养老保险统筹范围，在政策层面上实现了基本养老保险的应保尽保。到2007年末，全区参加基本养老保险的单位共1602家，参保人数达80874人。其中，非公经济组织从业人员和灵活就业人员为1856名。

为了保持西藏的社会稳定，促进经济发展，1996年底，自治区民政联合拉萨市财政、劳动、物价、统计、工会等部门在拉萨市城关区开展了建立城市居民最低生活保障制度调研工作，并于1997年率先在拉萨市城关区实施城市居民最低生活保障制度试点工作，这标志着西藏城市居民最低生活保障制度正式启动。2002年4月，自治区人民政府以第46号政府令形式，发布了《西藏自治区实施〈城市居民最低生活保障条例〉办法》，规范了审批对象的审批、标准制定、资金来源和资金发放等工作，为城市低保工作依法行政、依章办事提供了政策依据。2004年5月，为规范城市低保工作，完善城市居民最低生活保障制度，自治区人民政府办公厅转发了自治区民政厅《西藏自治区城市最低生活保障工作操作规范（试行）》，使城市低保工作逐步规范化、制度化。随着西藏经济社会的发展，人民群众生活水平的日益提高，城市居民最低生活保障标准也相应得到不断调整和提高。2004年后，自治区先后6次对全区城市居民最低生活保障标准进行了上调，低保标准由1997年的每人每月130元提高到2006年的人均260元。享受城市低保的人数逐年增加，从1997年的2033人增加到2006年的4.1万人，月人均差额补助资金15元，列全国月人均差额补助资金的前列。2007年，根据国家有关文件精神以及我区居民消费价格总水平的上涨情况，对城乡低保对象实施临时性补助政策，截至2008年6月，中央和自治区各级财政累计支出城市居民最低生活保障资金达25874.72万元。通过近10年的努力，西藏城市居民最低生活保障工作的政策法规不断完善，各项规章制度不断健全，低保管理从居民申请、入户调查、会议评审、两榜公示、审批发放到社会监督，各个环节的操作程序日趋规范，基本实现了动态管理下的应保尽保。

6. 住房建设与土地使用领域

开始建立社会主义市场经济体制初期，自治区人民政府制定了各项优惠政策鼓励单位和个人建房。到1993年底，自治区干部职工和居民（包括离、退休职工）个人兴建的住房面积达120多万平方米。部分单位还采取集资建房、合作建房等形式，加快了住房建设步伐。1993年底，自治区城镇人口为37.83万人（包括部分农业人口），人均住房建筑面积已达到14平方米。1994年，西藏第一次房改工作会议召开，住房制度相关工作正式纳入我区改革计划，标志着全区房改工作正式起步。到1998年的4年时间内，相继制定出台《关于全区城镇住房制度改革的实施意见》《关于加快我区城镇住房制度改革实施方案的通知》《西藏自治区国有企业深化住房制度改革实施意见》《关于加快推进我区国有企业房改工作的意见》等房改政策。在住房公积金制度建立、房地产市场发展、公有住房出售等方面取得突破性进展，对稳定西藏干部职工队伍、全面推动我区房改和促进房地产市场发展起到十分重要的作用。截至2007年底，西藏12.5万人建立了住房公积金账户，累计归集住房公积金43.5亿元。累计发放住房公积金贷款达11.5亿元，受益职工达1.3万人。住房公积金制度的建立，对提高广大干部职工住房消费能力、改善居住条件产生十分明显的效果。2008年6月，西藏全区党政机关、事业单位一次性住房补贴兑现工作将全面结束，实际兑现党政机关、事业单位职工总人数13万余人，兑现一次性住房补贴资金34亿元。住房分配货币化的顺利实施让全区干部职工切身感受到来自党中央、国务院和自治区党委、政府的亲切关怀和温暖，不仅提高了干部职工的住房消费能力，促进了住房消费观念的转变和房地产市场的发展，还为真正实现"住有所居"的目标和构建我区和谐社会奠定了良好的基础。

住房制度改革的深化、住房消费观念的转变，使得住房需求不断增加，直接刺激和带动了房地产市场的繁荣发展，从"十五"到"十一五"一直保持稳步健康的发展态势。房地产开发企业从2002年的16家增加到2007年的85家，投资额增长300%，并在推进住宅产业现代化中逐步发挥主体作用，住宅小区建设从原来粗放式、集约化程度低、科技率低、能耗高的一楼一底安居园式住宅小区正逐渐向节能省地、科技含量高、居住环境好的住宅小区转变，同时带动了小区物业、建筑、建材、轻工等相关行业的发展，提供了大量就业机会，促进了社区和小城镇建设，为拉动经济发展和构建和谐西藏作出较大贡献。

廉租住房制度是多渠道解决低收入住房困难家庭政策体系的重要组成部分，是落实中央构建社会主义和谐社会、着力改善民生的重要举措。西藏从2006年起开始探索建立廉租住房制度，2007年在全区范围内投资4.56亿元，建设4560套廉租住房。2008年上半年，拉萨市首期1000套廉租住房建设工程（阳光家园）已初步验收，基本具备入住条件，其他地区预计在2008年底前完工入住。2007年到2009年的3年间，西藏计划投入15亿元用于周转房建设，在区直、地（市）级和县（乡）级单位建设14000余套周转房，总建筑面积达110.4万平方米，周转房建设项目已列入《西藏自治区"十一五"规划项目方案》。目前，各地（市）、县（乡）级周转房建设比较顺利，建设投资已全部下达项目建设单位，2008年底前周转房开始入住。

西藏的土地使用较长时间一直采取计划经济时期的供给制，即使在建立社会主义市场经济体制的前期，这种传统的形式一时未能有大的改变。进入21世纪，西藏的土地交易从无偿无限期无流动向有偿有限期有流动方向转变，土地市场日渐规范，市场配置土地资源的作用越来越明显。2002年，在那曲地区敲响了西藏历史上土地拍卖的第一锤，随之，除阿里地区由于受特殊环境制约外，拉萨市、日喀则、山南、林芝和昌都地区也纷纷开展了国有土地使用权的招标、拍卖和挂牌出让工作。2002年至2007年，全区土地出让金总额达175343.3万元，其中，2002年达5683.86万元，2003年达7110万元，2004年达19000万元，2005年达46000万元，2006年达59903.14万元，2007年达37646.3万元。通过土地的招标、拍卖和挂牌出让，不仅有效地防止了腐败，还为地方经济和社会发展筹集了大量的资金，促进了当地经济的发展。国有土地登记工作基本结束，共发证54000余本，发证覆盖率达90%以上。农村集体土地确权登记发证工作已经起步。

7. 政府职能的转变

建立社会主义市场经济体制必须转变政府职能，改革政府机构。政府管理经济的职能，主要是制定和执行宏观调控政策，搞好基础设施建设，创造良好的经济发展环境。同时，要培育市场体系、监督市场运行和维护平等竞争，调节社会分配和组织社会保障，控制人口增长，保护自然资源和生态环境，管理国有资产和监督国有资产经营，实现国家的经济和社会发展目标。政府运用经济手段、法律手段和必要的行政手段管理国民经济，不直接干预企业的生产经营活动。在西藏建立社会主义市场经济体制的初期，政府职能的转变经历了一个较为艰难的过程。当时全国的各级政府普遍存在机构臃肿，人浮于事，职能交叉，效率低下的问题，严重阻碍企业经营机制的转换和新体制的建立进程。在西藏地区，由于20世纪80年代中期的机构改革，撤并削弱了一些急需的经济和社会事业部门，出现了社会经济发展与行政事业功能不适应的问题。按照政企分开，精简、统一、效能的原则，政府经济管理部门率先转变职能，专业经济部门逐步减少，综合经济部门要做好综合协调工作，健全宏观调控体系。同时加强政府的社会管理职能，保证国民经济正常运行和良好的社会秩序。从1994年到1998年，自治区先后对计划经济时期的经济职能部门如商业、外贸、工业电力、邮电管理、交通、银行等进行职能调整和机构撤并，对由计划管理而可以交到市场的部分坚决划出交由市场，强化宏观管理和调控，尽可能发挥市场配置资源的基础性作用。配合建立社会主义市场经济体制，依法管理经济社会事务，依法行政的立法工作也在加快进程。1996年11月，自治区政府发布《西藏自治区人民政府起草地方性法规草案和政府规章制定程序的规定》。1999年，自治区政府作出了《关于依法行政的决定》，2000年初，自治区政府又作出了《关于全面推进依法行政的决定》，这些法规对建立社会主义市场经济秩序，在法律框架下管理市场经济有着重要的现实作用。

  为进一步转变政府职能，2000年5月，自治区政府会同自治区党委向中共中央国务院上报了《西藏自治区人民政府机构改革方案》。方案提出要转变政府职能，强化区域经济调节和社会管理的职能。实行政企分开，推进政事分开，改革行政审批制度，合理划分和界定各部门的事权与分工，加强机关的制度化、规范化和法制化建设，真正做到依法行政。根据中共中央、国务院《关于西藏自治区人民政府机构改革方案的通知》精神，自治区人民政府于2000年6月13日下发《西藏自治区人民政府关于机构设置的通知》。为了贯彻落实《西藏自治区人民政府机构改革方案》，2000年6月13日，自治区人民政府办公厅分别转发了自治区机构编制委员会办公室、自治区机构改革领导小组办公室《关于西藏自治区政府部门机构改革实施意见的通知》《关于西藏自治区政府各部门机关后勤体制改革意见的通知》和《关于西藏自治区事业单位机构改革意见的通知》。定职能是"三定"工作的中心环节，也是"三定"方案的核心内容，各单位在确定职能时，要对本单位的全部工作任务进行逐项分析，对职能进行分解细化，参照国务院对应部门的职能，结合西藏实际，具体确定此次改革中需要加强、弱化、下放、调整和转移的职能。政府各部门要在确定职能、明确责任分工的基础上，按照精简、统一、效能的原则，合理设置机构。自治区各委、办、厅、局内设机构的设置宜粗不宜细，不可片面强调与上级业务部门对口设置，要从西藏实际情况出发，理顺关系，内设机构的职能应尽量综合一些。2004年，自治区根据完善社会主义市场经济体制的需要，对一些机构的职能进一步调整，先后成立自治区发展和改革委员会、劳动和社会保障厅、商务厅等经济综合部门，完善了对市场经济的宏观管理。

2006年后，西藏的现代化事业发展规模进一步扩大，青藏铁路的通车，180项目的陆续建设，社会事业面继续扩大，维护稳定的任务和小康社会建设的任务更加艰巨。经济社会领域里信息与工业化、劳动就业、社会保障、住房与城乡建设、环境保护、计划生育、质量监督和安全检察、社会统计等方面都赋予了新的任务。为了使这些领域跟上现代化的步伐，政府职能转变与强化这些领域的功能，适应不断变化的现代化建设与小康社会的要求相联系，按照强化功能、适应发展、注重效率的原则和决策权、执行权、监督权既相互制约又相互协调的要求，紧紧围绕职能转变和理顺职责关系，进一步优化政府组织结构，规范机构设置，探索实行职能有机统一的大部门体制，完善行政运行机制，于2009年陆续强化、新建、合并了上述领域的职能机构，使政府职能的转变更加适应社会主义市场经济体制的要求。

（三）中央对在西藏建立社会主义市场经济体制的全力支持

在西藏这样由封建农奴制度直接进入社会主义的边疆民族地区建立并完善社会主义市场经济体制，是一项前无古人的事业，其中所遇到的困难是可想而知的。对此，党中央、国务院给予了亲切的关怀和大力支持。在建立社会主义市场经济体制初期，鉴于西藏经济基础薄弱、自我积累和自我创造能力差、基本物资匮乏、投入市场调节的基本商品短缺的实际，党中央、国务院动员有关部门和省市源源不断地将大批的生产、生活资料调运到西藏，保证了西藏向市场经济转轨时物资供应和流通领域的健康运行。

1994年，中央为了保障西藏在建立社会主义市场经济体制中经济健康而高速的发展，在第三次西藏工作座谈会中给了西藏许多优于其他少数民族地区的政策。在《中共中央关于加强西藏发展、维护社会稳定的意见》里，专为推动西藏经济持续、快速、健康发展制定了8项31条优惠政策：（1）在财政税收政策方面，中央对西藏实行"核定基数、定额递增、专项扶持"的财政补贴政策；税收实行"税制一致，适当变通，从轻从减"的政策。地方税种的开征以及减免税的权力由自治区掌握。对西藏进口的自用商品，实行先征后返的办法。（2）在金融政策方面，继续实行优惠的贷款利率和保险政策。自治区的贷款规模由中国人民银行单独安排。（3）在投资融资政策方面，国家对西藏的能源、交通、通信以及综合开发等大中型骨干项目和社会发展项目，给予重点支持，对建设周期长的实行动态投资。对西藏的固定资产投资项目，国家在资金上给予优先保证。对不需要国家综合平衡的外商投资项目，可由西藏自治区政府审批。（4）在价格补贴政策方面，中央出台重大调价措施以消除西藏的涨价影响，国家财政给予适当补贴。（5）在外贸政策方面，对西藏外贸实行"放宽政策、扩大开放、加快发展"的政策。由西藏自行组织出口的配额商品可不限制商品产地，其他出口商品，西藏放开经营。放宽西藏地、市设立外贸公司的条件和商业、物资企业外贸经营审批权限。国家现行对西藏外贸管理方面的优惠政策不变。（6）在社会保障政策方面，帮助西藏逐步建立健全退休养老保险、社会养老保险、失业保险、医疗保险和工伤保险体系。（7）在农业和农村政策方面，继续实行"两个长期不变"的政策。在草场、土地公有的前提下，鼓励个人开垦农田、荒滩、荒坡，实行"谁开发，谁经营，谁受益，长期不变，允许继承"的政策。继续免征农牧业税。（8）在企业改革政策方面，分期分批解决国有企业历史包袱问题，优先解决效益好的企业。会议还确定为西藏安排62个建设项目，由中央有关部委和所有省区市分别承担，计划总投资为23.8亿元，实际完成投资48.6亿元。在62项工程之外，又落实援助、合作项目668个，资金达8.8亿元。62项工程是继43项工程后，规模更大、投资更多的全方位支援西藏的宏大工程，其投资规模之大在西藏历史上是前所未有的。这些项目的建成，大大增强了西藏建立社会主义市场经济体制的物质基础和经济实力。会议还确定了"分片负责、对口支援、定期轮换"

的援藏方式。

1999年6月,党中央、国务院作出了实施西部大开发的重大决策。翌年10月,国务院颁布了《国务院关于实施西部大开发若干政策的通知》。《通知》制定了西部大开发的政策原则、重点任务和战略目标;划定了实施西部大开发的重点区域;出台了增加资金投入、改善投资环境、扩大对外对内开放、吸引人才和发展科技教育等项政策。其后,国务院又连续转发了《关于西部大开发若干政策措施的实施意见》《关于进一步做好退耕还林还草试点工作的若干意见》等。由于这些给予西部特别优惠政策对西部的每个地区是普惠的,过去中央支持西藏完善社会主义市场经济体制的一些优惠政策有些已不再明显,因此,中央特别就发展、壮大西藏的经济力量,支持社会主义市场经济体制在西藏的健康运行采取了一系列重大措施。

2001年6月,中央召开第四次西藏工作座谈会,为西藏完善社会主义市场经济体制制定了更加优惠的政策。主要内容集中在7个方面。(1)以调整农牧业和农牧区经济结构为重点,完善基础设施,搞好农牧业综合开发,提高农牧业和农牧区经济的整体素质和效益。千方百计提高农牧民收入。积极推进农牧业产业化,发展乡镇企业和多种经营,引导剩余劳动力向二、三产业转移。加快小城镇建设,加大扶贫力度,改善群众生活。(2)按照"统筹规划、合理布局、突出重点、量力而行、稳步实施"的方针,加强铁路、公路、机场、电力、通信、水利等基础设施建设,为经济社会发展提供有力保障。(3)在政府规划、政策扶持的前提下,坚持以市场为导向、以科技进步为动力、以比较优势为依托、以企业为主体的原则,立足特色资源的开发利用,实行多元化开发模式,努力形成支柱产业。吸引区外资金、技术、管理、人才与西藏合作开发,扶持和培育一批骨干企业,力求形成新的经济增长点,促进产业结构调整、优化、升级。(4)推动社会事业全面进步。实施科教兴藏战略,高度重视人力资源开发,提高全民素质,使用好现有人才,大力培养各类人才,积极引进急需人才。(5)积极推进西藏的经济体制改革。围绕完善社会主义市场经济体制的目标,充分发挥市场配置资源的基础性作用,努力提高经济运行质量,走出一条既有速度又有效益、不断增强西藏经济发展内在活力的新路子。深化农牧区改革,加快城市经济改革,通过改革推动西藏经济的跨越式发展。(6)进一步扩大开放,重点加大对内地省市区的开放力度。对国外开放要进一步扩大，逐步增加开放地区，加大边境地区开放力度。积极开展对外经济技术交流与合作，扩大对外贸易，大力吸引外资，提高利用外资水平。（7）进一步做好全国支援西藏工作。援藏项目安排的重点是基础设施、农业综合开发、公共服务领域、基层政权建设和生态环境建设。要尽量多安排一些使广大农牧民群众直接受益的项目。援藏项目要立足于西藏的长远发展，纳入西藏经济社会发展规划。这次会议还为西藏自治区确定了117项重大投资项目，并决定自2001年6月起，青藏铁路格尔木至拉萨段开工建设。

进入21世纪，全国各兄弟省区的发展速度明显加快，特别是西部地区，各自治区的经济均以两位数的速度增长。自2000年西部大开发的政策出台到2003年的3年间，中央人民政府用于西部的财政性建设资金高达2700亿元，平均每年900亿元。其中，基础设施投资2000多亿元，生态环境投资500多亿元，社会事业投资100多亿元。长期建设国债投资40%以上用于西部大开发，总计达1800多亿元。中央财政对西部地区的转移支付达3000多亿元。西部地区金融机构贷款增加额达6000多亿元，其中中长期贷款3130亿元。同时，西部大开发政策导向大批民间资金向西部流动，西部其他省区的经济社会呈现出快速发展的态势。西藏的发展面对这样外部比较，相对缓慢了，如不加紧追赶，西藏在社会主义市场经济进程中有可能落在西部其他省区的后面。鉴于西藏在建立社会主义市场经济体制中存在的困难，中央决定进一步加大扶持力度。2001年12月19日，西藏为了推进住房改革，出台《西藏自治区党政机关、事业单位深化住房制度改革实施方案》，按照"国家、单位和个人"三者合理负担的原则，在全区全面停止住房实物分配，积极推进住房分配货币化改革。此项工作得到了党中央、国务院及国家有关部委的高度重视和大力支持。党中央、国务院专门安排23亿元用于西藏住房分配货币化改革，对住房分配货币化政策的最终顺利实施起到了至关重要的作用。

2005年7月，中央专门召开政治局会议研究西藏工作，并就解决西藏在完善社会主义市场经济体制中的困难推出了一系列重大举措，指出："继续执行和完善中央第四次西藏工作座谈会确定的优惠政策和扶持措施，同时根据西藏发展的需要，在财税金融、投资融资、工资、产业建设、对外开放、社会保障、农牧业、科技、教育、文化、卫生和人才资源开发等方面加大扶持力度或研究出台新的扶持政策。"2006年3月，根据

《中共中央国务院关于进一步做好西藏发展稳定工作的意见》精神，国务院办公厅下发了《关于加快西藏发展维护西藏稳定若干优惠政策的通知》，公布了加快西藏发展维护西藏稳定的 40 条优惠政策，这些政策是对中央《意见》中特殊优惠政策的进一步细化，涉及"三农"、财税金融、投融资、产业建设、对外开放、社会保障、社会事业、人才培养和开发等 10 个方面。这些优惠政策，是推动西藏经济社会加快发展的又一重大保障。为强化西藏完善社会主义市场经济体制的发展能力，中央大力提高中央对西藏的财政支持力度，自 2006 年开始，中央对西藏实行"收入全留、补助递增、专项扶持"的财政补贴政策。2006 年，中央财政补助收入达到 205.6 亿元，比 2005 年增长 7.76%。为了壮大西藏在社会主义市场经济中的经济实力，中央还不断加大对西藏固定投资力度，在建立和完善社会主义市场经济体制的 15 年间（1994—2008），中央给予西藏的社会固定资产投资总计 1981.45 亿元（含青藏铁路西藏段投资 187.7 亿元），年均增幅达到 20.7%。现在，西藏正按照中央政府批准的《西藏自治区"十一五"（2006—2010 年）规划项目方案》，建设 180 项目，这些项目全部完成，使西藏总投资又增加 1000 亿元，西藏在建立并完善社会主义市场经济体制进程中的经济实力会得到进一步增强。

综述社会主义市场经济体制在西藏建立和完善的历史，可以看出，西藏的每一个发展阶段都离不开党中央的关心和支持，正是在中央的关心和一系列优惠政策的扶持下，西藏自治区才能在迅速发展的市场经济中克服种种困难，实现了与全国"框架一致，体制衔接"目标，进而跟上全国建立并完善社会主义市场经济体制的步伐，这同样是西藏历史进程中的伟大创举。

十　中国共产党领导西藏革命和建设的丰功伟绩

中国共产党领导西藏革命和建设 60 多年的历史，是一部波澜壮阔、成就非凡的历史，在这一伟大的历史进程中，中国共产党人以其超越前人的气魄和智慧，创造了前无古人的伟业。在这半个多世纪里，共产党领导西藏人民驱逐帝国主义势力，完成了西藏和平解放的大业，实现了中华人民共和国大陆的统一；经过艰苦奋斗，埋葬了最反动、最黑暗的政教合一的封建农奴制度，使西藏人民获得彻底解放；按照《中华人民共和国宪法》，实行了民族区域自治，保障了各民族的权利；大力解放和发展生产力，推动并加快了西藏的经济、社会、文化事业的发展；在革命和建设的历史进程中，努力扩大西藏与各民族的经济、文化交流，社会主义新型民族关系得到巩固和发展；领导西藏人民毫不动摇地反对分裂活动，维护西藏局势稳定，保障了祖国西南边疆的安全，为社会主义现代化建设提供了长期基本稳定的环境。这些丰功伟绩成为共和国革命和建设的重要组成部分，将与共和国的伟大历程一道载入史册。

（一）驱逐帝国主义势力出西藏，实现了祖国大陆的统一，结束了西藏地方一百年来的混乱局面

西藏民族与全国其他民族一样，自古繁衍、生息于中国这一广阔的大地上。公元13世纪，元朝结束了西藏各部族长期混战的局面，西藏纳入元中央政府的有效管辖之下。1271年，元朝皇帝忽必烈任命西藏宗教领袖八思巴为帝师兼领主管全国佛教和藏区事务的宣政院，西藏隶属于宣政院管理，宣政院多次派员赴藏清查户口，确定卫藏地区的行政区划，在西藏委任官员、颁发印信、建立驿站。随着中国各民族的空前统一和稳定，西藏地区也结束了自唐末以来各部族长期混战的局面，实现了与全国的统一和内部的稳定。

明朝建立后，基本沿袭了元朝对西藏地方的管理制度。明朝中央治藏采取"多封众建、贡市羁縻"的政策。把西藏官职的管理纳入朝廷地方行政统治机构的官职系列之内，决定西藏官吏的任免、升迁，对萨迦等教派在当地或居住京城的许多高僧封为王、法王。在经济上，大力发展西藏地区和内地间的贸易往来，茶马互市更加发展，各民族之间的政治与经贸联系进一步加强。这种中央与西藏各地方势力之间密切的政治、经济往来，是明朝治藏施政的主要措施。

公元17世纪中叶，清朝入关取代了明朝，继承了对包括西藏在内的全国的统治地位。清政府采取刚柔相济、怀远羁縻、因俗而治、兴黄教以安众蒙古的政策，压制其他教派，抬高西藏格鲁教派的地位，在中央政府的政治和经济扶持下，确定了藏传佛教格鲁派在西藏一教独大的地位。在行政上设立驻藏大臣制度，对西藏的外事、官员任命、税务、活佛转世等进行直接管理。在军事和边防上，设立常备军，调派中央武装深入边防打击外敌对边疆地区的入侵，设鄂博以明确边界，驻藏大臣定期巡边等。

近代以来，清朝由于长期的自我封闭导致治理边疆的体制、制度越来越不能应对西方列强的威胁和挑战。英国在完全征服印度、尼泊尔之后，于1841年和1855年先后唆使克什米尔森巴部族和尼泊尔等发动侵藏战争。为取得在西藏更多的利益，英国于1888年和1904年两次直接出兵侵略西藏。清廷因实力不济且受到朝中一批无能苟安官员的掣肘，对英国人侵略大清的西南边疆西藏未能直接派兵抵抗，西藏地方兵民和原有少数清兵的抵抗屡遭失败，致使英国侵略者连克亚东、江孜直抵拉萨。英帝国主义入侵西藏后，在地方政府中培植分裂势力，逼迫清政府赋予英国在藏的特权，逐渐削弱清廷在西藏的统治力和管理效能。此一时期，驻藏大臣多颟顸无能，鲜有为国挽回危局者；内外权益维护不力，万里疆防无兵可守；对外交涉常常受制于人，对内管理屡遭内斗倾轧之祸，昔日国家在藏的权益几乎丧失殆尽。对此，清朝政府虽然采取了加强西藏管理以求挽回藏内局势的措施，包括派张荫棠进藏查办藏事，任命川滇边务大臣赵尔丰为驻藏大臣等，但未能彻底挽回中央政府管理西藏的危局。1911年，辛亥革命爆发，清王朝被推翻，软弱涣散的民国建立。乘此新旧交替之际，西藏上层集团中的分裂主义在外部势力的支持下，借驻藏清军哗变、无人主持大局之机，发动了"驱汉事件"，将驻藏大臣衙门人员、官军及眷属一并缴械褫物递送出藏，同时陆续驱赶在藏经商的汉人，以示与中央政府决裂，并表现出较强的对抗中央政府的倾向。此时，英国人借机控制西藏，试图推动西藏完全脱离中央政府，西藏独立的论调在上层亲英势力中甚嚣尘上。

1913—1914年，英帝国主义炮制了旨在图谋西藏独立的"西姆拉会议"，企图以条约形式分裂西藏，并利用中国国内动荡的局势炮制了非法的"麦克马洪线"，蚕食中国领土，尽管中国政府代表拒绝在条约正式文本上签字，但因中国积贫积弱，未能有效地保住原属于中国的大片领土。此后，为了维护国家在西藏的主权，民国政府和国民党政府都竭尽全力加强对西藏的管理，先后有李仲莲、朱绣进藏联络，黄慕松入藏致祭，吴忠信赴拉萨主持十四世达赖灵童坐床大典等重大举措，中央政府对西藏的统治力和影响一度得到恢复。由于后来日本帝国主义的疯狂入侵，全国人民同仇敌忾投入抗战之中，趁此国难之危，藏内分裂主义势力在英国人的支持下打压爱国力量，迫害倾心内向的爱国人士，擅自成立"外交局"，将西藏局势推向混乱的局面。1945年，随着第二次世界大战结束，西方帝国主义势力进一步介入中国的西藏地区,西藏地方上层分裂主义势力加快了谋求脱离中国的步伐。此时国民党政府在其发动的全面内战中节节败退,顾不上西藏事务,西藏地方分裂主义势力在帝国主义的支持下,游说于列国,并于1949年7月8日趁国民党在大陆败亡之际制造新的"驱汉事件",企图借助于国外势力,将西藏从中国分裂出去,此时,国家领土主权,西藏民族的未来面临着极大的威胁。中国共产党正是在这种严峻形势下,坚决而又果断地解放西藏,驱逐帝国主义势力,捍卫祖国神圣领土,领导西藏各族人民实现了和平解放的宏伟大业。

共产党领导西藏各族人民的解放,是中国近代史上的重大事件,开创了西藏划时代的历史篇章,实现了西藏历史的伟大转折。

西藏的解放,使西藏人民永远摆脱了帝国主义的羁绊,从此西藏人民与全国各族人民一样,再也不受帝国主义的欺辱和奴役。和平解放前的一百年里,西藏同祖国其他边疆地区多次遭受到帝国主义的染指和入侵,帝国主义对西藏地区的入侵,给西藏人民带来了巨大的伤害,侵略军肆意屠杀广大兵民,烧毁民房寺庙,抢夺财物,逼迫签订不平等条约,控制西藏的政治、经济、关税、外事等一切重大活动。《中央人民政府和西藏地方政府关于和平解放西藏办法的协议》签订后,人民解放军进军西藏,结束了帝国主义势力控制西藏的历史,中央人民政府收回一切被帝国主义和外国势力控制的权益,帝国主义和外国势力强加于西藏的一切不平等的条约被废除,帝国主义非法机构和欺压西藏人民的活动全部消失,西藏民族和人民挣脱了帝国主义强加在身上的枷锁,以扬眉吐气的精神状态迎来了新生。

西藏的解放,使西藏回到中华人民共和国的怀抱,完成了祖国大陆统一的伟业,结束了中国近代以来在西藏地区有边无防的不利局面,维护了国家领土完整和主权统一。近代以来,由于帝国主义势力的入侵,西藏内部出现了在帝国主义培植起来的分裂势力。辛亥革命之后,这种分裂势力愈来愈大,一度控制了西藏的政教大权。对此,中央政府和包括西藏人民在内全国人民进行了坚决的斗争,不同程度地遏制了分裂势力的分裂活动,但由于日本帝国主义对中国的全面入侵和一些国家对分裂势力的暗中支持,分裂势力在20世纪40年代再度膨胀,曾发展到不经中央政府批准私自与外国交往,允许帝国主义、殖民主义者自由出入和活动的局面,甚至背着中央政府与外国签订非法的出卖祖国领土的条约。而中央政府和内地人民在西藏的一切活动却遭到分裂主义分子的百般阻挠。西藏的和平解放，结束了西藏这种游离于中央政府管理的不利局面。《十七条协议》规定："西藏人民团结起来，驱逐帝国主义侵略势力出西藏，西藏人民回到中华人民共和国大家庭中来。"从此，西藏民族和人民同全国各民族一道在中华人民共和国大家庭里共同创造着美好幸福的生活。

西藏的解放，大大加强了国家对西藏地区的管理，结束了西藏内部的长期混乱和纷争，为西藏的社会进步和繁荣提供了强有力的政治保障。和平解放前的几百年间，历代中央政府对西藏的管理一直停留在"羁縻"或仅仅委托地方土官"相机而治"的低层次、低效能局面，既没有像内地省份那样设立基层组织，又缺乏自上而下的强力管理机制。即使到了清朝，也仅仅是委派驻藏大臣及少数随员等代表皇帝到西藏进行管理，而中央驻西藏常备军的员额也不稳定，以至于西藏常常出现地方势力坐大，甚至谋害中央大员和达赖喇嘛的恶性事件。尽管清朝中后期采取了一些强化管理的措施，如制定《二十九条章程》、在藏东试行"改土归流"、在全藏推行"新政"等，然而因封建中央王朝制度性的缺陷并面临着内忧外患之困局，未能彻底解决这些问题。这种落后的管理形式不仅使统一的多民族国家经常面临着外部敌人的侵扰，还为西藏地方各种势力的纷争内斗留下管理上的空隙，使西藏各族人民的生活和安全难以得到保障。西藏的和平解放，彻底改变了封建王朝那种落后的管理形式，人民解放军进军西藏肩负起保卫祖国边疆的重任，各级党政组织深入基层，负起管理社会、发展生产、发展文化事业，为各地人民群众创造美好幸福生活的责任。特别是民主改革后，人民当家做主，各级党政组织与劳动人民一道建设家乡，管理地方，昔日那种部族纷争、邻里仇杀、山头林立、你争我夺的混乱局面从此彻底结束。西藏的和平解放，也解决了长期困扰着西藏地方的两大宗教系统、前藏后藏长期不团结的问题。《十七条协议》明确，班禅额尔德尼的固有地位及职权，应予维持。达赖喇嘛和班禅额尔德尼的固有地位及职权，系指十三世达赖喇嘛与九世班禅额尔德尼彼此和好相处时的地位及职权。随着十世班禅的顺利返藏，结束了西藏内部不团结的现状，西藏各族人民在党的领导下，紧密地团结在社会主义祖国大家庭里，实现了空前的团结和统一。

（二）废除了政教合一的封建农奴制度，推动了西藏社会的伟大跨越，最广大的人民群众获得了当家做主的权利

西藏政教合一的封建农奴制度，是比欧洲中世纪封建制度更为残酷的腐朽制度，占人口不足5%的三大领主几乎占据着西藏的全部耕地、草原、山林和绝大部分牲畜，并以封建领主庄园的占有形式为其服务，而占总人口95%以上的农奴和奴隶几乎没有属于自己的生产资料，不得不终身依附于三大领主，祖祖辈辈遭受着封建领主的残酷剥削和压迫。三大领主结成一体，构成了政教合一的统治政权，他们倚仗封建特权私设公堂、监狱，随意对农奴施行鞭打、挖眼、抽筋、断肢等酷刑，随意买卖和任意处置农奴，劳动人民被剥夺了做人的权利。在封建农奴制度统治下，西藏的经济文化长期停滞，生产日益萎缩，工具简陋，生产力遭到严重破坏。很明显，在这种制度下的生产关系已与生产力形成了尖锐的矛盾和对立，其基本特征表现出了对文明和进步的反动。中国共产党人在解放西藏之初，就把变革这种制度，实现西藏人民的彻底解放，为人民创造美好幸福生活作为自己的重要使命。但由于西藏解放时的特殊情况，根据《十七条协议》的规定，西藏地方政府仍保留着延续几百年的封建农奴制度，西藏什么时候实行改革，则主要由西藏人民及其领袖人物协商决定。为了早日实现和平改革，救百万农奴于水火之中，党通过统一战线反复向西藏地方政府上层做解释工作，耐心等待，并利用一切可能的机会，尽可能地解决西藏人民生产生活中面临的困难，同时认真贯彻"慎重稳进"和"六年不改"的方针。然而，西藏上层反动势力视党的政策为软弱，公然违背历史潮流和西藏人民的意愿，撕毁《十七条协议》，背叛祖国，背叛人民，悍然发动了全面武装叛乱。为了维护祖国统一和国家安全，维护中华民族的共同利益和西藏广大人民的利益，党中央、国务院毅然作出决定，解散西藏地方政府，平息反革命叛乱，废除封建农奴制度，进行民主改革。

西藏的民主改革是中国共产党领导的中国新民主主义革命的一个组成部分，是中国各民族的社会发展变革不平衡性在西藏地区的具体体现，是腐朽社会形态被进步的社会形态合理替代的必然结果。从和平解放到西藏上层反动分子发动武装叛乱，人民群众看了8年，比了8年，对封建农奴制的腐朽、反动认识得更加清楚，对中国共产党及其领导下的人民解放军全心全意为人民服务的精神感受至深，为废除封建农奴制度，进行民主改革奠定了群众基础。在民主改革中，党坚持把百万农奴作为基本依靠力量，广泛团结各界爱国人士和一切可以团结的力量，区分农村、牧区、城镇和寺庙的不同情况，制定了适应西藏社会发展阶段的具体政策。在党的领导下，经过两年多艰苦细致的工作，终于完成了民主改革的伟大任务。民主改革废除了封建农奴主所有制，废除了封建农奴主旨在剥削农牧民的高利贷，无基本生活资料的农奴分得了粮食和生产工具。广大农奴第一次有了自己的土地和生产资料，劳动者可以在属于自己的耕地和牧场中进行劳动和收获，并取得对生产资料和生活资料自由支配的权利。据当时统计，仅山南、江孜、拉萨、日喀则等地就废除了高利贷粮1.19亿公斤，减息36.4万公斤，2万多无家可归的奴隶分得了房子，并随之获得安家粮252万公斤。45万缺粮的农奴分得粮食1.5亿公斤。过去曾居无定所、食无定粮的广大农奴得到了基本的生产资料和生活资料，自此开始，西藏人民才获得了基本的生存权。民主改革的胜利，掀开了人民当家做主的新的一页。1965年9月，西藏自治区正式成立，我国宪法所赋予的少数民族聚居地方的民族区域自治权利在西藏得以实现。西藏自治区的成立，完成了由封建农奴制向社会主义初级阶段的伟大跨越。

社会主义制度使西藏最广大的劳动群众享有封建农奴制度下所没有的权利。社会主义制度确立了以劳动人民为主体的集体所有制，人不再分为三六九等，每个人不分贫富、地位和文化程度，从人格上一律平等，同时，人民群众有了劳动自由、流动的自由、自愿交往和婚姻自主的自由，西藏人民同全国人民一样，得到国家宪法和法律的保障，成为社会进步和生产力发展的主要受益者。

社会主义制度代替了"政教合一"的政治制度，封建农奴主专制的政治权利被取消，人民群众享受着宪法和法律所规定的一切政治权利。民主改革后特别是民族区域自治政权的建立，使西藏年满18岁的公民不分民族、种族、性别、职业、身份、信仰、教育程度、财产状况和居住期限，都获得了选举权和被选择权。例如：1988年西藏自治区人大选举时，拉萨、那曲、日喀则、林芝、山南等地市的公民参选率曾达到93.88%。现在，以当地居民为代表的藏族代表在县一级的人大代表中占95%以上，在自治区人大代表中占80%以上，全区75个县和自治区的人大常委会主任基本上由当地少数民族来担任。为了加快当地民族干部的培养，党和政府采取了一系列措施，如实行招生优惠政策，在高等学校设立民族预科班、兴办民族干部班、培训班、送当地干部到内地进修和挂职锻炼等形式，促进了民族干部的迅速成长。截止到2009年，全区少数民族干部已经达75%以上，专业民族干部占64%以上。西藏基本群众踊跃参与政权代表的选举和民族干部的迅速成长，使人民群众获得了参政议政的权利。

（三）大力解放和发展生产力，推动并加快了西藏经济、社会、文化事业的发展

中国共产党领导西藏人民革命和建设的伟大实践，极大地解放和发展了生产力，激发了劳动主体的积极性和发展生产力的热情，推动并加快了西藏的经济、社会、文化事业的快速发展，西藏以超越过去千年的历史发展向世人展现出现代化的面貌。解放初期的西藏，经济社会事业一片凋敝，没有现代意义上的工业、农业、交通运输，也没有现代意义上的社会事业，人们的生产生活和社会活动无从统计，只有对农业生产的粗略估计，直到1958年，西藏的工农业生产总值仅有两亿元。解放初期的1952年，西藏人口只不过115万。经过近60年的发展，西藏经济社会发展总量已经实现了多次翻番的历史跨越。到2014年，西藏的人口已增长到317.55万，生产总值已达到920.83亿元。人均GDP达到29252元，现在西藏每两天创造的经济总量相当于解放前旧西藏一年的经济总量。特别是民主改革以来，西藏经济社会发展日新月异，经过稳定发展，改革开放，西藏经济社会面貌发生了巨大变化，如今的西藏，以其跨越式的发展走在边疆地区的前列。

农牧业全面持续发展。西藏和平解放特别是推翻了封建农奴制度，实行民主改革以来，人民群众在党的领导下，农牧业生产力获得了空前的解放，群众自发地组织起来，实施大规模的农田、草场基本建设，积极普及农牧科学技术，大力推广农业机械化，极大地改善了西藏农牧业的生产条件，改变了农牧业生产方式。改革开放之后，国家在西藏实行了"两个长期不变（2005年增为三个长期不变）"、免征免购、率先取消征收农牧业税的政策，使农牧民的生产积极性得到了极大提高，有力地促进了农林牧渔业的健康发展。西藏农牧业的生产总值由1952年的1.83亿元增加到2014年的91.57亿元，粮食产量由1952年的15万吨增加到2014年的97.97万吨，粮食平均亩产由1959年的91公斤，提高到2014年的近400公斤；油菜籽产量由1952年的0.18万吨增加到2014年的307万吨；年末牲畜存栏数由1952年的974万头（只）增加到2014年的1861.44万头（只）。

交通通信事业发展迅速。西藏的解放，结束了旧西藏连一条现代公路都没有的历史。从1954年川藏、青藏公路通车到拉萨以来，以公路运输为主，航空、管道、桥梁、涵洞协调发展的立体交通运输网络已经形成，2014年，西藏公路通车里程达到7.547万公里，基本实现了县县通公路。同时开辟了10多条国内国际航线。建成了总长度1080公里、世界上海拔最高的格尔木到拉萨输油管道，青藏铁路已于2006年7月通车运行，结束了西藏境内不通铁路的历史。通信事业超前发展，形成了以拉萨为中心、覆盖全区，由光缆、卫星传输、集程控交换、卫星通信、数字通信、移动通信于一体，达到当代先进水平的通信网络。2014年，邮电业务总量由1959年的99万元增加到2014年的47.04亿元，增长了4750.5倍。全区固定及移动电话用户总数达到327.7万户，每百人电话普及率达到106.6部。

工业经济总量不断扩大，基础设施建设实现重大突破。西藏和平解放以来，西藏的现代工业从修建电站和汽车、机械维修开始，现代工业不断发展壮大，到目前，初步形成了机械、电子加工、电机维修保养、车辆装配与保养、优势矿产业、建材业、印刷、纺织、食品加工、民族手工业、藏医药业等富有西藏特色的现代工业生产体系。2014年，西藏工业从解放初期的零点起步增加到66.16亿元，西藏水泥产量达342.25万吨，发电量20.05亿度，中成药（藏药）1515吨。西藏解放后，国家在不断加大对西藏常规项目投资力度的同时，还在不同时期相继安排了43项、62项、117项、180项等一大批关系重大、影响深远的重大工程项目建设，使西藏基础设施得到明显改善，有力地促进了全区经济持续、快速、稳定、健康发展。1959年至2014年，全社会固定资产投资累计达到近3000亿元，年均增长15.2%。特别是中央第三次西藏工作座谈会以来进一步加大了投资力度，1994年至2014年，全社会固定资产投资累计完成2000多亿元（不含青藏铁路西藏段投资187.7亿元），年均增幅达到20.7%。

财政收入持续快速增长。民主改革以来，中央财政不仅没有从西藏拿走一分钱，反而对西藏财政的转移支付力度不断加大。1959年至2014年，中央财政向西藏的财政转移支付累计达到2000多亿元，年均增长超过12%。同时，在中央关心和全国支援下，西藏的产业建设取得了长足进步，极大地培育了税源，促使地方财政收入的快速增加。1989年西藏地方财政收入扭亏为盈后，至2014年，已累计实现收入124亿元。2014年，全区地方财政收入达到124亿元，比1989年增加123.86亿元，年均增长495%。地方财政收入相当于全区GDP的比重由1989年的0.6%提高到 2008 年 13.5%，提高了 12.9 个百分点。

内外贸易发展迅速。民主改革以来，随着经济的持续快速发展，西藏各族群众购买能力不断增强。2014 年，全区社会消费品零售总额达364.51 亿元，比 1959 年的 0.34 亿元，增长近 1071.1 倍，年均增长650%。特别是改革开放以来，西藏城乡市场更加繁荣，1979 年至 2014年，全区社会消费品零售总额年均增长速度达到了 14.1%。2014 年，全区进出口贸易总额达到 138.48 亿元，比 1959 年的 0.02 亿美元，增长6923 倍，年均增长 251.7%。2014 年，接待国内外游客 1553.14 万人次，比 1980 年的 0.35 万人次，增长约 4436.5 倍，其中接待境外旅游者 24.44万人次，增长 9.5%；实现旅游总收入 204 亿元，增长近 3000 倍；旅游创汇 14469 万美元，增长 365 倍。人民生活焕然一新、城市总体结构和功能大为增强，人民生活质量大大提高。旧西藏处于自然经济状态，缺乏城市发展的动力，城镇数量少、规模小，人口最多的拉萨不过 3 万多人，其他人口规模较大的村镇也不过几千人而已，算不上城市。即使是拉萨，也不具备健全的城市运行体制，市政设施几乎没有，城市功能低下。如今，西藏城市规模伴随产业升级不断扩张，到 2014 年，西藏有建制市 4 个，县、区 73 个，建制镇 112 个，城镇人口已达 81.77 万人，城镇面积达到 180多平方公里。城镇综合功能不断完善，城市道路、供水、治安、社会服务等已经形成完整的体系，基本满足了市民生活和城市经济自身发展的需要。市容市貌、环境保护正朝着现代化方向发展，城市公共绿地面积达到人均 10.27 平方米，绿化覆盖率达到 24.3%，城市环境指数居全国首位。以拉萨为中心、辐射各地的城镇发展群体已经在西藏形成。以城镇为核心、带动周边区域经济发展、城乡结合共同发展的经济格局正在形成。社会经济的发展极大地提高了人民物质文化生活水平。改革以来，随着西藏经济的快速发展，城乡居民收入不断增加，生活水平全面改善，生活质量明显提高，不仅解决了温饱问题，并且已基本实现了小康生活，一部分群众已开始向全面小康迈进。西藏农牧民人均纯收入从 1959 年的 35 元不断跃上新台阶，1978 年首次超过 100 元之后，1985 年跃上 500 元，1997 年突破 1000 元大关，2005 年跃上 2000 元，2014 年跃上了 7000 元台阶达到7359 元，年均增长 9.6%。2008 年，西藏农村每百户居民家庭拥有彩色电视机 60 台，电冰箱 11 台，洗衣机 9 台。1978 年，西藏城镇居民人均可支配收入为 565 元，1996 年跃上 5000 元台阶，2014 年达到了 22016 元，年均增长10.9%。2008年,西藏城镇每百户居民家庭拥有彩色电视机122台,电冰箱75台,洗衣机81台,家用车辆10.5辆。随着人民生活逐步富裕,消费结构开始多样化,冰箱、彩电、洗衣机、摩托车、汽车等,成了寻常百姓家普通消费品。富裕起来的农牧民盖起了一排排新房,西藏目前的人均居住面积处于全国首位,社会主义新农村建设结出累累硕果。广播、电视、电信、互联网等现代信息传递手段,与全国乃至世界同步发展,已经深入人民群众的日常生活。绝大多数地区的百姓能够通过收听、收看广播、电视,了解到当天发生在全国和世界各地的新闻,并能够通过电话、电报、传真或互联网等手段获取信息资料,即时同全国和世界各地取得联系,传递信息。

西藏和平解放以来,国家陆续投入了大量资金,发展西藏各项社会事业,使西藏的教育、文化、新闻出版和医疗卫生等各项社会事业全面发展进步。

教育事业蓬勃发展:自民主改革以来,国家投入巨大资金发展西藏教育事业,建立起了包括幼儿教育、中小学教育、职业技术教育、成人教育、高等教育等具有西藏特色和民族特点的教育体系,并使西藏在全国率先实现了城乡免费义务教育。2014年,全区拥有普通高校6所,在校学生3.4902万人,比1965年增长302倍。中等职业学校9所,在校学生1.6719万人,比1959年增长12倍;普通中学125所,在校生5.5669万人,增长538.5倍;小学829所,在校生29.5142万人,增长18.1倍;小学学龄儿童入学率达99.64%,比1981年提高22.5个百分点。

文化和新闻出版事业欣欣向荣:民主改革以来,以满足广大人民群众日益增长的文化需求,采取有效措施保护历史文化,弘扬民族文化,建设现代文化,使文化艺术、图书出版和广电事业等各项文化事业取得了喜人成就。2014年,全区文化事业机构达307个,比1959年增长了50.2倍;艺术事业机构44个,增长了10倍;公共图书馆4个,增长了3倍;文物事业机构17个,增长了16倍。2014年,全区中短波广播发射台和转播台39座,比1985年增加31座;广播人口综合覆盖率达88.8%,电视人口综合覆盖率达89.9%。2014年,全区出版报纸印数达174193万印张,比1959年增长52.9倍;出版各类期刊230.08万册,比1978年增长37倍;出版图书1860万册,比1965年增长23.1倍。同时,自治区设立专门机构全力保护和发展民间传统文化,先后收集、整理和编辑、出版了

《中国戏曲志·西藏卷》《中国民间歌谣集成·西藏卷》以及民间舞蹈、民间歌曲、民间故事、谚语、曲艺等文艺集成，并采取了一系列政策措施，有效地抢救、保护、继承和发展藏语言文字、文学、艺术、哲学、宗教、藏医学、天文历算等众多优秀民族传统文化。

医疗卫生事业蒸蒸日上：民主改革以来，国家投入巨大资金建立健全城乡公共卫生体系，使西藏公共卫生服务体系不断完善，综合服务能力不断提升，人民健康水平不断提高。2014年，西藏共有卫生机构1432个，比1959年增长了20.6倍，其中医院114个，卫生院678个，疾病预防控制中心82个，妇幼保健院（所、站）54个。2014年，全区实有病床床位12946张，比1959年增长13.8倍；卫生技术人员12024人，增长10.5倍；每千人病床数达3.82张，增长5.4倍；每千人卫生技术人员数达到4.11人，增长3.8倍。目前，西藏农村合作医疗覆盖率达到80%，儿童计划免疫合格率达到97%。缺医少药状况得到根本改变，人民群众的健康水平大幅度提高。在旧西藏常流行的天花、霍乱、性病、斑疹、伤寒、猩红热、破伤风等各类传染病、地方病的发病率降到8‰，其中有的已经绝迹；孕产妇死亡率由1959年的50‰下降到7‰左右，婴儿死亡率由430‰下降到6.61‰；人均预期寿命则由20世纪50年代的35.5岁增加到67岁。旧西藏人口增长缓慢，在50年代以前的200多年间，人口长期徘徊在100万人左右（据中国清朝政府1734年至1736年的户口调查，当时的西藏人口为94.12万人；1953年西藏噶厦地方政府申报的西藏人口为100万人，200年间仅增约5.8万人），而西藏实行民族区域自治至今，西藏人口已增加到262万多人，增长了1.6倍多。

（四）坚持反对分裂、反对倒退，维护了祖国统一和西藏的稳定，为社会经济发展和人民群众的生活创造了良好的环境

中国共产党领导西藏各族人民，旗帜鲜明地反对西藏上层反动集团和达赖分裂集团策划的各种形式的分裂活动，坚定地维护了西藏的稳定，为西藏的社会经济发展和人民群众的生活创造了良好的环境。

20世纪50年代初，西藏和平解放不久，党领导下的人民解放军和广大工作人员坚定地维护和执行协议，而西藏地方上层反动集团及其分裂主义分子不甘心失败，他们采取封锁粮食和基本生活品的办法，企图饿走人民解放军，人民解放军遵照毛主席"进军西藏，不吃地方"的指示，在十分艰苦的条件下开荒生产，丰衣足食，渡过了难关，站稳了脚跟，挫败了分裂主义势力企图把解放军饿走的图谋，给人民群众以巨大的鼓舞。分裂主义势力不甘心失败，继而组织非法地"人民会议"，包围中央人民政府驻藏代表住地，提出一系列破坏协议、阻挠执行协议的无理要求，并制造骚乱，企图把解放军赶走。面对这种形势，中央人民政府驻藏代表、西藏工委及其领导下的人民解放军、进藏工作人员与分裂主义势力进行了坚决地斗争，挫败了他们企图赶走解放军的阴谋，提高了广大爱国人士对执行协议、维护协议的认识，使人民群众深深感受到"金珠玛米"是信得过的、永远不走的人民军队，坚定了广大爱国人士和基本群众跟党走的信心。

20世纪50年代后期，西藏地方上层中的分裂主义势力在帝国主义势力的支持下，加紧了策划、支持叛乱武装旨在分裂祖国、破坏国家统一的叛乱活动，党站在维护国家大局、维护国家利益、维护国家安全的高度，对局部叛乱采取了忍让克制的态度，希望西藏地方政府中的上层反动势力能够考虑大多数人民的意愿和国家统一的最高利益，主动出面制止不断升级的叛乱活动，然而，西藏地方政府中的上层反动分子不顾国家的最高利益和大多数人民群众的强烈反对，变本加厉支持、组织武装叛乱活动，直至发展到1959年3月旨在分裂祖国的全面武装叛乱。面对西藏的严峻形势，党从维护国家统一、维护包括西藏人民在内的中华民族的最高利益出发，顺应时代潮流，领导西藏各族人民果断地平息了叛乱，有效地维护了国家的统一和安全，为西藏的革命和建设提供了20多年基本稳定的环境。

20世纪80年代后期，达赖分裂集团追逐着国际大气候，在西方反华势力的支持下，不断挑起事端，制造骚乱闹事事件。仅在1987年9月至1989年3月的一年半时间里，就在拉萨发生多次骚乱闹事事件，先后有900多名公安民警、武警战士、市民、商人被暴徒打伤住院，20多人牺牲，直接经济损失2000多万元。骚乱闹事搅得机关不能正常上班，学校不能正常开课，商店不能正常营业，工厂不能正常生产，市民们惊恐不安。这一系列骚乱事件有其深刻的国际国内背景，是从帝国主义入侵西藏以来长期存在的分裂与反分裂斗争的继续，是境内外分裂势力在国际反华势力支持下掀起的旨在分裂祖国、反对共产党、颠覆社会主义制度的严重政治斗争。面对这种复杂的局面，党旗帜鲜明、针锋相对，领导西藏各族人民同分裂主义分子进行了坚决的斗争。在拉萨骚乱越来越严重的情况下，中央采取了制止骚乱的果断措施。1989年3月7日，国务院总理李鹏签署了《中华人民共和国国务院关于在西藏自治区拉萨市实行戒严的命令》，戒严令说："鉴于少数分裂主义分子不断在西藏自治区拉萨市制造骚乱，严重危害社会安全，为维护社会秩序，保障公民人身、财产安全，保护公共财产不受侵犯，根据宪法第89条第16项的规定，国务院决定，自1989年3月8日零时起在拉萨市实行戒严，由西藏自治区人民政府组织实施，并根据实际需要采取具体戒严措施。"戒严令发布后，得到了西藏各族人民的衷心拥护。公安、武警部队和人民解放军驻藏部队，坚决执行国务院戒严命令和自治区人民政府的命令，克服困难，按时到达规定地点，实施戒严。各执勤部队严守纪律，文明执勤。戒严有效地制止了骚乱，局势很快得到控制，拉萨市逐步恢复平静。经过戒严部队和社会各界一年多的共同努力，西藏社会秩序井然，人民群众安居乐业，经济社会发展恢复了欣欣向荣的景象。

2007年至2009年，达赖分裂主义集团在西方反华势力的支持下，加紧策划一系列分裂闹事活动，2007年10月，分裂主义势力利用美国国会授予达赖"国会金奖"事件，内外勾连，企图通过寺庙挑起事端，在我严密的防范之下，分裂主义势力企图挑起事端的图谋未能得逞。进入2008年，西方反华势力与达赖分裂集团加大了勾结的力度，在我国全力举办奥运会的关键时期，策划一系列分裂闹事活动。2008年3月初，拉萨部分寺庙少数不法僧人开始积聚于阴暗角落，谋划进入拉萨市区蛊惑人心，乘机破坏拉萨社会秩序，3月10日至13日，不法僧人陆续下山，啸聚于拉萨市郊的一些路口，企图冲击市区，被我公安部门挡获，隐藏于市区的少数不法分子也遥相呼应，企图制造事端，被公安干警及时制止。然而，分裂主义势力不甘心失败，于3月14日挑起更大的事端，隐藏于拉萨市的分裂主义分子与寺庙部分僧人相勾连，煽动一批无业人员，在拉萨市多点面地进行打、砸、抢、烧、杀犯罪暴力活动，拉萨市上空一时浓烟蔽日，烟云翻滚，以八廓街为集中地的拉萨市区东半部一时凶徒肆虐、狼跳豺舞、号声四起、火舌漫卷、刀石横飞，短短的一天里，分裂分子制造了一起起骇人听闻的惨案，许多无辜的行人被打伤，许多车辆、商店被烧毁，一些避乱不及的无辜店员和生意人被活活烧死，前往维持秩序的公安干警被打伤，整个拉萨市充斥着浓重的恐怖气氛。面对暴徒们制造的凶险局势，面对人民生命财产遭到严重破坏和威胁的现实，广大共产党员、各级干部、驻藏部队和公安干警忍无可忍，在党中央的坚强领导和自治区党委、政府的精心部署下，果敢、坚定、迅速地平息了犯罪暴力事件，有力地打击了分裂主义势力的嚣张气焰。

在分裂分子制造了拉萨及其他藏区打砸抢烧杀犯罪暴力事件之后，寄生于境外的分裂主义势力与反华势力狼狈为奸、遥相呼应，用卑劣的手段不断骚扰、袭击奥运会的圣火传递，面对分裂分子和反华势力的卑鄙手段，海内外中华儿女群情激愤，在世界各地筑起了反"藏独"、护奥运的钢铁长城，我党和政府多方开展外交工作，义正辞严谴责分裂分子破坏奥运会的行径，维护奥运圣火的正常传递，同时有效地保证了奥运会在北京的顺利进行，赢得了大多数国家和人民的理解和支持，挫败了分裂主义和国际反华势力企图绑架奥运会，借机兜售"西藏独立"的图谋。我国成功举办奥运会之后，达赖集团及其分裂主义势力仍不甘心失败，他们不仅利用与中央政府接谈继续兜售分裂主张，而且由达赖本人出马频繁窜访一些国家，试图借助西方反华势力继续破坏西藏地区的稳定。党中央高度关心西藏局势的稳定，在国际舞台上与支持达赖分裂势力的政要进行了有理、有利、有节的斗争，有效地挤压了分裂主义势力活动的空间，与此同时，自治区内党政军警民在党的坚强领导下，按照区党委的周密部署，严阵以待，组成了反分裂的铜墙铁壁，有效地保证了西藏局势的稳定和安全，成功地举行了西藏民主改革50周年的一系列活动。

（五）有效地保卫着祖国的西南边疆，坚定地维护祖国的主权和领土完整，保障了国家边疆的安全

西藏和平解放以来的近60年，中国共产党及其领导下人民解放军、各族干部群众坚定不移地守卫着与外部接壤的长达4000多公里的祖国西南边疆，有效地维护着祖国的主权和领土完整，保障了祖国西南边疆的安全，这是中国共产党人在中华民族近代百年史上所创造的丰功伟绩。

从1840年至1949年中华人民共和国成立前的100多年中，中华民族屡遭帝国主义侵略、瓜分和奴役，各族人民都不同程度地遭受到帝国主义的欺凌，国家主权受到侵犯，大好河山遭到蚕食，边疆地区成了帝国主义势力侵略、瓜分的前沿地带。西藏地区在近代曾遭受英帝国主义的多次入侵和蚕食，非法"麦克马洪线"以南的大片领土被侵占成为中国人民永远的伤痛。中国共产党自成立以来，就为了各民族的解放、国家的独立和人民的生存、国家主权和领土完整进行了长期的艰苦卓绝的斗争，直到中华人民共和国的成立，中华民族才获得了彻底解放。继西藏的和平解放，

五星红旗插上了喜马拉雅山，从此，长达4000多公里的边防线上有了牢固的疆防，国家西南边疆的安全和领土完整有了保障。

中国共产党领导西藏人民及其解放军捍卫着祖国的西南边疆，对国家的主权和安全具有重大的现实意义和历史意义。西藏地处祖国西南边疆，地接南亚，是祖国的西南门户，战略地位十分重要。西藏高原是祖国西南和西北的天然屏障。纵横于西藏境内的五大山脉体系构成了对西南西北的天然保护，在保卫国家安全中起着重要作用。这五大山脉体系是，东西走向呈弧形的喜马拉雅山脉，蜿蜒西藏高原的南侧；冈底斯—念青唐古拉山，横亘于高原中部；喀喇昆仑—唐古拉山东延至西藏高原境内，是西藏与青海省的界山；自西向东的昆仑山横亘在西藏高原北部；还有南北纵向的天堑横断山脉，把西藏与四川、云南连接。西藏是通往南亚的门户，地处维护祖国统一和国家安全的前沿。南部和西部从帕米尔、喜马拉雅山脉直到印度洋的广大区域有九个国家和一个有争议的地区。（缅甸、印度、孟加拉国、不丹、锡金、尼泊尔、巴基斯坦、斯里兰卡、马尔代夫及克什米尔争议地区）南亚历史上就是帝国主义、殖民主义侵略掠夺的重要战略区域。新中国成立后，西方反华势力和一些继承了老殖民主义利益的国家出于地缘政治的需要，从未放弃将西藏作为缓冲地带的战略企图，他们在侵占中国领土、损害中国利益的同时，将达赖分裂主义集团从事分裂中国的活动作为总体战略的一部分。新中国成立近60年来，党领导西藏各族人民及其人民军队守卫着祖国的120多万平方公里的领土，使帝国主义、殖民主义觊觎中国领土的野心始终不能得逞。特别是20世纪60年代，党领导下的人民解放军在西藏各族人民的支援下，进行了中印边境自卫反击战，有效地遏制了外部势力企图入侵我边疆地区的野心，雪洗了中国百年来在西南边疆屡遭入侵的耻辱，为祖国安全和领土完整作出了重大贡献。

在长期的革命和建设中，广大共产党员、各族干部、人民群众和驻藏人民解放军克服各种困难，忍受着高原缺氧、自然生活条件恶劣对身体的损害，忍受着千里相望、无以面对妻儿老小的愧疚，以为国尽忠的千古豪情，对祖国、对人民的深厚感情，对西藏这片高天厚土的一片真情，胸怀强烈的使命感、责任感坚定不移地守卫着祖国神圣不可侵犯的领土，谱写出一曲曲为国守边、马革裹尸志不移的动人篇章。

第六部分　国际反华势力削弱中国的企图与达赖集团的分裂活动

自20世纪80年代以来，中国西藏自治区在国际的视野中渐被瞩目。这一方面是我国的改革开放使西藏发生了巨大变化的结果，另一方面则是西方反华势力出于削弱中国的需要。而后者的直接结果酿成了一种与国际发展大趋势不和谐的气氛。一些居心叵测的政客与达赖集团一道对我西藏政策大肆攻击，而另一些以藏学研究者自居的"专家"们也从不同角度对"西藏问题"进行研究，他们顺随着国际大气候的变化，把达赖集团及其分裂主义分子牢牢地绑在反华的战车上，屡屡抛出一些不伦不类的东西，给我西藏政治稳定和经济建设制造一些麻烦，同时也干扰了我国的内政、外交工作的正常开展。归综其类，这不过是国际反华势力企图削弱中国战略的延续，而达赖集团的分裂活动，也正是这一战略布局的反映。为剖露其本质，我们可沿着历史的轨迹，追踪国际反华势力削弱中国的企图与达赖集团的分裂活动。

一　历史背景

公元13世纪，意大利旅行家马可·波罗来到中国，经过十几年的生活，写了一部《马可·波罗游记》。这部游记对中国美丽风景和繁荣富饶的景象做了详细的描述，此书一出版，立即轰动了整个欧洲。此后，一批探险者冒着生命的危险走向世界各地，以图找到中国这块富饶的土地，以获取他们梦寐以求的黄金、珠宝和香料。据史载：1420年，意大利探险者哥伦布怀着激动的心情带着西班牙国王致中国皇帝的国书，率领87名水手、分乘"玛利亚号""宾达"号和"尼娜"号3只船，从巴勒斯港口出发，开始了寻找中国等东方宝地的航行。他们计划从西欧出发一直向西航行、航路所依据的估计之一是马可·波罗对于亚洲东西两端的判断，经过两个多月的航行，他们发现了中美洲的一些岛屿。哥伦布以为这就是中国的一部分，但却没有找到黄金、珠宝和香料，后来他们在此地建立了第一个据点，翌年3月，他们返回了西班牙。实际上，自以为找到中国的哥伦布带回了美洲的许多产品。尽管没有黄金、珠宝和香料，他仍然受到了国王和女王的热情款待，国王深信，哥伦布已经找到了征服亚洲的门户。

其后，西班牙、葡萄牙、意大利、荷兰的探险者纷纷涌向各地。以哥伦布梦幻般的狂想和麦哲伦的坚毅精神寻找登上亚洲土地的途径。直到16世纪，他们才找到中国的准确位置。但他们面对的不是哥伦布发现的新大陆，也不是位于南亚的印度，而是一个幅员辽阔、人口众多、国力强盛的明王朝。由于明王朝所实行的海禁政策阻碍了西方殖民者的通商要求，于是殖民者开始了对华的军事侵略。

1511年，葡萄牙武力侵占了马六甲，控制了海上通道，阻断了中国与南洋各国的贸易。随后，葡萄牙以马六甲为基地，进一步入侵中国。1553年，葡萄牙殖民者谎称商船遇到风暴，借口晾晒货物，遂登上中国海岸定居。1557年，葡萄牙殖民者竟在澳门私自扩充居留地，设官管理，非法将澳门变为葡萄牙的殖民地，成为西方殖民者侵略中国最早的一个据点。继葡萄牙人之后，西班牙殖民者于1565年占领菲律宾，作为在东方进行贸易的根据地。1626年他们又占据了台湾北部的基隆和淡水。1581年，荷兰独立，从此与西班牙展开了争夺海上霸权的斗争。1619年，荷兰侵占爪哇，1642年打败了盘踞在台湾北部的西班牙殖民者，全部占领了台湾，并将台湾变成了他们的殖民地。此时，沙俄也急速向西伯利亚地区扩张，并于1650年侵占我黑龙江北岸的雅克萨等地，以此作为向我国东北黑龙江流域进一步扩张的基地。但是他们的军事征服所遇到的不是印第安等部落民族，而是有着高度文明的封建王朝。后来，残明将领郑成功和清朝康熙大帝与荷兰殖民者、沙俄侵略者进行了军事较量，分别收复了台湾和被沙俄侵占的外兴安岭。面对如此强大的中华帝国，西方殖民主义者一筹莫展，自此开始，帝国主义的祖先们便定下了一个对付中国的基本策略：即削弱中国，肢解中国，不希望在世界东方存在如此强大的国家。

一百五十多年之后，机会终于来了，晚清王朝内政日益腐败，国力逐渐衰弱。而西方殖民主义者如英国等在占领了非洲、美洲等殖民地以后，逐渐把贪婪目光转向亚洲,先是占领了印度,其后又以东印度公司为基地逐步向东扩张。18世纪末19世纪初,英国先后派出了马戛尔尼和阿美士德两个使华团来中国,企图求取在中国的通商特权,但两个使团始终没有达到目的,于是便出现了其后疯狂的鸦片走私,终于爆发了近代史上著名的鸦片战争。

中国与外国的鸦片战争及其后一系列的军事、政治、经济斗争,是国际反华势力的祖先们削弱中国的先期表现。其主要特征表现为"惑官""弱民""损威""裂土""灭新"。

"惑官",就是通过重金贿赂边疆大吏和朝廷重臣,在重金诱惑和巧言机辨的迷惑下,一些朝廷命臣为私利所驱使,全然不顾国家安危和国计民生,从封建官僚体制的上层为殖民主义者张目,使殖民主义者侵略、削弱中国的阴谋得逞。例如,在鸦片战争前期,清统治集团内部便形成了两种不同的政治派别,其中一派是以首席军机大臣穆彰阿、直隶总督琦善为代表的弛禁派,他们代表了封建统治阶级中最腐朽的大贵族、大官僚、大地主、大商人的利益。这些人直接接受了殖民主义者及鸦片贩子大量的贿赂,因而极力反对禁烟,主张投降妥协。这种"惑官"之策略,首先从封建中央中枢寻找突破口,将统治阶级的官僚机构的中枢部分击垮,使之失去调度、指挥国家机器的能力,而后从中获益。

"弱民",是殖民主义者更为恶毒的手段。他们有感于国民的爱国立场和反击侵略的坚定性,采取向民间输入大批鸦片的做法,用毒品摧毁中国人的身心,使民无耕织、敬业之精神、兵无抵御外侮之斗志,从根本上瓦解中国人民的民族精神和御外力量。对此,林则徐曾痛心疾首地陈述:"若犹泄泄视之。是使数十年后,中原几无可以御敌之兵,且无可以充饷之银,兴思及此,能无股粟①"?这反映了当时朝中有识之士对殖民主义者削弱中国的忧虑。

"损威",通过"惑官""弱民"之后,殖民主义者看有机可乘,便借船坚炮利的优势,向腐朽的清王朝发动军事进攻,因朝中官吏腐败,中枢被腐,而基层官署及民间多被鸦片烟摧毁了精神,虽兵之众多,也不能抵御少数之外敌的军事入侵,最后只有以军事失败而告终,以签订丧权辱国的条约而资敌。19世纪中后期,我们数十次同殖民主义者交手而失败,

---

① 《林则徐集》奏稿,中华局1965年版,第11页

签订了数以千计的不平等的条约、续约、章程，严重地损害了中国的主权，使中国人民的威信丧失殆尽。

"裂土"，裂土是削弱中国最烈的一种。19世纪的中后期，短短的五十多年中，中国在殖民主义者的威逼下，被迫割让了150多万平方公里的肥沃土地，另有150多万平方公里的外蒙古在沙俄的支持下自外中华而独立。这些土地的丧失、使中国的疆域大大地缩小，其综合国力也随之下降。

"灭新"，殖民主义者试图长期控制积贫积弱的中国，不愿意看到中国因稍许变革而变得强大，对发生在中国境内的变革萌芽必置于死地而后快，所以，每当中国出现新生的政治力量和经济因素之后，殖民主义者总是协助反动腐朽势力去扼杀这些进步力量。19世纪中叶的太平天国革命，民族资本主义的洋务运动和变法革新者的失败，均与殖民主义者企图削弱中国，阻止中国强大的目的有着必然的联系。

19世纪至20世纪上半叶，是国际反华势力的祖先们削弱中国阴谋得逞的一百多年，在这段时期内，中国的国力下降、政局不稳，形势江河日下，因而导致了如下结果：随着资本主义工业的迅速发展，英国迫切要求扩大其统治范围，因而通过对华贸易控制中国。把古老的中国卷入世界经济的漩涡之中。清王朝为防范外国入侵，对外采取了"闭关政策"，并重申"公行制度"和管理外国人的章程。为改变这种状况，英国便以鸦片这种特殊商品，作为侵略中国的主要手段。鸦片大量地涌入，严重毒害了中国人民，并引起了白银大量外流，清廷财政拮据，统治危机日益严重，被迫实行禁烟。1839年6月25日，钦差大臣林则徐将缴获的鸦片237万余斤，在广州虎门海滩当众销毁，向全世界庄严表明中国坚定的禁烟意志和反抗侵略的决心。而英国却以此为借口，对中国发动了侵略战争。

1840年6月，英国侵略军到达广东海面，挑起战端。英军进犯广东、福建均未得逞，便北犯浙江，攻陷定海，继而又北上天津大沽口外炫耀武力，并向清政府提出鸦片贸易合法化、割地、赔款等项无理要求。清政府大为惊慌，道光皇帝从抵抗转向妥协，指责林则徐禁烟"措置失当"，命琦善赴天津大沽口与英方谈判，旋任琦善为钦差大臣，赴广州继续议和。1841年1月，琦善擅自与英方签订《穿鼻草约》，私允割让香港、赔偿烟价、恢复广州商务等项要求。

琦善的卖国行为，受到了朝野上下的强烈反对。道光皇帝又倾向主战，命御前大臣奕山为靖逆将军赴广东，接替琦善指挥战事。英军先发制人，攻陷虎门，提督关天培及将士数百人壮烈战死。奕山到达广州后，对内镇压，对外妥协，于5月27日与英方订立《广州和约》，规定清军撤出广州城，缴赎城费600万两。

8月27日，英国攻陷厦门，进犯定海、镇海和宁波，扩大侵略战争。清政府改派奕经为扬威将军赴浙应战。1842年3月10日，奕经指挥1.3万名清军反攻英军失败。从此，清政府不再言战，派耆英、伊里布向英国求和。8月29日，清政府完全按照英方提出的条件，签订了中国近代史上第一个不平等条约《南京条约》，鸦片战争遂告结束。[①]

《南京条约》是一项不平等条约，它的主要内容为：中国向英国赔款白银2100万两，割让香港，开放广州、福州、厦门、宁波及上海为通商口岸。1843年英国又强迫中国与它签订《五口通商章程》《虎门条约》，作为《南京条约》的补充，于是英国又取得了协定增税、领事裁判权、片面最惠国待遇等特权。

西方其他列强也趁火打劫。美国胁迫清政府与它订立《望厦条约》，法国与清政府签订《黄埔条约》。这些也都是不平等条约。

这样，中国被打开了大门，开始逐渐沦为半殖民地半封建社会。

英法等国为适应资本主义发展的需要，进一步扩大商品市场，取得比《南京条约》和《黄埔条约》更多更大的特权，便以"修约"为借口，以"亚罗号事件"和"马神父事件"为导火索，对中国发动了战争。因其性质与鸦片战争基本相同，是它的继续和扩大，史称第二次鸦片战争。

1856年10月8日，中国广东水师登上悬挂英国国旗的中国商船亚罗号，搜捕海盗，逮捕嫌疑犯。英国借口该船曾在香港注册（其实已过期），并诬称英国国旗被广东水师侮辱，要求广东当局释放人犯公开赔礼道歉。广东当局拒绝了英方的无理要求。于是，英军悍然进攻广州，发动了第二次鸦片战争。1857年10月，英法联军正式组成。12月，英法联军进攻广州，总督叶名琛被俘，巡抚柏贵投降。英法联军在广州设立"联军委员会"，控制广东地方傀儡政权。

英法联军侵占广州后，又北上进犯。1858年5月20日，联军进攻大沽口，直抵天津城外，并且扬言要攻占北京。清政府在英法联军武力威胁

---

① 《世界史》近代史稿，高等教育出版社1992年版，第292、203页。

面前屈膝求和,派大学士桂良、吏部尚书花沙纳赴天津与英、法、美、俄四国公使会谈,并相继签订了不平等的《天津条约》。《天津条约》迫使中国缴纳赔款,开放新的口岸,让列强享受更多的特权。

但是,英、法侵略者并未善罢甘休。1859年6月,英、法、美三国公使率兵舰北上,以武装互换条约来扩大事端,企图勒索更多的侵略特权。他们拒绝从北塘登陆,坚持由设防的大沽溯白河进京。于是,清朝守军与英法联军进行了一昼夜的激战,侵略者遭到惨败而撤走。

清政府准备乘胜求和,而英、法侵略军则扬言进行报复。1860年8月1日,英法联军从北塘登陆,没有遇到清军抵抗,转而进攻大沽。清朝守军奋力抵抗,大沽终于失守。清政府急忙表示与英法联军议和,但遭到联军拒绝。英法联军相继进攻通州、八里桥直逼北京。9月22日,咸丰皇帝逃往承德,清军继续溃败。10月13日,英法联军攻占北京。此后,圆明园遭到侵略者抢劫并焚毁。①

北京沦陷后,清朝政府更是急于求和。奕䜣在1860年10月下旬分别与英、法互换《天津条约》批准书,并新订中英、中法《北京条约》。沙俄利用这场战争,胁迫清政府先后签订了《中俄瑷珲条约》(1858年)、《中俄北京条约》(1860年)。同月,侵略军撤离北京,第二次鸦片战争结束。这场战争使中国的独立主权又一次受到严重损害:英占九龙司地方一区;赔偿英法巨额军费;沙俄割去一百多万平方公里土地;增开口岸、内地游历通商等,使外国侵略势力扩展到沿海各省并深入内地;公使驻京,加强了侵略者对清政府的影响和控制。在外敌打拉结合的侵略政策下,中国封建统治者进而与侵略者勾结,导致中外"合作"新格局的出现。1883—1885年的中法战争,产生了世界战争史上罕见的结局,即中国不败而败,法国不胜而胜。法国侵略势力不仅在越南建立殖民统治,而且渐渐伸入我国西南地区。

19世纪晚期,中国除了西方列强的威胁外,还面临一个新的威胁——日本的军国主义侵略势力。日本在明治维新后不久,就产生了侵略中国的野心。到70年代就把它确定为一个国策。日本统治阶级决定以邻邦中国为牺牲品来发展自己的资本主义。1894年,日本悍然发动了侵略中国的战争——史称"甲午战争"。双方先后在黄海海面、辽东半岛、威

---

① 《世界史》近代史编,高等教育出版社1992年版,第204页。

海卫进行海陆作战。李鸿章全力经营的北洋舰队，惨败于日本海军，遭到全军覆没的命运。

1895年，中日签订了《马关条约》，结束了"甲午战争"，它的主要内容是：（1）中国承认朝鲜的"独立"，实际上就是承认日本对朝鲜的控制；（2）中国割让辽东半岛、台湾及所有附属岛屿和澎湖列岛给日本；（3）赔偿日本军费白银2亿两。此外，日本还取得在中国的其他特权，但是后来在俄、法、德三国的干涉下，日本被迫把辽东半岛归还中国，但中国需向日本缴纳3000万两白银作为代价。《马关条约》扩大并加深了帝国主义对中国人民的侵略和压迫，从此，民族危机日益严重。

1896年，沙皇尼古拉二世举行加冕典礼，清廷应俄国邀请，派李鸿章为"钦差头等出使大臣"前往祝贺。沙俄借机对李鸿章威逼利诱，于6月3日签订了《中俄御敌互相援助条约》（即《中俄密约》）。其中规定，俄国军舰可驶入中国任何口岸；允许俄国修建通过中国黑龙江、吉林两省到达海参崴的铁路等。1898年。沙俄又强迫清政府订立《旅大租地条约》，将整个东北地区划入俄国的势力范围。

此后，列强接踵而来。德国以"迫日还辽"有功，并以曹州教案为借口，于1898年强迫清政府订立《胶澳租借条约》，将山东划为德国的势力范围。法国、英国因受到俄、德的刺激，也提出划分各自势力范围的要求。法国在俄国支持下，早在1895年就强占了云南边境一些地区，进而迫使清政府增开了口岸，取得在云南、两广优先开矿的权力。1898年4月，法国又逼清政府不得将广东、广西、云南三省让予他国，并取得了中国邮政管理，修筑滇越铁路等特权。1899年11月，清政府和法国签订《广州湾租借条约》，规定广州湾（今湛江）及附近海面租借给法国，租期99年。从此，云南、两广大部地区成为法国的势力范围。

英国以法国租借广州湾，威胁香港安全为借口，要求扩展香港界址。1898年6月，英国强迫清政府订立了《中英展拓香港界址专条》，强租了深圳河以南、九龙半岛界线街以北及其附近岛屿的中国领土，即所谓"新界"，租期99年。同时，英国又为了防止俄国南下，于1898年7月强迫清政府签订了《订租威海卫专条》，强租了威海卫。1898年2月，英国还要求清政府保证，不得将长江沿岸各省让与或租借给他国。从此，长江流域成为英国的势力范围。

对此，英国并不感到满足，为了进一步扩大在南亚的殖民范围，在吞

并不丹、锡金之后，又试图通过军事征服和培植分裂主义势力双重手段，把西藏从中国割裂出去。（详见本文第四部分）

日本看到列强在中国划分势力范围，不满足从《马关条约》攫取的特权，1898年4月，日本向中国提出，福建省内之地，不得割让或租借给他国。清政府很快满足了日本的要求。于是，日本将福建视为自己的势力范围。

当列强在华划分势力范围的时候，美国正与西班牙进行战争，并且与西班牙争夺菲律宾及附近地区，无暇顾及中国。美西战争结束后，1899年9月，美国立即提出了所谓的"门户开放"政策。这一政策不仅避免了美国在华利益从其他国家的"势力范围"内被排挤出去的危险，而且使美国的触角伸入到别国的势力范围之内，并享受与各国同等侵华特权。"门户开放"政策实质上是列强争夺在华利益的妥协方案，反映了列强在政治上共管中国的野心。

与此同时，各帝国主义国家在中国增设银行，影响并控制了中国的金融市场。列强还向清政府提供政治性贷款，在华开办各类工矿企业、争夺在中国的铁路投资权。总之，"甲午战争"以后，英、法、俄、德、日、美等帝国主义列强既互相勾结，又互相争夺，掀起了瓜分中国的狂潮。

19世纪40年代以后，中国的国土屡遭侵略、蚕食和宰割。短短的五十多年，中国边祸迭起，屡遭践踏，几乎各帝国主义强国都侵略过我们，我们仅被沙俄帝国割走的土地就达150多万平方公里，而且失去了海参崴、库页岛这样的沿海地区，使中国的御敌疆防大大削弱。

面对这种情况，中国的有识之士愤然而起，掀起了变法图强的运动。19世纪末的变法运动，无异于一场革故鼎新的伟大变革，是一场富国强兵的运动，变法的目标是内革弊政、外御强权，使中国日益之强大。作为有胆识的仁人志士，已经感到中国积贫积弱的危机，也非常清楚世界列强惧怕中国强大而削弱中国的企图：康有为等人的《公车上书》中一语道破列强之图谋和有识之士的忧虑。

"昔德国相臣俾士麦，尝以中国之大冠绝四洲，他日恐为欧罗之患，思与诸国分之，后以中国因循不足畏，议遂中止。今若百度更新，以二万里之地，四万万之人，二十六万种之物产，力图自强，此真日本之大患，俾士麦之所深忌，而欧罗巴洲诸国所窃忧也。以之西挞俄英，南收海岛而有余，何至含垢忍耻，割地请教于小夷哉？及今为之，犹可补牢，若徘徊迟疑，苟且度日，因循守旧，坐失事机则诸夷环伺，间不容发，迟之期月，事变必来。"①

世界列强对以光绪皇帝、康有为等为主要力量的变法派，并没有出面支持，反而联合国内腐朽势力加以扼杀，反映出当时的世界列强不愿看到中国因变法而强大起来的心态。

1900年，中国人民在忍无可忍的情况下，爆发了震惊中外的义和团运动。义和团运动有效地遏制了帝国主义瓜分中国的企图。帝国主义深感中国这块肥肉不容易一口吞下去，又唯恐中国日后强大，于是在进入20世纪以后继续采取削弱中国的策略。

二　20世纪前半叶世界列强对中国的居心

进入20世纪，世界形势发生了很大的变化，各殖民地、半殖民地国家相继爆发了革命，此时，世界上出现了两件令人震惊的大事。一件是1911年中国的辛亥革命，以孙中山为首的革命党人推翻了清王朝的统治。另一件是俄国的十月革命，诞生了第一个社会主义国家。这对于帝国主义列强来说，无疑是对旧秩序的挑战，此时，帝国主义非常担忧中国经过资产阶级革命后会变得日益强大②。当时的世界列强认为，这个庞大的帝国一旦苏醒，就会像雄狮一样奋然而起，令世界震颤，必须设法肢解中国，不让中国强大起来。他们一面支持袁世凯的卖国统治，压制以孙中山为首的革命党人，一面重复其祖先试验过而没有成功的肢解中国的计划。这些计划为：（1）鼓动西藏、内外蒙古的民族分裂主义制造混乱，图谋独立。（2）支持新疆阿古柏的后代卷土重来，设法使新疆脱离中国。（3）怂恿并支持日本占领中国东北三省，以抵抗苏俄对中国的影响。（4）巩固对缅甸的殖民统治，分割我云南并染指我国西南地区。（5）继续支持日本对台湾的占领，企图永远肢解我国领土台湾。如果这些计划实现，中国将由1100多万平方公里的土地减至四百多万平方公里。人口将降至三亿多。

---

① 《中国近代史参考资料》，高等教育出版社1988年版，第249页。
② 当时列强们认为，尽管已经在19世纪割掉了中国的150多万平方公里的土地，使中国领土由1300多万平方公里降至1100多万平方公里，但中国仍然强大。当时中国在世界上人口居第一位（四亿多），领土居第二位（1100多万平方公里），领土面积仅次于俄国（后称苏联）。

西方帝国主义势力认为,如果达到这一目的,中国顶多像印度那样,在世界上只不过是一个二流或者三流的国家。这将为他们称霸世界扫除一个障碍。

20世纪的钟声刚刚响过,一些帝国主义势力便开始了分裂中国的阴谋。1900年在义和团的打击下,入侵中国的八国由明目张胆地瓜分中国改为逐步削弱中国的综合国力。即一方面从经济上剥削中国,逼迫清王朝向侵略者赔款四亿五千万两白银,加上利息、本利达九亿八千二百万两。使中国海关、盐务正常税收大部分流入国外,另一方面则通过继续分裂中国的手段缩小中国疆域。1901—1903年,沙皇俄国以军事手段占领了我东北三省;1904—1905年,早已对我东北地区包藏祸心的日本不甘心俄国独吞中国东北三省,在中国国土上发动了与俄国争夺我东北的日俄战争。面对俄日在我东北的侵略与争斗,美英两国视若无睹,反而与俄日签订了互相谅解的协定。当时美国总统西奥多·罗斯福表露了他们的心迹:"我们完全承认俄国在满洲的特殊地位,我们没有做任何事情去干涉它在满洲的进程与它的合法的野心。我们所坚持的仅仅是:俄国必须给予我们美国人进入该地区平等地从事商业活动的机会与权力。"[1] 国务卿海约翰亦强调:"在满洲,我们从未采取任何与俄国对立的态度。相反,我们承认它在北部中国的特殊地位。……我们一直努力要实现的目标,……只是:无论最后在北部中国与满洲发生什么事情,美国所处的地位,必须与这个地区在中国的完全统治下时,美国所处的地位完全相等。"[2]

世界列强这种彼此庇护,慷中国土地与主权之慨而换取既得利益的做法暴露了他们不惜削弱中国而自肥的面目。对此形势,当时的朝野之士均痛心疾首。清廷镇国公载泽忧心忡忡地指陈:"我国东邻强日,北界强俄,欧美诸邦,环伺逼处,岌岌然不可终日。……循是以往,再阅五年,日本之元气已复,俄国之宪政已成,法国之铁道已通,英国之藏情已熟,美国之属岛已治,德国之海力已充,棼然交集,有触即发,安危机关,岂待蓍蔡。"[3]

尤其在日俄、日法协约订立之后,东三省因为日俄瓜分的威胁,更加

---

[1] 《西奥多·罗斯福书信集》,第3卷,哈佛大学出版社1951年版,第497—498页。并参考第500、520、532页。

[2] 丹尼斯:《美国外交的冒险》,纽约1922年版,第352页。

[3] 《清末筹备立宪档案史料》上册,第11页。

箭在弦上。清廷官员纷纷奏呈："频年目击日、俄两强攫我东方权利，深为怵心。况自日俄协约、日法协约屡见报章，彼皆弃仇寻好，协以相谋，侵逼之来，岂必在远！"①"英、德、法、俄，莫不鹰瞵虎视，有分割中国之心。而其阴险狠鸷，置为切近之患者，尤莫如日本。……纷纷与各国约盟，无非欲协以谋我。"②"其所定小学教科书地理一门，添入东三省；近且议添设殖民部，雄心所注，路人皆知，此诚我国危急存亡之秋也"③"而东三省的前途，对于清廷，至为重要："东全局动摇，中国岂尚能自立乎？……"④

1907年、1910年，沙俄与日本制定了旨在分裂外蒙古的两次密约，并乘我辛亥革命之际公然要求中国撤出驻外蒙古的国防部队。对于这种恶劣行为，英美两个大国公然支持日本、沙俄肢解外蒙古。在日俄等帝国主义逼迫下，1914年9月到翌年6月，中国被迫参加在恰克图举行的中俄及外蒙古地方政府会议，于1915年6月7日签订《中俄蒙协约》，承认了具有变相独立性质的"外蒙古自治政府"。此时的西藏形势也极为险恶，在帝国主义分裂外蒙逐步得逞的情况下，俄英展开了在西藏的角逐，试图培养亲帝国主义势力，同外蒙一道向中央政府闹独立。

1915年1月，日本政府在和英、美、俄、法取得谅解并订立盟约后，得寸进尺地向袁世凯提出了灭亡中国的二十一条。"二十一条"共分为五个部分，主要内容为：

一、承认日本享有和扩大德国在山东侵占的一切权益；

二、允许日本享有在南满和东蒙的土地租借权或所有权、居住权、工商经营权、经营铁路和开采矿山的独占权；旅顺、大连的租借期和南满、安奉铁路的租借期，都延长到1999年；

三、汉冶萍公司改为中日合办；

四、中国沿海的港湾、岛屿，不得租借或让予第三国；

五、中国聘用日本人为军事、财政顾问，中国警政和兵工厂由中日合办；承认日本在武昌、九江、南昌、杭州、潮州间的铁路建造权；允许日本在福建省有筹办铁路、矿山、建筑海港、船厂的优先权。

---

① 《清末筹备立宪档案史料》上册，中华书局1979年版，第253页。
② 同上书，第217页。
③ 同上书，第340页。
④ 《清宣统朝外交史料》第6卷，书目文献出版社1987年影印本，第11页。

对这种践踏国际公法的强盗行径,位居强国地位的美、英国等大国居然默许甚至怂恿,美国白宫表示:"目前我们还不能为中国的门户开放而战"。英国外交大臣格雷更为露骨,他说;他愿意看到日本人在中国获得有限的权益,作为他们参加对德作战的报酬。[1]

世界列强这种不惜削弱中国的祸心,使日本入侵中国的贪欲日见膨胀,因此才会出现"一战"后期"巴黎和会"上强加给中国的奇耻大辱。

20年代中后期至30年代,日本在英、美帝国主义的纵容下,开始大规模地入侵中国。当时担任日本内阁总理大臣的田中义一,露骨地表露出先吞并我满蒙,继之吞并中国的野心。据1927年7月田中奏折称:

所谓满、蒙者,乃奉天、吉林、黑龙江及内外蒙古是也。广袤七百万四千方里,人口二千八百万人,较我日本帝国国土(朝鲜及台湾除外)大逾三倍,其人口只有我国三分之一。不惟地广人稀,令人羡慕,农矿森林等物之丰,当世无其匹敌。我国因欲开拓其富源,以培养帝国恒久之荣华,特设南满洲铁道会社,借日、支共存共荣之美名,而投资于其地之铁道、海运、矿山、森林、钢铁、农业、畜产等业,达四亿四千余万元。此诚我国企业中最雄大之组织也。且名虽为半官半民,其实权无不操诸政府。若夫付满铁公司以外交、警察及一般之政权,使其发挥帝国主义,形成特殊会社,无异朝鲜统监之第二。即可知我对满、蒙之权利及特益巨且大矣。故历代内阁之施政于满、蒙者,无不依明治大帝之遗训,扩展其规模,完成新大陆政策,以保皇祚无穷,国家昌盛……

考我国之现势及将来,如欲造成昭和新政,必须以积极的对满、蒙强取权利为主义,以权利而培养贸易,此不但可制支那工业之发达,亦可避欧势东渐之危险。策之优,计之善,莫过于此。我对满、蒙之权利如可真实的到手。则以满、蒙为根据,以贸易之假面具而风靡支那肆百余州,再以满、蒙之权利为司令塔,而攫取全支那之利源。以支那之富源而作征服印度及南洋各岛以及中、小亚细亚及欧罗巴之用。我大和民族之欲步武亚细亚大陆者,握执满、蒙利权,乃其第一大关键也。况数后之胜利者赖粮食,工业之隆盛者赖原料也,国力之充实者赖广大之国地也。我对满、蒙之利权,如以积极政策而扩张之,可以解决种种大国之要素者则勿论矣。而我年年余剩之七十万人口,亦可以同时解决矣。欲实现昭和新政,欲致

---

[1] 《中国百年外交风云录》,沈阳出版社1995年版,第842页。

我帝国永久之隆盛者，唯有积极的对满、蒙利权主义之一点而已耳。①

不唯如此，为达到分割我东北，内蒙古之目的，竟信口开河地否认东北和内蒙古是中国领土，对我新疆、西藏等地区亦视为特殊之区域。下面之言论赤裸裸地暴露了蚕食我领土之心态：

此所谓满、蒙者，依历史非支那之领土，亦非支那特殊区域。我矢野博士尽力研究支那历史，无不以满、蒙非支那之领土，此事已由帝国大学发表于世界矣。因我矢野博士之研究发表正当，故支那学者无反对我帝国大学之立说也。最不幸者，日、俄战争之时，我国宣战布告明认满、蒙为支那领土。又华盛顿会议时，九国条约亦认满、蒙为支那领土，因之外交上不得不认为支那主权。因此二种之失算，致祸我帝国对满、蒙之权益。如以支那之过去而论，民国成立虽倡五族共和，对于西藏、新疆、蒙古、满洲等，无不为特殊区域，又特准王公旧制存在，则其满、蒙领土权，确在王公之手。我国此后有机会时，必须阐明其满蒙领土之真象于世界当道，待有机会时，以得寸进尺方法而进入内外蒙古，以成新大陆。且内外蒙既沿王公旧制，其权明明在王公手中，我如欲进出内外蒙，可以与蒙古王公为对手，则缔结权利，使可有裕绰机会，而可增我国力于内外蒙古也。至对南、北满之权利，则以二十一条为基础，勇往迈进。②

面对日本帝国主义疯狂的侵略，以世界大国著称的美国和英国不是设法阻止，而是玩弄东方慕尼黑阴谋，企图以削弱、牺牲中国的办法来讨好日本。据历史记载：面对日本对中国疯狂的侵略，英美都认为坐观成败是最聪明的办法。鹬蚌相争，可以坐收渔人之利。英国外交大臣艾登写道："我在布鲁塞尔会议上发现，许多人认为日本将重演'1812年'故事。也许不会如此，但我们应着意使其成为可能。"另一个原因是英美都认为自己在华利益虽在一定程度上受到损害，但日本在经济上终归要依赖它们，暂时不利的局面不难挽回。因此，不应刺激日本，以免它进行报复。美国对日贸易，有相当的利益可图。1937年，美国对日出口总值28900万美元，其中石油、精炼油、废钢铁、原棉四项战略物资就达14200万美元，约占1/2。会议期间，美国务院顾问霍恩贝克对中国代表顾维钧说：美国

---

① 《日本田中内阁侵略满蒙之积极政策》，上海新民书局1931年版。

② 《日本田中内阁侵略满蒙之积极政策》，上海新民书局1931年版。以上资料来源于《中国现代戏史资料选辑》第三册，中国人民大学出版社1988年版，第79—82页。

不能对日实行经济制裁,"在对日贸易上感兴趣的人们认为,如果与日本交战,生意就做不成了。南方棉花种植者害怕禁止棉花输日会使他们倾家荡产。"会议前夕,英国商会联合会主席克拉克断然反对制裁,认为这对贸易是无益而有害的。[1]

1938年5月2日,英日非法签订了关于中日海关的协定,规定日本占领区各海关所征一切关税、附加税及其他捐税,均存入日本正金银行;还规定自1937年9月起停付的日本部分庚子赔款,应即付给日本政府。这一协定严重损害了中国的主权,并使中国关税收入遭到很大的损失。

实际上,作为当时世界上最强的美国完全有能力来阻止日本帝国主义的侵略扩张,之所以他们不愿那么做,一方面是怕引火烧身、妨碍自己的利益,而另一方面是更多地考虑到世界的东方不应出现一个与之抗衡的大国,让中国周边国家有限地削弱一下中国对他们的长远利益是有好处的。他们的这种政策自进入20世纪便开始用于被侵略,被欺侮的中国身上。据历史记载:1900年"门户开放"政策的墨迹未干,麦金莱总统对沙俄侵入我国东北地区,就采取了默许的态度[2]。1908年美国与日本签订的《罗脱—高平协定》,既声称"以和平的方法支持中国的独立与完整",又承认日本在满蒙的特殊地位。[3] 1915年,国务卿薄莱安既反对日本强加在中国头上的"二十一条",但1917年蓝辛又明确承认"地理上的相邻近,使其邻国享有特殊利益"的原则[4]。1931年日本侵占我国东北和1937年日本对我国不宣而战,史汀生国务卿和罗斯福总统根据"门户开放"政策的原则,都先后郑重宣布"不承认以武力所造成的领土变更"和谴责"没有法纪"的"宣战或不宣战的战争"[5]。但是,在宣言和"谴责"的同时,伪满洲国百分之六十六点九和日本发动侵华战争后百分之八十一点

---

[1] 《世界史》现代史编上卷,高等教育出版社2006年11月版,第310页。

[2] 汤姆斯·麦克考克:《中国市场与美西战争》,载《太平洋历史评论》第32卷第2号(1963年5月),第166—167页。

[3] 1910年12月22日,罗斯福致塔虎特涵。见查理·鲁:《一九〇一—一九〇九年西奥多·罗斯福与美国卷入远东》1901—1909),a1f载《太平洋历史评论》第35卷第4号(1966年11月),第447页。

[4] 1917年11月2日,《蓝辛—石井协定》,《美国对外关系》1917年,第264—265页。

[5] 1932年1月7日,史汀生致日本外交部照会,《美国对外关系》,日本,1931—1941年,第1卷,第760页。1937年10月5日,罗斯福"隔离"演说。同上书,第379—383页。

一的汽油都来自美国①。

对美国坐视中国被侵略的种种做法。就连美国国内大多数人民都已看不过去。1937年8月，美国人民要求政府对日军侵华改变观望政策。"要求美政府对于日军侵略中国，立即援引九国公约及改变美国观望政策②"。同年11月，美国劳工领袖勃劳特在声援中国人民反侵略斗争中愤慨地说："如果我们默许日本帝国主义，以其全部新锐的武器来对付中国民众而毫不牵制它，那么，我们实际上是在帮助日本侵略，并给美国种下祸根。美国现在正接受日本对中国的封锁，而且还继续准许一船船的废铁由布鲁克林运往日本。由布鲁克林运往日本的废铁，是用来制造轰炸中国老百姓的榴霰弹和炸弹的，华盛顿可没有发出命令，阻止废铁由布鲁克林运往日本！③"

现在国会却已决定要保持中立。中立是一个奇怪的字眼。它的意思是我们要"不偏袒"。我们反要参加封锁中国，并给日本在美贸易的自由。这就是所设（谓）中立的意思。这种虚假伪善的中立应用于西班牙战争上所得的恶劣的结果，使美国对法西（斯）国家的破坏世界和平，起了助纣为虐的作用。而现在我们对于中国，又要重踏（蹈）覆辙了。美国要是不改变这种政策，而与全世界爱好和平的人民紧携起手来粉碎这种法西（斯）主义者、黩武主义者（对）世界的威胁的话，那么，轰炸玛德里的炸弹和轰炸上海的炸弹，一定会轰炸到纽约和旧金山来的④。

采取坐山观虎斗的美国政府的部分人万万没有料到，他们豢养的日本军国主义这条恶狗，不但能削弱中国这个大国，而且反过来扑向了他们自己。1941年12月，太平洋战争爆发，打掉了英、美帝国主义妄图通过日本肢解中国而逃避责任的企图。最后促使世界爱好和平的人民联合起来，打败了德、意、日三个法西斯帝国。中国作为亚洲战场反法西斯战争的主要国家，取得了抗日战争的胜利，不但没有丢失东北三省、内蒙古，而且还成功地收复了台湾。这是西方帝国主义始料不及的。

尽管如此，各大帝国主义包括苏联在内仍不愿意看到有一个统一、强

---

① 艾费尔·安德生：《美孚石油公司与美国东亚政策》，普林斯顿大学出版社1975年版，第225—227页。

② 上海《申报》1973年8月16日。

③ 见中国《救亡日报》1937年11月5日。

④ 同上。

大的中国出现，雅尔塔会议，世界三巨头（指罗斯福、丘吉尔、斯大林）签订了有损于中国主权的"雅尔塔协定"关于中国的部分："苏美英三大国领袖同意，在德国投降及欧洲战争结束后两个月或三个月内苏联将参加同盟国方面对日作战，其条件为：

（一）外蒙古（蒙古人民共和国）的现状须予维持。

（二）由日本1904年背信弃义进攻所破坏的俄国以前权益须予恢复，即：

1. 库页岛南部及邻近一切岛屿须交还苏联；

2. 大连商港须国际化，苏联在该港的优越权益须予保证，苏联之租用旅顺港为海军基地须予恢复；

3. 对担任通往大连之出路的中东铁路和南满铁路应设立一苏中合办的公司以共同经营之；经谅解，苏联的优越权益须予保证而中国须保持在满洲的全部主权[①]。"

尽管"雅尔塔协定"损害了中国的主权，由于战后蒋介石急于打内战，寻求美国的支持，屈辱地在三个强国拟定好的有关中国部分的文件上签了字，承认了外蒙古的现状。40年代中期，达156.6万平方公里的外蒙正式脱离了中国。此时，各列强仍不满足，还是认为中国仍过于强大，在解放战争节节胜利，国民党行将败亡的情况下，国际上一些不愿看到中国强大与统一的势力希望把中国一分为二，使共产党与国民党隔江而治，江北为苏联势力范围，江南为美国势力范围，但是具有民族骨气的中国共产党和毛泽东主席拒绝了这种卑劣的主张。"宜将胜勇追穷寇，不可沽名学霸王"，以秋风扫落叶般横渡长江，解放了全中国。中国人民解放战争的胜利，迅速震动了世界各大强国。

三 新中国成立后，西方反华势力对中国的遏制政策

1949年，中华人民共和国成立，标志着一百多年来中国人民任人宰割的悲惨时代已经结束，中国走上了统一和独立的道路。但是，此时此刻，西方列强在防止中国强大的背后又加上了意识形态的对立，以防共和

[①] 《国际条约集（1945—1947）》，世界知识出版社1959年2月版，第8—9页。

反共著称的美、英等国家立即作出了反应。

(一) 处心积虑，建立旨在遏制中国的反华包围圈

新中国诞生后，美国便气急败坏地叫嚣，决不能坐视一个统一、强大的中国落入共产党手中，他们一面采取经济封锁的手段，一面在新生的中国周围制造紧张局势，其主要目标首先对准了我国领土台湾，从目前所能见到的有关文件看，美国对台湾的企图是有着其深远的战略背景的。

1949年3月期间，美国参谋长联席会议、国务院以及白宫国家安全委员会等决策机构，从各种不同角度反复研究和讨论了对台政策，大体一致的意见是：台湾对美国在西太平洋的战略具有重要性。因为：（1）现在美国已失去利用中国其他地区作为军事基地的可能性，台、澎的地位就更加重要，必要时可以用作战略空军行动的基地，并据以控制邻近航道；（2）如果落入"敌对力量"手中，一旦发生战争，"敌人"就可以利用它控制马来西亚到日本的航道，并使"敌人"有更好的机会进而控制琉球及菲律宾；（3）目前台湾是向日本提供粮食和其他物资的主要来源，如果切断了这一供应来源，日本就可能变为美国的负担，而不是资产。因此，"美国的基本目标是不让台湾和澎湖落入共产党手中，目前为达此目的，最实际的手段是把这些岛屿同中国大陆隔离开。"[①]

1950年1月12日，艾奇逊在全国新闻俱乐部发表了著名的题为《中国的危机》的讲话，除为美国对华政策辩解外，同时提出了美国在西太平洋地区的军事安全问题，把美国的防线定为北起阿留申群岛，经日本、琉球群岛，南至菲律宾。[②]

1950年6月，朝鲜战争爆发，1950年6月27日杜鲁门借口朝鲜战争，下令将第七舰队驶向台湾海峡，从此开始了持续将近二十年的美国直接用武力阻挠中国领土统一，实际把台湾变成了美国的保留地的时期。

1950年6月，新中国刚刚成立不到一年，便爆发了朝鲜战争。朝鲜战争爆发后，美国纠集了包括美国和南朝鲜在内的16个国家，打着"联合国军"的旗号，公开干涉朝鲜内政，于同年7月派大批部队入侵朝鲜，战火很快烧到了中国东北部边境，使中国的东北部边疆受到严重的威胁。面对这种严峻形势，中国人民不畏强暴，派出中国人民志愿军

---

① 《美国外交文件集》1949Ⅰ×、第271—275284—292页。

② 《美国国务院公报》1950年1月23日 XXII，第111—118页，艾奇逊：《参与创世》，第357页。

赴朝作战。

中国派志愿军赴朝作战，打破了以美国为首的国际反华势力霸占朝鲜半岛，进而入侵我东北边疆的企图，也打破了"二战"以后美军不可战胜的神话。美国及其他仆从国为此大为恼怒，他们在军事手段失败之后，竟然操纵联合国表决机器，指责中国密谋策划了朝鲜战争，扬言要用联合国的力量遏制"中国的侵略"。驻朝鲜美军司令麦克阿瑟扬言，要对中国实施核打击，企图由此把新生的中华人民共和国扼杀在摇篮里。面对这种情况，中国人民不畏强暴；用大量事实揭穿了反华势力的图谋。从现在所掌握的大量材料看，中国参加朝鲜战争，实为形势所逼迫。当时的严峻形势显露，美国及西方反华势力的目标不仅仅是占领朝鲜半岛，而且有配合台湾的蒋介石政权对我国大陆构成军事威胁的企图。这在中国各民主党派的一项宣言中可以证实。[1]

历史的事实早已告诉我们，朝鲜的存亡与中国的安危是密切关联的，唇亡则齿寒，户破则堂危。中国人民支援朝鲜人民的抗美战争不只是道义上的责任，而且和我国全体人民的切身利害密切地关联着，是为自己的必要性所决定的。救邻即自救，保卫祖国必须支援朝鲜人民。

一位西方的评论家认为："毛泽东不可能有意让他的国家卷入战争"[2]；"没有证据表明它是中国煽动起来的"[3]；另外也"没有清楚的证据表明中国人参与了朝鲜战争的策划和准备"[4]。据惠廷《中国跨过鸭绿江》一书证实："不管毛泽东和他的高级同事们能够在多大程度上预见到战争的准备和爆发时间问题，但是，1950年6月25日凌晨爆发冲突的时候，他们显然没有预见到这是他们要直接关心的问题。第一，应该注意的是，被认为是中国革命主要支柱之一的土地改革法在1950年6月30日公布。仅在朝鲜战争开始后的第五天。鉴于中国共产党人为土地改革做了长期而积极的准备，而且他们又把这个问题看得极端重要，人们可以想象，他们会认为朝鲜半岛的战争只是一个插曲，它会很快地被得胜的金日成结束。第二，1950年初，中国的领导者们正倾向于减缩军费，以支持他们

---

[1] 《中国各民主党派关于抗美援朝保家卫国的联合宣言》（394），载《人民日报》1950年。

[2] 施拉姆：《毛泽东》（630）263。

[3] 约翰·吉廷斯：《大国三角和中国的外交政策》（269），载《中国季刊》（133）39（1969年9月）。

[4] 艾伦·S.惠廷：《中国跨过鸭绿江》（785）45。

的经济恢复计划。"①

朝鲜战争以国际反华势力的失败而告终。在朝鲜战争正在激烈进行的时候，美国等西方国家便开始策划从南部和东部包围中国的阴谋。

1952年2月，已经卷入印支战争的杜鲁门总统提出了以中国为潜在敌人的（NSC第124/2号文件）《关于美国在东南亚的目标和行动方针的政策声明》。该文件指出东南亚对美国的战略地位，并危言耸听地说："如果共产党控制整个东南亚，就会使美国在太平洋近海岛屿链条防务圈的地位变得岌岌可危，从而严重地危及美国在远东的根本安全利益。东南亚，特别是马来亚和印度尼西亚，是世界上天然橡胶和锡的主要来源地，是石油和其他重要战略物资的出产地。缅甸和泰国的大米出口，对马来亚、锡兰和香港关系重大，对日本和印度有重要意义。东南亚，特别是马来亚和印度尼西亚一旦丧失，就会对日本形成巨大的经济、政治压力，以致极难防止日本最终与共产主义妥协。

接着，文件提出了被《华盛顿邮报》称为多米诺骨牌理论"前身"的说法："如果由于中共公开或隐蔽的侵略而使这些东南亚国家中的任何一个国家落入共产党控制之下，都会在心理上、政治上和经济上产生十分严重的后果。如果不采取有效而及时的抵抗行动，任何一个国家的丧失都很可能会导致这个地区其余国家较快地屈从或倒向共产主义一边。而且，东南亚其他地区以及印度，从长远来说还有中东（至少巴基斯坦和土耳其可能会除外），十之八九也都会相继跟着倒向共产主义一边。这样广泛的倒向共产主义一边，将危及欧洲的稳定和安全。"

文件分析东南亚的严重形势说，由于共产党中国的敌对态度和侵略性，对东南亚发动公开军事进攻就始终是一种固有的危险。固然，继续通过颠覆而实现控制的危险要大得多。但是，东南亚面临的最主要危险却是，由于法国和法兰西联邦印度支那三个成员国继续抵抗越盟的决心和力量却因得到共产党中国及其盟国的援助而日益增强。文件强调说，成功地保卫东京湾三角洲，是把东南亚大陆地区保持在非共产党人手中的关键。

面对这一形势，文件提出的美国行动方针是：

---

① 艾伦·S. 惠廷：《中国跨过鸭绿江》（785）17—18。英文版全称：Allen S. Whiting, China Across the Yalu: The Decision to Enter the Korean War, New York: Macmillian（纽约：麦克米兰出版公司），1960。

（1）谋求同其他国家（至少包括法国、英国联合王国、澳大利亚和新西兰）达成一项协议，就共产党中国可能对东南亚进行侵略会造成的后果，向它发出联合警告；

（2）继续向法国保证，美国认为法国在印度支那的努力具有重大战略意义，是符合自由世界普遍利益的，对它们的安全是必不可少的。美国将在法国承担首要责任的原则下，向法国和印支联邦国家提供适当的军事、经济和财政援助；

（3）增强美国对法国和印支联邦国家政策与行动的影响程度，使联邦国家更加稳定，使法国减少它参与联邦国家事务的程度；

（4）继续鼓励和支持东南亚国家之间，东南亚国家同美、英、法、澳、新、菲以及南亚国家和日本之间进行更紧密的合作。

第124/2号文件还专门就"涉及共产党中国可能进行大规模的干预的问题"制定了行动方针：

（1）一旦情报和形势使人得出结论：法国不再准备承担印度支那的责任 1 或者法国要求美国分担更多责任的话，美国应明确表示，它反对法国从印度支那撤退，并立即同法国和英国进行磋商；

（2）如果在同法国磋商后断定，共产党中国的部队（包括志愿军）已公开干预印度支那冲突，或者正隐蔽地参与到使法国和印支联邦国家无法守住东京湾三角洲时，美国就应采取下列措施：

a）支持法国或印支联邦国家请求联合采取行动，包括通过一项联合国决议，谴责共产党中国进行侵略，建议联合国成员国不受地理范围的限制，采取一切必要的行动，以援助它们抵抗侵略；

b）无论联合国是否立即采取行动，都要谋求国际上最大限度地支持或参加由提出联合警告的国家所商定的最低限度军事行动方针；

c）最低限度军事行动方针包括：坚决保卫印度支那本身，美国将提供切实可行的空中和海上支援。截断中共的交通线，包括中国境内的交通线，美国打算为此提供主要力量，但期望英国和法国至少要提供象征性的力量以及盟国间系属正常的其他支援，同时期望法国协同印支联邦国家，挑起为保卫印度支那所需地面部队的担子；

（3）除了上述行动方针外，美国还应按照形势的需要采取如下军事行动：

a）在英国和法国的协作下，用海军封锁共产党中国；

b）加紧进行隐蔽行动，以支援同共产党中国作战的反共游击队，并干扰和破坏中共的交通线和军事补给；

c）视适宜和可能，在东南亚、朝鲜和中国本部的军事行动中使用反共的中国军队，包括中国国民党军队；

（4）如果在发生对印度支那的侵略并采取了上述军事行动后，美国和英国及法国一致断定，由于形势的需要，有必要对共产党中国采取扩大军事行动的话，美国就应至少在英国和法国的协同下，对中国境内一切适宜的军事目标采取海空行动，但在实际可能的情况下，应避开靠近苏联边界的那些目标，以不致增加苏联直接卷入的风险；

（5）万一英国和法国不同意对共产党中国采取扩大的军事行动，美国应考虑单方面采取行动。

1954年4月，美国等西方国家不顾中国人民的强烈反对，建立了针对中国国家安全的"东南亚条约组织"，并拟定了"东南亚集体防务条约"，这一防务条约是继"美菲共同防御条约"[①]"美韩共同防御条约"[②]之后又一次对中国的威胁，该条约第四条写道："（1）各缔约国都认为，在本条约区域内用进攻的手段对任何缔约国或对各缔约国今后可能经一致协议指定的任何国家或领土进行的侵略，都会危及它自己的和平和安全，并同意在这种情况下它将按照它的宪法程序采取行动来对付这个共同的危险。根据本款所采取的措施须立即报告联合国安全理事会。（2）如果任何缔约国认为，本条约区域内任何缔约国的、或随时适用于本条第一款规定的任何其他国家或领土、主权、政治独立的不可侵犯性、完整性受到武装进攻以外的任何方式的威胁，或者受到可能危及本区域的和平的任何事实或情势的影响或威胁时，各缔约国须立即磋商，以便在为了共同防御而应当采取的措施上取得协议。（3）经取得谅解，不得在根据本条第一款

[①] 于1951年8月30日缔结的美菲共同防钾条约第四条为："缔约国每一方面都认为，在太平洋区域对缔约国任何一方的武装进攻将危及它自己的和平与安全，并且宣布．它将按照它的宪法手续采取行动．以对付共同的危险"。见：《国际关系学·现代国际关系史参考资料》（1950—1953），人民教育出版社1960年版，第1083页。

[②] 于1953年10月1日缔结的美韩共同防御条约第三条为：缔约各方承认，在太平洋地区对缔约任何一方目前各自行政控制下领土的进攻，或者对以后经缔约一方承认合法地处于另一方行政下的领土的进攻，都将危及它自己的和平与安全，因此声明，它将启动它的宪法程序采取行动以对付共同的危险。见《国际条约集》（1953—1955），世界知识出版社1960年版，第631—632页。

经一致协议指定的任何国家的领土上或在这样指定的任何领土上采取行动,除非经有关政府的邀请或得到其同意。"

法国在越南战场上军事失败后,美国根据东南亚防务条约,迫不及待地介入越南事务,由派遣小股部队发展到大规模的入侵。60年代初期,中国在成功地进行了对印自卫反击战之后,发展核武器的计划也突破了重点难题。就在这一计划即将成功的时候,美国企图利用当时的中苏矛盾,对中国进行核威胁,扬言用核力量对中国进行毁灭性的核打击,摧毁中国的核计划和核设施。到60年代末期,美国在越南战场的泥淖里越陷越深,苏联霸权主义越来越强的情况下,针对中国的军事包围才有所松动。

对于中国的领土台湾,美国为首的一些国家始终未能停止干涉。五六十年代是以军事手段为主,赤裸裸地阻挠我统一祖国台湾领土的大业。

直到70年代,世界形势又发生了新的、巨大的变化,美国无可否认地从力量的顶峰跌落下来,发现"美国同第二次世界大战刚刚结束时的地位相比,遇到了做梦也未曾想到的挑战"①。独霸世界的日子已经过去,而新中国则于封锁包围中巍然屹立,发展壮大。于是,一些有现实感的政治家开始感到有必要改变对华政策。到那时,他们才不得不表示:"认识到台湾海峡两边所有的中国人都认为只有一个中国,台湾是中国的一部分,美国对这一立场不提出异议。"其后,又用了将近七年的时间,终于承认"只有一个中国,台湾是中国的一部分""中华人民共和国是中国的唯一合法政府"。承认这样一个明显的事实,竟用了这么多年的时间,不能不算迟缓了。但是,"迟"总比"不"好。正是在这一转变的基础上,中美两国建立了外交关系。然而,同过去一样,写在纸上的承诺并不等于行动。中美建交协议墨迹未干,美国政界又有一批人吵吵嚷嚷,与30年前所谓"谁失去了中国"的调子极其相似。结果通过了一项与建交原则精神相违背的《与台湾关系法》。②

从世界大战略的背景看,美国对台湾的企图,是与国际反华势力削弱中国的企图一脉相承的。1980年12月6日,香港《天天日报》社论一语道破了美国政客念念不忘分裂台湾的用意。指出他们对台湾的图谋就是妄图"以中国人牵制中国人"。以为如此一来,就可以使得北京不能不有所

---

① 《美国总统文件集:理查德·尼克松》,1971年,第806—807页。
② 《中美关系史论文集》(1),重庆出版社1985年版,第365页。

顾忌，而去接受美国的"指挥棒"，至于其他漂亮的说法，则不过是一些漂亮的政治口号，背后则纯然是百分之百的"美国利益"。这种做法，自然不是交友之道。

反过来说，如果美国并无这种用心，而且乐见于中国因统一而成为一个更强有力的反扩张主义的朋友。以中国目前的对内政策来看，只要没有外来的阻力，因这种阻力而打乱了既定的步骤，我们也具有充分信心，中国终能在一个完全和平的情况之下走上统一之路。为的是中国人不但深信"有分则必有合"这个历史规则。而且也一定有办法完成这个历史任务。中国人同胞之爱高于一切，民族感情深于一切，自然无须任何外国来为我们越俎代庖。有越俎代庖者且将会有一日发现，反击不是来自一方，而是来自不受干预的任何中国人民。

所以，美国的政客，实在不必为此心劳日拙之计，以为中国可以凭"分开两部分而加以控制"，而且将会发觉，这种做法，会连"美国利益"也要大受损失。①

美国等国际反华势力对台湾的图谋，届时已昭然若揭，暴露在世人面前。

（二）采取经济封锁，削弱中国综合国力

在军事入侵及军事包围的同时，国际反华势力还从经济上对新生的中华人民共和国进行封锁，他们认为，单纯的军事手段不足以扼杀"共产党中国"只有采取军事、经济的双重手段，才能防止和遏制中国的强大，这是以美国为首的西方大国战后远东政策的具体体现。

20 世界中叶，新生的共和国面临着百废待兴，百业待举的困难局面。据当时的数据证实，1949 年中华人民共和国成立之前的工业产量的最高年份，棉纱 44.5 万吨，棉布 27.9 亿米，原煤 6188 万吨，钢 92.3 万吨，原油 32 万吨，发电量 60 亿千瓦小时。这些主要工业产品指标，只相当于英国 1860 年的水平，美国和法国 1860 年、1880 年的水平。显然这种经济力量难以和发达的美、英等资本主义国家相抗衡，也很容易被帝国主义的经济封锁所扼杀。当时的世界经济形势也很不利于中国。处在世界经济格局中的中华人民共和国处于明显的弱势。西欧实施了由美国支援的"马歇尔计划"，而东欧和苏联则成立了经互会组织来自助互救，唯独中

---

① 《参考消息》1980 年 12 月 12 日第 2 版。

国被排挤在世界经济互助组织之外。西方反华势力也正是看到了中国的薄弱环节，千方百计地从经济上封锁中国，从军用物资到民用物资，从重工业技术到轻工业技术，都在禁入之例。1949年底在美国操纵下，西欧在巴黎成立了"巴黎协商国统筹委员会"，简称"巴统"，发达国家联合起来对社会主义国家进行封锁。巴统成立后，为了防止苏东国家通过中国获得巴统禁运的物资，1950年1月13日，陆军部行文驻日盟军统帅麦克阿瑟，声称"依据总统批准的国家安全委员会第48号文件精神，美国应尽力阻止中国从非共产主义国家和地区获得美国禁运货单1A物资，此项工作必须取得欧洲主要盟国的支持"，日本因在传统上对华贸易数量较大，特作如下规定：

1. 日本不得向苏东（南斯拉夫、芬兰除外）和北朝鲜出口1A类物资；

2. 日本亦不得向中国出口1A类物资，特殊情况应提请华盛顿与英、法、荷、比协商；

3. 日本向台湾出口1A类物资应报请华盛顿核准；

4. 日本向中国出口1B类物资凡认为可直接用于军事或通过中国（主要是东北）转运给苏联和北朝鲜者，皆不得出口，同时，对该类物资出口的管制不得低于英国和其他西欧盟国的管制水平。

陆军部的指示说，目前对华出口1B类物资虽无多边管制，华盛顿仍希望与欧洲盟国采取相应行动，一旦获得它们同意或达成协议，将及时向你通报。指示最后要求盟国每月报告日本对中国大陆、香港出口1B类物资的情况①。

在此期间，西德同中国签订了出口15000吨铁路路轨的合同。军方认为路轨虽属1B，但对增强中国军事潜力有重大价值，要求禁运，并要国务院通知西欧，采取同样措施。1950年3月，国防部还建议将1B货单中的大多数项目."升级"为1A，实行禁运，并从严控制发放其余项目的出口许可证。远东事务助理国务卿麦钱特对此提出异议，认为这实际上是禁运绝大部分传统对华出口的商品，"其严厉程度高于本政府对苏东的出口管制"。麦钱特在给艾奇逊的报告中写道，废止西德和中国签订的路轨

---

① 《美国对外关系，1950年，第6卷，东亚与日本，第1部分》，G，P，O，WashingtonDc，1976，pp.69—621。

合同，有损美德关系，驻德高级专员麦克洛伊亦有此担忧，而且把路轨说成是直接用于军事的 1A 物资。也不合情理。铁路固然同增强军事潜力有关，但在 30 年代，中国平均每年进口路轨 8 万吨，目前西德仅出口 15000 吨，数量不大。此外，巴统关于 1B 货单的谈判正在进行，若我们单方面宣布将路轨列入 1A 恐于谈判不利。麦钱特建议，此事可请驻德高级专员麦克洛伊裁决。这时，中苏友好同盟互助条约业已签署，美国决策层认为"尘埃"已经落定，在对外经济政策上，无须把中国同苏东区别对待。艾奇逊在 4 月 28 日给国防部长约翰逊的信中说，现可确定"中共是苏联的卫星国"，应视中苏为一体，对两者的出口管制亦应一律，我们正在说服巴统接受这一立场，但在此之前，美国不宜单方面行动。艾奇逊说，国务院关心的是对华石油输出，已同英国壳牌石油公司原则上谈妥，不向中国出口飞机用油和纯度级高的石油①。

朝鲜战争爆发后，美国为了防止战略物资通过第三国运入中国，同时担心民用物资用作战略物资，裹胁联合国大会通过对华全面禁运的决定，使中国经济面临着更加严峻的困难。

据美国国务院对华全面禁运文件起草小组的人透露，文件的起草者们认为，对华全面禁运是符合"经济防务战略"的。"就美国而言，无疑符合国家利益，但应当承认，其他国家也许会得出不同的结论或更迟一些得出与我们同样的结论。"② 中央情报局估计，中国已陷入朝战，经济十分困难，苏联虽可帮助解决一部分，因运输困难，中国无法长期支撑，同时，对华经济制裁还可遏制中国向东南亚扩张。它还认为，中国工业中心大部分是西方资本主义的产物，尤其依赖西方原料和零部件的供应，某些方面甚至得依靠西方的维修和保养。经济制裁若能使这些工业中心得不到海外物资，它们就会瘫痪，从而引起连锁反应，动摇中共的统治③。

1951 年 2 月 1 日，在美国施加种种压力下，联大通过了所谓谴责中国侵略的非法决议。这个决议还决定成立附加措施委员会，由集体措施委员会的成员组成，研究"附加措施"，以"制止中国和朝鲜的侵略"，并向联大提出报告。2 月 12 日，国务院完成了要联大对华实

---

① 艾奇逊 1950 年 4 月 28 日致约翰逊函 632—636，《战后世界历史长编》，上海人民出版社 1994 年版，第 233 页。

② 《战后世界历史第编》（9），上海人民出版社 1994 年版，第 235—236 页。

③ 同上。

行经济制裁的报告,并指示常驻联合国代表提议联大对中国出口的部分商品实施禁运,最低限度应禁运武器弹药、作战工具及制造这些品的物资。

联大通过对华禁运决议后,军方尤嫌不足,提出要管制往返中国港口的一切船只,并点名英国配合,实行海上封锁。英法闻讯后即指出,联大决议并非对华全面禁运,海军上将谢尔曼5月30日在两院军事委员会听证会上提出要联合国对华实行海上封锁的建议,实属不当。国务院当即表白,谢尔曼提议是军方意见,不代表美国政府。同时,英国建议巴统搞一份对华禁运货单,防止美国任意扩大禁运。在这种情况下,军方即计划在远东成立一个类似巴统的机构,加强对华禁运。

1952年6月间,国务院考虑是否要日本参加巴统。驻日大使墨菲力主日本参加,国防部却行文国务院,不同意日本参加巴统,建议按美国的经济防务战略,成立包括日本和在"远东有利益"在内的远东经济防务委员会。经与商务、财政等部商量,国务院接受了军方的意见,计划成立与巴统平行的远东统筹委员会,协调对华禁运,成员包括与远东安全及经济有重大利益的国家,先由美、日、英、法和加拿大五国组成。

7月,美国邀请英、法、加、日四国代表在华盛顿开会。在会上,美国对日本讨价还价后,提出了对华全面制裁的三点谅解:(1) 按美国1A货单对华禁运;(2) 禁止对华出口美国和日本出于安全理由应予禁止的其他有战略价值的物资;(3) 为换取中国原料而必须出口的商品,一概实施许可证管制。日本代表听后,愣了半天,觉得以这三项条件换取日本参加巴统,代价太大,这实际上是要日本实施仅次于美国的最严厉的对华经济制裁。8月2日,美日再次磋商,林德说,国防部要日本对华全面禁运,我们的三点谅解已考虑到日本现状,不宜因袭占领时期的做法,但巴统目前已做到对华管制严于对苏管制,这是日本方面应该了解的。在美国压力下,日本接受了这三点谅解①。

1954年7月,巴统对华禁运项目作了部分修改。据美国国家安全委员会秘书卡特勒的报告,巴统三类管制货单修改情况如下:②

---

① 日美磋商和日本参加巴统会见《美国对外关系,1952—1954年,第14卷,中国与日本,第二部分》,1985,pp. 1287—1288,1289—1290,1292—1300。

② 国家安全委员会1954年11月19日文件,见《战后世界历史长编》(9),上海人民出版社1994年版,第256页。

修改前项目	修改后项目
国际货单 1（禁运货单）270	167
国际货单 2（数量管制货单）80	23
国际货单 3（监视出口货单）124	62

卡特勒在报告中特别指明，对华禁运不在此列，美国和盟国仍执行现有政策，虽然如此，华盛顿仍受到各方的压力，要求放宽对华禁运。国家安全委员会的一个文件承认，朝鲜停战后，尼赫鲁领导下的印度政府更加强调非共产主义国家同中国的接近是使中国"摆脱苏联影响的最佳战略"；东南亚国家希望同中国扩大贸易；英国因印度的这一立场和担心香港以及它认为中国市场的重要性，亦倾向于放宽对华贸易，并支持英联邦国家这样做；日本为了振兴本国经济，渴望获得中国的原料，还想充当西方与中国贸易的中介人；法国因陷入印支困境，很可能通过中国求得某些解决。美国代表在美英法三国会谈时曾说过，在华盛顿全面审查对华政策前，对华禁运应维持原状。到了 1954 年 11 月，艾森豪威尔指示国家安全委员会研究班子草拟一份能得到主要盟国共同支持的远东政策声明，供决策参考。11 月 19 日，国家安全委员会研究班子写出了"关于当前远东政策声明"的第 5429/3 号文件。文件建议国家安全委员会讨论如下四个问题：（1）承认两个中国，大陆和台湾同时成为联合国成员，但都不是安理会常任理事国，该席由印度取代；（2）不特别限制对华贸易，对华出口管制按苏东一般处理；（3）接纳日本加入联合国；（4）撤退在朝鲜的一切外国军队，实行有监督的自由选举。在同盟国就上述四项进行磋商前，应继续不承认共产党中国，继续对华全面禁运并要盟国维持现有管制水平①。

这种经济封锁一直持续到 60 年代后期。正是国际反华势力的经济封锁，给中国人民带来了深重的灾难和经济压力，逼迫中国对外隔绝达二十年之久，严重地阻滞了中国的经济发展和现代化进程。

（三）制定东西夹击、重点突破的策略，以台湾、南沙海域和西藏问题遏制中国

以美国为首的国际反华势力在对中国采取军事包围和经济封锁之后，并没有实现他们把新生的中国扼杀在摇篮里的目的。中国人民在中国共产党的领导下，对外坚持独立自由、和平共处五项原则的方针，与周边国家

---

① 《战后世界历史长编》（9），上海人民出版社 1994 年 10 月版，第 257 页。

和全世界爱好和平的人民一道，反对霸权主义和强权政治，努力维护世界和平，赢得了全世界一切爱好和平的人民和国家的支持，挫败了以军事入侵颠覆中国的企图。对内坚持自力更生，勤俭建国的方针，勒紧腰带度过了经济困难，闯过了三年自然灾害的威胁，挫败了帝国主义、霸权主义对中国的经济封锁，并在改革开放路线的推动下，使中国的经济跃入世界经济大国的行列。此时，国际反华势力深感已无法面对日益强大的中国，但又不甘心自己的失败，于是制订出一项长期的"东西夹击，重点突破，以台湾、南沙海域和西藏问题遏制中国"的策略。

在中国东部，他们选择了台湾。其手段是：①在军事干涉失败之后，"支持当地的非共产党政府"，培养非国民党人士组成第三种势力，这种势力的构成最好是撇开国民党，从本岛的日本后裔中或原少数民族人士中寻找可靠的政治力量，唆使他们主张台湾"自治"或"独立"，然后在美国政府的军事和经济扶持下，以某种方式脱离中国。②控制联合国，采取会员国投票方式，逼迫中国承认"台湾独立"。③如果前两者不能成功，可制造"一中一台"，使台湾长期保持现状而达到变相独立。50 年代后期，美国加紧了策划台湾独立的步骤，为了维护中国领土主权，我们以大规模的军事手段炮击金门，警告国际反华势力不要玩火自焚，刹住了国际反华势力企图使台湾脱离中国的气焰。70 年代，由于大国共同利益的需要，美国等西方国家降低了支持"台独"的调子，从军事战略物资支援上也逐步减少，但进入 20 世纪 80 年代后期至 90 年代，"台独"势力又甚嚣尘上，在国际反华势力的支持下，以日本后裔李氏集团为首的"台独"派不顾全体中国人民的反对，由隐蔽的"台独"活动转向公开化，继之又出现了陈水扁、蔡英文为代表的"民进党"公开活动的"台独"势力。中国始终面临着国际反华势力把台湾搞出去的威胁。

在中国南部海域，外国多种势力伺机插足南沙群岛。首先是南海以外的周边国家，自 70 年代以来就开始入侵南沙，占去了我南沙群岛的部分岛屿。自 1982 年海洋法公约签订以来，周边国家在美国等西方大国的支持下，以遏制中国的强大为借口先后划走了自古以来属于中国的 204.5 万平方公里的南海海域[①]。其中，越南将我南海大部海域划入其版图，还将

---

① 资料来源于《中国边疆史地研究报告》1993 年第 1—2 期合刊，《不战而胜的和平战略与和平解决南沙争端》。

南沙群岛作为一个县划归越南庆和省管辖。菲律宾分割我海域面积41万平方公里，还在中业岛增设"卡拉延市"。马来西亚分割我海域27万平方公里①。

面对这种复杂的形势，中国本着和平发展、共同开发的愿望，极力主张与周边国家和平解决南沙问题，然而，以美国为首的国际反华势力则竭力散布"中国威胁论"，过分夸大中国的军事力量和综合国力，给东南亚的和平蒙上一层阴影。1992年5月，美国驻菲律宾大使威斯纳公开表示："一旦南沙发生冲突，美国决不坐视。"② 日本对南沙更为敏感，日本90%的石油靠海运进口，南中国海对日本而言具有眼前和长远的军事和经济战略地位，故日本把南海视为自己的经济生命线。美国、日本、法国等都不愿看到一个强大的中国控制中国的南海。除美国积极向东盟出售进攻性战略武器外，日本和法国向越南提供了大量的经济援助，重点是加强越南国防力量，使之与中国抗衡。进入21世纪，南中国海的局势更趋复杂化，美国暗中挑动菲律宾、马来西亚、越南诸国与中国争夺南海岛礁，印度也欲插足南海而企图制衡中国。这种以分割我南海海域而遏制中国的企图将随着中国经济的发展而日益暴露。

在中国的西部，国际反华势力选择了西藏。并把西藏作为分裂中国的突破口。据50年代初的杜鲁门政府认为，共产党中国是威胁东西安全的重要力量，必须加以反对、孤立和遏制，这种观点支配其后的美国政府的对华政策以及由此而派生的试图利用西藏问题分裂中国的政策。据美国国务院远东事务司官员露丝·培坎发表评议称："由于共产党接管西藏，该地区将在意识形态上和战略上具有重要意义。"在她看来，西藏是南亚"非共产党国家"的屏障，如果被中共控制，就会成为中共向南亚地区"渗透和颠覆"的基地。她又进一步论证说，一旦共产党在中国获得全面胜利，美国不应当继续认为西藏是中国当局权力范围之内行政区域，她极力主张立即派遣美国官员赴拉萨建立秘密联系，并且应尽可能地阻止中共解放西藏。③ 基于这种考虑，以美国为首的国际反华势力把西藏看作是他

---

① 资料来源于《中国边疆史地研究报告》，《从南沙问题新动态及东南亚新形势变化看南沙斗争的复杂性》1993年第1—2期合刊。
② 资料来源于《中国边疆史地研究报告》，《南沙斗争发展趋势和我们的对策》1993年第1—2期合刊。
③ 蒋耘、时股弘：《建国前后美国对西藏的图谋》，《西藏研究》1987年第1期。

们分裂中国的重要部分，在其后的时间里，干了许多干涉我国内政，支持民族分裂主义分子分裂我西藏的勾当。正因如此，自20世纪50年代至21世纪的最初10年里，西方反华势力支持达赖分裂集团在中国西藏境内制造了一系列旨在破坏我国家主权、试图分裂我领土西藏的叛乱、骚乱及打、砸、抢、烧暴力事件。

四　世界列强对西藏由来已久的阴谋

世界列强对西藏的觊觎由来已久，早在17世纪20年代，葡萄牙耶稣教会曾派出传教士潜入阿里地区，试图建立教会，培植分裂势力，后来被当地群众驱逐出境。17世纪60年代，比利时和奥地利传教士经由青海湖地区绕道进入西藏，虽停留月余，无丝毫收获，故悻悻离去。进入18世纪，英国亦以东印度公司为基地，以调查，游历为名，企图打西藏的主意，但当时的大清帝国正处于康乾盛世，国力强大，英国非常明白，强大的沙皇俄国在尼布楚已败给了康熙大帝，所支持的噶尔丹分裂势力也灰飞烟灭，就是廓尔喀对西藏的入侵也被清王朝的大将福康安打得落花流水，由强大的清朝中央政府作后盾的西藏政治稳定，人民安居乐业，用军事手段征服西藏是万万不可能的。然而进入19世纪，特别是鸦片战争之后，清中央政府内外交困，列强纷纷而来，叩关割地，订约索赔，把清朝中央政府搞得焦头烂额，趁此机会，英国、俄国、美国、法国、日本等争相染指我西藏地区。

由于西方列强在中原划分的势力范围不同，因而其对西藏及其周围地区的所谓游历调查也各有重点，沙俄是着重于青海湖、柴达木到黄河源一带；法国是澜沧江和怒江上游一带；英国东印度公司、印度测绘总局派遣的密探和其他英人的足迹，则是包括整个青藏高原，而尤以西藏地方为重点。

在世界列强中，图谋蚕食并分裂我西藏者，首推英国。1840年以后，随着中国在鸦片战争中的战败，英国在入侵我沿海及长江流域的同时，加紧了对我国西藏的入侵。1876年，英国借"马嘉理事件"逼迫清朝签订了《烟台条约》，在这一条约的正文之外，附有关于西藏的一个专条。这个专条的内容大致是，英国人为了"探访"印度、西藏间的路程，将派员由北京出发"遍历甘肃、青海一带地方,或由内地四川等处入藏,以抵印度",或"由印度与西藏交界地方派员前往",总理衙门都要发给护照,"妥为照料"。① 英印政府早从19世纪40年代起就不断阴谋通过北印度进入西藏,所以在订立烟台条约时乘机搞了这个附件,到了光绪十一年(1885年),印度官员马科雷根据这个条约要求总理衙门发给护照,组织了约三百人的武装队伍,企图由哲孟雄(即锡金)越过边境入藏,遭到藏族人民的坚决反对。次年,英国和清朝政府为缅甸问题订立条约,清朝政府承认英国对缅甸的最高主权,而英国则表示放弃派员入藏的行动。虽然如此,英印政府侵入西藏的野心仍不死。光绪十六年(1890年)在英国方面坚持要求下,清朝政府派驻藏帮办大臣副都统升泰为代表,在加尔各答同印度总督会商,缔结了藏印条约。② 继之,双方又派员在光绪十九年(1893年)续订藏印条款,③ 这两次条约除了划定西藏和哲孟雄的边界外,给了英国对西藏通商的便利条件,把亚东开放为英商能自由往来和居住的商埠。虽然由于西藏地方的坚决反对,亚东的开放没有实现,但是英印政府由此打下了进一步侵略西藏的基础。

为了把西藏纳入英国的势力范围,1888年、1903年,英国侵略者发动了两次侵略中国西藏地区的战争,西藏军民奋起抵抗,但由于清政府派来西藏的大臣腐败无能而遭失败。在第二次侵藏战争中,英军一度攻占了拉萨,十三世达赖喇嘛被迫出走,侵略者迫使西藏地方政府官员签订了《拉萨条约》。但由于清朝政府外务部认为《拉萨条约》有损主权,清朝驻藏大臣不予签字,条约无效。

帝国主义靠直接军事侵略没有达到完全控制西藏的目的,他们就变换手法,开始策划把西藏从中国分裂出去的活动。1907年8月31日,英、俄两国签订了《英俄同盟条约》,其中把中国在西藏的主权改称为"宗主权"。这是在国际文件中第一次把中国对西藏地方的主权篡改为"宗主权"。

1911年,中国辛亥革命爆发。次年,英国利用清朝灭亡,民国初建,中国国内政局混乱之机,向中国外交部提出了否定中国对西藏主权的

---

① 《中外旧约章汇编》第一册,生活·读书·新知三联书店1957年9月版,第346—350页。

② 同上书,第361—362页。

③ 同上书,第566—568页。

"五条"。在遭中国政府拒绝后，英国封闭了民国政府官员由印度进入西藏的一切道路。1913年，英政府又煽动西藏当局宣布独立．提出"西藏完全独立后，一切军械由英国接济""西藏承认英国派员来藏监督财政军事，以作英国扶助西藏独立报酬"；"民国军队行抵西藏，英国担负抵御之责"；"西藏执行开放主义，准英人自由行动"。但英国的图谋未能得逞。

1913年，英国政府利用篡夺了中华民国大总统职位的袁世凯迫切要求得到各国外交承认和得到国际借款的心理，迫使北京政府参加英国政府提出的中、英、藏三方会议，即"西姆拉会议"。会前，英印政府派驻锡金政治专员贝尔单独会晤西藏地方政府参加会议的代表夏扎伦青，向他鼓吹"宗主权"具有"独立"的含义。贝尔在其所著《西藏之过去与现在》一书中自述："当吾遇夏扎伦青于江孜时，吾劝其搜集所有关于昔日中央交涉以及陆续为中国占领而西藏现今要求归还之各州县等项之文牍，携之赴会"。经过英国的唆使，西藏代表首次提出了"西藏独立"的口号。并提出"西藏疆域包括青海、理塘、巴塘等处并及打箭炉"等要求。当即遭到中国政府代表的拒绝。这时，英国代表按事先策划，提出了所谓的"折中"方案，把中国藏族居住的所有地区划分为"内藏""外藏"两部分，"内藏"包括青海、甘肃、四川、云南等省的藏族居住地区，由中国政府直接管辖；"外藏"包括西藏和西康西部地区，要求中国政府"承认外藏自治"。"不干涉其内政""但中国仍派大臣驻拉萨，护卫部队限三百人"。这个"折中"方案的实质，是把中国在西藏地方的主权篡改为所谓"宗主权"，使西藏在"自治"的名义下，脱离中国政府的管辖。如此无理的要求，当然遭到了全中国人民的强烈反对。1914年7月3日，中国政府代表陈贻范奉国内训示，拒绝在所谓"西姆拉条约"上签字，并且发表声明："且英国和西藏本日或他日所签订的条约或类似的文件，中国政府一概不能承认。"中国政府同时将此立场照会英国政府，会议遂以破裂告终。

1942年夏，西藏地方政府在英国代表的支持下突然宣布成立"外交局"，通知国民政府驻藏办事处一切事务须先与"外交局"联系，公开进行"西藏独立"活动。消息传出，遭到全国人民的同声谴责，国民政府发出严正警告，西藏地方政府迫于压力，不得不向国民政府报告改变原议。1947年3月在新德里举行"泛亚洲会议"，在英帝国主义幕后策划下，会议邀请西藏派代表参加。在会场上悬挂的亚洲地图和万国旗中，把西藏作为一个独立国家对待，经中国代表团提出严重抗议后，会议组织者不得不改正。

继英国而起的是沙皇俄国。沙皇政府在 19 世纪 70 年代，派出了以陆军上校普烈热瓦尔斯基为首的所谓调查团到中国西部进行活动，该调查团曾两次潜入西藏境内。光绪五年（1879 年）他们深入到距拉萨不远的地方，为西藏地方当局阻止，被迫出境。沙皇俄国还从布里亚特人中培养了一个名叫德尔智的奸细，此人精通蒙文、藏文，在 19 世纪 80 年代到了西藏，成为尚未成年的十三世达赖的教师，德尔智自混入西藏上层社会以后就竭力策动西藏上层分子背叛祖国，企图把西藏分裂出去。他从 1898 年到 1913 年曾先后七次到俄国活动，演出了一场"联俄抗英""冀西藏独立"的闹剧。

德尔智第一次赴俄为 1898 年，他在俄国期间，受到了沙皇尼古拉二世的接见，他对沙皇提出的"联俄抗英"计划很得尼古拉二世赏识，尼古拉二世面示德尔智：达赖喇嘛如果希望俄国援助西藏，应提出正式的书面申请。德尔智在得到沙皇的答复后，于 1899 年返回拉萨。

德尔智第二次赴俄为 1900 年，他受十三世达赖的秘密派遣，率领所谓"西藏代表团"到俄国活动，并带去了十三世达赖请求沙俄政府援助西藏的正式信函。沙俄立即表示要同西藏建立关系，答应援助和保护西藏，并把东正教大主教的法衣通过德尔智赠送达赖，以示授予达赖大主教的地位。

1901 年德尔智以"西藏特使"的身份第三次到俄国，不仅受到了沙皇的接见，而且与沙俄的外交大臣和财政大臣分别进行了长时间的密谈。德尔智此行的使命是为了讨论西藏在彼得堡设立永久性的"使馆"问题，因而在公开场合经常露面。德尔智在沙俄的活动，引起了清政府的密切关注，总理各国事务衙门就此事向沙俄政府提出强烈抗议，严正指出西藏是中国的领土，德尔智的所谓"使团"未经中国政府允许擅自出国活动是非法的。

"使馆"虽没建成，但由于德尔智得到了沙皇"将竭力援助西藏"的许诺，故在返回拉萨时，得到了一批枪支、弹药和货物，由专人护送返回拉萨。此外，沙俄的另两次"探险队"也分头前往拉萨，使沙俄在拉萨的势力大增。

1903年德尔智第四次赴俄，妄图与沙俄缔结"俄藏条约"，沙俄怕引起同英国的冲突，也担心俄日在中国东北冲突中清政府站在日本一边，没有敢接受德尔智的提议，但却表示愿继续与西藏交往。

德尔智的几次赴俄，仍为英国侵略西藏找到了借口。在抗英过程中，沙俄未援助一兵一卒，而西藏人民在抗英斗争中的英勇表现和清政府的外交势力，使达赖开始认识到了人民群众和中央政府的重要性，达赖喇嘛的亲俄倾向开始转变。

1906年和1909年，德尔智又两赴俄寻求援助。此时沙俄刚经过日俄战争的失败，在亚洲势力有所削弱，同时亦看到西藏人民在反抗外来侵略时的出色表现，因而在外交方面对英国妥协。从同英国争夺西藏转而以西藏问题为筹码同英国进行政治交易，德尔智的阴谋进展不大。

1913年德尔智第七次赴俄，此时正值清王朝覆灭，中国政局大变，沙俄加紧了分裂中国外蒙古的活动。德尔智乘机提出在沙俄庇护下，按外蒙古模式，实行"西藏独立"。其计划得到了西藏地方少数分裂分子的支持，并派他去执行两项使命，一是同"独立"的外蒙古订立《藏蒙协定》结成政治同盟；[①] 再是同俄国政府谈判；订立《俄藏协定》。德尔智到俄国后虽竭力兜售他的"西藏独立"计划，但此时第一次世界大战爆发在即，沙俄虽然分裂西藏的野心不死，但迫于西藏人民的压力，亦害怕西藏"独立"会使西藏变成英国的殖民地，故未敢有所行动。此后随着俄国十月革命的爆发，沙俄企图分裂西藏的阴谋也就随之破灭。

自鸦片战争失败，法国迫使清政府对天主教弛禁后，法国对西藏的染指就不断增多。1844年，法教士赫克和额伯特以游历为名进入西藏。虽被驻藏大臣押解出境，但回国后写的"西藏游记"轰动了欧洲。1847年，法国巴黎的国外布道团渗入到西藏东部康区，开始了他们半秘密的探险游

---

① 1913年1月，西藏分裂主义分子背着民国中央政府，授意德尔智与已经变相独立（当时谓高度自治）的外蒙订立了《蒙藏协订》。其主要内容为。蒙古西藏均已脱离满清之羁绊，与中国分立，自成两国。因两国信仰同一宗教，而欲增进古来互相亲爱之关系……两国会同协定如下：1. 西藏国主达赖喇嘛赞同并承认蒙古为独立国家，其黄教首领哲布尊丹巴为蒙古国主；2. 蒙古国主哲布尊丹巴喇嘛赞同并承认西藏为独立国家，达赖喇嘛为西藏国主；3. 两国当于协商之后，设法促进佛教信仰；4. 蒙藏两国从今以后，凡有外患内忧，双方皆当永远互相赞助。因这一协定是背着中央政府秘密签订的，时值英、俄争相染指西藏，英人对此也严加追问，因而这一协定未敢公开。（资料来源于《国际关系与西藏问题》，旅游教育出版社1994年版，第58页）

历，1854年在博木噶地方建立了第一个传教站。1851年至1852年初，为配合以上行动，法教士葛列克潜入我察隅河谷。1854年，他又同另一名叫蒲利的教士再次从此路偷入我国境，企图探索一条到达我川、滇地区的捷径。遭到当地僜人的阻拦而以失败告终。

1861年，法教会在几次失败后，派出主教脱迈恩·德斯迈诺斯，打算从昌都到拉萨建立教堂。但在昌都附近遭到袭击，困顿昌都达半年之久，1862年在当地人民的反对下被迫从原路撤回。1864年罗马教皇再次委托在巴黎的国外布道团，打算建立西藏的天主教区，然瞻对事件发生，康区的反洋教斗争延续达数十年之久，彻底粉碎了法教士妄图进藏建立教区的梦想。

美国人闯入西藏，最早的是洛奇尔，他曾于1888年和1891年两次进入西藏，回国后著有《西藏日记》等书，并于1894年在华盛顿出版。风行全美一时。1895年，又有美国人芮哈特夫人入藏，留居达四年之久，著有《西藏居留记》。这些美国人闯入西藏所搜集的各种情报，为以后美国制定侵藏政策提供了第一手材料。

日本人也曾以"探险"和"游历"等活动形式进入西藏。1904年日本人寺本婉雅一行数十人，马四十多匹，前往西藏拉萨，但在距拉萨不远时被牧民发现，并被藏军包围，迫令出境。

但寺本婉雅等人并不甘心，在退回青海之后通过多方收买地方政府相关人员，于1905年5月成功潜入拉萨，并在拉萨滞留20余日，在西藏游历长达两个月，当他经由印度回国后，向外务省、参谋本部等进行了演讲，强调西藏对日本帝国的重要性。

此外，瑞典探险家斯文海丁也于1846年和1900年两次进藏，在探险之名义下绘制西藏的地形图卡，著有《中亚细亚及西藏探险记》一书。

20世纪40年代后期，中国共产党领导的人民革命取得了决定性胜利，国民党政权土崩瓦解，此时，自顾不暇的国民党政府已无力驾驭在国际反华势力支持下的西藏地方政府。在西方谋士的指使下，西藏上层分裂势力于1949年7月发动了一场以反共为借口的"驱汉事件"。之后，美国政府直接派遣特务劳尔·汤姆斯以"无线电译员的名义在西藏探索华盛顿给西藏以可能的援助"，① 在拉萨的两个月中，汤姆斯与西藏上层分

---

① 劳尔·汤姆斯：《从西藏回来》，《纽约时报》1949年10月17日。

裂势力频频密商。作为美国当局与西藏当局的联系人，他还同印度驻拉萨代表理查逊一起，合谋策划了西藏"独立"的阴谋。1949年10月，汤姆斯离拉萨取道印度回国，在机场举行的新闻发布会上，大肆鼓吹"西藏脱离中国的活动"，呼吁美国出兵"支援和保护西藏"[1]。抵达美国后，他受到了杜鲁门的召见。后来他在给达赖的信中写道，"总统希望组织世界上的精神力量来反对不人道的势力。"

由此可见，自19世纪初至中华人民共和国成立前夕，国际反华势力一刻也没有停止分裂我西藏的活动。

五 国际反华势力为何选择了达赖集团

50年代初，朝鲜战争的爆发使反华势力认为共产主义势力已经开始在全世界"蔓延"，必须加以坚决的"遏制"。为此，国际反华势力特别是美国更加"关心"西藏问题。他们试图将西藏作为分裂中国的突破口，以期引起连锁反应，逼中国为他们称霸世界让步。1950年6月16日，美国国务卿艾奇逊给驻印大使韩德逊的电报中说，美国正在与英国讨论"鼓励西藏抵抗共产党控制"办法。在之后的另一封电报中又称，"现在国务院能够对西藏人给予关于美国援助西藏的保证""美国已准备协助采购和援助。"[2] 很显然，以美国为首的国际反华势力，已经选择了西藏为分裂中国的"另一个焦点。"[3]

（一）反华势力缘何在西部选择西藏。

中国西部分布着四个少数民族自治区，自古以来，各民族团结奋斗，共同开发了西部地区，在四个少数民族自治区中，有内蒙古、新疆、西藏处于边疆地区，三个自治区的土地面积接近400万平方公里，占全国土地面积的五分之二。长期以来，帝国主义势力对这三个自治区均怀有野心，时刻梦想把三个自治区分裂出去，以缩减中国的领土来削弱中国的综合国力。由于内蒙古、新疆开发较早，自公元前二百年的西汉时期。甚至有些地方在先秦时期就已接受了中原文化，封建王朝早在公元前就在这两个自

---

[1] 劳尔·汤姆斯：《从西藏回来》，《纽约时报》1949年10月17日。
[2] 《美国对外关系》1950年，第361页。
[3] 注：中华人民共和国成立后，美国试图分裂中国两个焦点，东为台湾，西部为西藏。

治区设府建州，汉族和当地少数民族两千年来一直共同开发着这块土地，从社会形态上讲早已随内地一起进入了封建社会。进入20世纪后，一些先进的生产手段传入这两个自治区，特别是19世纪至20世纪对这两个地区采取的一系列政治、经济管理措施，更加强了这些边疆区与内地的联系。此外，由于各民族的长期杂居与交流，民族构成也发生了很大变化，汉民族和当地少数民族从结构构成上已达到了基本均衡。民族分裂主义分子在我内蒙古、新疆已经掀不起什么大的风浪。

西藏自治区与这两个自治区相比，自元朝并入中国版图之后至今，虽有700多年，但由于交通阻隔和高寒的气候，开发较之内蒙古、新疆等地要晚一些。直到和平解放前尚处在封建农奴制社会。加之该地佛教盛行，大部分群众信奉藏传佛教，形成了一种比较特殊的民族区域。对此，美国中央情报局专门对西藏进行了分析。（1）西藏是藏族占绝对多数的少数民族地区，语言和风俗与内地有区别，如果施加影响，派人活动，培植分裂势力，可以挑起民族矛盾。（2）西藏大部分群众信奉藏传佛教，寺庙林立，僧尼众多。这些僧尼及信教的传统力量可以与共产党的经济建设和政治改革发生抵触，如派人一挑拨，就会产生现代化建设与宗教的矛盾。（3）中央政府和平解放西藏后，西藏还保留了旧有的地方政府，一些官员还与英、美等派出人员保持联系，可利用旧政府的掩护从事破坏中国主权的活动。（4）利用共产党中国建立不久、许多地方还面临困难的机会，在西藏制造混乱。如果这一计划得逞，不仅使西藏局势无法收拾，而且还会波及四川、云南、甘肃、青海、新疆，使中国西部不得安宁，这样可以大大削弱中国。

从另一方面讲，西藏的战略位置也令国际反华势力垂涎。西藏地区地处南亚北部，位居青藏高原南半部，南面的喜马拉雅山是一道不可多得的天然屏障，长达2500多公里的山脊像一道钢铁长城，可以阻隔怀有野心的扩张主义的入侵与渗透。对此，有关材料作过明确的表述：① 西藏高原是祖国西南和西北的天然屏障，纵横于西藏境内的几大山脉体系构成了保护国家内陆的天然屏障，这五大山脉体系是：东西走向呈弧形的喜马拉雅山脉蜿蜒于西藏高原的南侧；冈底斯—念青唐古拉山横亘于高原中部；自西向东的昆仑山脉横亘于西藏高原的北部；另外还有南北纵向的天堑横断

---

① 参见西藏自治区党委讲师团《理论参与交流》1995年第2辑。

山脉，连接着我国的四川和云南。这些自然形成的高山峡谷，不亚于百万雄兵，对保卫国家有着十分重要的战略地位。

西藏是通往南亚的门户，而这一地区，有九个国家和一个有争议的地区。（缅甸、印度、孟加拉国、不丹、锡金、尼泊尔、巴基斯坦、斯里兰卡、马尔代夫及克什米尔争议地区）仅与西藏接壤的就有缅甸、印度、不丹、锡金、尼泊尔等国和克什米尔争议地区，边境线长达4000公里。南亚历史上是帝国主义、殖民主义侵略掠夺的对象，战略地位很重要，在保卫边防，维护祖国安全方面，西藏担负着重要的责任。

国际反华势力选择西藏作为分裂中国的突破口还包含着另外的居心，他们清楚，达赖集团所说的西藏不仅仅指西藏自治区，而是他们谋划的所谓"大藏区"，即青藏高原的主体部分，对此，分裂分子夏格巴曾作过表露："雪域藏地位于圣地印度、尼泊尔和不丹等国的北面，克什米尔和阿富汗斯坦的东面，东土耳其斯坦（指新疆）和霍尔蒙古（指内蒙）的南面，甲那（在藏文古籍中，一律以此词指称'中国''汉地'此谓中国或汉区）的正西面。地理坐标约为东经78°—103°；北纬27°—37°之间。它是地球上有人类生存的海拔最高的地区之一，也是东方几大江河的发源地。"[①]

如果把这么大面积的中国领土搞掉，中国的边防线就会增加一个自新疆西南至甘肃河西走廊、四川平原的西部、云南西部至南部的一个漫长的弧形地带，这么长的弧形地带必须增加百万大军才能够防守，这无疑使中国既丢掉大面积领土又增加国防负担，假如这一阴谋得逞，中国将不弱而自弱，从此会一蹶不振。

所以，以美国为首的国际反华势力把西藏选为分裂中国的西部重点。

（二）西方反华势力将达赖集团拉上了分裂中国的战车

"达赖集团"是以十四世达赖喇嘛为首领的分裂主义集团，在达赖年幼时期，这个集团就与国际反华势力相互勾结，企图挟洋人以自重，借外人以图分裂。

40年代初，日本发动了太平洋战争，在短短的几个月内迅速占领了香港，东南亚和缅甸等地，经海上和东南亚陆路运往中国战区的战略物资被阻断，美英等国急于寻找自印度通往中国战区的道路，1942年8月，

---

① 参见夏格巴·旺曲德典《藏区政治史》，中国藏学出版社1992年内部版。

美国中央情报局经国民党政府默许后,派出了伊利亚·托尔斯泰等人赴西藏考察路线。他们到达拉萨后,与上层人物频频接触,意外地发现从清朝垮台之后,西藏地方上层人士中已经出现一批欲脱离中国的分裂分子,认为此时"中国所说的宗主权很少有实际意义"。为此,他们讨好地向一些分裂分子表示赞同西藏的"独立事业"。回国之后,他们对没有解决在西藏的运输线并不感到可惜,反而向美国政府建议:"美国政府应该绕过中国政府支持西藏,以满足西藏从中国独立出去的愿望。"① 对此,英国人曾抱怨说:"托尔斯泰对运输显得不感兴趣,或兴趣极少。"②

托尔斯泰等人回国时,带回了以十四世达赖喇嘛的名义致罗斯福总统的信,此信显然是背着国民党中央政府而秘密转交的。

"二战"结束之后,美国一方面插手中国内部事务,支持国民党打内战,同时加紧培植西藏内部分裂势力。1948 年 7 月,美国驻香港领事馆在没有得到中国政府同意和批准的情况下,擅自发给西藏所谓"商务代表团"赴美签证,抵达美国后,这个旨在分裂中国的"商务代表团"受到了美国政府的接待,但当时美国政府出于染指西藏地区的野心而又迫于与国民党蒋介石政府盟友关系的压力,对"代表团"采取的政策是:"避免可能激怒中国政府的任何行动,使中国政府抓不到可解释为有辱于它对西藏的主权的任何把柄","既不想伤害中国人的感情,也不愿伤害西藏人的感情。"③ 为此,"代表团"在美国大失所望地待了两三个月之后,又飞往伦敦,受到英国首相的亲自接见。他们在沿途发表了大量反对祖国的荒谬言论,进行了反对祖国、出卖西藏民族利益的勾当。他们胡说西藏处在三大国环视之下,北方是苏联,东方是中国,南方是印度,我们不好偏向某一国而给于它一种特权,冷落其他两国,因其如此,干干脆脆把他们全部拒绝。……希望美国政府筹借 800 万美金,作为藏币的准备金,希望贵国用大量的机器和电力设备,同我们交换药材和羊毛。还说什么:"西藏与中国的联系,仅只是宗教上的联系,中国根本无权管辖西藏人民,我们用什么护照出国,中国根本就不配过问。"④

---

① 王辅仁、索文清:《藏族史要》,四川民族出版社 1982 年版,第 200 页。

② [美]伊里亚·托尔斯泰:《从印度穿越西藏到中国》,载《美国国家地理杂志》1946 年第 90 期。

③ 范普拉赫:《西藏的地位》中译本,第 128 页。

④ 牙含章:《西藏历史的新篇章》,四川民族出版社 1979 年版,第 53 页。

这伙人之所以如此狂妄，自认为已得到了国际反华势力的支持。但他们连自己也没有料到，美国人支持的蒋介石集团被人民解放军很快赶出了大陆，解放西藏的时间已为时不远。1950年，根据毛泽东主席"进军西藏宜早不宜迟"的指示，人民解放军第十八军奉命进军西藏，解放西藏人民，驱逐帝国主义势力，以巩固国防。当时西藏地方政府非常恐慌，不断致电艾奇逊和杜鲁门，以挟洋人而自重。人民解放军迅速进军西藏，促成了《和平解放西藏办法的十七条协议》的签订，打破了帝国主义分裂西藏的图谋。然而，以美国为首的西方反华势力并不甘心，他们除四处叫嚣、为分裂分子撑腰打气外，还通过各种渠道对达赖等人及上层人物进行拉拢，并通过各种渠道为分裂分子提供武器。然而，50年代的西藏不同于40年代，尽管当时保留了旧西藏地方政府，对原藏军武装尚未彻底改编，但毕竟有强大的人民解放军做保卫祖国的后盾，国际反华势力与分裂分子的联系还不敢公开进行。从另外角度讲，年轻的十四世达赖受党和政府感召，并十分崇敬毛泽东主席，对分裂分子向他施加的各种影响还有所抵制。以美国为首的反华势力只能暗中投送武器，重点武装叛乱分子，以鼓动武装叛乱来促使达赖及分裂分子外逃，以作为分裂中国之用的工具。

1959年3月，在美中央情报局的支持和策动下，西藏上层少数分裂主义分子在搞了几年零星的破坏和骚扰以后，公然发动全面的武装叛乱。这次叛乱遭到大多数西藏人民的反对，很快便被挫败，一批顽固分子随同达赖一起叛逃到印度。美国中央情报局闻知此事，喜出望外，认为他们多年想怂恿达赖逃亡国外的愿望终于实现了。据美国人克里斯·穆林披露："达赖喇嘛在出逃期间，一直通过东巴基斯坦与中央情报局保持着无线电联系。"达赖集团出逃后，美国便开始改变了策略，在继续支持中印、中尼边境上的叛乱武装同时，制订了一项旨在利用达赖叛国集团破坏、扰乱我国西藏地区政治稳定和分裂西藏的长期计划，对此，以美国为首的反华势力对达赖集团从两个方面进行了分析。

对达赖集团自身条件的分析：

(1) 与帝国主义的天然联系

逃亡国外的叛乱分子，是仇视社会主义制度，反人民的又是仰帝国主义之鼻息，出卖国家主权，破坏国家统一的叛国分子，以美国为首的反华势力正是看中了他们这一点，认为他们当中的上层人士，从40年代开始就与英国、美国有着天然的联系，十四世达赖掌权以后，由于亲帝国主义势力的影响，也常常暗中与美国来往。美国人认为，年仅二十多岁的达赖出逃国外，可长期与美国、英国及一些反动势力保持联系，利用流亡政府作掩护，长期和中国捣乱。根据美国人奥尔曼所著的《几乎被人遗忘的西藏冲突》一文披露："美国这次煽动西藏的部落叛乱是他骚扰中国总体政策的一部分，这个政策包括支持国民党军队和云南的部落暴民。"据参与策划西藏叛乱的美国人说，达赖喇嘛离开他的"首都"是美国情报局策划的。美国的间谍机飞入西藏数百英里对达赖喇嘛集团进行空中掩护，空投食品、地图、收音机和金钱，并扫射中国阵地，他们给这次行动拍了彩色录像，这些录像后来在美国被许多人看过。其中有人说，"显然毫无疑问的是，不是中国人要废黜达赖喇嘛，而正是美国人要使他倒台"。种种迹象表明，以美国为首的反华势力利用达赖集团与帝国主义的天然联系，策动他们叛乱，变相地把他们搞到国外，作为长期破坏和捣乱的资本。

（2）以宗教首领的身份对信教群众施加影响

以美国为首的反华势力除看中了达赖与他们的天然联系外，还看中了他本人是宗教首领这一有利条件，几百年以来，达赖作为藏传佛教格鲁派宗教首领之一对信教群众有着较大的影响。

他虽然身在国外，仍然可通过电台和传播宣传品对区内信教群众施加影响，他的这种影响可以在区内挑起宗教狂热，利用宗教达到自己的政治目的，美国人看中了他这一点，因此，当他及其随从逃到国外时，美国人如获至宝，大加利用。

（3）极欲恢复封建农奴制度的心理状态

叛逃到国外的少数上层分裂主义分子，属于西藏为数不多的封建农奴主头子，他们霸占着大量的土地，经营着富裕的庄园，锦衣玉食，奴婢成群，颐指气使，不事劳动，过着骄奢淫逸的生活，难怪他们逃到国外后大肆诅咒社会主义制度毁了他们美妙的封建农奴制度，使穷鬼们过上了好日子，并信誓旦旦，有朝一日夺回他们失去的天堂。以美国为首的反华势力分析了这帮贵族的心态，认为他们极欲恢复失去的封建农奴制度心态，会变成仇恨社会主义制度的火种，会时刻点燃复仇的烈火，只要给这些人武器和金钱援助，他们会时常破坏西藏地区的社会稳定，果然不出国际反华势力所料，达赖等人逃到境外以后，一改原来拥护中央、拥护十七条协议的初衷，一头扎进了国际反华势力的怀抱，与逃亡在外的分裂主义一起组成了背叛祖国，分裂国家的"达赖集团"。由此，达赖集团被国际反华势力拉上了分裂中国的战车。

六　国际反华势力武装叛乱分子支持达赖集团的卑劣行径

在阻挠我国和平解放西藏的阴谋失败之后，国际反华势力开始了旨在培训分裂武装，支持叛乱分子的活动。在这方面，活动最积极的首推美国中央情报局。1950年11月美国中央情报局与印度讨论是否派一名美国飞行驾驶员去拉萨将十四世达赖接走的问题，此后不久，他们又秘密勾结以达扎摄政为首的上层分裂分子，挟持达赖经亚东出国，当这一阴谋失败后，又转而收买达赖的两个哥哥。[①] 后来这两人成为与国际反华势力相勾结、图谋分裂中国的骨干分子。

1951年夏，土登诺布带着一封授权他可以代表达赖与外国谈判的信件来到了印度，与美国人进行了秘密的接触。随后，又在一个中央情报局直接控制的反共组织——美国自由亚洲委员会赞助下飞抵美国。在那里，他与美国政府达成了以下四点协议：

第一，美国方面将负责安排达赖喇嘛和他的120名随行人员去他们选中的任何一个国家；

第二，美国方面将提供经费支援反对中国人的军事行动；

第三，美国方面同意在联合国提出西藏问题；

第四，美国方面将考虑提供其他军事援助。而美国承担以上义务的前提条件则是达赖喇嘛要离开西藏，并公开谴责"十七条协议"。[②] 这为1959年达赖集团流亡国外之后得到美国的支持奠定了基础。

1954年，西藏分裂主义分子孜本夏格巴、鲁康娃、罗桑扎喜在印度的噶伦堡设立了所谓的"西藏国民大会"总部，策划分裂西藏的活动。该组织是在美国中央情报局的暗中支持下建立的。1955年，他们召集康巴地区部分反动上层分子在康定县秘密策划了康巴地区的反动叛乱。美国

[①] 注：土登诺布和裹乐顿珠。

[②] [英]乔治·帕特逊：《反叛中的西藏》，伦敦，费伯公司1960年版，第62—63页。

的戴维·怀特在评价这一事件时说："中央情报局长艾伦·杜勒斯在它（康巴叛乱）爆发时，断定局势给 CIA 提供了可资利用的理想机会；CIA 将以向康巴叛乱分子提供秘密援助的办法来袭扰中国人。"

在此之前，中央情报局与达赖的另一个哥哥——嘉乐顿珠。1951 年，他就与中央情报局达成了一个协议，由他负责"安排搜集情报工作"，在康巴叛乱发生后，"升级为策划游击战争"。①

由于以上考虑：美国开始实施他们的战略步骤。第一步便是策动西藏少数分裂主义分子发动武装叛乱。据港曼·C.维尔透露：1956 年，在康区爆发的战斗很明显地促使美国重新考虑其有关的西藏政策。美国和台湾的国民党中国在获悉西藏内部存在武装反抗的消息之后，他们开始确信有给西藏游击战提供某些支持的可能性。

就美国来说，它决定由中央情报局来给予这种援助。戴维·怀斯在评论这一事变时说："艾森豪威尔政府官员被中国人对西藏的压迫弄得焦虑不安，但却爱莫能助。可是，中央情报局局长艾伦·杜勒斯在游击战爆发时，断定局势给中央情报局提供了可资利用的理想的机会：情报局将以向西藏叛乱分子提供秘密援助的办法来袭扰中国人。"② 据 1975 年第 89 卷第 36 期《远东经济评论》中《美中央情报局对西藏的阴谋》一文记载：

十多年前（1961 年 12 月———译注）在美国科罗拉多的一条公路上，发生了一起车祸。若是一般的车祸也就无所谓了。然而，人们惊奇地发现整个出事现场周围被军队包围得水泄不通，不久后，采取保安措施的原因披露出来：这辆公共汽车上坐的全是西藏人，其中还有一些人蒙在鼓里，根本不知道他们正在美国地盘上。多年后，西藏人在美国接受游击战训练的事实被披露出来。这是美国中央情报局"解放"西藏计划的一部分。但这些西藏人如何潜至科罗拉多受训的经历一直是个谜。调查表明：

1957 年末至 1961 年底，中央情报局用降落伞向西藏空投了大量的枪支弹药，并训练了很多游击战人员；

1958 年早期，达赖喇嘛出逃的前一年，美国人试图劝说西藏当局公开呼吁美国干涉西藏事务；

西藏与美国的直接勾结似乎是由美国人倡议的。美国人向达赖的哥哥

---

① ［美］约翰·I.阿维顿：《雪城逃亡记》，纽约，1984 年版，第 470 页。
② 《西藏评论》印度版 1978 年 1 月。

嘉乐顿珠指出，向台湾寻求援助没有多大意义。因为台湾还得向美国求助。因此，西藏人应该直接与美国人接触。美国人与西藏人的第一次积极行动发生在1957年早期，嘉乐顿珠首次安排了由六名康巴人组成的小分队接受军事训练，学习使用现代化武器，操作无线电台。然后将这批人空投回藏，组成抵抗运动的核心。据一个受过美国训练的反叛分子回忆。

按照中央情报局一贯做法，向训练基地转移的经历完全是一次间谍活动，他们不知道到了什么地方，到了什么时候，因为没有人告诉他们，这次行动甚至对印度人保密。一天夜里，有人通知他们单独走出噶伦堡。正在他们步行途中，一辆小汽车停了下来，将他们一一接走。开车的司机不是别人，正是嘉乐顿珠。小汽车把他们带到西里古里（Siliguri）郊外，这里距东巴基斯坦边界步行只有几个小时的路程。他们得到一个指南针，向着边界进发。在边境，他们受到两名巴基斯坦军官和一名会汉语的美国官员及一名藏族翻译的迎接。在此，他们领到长长的缠头巾和旁遮普大裤。装扮成锡克囚犯通过东巴基斯坦。在达卡附近，他们躲在一间屋子里过了2天，然后登上飞机，五小时后抵达一个他们不知其名的国家（泰国？）。在这里，他们穿上美军制服，与达赖喇嘛的另一个哥哥土登诺布一起奔向了这次旅程的最后一站。目的地到了。他们在这里度过了4个月，就像在美国管辖的关岛上一样，受训是辛苦孤单的。1957年秋，受训结束。他们登上一架由美国人驾驶的小飞机，被空投回国，每人配有一支手枪、一支小型机枪，一部旧式日本制电台，相当于132美元的藏币、两小瓶准备被俘时吞服的毒药。起飞之前，他们接受了仔细的检查，身上的制服、装备，以及药瓶上的商标一切具有美国标志的痕迹均被消除干净。①

"他们乘载的飞机分二步行动，首先它在拉萨南面空降了两名受训的藏人。剩下的4个人中有3人被空降到理塘，第4人在最后一刻因精神紧张不敢跳伞，只得经陆路回藏。在理塘空投的4人中只有一个叫旺堆的回来了，在拉萨南面空降的两人潜回拉萨，与贡布扎西取得联系。这时他已在康巴人中组织起西藏抵抗运动"。②

据加拿大潭·戈伦夫所著的《现代西藏的诞生》一书披露。

---

① 《国外藏学研究文集》第十辑，西藏人民出版社1993年版。
② 同上。

"弄清中央情报局如何介入西藏叛乱的,确是了解这场叛乱的关键。中央情报局实实在在地介入这场冲突,始于1955年,或是稍晚一点的1956年,一位名叫旺堆的叛乱领导人回忆说,他于1956年离开西藏,并在海外某地接受美国人训练。后来他被秘密空降回西藏,在康区开始组织叛乱活动"①。

第一个接受中央情报局训练的小组是由嘉乐顿珠安排的,他挑选了6个藏人前去受训。他们的故事说起来就像一部典型的间谍小说。他们被通知说,必须单个步行走出噶伦堡,然后,由在城外等候他们的顿珠开车,把他们送到训练基地。

对于国际反华势力特别是美国中央情报局培训叛乱武装、支持叛乱分子搞乱西藏的做法,中国政府和人民早已有所警惕。1958年,面对西藏境内外叛乱武装互相勾结屡屡袭扰解放军营地,破坏人民群众正常的生活秩序,企图进行颠覆活动的恶性事件,中华人民共和国外交部照会印度政府,要求印度政府取缔噶伦堡美蒋特务和当地特务以及西藏反动分子对西藏进行的颠覆活动。照会指出②:自从中国西藏地方和平解放以后,从西藏逃亡到噶伦堡一带的反动分子在美国和蒋介石集团的策动和指使下,并与噶伦堡当地的反动分子相勾结,一直在对中国西藏地方进行颠覆和破坏活动。

根据中国政府掌握的可靠材料,活动在噶伦堡的美国和蒋介石集团的特务分子、当地特务分子以及西藏的反动分子。最近正在加紧对中国西藏地方进行阴谋破坏活动。他们利用噶伦堡做基地,积极策动并组织潜伏在西藏内部的少数反动分子,阴谋在西藏发动武装叛乱,以达到将西藏地区从中华人民共和国分裂出去的叛国目的。中国政府兹愿意将上述特务分子和反动分子在噶伦堡的若干情况,转告印度政府如下:

1. 逃亡到中国境外的西藏反动分子中,最主要的有嘉乐顿珠、夏格巴、洛桑坚赞、当才活佛、阿乐群则、鲁康娃等人。他们同美国和蒋介石的特务分子以及噶伦堡当地的特务分子相勾结,经常在噶伦堡以外的其他印度城市集会,策划对于西藏的破坏活动。嘉乐顿珠在1951年曾经去过美国。当才活佛在1956年冬在美国授意下,曾经专程自美国来到印度参

---

① [加拿大]谭·戈伦夫:《现代西藏的诞生》,中国藏学出版社1990年版,第235页。
② 《平息西藏叛乱》,西藏人民出版社1995年版,第125—127页。

与其他西藏反动分子的阴谋活动。

2. 在嘉乐顿珠等人的操纵下，在噶伦堡成立了各种名目的反动组织，如"西藏自由同盟""噶伦堡西藏福利会议""佛教协会"等。这些组织被利用来收集西藏的情报，向西藏进行反动宣传，扩大反动势力等。

3. 在噶伦堡公开出版有敌视中国政府和人民的反动报纸——"西藏镜报"。西藏反动分子和他们控制的组织并且经常印刷各种反动传单和宣传品偷运入西藏境内。这些报纸和宣传品对中国政府、中国共产党和中国人民解放军进行恶毒的造谣和诬蔑，并且制造种种谰言，挑拨中国的汉民族和西藏民族之间、中国中央政府和西藏地方政府之间以及达赖喇嘛和班禅喇嘛之间的关系。有些宣传品甚至公然号召西藏人民起来反对中国政府，主张将西藏从中国版图中分裂出去。嘉乐顿珠、夏格巴、洛桑坚赞等人还曾经写信给西藏的三大寺的喇嘛，拉拢后者参与他们的颠覆活动。

4. 在噶伦堡的西藏反动分子以及美国、蒋介石集团和当地的特务分子利用噶伦堡地理上同西藏接近和印度同中国西藏地方边境来往手续简便等有利条件，不断向西藏派遣特务和破坏分子，同潜伏在西藏内部的反动分子取得联系。为了准备在西藏发动武装叛乱，他们曾经为此偷运武器弹药进入西藏。

5. 蒋介石集团在噶伦堡设有特务机构，主要特务分子有治成荣。他们以噶伦堡为据点，刺探西藏情报，向西藏偷运军火，派遣特务，策动西藏内部暴乱。他们同噶伦堡的西藏反动分子有密切联系，曾经向嘉乐顿珠提供重要的军事地图。

上述美国和蒋介石集团的特务分子、噶伦堡当地特务分子以及西藏反动分子在噶伦堡进行的对中华人民共和国的阴谋破坏活动，不能不引起中国政府和中国人民的极大愤慨和警惕。中国政府认为上述反动分子和特务分子的罪恶活动，是对中国的领土完整和主权的直接威胁，是美国帝国主义在亚洲地区制造紧张局势的又一个毒辣的阴谋。不能忽视的是美国与蒋介石集团的特务分子利用毗邻中国的印度领土对中华人民共和国进行破坏活动，并含有损害中印友好关系的邪恶目的。为了粉碎美帝国主义的阴谋诡计，中国政府特向印度政府提出，要求印度政府取缔美国、蒋介石集团的特务分子以及西藏反动分子和噶伦堡当地特务分子在噶伦堡进行的对于中国西藏地方的颠覆和破坏活动。

1959年3月，在国际反华势力的策划和支持下，以达赖为首的分裂主义分子发动了全面叛乱,在我平叛的硝烟还未散尽的时候,国际反华势力就预感到分裂主义的叛乱武装支撑不了多久,很快就会被人民解放军和西藏人民群众所消灭,于是,他们急忙制订达赖及其分裂主义分子逃亡之后骚扰我西藏的计划。

据加拿大学者谭·戈伦夫在《现代西藏的诞生》一书中披露:

1959年5月,一位神秘的加拿大公民来到美国政府所在地,要求一起讨论一下在境外进行的秘密行动。当他谈到西藏时,认为破坏那里的道路运输是轻而易举的事,因为大部分公路干线被危险地修筑在山腰上,一旦遭受破坏,甚至最轻微的破坏,也要花费数星期甚至几个月的时间才能修复,就在这次会晤后的次月,他们作出了达赖逃亡之后在西藏开展反对中国人的秘密行动的决定。秘密活动分两部分进行:一部分基本上是在青海湖以北地区展开,预定任务是破坏道路和搜集情报。另一部分活动在南部展开,作为一支战斗部队保留下来。补充给养的工作主要是由14000名藏人和当地补充进来的一些部落民来承担的,"全部依赖长距离运输和渗入""武器、装备和粮食均由中央情报局提供。"①

美国策动的西藏少数分裂主义分子的武装叛乱在西藏昙花一现,很快就被人民解放军和西藏人民群众所挫败,作为美国、英国来说,他们并没有从中吸取教训,在支持残余叛乱分子的同时,便开始利用外交手段和联合国机器对我国大肆干涉。

当我人民解放军奉命平定叛乱时,国际反华势力齐集群啸,对我平定分裂主义分子发动的叛乱大肆攻击。据新华社北京三月电讯,在西藏叛乱被平定后,以美国为首的反华势力《梦想为已灭亡的西藏叛乱分子招魂》。②

华盛顿消息:美国国务院远东事务助理国务卿罗伯逊十一日在美国参议院外交委员会就援外计划做证的时候,集中诋毁中国,挑拨中国同亚洲邻国间的关系,并且鼓吹美国要继续在远东地区执行侵略和制造紧张局势的政策。

罗伯逊再一次对中国政府平息西藏武装叛乱进行诬蔑并挑拨中国和东方国家的关系。他诬蔑中国政府平定西藏叛乱是"对西藏自由进行的骇

---

① [加拿大] 谭·戈伦夫:《现代西藏的诞生》,中国藏学出版社1990年版,第235—236页。

② 《西藏日报》1959年3月18日。

人听闻的镇压",是"愈来愈蛮横的行径"。他还说,"北平推翻了西藏的已经确立的政府,使用武器对付西藏人民。在这种血腥的、肆无忌惮的行动中,共产党中国向它的亚洲邻国暴露了它的真面目。"又说,"赤色中国的威胁从来没有像现在这样明显,这样预兆不祥。"

罗伯逊竭力制造所谓"共产党中国的威胁"来恫吓东方国家。他说,中国"在远东地方进行威胁","目前正在竭力进行扩张,办法是通过军事威胁和压力、经济战的策略、外交和政治阴谋、渗透、宣传和国际共产主义的其他一切标准的渗入办法,来颠覆远东的自由国家"。

罗伯逊的发言表明,他之所以竭力诋毁中国,是由于东方"民族主义和反殖民主义兴起,这种情况常常反映为对西方国家的怀疑";特别是"苏联在四十年内突然从一个比较落后的国家变成一个工业和科学发达的现代大国。共产党中国目前正在努力实现类似的大跃进","共产党的这个迅速取得物资结果的办法对于他们(指东方国家)的迫不及待的心情是有吸引力的"。

罗伯逊还鼓吹坚持侵占台湾和继续在台湾海峡制造紧张局势的政策。他说,"如果美国在威胁面前退却的话","不仅会促使共产党在远东进一步进行探索,而且还会有扩大战争的危险"。

在美国的怂恿和鼓动下,1959年3月14日,日本一些人在东京举行所谓"西藏问题国民大会",支持西藏叛乱分子,公开干涉中国内政。

这个大会是由臭名远扬的、曾策划过日、德、意同盟的松本德朋和下中弥三郎共同领导的反动组织"西藏问题国民协议会"主办的。

他们以放映电影为饵纠集和诱骗了约一千人参加集会。

这个集会发表的所谓宣言污蔑中国平息西藏叛乱是"依靠武力对民族自治的侵犯",是"对亚洲各民族和世界和平的严重威胁"。

他们还在大会上通过了一项决议,要求联合国、亚洲团结委员会和全世界的宗教团体"立即采取行动解决西藏问题"。

当时居住在美国的达赖喇嘛的哥哥诺布,也特地赶到日本参加了这个反动的集会。他在会上发表讲话,激烈地诽谤中央政府。他胡说什么:"中国共产党在西藏的暴行向全世界表明了共产党扩张的真正目的,这种扩张意味着没有条约、没有国境、没有人道。"还说中国中央人民政府要把西藏这个"国家"变成"殖民地"。与此同时,国际上的反华势力也在与这些分裂势力遥相呼应。

1959年3月15日，法新社从伦敦发出的一条消息，披露英国有人正在为成立一个所谓"英藏协会"而奔忙。据报道，这个显然带有帝国主义目的的组织的总部将设在伦敦，它将冒充"西藏人民代表"进行活动，并且将按照英帝国主义者的需要去歪曲西藏的历史和向亡命国外的西藏叛乱分子提供"援助"。法新社说，"英藏协会"筹备委员会的发言人对这家通讯社的记者说："这个协会的主要目的将是提供关于西藏历史的更多的情报，'不让人们忘记在西藏发生的事情'，对西藏难民提供援助，其中包括财政援助在内，以及'用一切可能的方式'援助达赖喇嘛。"

　　当法新社记者问到"英藏协会"是否将协助西藏叛乱分子在国外建立联系时，这个发言人说："将做一切可能做的工作。"

　　实际上，这个所谓"英藏协会"的筹备小组已经在1959年3月上旬举行过一次"筹备会议"，参加这个筹备小组的是英国政界和企业界人士中所谓"了解印度、西藏或中国的人"。在六月初还将召开一次"筹备会议"，在此以后，将举行"群众大会"来"发起"成立这个协会。

　　所谓"英藏协会"的"筹备委员会"的发言人还说：这个"筹备委员会"已经同印度驻伦敦高级专员公署进行过接触，讨论了"对西藏'难民'提供财政援助的问题"，并就这个问题"同新德里保持着通信联系"。

　　与此同时，美国还操纵联合国于1959年3月21日非法通过了所谓"西藏问题"的提案。当时"新华社记者述评"[①]揭露了国际反华势力干涉中国内政的行径。述评指出：美国挟持一批仆从国家，在联合国里制造所谓"西藏问题"，大肆攻击中国。但是，谁都知道，西藏是中国神圣领土的一部分，任何外国都无权干涉中国的内部事务。帝国主义要在这个纯属中国内政的问题上鼓励反对中国，显然是立足不住的，甚至在联合国大会上，也有某些西方国家代表，一面同美国一道攻击中国，一面又做贼心虚，公开承认联合国讨论所谓"西藏问题"是违反联合国宪章里不得干涉各国内部事务的规定的，联合国没有权力讨论这个问题。

　　帝国主义者为了煽惑起敌视中国的行动，故意把自己装扮成为"人道主义者"，在他们的发言和通过的提案中，大事叫嚷中国在西藏"强行剥夺基本人权和自由""摧毁传统生活方式"，破坏"公正的世界秩序"。然而，他们根本不敢谈他们是在反对摧毁什么样的"生活方式"和"世界秩序"，

[①] 新华社北京1959年3月23日电讯。

又是在维护什么样的"人权"和"自由"。事实是,在中国平息西藏上层反动集团发动的武装叛乱以后,西藏人民正在消灭世世代代压在他们身上的最落后、最残酷、最野蛮的封建农奴制度,正在获得真正做人的权利和自由。西藏上层反动集团。那些大农奴主们,投靠帝国主义和外国反动派,背叛祖国,企图永远保持他们那些极其野蛮残酷地压迫和屠杀农奴的"权利"和"自由",不过他们失败了。美国对这一结果是不甘心的,美国助理国务卿威尔科克斯于1959年10月18日发表谈话,公然支持西藏叛乱集团的叛乱活动,宣称美国希望联合国的讨论有助于使西藏"保持他们的生活方式的努力""继续下去"。美国当年这些支持叛乱集团"人权""自由"的论调,只能进一步说明,他们无视中国各族人民,特别是西藏人民真正自由的解放,他们是封建农奴制度的支持者。基于这一点,英国当时有一家"每日快报"责怪美国等西方国家发起所谓"西藏问题"的讨论,是"进行一场愚蠢的时机不对头的辩论"。指责美国在联合国里所干的勾当,是它加紧在东方制造新的紧张局势的阴谋里的一个环节。

1959年9月、10月间,国际反华势力变本加厉,在第十四届联合国大会上赤裸裸地干涉中国的内政,据当时"新华社记者述评"[1]揭露:"联合国大会总务委员会在九日通过把所谓西藏问题列入联大议程的建议,是美帝国主义一手导演的又一出污蔑和干涉中国内政、毒化国际气氛的丑剧。在联合国里提出所谓西藏问题的是爱尔兰和马来亚,但实际上它们的主要幕后牵线人是美国国务院,这早已不是秘密。从今年三月中国平定西藏地方上层反动集团发动的武装叛乱以后,美国有势力集团一直策划要再次利用联合国来反对中国。在第十四届联合国大会开幕以前,合众国际社接连从华盛顿报道,美国政府官员们在8月底和9月初一再表示"希望有亚洲国家向联合国提出西藏问题",这些官员并且解释美国不敢自己出面提出,是由于担心美国自己"采取主动""会使中立主义国家的人民认为这件事仅仅是一种冷战宣传手段而不予重视"。美国为了找寻传声筒,在联合国内外展开了十分紧张的活动。9月17日,美国国务卿赫脱在第十四届联合国大会上叫嚷联合国在所谓西藏问题上"必须以明确的措辞表明自己的态度",22日赫脱在联合国记者协会又声称这个问题"很可能会列进(联大议程)去",要先"安排妥当"。九月十八日,爱尔兰

---

[1] 新华社北京1959年10月10日电讯。

和马来亚便正式向联合国提出这个问题，美国出席联合国代表团发言人马上表示完全支持。尽管充当走卒的爱尔兰和马来亚代表躲躲闪闪，竭力否认他们的行动"是对任何集团的依附"，但是美帝国主义却已经把一切都弄得如此赤裸裸的了。长期侵略过中国西藏的英帝国主义，也积极参与了美国的龌龊勾当。

国际反华势力联手在联合国所通过的"西藏问题"的决议，遭到了苏联、东欧社会主义国家及非洲一些国家的反对，国际反华势力企图借联合国干涉我内政、支持达赖及叛乱分子的阴谋最终破产。但他们并没有吸取教训。在公开干涉我内政失败后，继续支持境外叛乱分子骚扰我边境，破坏区内人民群众的正常生活秩序。据有关资料记载，西藏分裂分子发动的武装叛乱被平息之后，美国中央情报局，印度反华势力及其同情达赖集团的某些人，向逃亡在外的叛乱武装提供了大量的支持。

从那时起，中央情报局每月通过在大吉岭的嘉乐顿珠拨给他们大约5000卢比，但这笔钱是不够用的，从1964年起增加到每两个月给22500卢比。

为了壮大叛乱势力，美国人让印度人参与这项活动，钱是在新德里以现金拨出，然后交给在尼泊尔博拉及木斯塘的西藏叛乱武装，以支持叛乱武装对西藏边境地区的袭击。

断断续续的袭击一直进行了将近8年，最后一次是在1969年的秋天。起初康巴人能够深入到西藏内地进行袭击，但1963年以后，我边防部队开始加强边境防御，同时西藏军区和西藏政府联合成立扎东特委，加强了对边境的管控，遏制了叛乱武装对边境的频繁袭击。1964年，英国作家乔治帕特森说服康巴人在进行一次袭击时把他和两名摄影片人员带进西藏，曾引起了一阵慌乱。帕特森摄制的这次袭击的影片受到广泛关注，中央情报局从新德里拨给康巴人的资金停发了6个月。

1964年，在尼泊尔加德满都市内破获了几起藏匿枪支案件，后来发现这些枪支系来自美国大使馆。大约同时，有几名携带无线电设备的康巴人在加德满都近郊被捕，后来发现这些设备是一位名叫洛基·斯通的美国外交官给他们的。此后不久，斯通被悄悄地驱逐出境，尼泊尔政府也坚持要美国国际开发署停止使用其私有的简易机场。

1969年，一位新的叛乱首领被派往尼泊尔北部的木斯塘去接替益西。他就是"四水六岗卫教军"首领贡公布扎西的侄子旺堆，也就是原来由美国训练并空投回西藏的6名西藏人中的幸存者。效忠益西和支持旺堆的康巴人之间还爆发了激战。到1971年益西和他的大约120名支持者向尼泊尔投诚,并答应与他们合作,交换条件是尼泊尔提供给他们土地、金钱并帮助安置他们。有一段时间平静无事,在美国国务卿基辛格第一次访问北京之后,为了缓和中美关系,美国中央情报局停止了向木斯塘叛乱武装付钱,但暗中支持印度人取而代之。

1974年夏天,尼泊尔陆军开进木斯塘,解除了所有残存的康巴人的武装,只有少数人逃脱到印度,盘居在尼泊尔木斯塘的叛乱武装袭扰西藏边境的活动终于结束。[①]

国际反华势力支持叛乱分子的武装骚扰至70年代中期基本上停止,然而,他们支持达赖集团分裂我西藏的活动却没有停止。进入80年代以后,这种分裂活动随着国际气候的变化更加猖獗。

七 达赖集团借助国际反华势力图谋分裂祖国的活动

达赖集团叛逃到境外之后,急于报答国际反华势力的"知遇之恩",不遗余力地干起了图谋分裂祖国的勾当。刚刚逃到境外,他们就自食其言,自己抹掉了年前拥护中央政府,拥护毛主席,反帝爱国,维护祖国统一,加强民族团结的一系列言论。[②] 以极其恶毒的语言攻击、诽谤中国共

[①]《平息西藏叛乱》,西藏人民出版社1995年版,第173—175页。

[②] 十四世达赖在1958年10月曾发表过两篇值得注意的言论。一是1958年10月发表的《进一步加强反帝爱国统一战线为建设荣幸福的新西藏而努力!》讲话,他在讲话中说:在全国各少数民族地区分别进行了各种教育的同时,我们西藏地区也进行了爱国主义和社会主义的教育。西藏藏族是中国境内具有悠久历史的民族之一,西藏人民回到祖国大家庭以来,和其他兄弟民族一起,充分享受了自由平等的权利。符合包括西藏人民在内的中国六亿人民切身利益的光明幸福的社会主义总路线,是我们西藏人民面前的康庄大道。除此之外,其他的道路是没有的。今后,我们全体僧俗人民要进一步加强反帝爱国统一战线,并在此基础上以不断加强团结进步的实际行动来反对和回击内外反动分子的破坏祖国统一和民族团结的各种阴谋活动,为建设社会主义新西藏而共同努力。另一篇是同日给毛主席的致敬电报,电报说,敬爱的毛主席:在全国各族人民隆重庆祝中华人民共和国国庆九周年之际,我谨代表西藏全体人民,向您致以最高的敬礼和热烈的祝贺。在西藏地区,我们进行反对民族主义和加强爱国主义的教育,对于破坏祖国统一和民族团结的内外反动分子展开了坚决的斗争。今后,我们要进一步加强反帝爱国统一战线。紧密地团结在共产党的周围,继续不断地进步,为建设社会主义的新西藏创造各种条件。

产党在西藏的一系列政策和平叛行动。胡说什么西藏"是一个自政自治的完全独立的国家。"①且不顾事实地歪曲在和平解放后的九年中西藏人民"受尽赤色共产党的难以用语言表述的奴役和压迫"②,并不自量力地宣称西藏独立的任务"落在了我们流亡到自由邻国各地的藏人肩上"③。

1961年,达赖在印度的一些地方进行多次煽动性讲话,甚至信口开河地对占全国人口94%以上的汉族进行漫骂,挑拨汉族与兄弟民族的关系,在一次讲话中他诬蔑说:"汉人蚕食东土耳其斯坦和蒙古,把许多藏人按压在膝盖下,沾满鲜血的手伸向各邻国的疆土、贪婪的嘴张向亚洲,贪图私利的眼睛瞪向全世界,对此种举动会有哪个有识之士所喜欢"④。

对于国际反华势力在某些场合的反华论调,达赖集团却津津乐道,错误地认为国际反华势力对中国内政的干涉会有效地帮助他们进行分裂活动。60年代初,达赖喜形于色地说:"在印度全国支持西藏问题团体的吁请之下,亚洲和非洲的十九个国家的八十左右代表,于1960年4月在新德里举行全体会议,讨论了西藏问题并散发了会议认为关于汉人共产党在西藏有违法现象的文件。同时为了继续支持西藏,在新德里设立了该团体的常务机关,并委派专门代表呼吁联大讨论西藏问题。该团体给予我们表里一致的支持和帮助。1960年7月,国际法官大会所发行的共有340页的名为'西藏和中国人民政府'一画册详细说明并指出西藏的地位的确是一个独立国家,藏人是一个与宗教相连的团体。中国因开展了消灭宗教的运动,所以犯了消灭民族之罪。同时中国违法地剥夺了藏人的人权和正当的权益。因为这个缘故,世界各国和人民越来越深刻地认识到了西藏问题,并给予越来越大的支持。"1961年3月10日达赖在达兰萨拉讲话并且愚蠢地认为"西藏问题已唤起世界的同情"。⑤

对于达赖集团在境外的活动,国际反华势力极为赞赏,他们认为,利用达赖集团这个叛国团伙要比亲自出兵武装干涉合算得多,只要这个集团在境外存在一天,他们就可以利用一天。为此,国际反华势力把这一集团作为一枚与中华民族较量的棋子安放在他们对华战略的棋盘上,并且对这

---

① 1960年3月10日达赖在达兰萨拉的讲话。
② 1961年3月10日达赖在达兰萨拉的讲话。
③ 1960年3月10日达赖在达兰萨拉的讲话。
④ 1961年3月10日达赖在达兰萨拉的讲话。
⑤ 1961年3月10日达赖声明。

枚棋子的作用进行了评估。

①国际反华势力总结了以往削弱中国的经验，认为削弱中国的最有效的办法是破坏中国的主权。19世纪中期至20世纪中期，世界列强就是用破坏中国主权的办法，控制中国的清王朝和北洋政府及国民党政府，强迫他们在几千个不平等的条约、续约、换文、章程上签字，霸占了中国的领土、领海、领空，控制着中国的海关、口岸，操纵着中国的内政、外交。中华民族蒙受了100多年的屈辱。在中华人民共和国日益强大的今天，国际反华势力不再敢像过去那样横行霸道，恣意妄为，但他们又不甘心，所以极欲打出所谓达赖流亡政府这张牌，篡改历史，造谣中伤。杜撰所谓"西藏独立国"这一子虚乌有的不伦不类的东西让达赖集团充当马前卒，编谎言、作伪证，企图使"西藏问题"国际化，进而把西藏从中国分裂出去，以达到破坏中国主权与统一的目的。

②国际反华势力认为，若削弱中国的力量，除破坏中国主权外，还必须经常性地干涉一下中国的内政，使中国的发展不能按自己的意志进行。比如，干涉我国发展与稳定政策，干涉我国打击刑事犯罪分子等。达赖集团叛逃国外至今，美国国内的反华势力认为达赖集团奇货可居，可作为干涉中国内政的筹码。达赖集团这一筹码可有三个用处，一可以干涉中国的民族政策，二可以指责中国的宗教政策，三可以中伤中国破坏人权。他们为了达到这些目的，竟然置西藏300多万人民于不顾，编造什么只有达赖集团及流亡人员才能代表西藏人，才是西藏的合法代表，只要达赖集团流亡国外，中国就是破坏民族、宗教、人权的罪人。而达赖集团也不顾羞耻，在国外主子的授意下，周游列国，四处游说，到处造谣中伤、欺骗一些国家善良的人民。编造什么中央政府在西藏屠杀了120万人、向西藏移民750万、在西藏倾倒核废料、强迫西藏妇女堕胎等，而西方反华势力就利用达赖集团编造的谎言大肆攻击中国，干涉中国内政，以此作为向中国发难的筹码。

③西方反华势力非常清楚，在强大的中华人民共和国面前，有效的破坏中国主权、左右中国的内部政策并不那么容易。当一些破坏手段失败后，还可以把达赖集团作为骚扰中国现代化建设的异己力量，比如，支持达赖集团策划拉萨的多起骚乱，指使达赖集团派遣破坏分子，破坏西藏自治区的社会稳定和经济建设。

西方反华势力的这一手段，不仅会达到让达赖集团感激涕零的目的，而且还可以骚扰我现代化建设，使西藏局势处于长期不稳定的状态，可以起到一石二鸟的作用。

进入20世纪80年代后期，世界形势发生了巨大变化，特别是苏联、东欧的蜕变，使达赖集团喜形于色，认为谋求"独立"的机会到了。达赖集团依仗国际反华势力的支持，在分裂祖国的道路上越走越远，他们在总结了前一段失败的教训之后，打出了"民族""宗教""人权"这三面旗子，在国际反华势力的配合下，积极从事分裂祖国的活动。

（1）利用世界范围内的"民族"热点破坏民族团结，80年代后期，随着苏东社会主义受挫，极端民族主义甚嚣尘上。一些少数民族中的上层人士私欲膨胀，打着民族独立的旗号，到处制造事端，甚至企图仿照苏联十五个加盟共和国的样子谋求分裂，搞得许多国家不得安宁。国际反华势力和达赖集团企图利用世界氛围内的民族主义浪潮，打着为藏族人民谋利益的幌子，制造事端，挑拨民族关系，破坏民族团结，试图挑起民族矛盾，使藏民族和其他民族反目，以达到坐收渔人之利的目的。80年代中后期，达赖集团在国际反华势力的指使下，策划并煽动了多起骚乱闹事事件。最为严重的是1987年9月27日、10月1日，1988年3月、1989年3月的几次骚乱。据资料记载：①

1987年9月27日、10月1日，以少数喇嘛打头阵的人群，扛着"雪山狮子旗"，呼喊着"西藏独立""赶走汉人"等破坏国家统一、民族团结的口号，在八廓街、宇拓路一带游行，并在大昭寺门前广场向围观人群发表煽动威胁性演说，声称达赖在国外争"西藏独立""西藏人都应跟着他，谁不上街游行就砸谁的家"。有的暴徒诱骗青少年说："谁向武警扔一块石头，就给谁六角钱。"一群喇嘛、暴徒砸商店、抢枪支，砸烧汽车、烧房屋，冲击自治区领导机关。少数分裂主义分子不顾国家法纪和人民政府发布的有关通令、通告，多次制造有组织、有计划的骚乱闹事事件，愈演愈烈。

1988年3月5日，一伙骚乱分子乘拉萨传召大会迎请强巴佛仪式之机，突然发出"西藏独立"的号叫，向执勤的公安干警投掷预先准备好的石块，围攻指挥传召活动的领导人，冲击自治区佛协传召办公室，砸毁价值2700万元的电视转播车，捣毁商店、餐馆、诊所，残酷地杀害了值

---

① 《当代中国西藏》上卷，当代中国出版社1991年4月版，第448—449页。

勤藏族武警战士袁石生。这一天有299名武警战士、公安干警在骚乱中被分裂主义分子打伤住院。

1989年3月上旬,是西藏上层反动集团全面发动武装叛乱三十周年。分裂主义分子在这时又连续制造大规模的骚乱闹事事件,把拉萨搞得乌烟瘴气。机关不能正常上班,商店关门,市区学校被迫停课。一些繁华的街道、农贸市场和宗教活动场所,均遭暴徒砸抢、洗劫,造成了国家和人民财产的重大损失。

严重的骚乱闹事持续了三天。拉萨几条繁华街道的商店、机关和公共设施遭到骚乱分子的多次打、砸、抢、烧。据统计,受到骚乱分子打、砸、抢、烧的机关、学校24个,个体工商户99家,汽车20多辆,三轮车、自行车50多辆。1988年刚落成的甘藏贸易中心损失达100万元。全市直接和间接损失近1000万元。

即使到了21世纪,国际形势已发生了重大变化,但西方反华势力也没有放弃支持达赖分裂集团破坏西藏稳定发展的企图,以致公然策划制造2008年3月14日的打、砸、抢、烧严重暴力事件。这天,一群暴徒在拉萨市中心城区多点以石块、刀具、棍棒等为武器,对无辜路人、车辆、商铺、银行、电信营业网点和政府机关实施打砸抢烧,当地社会秩序受到严重破坏,给民众生命财产造成重大损失。在事件中,暴徒纵火300余处,拉萨908户商铺、7所学校、120间民房、5座医院受损,砸毁金融网点10个,至少20处建筑物被烧成废墟,84辆汽车被毁,18名无辜群众被烧死或砍死,受伤群众达382人,其中重伤58人。大量事实表明,"3·14"事件是十四世达赖集团精心策划和煽动的。事件发生后,十四世达赖通过其私人秘书处发表声明,将暴力事件美化为"和平抗议"。3月16日,十四世达赖接受英国BBC记者采访时表示:"不论藏人在何时做何事,我都会尊重他们的意愿,不会要求他们停下来。"与此同时,深受达赖影响的"西藏青年大会"(以下简称"藏青会")通过"立即组建游击队秘密入境开展武装斗争"的决议。"藏青会"头目称,为了彻底胜利,已经准备好至少再牺牲100名藏人。

达赖集团策划制造的骚乱事件和打砸抢烧暴力事件,给国家和人民造成巨大损失。达赖集团一手策划的这种为了一己私利,而不惜破坏人民安定生活的做法,引起了全国人民特别是西藏人民的公愤。

(2)打着"宗教"旗号挑动少数喇嘛骚乱闹事,破坏班禅灵童转世。

宗教问题始终是困扰着世界各国的热点问题。众所周知，西藏是一个受藏传佛教影响很强的地区，大部分群众信仰佛教，达赖集团在西方反华势力的授意下，利用西藏人民群众的宗教感情，把自己打扮成藏传佛教的维护者，造谣生事，制造事端。更令人不能容忍的是达赖集团不惜利用所谓神的旨意，驱使一些寺庙不明真相的少数僧尼上街呼喊反动口号，破坏社会秩序和人民群众的正常生活。1987年至1989年几次大的骚乱活动，均有一些喇嘛尼姑参与其中。1995年5月，达赖集团在境外擅自宣布班禅转世灵童，这一非法行为也得到以美国为首的西方反华势力的支持，美国之音连篇累牍地发表所谓看法，从侧面支持达赖破坏班禅转世工作。鉴于我国宗教信仰自由政策的贯彻实施和区内宗教的真实情况，美国在暗中支持达赖干扰班禅灵童转世的同时，不得不降低调门，据1995年11月8日美国国务院发言人伯恩斯说：美国不会就正式确定转世灵童的机制发表意见。他承认"我们注意到，宗教信仰自由在中国宪法上是得到保证的"。但他又阴阳怪气地说："我们相信，就确定班禅喇嘛的转世灵童继续不断的争论会使人们对中国政府尊重宗教信仰和西藏佛教徒的做法作出的承诺增加怀疑。"

(3) 以"人权"为借口游说西方反华势力干涉我内政

达赖集团为了达到分裂祖国、破坏国家统一的目的，不惜与反华势力相勾结，造谣中伤，编造所谓中央政府在西藏侵犯"人权"的事实，采用偷梁换柱的手段，攻击我在西藏侵犯"人权"。他们将所编造的谎言，伪造的事实在西方一些国家四处散发，达赖本人也四处游说，不厌其烦地重复编造的谎言而西方反华势力出于干涉中国内政的需要，驱使达赖集团四处活动，对我们的政策进行大肆攻击。1987年，先是由美国国会佩尔、罗斯等几个议员策动参众两院通过了欢迎达赖利用美国国会的讲坛发表鼓吹"西藏独立"的言论。9月12日，佩尔等8名议员联名给中国领导人写信，公然支持达赖提出的旨在搞"西藏独立"的"五点计划"。9月30日，美国众议院通过了一项所谓"西藏问题"修正案，将一大堆耸人听闻的罪名强加给中国，公开支持达赖鼓吹"西藏独立"。与此相呼应，分裂主义分子9、10月间在拉萨闹事，制造动乱。于是，12月15日和16日，美国国会两院分别正式通过了所谓"中华人民共和国在西藏侵犯人权"的修正案，肆意歪曲我国西藏自治区的历史和现实，对中国政府和中国人民进行诬蔑和攻击，并公然要求美国行政当局干预中国的内部事务，要求中国政府就"西藏的前途"同达赖进行对话。修正案捏造谎言说，许多西藏人由于表示其政治和宗教信仰而遭到监视和处决，并耸人听闻地宣称，在1959年到1979年间，由于政治饥荒的直接原因而"丧生的西藏人超过100万"（美联社1987年12月10日电，《中华人民共和国在西藏侵犯人权"修正案"》）。

1991年4月，达赖又访问美国，美国总统布什于16日以"私人身份"接见了他。17日，达赖到美国国会接受了人权组织"自由之家"的奖章，"自由之家"的主席坎泊尔曼宣称："世界上没有一位领导人像达赖喇嘛那样执着地追求民主的理想。在过去的40年中，这个温和的具有坚定信念的人，坚持不懈的努力使一个受到中国野蛮占领的国家恢复主权、民主和根本的人权。"[①] 18日，美国参议院通过了一项支持"西藏自由和人权"的决议。10月，达赖又到美国活动，美国国务院发言人塔特·怀勒就此说："达赖喇嘛作为一个宗教领袖，作为西藏人民一个雄辩的人权代表，我们对他非常尊重。"她还说："对于仍在西藏实施的对政治活动和宗教活动的严厉的限制，美国还是深为关注。我们已经一再向中国当局——向高层领导人和主管当局提出这一问题。"[②] 另外，为支持达赖集团分裂祖国的活动，美国驻尼泊尔使馆还专门设立了西藏科。此后不久，在布什签署的、国会通过的对外政策法案中，竟公开声称西藏是一个"被占领的国家"，并说："西藏一直保持着不同于中国主权的、文化的和宗教的特性"，胡说中国是"一个非法占领者"。

1992年1至3月，联合国第48届人权会议在日内瓦举行，会议一开始，达赖集团与国际反华势力纠集在一起，企图向严肃的国际人权会议塞进自己的私货，分裂分子与反华势力沆瀣一气，又是静坐示威，又是举行记者招待会，并邀请逃亡国外的"民运分子"散布谎言，制造了一些子虚乌有的材料。但在大多数国家的支持下，西方反华势力妄图以所谓"西藏人权问题"压中国的阴谋得以破产。

1993年到1994年两年，达赖集团及其境外分裂主义分子与西方反华势力相勾结，屡次以"人权"为借口攻击中国，但均在绝大多数国家和人民的反对下归于失败。对此，加拿大藏学家谭·戈伦夫说得很清楚：

[①] 路透社1991年4月17日电。

[②] 美国新闻署1991年10月19日电。

"他们之所以对西藏人权问题如此感兴趣,并非出于(对西藏人民的)'道义'或同情,而是为了本国的利益,他们只不过把西藏(达赖集团)当做一枚可以摆布的棋子,用以服从他们世界战略布局的需要"。其后从1996到2015年的20年间西方敌对势力和达赖集团从未放弃过利用"人权"对党的西藏政策进行攻击,许多攻击歪曲之词屡屡出现于其政坛和媒体之中。

达赖集团除利用"民族""宗教""人权"三个热点大搞分裂活动之外,还运用一切可以利用的手段,寻找一切可以利用的机会,联络一切可以借助的反动力量来从事分裂祖国的活动。自20世纪80年代到21世纪的今天,他们频频表演,干了许多分裂祖国的勾当。

①开动宣传机器,歪曲西藏历史,大肆攻击中央政府在西藏的一系列政策。达赖集团出逃国外之后,以分裂祖国为职业,把国际反华势力资助的经费全部用于政治活动和宣传活动,特别是在宣传上不遗余力。他们在国外办了许多报刊,设立针对区内外,国内外的电台、电视台,豢养了一大批御用"藏学家",并且在许多国家派驻了宣传小组,连篇累牍的炮制分裂主义文章,出版反动刊物和书籍。蒙骗一些国家中对西藏不甚了解的人。其中一部分刊物通过各种渠道携带到区内,以蛊惑人心,混淆视听。

②频频进行出访活动,挟洋人以自重。达赖集团自1959年出逃至今,在世界上没有一个国家的政府承认"西藏流亡政府",令流亡集团大为头疼。因此,他们妄图在新的外交攻势中争取突破西方大国政府首脑不接见达赖的惯例,以期取得某些成功。1991年3月17日达赖抵英国活动,会晤了英国大法官——梅杰内阁阁员,而且是苏格兰和威尔士的首席法官,上议院议长麦凯勋爵。3月19日查尔斯王子会晤达赖,3月20日达赖会见下院议长伯纳德·平瑟希尔。但是英国首相梅杰拒绝会晤达赖。英国外交部发言人说"没有一个政府承认这个政治实体,而且我们同它没有往来","我们认为西藏独立是不现实的,鼓励此事也无补无事","达赖与梅杰之间的会晤会被解释为国家的行为"[①]。对此达赖本人颇为不满,他说:"我感到一些国家对中国采取了不必要的过分谨慎的态度",英国对

---

① 美联社伦敦1991年2月27日电。

西藏问题的态度"不能令人满意。"①

　　1991年3月25日达赖访问美国,在康纳尔进行了为期3天的逗留。4月16日达赖为美国总统布什进行了半个小时的会谈,他们讨论了西藏的一般情况。4月18日达赖在美国会会见美众院议长和参院多数党领袖后向多达200名国会议员和其他贵宾讲演。达赖呼吁美国对中国政府采取更强硬立场,要把双边关系同人权和民主联系起来。布什会见达赖,突破了美国政府首脑不与达赖接触的惯例。这也为西方其他国家政府首脑会晤达赖开了一个恶例。1991年12月,英国首相迫于国内人士的压力,在唐宁街十号首相府会见了达赖。达赖称这是"一次极为愉快的会见,他感到特别高兴"。② 其后,从1992年至今的25年间,达赖本人及其集团成员窜访、游说的国家和地区竟有几百场次之多,甚至不惜与台湾岛内的"台独"分子相勾联,借一切反华势力而造势。

　　③呼吁国际干预西藏问题。1989年3月7日国务院宣布拉萨戒严。流亡集团立即作出反应。流亡集团驻华盛顿特别代表发言,呼吁给美国议员写信或开展游说活动干预"西藏的独立"活动。他认为这是一种有效的办法,可以赢得国会通过决议支持"西藏独立"。3月10日,达赖在每年一度的所谓"民族起义独立日"纪念文告中诬蔑国务院宣布的拉萨戒严令。他还向包括美国总统布什和苏联领导人戈尔巴乔夫在内的世界40位领导人致电,要求他们干预西藏问题,取消在拉萨实行的戒严。西藏青年大会还呼吁美国援助资金与武器,帮助他们在西藏开展游击战,争取"西藏独立"。流亡集团驻华盛顿特别代表还以"国际声援西藏运动"主席身份,接受美国有线电视广播网(CNN)采访,呼吁国际社会支持流亡集团的分裂活动。在2008年3月14日达赖集团策划的打、砸、抢、烧暴力事件时,也是如此炮制,挟洋人以自重。

　　④接受诺贝尔和平奖,乘机攻击中国。1989年"六四"之后,西方为了表示对中国的不满,将达赖抬出来,提高他的影响,借以"惩罚北京"。7月21日,达赖在美国国会发表演说,将北京平暴与拉萨戒严胡扯在一起。他说,"中国对民主运动的镇压标志着将对西藏的自决采取新的强硬方针"。同日,他接受了美国国会授予的人权奖——沃伦伯格奖。在

---

① 法新社伦敦1991年3月18日电。
② 新华社伦敦1881年12月2日电。

颁奖致辞中，达赖又放攻击之词："在西藏对暴乱僧侣的残酷镇压不像在北京的屠杀那样在西方被广泛地报道。"达赖获奖，助长了西藏分裂主义分子的气焰。达赖对此说："我只是一名普通的佛教僧侣"，"……这次诺贝尔和平奖也许可以使更多的人睁开眼睛看一看他们自己的本质，""获奖将有助于促进建立一个独立的西藏。"

1989年10月12日达赖在美国威斯康星——麦迪逊大学发表演讲时攻击中国政府，他说"我的国家在中共的统治下备受苦难。"10月26日达赖对日本记者说："这次获奖从长期来说会对解决西藏问题带来相当的好处。……会加强人们对当局的不信任。"2月10日达赖喇嘛在领取诺贝尔和平奖时说，"在今后5至10年里，中国将会实现民主与自由"，"要求得到民主是天经地义的。中国镇压民主从根本上讲是违反自然的"。在其诺贝尔演讲中，达赖重申了他关于西藏的五点和平建议，他说"西藏问题的任何解决方案只有在得到国际保证下才有意义"。很显然，他企图使西藏问题国际化，寻求国际社会对他的保障与支持。

⑤举办"西藏"展览，召开国际藏学会议，宣传西藏问题，这是流亡集团在"国际西藏年"的一项重要活动。其目的是与中国为纪念西藏和平解放40周年而举行的一系列国际展览及演出抗衡。在流亡集团举办的展览、演出及研讨会中，达赖亲自出马，扩大影响。如在1991年2月访问捷克时，达赖专门前往《西藏摄影展》参观，以吸引人们对西藏的关注。在展览会门前，达赖问"这里为什么有这么多人？"一位中年妇女答道："都是来看达赖喇嘛的，我出于好奇，想看看达赖长得什么样！"另一位姑娘则说："过去从未听说过达赖喇嘛的名字，报纸与电视台都说，他是总统请来的客人，我就想看看他。"达赖正是以诺贝尔和平奖获得者荣誉，以外国首脑客人的身份，影响着世界媒介，吸引着人们对西藏问题的关注，他真是一个出色的广告商。1991年11月，哥伦比亚大学举行了一次藏学讨论会、探讨"中国与西藏"关系问题。有趣的是，不仅达赖参加了，而且海外"民运领袖"方励之也参加了，两位"贵宾"，同台辩论，引人注目。

流亡集团对中国在国外的藏戏演出及有关文化活动进行冲击和干扰。如1991年10月，中国四川歌舞团应邀赴印度访问演出。10月21日，在新德里举行首场演出，其中有藏戏双人舞。流亡的分裂主义分子几十个人聚集剧场外示威。甚至有人冲上舞台抗议，破坏演出。后来，还发生过多次扰乱西藏自治区剧团演出、学术团体出访的活动。这样的破坏活动一直持续到21世纪的十多年里，这种破坏活动是与流亡集团其他的破坏活动一脉相承的。

⑥联络海外"民运"分子，共同开展反华活动。"六四"以后，策划国内动暴乱的许多"精英分子"流亡海外，进行反党反社会主义活动。这一伙很快与域外的西藏分裂分子勾结起来，共同从事反华活动。达赖集团也很重视。达赖说"西藏与中国难民之间的合作日益增大，从而会有助于中国的民主事业。我们现在在海外会晤中国人的机会增多了。我们也在要求得到更多的自由与民主，在中国与西藏难民之间正在建立新的更加密切的关系。"20世纪80年代中期到21世纪十多年间，达赖集团在分裂祖国的道路上越走越远，这种借助反华势力分裂祖国的活动呈现出随国际大气候而上下波动的势态。

八 达赖集团分裂活动的几个阶段

从达赖集团叛逃至今，达赖集团与国际反华势力互相勾结，企图分裂西藏，破坏西藏社会安定团结，大致经历了以下几个阶段。

1. 1959年至1970年，此时达赖集团撕下维护西藏人民利益的假面具，公开叛逃西方，依靠美国的支持，武装骚扰我边境，在边境上经常派出小股武装，拦截我运输车辆，抢夺农牧民的财产、威胁、干扰边境的正常建设。而国际反华势力出于对中国实行封锁孤立政策的需要，利用达赖集团为他们的利益服务。由于双方的共同需要，在最初的几年里，他们在西方的庇护下成片安置了逃亡国外的藏民，重建了被消灭的"四水六岗卫教军"，站稳了脚跟。据美国作者汤姆、格兰菲尔德《为西藏而斗争：利用宣传与公共关系发动政治攻势》一文披露："在六十年代，达赖喇嘛的主要目标是使西藏难民在他们新的家园里安置下来以及在西藏内部开展游击战争。由于西藏人得到美国中央情报局的军事援助，并且他们确信有世界上最强大的国家支持，对于实现他们的目标是足够的了。"① 可见20世纪60年代，他们还是很狂妄的。

---

① 《国外藏学研究译文集》第十辑，西藏人民出版社1993年版，第456页。

2. 1970年底至1977年。进入70年代，世界形势发生了一些变化，随着苏联军事力量的强大，对美国争霸世界形成了某种威胁，苏联在中苏、中蒙边界上陈兵百万，对中国也构成了威胁。此时，美国急欲摆脱不利的困境，通过某些渠道与中国联系。美国这一政策的调整，自然降低了达赖集团在他们心目中的作用：1972年，美国停止了对达赖流亡武装的援助，并撤销了负责达赖流亡人员救济的难民事务专员公署。并一再拒绝达赖访美。此时，尼泊尔也调动了一万多军警，消灭了盘踞在木斯塘的流亡政府武装。这时，达赖集团深感绝望，认为在国外已流亡了十几年，初期虽得到了以美国为首的西方势力的支持，但武装骚扰并未见多大效果。在这几十年，不仅没有一个国家和政府公开支持"西藏独立"承认其"流亡政府"，而且西藏问题在大国政策调整中逐渐被遗忘。在极度失望之后，达赖集团开始寻求"持久奋斗"之方法，认为"西藏独立"不是一代、两代人可以完成的，这根接力棒要传给青年一代，而且越快越好。这些因素促使达赖集团决心把外逃的青年人组织起来，于1970年10月在印度成立了"全民族性的西藏青年大会"。预备做永久挣扎。对此，美国人格兰菲尔德做了较为详细的叙述："在七十年代，形势发生了戏剧性的变化。美国人由于陷入了一场无法取胜的战争，便把其他行动当中的财力都转移到印支战场。这就意味着给西藏游击战的物质援助更少了。1971年，美国国务卿基辛格秘密访问北京，中央情报局针对中国的所有反共援助包括给西藏人的援助突然间终止了"。① 这从侧面反映了西方反华势力和达赖集团反华活动的某些变化。

3. 1977年底至1985年。这段时间属于西方反华势力及达赖集团对我政策的试探阶段。1976年9月至10月间，毛泽东主席逝世，中国粉碎了"四人帮"，宣布了长达十年的"文化大革命"结束。具有敏感嗅觉的美国中央情报局，认为中国的内外政策将发生某些变化，因而指使达赖集团变幻分裂活动的手段。据美国人格兰菲尔德撰文称：

"从西藏来看，变化是迅速而显著的。北京官方公开承认过去的政策和实践给西藏造成了损害，访问者被允许进入西藏（尽管开始是极少的），并且西藏人开始被委任至少有一部分权力的职位。"

"1977年4月，未逃离西藏参加流亡的世俗最高官员阿沛·阿旺晋美

---

① 《国外藏学研究译文集》第十辑，西藏人民出版社1993年版，第456—457页。

首次宣布，北京将允许西藏难民访问他们在西藏的家人。"①

"达赖喇嘛赞同地作出了反应，缓和了他的讲话，较少谈到他对于西藏独立的期望，较多地提到对于西藏人民经济福利方面的愿望。1978年他宣称：'如果六百万西藏人民真正享有从前未曾有过的幸福和繁荣，我们就没有任何理由争论其他的方面。'1980年达赖喇嘛又称：'西藏问题的核心是六百万西藏人民的幸福，他也开始公开谈论佛教与社会主义相和谐的可能性。'1978年11月，北京当局升级了最初的提议，直接与达赖喇嘛的哥哥嘉乐顿珠接触，当时嘉乐顿珠根据中央情报局的建议住在香港。中央情报局确信（知道？）北京领导人最终将同达赖喇嘛进行谈判，新一轮达赖喇嘛—北京接触开始了。1979年8月。达赖喇嘛第一次派了一个代表团到西藏，双方需要讨论的问题是很清楚的。②

《远东经济评论》1979年8月17日一期刊登的题为《重新看待和解——同达赖喇嘛一起流亡的人中有一批人将亲眼看看他们的祖国》的文章证实了这一点。③

8月2日上午，当刊登了达赖喇嘛决定把他在欧洲的停留时间延长一个月的消息的报纸正在印刷的时候，据悉，达赖喇嘛在他的西藏流亡政府中，有些同事正在新德里悄悄地整理行李准备搭乘香港的飞机前往北京。

这批人包括冈钦基雄的两名高级部长，两名高级的政治领导人和两个秘书级官员。他们的访问计划对新闻界和新德里外交界严格保密。但是访问计划中安排了在北京停留一周后对西藏进行广泛的参观。"如果必要"，这次访问可能要持续四个多月。达赖喇嘛的办公厅不愿正式证实这个消息，但在无意中透露，它不愿宣传这次访问。中国驻印度使馆负责西藏事务的秘书只是说："于我们没有收到西藏任何部长的签证申请，因此我们认为他们当中没有任何人已经前往北京。"

人们认为，这次访问是在有消息说达赖喇嘛将在9、10月份访问美国之后进行，其意义是非常重大的。众所周知，最近美国已经改变了它对西藏问题的态度。现在，美国可能希望劝说达赖喇嘛以友好的方式同北京解

---

① 《国外藏学研究译文集》第十辑，西藏人民出版社1993年版，第457页。
② 同上书，第457—458页。
③ 资料来源于《参考消息》1979年8月20日。

决"内部争端"。如果达兰萨拉的这个部长代表团在达赖喇嘛于九月四日前往纽约之前向他提供关于在西藏的情况的初步报告,那将是不会使人意外的。达兰萨拉决定了这次悄悄的访问,并使这次访问具体化,这对行动缓慢的西藏外交机器来说是一种完全打破常规的做法。

这次访问是在取消了世俗西藏人原定于五月中旬访问西藏的计划之后决定的。达赖喇嘛政府似乎对公布这次新的访问十分敏感,因为它在为上一次作了大肆宣传的访问进行准备时,受到过一些难民政治组织空前的反对。

因此,在印度的西藏难民对于达兰萨拉作出的关于派西藏人回西藏去获取第一手情报的决定,显然有严重分歧,幸亏中国驻新德里大使馆申明必须宣布自己为华侨的人才能申请签证,这就使西藏政府有了现成的理由取消这次访问。这次部长级访问的目的有一部分是一样的,那就是从事实中寻求真理。这也反映出在流亡政府内有一个居支配地位的活动集团,这个集团宁愿在中国的范围内找到一个解决西藏问题的办法,而不想保持二等公民的难民身份,以期最终"解放"西藏。

实际上,早在1977年初,中央政府本着团结的愿望,通过正在北京访问的日本代表团转述了中央对达赖集团的态度,即过去他们分裂祖国的活动可以既往不咎,只要放弃西藏独立的立场,停止分裂祖国的活动,中央政府随时欢迎达赖回来。1978年12月4日,中央通知西藏自治区党委接待好逃印回国探亲的藏胞。通知指出:"近来,一些逃印西藏人员多次向我驻印使馆要求返藏探亲。中央批准西藏释放叛乱要犯消息发表后,对达赖集团震动很大,估计要求回来的人还会增多。中央认为允许他们回来比较有利,因此请你们及时进行准备作好接待工作,按照回来人员身份情况,要由适当负责同志接见,进行谈话,然后组织探亲和适当参观活动。如果他们愿意留在国内,可以安排适当工作。对不愿留下的,仍礼送出境。"①

1978年12月18日,区党委成立了"西藏自治区接待藏族同胞归国参观委员会",天宝任主任。12月31日,区党委、西藏军区党委发出做好西藏逃印人员返藏探亲的接待工作的通知,《通知》重申了中央有关指示精神,强调要给他们充分的时间和机会参观、访友,要提供方便,不要

---

① 《中共西藏党史大事记》,西藏人民出版社1995年版,第215页。

限制过严。拉萨市、日喀则亦应尽快成立相应接待机构，暂定樟木口岸和亚东县的帕里为入境地点，两地要尽快成立接待站。

1979年5月2日，中央又作出了关于达赖集团人员回国探亲的指示，指示说：关于达赖集团人员回国"探亲"问题，请按照中央批准的中央统战部《关于争取达赖集团和外逃人员回国问题的请求报告》的精神办理。这些人到达各地时，可由适当负责同志接见、谈话，不搞群众性的迎送。对他们要去的地方，要接见的人，一般以尽可能满足他们要求为好。入境口岸，可以同意他们从亚东乃堆拉山口入境。这批藏人回国的名义，不管他们是什么身份或者自称什么名义，我们均应以私人回国探亲对待，并向他们说明不承认他们是什么"代表团"，或是"西藏流亡政府"的代表，也不称呼他们什么官衔。只称他们是"从国外回国探亲参观的藏胞"，对个人可称先生。对这些人的活动，可以在报纸或广播电台作适当的报道。[①]

1980年，党中央领导人视察西藏，决定下大决心调整西藏政策，加快西藏经济建设。并以真诚的愿望欢迎达赖返回祖国，参加祖国的现代化建设。此后，达赖派出了他的第二个和第三个代表团到西藏，以试探中央对他们的态度。在分裂意识及思想的支配下，他们不是以真实的诚意来探寻如何放弃分裂祖国的立场，尽快回国参加现代化建设，而是试探中央对他们这批分裂分子是"软"还是"硬"。这伙人一回到西藏便四处活动，煽动闹事。据自治区党委1980年8月向中央统战部"关于达赖所派第二批五人参观团活动情况"的报告说：

该团7月24日抵拉萨，第二天一早即向围观的三百多群众发表煽动性演讲，上午在大昭寺又向三四千人发表反动演说，其后只要有群众就演说，叫嚷"不管康巴、安多、前藏、后藏都是藏族，要团结一致，为共同目标而奋斗"。甚至叫嚷"不在嘴上喊'独立'要放在心里。"27日他们临时改变日程，要去甘丹寺。该寺上午聚集三、四千人，搭帐篷，挂经幡，之后，举行宗教活动，煽动一些人唱"西藏独立"歌。28日下午街上多次出现散发的反动传单，有的爱国人士、藏族干部接到恐吓信。区党委在报告中提出宣布中止他们的活动。限期责令他们离开西藏。中央统战部同意区党委意见。自治区人民政府于7月29日宣布终止他们的参观活

[①] 《中共西藏党史大事记》，西藏人民出版社1995年版，第221页。

动，限于三十日前离开拉萨。这一措施打击了他们的反动气焰，得到群众热烈拥护。

达赖集团以这种"试探"心理来对待中央政府的宽容政策，当然不会有什么结果。然而，中央对他们的一系列活动还是以宽大为怀，希望达赖早日回来以结束他的流亡生活。在这种情况下，1982年4月，达赖喇嘛派出了另外一个代表团到达北京，在那里，他被同意将于1985年返回拉萨，在此之前即1984年的某个时候，一个高级特派团将访问西藏以准备这次行动。

1984年10月，达赖派出了一个3人代表团再次到达北京，用他们自己的话说，这次到北京的目的是"讨论达赖喇嘛来访的安排以及探讨进一步对话的可能性。"并以主动的姿态，想竭力恢复同中央政府的对话。①

事实上这些谈判进行得非常顺利，甚至于达赖喇嘛也公开宣布他将于1985年返回西藏。②

实际上，西方反华势力和达赖集团都清楚，无论口头上怎样说，从本质上始终未能离开"西藏独立"，把西藏从中国分裂出去这一主题，只是当他们的图谋被我揭穿后，又重新露出了原形。

4. 1985年下半年至1991年底。1985年，戈尔巴乔夫当选为苏共总书记，翌年抛出了《改革与新思维》一书，美国和英、法、德等西欧国家马上意识到苏联要产生巨大变化，苏共的变化会影响东欧的变化，进而波及中国等社会主义国家。具有长期对华战略的美国中央情报局以及美国国会，白宫等决策人物，很快统一了对社会主义国家进行"和平演变"的认识，加快了对社会主义国家和平演变的速度。这时候，西方反华势力指使达赖集团改变策略，一方面假装与中央谈判，另一方面加紧对西藏渗透与颠覆。据美国人格兰菲尔德披露：

1985年6月，西藏流亡者与持不同政见的民主中国阵线发表了联合声明。③并且在随后一个月里，西藏人在瑞士会晤了从蒙古、满洲和东土耳其斯坦来的代表，筹组东土耳其斯坦、蒙古、满洲和西藏人民联合委

---

① 资料来源于达赖评我《西藏主权的归属与人权状况》白皮书的有关资料，达赖的评论文章译为《西藏：实践检验真理》密NO000027。
② 《国外藏学研究译文集》第十辑，西藏人民出版社1993年版，第458—459页。
③ 《西藏评论》1985年第5期、1985年第7期。

会，并开始出版《共同之声》杂志，据我所知，该杂志仅出版了一期。①

1986年达赖喇嘛郑重地开始了他的访问活动，在访问西德期间，他与联邦德国议员特别是绿党②成员建立了联系。在奥地利，当达赖喇嘛会见瓦尔德海姆总统时表示，为了政治事业的利益，即使作为一名宗教领导人也应该能无所顾忌。当时，由于瓦尔德海姆有关在"二战"中纳粹会员身份事件，瓦尔德海姆正遭受世界各国领导人的联合抵制。达赖喇嘛也访问了苏联，以及应教皇之邀去梵蒂冈参加了世界和平祈祷日。1987年3月恩纳尔斯爵士为达赖喇嘛在英国下议院举行了一个欢迎会。③ 1987年6月，美国众议院一致通过一项对外关系授权法修正案，谴责在西藏侵犯人权并声明西藏目前是被中国用暴力占有。另外，16名国会议员致信赵紫阳总理，谴责在西藏践踏人权。这正是达赖喇嘛所致力于的那种压力。北京作出了反应，让德国总理科尔和前美国总统卡特分别于6月和7月份对西藏作了简短的三天访问。科尔是有史以来第一位访问西藏的执政的政府首脑。两人向新闻界发表声明暗示，西藏的现状比达赖喇嘛所描绘的要好。④

1987年9月27日，10月1日，在美国一些反华势力的怂恿和达赖集团的策划下，拉萨发生骚乱事件，1988年3月5日，拉萨又发生了较大规模的骚乱，此时，西方反华势力和达赖集团欣喜若狂，利令智昏，错误地认为他们搞西藏独立，分裂西藏的时机已经到来。美国一位学者描述了当时的情况：

当事件在拉萨和华盛顿摊开的时候，达赖喇嘛—北京之间的谈判似乎陷入了停顿。达赖喇嘛进行赌博，认为拉萨内部的少部分民众的不服从运动以及西藏问题的国际化有助于促使北京作出进一步的让步。时间的选择显然是一个错误。骚乱发生在一个有叛乱历史的敏感的边界地区，而且美国国会的干涉恰好是在北京准备在中国放弃强硬路线的时刻。正如我在一封致《纽约时报》的信中所述，美国拒绝承认它在西藏现代史上所进行的幕后操纵，使得美国在西藏人权问题上所有虚伪的声明变得软弱无力，更为不利的是，它加强了中国强硬力量的控制。正如国务院一位高级官员

---

① 《西藏评论》1985年第5期、1985年第7期。
② 绿党：联邦德国极右翼组织。
③ 《西藏评论》1986年第6、9、10期，1987年第4期。
④ 《西藏评论》1987年第7—8期。

所说在此特殊时期，国会对于西藏独立的支持，无疑发出了导致更多暴力因素的错误信号，引起更多的流血事件。①

如是所说，在美国的操纵和达赖集团的策划下，1989年3月5日，拉萨发生了大规模的骚乱，骚乱分子烧汽车，砸商店，袭击过路行人，国务院被迫在拉萨进行戒严。

这时，以美国为首的西方反华势力、上蹿下跳、把拉萨骚乱和北京暴乱联系起来，采取了一系列旨在支持达赖集团、制裁中国的措施。据美国学者记载：1989年3月15日美国参议院通过一项决议谴责中国在西藏侵犯人权。六个星期之后，本杰明·吉尔曼向众议院提交了一个法案，禁止向中国出售防御性武器。1989年5月4日，参议员佩尔向对外关系授权法案附加了三项条款：1. 向西藏难民提供50万美元的援助；2. 向西藏学生提供30所学校的奖学金供其在美国学习；3. 禁止向中国出售国防物资。5月份众议院以压倒性多数通过一项法案，谴责中国侵犯人权。一个月之后，参议员霍尔姆斯提交一份法案敦促美国对中国实施贸易制裁。

在其他的讲坛上也取得了重要的胜利。在联合国人权委员会，西藏问题首次得以讨论，同时联合国大会也两次提到西藏问题。1989年11月，英国上议院也首次讨论了西藏问题。

达赖喇嘛最重要的成果是获得诺贝尔和平奖。授予达赖喇嘛和平奖的决定更多的是出于反中国的想法，较少的是出于对达赖喇嘛的亲近。正如《纽约时报》所报道，接近诺贝尔委员会的人说，他们选择达赖喇嘛作为获奖者"是试图去影响中国发生的事件以及对民主运动的学生领导人的努力的承认……"达赖喇嘛于1月1日被提名，在天安门事件之后，于9月份被授予和平奖。②

1990年西藏流亡活动集团加强了他们的努力。在挪威、加拿大、意大利，他们帮助建立了议会委员会。达赖继续进行范围广泛的访问，例如应哈韦尔总统个人的邀请访问了捷克斯洛伐克。他不受欢迎的国家大概只有尼泊尔。可能是由于中国的压力，他被拒绝签证。他的代表丹增次仁、甲日洛迪和范普拉赫也广泛地访问了澳大利亚、整个拉丁美洲。他们筹措资金、建立支持集团、会晤政府官员、在联合国人权委员会和清除种族歧

---

① 汤姆·格兰菲尔德：《致编辑的一封信》，《纽约时报》1988年3月23日，第A26页。
② 《国外藏学研究译文集》第十辑，西藏人民出版社1993年版，第471页。

视委员会提出西藏人权问题。其他的西藏人（两名最近从中国出逃的）也遍访各国，与中国的持不同政见者相协调。①

1990年2月，布什总统签署了一项法案。该法案附有一项在"美国之音"创办藏语广播（于1991年春季开播）的修正案。但也搁置了为西藏难民在美国学习提供三十名奖学金的一百万美元的援助。在国会参众两院都宣布1990年5月13日为"国庆日"以支持中国和西藏的自由和人权。②

1991年8月19日，苏联发生了历史性的逆转，随着紧急状态委员会的失败，存在了70多年的苏联宣布解体，一个统一的多民族国家迅速分裂成十几个国家，这一重大事变，使西方反华势力和达赖集团欣喜若狂，此时的分裂活动也达到了高潮，达赖狂妄的声称，不出一年，中国也会解体，西藏实现独立已为期不远。国际反华势力也与达赖集团相互配合，其咄咄逼人之势难以形容。

1991年8月23日，联合国第43届小组委员会以秘密投票方式通过了由荷兰专家特奥·范博文起草的"西藏局势"决议。决议以9票赞成，7票反对，4票弃权通过。实际上，秘密的投票是破坏人权会议工作规则的一种做法，所谓的西藏局势的决议不仅内容颠倒是非，而且借苏联"8·19"事变之故匆忙出笼，具有明显的诬蔑和攻击中国的企图。这个时候，国际反华势力和达赖集团分裂我西藏的活动已达到了高潮。

5. 1992年至2012年。1991年，国际反华势力和达赖集团的表演已经达到物极必反的地步，许多国家和正义的人民对他们利令智昏的做法都产生了反感。1992年2—3月的第48届世界人权会议，少数西方国家经过密谋后搞了一个旨在分裂我西藏的"中国/西藏决议草案"。

在与会大多数国家的强烈反对下。通过了不对"中国西藏决议"采取行动的动议，否定了所谓"中国/西藏决议草案"。日内瓦人权会议上国际反华势力与达赖集团的失败，昭示着达赖流亡集团走下坡路的开始。

1992年1月至2月间，邓小平同志南巡视察发表了重要讲话，邓小平的讲话使世界各国特别是发达国家对中国的政策有了新的认识，认为改革开放政策的继续有利于西方发达国家投资和寻找新的市场，在资本和利

---

① 《西藏评论》1990年第3期、1991年第2—3期。《旧金山年鉴》1990年12月3日，第A·14页。

② 《西藏新闻》1990年第1—4期。《西藏公报》1990年第3—4期。

润驱使下的资本主义已感受到中国大市场的吸引力,认为支持达赖集团会影响开拓中国市场,自西方反华势力和达赖集团在日内瓦失败之后,他们的调子逐渐降下来。1993年至1994年,国际反华势力和达赖集团除搞一点小动作外,没有大的作为。1994年7月,中央召开了第三次西藏工作座谈会,决定加快西藏发展步伐,稳定西藏社会局势,除大规模的向西藏投资外,在政治上强化了对达赖集团的斗争,提出了"我们与达赖集团的斗争,不是信教不信教、自治不自治的问题,而是维护祖国统一和反对分裂的问题,是敌我性质的斗争。"① 中央明确了与达赖集团斗争的性质,指明了斗争的方向,这无疑是对达赖集团的猛烈一击,在无可奈何的情况下,1995年年初,他们又企图用"和平挺进"的方式作最后挣扎,但和平挺进由于遭到印度、尼泊尔的反对而中途流产。遭此大败之后,达赖不惜以宗教作赌注,在境外擅自宣布所谓班禅转世灵童,披上神圣的宗教外衣干上了破坏西藏安定的政治勾当。

1996年,西藏自治区开展了对寺庙和僧尼的爱国主义教育,在僧众中揭露了达赖分裂集团"控制一个活佛,就等于控制一座寺庙,控制一座寺庙,就等于控制一个地区"的阴谋,使大部分僧众从达赖集团的欺骗中醒悟过来。1999年到2001年,中央的西部大开发计划为西藏进一步注入活力,青藏铁路第二期的开工修建,使西藏现代化的步伐进一步加快,西藏的巨大变化使达赖集团惊慌失措,急忙寻求对策。

2007年,青藏铁路全面通车,西藏的人流、物流通达全国,达赖集团在境外造谣青藏铁路破坏生态,帮助扩大移民等,决定再次孤注一掷。

2007年5月,"藏独"势力和国际反华势力在比利时首都布鲁塞尔举行"第五届国际声援西藏组织大会",时任"西藏流亡政府"头目桑东出席了这次会议。这次会议通过了一个《战略计划》,决定启动抵制2008年北京奥运会的运动。之后在美国的"藏独"组织提出了"西藏人民大起义"构想。他们认为2008年是实现"西藏独立"的最后一次机会,决定利用奥运会前国际社会关注中国的"有利时机",图谋"通过唤醒、协调西藏境内的行动给中国制造危机"。

2007年年底,"藏青会""西藏妇女协会"(以下简称"藏妇会")等"藏独"激进组织在印度召开会议,宣称将发起"西藏人民大起义运

---

① 中央领导同志在第三次西藏工作座谈会上的讲话。

动"。2008年1月4日、25日，7个"藏独"组织在印度新德里组织新闻发布会，公布《"西藏人民大起义运动"倡议书》，并在100多个网站上传播，称"将从2008年3月10日开始，举行不间断的大规模的'西藏人民大起义运动'"。3月10日，十四世达赖发表讲话，鼓动中国境内的不法分子采取暴力行动。"藏青会"在同一天发表声明称，"目前应紧紧抓住过去独立斗争中从未有过的重要契机，即今年的奥运会"，为了"西藏独立""不惜流血和牺牲生命"。

在十四世达赖集团的策划组织下，2008年北京奥运会筹办期间，"藏独"势力在国际上制造了一系列干扰破坏活动。"藏独"分子多次破坏奥运会的重要仪式，包括冲击希腊的圣火采集仪式，在多国抢夺传递中的奥运火炬等野蛮行为，引起国际社会极大愤慨。

2011年8月，所谓的"西藏流亡政府"新头目上台后明确提出"创新非暴力"运动。自此，十四世达赖集团开始通过多种途径煽动境内藏族僧俗、信众自焚，造成中国部分地区接连发生自焚事件。2012年5月29日，在"藏青会"为自焚藏人举行的烛光集会上，其头目宣称，"西藏独立不会从天上掉下来，也不会从地上长出来，而要靠我们的努力和行动，要付出代价"。2012年9月25日至28日，十四世达赖集团召开第二次"全球流亡藏人特别大会"，明确将自焚视为"最高形式的非暴力行动"，将自焚者视为"民族英雄"，为其建造纪念堂、筹措专项基金。此后的一段时间，十四世达赖集团大肆鼓吹"自焚不违背佛法""自焚属于殉教行为，是菩萨行"，诱骗藏区信众特别是一些阅世不深的青少年走上不归路，导致自焚事件陡增。

中国公安机关侦破的一系列自焚案件，清楚地说明自焚事件是十四世达赖集团一手操纵和制造的。位于四川省阿坝藏族羌族自治州的格尔登寺是自焚事件发生最多的地方，事实证明，该寺发生的自焚事件与十四世达赖集团的策动有着密切关系。十四世达赖集团组织自焚一般通过四条途径：一是通过格尔登系寺庙和印度格尔底寺"新闻联络小组"联络，遥控策划自焚；二是由"藏青会"成员非法入境，煽动组织自焚；三是通过境外回流人员教唆自焚；四是利用网络和"藏独"媒体炒作造势鼓动自焚。

十四世达赖集团还发布操弄自焚行为的《自焚指导书》，有系统地煽动、教唆境内藏人自焚。该书作者署名拉毛杰，曾连任过两届"流亡议会""议员"。《自焚指导书》共分四部分：第一部分鼓吹自焚者是"无畏的英雄，很伟大很光荣"，怂恿"男女英雄们"时刻准备牺牲生命；第二部分是教授如何做"自焚准备"，详细指导自焚者"时间上要选择重要日子""环境要选择重要的地方""留下书面或录音遗言""托一两个信得过的人帮助录像或照相非常重要"；第三部分是"自焚口号"，教唆自焚者呼喊统一的口号；第四部分是配合自焚的其他行动。《自焚指导书》完全是一部教唆他人自我施暴、制造恐怖气氛的死亡指南。撰写并传播《自焚指导书》，无疑犯有杀生的罪孽，与藏传佛教教义完全相悖。

在公共场合的自我施暴本身就是暴力行为，目的是制造恐怖氛围和传导恐怖心理。在这个是非明确的问题上，十四世达赖扮演了不光彩的角色。2011年11月8日，自焚事件发生初期，他在接受媒体采访时说："问题在这里，自焚需要勇气，非常大的勇气。"这实际上是对自焚者表示赞赏和肯定。2012年1月3日，他又为自焚辩解称，"自杀从表面看是暴力行为，但区分暴力与非暴力最终在于动机和目的，源于愤怒和憎恨的行为才是暴力"。显然，在他看来，自焚是"非暴力"行为。2012年10月8日，他在接受专访时还说，"我非常肯定的是，那些自焚者之所以牺牲自己是因为怀揣着真挚的动机，是为了佛法和人民的福祉，从佛教的观点来看，是积极的"。在此，他已十分清楚地对自焚给予肯定和赞扬。达赖还利用其宗教领袖身份，亲自主持"法会"，带头为自焚者"超度""念经""祈福"，这对具有朴素宗教感情的信众很具煽动性和蛊惑力。

与此同时，达赖集团还采取"哀兵"对策，当他们看到和感受到社会主义中国在共产党的领导下日益繁荣和强大，中国的经济总量居世界第二位，国际地位日益提高，一些明智的国家已放弃了对他的支持时，便重新抛出"不谋求独立""高度自治""中间道路"等陈词滥调，企图蒙蔽国际上不明真相的人，这种偷梁换柱的把戏也掩盖不了其图谋"独立"的本质，必将再次遭到失败。

九　国际社会对达赖集团分裂活动的态度

利用达赖集团从事分裂中国，削弱中国的活动，毕竟只是某些国家中的反华势力所为，即使是支持达赖集团最卖力的美国，也只是官方中那么几个政客和极少的政界要人，大多数人民和官员对达赖集团借助国外势力分裂自己祖国的做法还是有看法的。

1990年10月1日，美国国务院向美国国会参议院人权小组提交了一份报告，这份报告明确指出：中国是一个多民族的国家，汉族同少数民族的来往可追溯到公元2世纪，（该报告第4页）包括国民党在内的中国所有政治派别历史上都一直将西藏视为中国不可分割的一部分，世界上任何一个国家都未正式承认西藏是一个独立于中国之外的主权国家。

即使以对华强硬著称的美国总统克林顿和小布什，在上台之后也降低了对达赖集团支持的力度。比如：他们在接见达赖的礼节问题上颇费心思。屡次向报界表白他们会见达赖本人只是私人性质的，会见并不改变美国政府承认西藏是中国领土一部分的立场。美国政界高层人士都明白，美国之所以支持中国的"持不同政见者""民族主义反叛者"，只不过是以此作为向中国讨价还价的砝码，并不真的相信这些"异己分子"会把一个统一强大的政权动摇乃至推翻。

之所以会出现这种情况，完全是因为国际社会发展大趋势使然。在当今国际社会，务实思想支配着大部分国家特别是发达国家的内外政策，在这种政策导引下，大部分国家信奉一种实在的，能够有实现目标而且可以获得实惠的准则。在世界绝大部分国家和人民看来，达赖集团试图借助外国势力以分裂自己祖国的行为只不过是在重复历史上挟洋人以自重、卖国权以通敌的叛国分子的老路。这些人在历史上没有哪一个有好的下场。如噶尔丹、阿古柏、北洋军阀、汪精卫等。在人类社会进入高度文明的今天，试图以分裂国家为目的的"独立"也是不现实的。对此，许多国家都认为达赖集团搞所谓西藏独立简直像一场儿戏，既徒劳又滑稽。

1987年9月底，当分裂主义分子策划拉萨骚乱事件时，一些国家和地区的报纸就对这种以"西藏独立"为目的的有害无益的骚乱进行了公证客观的评论。9月28日，纽约《北美日报》发表文章[①]，评价达赖访问美国、谋求"西藏独立"是不识时务。文章说：过去达赖曾经多次来美活动。不过，表面上看来，基本上是进行宗教活动。不论是在哈佛大学神学院，或是别的什么地方，他讲的是佛学，甚至声称那一套东西跟共产

---

① 资料来源于《参考消息》1987年9月30日。

主义"有共同之处"。

这次不同了，他公然鼓吹西藏独立，而且是在美国国会这样一个讲坛上，那就不可等闲视之。

西藏是中国领土不可分割的一部分。有那么一些外国势力长期以来曾经力图把西藏从中国分裂出去。但这种图谋就是在过去中国力量薄弱的时候，也只不过是功败垂成。今天，中国空前统一强大，再做"西藏独立"梦，是不是有点想入非非，不识时务。遗憾的是这样的人不但有，而且他们是不会死心的。三个月前（指1987年6月），美众议院就通过了中国的人权问题和中国在西藏违反人权两项修正案。一个时期以来，美国有那么一些人和传播媒介在"西藏问题"上搞了一系列的活动，散布了一系列混淆视听的言论。

那些口口声声说尊重人权的人，大概也不会赞赏寺院、贵族、地方政府三位一体统治西藏时期那种挖农奴眼睛，砍掉他们的手脚，甚至剥人皮做鼓的"文化"。他们要求保护的只能是传统的宗教活动。最近前总统吉米·卡特访问西藏，表示那里的宗教活动已经恢复正常。近8年来（指1979年至1987年），中国政府拨款2400多万元，修复寺庙和宗教活动点近千处。在西藏、四川、甘肃和青海先后建立了4所藏语系佛学院。本月初，跟达赖同为精神领袖的班禅大师（指当时的十世班禅）又在北京主办成立了藏语系高级佛学院。

西藏当然并非一切全都完美无缺。但是那里已经向世界旅游者开放，谁都可以去那里亲眼看看，比凭想象发出指责攻击要好得多。

几天以后，瑞士报刊也发表评论，认为"西藏分裂分子的阴谋决不会得逞"① 文章提出："这次骚乱很难发展成一次真正的起义和暴乱，不管在暗中活动的一些秘密团体有多大的影响。"

这是因为，暴乱者们不能指望得到国外援助。这块土地的归属问题不是已经解决了吗？美国已迅速表明了自己的立场：西藏是中国不可分割的一部分。

印度的态度如何呢？面临锡克问题和泰米尔问题的新德里很可能不会冒险插手喜马拉雅山上的这种错综复杂的事情。

与此同时，《印度教皇报》则告诫达赖"应潜心宗教事务、勿给印中

---

① 资料来源于《参考消息》1987年11月11日。

关系添麻烦。"① 西藏局势是中国的内政，达赖喇嘛及其追随者最近的言行是明显地滥用印度的好客态度，因此必须立即制止。鉴于民主印度自己在治国与发展方面的经验与前景以及分离主义、神权主义和教族主义运动给它的统一与昌盛带来的挑战，它对西藏与外国的想要利用西藏的社会政治与经济问题促使西藏同中国分开——如果不是与实际脱离的话——对形形色色的分子纠合在一起的做法是不会抱有丝毫同情的。其次，对两个邻近大国之间的双边关系予以考虑是至关重要的。有些人对历史很健忘。我们应当提醒他们注意：大约 30 年前，达赖喇嘛和西藏问题对中印关系的状况与气氛产生过明显消极的影响。达赖喇嘛最近老是强调印度和西藏之间的"特殊关系"，这就是要重演现代史上一段不幸时期的往事。

达赖喇嘛特别要懂得，他根本无权利用他在达兰萨拉的基地发出要西藏人开展"民众不合作运动"或加强反北京示威活动的明确号召；他还应当认识到，在印度；他唯一能采取的做法是潜心于宗教事务；如果他或他的追随者有什么政治抱负，那最好是通过与中国政府直接联系。通过认真的对话去实现，对于不断加剧的骚乱活动，港台报纸以更加激烈的言辞予以谴责：认为"藏独"阴谋不会有什么结果。② 并称达赖集团所策划的"独立"活动是非常愚蠢的。

《天天日报》社论：中国的西藏自治区，最近连续发生政治骚乱。

许多世纪以来，西藏就是中国神圣领土的一部分。但国际的野心分子，却显然一直在觊觎我们这片神圣的土地。而且是挑唆民族感情，利用不肖离心分子，"不遗余力"。只就这一次严重事件发生的同时，我们就可以看到一些"不寻常的巧合"，首先是一直在印度流亡、从事活动的达赖喇嘛"应邀访美"，发表了不少不利于中国团结藏族的言论。而美国的一些政客，亦以桴鼓相应的姿态，发表了一些对此人"支持"的谬论。

在西藏的示威骚乱发生之际，竟然也有美国记者"及时出现"。我们希望保持民族团结有责的中国政府，不是止于对分裂主义者的"指责"，而必须对阴谋策动者加以有力的反击。

《明报》社论：③ 今年夏天，名作家陈若曦在拉萨会见班禅额尔德尼，

---

① 资料来源于《参考消息》1987 年 11 月 11 日。
② 资料来源于《参考消息》1987 年 10 月 8 日。
③ 同上。

班禅向她指出：过去几十年，"左"的干扰太多，这几年政策比较落实，西藏已呈现欣欣向荣的局面。

在这种情形下，包括达赖在内的所有西藏同胞，应该"向前看"，而不要老是"不堪回首话当年"，应该理性地认识到"汉藏团结"是西藏唯一可能的出路，而不是晕头转向妄想搞"西藏独立"或"印藏融为一体"。

《信报》评论：① 西藏自13世纪以来就属中国版图，长期以来中央政府对蒙藏都采取宽松政策。

而鼓励藏人闹独立，原是19世纪英国老殖民地主义者的把戏，但即使是在晚清列强瓜分中国呼声甚嚣尘上之际，阴谋也未得逞，因此这次虽然打出"人权"的旗号，看来是徒劳无功的。

过去西藏的宗教迷信加上奴隶社会统治方式，是违背历史潮流的，绝对不能容许复辟。

台湾《工商时报》1987年10月12日发表了一篇题为《愚蠢的西藏"独立"运动》的社论②，社论指出：

西藏是中国国土的一部分，而中国国土不容许分裂，这是以前的中国人，现在海内外十亿以上的中国人，未来无数的中国人所共同信守不渝的铁则，无论统治中国的为哪些人，也无论统治中国的政权属于哪一种性质，都不敢违背这一铁则，也不愿意违背这一铁则。

中共占据大陆以后，印人承英人之余孽，想步英人后尘染指西藏，为中共一记铁拳打得鼻青脸肿，不能抬头。此无他，中国的国土不容许分裂也。中共绝不允许犯两个禁忌：一是西藏独立，一是外人干预西藏事务。此亦无他，中国国土不容许分裂也。此系藏人想要搞独立运动必须要认清的内在环境。

至于藏人搞独立运动的国际环境，则所有有权力及影响力的国际力量，都承认西藏是中国的国土，不愿干预。而迄今为止，假如国际间还有干预的话，就是来自那些毫无实力，只会空喊口号，空表同情，丝毫不发生实际作用，中共连看都不看一眼的个人和团体，而误尽达赖喇嘛及西藏人民，使其真以为有国际人士支持，可以贸然发动所谓独立运动的，就是

---

① 资料来源于《参考消息》1987年10月8日。
② 资料来源于《参考消息》1987年10月14日。

这些人和这些团体。对于此次西藏事件也要负责。

在这样明显确定的内在与国际环境之下，假如达赖喇嘛与其追随者是有一点知识与良知的政治家，是衷心诚挚地在为其藏族同胞谋利益，则唯一的一条路，便是以佛家我不入地狱谁入地狱的宗教精神，冒一切个人的危险，与中共达成妥协，回到西藏，作为中共与藏族之间沟通的桥梁，作为藏胞的精神领袖，尽量向中共争取藏族的宗教信仰自由，风俗习惯与生活的自由，以及发展经济，改善藏族的生活水准。在与中共如此的和平共存之下，徐观以后的情势发展。这是唯一的选择，也是上上之策。

现在不此之图。达赖喇嘛及其追随者不了解中共政权的本质及其力量，不了解海内外 10 亿以上中国人对中国国土不容许分裂的传统信念，也就是不了解中国形成的历史过程及文化背景，不了解国际形势，更完全不了解本身的分量与实力竟致愚蠢到搞什么西藏独立运动，不仅摆明了要与中共为敌，而且要与海内外 10 亿以上的中国人为敌，而其所依恃的不过几百万（注：应为几万）赤手空拳的藏胞与毫无实力的几个国际政客及国际民间团体。而达赖喇嘛及其追随者所得到的不过是国际社会又多提几次达赖喇嘛的名字，暂时不会被遗忘，以及也许多得到一点捐款与同情而已。我们所不平的，是达赖喇嘛及其追随者现在仍然安居国外，毫发无损，所有生命及自由的牺牲都是留在西藏的藏族同胞（极少数骚乱分子）。这说得好听一些，是达赖喇嘛及其追随者的愚蠢；说得不好听一些，是道德的堕落与政治的烂污——得名得利是自己的事，牺牲生命与自由是别人的事。

所有不考虑内在及国际环境，将自己放在最安全的位置，高喊独立口号，鼓动别人去牺牲生命与自由，以致陷别人永远不得翻身的人，都是达赖喇嘛类型——牺牲别人，成全自己。最后一定是同归于尽，佛家讲因果报应，丝毫不爽。

1989 年 3 月，当分裂主义分裂肆虐拉萨，疯狂地打、砸、抢、烧时，国务院及时作出了重要决定，即在拉萨实施"戒严"，作为港台报纸，对此作了公正的评价，认为"西藏的独立活动应受到谴责"[①] 如《香港经济日报》3 月 8 日文章说："今次拉萨骚乱，令中外瞩目的西藏独立是骚乱的导火线，当地政府武力镇压的态度坚决，骚乱者有明显的排汉情绪。我

[①] 资料来源于《参考消息》1989 年 3 月 11 日。

们认为，西藏独立活动应受谴责，因为无论从历史、法理和政治现实，西藏都没有可以独立的理由，至于说中国政府历年以高压手段治藏，基本上是与事实不符的。"

"很明显，近30多年来北京的对藏族政策，西藏社会的实际发展，都以自治为主，也取得很大进步。因为1950年以前的西藏，其落后，黑暗，藏人的生活苦况，都是外间人所不能想象的，吴忠信先生在入藏主持十四世达赖坐床，曾根据他的所见所闻，写下《西藏纪实》，道出当时藏人的非人生活，与近年西藏社会比较，前后的天壤之别，何止以道里计。

显然，我们相信，致力西藏独立者仅属小撮人，历来鼓吹西藏独立，必然以汉藏民族分裂为基础，因为倘不这样做，便无以制造西藏独立的口实，因此挑起排汉情绪是必然现象。这样做，明显首先不利藏局稳定，也对大多数藏人的经济利益有损。

军管拉萨，会带来稳定作用。但西藏问题，由来已久是民族问题，切实制订措施，加强汉藏民族在实际生活上融洽相处，方对藏局带来积极作用。"

一些国家和地区何以会对图谋分裂国家"独立"活动和拉萨骚乱作出这样的评价，其事理是不言自明的，正直的人往往只看重事实，并不会天真地相信歪曲性的报道和宣传，更不会轻信达赖集团在境外制造的谣言。西藏和平解放近四十年来，西藏发生了翻天覆地的变化，令人折服，以往落后的、残酷的封建农奴制度被现在现代化的文明所替代，尽管中间有十年"文化大革命"的干扰，但共产党正视这一现实，并很快纠正了以往"左"的错误，这些为世人所瞩目。1987年9月25日，纽约《中报》报道了著名作家陈若曦的访藏观感[①]已完全证实了这一点。在题为《中共为西藏现代化做工作最多》文章中，陈说："与30年代和40年代的西藏相较，80年代的西藏已是完全不同的面貌。她在未赴西藏前，已对西藏许多新建设有所听闻，但亲自目睹后，发现情况比她所预料的还进步。她说，在30年代和40年代，除了统治阶级之外，整个西藏没有厕所的观念，即使在首府拉萨，也可见到乞丐横尸街旁，饿犬啃尸，群蝇乱飞的情况。但当时布达拉宫、夏宫却已有抽水马桶，'现代化'只降临统治阶级，却与民众无缘。

---

① 资料来源于《参考消息》1987年9月30日。

而现在的拉萨却已是全新的面貌。目前有拉萨、西藏两家现代化的旅馆，其中西藏饭店于今年6月1日才落成。陈若曦说，目前西藏大约有208万人，其中汉人只有12万。由1959年达赖仓皇辞庙之后至1979年，西藏人口增长45万人。

在1959年之前，西藏连一所学校都没有。而在1979年时，已有5所中学、22所职业学校、600多所小学，现在还成立了西藏大学。中共还花费大量的人力、物力开公路、开机场，为西藏的现代化打基础。

她认为以西藏自然条件之恶劣要从事现代化建设，没有国家的力量是做不到的。

她还说，从50年代开始，就有不少汉人真的是以满怀理想和热情的心愿到西藏工作，他们从不计较个人的得失，真心实意地和西藏劳苦民众共同奋斗，所为的也是争取使西藏有一个较平等的社会。对许多在西藏工作的汉人而言，他们付出的比他们得到的多得太多。"

香港《文汇报》刊载的另一篇报道，则更能说明问题，这篇报道刊载于1989年12月20—25日的香港《文汇报》上，资料来源于1990年1月31日至2月2日《参考消息》，该报道以大量的事实证明了西藏较之达赖统治时期发生的变化。这篇题为《拉萨行》的报道，已使世人明白："现代化之风也已逐渐吹到了拉萨。水泥公路上，来来去去的多是些日野、丰田、桑塔纳牌车辆；电视塔的发射天线在蓝天下闪耀；大会堂、体育场等建筑无论从式样到内部设施都可以和内地的同类建筑媲美；甚至目前国内仅七家与美国假日集团合资的高级酒店，也有一家就设在拉萨。"这些对西藏客观而公正的报道不仅使人了解了西藏的实际情况，也促使国际上一些对达赖集团所从事的分裂活动抱有同情感的人扪心思考。

很显然，国家对西藏的优先发展的政策和西藏自治区所发生的变化，使世界上许多人改变了对达赖集团的看法，即使在达赖本人获得诺贝尔和平奖时，国际上的许多人士也未听信于少数国际反华势力对达赖的褒言，而是予以客观公正的评价，国际舆论和港台报纸认为：授予达赖诺贝尔和平奖，与其说是对达赖为和平事业贡献的承认，倒不如说是对达赖分裂国家活动的褒奖，诺贝尔和平奖金变成人为的御用政治工具，实为20世纪以来非常滑稽的事件。以下是国外及港澳报纸对这一事件的评论。[①]

---

① 资料来源于《参考消息》1989年10月10日。

菲律宾《商报》1989年10月7日述评，题为："和平奖可以休矣。"

授予达赖喇嘛1989年度诺贝尔和平奖，再次暴露诺贝尔奖金实是西方世界的政治工具，并进一步贬抑了该奖金在世人眼中的地位。

达赖自称是普通佛教徒，如果他关心的真是喇嘛教与西藏同胞，那便应停止在国外搞独立的政治活动，回归西藏实地观察改造后的西藏新社会，严格遵奉政教分立原则，献身弘扬佛法与爱民，那是西藏人民也是中华民族之福。

可惜，达赖穿的是喇嘛袈裟，耍的却是政治把戏，他口中说的愿通过和平途径求取自治，心中想的实是妄图重建喇嘛教的封建统治。这不但是尝过解放成果的西藏人民所不能接受，而且是五族共和的中华民族也不能容忍的。

诺贝尔奖金委员会授和平奖给达赖喇嘛，"司马昭之心，路人皆知也"，只是妄图打消达赖回归故土之心，延续那不现实的独立梦想，粗暴地破坏中国的统一与干涉中国内政。

沉沦到为宗教封建农奴统治复辟打气，诺贝尔和平奖可以休矣！

日本《每日新闻》1989年10月7日社论，题为：《和平会来到西藏吗？》

全世界的人们必须注意到把诺贝尔和平奖授予达赖包含着它反倒会使西藏同题的和平解决更加困难这一逆说。

就像过去的获奖者大多为政治家这件事所表明的那样。诺贝尔和平奖往往带有国际政治上的考虑。可以看出，评选委员会主席就这一决定所作的发言正反映出西方国家对天安门事件的不悦。

奥地利《新闻报》1989年10月7日文章，题为：《作为挑衅的诺贝尔和平奖》（记者彼得·阿赫滕）

自1970年以来，中国对西藏的政策越来越具有现实意义了，北京曾努力使西藏在经济上有所发展并重新使宗教生活有更多的发展可能，这是无可置疑的。

据笔者自己了解，至少在1959年以前，广大农民和牧民过的是非人的生活。1979年以来，达赖喇嘛和北京之间的联系从来没有完全中断过，中国甚至做了许多让步。但前提是不能搞独立。

现在给这位西藏的宗教领袖授予诺贝尔和平奖不会促进对话有谈成的希望，结果正相反。中国会说，外国人到处插手来瓦解中国。中国把希望寄托在其国际法的立场上，根据这一立场，所有联合国成员国应无保留地承认人民共和国的领土完整，此外中国自13世纪以来就对西藏拥有主权。

答案只有一个：中国不会屈服于外国的讹诈。

1989年10月7日，澳门日报发表了一篇题为《一个意外的诺贝尔和平奖》的文章，文章认为：

对于达赖角逐了三届才获颁这个奖项一事，人们获得一个强烈的印象是：今年的这个奖项的评出，明显地与"六四"事件挂上了钩，是出于一种"政治需要"，而不仅是基于对达赖个人"贡献"的考虑。

感到意外的，也不仅是因为达赖得到这个奖，还在于诺贝尔奖委员会在表彰书中使用了一些不恰当的、绝大部分中国人民都不可以接受的词语，尤其是下面这一句话："他（指达赖）在争取西藏解放的斗争中，反对使用暴力。""争取西藏解放"几个字就显得特别刺耳，这好像是中国政府对西藏的管治是"非法"似的，其荒谬使人难以容忍。

达赖自1959年的西藏叛乱中逃到印度后，组织了他的"西藏流亡政府"。一直没有停止过分裂祖国的活动。

虽然达赖在公开场合口口声声主张"非暴力斗争"，但西藏近年发生的多次暴力事件，却又明显地与达赖这些海外分裂势力的煽动和策划有关。而当时的香港快报则解释了达赖获诺贝尔和平奖的政治含义。

这次挪威诺贝尔和平奖委员会在一篇公告中称赞达赖"已经从尊崇天地万物和人类及自然之中，发展其和平哲学"，"对于国际冲突，人权问题和全球环境问题的解决，提出了极有建设性和甚有远见的建议"。

这番评论尽管冠冕堂皇，唯达赖却非实至名归。众所周知，达赖一直不断在海外寻求国际援助，并且鼓吹西藏独立。西藏独立当然不是处理西藏问题的和平解决办法，因为这个先例援引下去，全使中国陷于如战国时代的四分五例。更有甚者，1987年达赖在纽约对华文报纸谈话中提到："西藏前途并非只有一个，如果六百万西藏人民能从几亿人民处获得好处，西藏人民是愿与几亿人民融为一体的。"这"几亿人民"，相信是指印度，可见达赖不但想搞西藏独立，竟还感恩图报，想到"印藏融合"，把西藏拱手送给印度，可谓荒唐至极。若把这番说话与挪威诺贝尔和平奖委员会对达赖的称颂对照，也是极具讽刺性了。

种种事实表明，支持达赖集团分裂活动的国际反华势力只有极少的一部分，在这部分人中，有的和政府有某些联系，甚至在政府中担任某种职务，如本杰明·吉尔曼、查理·罗斯①，霍尔姆斯·佩尔②等，有的仅仅以学者的身份出现，如特奥·范博文，范普拉赫③，这些人毕竟只占人口的极少数。因此，始终不能左右政府对"西藏问题"的实质态度。这就决定了达赖集团在境外谋求"西藏独立"的外部环境。1988年3月，当西藏骚乱愈演愈烈之时，北京的西方外交官纷纷表明"没有任何国家支持藏独"④ 在北京的西方外交官说：

那些参与要求独立而采取暴力的西藏人有时可能会赢得外国舆论的支持，但是它们的政府不大可能改变认为西藏是中国一部分的立场。

他们说，尤其是那些与中国有外交关系的国家肯定会承认西藏是中国的一部分，任何支持西藏独立的公开言论都会引起北京作出强烈反应，如有必要，中国也许会毫不犹豫地同任何声称支持西藏独立的国家断交。以达到杀一儆百，避免其他国家效仿而产生连锁反应。

这些外交官说，外国不会拿经济和地缘政治利益来冒险，去支持所谓的西藏独立运动。美国政府自去年9月和10月拉萨骚乱以来，一直指责中国在西藏侵犯人权，但一点也没有发表支持西藏独立的言论。7日，美国国务卿舒尔茨在同中国外长吴学谦会谈时，只字不提西藏问题，至少没有公开提及这一问题。这显然是美国希望防止在其与中国的关系中出现新的复杂问题。

他们还说，印度是达赖的流亡地，它与中国的关系是不和谐的，如果不是敌对的话。

印度官方对拉萨骚乱事件一直保持沉默。正在设法同中国改善关系的苏联在过去6个月中未对拉萨事件作出任何反应。甚至连台湾也主张西藏是中国的一部分，并从未向分裂分子提供过任何帮助。种种资料表明，达赖集团借助国际反华势力从事分裂祖国的活动在国内已经不得人心，在国外也遭到许多正直人士的谴责。其活动空间越来越小，这决定了他们搞分裂注定要失败的暗淡前景。

---

① 美国众议员。
② 美国众议员。
③ 荷兰学者。
④ 资料来源于《参考消息》1988年3月10日。

十　历史、现实与未来的启示

追忆历史，我们可以看出，国际反华势企图削弱中国的企图是一贯的。进入 50 年代以后，他们与达赖集团的勾结只不过是他们对华总体战略的一个组成部分。达赖集团依仗国际反华势力的支持，竟然不顾包括西藏人民在内的全中国人民的根本利益，策动骚乱、破坏区内政治局势的稳定，甘于充当西方反华势力削弱中国的马前卒，这种分裂行径已经刻在历史的耻辱柱上，必将被历史所唾弃。

从现实看：国际反华势力和达赖集团的分裂活动已成为强弩之末，其原因有三：（1）国际反华势力面对强大的中华人民共和国，出于本国利益和经济因素的考虑，一时还不敢把事情做绝，中央第三、四、五、六次西藏工作座谈会，每次会议都明确了对达赖斗争的方针，西方反华势力碍于与中国的关系，支持达赖集团的力度有所收敛。（2）得道多助，失道寡助，谁也逃不脱这一历史的规律。西方反华势力和达赖集团的破坏和捣乱，已引起了世界正义力量的反对，在世界人民心灵越来越接近的今天，捣乱不得人心，骚乱不得人心，破坏不得人心，分裂、背叛国家更不得人心。对于国际反华势力和达赖集团的分裂活动，世界绝大多数国家和人民不赞成，即使反华势力赖以生存的美国，大多数人民和大部分官方机构也不赞成。[①] 截至目前，世界上 190 多个国家，没有哪一个国家承认达赖集团的流亡政府，也没有哪一个国家承认西藏是一个独立国家。（3）随着我国的改革开放政策的继续和综合国力的日益强大，达赖集团活动的空间越来越小，国际反华势力面对日益强大的中华人民共和国无可奈何，削弱中国的企图除在腐败的清朝末年和蒋介石统治时期得逞一时外，而在新生的中华人民共和国面前毫不见效，因此，他们不得不面对现实，有所顾忌。

对于未来，我们充满必胜的信心，因为社会要发展，历史要前进，一切逆历史潮流而动的集团和势力，必定逃不脱历史的惩罚。

从世界形势看，未来对达赖集团越来越不利。

[①] 参见本文第九部分"国际社会对达赖集团分裂活动的态度"。

(一) 民族和宗教热点已经冷却

如前所述，国际反华势力和达赖集团用以破坏我社会稳定所利用的热点是民族、宗教、人权。从国际社会发展的大趋势看，三个热点中的两个已经冷却。

在民族问题方面，全世界爱好和平的人们已经目睹了民族分裂主义给各国人民带来的深重灾难。在20世纪80年代末至90年代，首先是苏联由于民族主义的冲击而解体，各民族蒙受了由于解体而带来的灾难。据路透社莫斯科1990年1月透露[①]：自戈尔巴乔夫1985年3月执政以来，苏联发生了一系列动荡，这种局势造成了阿塞拜疆和亚美尼亚的流血冲突。以下是1986年以来苏联境内各民族因冲突而带来的灾难事件：

1986年12月，在中亚的哈萨克共和国发生的冲突中有3人死亡。

1987年8月，在纳粹德国与苏联签署关于将波罗的海沿岸共和国并入苏联的条约签署48周年之际，爱沙尼亚、立陶宛和拉脱维亚发生了抗议活动。

1988年2月亚美尼亚人和阿塞拜疆人就纳一卡州的控制权问题发生冲突。在这年的大部分时间里，冲突持续不断，造成90多人死亡。

1988年10月白俄罗斯共和国首府明斯克成千上万的人游行，要求民主和扩大使用当地语言的权利。军队用催泪瓦斯驱散示威者，有80人被捕。

1989年春，摩尔达维亚发生示威游行，要求扩大摩尔达维亚语的作用。警察和军队驱散了示威群众。

1989年4月，军队在格鲁吉亚用铁铲和毒气驱散和平示威群众，20人被打死。

1989年6月，乌兹别克发生暴徒袭击少数民族土耳其人事件，至少有100人被打死。

1989年7月，阿布哈兹地区发生暴徒抢夺军队和警察武器事件，20人死亡。

1990年1月16日，亚美尼亚发生种族冲突，最高苏维埃主席团宣布在纳一卡州实施紧急状态，并派遣陆军、海军和克格勃部队前去增援驻扎在那里的内务部的武装力量。

---

① 资料来源于《参考消息》1990年1月18日。

特别是 1989 年 6 月发生在苏联乌兹别克①、1990 年 6 月发生在中亚地区②和其后发生的纳卡州的冲突③，使许多无辜的平民遭受残害。据法新社莫斯科 1989 年 6 月 6 日电：乌兹别克共和国领导人今天宣布，该共和国的土耳其族人和乌兹别克族人上周末发生暴乱，有大约 50 人丧生，其中许多人是土耳其族人。

同时，苏联内务部说，在当地的乌兹别克人同土耳其人的暴力冲突中，有 38 人丧生，60 人负伤。

土耳其族人是在斯大林时代被遣送到中亚地区的。

据塔斯社说，内务部代表米哈伊洛夫对苏联记者说，费尔干纳地区的几个城镇发生暴乱，有 200 多人被捕。

米哈伊洛夫说，5 月 23 日至 24 日也发生过民族冲突，有 1 人被打死，60 人负伤。

乌兹别克共和国第一书记尼沙诺夫在新选出的苏联议会上院说，在上周末发生暴乱后，一些土耳其族人被疏散到军营里。

另据美联社莫斯科 1990 年 6 月 5 日电：苏联新闻媒介今天报道，中亚边界城市奥什市的乌兹别克人与吉尔吉斯人就领土分歧发生冲突，造成 6 人死亡。当局不得不宣布紧急状态。

4 日夜间奥什市发生的暴力冲突中，有 200 多人受伤，至少 7 所房屋和 8 辆汽车被烧毁，51 人被捕。该市及邻近地区从晚 10 时至晨 6 时实行宵禁，内务部的部队在街上巡逻、设立路障、保卫工厂企业。

吉尔吉斯内务部部长被任命为当地的军事指挥官。塔斯社和《国际文传电讯》报道，4 日大约有 10000 名乌兹别克人在一个集体农场的田地里举行抗议集会，与 1500 名吉尔吉斯人发生冲突。

大约 900 名内务部都队和地方警察向空中鸣枪，驱散人群，但人群愤怒地冲入城中，放火焚烧建筑物，并试图袭击内务部总部。

更为惨烈持久的是发生于 1994—1996 年、1999—2001 年俄联邦境内的两次车臣战争，各民族的伤亡总计达 30 多万。

其次是长达三年的波黑冲突，使数万人死于非命，一百多万人流离失

---

① 资料来源于《参考消息》1990 年 1 月 18 日。
② 同上。
③ 纳卡冲突指阿塞拜疆和亚美尼亚为争夺一个边境城市而发生的长达两年多的冲突，双方投入了一批部队，造成了双方至少一万多人的伤亡。

所，这一悲剧在北约和俄罗斯几个大国的调解和压力下，于1996年年初才结束。

另外还有索马里的部族战争，不仅为西方干涉索马里内部事务提供了借口，而且使几十万人成为无辜的受害者。

受害最惨烈的莫过于卢旺达的胡图族与图西族之间的大屠杀，酿成了20世纪90年代最残酷的灾难。一篇题为《卢旺达：同室操戈、千古浩劫》的文章报道了这场灾难的全部经过：

1994年4月6日晚，卢旺达总统哈比亚利马纳和布隆迪总统恩塔里亚束拉乘坐的飞机在抵达卢旺达首都基加利机场上空时，突然遭到地面火力袭击而坠毁。机上的两位总统、卢旺达邮电部长、计划部长和军队参谋长及机组人员全部遇难。事发后，基加利陷入一片混乱。由胡图人组成的总统卫队乘乱绑架并杀害了女总理乌维林吉伊马纳和三名反对派部长。虽然很快建立了临时政府，但是已经控制不了局势。属于图西族的卢旺达爱国阵线武装与属于胡图族的政府军之间爆发了大规模武装冲突，两部族之间的仇杀也在全国蔓延。

4月下旬，爱国阵线的武装攻打基加利。在一个多月中，双方动用迫击炮、火箭筒等重武器，市中心经常是炮火连天，枪声不断。激烈的战斗不仅使双方军事人员伤亡惨重，而且还使无辜平民造成严重伤亡。5月下旬，爱国阵线加紧发动攻势，先后攻占了政府军控制的首都机场和总统府。

在两派武装部队作战的同时，胡图族与图西族的部族仇杀也不断升级。在首都，占多数的胡图族民兵手持砍刀、棍棒和长矛，在政府军控制区内追杀图西人，有时一次就杀死上千人，其中包括很多儿童。而在爱国阵线控制的地方，图西人则以血还血，以牙还牙，大肆屠杀胡图人。正如国际红十字会驻当地的负责人说，卢旺达简直成了人间地狱，这是人类的悲剧。

卢旺达的武装冲突和种族仇杀是一场只有死尸没有战俘的战争。人们像疯了一样滥杀无辜，在短短3个多月时间里，已有50万—100万人死亡，400万人沦为难民，其中大部分逃往邻国。据联合国儿童基金会估计，卢旺达战乱约造成25万儿童死亡，有15万儿童沦为孤儿。

逃出的难民像洪水般涌入扎伊尔（现刚果金）等邻国，仅戈马一地，难民人数就达100万，由于救援物资跟不上，许多难民营缺粮少水，加上赤道地区的炎热天气，造成瘟疫蔓延，十多万人死于霍乱和痢疾。此外，胡图人与图西人之间的仇恨也带进了难民营，并时有冲突发生，以致每个难民营都不得不要求法国人提供保护。①

种种事实表明，极端民族主义已经成为世界文明与进步的祸害。所以在苏联民族主义甚嚣尘上的时候，美国前国务卿布热津斯基就告诫说："西方对民族骚乱应及时采取对策。"② 认为："西方应该在苏联的民族骚乱开始破坏整个东西方关系之前及时决定持何种态度。""西方对脱离苏联的尝试的真正政治反应应该出自对苏联内部民族问题的小心谨慎的估价。"而西德《波恩评论报》则认为民族主义促使国家分裂，然而"国家分裂不会使富裕的生活突然到来"③。当苏联、南斯拉夫、索马里、卢旺达及其他一些地区民族冲突和部族仇杀连绵不断时，各国政府领导人越来越担忧，惧怕怂恿民族主义会使世界变得更加复杂，同时也会影响国际社会的和平与安全。就是那些企图利用民族主义削弱社会主义的西方国家及其领导人，也对民族主义的放纵和发展忧心忡忡。1994年12月8日，美国《华盛顿邮报》对许多人的担心进行了综合分析④，该报认为，危险的冷战刚刚结束，世界意识形态的冲突已为民族冲突所接替，对此不能忽视。他们进一步分析道：俄罗斯和主张脱离联邦的车臣共和国之间的冲突，是前苏联地区所特有的一种冲突，同时又是世界范围民族和地区冲突形式的一部分。自冷战结束以来，世界各地的民族和地区冲突已迅速增多。

由于意识形态的确定性已不复存在，超级大国的控制差不多已完全结束，各种被完全压制长达几代人时间的力量已摆脱束缚，获得了解放。

几十年来一直用冷战眼光分析世界事件的学者和决策人，如今必须换一个角度来观察世界。当今世界，民族主义和维护本民族利益的咄咄逼人的言行已成为武装冲突的主要根源。

一些人认为，世界各地由不同民族组成的国家的力量正在削弱，原因是不再靠意识形态或帝国权力凝聚在一起而各集团或地区自行其是。扎伊尔是一个显著的例子，在这个国家，一个个地区正在摆脱中央政府的控制

---

① 资料来源于《参考消息》1994年12月21日。
② 资料来源于《参考消息》1990年1月21日。
③ 资料来源于《参考消息》1990年5月15日。
④ 资料来源于《参考消息》1994年12月21日。

而独立行事。

其他人认为,哈佛大学学者塞缪尔·亨廷顿所说的"文明冲突"重新抬头,因为历史的和文化的联系早已被埋葬——先被欧洲帝国权力,后被冷战埋葬掉。1993年在《外交》杂志上发表的一篇引起争论的论文中,亨廷顿把波黑战争说成是这种现象的一种征兆。他指出,当今穆斯林和基督徒冲突的实质,几乎和16世纪奥斯曼土耳其人与基督教统治下的欧洲的冲突一样。

据总部在华盛顿的防务情报研究所说,90年代世界上有29场军事冲突,而1992年就有24场。如今大部分军事冲突是由民族或宗教分歧引起的,如波黑、车臣和主张独立的土耳其库尔德人。

克林顿总统向国会提交的1994年国家安全战略报告指出:"取代苏联的新的独立国家正在经历痛苦的经济和政治过渡,中欧和东欧许多新的民主国家也是如此……在世界范围内,激进的民族主义正在抬头,部族和宗教冲突有上升的趋势。"

由国会特许建立的美国和平研究所主任理查德·所罗门说:"我们现在生活在这样一个世界上:由于在冷战时期人们能容忍中央集权因而许多冲突都销声匿迹了,而现在则死灰复燃了。"

他说,与此同时,地区性的经济一体化正在培养一种跨越国界、进一步削弱传统意义上的民族国家权力的忠诚。

正是因为这种担忧,使各国政府各领导人形成了一种共识,对于民族分裂活动再也不能任其继续下去了。所以,当俄罗斯派军队消灭车臣民族分裂主义者时,世界各国和联合国对此表示谅解,当加拿大魁北克省闹独立时,大多数人民表示反对,可以看出,谁利用民族问题分裂国家。谁将遭到世界性的反对。

在宗教方面;尽管宗教信仰自由在各国得到尊重。但各国也看到了宗教狂热对国家政治生活所造成的灾难。近几年来,伊斯兰原教主义的谋杀与爆炸,引起了许多国家的担忧,不仅西方国家对此深恶痛绝,就是穆斯林国家也感到恐惧。1992年11月29日路透社的一篇新闻分析反映了这种心态。这篇以《伊朗的幽灵使穆斯林国家采取行动》的新闻分析[①],客观地报道了各穆斯林国家所采取的防止原教旨主义蔓延的措施:

---

① 资料来源于《参考消息》1992年12月3日。

马格里布一些国家和其他阿拉伯国家对伊朗疑虑重重，正在动员起来对付宗教激进主义的颠覆。由于暗杀和破坏企图而吃苦头更多的埃及和阿尔及利亚，已公开抱怨德黑兰。

至少开罗和突尼斯认为苏丹是伊朗的代理国，它训练、武装并派遣极端分子制造麻烦，以支持伊朗寻求地区超级大国地位。

外交官们说，这一威胁把一些阿拉伯国家对海湾战争的分歧推到了一边。例如，当时，埃及曾支持以美国为首的联盟，而许多阿尔及利亚人，虽然不是他们的政府，却公开支持伊拉克。

邻国突尼斯逮捕了几千名被取缔的伊斯兰暗杀运动成员，前不久关押了几百人。它现在认为，原教旨主义的威胁越过了阿拉伯的边界。

突尼斯已要求联合国采取联合行动，要求它"真诚合作，以孤立披着宗教外衣的极端恐怖组织"。

贝莱德·阿卜杜勒-萨拉姆总理一周前警告外国不要支持原教旨主义者，否则，就要断绝关系。外交官们和评论员认为这是针对伊朗、苏丹、利比亚和间接针对巴基斯坦的。

阿尔及利亚和埃及最近颁布了反恐怖法律。亲伊斯兰拯救阵线的伊玛姆被逐出清真寺。在阿尔及利亚，清真寺是原教旨主义者的权力基地。开罗如今把所有清真寺置于政府的控制之下。

镇压极端分子是一些国家的当务之急，因为他们正在为使经济走上正轨并结束孕育原教旨主义的贫穷而斗争。像阿尔及利亚一样，它们看来正在安全战线上取胜，至少在短期内是这样。

另外，其他一些教派的过激行为也引起了国际社会的恐惧与不安。如印度锡克教徒两次刺杀印度拉·甘地总理母子，引起了国际社会的震动。许多国家政府和人士纷纷站出来谴责这种恐怖行为。特别是日本发生奥姆真理教在东京地铁施放剧毒沙林后。各国政府首脑对利用宗教进行政治颠覆和破坏活动表示深恶痛绝，一致表示支持日本政府取缔奥姆真理教，今后，任何利用宗教进行政治破坏的行为将遭到反对。所以，当时达赖想借助班禅灵童转世来达到政治目的的企图没有哪个国家和政府公开站出来支持他。达赖集团以支撑的利用资本只剩下一个所谓"人权"问题，随着中国改革开放的深入和世界各国人民对中国的了解，这一资本也会很快输光。

（二）达赖集团面临着难以克服的内外矛盾

达赖集团自叛逃至今，已近六十年的时间，在这段时间里、他们玩弄过种种花招，开动过花样翻新的宣传机器，对中央在西藏的方针、政策大肆攻击；在国外，他们试图借助国际反华势力来实现所谓的"独立""自由"。美国中央情报局曾密谋过武装支持，西方某些议会、包括联合国曾玩弄过人权招牌，通过西藏人权问题决议。但是，这一切并没有改变西藏分裂主义分子的前途。外国的武装卷入破产了。某些反华决议，遭到了中国政府的坚决反对。煽动"西藏独立"的前途渺茫。

何以出现这种情况，如果从历史发展的规律来看是不难理解的，因为社会要发展，历史要前进，任何一个逆历史潮流而动的政治集团都逃脱不了必然失败的命运。而从达赖集团的内外环境和自身弱点看，已经看出其灭亡的征兆。

1. 达赖集团内部新旧矛盾交织在一起，已处于四分五裂状态。

①教派矛盾长期存在。达赖喇嘛是藏传佛教的最高领袖，是"西藏独立"的象征。但由于他长期执掌流亡集团的政教各权，早已为其他教派领袖所不满。有的明争暗斗，离心离德，有的以退为攻，积蓄力量。

②地区矛盾日益突出。历史上西藏及四省藏区分为卫藏、康巴、安多三个大块，达赖集团逃亡海外后基本上沿袭了旧的教派和地区势力划分。二十世纪六七十年代，卫藏人在流亡集团中得势，他们掌握着国外慈善机构的捐款分配，因而，安多人与康巴人极为不满。近年来，安多人和康巴人在上层得宠，又引来卫藏上层的怀恨，他们要求三分天下。地区权力之争，使流亡集团的政治丑闻，时有发生。

③达赖家族与其他实权人物存在权力之争。本来按照历史上《藏内善后章程》，达赖坐床后，虽然其家族成员可以成为显赫的贵族，但不允许参政。然而，当今流亡集团的权力核心在达赖家族手中。达赖本人和他们两个哥哥嘉乐顿珠、土登诺布，一个妹妹吉尊白玛控制了噶厦的主要权力，尽管这些人随着年龄的老去而表面上退出各种机构的职务，但通过其代理人仍控制着一些实体机构的权力。其他家族和实权人物对此早有不满。此外，达赖家族内部因在西藏独立问题上立场不同也发生内部矛盾，土登诺布与嘉乐顿珠的矛盾一直未能解决。

④少壮派与元老派的矛盾依然存在。这一对矛盾集中体现在闹"藏独"的方式方法上。少壮派以"藏青会"成员为首，多为流亡藏人的第二、三代。他们出生在国外，自小受西方教育，对西藏很陌生，对宗教仪规也不如前辈虔诚，有的敢公开指责达赖。他们攻击追随达赖出去

的老一代分裂主义分子,认为元老派主张非暴力毫无用处,是懦夫意识。而元老派则反唇相讥,说少壮派"嘴上无毛",只能空喊口号。在达赖与中央政府对话问题上,少壮派与元老派的矛盾也不小。元老派年事已高,归乡心切,主张达赖尽早谈判回归西藏故土。而少壮派坚决反对谈判。顽固坚持"藏独",阻挠达赖回国。新旧两代人的矛盾将反映流亡集团在权力移接过程中其活动的走势。进入 21 世纪后,在美国培养起来的洛桑孙根获得了执政权力,但其仍遵从达赖的旨意而行事,一些派别的年轻势力仍想另立炉灶,对达赖所抛出的"中间道路"和"高度自治"则毫无兴趣。

⑤内部腐败、权力核心已失去凝聚力。达赖集团在政治上任人唯亲,结成家族势力,已经使许多人深感不满,而经济上也屡屡出现腐败,常有把反华势力资助的资金用作挥霍或据为己有之现象,已使人感到这个集团内部已经腐烂,许多人感到前途无望,纷纷弃政从商,好赚点钱安度晚年,使生计有所保障。

⑥达赖本人以及 1959 年叛逃的元老们,已感到力不从心,他们大部分人已七八十岁,在境外寄人篱下,四处活动了近六十年,"独立"却毫无结果,他们表面上强打着精神为少壮派打气鼓劲,而自我感觉已日落西山,"西藏独立"这面旗子还能打多久,连自己也不清楚。最令他们担忧的是:如果十四世达赖在境外圆寂,整个集团就失去了精神力量,届时会群龙无首,各作鸟兽散。

2. 国际反华势力利用分裂势力分裂中国的企图毫无结果,达赖集团的利用价值已渐渐失掉。

①中国在世界上的战略地位为各国政府所瞩目,致使与达赖集团有牵连的国家不得不从自身的现实利益去考虑问题,国际上对西藏分裂主义势力的支持,基本上来自于西方国家的非官方政客与平民百姓,其主要动机可能是出于对弱者的同情或反共反华的心理。这种支持与同情只具有道义性,而没有实质上的意义。而各国政府在西藏问题上的立场是谨慎的。它们从国家整体利益出发,都承认中国对西藏的主权,拒绝承认"西藏独立"或"西藏流亡政府"。

一些国家非常清楚,中国在世界上的国际地位愈来愈高,支持一个并无多大益处的达赖集团而开罪于日益强大的中国是得不偿失的。另外,利用民族分裂主义削弱中国,从长远看也不利于世界特别是亚洲的和平与稳定。早在 1990 年的世界舆论对华反应就表露出了各国的心态。① 这篇题为《中国在世界战略中的地位》汇集了世界主要大国领导人和其他国家的领导人对中国的客观认识。

美国前总统尼克松美国《基督教科学箴言报》2 月 15 日报道尼克松在去年 11 月份向国会两党领导人提交的"秘密"备忘录中写道："由于日本已经成为一个具有变成军事和政治超级大国的能力的经济超级大国，一个同美国有着密切关系的强大而稳定的中国是用来与日本和苏联在东亚的实力抗衡的必不可少的力量。"

美新闻署华盛顿 2 月 14 日讯：美国副国务卿劳伦斯·伊格尔伯格 2 月 7 日在参议院外交委员会发表讲话时说："在美苏关系可能在缓和的同时，我们与中国关系的战略价值并没有削弱。中国是世界上人口最多的国家，拥有巨大的经济潜力，拥有强大的军事能力，如要成功地解决一些跨国问题，中国的参加是至关重要的，这个事实的意义甚至更加重大。因此，应在远为广阔的范围内，从其在日益多极化的世界上的位置，来看待它的战略重要性。"

日本《读卖新闻》1 月 1 日至 12 日连载文章题：世界在变——前首相中曾根同基辛格博士对谈。

中曾根：在共产主义世界中，从经济上看，成功的可能性最大的恐怕是中国。西方最好坚持这样的原则，要帮助中国发展经济。这是因为，中国的稳定是亚洲、日美、自由世界稳定的基础。

西德前总理施密特在美国《世界箴言》月刊 1990 年 1 月号上撰文说：

西方必须放弃"两极世界"思想，学会正视 90 年代初要形成的美苏中政治"大三角"。② 同中国保持良好的关系，支持其经济利益，符合西方的利益。

西方必须把美苏中政治"大三角"保持在视野之内。这是因为，美苏中三国不仅在地缘战略和幅员方面，而且它们的由中央控制的政治手段和军事手段，都高居于世界其他国家之上。

新加坡总理李光耀在新加坡《联合早报》上撰文说：由于太平洋西

---

① 资料来源于《参考消息》1990 年 3 月 24 日。
② 注：当时苏联尚未解体，此资料是基于当时的历史背景，以下同。

岸人民的能力还发挥不到一半,这一地区的潜力是非常巨大的。他说,中国的 12 亿人口,如果能取得日本 1989 年的人均国民生产总值(约 2.3 万美元)的 1/4 的话,它的总和就将是一个天文数字,世界的本质将完全改变。李总理指出,天安门事件并没有削弱中国的潜力,它仍然有可能成为本地区——甚至全世界的最大经济角色。

时任美国马里兰大学政治系教授薛君度 1990 年 1 月 3 日在香港大学举行的中美关系研讨会上宣读的题为《影响美中关系的因素》的论文中说:"战略与安全考虑无疑是主宰中美关系最重要的一个因素。整个国际关系的演变,例如美苏关系,冷战或冷战时代的结束,苏联和东欧共产党国家剧变等产生的'大气候',当然对中美关系产生影响。但最基本的点是:中国毕竟是一个举足轻重的大国,很多国际问题和地方冲突,非中国参与不可。"

纽约《侨报周刊》1990 年 1 月 12 日专稿认为:中国是政治多元化世界中的一个重要组成部分,没有中国的支持与合作,美国的全球利益不可能得到维护,特别是在亚洲太平洋地区,中国是美国赖以制衡其潜在对手尤其是日本势力扩张的一支主要力量。正如美国一些有识之士所说,占人类四分之一的中国若说一声"NO",世界任何重大事务总会碰到麻烦的。

务实的美国政治家们完全能够而且应该意识到与中国为敌,无异于把巨大的中国乃至亚太市场拱手让给日本和欧洲。

一个稳定而繁荣的中国,是美国外交政策链条中的重要一环,与之保持良好关系,是符合美国全球战略利益的。

这种认识直至今天仍左右着各国政府的对华政策,也影响着对达赖集团支持力度的取舍,毕竟中国又经过了二十多年的快速发展,经济跃居世界第二位,国际地位空前提高,没有多少政治集团、或民间团体再为达赖集团火中取栗,个别国家在支持达赖分裂集团时也要考虑一下利益的得失。

②达赖集团自身矛盾也影响了国际反华势力对其支持力度。在国际反华势力看来,他们削弱中国的企图是通过支持分裂主义分子达到目的的。近六十年来,他们支持达赖集团大量的资金、物资和武器。而大批的投入往往有去无回,根本达不到他们所期望的回报值。注重利益交易的国际反华势力不愿意继续做赔本的买卖,对达赖集团的支持力度愈来愈小。

③达赖集团的内部腐败使国际同情人士深感失望,许多支持资金逐步

减少。达赖集团逃亡之初，确实博得过一些人的同情，国外一些团体、个人出于不同的目的曾给达赖集团以资金和物质上的支持，然而当他们发现他们所支持的资金被一部分人挪作他用或中饱私囊时，纷纷表示失望，一些人和集团逐步减少或者干脆中断支援，致使其活动经费来源急剧减少。

④以暴力和恐怖手段搞分裂已被国际社会所摒弃。

随着世界冷战的结束。以两大阵营军事对抗为标志的时代已经过去，代之而来的是各国经济的交往和联系。大部分政治集团由原有的政治对抗转换为经济的渗透与相互制约，因而对通过暴力和恐怖手段实现某种目的的做法已感到厌恶。近几十年对伊斯兰恐怖组织的打击，包括对意大利黑手党的围捕，对泰米尔猛虎组织和秘鲁光辉道路党的围剿已经表明，国际社会已摒弃暴力和恐怖，支持以非暴力手段或经济手段实现某种目标。但是进入20世纪80年代以后，随着少壮派逐步掌握大权，以"藏青会"为代表的一批受过西方高等教育的境外青年藏人，反对达赖喇嘛的"非暴力"思想，主张以暴力方式实现"西藏独立"。他们在流亡藏人中招募人员，训练特工，试图派遣间谍返回西藏，伺机策反或搞恐怖暗杀活动。"藏青会"曾向美国、苏联政府发出呼吁，要求超级大国武力干涉，实现"藏独"。但毫无回音。目前，"藏青会"铤而走险，已与中东的恐怖组织、意大利的黑手党勾结，接受特工训练，购买武器炸药，企图潜回藏区，实施暗杀爆炸等恐怖、骚扰活动。

这种逆历史潮流而动的做法当然得不到国际社会的支持。

⑤达赖集团赖以生存的所在国对其态度已有变化。

印度虽然有利用西藏流亡集团的一面，同时也对其防备的一面，印度国内种族矛盾、宗教冲突不断发生，局势动荡不安。而西藏流亡集团拒绝接受印度国籍，长期保持"难民"地位，自成体系，俨然一个"国中之国"。印度人与流亡藏人的矛盾和冲突时有发生，分裂主义分子妄图以印度为基地从事分裂活动也必须服从印度的对外总体战略。印度政府对中国表面上承诺不允许西藏分裂分子在印度从事反华活动，但长期收留藏人，有时还安排达赖访问印控藏南地区，这些不光彩的活动已使印度处于不利的尴尬境地，也不断遭到印度民间和知识界的批评。

因此，随着中印关系的不断改善，分裂主义势力将对前途更为担心与忧虑。

境外分裂主义势力已外逃流亡五十多年，流亡集团已沦为国际反华势力的工具，西藏问题已随着反华浪潮的起伏而潮涨潮落。二十世纪五六十年代美国曾武装支持西藏叛乱，可到了七十年代，美国因要改善美中关系而抛弃了流亡集团，达赖集团成了冷战孤儿。各国在处理对华关系时，均优先考虑其国家利益。1992年起，中国加大改革开放的力度，逐步改善与西方国家的关系，慢慢走出1989年的阴影，国际环境日益有利于中国。在1992年第48届联合国人权会上，中国成功地打掉了所谓"中国/西藏局势"决议提案。对美国在西藏问题上的暧昧态度，达赖喇嘛沮丧地说"美国也是靠不住的。"特别是进入21世纪，中国经济发展迅速，如今，中国不仅早已跻身于世界第二大经济体的行列，而且对世界的贡献率越来越大。一些西方大国为了自身的利益已不便于明目张胆地支持达赖分裂集团，达赖分裂集团企图依靠国际反华势力实现"藏独"的图谋日益渺茫。

随着中国外交的成功和对台湾态度的强硬，世界大国看到了中国维护主权和国家统一决心，认为以官方名义继续支持达赖的分裂活动已毫无结果，崇尚务实的资本主义大国不再以官方形式支持达赖，使达赖集团的活动空间愈来愈小。同时，国际反华势力的衰落和达赖集团对前途的悲观失望交织在一起，使他们之间的结合力越来越小。

当然达赖集团不可能自行退出历史舞台，他们利用所谓"中间道路""高度自治"的骗术还有可能迷惑一些不明真相的人，国际上还有一些人暗中支持其分裂活动，也不能排除国际反华势力与达赖集团长期勾结的可能性，因为国际反华势力削弱中国的企图是有其历史渊源的，只要达赖集团有一点利用价值，他们也不会轻易将其抛掉。所以须时刻警惕国际反华势力和境内外分裂主义分子的破坏和捣乱，增强忧患意识，做到知己知彼，未雨绸缪，防患于未然。

后　　记

　　刚刚补充修改完《中华民族历史背景下的藏事论衡》最后一稿，心情久久不能平静。也许是历史使命感和责任感的驱动。今年是西藏自治区成立50周年，也是西藏社会科学院建院30周年，在双喜临门的时候，中国社会科学院并中国社会科学出版社慷慨支持西藏社会科学院出版一批学术丛书，这是对西藏哲学社会科学事业的大力支持。出于责任和义务，我在以往历史领域里的研究成果中选择相联系的文稿，从大历史观的角度考察中华民族大历史背景下的西藏地方史，连篇汇集成《中华民族历史背景下藏事论衡》一书。由于担负着各种研究课题和繁重的日常管理工作，补充撰稿和修改原稿只能放在晚上和双休日，凭借一种积极热情和顽强的毅力，经过三个多月的艰苦努力，终于完成了本书稿的补充修改任务。

　　《中华民族历史背景下藏事论衡》，是继过去编著《西藏地方与中央政府关系史》《天朝筹藏录》《边疆忧患录》等书之后，在史学领域里一种大胆的理论尝试。撰写本书的主要宗旨是用马克思主义、历史唯物主义的史学观探究、分析中华民族统一历史格局中的涉藏重大历史事件、历史人物和中国共产党经营治理西藏的当代历史。西藏地区作为中国统一历史格局的一部分，其历史形成与全国统一的历史密不可分。出版此书可与读者一起探讨中华民族统一的历史背景下西藏地方历史形成的原因，以正确的历史观和民族观认识西藏地区的历史发展过程，认识当代中国共产党人领导西藏各族人民进行革命和建设的历史，彻底清理史学领域里长期存在的不利于维护祖国统一，不利于民族团结的某些观点，认真清理达赖集团借历史研究制造谎言的土壤。

　　利用三个月的业余时间补充和修改长达六十多万字的史论文稿，肯定有匆忙赶任务之嫌，文稿肯定存在着不足和瑕疵，缺点和错误在所难免。完成这样繁重的任务，也必须有一种"衣带渐宽终不悔"的毅力和殚精竭虑、不断思考的决心，这种毅力和决心也许来源于先贤们的启发和教诲，来自于中国社会科学院和自治区领导的支持和鼓励。在文稿停笔之时，不由得想起了先贤陆游和林则徐的诗句来：

> 病骨支离纱帽宽，孤臣万里客江干，
> 位卑未敢忘忧国，事定犹须待阖棺。
>
> 陆游《病起书怀》
>
> 力微任重久神疲，再竭衰庸定不支。
> 苟利国家生死以，岂因祸福避趋之？
>
> 林则徐《赴戍登程口占示家人》

本文稿涉及史学领域的方方面面，特别是这一主题所选取的材料几乎涉及整个中华五千年的历史文明并包括西藏地区详细的历史，要查阅和利用大量的资料，因时间非常仓促，工作量又很大，难免有考虑不周之处，文中疏漏在所难免。另外，由于匆忙照排和校对的疏漏，一些技术性的错误也在所难免，诚望读者提出批评指正。